Curt Gasteyger

Europa zwischen
Spaltung und Einigung

Schriftenreihe Band 285

Studien zur Geschichte und Politik

Curt Gasteyger

Europa zwischen Spaltung und Einigung 1945–1990

Eine Darstellung und Dokumentation über das Europa der Nachkriegszeit

Bundeszentrale
für politische Bildung

Bonn 1991
2., aktualisierte Auflage

Redaktion: Joachim Stephan
Diese Veröffentlichung stellt keine Meinungsäußerung
der Bundeszentrale für politische Bildung dar.
Für die inhaltlichen Aussagen trägt der Autor die Verantwortung.
Satzherstellung: Froitzheim, Bonn
Druck: May + Co., Darmstadt
ISBN 3-89331-095-9 · ISSN 0435-7604

Inhalt

Verzeichnis der Dokumente

I. Erwartungen und Enttäuschungen der ersten Nachkriegsjahre (1945–1947)

II. Europa im Kalten Krieg (1948–1962)

IV. Entspannung und Sicherheit (1972–1985)

V. Europas Zukunft: von der Teilung zur Heilung?

Verzeichnis der Tafeln

Vorwort

Der alte Kontinent Europa erwacht zu neuem Leben. Die revolutionären Umwälzungen in Mittel- und Osteuropa und das erklärte Ziel eines engeren (west-)europäischen Zusammenschlusses werfen die Frage nach der Identität Europas erneut auf. Wer bisher von Europa sprach, dachte zumeist an Westeuropa, in einem noch engeren Sinne an die Europäische Gemeinschaft. Dies hat sich seit 1989 grundlegend geändert. Die von sowjetischer Hegemonie befreiten Länder betonen ihre kulturelle Zugehörigkeit zu Europa. Der Mitteleuropa-Begriff und westeuropäische Demokratievorstellungen erfahren eine unerwartete Renaissance, der Kontinent beginnt wieder zusammenzuwachsen. Gleichzeitig zeigt sich ein neu erwachter Nationalismus in den osteuropäischen Staaten. Der Prozeß der Vereinigung Europas und darin eingebettet Deutschlands erfordert neben kreativer Phantasie die Kenntnis des Gewordenen, denn hier finden sich die Bausteine des zukünftigen »europäischen Hauses«.

Wie sich Europa und in seiner Mitte Deutschland nach dem Zweiten Weltkrieg im Zuge des Ost-West-Konflikts in militärische, politische und wirtschaftliche Blöcke spaltete, zeichnet dieser Band anhand von Dokumenten nach. Sichtbar werden die institutionellen Verfestigungen im jeweiligen Lager, der Umschlag zu einer Phase der Entspannung im Ost-West-Verhältnis in den siebziger Jahren mit dem Höhepunkt der Konferenz über Sicherheit und Zusammenarbeit in Europa und der Unterzeichnung der KSZE-Schlußakte in Helsinki 1975 und die Umbrüche in den Staaten des Ostblocks im Gefolge der veränderten sowjetischen Außenpolitik seit dem Amtsantritt von Generalsekretär Gorbatschow im März 1985. Diese Entwicklungen wirkten wiederum beschleunigend auf die Dynamik des Einigungsprozesses in der EG ein, der 1986 in der Einheitlichen Europäischen Akte einen Rahmen erhalten hat. Daneben werden auch die Initiativen jener europäischen Staaten gewürdigt, die außerhalb der Blöcke Formen der Kooperation aufgebaut haben.

In einem gewandelten Europa, das nicht mehr wie in der Nachkriegszeit politisch gespalten und ideologisch zerstritten ist, sondern geeint als handelndes Subjekt der Weltpolitik in die Gestaltung der Zukunft selbst eingreift, wird es darauf ankommen, neben der Rückbesinnung auf die gemeinsame europäische Kultur neue Strukturen jenseits der Nationalstaaten zu schaffen. Das gilt gleichermaßen für eine sicherheits-, wirtschafts- aber auch umweltpolitische Zusammenarbeit in einem freien und demokratischen Europa. Die vorliegende Dokumentargeschichte Europas soll einen Beitrag zum Verständnis seiner komplexen Geschichte leisten und damit gleichzeitig das Nachdenken über die europäische Zukunft anregen. Wir hoffen, daß sie in der politischen Bildung eine breite Resonanz findet und einen Beitrag zur gesamteuropäischen Verständigung leistet.

Das Direktorium der Bundeszentrale für politische Bildung

Franklin Schultheiß *Horst Dahlhaus* *Wolfgang Maurus*

Einführung

Europa war über vierzig Jahre gespalten. Unzählige Verhandlungen hatten daran nichts Grundsätzliches geändert. Während ein mühsamer Wiederaufbau die materiellen Folgen des Zusammenbruchs von 1945 allmählich zu überwinden vermochte, blieb diese Spaltung eine offene Wunde. Ihr unmenschlichstes Symbol bildete seit 1961 die Mauer durch die ehemalige Hauptstadt Deutschlands, Berlin.

Diese Mauer ist heute durchbrochen. Die Völker Osteuropas haben ihr Schicksal, das ihnen von kommunistischen Regimes ungefragt diktiert worden war, in die eigene Hand genommen. Sie haben sich damit eine neue Zukunft eröffnet. Diese wird nicht einfach sein, aber sie hat Perspektive. Und diese Perspektive heißt Hinwendung zu einem demokratischen und freiheitlichen Europa.

Dieses Europa – gleichviel ob auf seiten der Sieger oder der Besiegten – hatte 1945 mehr als nur den Krieg verloren. Es verlor im Zuge des heraufziehenden Ost-West-Gegensatzes seine geistig-kulturelle Einheit und damit auch seine politische Identität. Europa wurde das erste Opfer des Kalten Krieges und ist in einem gewissen Sinne auch sein letztes geblieben.

Wo im westlichen Teil des Kontinents die letzten autoritären Regimes – in Portugal, Spanien, Griechenland und der Türkei – der Demokratie wichen, konnte sich trotz mancher Reformansätze bis 1989 das kommunistische System in Mittel- und Osteuropa an der Macht halten. Die Konfrontation zwischen beiden milderte sich zwar zu einem Gegenüber oder, in der sowjetischen Terminologie, zu einer »Koexistenz«, aber das Trennende blieb. Im letzten Kern fand es sich in den nicht zu versöhnenden Auffassungen von der Stellung und Freiheit des Menschen in und gegenüber dem Staat und seinen Repräsentanten.

1. Europa ohne Krieg und Frieden

Immerhin und trotzdem: Die vierzig Jahre europäischer Nachkriegsgeschichte blieben frei von größeren Konflikten und verschont von Kriegen. Man mag über den Preis, der für diese Kriegslosigkeit zu entrichten war, streiten. Er war sicher hoch. Darauf wird immer wieder zurückzukommen sein. Aber er war – und ist – immer noch unendlich niedriger als jener, den ein Krieg, gar ein mit Nuklearwaffen geführter Krieg, gefordert hätte.

Vier Jahrzehnte ohne Krieg sind in der europäischen Geschichte eine Seltenheit. In früheren Zeiten wurden solche Jahre jedenfalls als gute, wenn nicht als besonders glückhafte empfunden. Aber ein Frieden im eigentlichen, besonders auch im völkerrechtlichen Sinne war es bis vor kurzem noch nicht. Der zentrale Friedensvertrag – jener mit und über Deutschland – blieb aus. Die Kunst des Friedensschlusses schien Menschen und Staaten weltweit abhanden gekommen zu sein.

Auch in Europa hatte man sich, nimmt man alles zusammen, auf die nun einmal geschaffenen Verhältnisse eingerichtet. Vieles blieb damit ungelöst, unausgesprochen, unerfüllt. Die Suche nach einer europäischen Friedensordnung, von der manch einer im Kriege und in den ersten Nachkriegsjahren träumte, wurde eingestellt. Das Beharrungsvermögen einmal entstandener Zustände, Machtverhältnisse und Zuordnungen zur einen oder anderen Seite der mitteleuropäischen Trennlinie hat alle Bemühungen und Ansätze zur Veränderung überwogen. Es blieb bei jener Lage, wie sie am Ende des Krieges und kurz danach geschaffen worden war. Die Teilung Europas in zwei verschiedene, in vielem sogar völlig entgegengesetzte Gesellschaftssysteme gefror zum Status quo. Er wurde zum Richt- und Angelpunkt für den Ost-West-Dialog, für Verhandlungen über Handel, Sicherheit, Abrüstung und vieles mehr. Das Ende der Besatzungszeit in Österreich, besiegelt durch den Staatsvertrag von 1955, und die Rückkehr des Alpenstaates in eine durch Neutralität gesicherte Unabhängigkeit bilden die wohl wichtigsten Ausnahmen von dieser Regel. Wo es sonst zu Lockerungen oder Annäherungen kam – etwa zwischen den beiden deutschen Staaten –, konnten sie vielleicht das Schmerzliche und Unnatürliche der Teilung mildern, diese selber aber nicht beseitigen.

Bei all dem stört am meisten das ungleiche Maß an Lasten, das die europäischen Staaten zu tragen haben. Wo sich praktisch alle Staaten Westeuropas ohne Verlust an innerer und äußerer Freiheit ungestört entwickeln konnten, gestalteten sich die Dinge für Deutschland und Osteuropa anders, schwieriger. Deutschland verlor auf (damals) unabsehbare Zeit seine Einheit, die osteuropäischen Länder ihr Recht auf Selbstbestimmung; Österreich verlor sein politisch und wirtschaftlich wichtiges Hinterland in Mitteleuropa, und Finnland lernte sich im Blick auf den mächtigen Nachbarn Sowjetunion in politischer Selbstbeschränkung zu üben. Es hat nicht an Versuchen gefehlt, die scheinbare Unwiderruflichkeit dieser Opfer und Nachteile in Frage zu stellen: angefangen von den Arbeiterunruhen in Ost-Berlin 1953 über die Herbstkrisen in Polen und Ungarn 1956 und den »Prager Frühling« 1968 bis zur »Solidarität«-Bewegung in Polen anfangs der achtziger Jahre. Sie alle führten weniger zu einer Auflockerung und mehr zu einer Verhärtung der Fronten: im Innern der betroffenen Länder selbst und in den Beziehungen zwischen Ost- und Westeuropa.

2. Der unerwartete Wandel

Und nun, fast unversehens, sind die bisher so unbeweglichen und unbewegbaren Fronten in Bewegung gekommen. Das von manchen bereits als völlig sklerotisch aufgegebene Europa entpuppte sich als ein Kontinent, der die Möglichkeit zum Wandel wiederentdeckt: die Möglichkeit zu Reformen im Osten und zu neuen Formen der Zusammenarbeit im Westen. Und das eine wie das andere eröffnet völlig neue Perspektiven für die Zukunft von Europa als Ganzem.

Auslösendes Element im kommunistischen Europa war die von Generalsekretär Gorbatschow eingeleitete Reformpolitik in der Sowjetunion. In ihr angelegt war eine größere Toleranz gegenüber Osteuropa. Sie setzte Kräfte frei, die nur darauf gewartet hatten, sich von den jahrzehntealten Fesseln kommunistischer Planwirtschaft und politischer Einparteienherrschaft zu befreien. In Polen, Ungarn, in der früheren

DDR und der Tschechoslowakei heißt dies die Wiederaufnahme längst verlorengeglaubter Traditionen von Demokratie und Freiheit und zugleich die Suche nach neuen Formen der Zusammenarbeit mit Westeuropa. Darin mag man in einem gewissen Sinne erste Ansätze zu einer Rückkehr nach Europa sehen.

Eine solche Annäherung erscheint um so vielversprechender, als sich die Europäische Gemeinschaft ein fast visionäres Ziel, die Schaffung eines einheitlichen Binnenmarktes in den ersten Jahren der neunziger Jahre, gesetzt hat. Es setzt seinerseits Kräfte in Bewegung, die manch einer den Europäern nicht mehr zugetraut hätte. Nachdenken über Europa wurde wieder zur Pflicht – nicht nur für die zwölf Mitglieder der Europäischen Gemeinschaft, sondern auch für die außenstehenden Länder, seien es die Neutralen, die osteuropäischen Staaten, die Vereinigten Staaten oder die Sowjetunion. In fast gleichem Atemzuge kam Bewegung in die festgefahrenen Abrüstungsverhandlungen: Vieles, was hier bisher undenkbar erschien – ein Abbau des Übermaßes an nuklearer und konventioneller Rüstung zumal –, wurde plötzlich nicht nur denkbar, sondern verhandlungsfähig. Heute befinden sich Ost und West an vielerlei Fronten im Dialog, die bislang eben nur Fronten, aber keine Ansatzpunkte für Kompromisse und Verständigung waren.

Das alles eröffnet Perspektiven für Europa, wie sie wohl vor kurzem noch niemand für möglich gehalten hätte. Die »Wiedervereinigung« Europas ist im vollen Gang. Schrittweise erweitert sich der Raum, in dem Europas gemeinsames Erbe von allen geteilt und gelebt wird. Was nach dem Kriege mit einer tiefen Enttäuschung über diese Spaltung begann, läßt heute die Hoffnung auf ihre Überwindung am Horizont erscheinen. Das ist viel, sehr viel. Es ist Grund genug, sich mit dem Wie und Warum dieses wandlungsreichen Schicksals Europas nach dem Kriege zu befassen.

3. Zur Konzeption dieses Bandes

Als dieser Band Mitte der achtziger Jahre geplant wurde, dachten wir an kaum mehr als an eine Fortschreibung der im Juni 1965 erschienenen Dokumentation »Einigung und Spaltung Europas« (Fischer Taschenbuch 741). Es ist anders, völlig anders gekommen.

Die unglaublichen Entwicklungen in Europa haben nicht nur die politische Landschaft Nachkriegseuropas völlig verändert. Sie haben auch Europas Zukunft unter ein ganz neues, hoffnungsvolles Zeichen gestellt. Nicht mehr – wie im früheren Band – folgte den Einigungsbemühungen die schmerzliche und immer tiefere Spaltung des Kontinents. Heute ist die Reihenfolge umgekehrt: Die Kluft zwischen Ost- und Westeuropa schließt sich; der Spaltung kann, wie es heute aussieht, eine »Wiedervereinigung« Europas und damit die ersehnte europäische Friedensordnung folgen.

Man wäre im Blick auf diese neuesten Entwicklungen versucht, das zu vergessen, was bisher war: Konfrontation, Aufrüstung und, damit einhergehend, Zusammenschluß und Integration auf beiden Seiten des »Eisernen Vorhanges«. Ich glaube, daß dies falsch wäre. Wer die Lage heute und die zukünftigen Entwicklungen in Europa verstehen will, muß wissen, wie es gestern war und weshalb. Er muß wissen, wie es zur Spaltung kam, was sie für Ost und West bedeutete und welch enorme Wandlung nun vor sich geht, damit diese Spaltung nicht nur im politischen, sondern auch im wirtschaftlichen Bereich überwunden werden kann. Selbst für die ehemalige DDR, seit dem 3. Oktober 1990 mit der Bundesrepublik vereint, erweist sich diese Aufgabe als viel schwieriger, delikater und langwieriger als viele in der Freude über die bevorstehende Wiedervereinigung angenommen hatten. Wieviel mehr gilt dies erst für die Staaten Mittel- und Osteuropas, die, trotz vielerlei Rat und Hilfe aus dem Westen, fast völlig auf sich allein gestellt, die Sünden und Lasten einer kommunistischen Vergangenheit abtragen und politisch und wirtschaftlich neu beginnen müssen. In dieser schwierigen Doppelaufgabe – der Einbettung des vereinten Deutschlands in eine europäische Friedensordnung und der solidarischen Einbeziehung der in die Unabhängigkeit entlassenen Staaten Mittel- und Osteuropas in ein nunmehr gemeinschaftlich demokratisches und marktwirtschaftliches Europa – wird sich Europa zu bewähren haben.

Der vorliegende Dokumentenband über Spaltung und Einigung Europas nach dem Zweiten Weltkrieg ist weder eine neue Geschichte des Kalten Krieges oder der europäischen Einigung noch eine erschöpfende Darstellung der beiderseits des »Eisernen Vorhanges« geschaffenen gemeinschaftlichen Institutionen. Zu all diesen Themen gibt es ausgezeichnete Dokumentationen – von der Unzahl einschlägiger Monographien ganz abgesehen. Ihnen braucht deshalb keine neue hinzugefügt zu werden. Dieser Band erhebt auch nicht – und kann es in keiner Weise – den Anspruch, sämtliche bestehenden Organisationen und Projekte zu erfassen und die dazugehörenden Dokumente in ihrem vollen Wortlaut wiederzugeben. Der zur Verfügung stehende Raum wäre durch eine solche kaum zu erreichende Vollständigkeit weit überschritten worden.

Was jedoch mit dieser Dokumentation versucht wird, ist eine Gegenüberstellung der verschiedenen Formen und Methoden des Zusammenschlusses in West- und Osteuropa, der auf beiden Seiten zunächst im Gegeneinander und dann in einem allmählichen Zueinander geschaffenen Institutionen.

Ausgangs- und Blickpunkt hierfür ist Europa als historisch-kulturelle Einheit. Seine willkürliche Teilung hat das Gesicht unseres Kontinents seit dem Kriegsende 1945 geprägt, ja verzerrt, in seinen Konturen aber nicht ausgelöscht. In den geschichtlichen Ablauf dieser nunmehr fast 45 Jahre hineingestellt und miteinander konfrontiert, werden die hier abgedruckten Dokumente zum Abbild sowohl der europäischen Spaltung und des sie umgreifenden Ost-West-Konfliktes wie auch des Ende der sechziger Jahre ernstlich einsetzenden Versuches zu einem wenn auch noch recht mühsamen und ungesicherten Dialog zwischen Ost und West. Auf diese Weise wird der innere Zusammenhang der scheinbar getrennten Entwicklung im demokratischen Westen und im kommunistischen Osten ebenso sichtbar wie die Hindernisse und Möglichkeiten ihrer Wiederannäherung. Zunächst – ab 1947 bis weit in die sechziger Jahre hinein – folgte der Festigung der einen Seite fast regelmäßig eine entsprechende Konsolidierung der anderen. Diese ständige Wechselwirkung entfernte Ost- und Westeuropa um so mehr voneinander, je enger sich die dem jeweiligen Lager zugehörenden Länder unter sich zusammenschlossen. Das Gesetz von Aktion und Gegenaktion, von Stalin durch seine expansive Europapolitik ausgelöst, wirkte damit als treibende Kraft für die Einigung der Teile und für die Spaltung des Ganzen.

Es bedurfte wohl zunächst des schmerzlichen Schritts der Anerkennung von zwei deutschen Staaten und damit der effektiven Teilung Europas in zwei gesellschaftspolitisch verschiedene Systeme, die den Weg zu einer allmählichen Entspannung freilegte. Zuvor hatte die Unterdrückung der Reformen in der Tschechoslowakei durch eine unter Führung der Sowjetunion stehende Gemeinschaftsaktion der Warschauer-Pakt-Staaten mit brutaler Deutlichkeit klargemacht, daß Moskau nicht willens oder bereit war, seinen seit 1945 erworbenen und von da an mit allen Mitteln kontrollierten Besitzstand in Osteuropa in Frage stellen zu lassen. Es behielt sich vielmehr das Recht zur Intervention bei jenen Verbündeten vor, die in ihrer Innen- oder Außenpolitik die Toleranzgrenze dessen überschritten, was sowjetische Interessen zulassen konnten (Breschnew-Doktrin).

Aber die sogenannten Ostverträge der Bundesrepublik mit der Sowjetunion und ihren Verbündeten, der Grundvertrag mit der DDR und das Berliner Viermächte-Abkommen anfangs der siebziger Jahre schufen die Voraussetzung für einen ersten Brückenschlag zwischen den beiden entfremdeten Teilen Europas. Er fand 1975 seinen ersten sichtbaren Niederschlag in der über Jahre hinweg im Rahmen der Konferenz für Sicherheit und Zusammenarbeit in Europa (KSZE) ausgehandelten Schlußakte von Helsinki.

Es ist vielleicht nicht zufällig, daß in diesen Jahren im Westen die Einigungsbemühungen nicht viel über eine dreifache Erweiterung der Europäischen Gemeinschaft und im Osten nicht über einige mehr oder weniger überzeugende Reformen im Warschauer Pakt und im Rat für gegenseitige Wirtschaftshilfe hinauskamen. Um so mehr Energie und Geduld wurde in den mühsamen Ost-West-Dialog gesteckt. Und dies auf mehreren Ebenen zugleich: zwischen den Vereinigten Staaten und der Sowjetunion im Bereich strategischer Waffen; zwischen Mitgliedstaaten der beiden Bündnissysteme, Warschauer Pakt und Atlantikpakt, bei Verhandlungen über einen Truppenabbau in Mitteleuropa (MBFR) und eben im Forum der 35 KSZE-Staaten mit ihren verschiedenen Folgetreffen (Belgrad, Madrid und Wien) sowie zahlreichen Sonderkonferenzen.

Die entscheidende Wende hüben und drüben kam 1985: in der Europäischen Gemeinschaft mit dem Anstoß zur Einheitlichen Akte und in der Sowjetunion mit dem Amtsantritt von Michail Gorbatschow, Generalsekretär der Kommunistischen Partei und bald danach auch Präsident der Sowjetunion. Wo in Westeuropa die Einheitliche Akte mit ihrem Nahziel eines gemeinsamen Binnenmarktes der Integration neuen Auftrieb gab, schuf Gorbatschows Bereitschaft zu weitreichenden Reformen im Innern und einer kompromißbereiten Öffnung nach außen ganz neue Perspektiven für Europas politische Ordnung von morgen. Damit steht Europa vor einer neuen Phase seiner Entwicklung und mit diesem – hoffnungsvollen – Ausblick findet die vorliegende Dokumentation ihr (vorläufiges) Ende. Ihr neuer Titel faßt den überwältigenden Wandel der letzten Jahre zusammen: Nicht mehr die Spaltung, sondern die Einigung steht im Vordergrund, nicht mehr das Gegeneinander, sondern das Zueinander.

Die Zusammenstellung der Dokumente folgt, wo immer möglich, dem chronologischen Ablauf der Ereignisse. Sie sind, für Ost und West gleichermaßen, in verschiedene Zeitabschnitte gegliedert und jeweils von einer kürzeren Einführung begleitet. Diese soll die Dokumente in den allgemeinen politischen Zusammenhang stellen und die für das Verständnis der jeweiligen Phasen bezeichnenden Merkmale herausheben. Dafür sind im Text entsprechende Querverweise angebracht. Im übrigen sollen aber die Dokumente möglichst für sich selber sprechen.

*

Diese Einführung darf nicht schließen ohne den vielfachen Dank an alle, die das Zustandekommen des Bandes ermöglicht haben. Dazu gehört zunächst die Fritz-Thyssen-Stiftung in Köln, die – einmal mehr – mir ein großzügiges Stipendium gewährt hat, sodann die Bundeszentrale für politische Bildung und dort insbesondere Herr Rüdiger Thomas für ihre Bereitschaft, die Veröffentlichung des Bandes zu übernehmen.

Großen Dank schulde ich schließlich meinen beiden Assistenten, Herrn Urs Leimbacher und vor allem Herrn David Wartenweiler sowie Herrn Joachim Stephan von der Bundeszentrale für ihre wertvolle Hilfe bei der Zusammenstellung der reichhaltigen Dokumentation, und meiner wie immer hilfsbereiten und unermüdlichen Sekretärin, Frau Marianne Bruder, für die Betreuung des Manuskriptes.

I. Erwartungen und Enttäuschungen der ersten Nachkriegsjahre (1945–1947)

1. Die Pläne für eine gesamteuropäische Friedensordnung

1.1. Die Widerstandsbewegung und Europa

Die Idee eines vereinigten Europas überlebte die Katastrophe des Zweiten Weltkrieges in jener verborgenen Bewegung, zu der sie sich vor dem Zugriff des Nationalsozialismus hatte flüchten können: im Widerstand. Nicht, daß jeder gegen die Hitlersche »Neue Ordnung« gerichtete Widerstand zugleich auch ein Bekenntnis zu Europa gewesen wäre. Auch gab es in der Schweiz, in Großbritannien und in den Vereinigten Staaten eine Reihe von Organisationen, die sich offen zur europäischen Einigung bekennen konnten. Aber gerade im Widerstand verband sich der Kampf gegen Besatzung und Rassenhaß in besonderer Intensität mit dem Bekenntnis zu den Grundlagen europäischen Geistes. Sie bildeten fortdauernd über die Grenzen hinweg das gemeinsame Erbe der Vergangenheit und die Hoffnung auf eine bessere Zukunft. Unter dieses Vorzeichen gehörte, gewollt oder ungewollt, jeder, der sich die Überwindung totalitärer Herrschaft und die Schaffung einer europäischen Friedensordnung zum Ziele gesetzt hatte. Das hieß zunächst unvermeidlich Widerstand. Aber dieser Widerstand bedurfte nicht unbedingt einer Waffe: Das Zeugnis des Wortes und der lebendigen Idee besaß eine Kraft, vor der sich die Diktatoren jener Jahre fast noch mehr fürchteten. Ihre Stärke hatte zwei Ursachen: Sie war an keine nationalen Grenzen gebunden, und sie leitete sich aus den Erfahrungen und Ideen von Jahrhunderten europäischer Geschichte ab, die reicher und beständiger waren als alle Formen des brutalen Totalitarismus des gegenwärtigen Jahrhunderts.

Die Kriegsgefahr über Europa ließ den Europagedanken der Zwischenkriegszeit nochmals aufleben, als sollte er in einem letzten Versuch die kommende Katastrophe abwenden. Männer wie Léon Blum, Eduard Benesch und Graf Sforza warfen die Frage auf, ob mit der Schaffung der europäischen Einheit der Kriegsausbruch nicht doch noch verhindert werden könne. In Großbritannien und den Vereinigten Staaten erhielt die Idee einer Atlantischen Union, die in Clarence Streit ihren unermüdlichen Verfechter fand, starken Auftrieb. Der Vorschlag Winston Churchills im Juni 1940 zur Errichtung einer englisch-französischen Union erwuchs zwar vor allem aus dem Eindruck gemeinsamer Bedrohung. Er trug aber viel dazu bei, die Idee des europäischen Zusammenschlusses wachzuhalten, und fand nach dem Krieg im Pakt von Dünkirchen eine erste bescheidene Verwirklichung.

Der Kampf um die Befreiung Europas war zugleich auch ein Kampf um ein besseres Europa. Noch bevor im Widerstand einzelne Organisationen den Europagedanken übernahmen, hatten Dichter, Gelehrte und Politiker ihre Stimmen für dieses neue und geeinte Europa erhoben [D 1]. Die einzige Organisation, die auf dem Kontinent offen und in aller Welt hörbar für den europäischen Zusammenschluß eintreten konnte, war die schweizerische »Europa-Union«. Sie bildete gleichsam die letzte sichtbare Brücke, die den Europagedanken über die Kriegswirren in die Nachkriegszeit hinübertrug. Ihre Aufrufe ermutigten zugleich die vielen Gruppen des Widerstandes, ihren Kampf gegen den Nationalsozialismus auch für Europa zu führen. Zahlreiche Zeitschriften der Untergrundbewegungen und der Emigration legen Zeugnis davon ab, wie sich allmählich das Bekenntnis zur europäischen Einigung durchrang; in den Niederlanden, in Polen, Norwegen und Dänemark setzten sich Widerstandsgruppen für eine europäische Föderation ein. Sie erschien ihnen aus der damaligen Sicht als beste Lösung für das deutsche Problem und sicherster Weg zur Erreichung eines gerechten und dauerhaften Friedens.

Kein Wunder deshalb, daß selbst im nationalsozialistischen Deutschland Europa und seine Zukunft eine lebendige Hoffnung blieben. Die europäische Einigung war für die Angehörigen des deutschen Widerstandes untrennbar mit dem Schicksal ihres eigenen Landes verknüpft. Wo immer möglich suchten sie deshalb die Verbindung mit gleichgesinnten Kreisen des Auslands. Das »Programm der deutschen Opposition für Deutschland und Europa« [D 2] legt davon denkwürdiges Zeugnis ab. Es beweist, welche zentrale Stellung Europa in ihren Nachkriegsplänen einnimmt. Gerade für diese Deutschen mußte Europa, sein Wiedererstehen aus den Trümmern eines verlorenen Krieges und die Aufnahme Deutschlands in die europäische Völkergemeinschaft ein Ziel oder doch eine Hoffnung sein, deren Intensität und Aufrichtigkeit jeden falschen Nationalstolz beiseite schob.

Die mannigfachen Strömungen der europäischen Idee schlossen sich im Frühjahr 1944 erstmals zu einem Ganzen zusammen. In Paris trafen sich am 31. März führende Persönlichkeiten der Widerstandsbewegungen Italiens, Frankreichs, der Niederlande, Norwegens, Dänemarks und, man beachte, Polens und Jugoslawiens sowie ein Vertreter der deutschen Gegner des Nationalsozialismus. Trotz mancher Meinungsverschiedenheiten einigten sich die Teilnehmer auf eine gemeinsame Erklärung [D 3]. Darin finden sich wesentliche Grundzüge zahlreicher späterer Europa-Projekte bereits vorgezeichnet: die Schaffung einer gesamteuropäischen Regierung, einer gemeinsamen Streitmacht und eines obersten Gerichtshofes.

Die hier wiedergegebenen Dokumente der Widerstandsgruppen [D 2–4] zur europäischen Einigung sind nur ein ganz kleiner Ausschnitt aus der Fülle ähnlicher Zeugnisse. Sie sind aber, in sich noch unvollkommen und meist allgemein in ihrer Aussage, ein eindrückliches Monument für die bindende Kraft und die Faszination der europäischen Idee. Es war diese Idee, die den baren Rachedurst zurückzuhalten und letztlich durch ein schöpferisches Programm versöhnender Gemeinschaft zu überwinden wußte. Daran vermag die Tatsache nichts zu ändern, daß sich die Hoffnungen auf eine gesamteuropäische Friedensordnung und die Sicherung der Menschenrechte nur allzu schnell als große, aber sicher verzeihliche Illusion herausstellen sollten. Wie ein Rauhreif legte sich das expansive Vorgehen Moskaus in Mittel- und Osteuropa auf die europäischen Einigungspläne und brachte sie wenig später ganz zum Erstarren. Trotzdem blieb in all diesen Projekten eine Grundlinie unverkennbar: Sie gingen stets von einem ganzen Europa aus, dessen mögliche und bald unvermeidliche Teilung zu jener Zeit niemand anerkennen wollte. Die Idee einer Begrenzung der Integration auf die westeuropäischen Länder wäre darum den Widerstandskämpfern und, ganz allgemein, den Föderalisten als ein Verrat an Europa erschienen. Für sie lebte in den ersten Nachkriegsjahren die Vorstellung von einem einigen und ganzen Europa auch dann noch eine Weile fort, als die nackte Gewalt der Sowjetmacht ihre tatsächliche Verwirklichung bereits in die weite Zukunft gerückt hatte.

1.2. Die alliierten Pläne für Nachkriegseuropa

Für den Niedergang der europäischen Vormachtstellung in der Welt war wohl nichts bezeichnender als die Tatsache, daß es zwei außereuropäische Mächte waren, die das entscheidende Wort über die Zukunft Europas nach dem Zweiten Weltkrieg zu sprechen hatten. So trafen sich die Vereinigten Staaten von Amerika unter der Führung Roosevelts und die Sowjetunion mit Generalissimus Stalin an der Spitze als die großen Siegermächte im Herzen dieses Kontinents, der noch wenige Jahre zuvor die Geschicke der Welt weitgehend bestimmt hatte.

Der gemeinsame Kampf gegen den Hauptfeind, das nationalsozialistische Deutschland, hatte in der Formulierung der Kriegsziele zu einer Übereinstimmung geführt, die formal ihren Niederschlag in den von den Alliierten schon während des Krieges herausgegebenen Grundsatzerklärungen (so in der Viermächte-Erklärung der USA, der Sowjetunion, Großbritanniens und Chinas zur allgemeinen Sicherheit vom 30. Oktober 1943 und später in der »Dreimächte-Erklärung über das befreite Europa« vom 11. Februar 1945 [D 5]) fand. Roosevelt ging es dabei um das Fortbestehen der großen Allianz im Rahmen einer weltweiten Sicherheitsorganisation, in der außer den Vereinigten Staaten China, die Sowjetunion und Großbritannien die Führung übernehmen sollten und die vor allem keine Sonderbündnisse und regionale Gruppierungen zuließ. Aus diesem Grund konnten die Ideen der europäischen Widerstandsbewegung für ein Vereinigtes Europa bei Roosevelt keinen Anklang finden. Das galt nicht minder für den von Churchill in seiner Rede vom 21. März 1943 vorgebrachten Plan eines europäischen Staatenbundes unter britischer Führung und unter Ausschluß der Sowjetunion. Beide Vorstellungen zielten nach Auffassung des amerikanischen Präsidenten auf eine abermalige Aufteilung der Welt in Mächtegruppen ab, deren Vorläufer sich bisher als so unheilvoll für die Welt erwiesen hatten. Dabei dachte Churchill damals keineswegs an eine gegen Rußland gerichtete Allianz. Er betonte vielmehr die ausgleichende Funktion, die eine europäische Union in dem künftigen Konzert der drei Großmächte – Vereinigte Staaten, Sowjetunion und Großbritannien – haben könne. Eine solche Einstellung entsprang nicht allein der gebotenen Rücksicht auf den sowjetischen Kriegspartner, sondern gründete sich auf eine nüchterne Einschätzung der künftigen Machtverhältnisse auf dem Kontinent. Es schien dem britischen Premier wichtig, rechtzeitig ein Gegengewicht gegen die vordrängende Sowjetmacht zu schaffen – und dieses Gegengewicht sollte eben ein europäischer Staatenbund sein.

Dem stand bei der Formulierung der amerikanischen Nachkriegspolitik für Europa die Auffassung des damaligen Staatssekretärs Cordell Hull diametral entgegen. Er war nämlich der Ansicht, daß solche regionalen Bündnisse nur zu einer abermaligen Aufteilung der Welt in Einflußsphären führen und auf diese Weise bereits die Saat für den nächsten Krieg gelegt würde.

Sicher gab es bei der Planung für eine europäische Friedensordnung auch in der amerikanischen Administration Stellen, die sich vor allem mit dem wirtschaftlichen Zusammenschluß der europäischen Länder befaßten. So arbeitete in der Zeit vom Juni 1943 bis zum März 1944 ein besonderer Ausschuß über »Probleme der europäischen Einigung«. Je stärker sich aber die Idee der Vereinten Nationen zu konkreten Plänen verdichtete, desto weniger fanden Projekte regionaler Bündnissysteme im Weißen Haus Gehör. Roosevelt drängte vielmehr auf die Schaffung einer universellen Organisation, der die dauerhafte Sicherung des Friedens anvertraut werden sollte. Als die Westmächte deshalb darauf verzichteten, sich mit Moskau in einen Wettlauf um günstige strategische Ausgangspositionen in Mitteleuropa einzulassen, war dies Teil ihrer Bemühungen, Stalin zur Zusammenarbeit in der weltweiten Friedensorganisation zu bewegen. Roosevelt war auch durchaus bereit, der Sowjetunion eine Einflußsphäre in Osteuropa zuzugestehen und damit ihrem Sicherheitsbedürfnis entgegenzukommen. Das künftige Schicksal Europas hatte deshalb hinter dem Wunschbild der *one world* zurückzustehen. In einer solchen Weltsicht konnte die amerikanische Europapolitik nur untergeordnete Bedeutung haben. Ihr Kernstück bildete die totale Niederwerfung des nationalsozialistischen Deutschland und seine zukünftige wirksame Kontrolle und Neutralisierung. Die Eingliederung Deutschlands in eine gesamteuropäische Ordnung sollte die letzte Etappe der Befriedung des Kontinents werden. Ihr gingen die mühsam ausgehandelten Friedensverträge mit den übrigen ehemaligen Feindstaaten (Italien, Ungarn, Rumänien, Bulgarien und Finnland) voraus. Deutschland blieb bis zu den revolutionären Ereignissen 1989/90 gleichsam der ausgesparte Fleck auf der politischen Karte Europas und damit lange Zeit das ungelöste zentrale Problem der europäischen Friedensordnung.

Das etappenweise Herangehen an die Befriedung Europas – vom äußeren Umkreis zum eigentlichen Kernstück – macht deutlich, daß Europa als Einheit für Washington keine eigene Konzeption war – und es im Rahmen der *one world*-Idee auch gar nicht sein konnte. So fehlte in dieser Phase des fast blinden Vertrauens in die alle machtpolitischen und ideologischen Gegensätze überbrückende Weltorganisation eine westliche Europapolitik gerade in jenem historischen Augenblick, in dem sich die Sowjetunion anschickte, dieses Europa zu erobern. Wenn ihr das beinahe gelang, dann deshalb, weil die amerikanische Politik jener Zeit in verhängnisvoller Weise die tiefgreifenden Umwälzungen verkannte, die der Einbruch des Kommunismus in Europa verursachte. Die traditionellen Kategorien nationalstaatlicher Politik erwiesen sich als ungenügende Schranke gegenüber der Dynamik sowjetisch-kommunistischer Politik, in der sich außenpolitische Zielsetzung mit sozialrevolutionären Ideen zu einer übernationalen Kraft verbanden. Sie schuf in Europa – und bald in der ganzen Welt – eine ideologische und gesellschaftspolitische Konfrontation, die zu einer von Staatsgrenzen unabhängigen Auseinandersetzung um die bessere Lebensform wurde und deshalb von keiner noch so umfassenden Weltorganisation überwunden werden konnte.

Diese völlig veränderte Konstellation hätte ein ganz neues Herangehen an die Frage der europäischen Friedensordnung erfordert. So aber konnte das sozialrevolutionäre Programm des vordringenden Kommunismus, verbunden mit der gezielten Machtpolitik des Sowjetstaates, ungehindert nationale Grenzen durchbrechen und Mittel- und Osteuropa von Grund auf umformen. Nur langsam begann sich im Westen die Erkenntnis durchzusetzen, daß die Niederlage Deutschlands zwar ein

Kampf-, jedoch kein Kriegsziel darstellte, und deswegen, einmal erreicht, die Frage nach der weiteren Zukunft Europas noch lange nicht zu beantworten vermochte. Bevor man jedoch an eine Neuformulierung der politischen Konzeption denken konnte, rief der wirtschaftliche Zusammenbruch fast aller europäischen Länder nach sofortigen Hilfsmaßnahmen. Im Jahre 1946 wurde im Rahmen der Vereinten Nationen die Europäische Wirtschaftskommission (*Economic Commission for Europe*/ECE) gegründet [D 6]. Sie ging auf eine amerikanische Initiative zurück, die damals bezeichnenderweise noch von dem bereits kommunistisch regierten Polen unterstützt wurde. Die Begründer der ECE waren deshalb geneigt, in ihr nicht allein ein wirksames Instrument für den wirtschaftlichen Wiederaufbau Gesamteuropas zu sehen, sondern wünschten, mit ihr auch dessen sich bereits abzeichnende Spaltung aufhalten zu können. Die Entwicklung der ECE zerstörte diese Hoffnung sehr rasch: die Mitgliedschaft der drei Siegermächte – Vereinigte Staaten, Großbritannien und Sowjetunion – trug deren tiefgreifende Divergenzen unmittelbar in die Organisation hinein. Sie verhinderte damit, daß die ECE zum Ausgangspunkt für die wirtschaftliche Zusammenarbeit aller europäischen Staaten werden konnte.

Die Verhärtung der politischen Fronten ließ die Kriegsallianz der Siegermächte stückweise zerbröckeln. Stalin hatte Osteuropa bereits weitgehend unter seine Kontrolle gezwungen und setzte nunmehr an, seinen Herrschaftsbereich weiter nach Westen hin auszudehnen (s. S. 41ff.). Für Washington war damit der Punkt erreicht, an dem es seine bisherige Europapolitik einer schmerzhaften Überprüfung unterziehen mußte. Zwar wirkte auch jetzt noch, ein Jahr nach Kriegsende, die Rücksicht auf den sowjetischen Bündnispartner fort. Noch gab es keine eigentliche Konzeption dafür, wie der einsetzende Kalte Krieg bewältigt werden sollte – oder sie befand sich bestenfalls in den allerersten Anfängen. Die Rede des damaligen Staatssekretärs Byrnes in Stuttgart im September 1946 deutet auf dieses Umdenken hin. Zumindest ist sie eine entscheidende Etappe dieser Neuorientierung. Byrnes' Worte waren aber zunächst und vor allem eine an Moskau gerichtete Warnung. Je mehr jedoch in Amerika die enttäuschende Einsicht wuchs, daß der Traum von einer »ungeteilten Welt« keine Wirklichkeit werden konnte, desto mehr verdichtete sich der Plan einer europäischen Einigung zu einem konkreten politischen Ziel. Als sich Washington schließlich offen dazu bekannte, war die Spaltung des Kontinents bereits so weit fortgeschritten, daß das Ideal einer gesamteuropäischen Friedensordnung auf die Realität einer westeuropäischen Notgemeinschaft zusammengeschrumpft war.

1.3. »Föderalisten« und »Realisten« im Widerstreit

Träger des Europagedankens blieben in den ersten Nachkriegsjahren vor allem private europäische Organisationen. Sie übernahmen die Funktion einer Avantgarde. Ihr Einfluß war zunächst um so stärker, als ein großer Teil ihrer führenden Persönlichkeiten zugleich eine entscheidende politische Rolle in ihren Heimatländern spielte (so Paul Ramadier, Robert Schuman, Jean Monnet, Konrad Adenauer, Alcide de Gasperi, Winston Churchill, Paul van Zeeland, Hendrik Brugmans). In dem Maß, in dem jedoch diese Europaideen in die offizielle Politik einflossen, wurden sie der Zerreißprobe widerstreitender nationaler und zwischenstaatlicher Interessen ausgesetzt. Sehr bald zeigte sich, daß der Gedanke einer europäischen Föderation keineswegs von allen Befürwortern eines engeren Zusammenschlusses der europäischen Staaten unterstützt wurde. Wo die einen – die Föderalisten – nur in einem politisch geeinigten Europa eine Chance für dessen Selbständigkeit sahen, war dies für die Realisten bestenfalls ein Fernziel. Für sie war angesichts der kommunistischen Bedrohung ein möglichst rascher Zusammenschluß der westeuropäischen Demokratien das dringlichste Gebot. Dafür bedurfte es aber nicht des mühevollen Weges einer völligen oder teilweisen Aufgabe der eben wiedererstandenen nationalstaatlichen Souveränitäten. So kam es, daß zur gleichen Zeit, in der die europäischen Föderalisten ihr Aktionsprogramm für eine europäische Föderation ausarbeiteten (das sogenannte Hertensteiner Programm), Winston Churchill am 17. September 1946 in Zürich seine berühmte Europarede hielt [D 7, 8]. Sie bildete die logische Fortführung seiner im März gehaltenen Ansprache in Fulton (USA), in der zum ersten Mal das Wort vom »Eisernen Vorhang« zwischen Ost und West gefallen war. Die oft prophetisch wirkende Klarsicht des ehemaligen britischen Premiers ließ ihm keine Illusionen mehr über die Ziele der sowjetischen Europapolitik. Im Unterschied zu den Föderalisten war für Churchill die Einheit Europas bereits damals auf lange Zeit hinaus verloren. Jetzt konnte es sich nur noch darum handeln, der westlichen Welt die ungeheure Bedrohung bewußt zu machen, in der das frei gebliebene Europa schwebte. Das bedeutete nicht allein die klare Absage an den verhängnisvollen Mythos von der *one world,* sondern auch eine Sammlung und Selbstbesinnung Europas auf seine Kräfte zum selbständigen Handeln. Ohne sich ausdrücklich gegen die Sowjetunion zu wenden, wies Churchill darauf hin, daß dieses Europa die ihm durch das amerikanische Atombombenmonopol gewährte Sicherheit zum eigenen Wohle nutzen solle. Der erste Schritt zur Wiederherstellung der europäischen Völkerfamilie müsse eine Partnerschaft zwischen Frankreich und Deutschland sein; dem könne als nächster Schritt die Bildung eines »europäischen Rates« folgen.

Dieser Aufruf zur Sammlung der freien Länder Europas stellte sie mitten in den Ost-West-Konflikt hinein und ließ ihnen – wie es sich die Föderalisten gewünscht hatten – keine Zeit, den Kontinent zu einer unabhängigen, in sich geschlossenen Einheit zu formen. Churchills Realismus zog, künftige Entwicklungen vorwegnehmend, die Grenze dort, wo sich bereits kommunistischer Machtbereich und westlich-demokratische Ordnungsvorstellungen unversöhnlich gegenüberstanden. Eine solche Sicht Churchills enthielt ein Maß an Resignation, das hinzunehmen die europäischen Föderalisten zum damaligen Zeitpunkt sich weigerten. Ihr Wille, Europa aus dem Ost-West-Konflikt herauszuhalten und als Einheit zu bewahren, manifestierte sich noch in den späteren Erklärungen der im Dezember 1946 gegründeten *Union Européenne des Fédéralistes* (UEF). So charakterisierte eine Presseverlautbarung diese Grundtendenz der ersten Arbeitstagung der UEF in Amsterdam (April 1947) mit folgenden Worten: »... Absolute Gegnerschaft gegen jede Blockbildung. Diese Feststellung ist um so bemerkenswerter, als der Kreuzzug, den verschiedene Stars der internationalen Politik, wie Churchill, van Zeeland usw., seit einiger Zeit für die Bildung eines föderalistischen Europa predigen, auf die Gründung eines exklusiven Westblocks ausgeht. Dieser Art von Föderalismus gegenüber definierten die in Amsterdam versammelten Delegierten Europa als eine ›offene Gesellschaft‹«.

So standen sich auf der internationalen Ebene die beiden unterschiedlichen Konzeptionen des pragmatischen Churchill und der idealistischen Föderalisten gegenüber. Parallel zu der weiteren weltpolitischen Entwicklung schwächten sich die trennenden Gegensätze allmählich ab. Sie verschwanden jedoch niemals völlig, sondern tauchten in der einen oder anderen Form an entscheidenden Stationen der europäischen Einigung wieder auf. Ihre wesentlichen Punkte betreffen Umfang und Methode der Einigung und die künftige Stellung Deutschlands in einem geeinten Europa. In der konservativ-pragmatischen Sicht des Engländers Churchill sollte auf der Grundlage der deutsch-französischen Verständigung und im Schutze der amerikanischen Atombombe das europäische Staatenkonzert wiederhergestellt, jedoch von einem europäischen Rat als oberstem Organ zu einem Staatenbund zusammengefaßt werden. In dieser Konzeption war das Wiedererstehen eines deutschen Nationalstaates als Selbstverständlichkeit vorweggenommen, wie überhaupt der anvisierte Staatenbund die nationale Souveränität praktisch unangetastet ließ. Dieser »restaurativen« These stellten die Föderalisten einen europäischen Bundesstaat gegenüber, in dem Deutschland als Teil eines Ganzen fest eingegliedert (und damit auch kontrolliert) werden sollte. Dieser Bundesstaat setzte auch die Übertragung wesentlicher Souveränitätsrechte seiner Mitgliedstaaten voraus. Auf weltpolitischer Ebene sah Churchill den europäischen Staatenbund zusammen mit Nordamerika als zwei Kreise innerhalb der atlantischen Welt, in deren Schnittpunkt Großbritannien als dritter Kreis gleichsam die politische Schlüsselstellung einnehmen würde. Dieser in drei Zentren aufgeteilten Blockbildung stellten die Föderalisten die Konzeption eines geeinten Europa gegenüber. Es sollte seinerseits den ausgleichenden und stabilisierenden Mittelpunkt zwischen atlantischer und kommunistischer Welt bilden.

Auf dem bereits zum Symbol gewordenen Haager Kongreß der europäischen Organisationen (vom 7. bis 10. Mai 1948) trafen nun erstmals die beiden verschiedenen Europakonzeptionen förderalistisch-sozialistischer und konservativ-nationalstaatlicher Prägung aufeinander. Inzwischen hatten die Machtergreifung der tschechoslowakischen Kommunisten in Prag (Februar 1948) und die fortschreitende Konsolidierung der sowjetischen Herrschaft in Mittel- und Osteuropa (vgl. S. 95ff.) die Entscheidung über die künftigen Grenzen der europäischen Integration bereits weitgehend vorausbestimmt. Die europäischen Föderalisten sahen sich damit ihrer Hoffnung auf einen gesamteuropäischen Zusammenschluß fast völlig beraubt. Churchills Plan für eine Westeuropäische Union rückte dagegen als einzig mögliche Alternative in den Vordergrund.

In der Zeit zwischen Oktober 1948 und Februar 1949 schlossen sich – mit Ausnahme der Parlamentarier-Union – alle bestehenden Europaorganisationen zur Europäischen Bewegung (*European Movement*) zusammen. Vom 25. bis zum 28. Februar 1949 veranstaltete die neugeschaffene Dachorganisation in Brüssel ihren ersten Kongreß. Er konnte sich bei seinen Arbeiten bereits auf die Beschlüsse der Regierungen des Brüsseler Paktes vom 29. Januar 1949 stützen, die die Schaffung eines europäischen Ministerrates und einer europäischen Beratenden Versammlung – also der beiden Hauptorgane des künftigen Europarates – vorsahen. Es galt nun, die Grundlagen für die nächste Stufe der Einigung zu schaffen. Die vom Kongreß verabschiedeten politischen Richtlinien sind stark von dem alles überschattenden Ost-West-Gegensatz gezeichnet. Trotzdem enthalten auch sie noch ein eindeutiges Bekenntnis zu einer Union *aller* europäischen Völker, von der Osteuropa nicht ausgeschlossen werden dürfe. Im Dezember des gleichen Jahres rief eine von der Europäischen Bewegung veranstaltete Kulturkonferenz in Lausanne die beiden heute noch bestehenden Institutionen des Europa-Kollegs in Brügge (Belgien) und des Europäischen Kulturzentrums in Genf ins Leben.

Zusammen mit der Schaffung des Europarates und der Forderung eines Europäischen Gerichtshofes für Menschenrechte stellen diese Beschlüsse der Europäischen Bewegung wohl das Maximum dessen dar, was vier Jahre nach dem Kriege von einer so vielfältigen und heterogenen Dachorganisation erwartet werden durfte. Ihre Politik konnte nur das Bemühen sein, wie Eugen Kogon am Schluß des Brüsseler Kongresses mit zurückhaltender Zuversicht sagte, daß erstens die Einigung Europas nicht stehenbleibt, daß zweitens alle lebendigen Kräfte Europas darin vertreten bleiben und daß drittens Osteuropa nicht vergessen wird.

Der fast revolutionäre Idealismus der europäischen Föderalisten aus der Widerstandsbewegung mußte dem nüchternen Pragmatismus jener Politiker weichen, für die nationale Interessen immer noch den Vorrang hatten und deren Europapolitik sich – vielleicht zu rasch – mit der Spaltung des Kontinentes abfand.

Dokumente

D 1: Léon Blum über die Zukunft Europas, 14. Oktober 1939

Die Lösungen, an die wir Sozialisten denken, sind jene, die die Eingliederung Deutschlands in eine europäische Organisation zur Folge hätten – eine Organisation, die von sich aus sichere Gewähr gegen die Rückkehr von Gewaltanschlägen bieten und aus sich heraus die Elemente einer echten Sicherheit und eines dauerhaften Friedens schaffen würde. Wir kommen damit immer wieder zu gleichen Formeln, zu derselben Schlußfolgerung: die Unabhängigkeit der Nationen im Schoß eines föderativen und abgerüsteten Europa. Das sind unsere »Kriegsziele«, was nichts anderes bedeutet, als daß dies für uns die Bedingungen für den Frieden sind.

Quelle: Centre d'action pour la fédération européenne (Hrsg.), L'Europe de Demain, Neuchâtel 1945, S. 90 (Übersetzung durch Hrsg.).

D 2: Programm der deutschen Opposition für Deutschland und Europa. Erklärung, abgegeben von dem deutschen Pfarrer Dr. Hans Schönfeld, dem Direktor der Forschungsabteilung des Weltkirchenrates, in Stockholm am 31. Mai 1942 (Auszug)

I. [...]
II. Die Leiter dieser Schlüsselgruppen* sind jetzt bereit, die nächste Gelegenheit zur Beseitigung von Hitler, Himmler, Göring, Goebbels, Ley und anderen zu ergreifen, mit denen zusammen gleichzeitig die Hauptführer der Gestapo, der SS und der SA beseitigt (*destroyed*) werden, vor allem auch in den besetzten Ländern.

Dieser Herrschaftswechsel würde nicht zur Errichtung einer militärischen Clique führen, die die ganze Lage kontrollieren würde, sondern zur Machtübernahme einer Regierung, die sich aus den wichtigen Vertretern der drei Hauptgruppen zusammensetzt und die fähig und fest entschlossen ist, eine vollständige Änderung des gegenwärtigen Systems der Rechtlosigkeit und der sozialen Ungerechtigkeit herbeizuführen.

Ihr Programm ist durch folgende Hauptziele bestimmt:

1. Eine deutsche Nation, durch Recht und soziale Gerechtigkeit geleitet, mit einem großen Maße verantwortlicher Selbstverwaltung in allen wichtigen Regionen.
2. Wiederaufbau der Wirtschaftsordnung gemäß wirklich sozialistischen Leitsätzen; anstelle einer selbstgenügsamen Autarkie eine enge Zusammenarbeit unter freien Nationen, deren wirtschaftliche Interdependenz die stärkstmögliche Gewähr gegen einen reaktionären (*selfreactionary*) europäischen Militarismus wäre.
3. Eine europäische Föderation von freien Staaten oder Nationen, einschließlich Großbritannien, die mit andern Föderationen von Nationen eng zusammenarbeiten würde.

Dieser europäische Staatenbund freier Nationen, dem auch eine freie polnische und eine freie tschechische Nation angehören würde, müßte eine gemeinsame Regierung haben, unter deren Leitung eine europäische Armee geschaffen würde für die dauernde Regelung der europäischen Sicherheit.

[...]

---

* Gemeint sind: Mitglieder der Heeresleitung und zentralen Staatsverwaltung, Führer früherer Gewerkschaften und führende Persönlichkeiten der christlichen Kirchen.

Quelle: Vierteljahrshefte für Zeitgeschichte, 1957, 4, S. 395ff. (Übersetzung durch Hrsg.).

D 3: Projekt einer Deklaration über die europäische Zusammenarbeit, ausgearbeitet von Widerstandskämpfern aus verschiedenen europäischen Ländern, Frühjahr 1944 (Auszug)

Einige aktive Mitstreiter der Widerstandsbewegungen in Dänemark, Frankreich, Italien, Norwegen, den Niederlanden, Polen, der Tschechoslowakei und Jugoslawien sowie der Vertreter einer Gruppe aktiver Antinationalsozialisten in Deutschland haben sich in einer Stadt Europas am 31. März bzw. am 29. April, am 20. Mai sowie am

6. und 7. Juli (1944) zusammengefunden. Sie haben das nachfolgende Deklarationsprojekt ausgearbeitet, das sie zur weiteren Erörterung und Billigung ihren jeweiligen Bewegungen wie auch der Gesamtheit der europäischen Widerstandsbewegungen unterbreiten. Sie halten es für angebracht, schon jetzt dieses ihr Projekt der internationalen öffentlichen Meinung vorzulegen, unter dem Vorbehalt, den endgültigen Wortlaut dann zu veröffentlichen, wenn er von den verschiedenen Bewegungen, Gruppen und Parteien, denen er vorgelegt worden ist, endgültig gebilligt wurde.

I. Der Widerstand gegen die nationalsozialistische Unterdrückung, der die Völker Europas in einem gemeinsamen Kampf verbindet, hat zwischen ihnen eine Solidarität sowie eine Gemeinschaft der Ziele und Interessen geschaffen, die ihre ganze Bedeutung und ihre ganze Tragweite in der Tatsache sich niederschlagen lassen, daß die Delegierten der europäischen Widerstandsbewegungen sich zusammengefunden haben, um die gegenwärtige Deklaration zu formulieren, in der sie ihre Hoffnungen und ihre Absichten im Hinblick auf die Zivilisation und den Frieden zum Ausdruck bringen wollen.

[...]

Indem sie die wesentlichen Bestimmungen der Atlantik-Charta sich zu eigen machen, erklären sie, daß das Leben der Völker, die sie vertreten, auf die Achtung der Person, die Sicherheit, die soziale Gerechtigkeit, die umfassende Nutzung der wirtschaftlichen Hilfsquellen zugunsten der Gemeinschaft in ihrer Gesamtheit und die autonome Entfaltung des nationalen Lebens begründet sein muß.

II. Diese Ziele können nur erreicht werden, wenn die verschiedenen Länder der Welt sich bereit erklären, das Dogma der absoluten Staatssouveränität abzustreifen, indem sie sich einer gemeinsamen Bundesorganisation eingliedern.

[...]

III. Der Frieden in Europa stellt den Schlüssel zum Frieden in der Welt dar. Tatsächlich ist Europa im Zeitraum einer einzigen Generation das Auslösezentrum zweier Weltkriege geworden, wobei hierfür wesentlich maßgebend war, daß auf diesem Kontinent 30 souveräne Staaten existierten. Es ist unerläßlich, gegen diese Anarchie anzugehen, indem eine Bundesordnung für die europäischen Völker geschaffen wird.

Nur eine Bundesordnung wird die Teilnahme des deutschen Volkes am europäischen Leben gestatten, ohne daß es zur Gefahr für andere Völker würde.

Nur eine Bundesordnung wird es gestatten, die Probleme der Grenzziehung in Gebieten mit gemischter Bevölkerung zu lösen, so daß diese Gebiete aufhören, der Gegenstand irrer nationalistischer Begehrlichkeit zu sein, womit sie zu reinen Fragen der territorialen Abgrenzung, der Verwaltungshoheit werden.

Nur eine Bundesordnung wird die Erhaltung der demokratischen Institutionen in solcher Weise gestatten, daß die noch nicht politisch voll gereiften Völker die allgemeine Ordnung nicht gefährden können.

Nur eine Bundesordnung wird den wirtschaftlichen Wiederaufbau des Kontinents und die Ausschaltung der Monopole sowie der nationalen Autarkie gestatten.

Nur eine Bundesordnung wird eine logische und natürliche Lösung des Problems des Zuganges zum Meer für Völker finden, die im Binnengebiet des Kontinents gelegen sind, sowie des Problems einer rationellen Verwendung der Ströme, die verschiedene Staatsgebiete durchfließen, des Problems der Kontrolle der Meerengen und schließlich überhaupt ganz allgemein der Mehrzahl der Fragestellungen, die während der letzten Jahre die internationalen Beziehungen getrübt haben.

IV. Es ist nicht möglich, schon jetzt die geographischen Grenzen einer Bundesordnung vorzusehen, die den europäischen Frieden gewährleisten soll. Jedoch ist es angebracht festzustellen, daß diese Bundesordnung von Anfang an stark und umfassend genug sein muß, um der Gefahr zu entgehen, nur die Einflußzone eines fremden Staates zu sein oder das Instrument für die Hegemonie-Politik eines Mitgliedes. Darüber hinaus muß sie von Anfang an allen Ländern offenstehen, deren Gebiet ganz oder teilweise in Europa liegt und die Mitglieder werden können und wollen.

Die Bundesordnung muß sich auf eine Deklaration der Menschenrechte, der persönlichen, der politischen und der wirtschaftlichen, gründen, die die freie Entwicklung der menschlichen Person und das normale Funktionieren der demokratischen Funktionen gewährleistet. Darüber hinaus muß sie sich auf eine Deklaration der Minderheitenrechte stützen, die eine autonome Existenz dieser Minderheiten insoweit sicherstellt, wie dies mit der Integrität der Nationalstaaten vereinbar ist, auf deren Staatsgebiet sie sich befinden.

Die Bundesordnung darf nicht das Recht eines jeden Mitgliedstaates einschränken, die ihm eigenen Probleme in Übereinstimmung mit seinen völkischen und kulturellen Eigenarten zu lösen. Jedoch werden die Staaten, in Erinnerung an die Erfahrungen und Fehlschläge des Völkerbundes, unwiderruflich an den Bund diejenigen Kompetenzen ihrer Souveränität abtreten müssen, die die Verteidigung des Territoriums, die Beziehungen mit Mächten außerhalb des Bundes, die Wirtschaftsbeziehungen und die internationalen Verbindungswege zum Gegenstand haben.

V. Der Frieden, der aus dem Kriege geboren werden soll, muß sich auf Gerechtigkeit und auf den Fortschritt gründen, nicht auf Rache und Reaktion. Dennoch wird eine unnachsichtige Einstellung gegenüber allen Kriegsverbrechern erforderlich sein, die ungestraft zu lassen eine Beleidigung für das Opfer der Kriegstoten und insbesondere der namenlosen Helden des europäischen Widerstandes wäre. Deutschland und seine Satelliten werden am wirtschaftlichen Wiederaufbau der Gebiete mitwirken müssen, die von ihnen verwüstet wurden, aber Deutschland muß geholfen werden, notwendigenfalls sogar gezwungen, seine politische und wirtschaftliche Struktur zu ändern, damit es sich dem europäischen Bunde eingliedern könne. Hierfür wird es gänzlich entwaffnet und für eine Übergangszeit einer Bundesaufsicht unterstellt werden müssen, deren wichtigste Aufgaben die folgenden sind: Die Macht in die Hände derjenigen legen, die ehrlich demokratisch gesonnen sind und die sich ohne Zweideutigkeit gegen den Nationalsozialismus gestellt haben; einen demokratisch und dezentralisierten Staat aufbauen, in dem es weder Bürokratismus noch preußischen Militarismus gibt; die umfassende Zerstörung der feudalistischen Elemente in Agrar- und Industriestruktur; die Eingliederung der deutschen Schwerindustrie und der deutschen chemischen Industrie in die europäische Industrieorganisation, damit diese nicht mehr deutschen nationalistischen Zielsetzungen dienen können; Verhinderung einer Erziehung der deutschen Jugend im Sinne der Doktrinen nationalsozialistischer, militaristischer und totalitärer Lebensauffassung.

Quelle: Centre d'action pour la fédération européenne (Hrsg.), L'Europe de Demain, Neuchâtel 1945, S. 70 ff. (Übersetzung: Deutsche Gesellschaft für Auswärtige Politik).

D 4: Der polnische Widerstand und Europa. Aufsatz in der Zeitschrift »Freiheit«, Februar 1944

Der Wiederaufbau Europas und der Friede in der Welt werden nur in einem »*Commonwealth* von Nationen« möglich sein, das nicht allein die bewaffneten Konflikte und ihre Bedrohungen ausschließt, sondern auch die sozialen und wirtschaftlichen Kämpfe. Die vom Faschismus angegriffenen fortschrittlichen Kräfte der Nationen geben sich nicht mit einem Kampf gegen die Achsenmächte zufrieden. Sie setzen alles daran, um auch in der Übergangszeit den reaktionären Elementen den Zugang zur Macht zu versperren.

Das heute so berechtigte und verständliche Verlangen nach Rache weckt in uns einen großen Durst nach Gerechtigkeit. Aber dieses Verlangen kann leicht in einen Drang zur Beherrschung anderer Nationen umschlagen, und in diesem Falle blieben nach einer Niederlage des Nationalsozialismus seine ihm eigenen Methoden und Vorstellungen siegreich. Wir müssen deshalb die Leidenschaft der Rache aufgeben und uns zum Ideal der Gerechtigkeit bekennen.

Eine Ordnung Europas auf einer neuen Grundlage der Zusammenarbeit, der Sicherheit und der Freiheit gäbe Polen eine neue Zukunft.

Quelle: Centre d'action pour la fédération européenne (Hrsg.), L'Europe de Demain, Neuchâtel 1945, S. 106 (Übersetzung durch Hrsg.).

D 5: Dreimächte-Deklaration über das befreite Europa. Jalta den 11. Februar 1945 (Auszug)

5. Erklärung über das befreite Europa

Wir haben eine Erklärung über das befreite Europa aufgesetzt und uns dazu bekannt. Diese Erklärung sieht eine Gleichschaltung der Politik der drei Mächte und ihr gemeinsames Vorgehen bei der Lösung der politischen und wirtschaftlichen Probleme des befreiten Europa auf demokratischer Grundlage vor. Sie lautet wie folgt:

Der Premierminister der UdSSR, der Premierminister des Vereinigten Königreiches und der Präsident der Vereinigten Staaten von Amerika haben im gemeinsamen Interesse der Völker ihrer Länder und des befreiten Europa Beratungen miteinander abgehalten. Sie erklären gemeinsam ihr gegenseitiges Einverständnis, die entsprechende Politik ihrer drei Regierungen während des zeitweiligen Vorherrschens ungeordneter Zustände im befreiten Europa gleichzuschalten, um den Völkern der früheren Vasallenstaaten der Achse bei der auf demokratischem Wege herbeizuführenden Lösung ihrer drängenden politischen und wirtschaftlichen Probleme beizustehen.

Die Herstellung der Ordnung in Europa und der Wiederaufbau eines nationalen Wirtschaftslebens müssen in einer Weise zuwege gebracht werden, die es den betreffenden Völkern gestattet, die letzten Spuren des Nationalsozialismus und Faschismus zu beseitigen und demokratische Einrichtungen nach eigener Wahl zu schaffen.

Der Grundsatz der Atlantik-Charta – das Recht aller Völker, sich die Regierungsform, unter der sie leben werden, selbst zu wählen – ist die Rückgabe der souveränen Rechte und der Selbstverwaltung an diejenigen Völker, die dieser durch die Angriffsvölker mit Gewalt beraubt worden sind.

Zur Schaffung von Bedingungen, unter denen die befreiten Völker diese Rechte ausüben können, werden die drei Regierungen, wo immer es die Umstände ihrer Ansicht nach erfordern, die Völker der befreiten europäischen Staaten oder der früheren europäischen Vasallenstaaten der Achse gemeinsam in folgendem unterstützen:

a) bei der Wiederherstellung von Friedensverhältnissen;

b) bei der Durchführung von Notmaßnahmen zwecks Unterstützung Hilfsbedürftiger;

c) bei der Schaffung vorläufiger Regierungsgewalten, die eine umfassende Vertretung aller demokratischen Elemente der Bevölkerung darstellen und die zur baldestmöglichen Errichtung von dem Volkswillen entsprechenden Regierungen auf dem Wege freier Wahlen verpflichtet sind;

d) nötigenfalls bei der Durchführung solcher Wahlen.

Die drei Regierungen werden die anderen Vereinten Nationen und provisorischen Gewalten oder andere Regierungen in Europa zu Rate ziehen, wenn Angelegenheiten, die für diese von unmittelbarem Interesse sind, behandelt werden.

Falls die Verhältnisse in einem der befreiten Staaten Europas oder einem früheren europäischen Vasallenstaat der Achse nach Ansicht der Regierungen ein solches Vorgehen erfordern, werden diese sofort über die notwendigen Maßnahmen zur Erfüllung der in dieser Erklärung dargelegten gemeinsamen Verpflichtungen miteinander beraten.

Mit dieser Erklärung bestätigen wir von neuem unseren Glauben an die Grundsätze der Atlantik-Charta, unser in der Erklärung der Vereinten Nationen gegebenes Gelöbnis und unseren Entschluß, in Zusammenarbeit mit anderen friedliebenden Nationen eine auf Recht und Gesetz gegründete Weltordnung zu schaffen, die dem Frieden, der Sicherheit, der Freiheit und dem allgemeinen Wohl der gesamten Menschheit geweiht ist.

Indem die drei Mächte diese Erklärung herausgeben, sprechen sie die Hoffnung aus, daß die provisorische Regierung der französischen Republik sich an dem vorgeschlagenen Verfahren beteiligen möge.

Quelle: Amtsblatt des Alliierten Kontrollrates in Deutschland (Ergänzungsblatt Nr. 1), in: Hermann von Mangoldt, Kriegsdokumente über Bündnisgrundlagen, Kriegsziele und Friedenspolitik der Vereinten Nationen, Hamburg 1946, S. 35–47.

D 6: Beschluß des Wirtschafts- und Sozialrates der Vereinten Nationen über die Gründung der Wirtschaftskommission für Europa vom 28. März 1947

1. Die Wirtschaftskommission für Europa hat im Rahmen der Richtlinien der Vereinten Nationen und unter der allgemeinen Aufsicht des Rates, sowie mit der Maß-

gabe, daß sie ohne die Zustimmung der Regierung eines Landes sich jeder Betätigung in bezug auf dieses Land zu enthalten hat, folgende Aufgaben:

a) zur Förderung planmäßiger Zusammenarbeit beim wirtschaftlichen Wiederaufbau Europas, zur Steigerung der europäischen Wirtschaftstätigkeit und zur Aufrechterhaltung und Kräftigung der inner- und außereuropäischen Wirtschaftsbeziehungen der europäischen Länder Maßnahmen einzuleiten und sich daran zu beteiligen;

b) alle von ihr für zweckdienlich erachteten Untersuchungen über wirtschaftliche und technische Probleme der Mitgliedstaaten der Kommission und über wirtschaftliche und technische Entwicklungen in diesen Staaten und in ganz Europa vorzunehmen oder zu unterstützen;

c) die Sammlung, Auswertung und Verbreitung aller von ihr für zweckdienlich erachteten wirtschaftlichen, technischen und statistischen Auskünfte vorzunehmen oder zu unterstützen.

2. Während ihrer Anlaufzeit betrachtet die Kommission Maßnahmen zur Förderung des wirtschaftlichen Wiederaufbaus verwüsteter europäischer Mitgliedstaaten der Vereinten Nationen als vordringlich.

3. Sofort nach ihrer Errichtung nimmt die Kommission mit den Mitgliedsregierungen des Nothilfe-Wirtschaftausschusses für Europa, der Europäischen Kohleorganisation und der Europäischen Zentralen Binnenverkehrsorganisation hinsichtlich der alsbaldigen Abwicklung des erstgenannten Ausschusses sowie hinsichtlich der Übernahme oder Abwicklung der Arbeiten der beiden letztgenannten Organisationen Beratungen auf, wobei sicherzustellen ist, daß die Substanz der von diesen drei Organisationen geleisteten Arbeit voll und ganz erhalten bleibt.

4. Die Kommission ist befugt, hinsichtlich jeder in ihrer Zuständigkeit liegenden Angelegenheit unmittelbar an ihre Mitgliedsregierungen, an die gemäß nachstehendem Absatz 8 in beratender Eigenschaft hinzugezogenen Regierungen und an die in Betracht kommenden Fachorganisationen Empfehlungen zu richten. Die Kommission legt jeden ihrer Vorschläge für Maßnahmen, die die gesamte Weltwirtschaft nachhaltig beeinflussen würden, dem Rat zur vorherigen Bearbeitung vor.

5. Nach Beratung mit auf demselben Gebiet arbeitenden Fachorganisationen und mit Zustimmung des Rates kann die Kommission Hilfskörperschaften errichten, soweit sie dies zur Förderung der Durchführung ihrer Aufgaben für zweckdienlich erachtet.

6. Über ihre und ihrer Hilfskörperschaften Tätigkeit und Planung unterbreitet die Kommission dem Rat einmal im Jahr einen umfassenden Bericht und zu jeder ordentlichen Ratstagung einen Zwischenbericht.

7. Mitglieder der Kommission sind die europäischen Mitglieder der Vereinten Nationen und die Vereinigten Staaten von Amerika.

8. Die Kommission kann europäische Nichtmitgliedstaaten der Vereinten Nationen in beratender Eigenschaft hinzuziehen; sie legt die Bedingungen fest, unter denen diese an ihrer Arbeit teilnehmen dürfen.

9. Nach Errichtung des Freien Territoriums Triest lädt die Kommission Vertreter desselben ein, in beratender Eigenschaft an der Bearbeitung jeder das Freie Territorium besonders betreffenden Angelegenheit teilzunehmen.

10. Die Kommission kann bei den Vertretern der jeweiligen alliierten Kontrollbehörden besetzter Gebiete Rat einholen und von diesen um Rat gebeten werden zum Zwecke gegenseitiger Erkundigung und Auskunft über Fragen, die die Wirtschaft dieser Gebiete in bezug auf die übrige europäische Wirtschaft betreffen.

11. Die Kommission lädt jedes Nichtmitglied, das Mitglied der Vereinten Nationen ist, ein, in beratender Eigenschaft an der Bearbeitung jeder Angelegenheit teilzunehmen, die dieses Nichtmitglied besonders betrifft.
12. Die Kommission muß Vertreter der Fachorganisationen und kann Vertreter zwischenstaatlicher Organisationen – entsprechend dem Brauch des Wirtschafts- und Sozialrats – einladen, in beratender Eigenschaft an der Bearbeitung jeder Angelegenheit teilzunehmen, die die betreffende Fach- oder zwischenstaatliche Organisation besonders betrifft.
13. Die Kommission trifft die zur Aufrechterhaltung der notwendigen Verbindung mit anderen Organen der Vereinten Nationen und mit den Fachorganisationen erforderlichen Maßnahmen.
14. Die Kommission legt ihre eigene Geschäftsordnung fest, einschließlich des Verfahrens zur Wahl ihres Vorsitzenden.
15. Der Verwaltungshaushalt der Kommission wird aus den Mitteln der Vereinten Nationen bestritten.
16. Der Generalsekretär der Vereinten Nationen ernennt das Personal der Kommission; dieses gilt als Teil des Sekretariats der Vereinten Nationen.

Quelle: Yearbook of the United Nations, Lake Success/New York 1946/47, S. 483 (Übersetzung des Auswärtigen Amtes).

D 7: Rede Churchills am 19. September 1946 in Zürich (Auszug)

Wir müssen etwas wie die Vereinigten Staaten von Europa schaffen. Nur so können Hunderte von Millionen schwer arbeitender Menschen wieder die einfachen Freuden und Hoffnungen zurückgewinnen, die das Leben lebenswert machen. Das Verfahren ist einfach. Was wir benötigen ist der Entschluß von Hunderten von Millionen Männern und Frauen, Recht statt Unrecht zu tun und als Lohn Segen statt Fluch zu ernten.

Es war mir eine sehr große Freude, vor zwei Tagen in den Zeitungen zu lesen, daß mein Freund Präsident Truman sein Interesse und seine Sympathie mit diesem großen Plan ausgedrückt hat. Es gibt keinen Grund, warum eine regionale Organisation Europas in irgendeiner Weise im Gegensatz zu der Weltorganisation der Vereinten Nationen stehen sollte. Im Gegenteil, ich glaube, daß die größere Zusammenfassung nur dann überleben kann, wenn sie sich auf zusammenhängende natürliche Gruppen stützt. In der westlichen Hemisphäre gibt es bereits eine solche natürliche Gruppe. Wir Briten haben unser eigenes *Commonwealth of Nations*. Sie schwächen nicht, im Gegenteil, sie stärken die Weltorganisation. Sie sind sogar ihre Hauptstützen. Und warum sollte es keine europäische Gruppe geben, die den irregeleiteten Völkern dieses unruhigen und machtvollen Kontinents das Gefühl eines weitergespannten Patriotismus und einer gemeinsamen Staatszugehörigkeit einflößen könnte, und warum sollte sie nicht bei der Gestaltung des menschlichen Schicksals ihren rechtmäßigen Platz neben anderen großen Gruppen einnehmen? Um dies zu erreichen, bedarf es eines Glaubensaktes, an dem sich Millionen von Familien, die viele Sprachen sprechen, bewußt beteiligen müssen.

Ich spreche jetzt etwas aus, das Sie in Erstaunen setzen wird. Der erste Schritt bei der Neugründung der europäischen Familie muß eine Partnerschaft zwischen Frankreich und Deutschland sein. Nur auf diese Weise kann Frankreich die moralische Führung Europas wiedererlangen. Es gibt kein Wiederaufleben Europas ohne ein geistig großes Frankreich und ein geistig großes Deutschland. Die Struktur der Vereinigten Staaten von Europa, wenn sie gut und echt errichtet wird, muß so sein, daß die materielle Stärke eines einzelnen Staates von weniger großer Bedeutung ist. Kleine Nationen zählen ebensoviel wie große und erwerben sich ihre Ehre durch ihren Beitrag zu der gemeinsamen Sache. Die alten Staaten und Fürstentümer Deutschlands, frei vereint aus Gründen gegenseitiger Zweckmäßigkeit in einem Bundessystem, können alle ihren individuellen Platz in den Vereinigten Staaten von Europa einnehmen.

Ich versuche nicht, ein ausführliches Programm zu entwerfen für Hunderte von Millionen Menschen, die glücklich und frei sein wollen, zufrieden und sicher, die die vier Freiheiten, von denen der große Präsident Roosevelt sprach, genießen und nach den in der Atlantik-Charta verankerten Grundsätzen leben wollen. Ist dies ihr Wunsch, so müssen sie es nur sagen, und gewiß finden sich Mittel und Möglichkeiten, um diesen Wunsch Wirklichkeit werden zu lassen.

Ich muß Sie aber auch warnen. Die Zeit ist vielleicht knapp. Gegenwärtig haben wir eine Atempause. Die Geschütze schweigen. Der Kampf hat aufgehört, aber nicht die Gefahren. Wenn es uns gelingen soll, die Vereinigten Staaten von Europa oder welchen Namen auch immer sie tragen werden, zu errichten, müssen wir jetzt damit beginnen.

Ich möchte jetzt die Ihnen vorliegenden Vorschläge zusammenfassen. Es muß unser ständiges Ziel sein, die Stärke der UNO aufzubauen und zu festigen. Im Rahmen dieses die Welt umfassenden Plans müssen wir die europäische Familie in einer regionalen Struktur neu schaffen, die vielleicht die Vereinigten Staaten von Europa heißen wird. Der erste Schritt ist die Bildung eines Europarats. Wenn zu Anfang auch nicht alle Staaten Europas willens oder in der Lage sind, der Union beizutreten, müssen wir uns dennoch ans Werk machen, diejenigen Staaten, die es wollen und können, zusammenzufassen und zu vereinen. Die Rettung der Massen einer jeden Rasse und eines jeden Landes vor dem Krieg oder der Knechtschaft muß auf festen Grundlagen erfolgen und von der Bereitschaft aller Männer und Frauen geschützt werden, eher zu sterben, als sich der Tyrannei zu beugen. Bei dieser so dringenden Aufgabe müssen Frankreich und Deutschland die Führung zusammen übernehmen. Großbritannien, das Britische *Commonwealth of Nations*, das mächtige Amerika und, ich hoffe, Sowjetrußland – denn dann wäre in der Tat alles gut – müssen die Freunde und Förderer des neuen Europa sein und für sein Recht auf Leben und Glanz eintreten.

Quelle: R. S. Churchill, The Sinews of Peace. Post-War Speeches by W. S. Churchill, Cambridge 1949, S. 198f. (Übersetzung des Auswärtigen Amtes).

D 8: Das Hertensteiner Programm der europäischen Föderalisten, September 1946

1. Eine auf förderativer Grundlage errichtete europäische Gemeinschaft ist ein notwendiger und wesentlicher Bestandteil jeder wirklichen Weltunion.
2. Entsprechend den föderalistischen Grundsätzen, die den demokratischen Aufbau von unten nach oben verlangen, soll die europäische Völkergemeinschaft die Streitigkeiten, die zwischen ihren Mitgliedern entstehen könnten, selbst schlichten.
3. Die Europäische Union fügt sich in die Organisation der Vereinten Nationen ein und bildet eine regionale Körperschaft im Sinne des Art. 52 der Charta.
4. Die Mitglieder der Europäischen Union übertragen einen Teil ihrer wirtschaftlichen, politischen und militärischen Souveränitätsrechte an die von ihnen gebildete Föderation.
5. Die Europäische Union steht allen Völkern europäischer Wesensart, die ihre Grundgesetze anerkennen, zum Beitritt offen.
6. Die Europäische Union setzt die Rechte und Pflichten ihrer Bürger in der Erklärung der Europäischen Bürgerrechte fest.
7. Diese Erklärung beruht auf der Achtung vor dem Menschen in seiner Verantwortung gegenüber den verschiedenen Gemeinschaften, denen er angehört.
8. Die Europäische Union sorgt für den planmäßigen Wiederaufbau und für die wirtschaftliche, soziale und kulturelle Zusammenarbeit sowie dafür, daß der technische Fortschritt nur im Dienste der Menschheit verwendet wird.
9. Die Europäische Union richtet sich gegen niemand und verzichtet auf jede Machtpolitik, lehnt es aber auch ab, Werkzeug irgendeiner fremden Macht zu sein.
10. Im Rahmen der Europäischen Union sind regionale Unterverbände, die auf freier Übereinkunft beruhen, zulässig und sogar wünschenswert.
11. Nur die Europäische Union wird in der Lage sein, die Unversehrtheit des Gebiets und die Bewahrung der Eigenheit aller ihrer Völker, großer wie kleiner, zu sichern.
12. Durch den Beweis, daß es seine Schicksalsfragen im Geiste des Föderalismus selbst lösen kann, soll Europa seinen Beitrag zum Wiederaufbau und zu einem Weltbund der Völker leisten.

Quelle: Die Friedenswarte, 1947, 1/2, S. 68.

2. Stalins Konzeption für Europa

2.1. Die Sowjetunion und Osteuropa

Die Europapolitik der Sowjetunion war bis zum Zweiten Weltkrieg von der Sorge um die eigene Sicherheit und dem Wunsch nach größerer Einflußnahme auf die politische und soziale Entwicklung der Nachbarländer bestimmt gewesen. Um diese Ziele zu erreichen, war Stalin sogar zu einem Vertrag mit dem nationalsozialistischen

Deutschland bereit: In dem berühmt-berüchtigten Molotow-Ribbentrop-Vertrag vom 23. August 1939 teilten sich die beiden Mächte große Teile Osteuropas (Polen und die baltischen Staaten) in Einflußsphären auf. Das verhinderte nicht den deutschen Einmarsch bis tief in das Zentrum der sowjetischen Macht im Sommer 1941. Der ungemein verlustreiche Befreiungskampf der Roten Armee sollte deshalb zwei Kriegsziele erreichen helfen, die Stalin für sein Land als lebenswichtig ansah: die Umwandlung des bisher gegen Rußland gerichteten mittel- und osteuropäischen *Cordon sanitaire* in ein möglichst breites Aufmarschgebiet, das fortan als Sicherheitsstreifen gegen Westeuropa dienen sollte, und die Kontrolle über das besiegte Deutschland in einer Weise, daß es die sowjetische Vorherrschaft auf dem Kontinent nicht mehr ernsthaft bedrohen konnte.

Für Mittel- und Osteuropa bedeutete die Verwirklichung dieser Ziele ein Fünffaches: Einmal trachtete Stalin danach, die an die russische Westgrenze anschließenden Gebiete dem Einfluß Deutschlands zu entziehen; zweitens war dafür zu sorgen, daß die mittel- und osteuropäischen Staaten nicht unter die Herrschaft von Gruppen oder Parteien gerieten, die zwar Deutschland, aber zugleich auch der Sowjetunion feindlich gegenüberstanden. Es kostete Stalin wenig Mühe, seine westlichen Alliierten davon zu überzeugen, daß für die osteuropäischen Staaten nur eine enge Verbindung mit der Sowjetunion genügenden Schutz vor einem wiedererstarkten Deutschland bieten würde. Um sie wirklich für alle Zeiten dem deutschen Einfluß zu entziehen und zu verläßlichen Verbündeten Moskaus zu machen, durften ihren Regierungen auch keine Gegner des Sowjetregimes angehören. Gestützt auf seine vielfache Übermacht in Osteuropa war es für Stalin ein leichtes, diese Staaten wissen zu lassen, wen er als Gegner betrachtete und wen nicht.

Drittens sollte im Rahmen dieser Zielsetzung das gewonnene zentraleuropäische Wirtschaftspotential für den eigenen (sowjetischen) Wiederaufbau ausgenutzt werden. Das erforderte die Errichtung eines umfassenden Kontrollmechanismus durch Moskau, der es – viertens – erlaubte, die mittel- und osteuropäischen Länder vom Einfluß der kapitalistisch-westlichen Welt abzuschirmen. Schon aus diesem Grund stand ihre Beteiligung am Marshallplan außer Frage. Fünftens schließlich wurde die Vergrößerung des kommunistischen Machtbereiches als bisher bedeutendste Bestätigung für den »unaufhaltsamen Vormarsch des Kommunismus« hingestellt, von dem es kein Zurück mehr geben konnte. Sie bildete zudem eine neue »revolutionäre Etappe«, die eine weitere Ausdehnung des Kommunismus nach Westeuropa erst ermöglichte.

Um diese für die gesamte Politik Moskaus entscheidenden Ziele zu erreichen, war Stalin geneigt, Roosevelts Wunschtraum von der »weltverbindenden Friedensmission der Vereinten Nationen« zuzustimmen. Während der amerikanische Präsident alles unternahm, um Stalin für sein Projekt zu gewinnen, und vor allem in seiner Europapolitik darauf bedacht war, ihn nicht zu verärgern, verfolgte dieser unbeirrt seine macht- und sicherheitspolitischen Ziele in Mittel- und Osteuropa. Er machte daraus nie einen Hehl und erwartete wohl von den Westmächten wenig anderes. Stalin erblickte darum in der geplanten Weltorganisation lediglich ein vom Westen kontrolliertes Instrument zur Aufrechterhaltung der »kapitalistischen Ordnung«, demgegenüber sich die Sowjetunion als damals einziger kommunistischer Staat hoffnungslos in der Minderheit befand. Aus diesem Grunde erklärte Stalin bereits auf der Konferenz der Großen Drei in Teheran (1943), daß der ganze Sinn einer solchen Weltorganisation darin liegen müsse, die Neigung der Deutschen zur Beherrschung Europas unter ständiger Kontrolle zu halten. So gesehen, war es nur logisch, daß sich die Sowjetunion anerbot, diese Aufgabe zu übernehmen und in Europa für »Ruhe und Ordnung« zu sorgen. Seit dem Sieg bei Stalingrad im Winter 1942/43 konnte sie einen solchen Vorschlag mit um so größerer Berechtigung vorbringen, als sie nun im Begriffe stand, die stärkste Macht auf dem europäischen Festland nach dem Kriege zu werden. Der in Teheran vorgelegte Plan Stalins für die künftige Ordnung in Europa sollte ihr zugleich Sicherheit vor Deutschland, die Vorherrschaft auf dem Kontinent und einen Vorsprung im Ringen der Weltmächte verschaffen.

Im Rahmen dieses großangelegten Planes bildete die Errichtung der uneingeschränkten Vorherrschaft und Kontrolle über Mittel- und Osteuropa die erste Etappe. Ihr Bestand wurde durch ein Netz bilateraler Beistandsverträge mit den von der vorrückenden Roten Armee besetzten Ländern (vgl. Tafel 1, S. 52) gesichert. Die zweite Etappe sollte die Sowjetisierung Deutschlands bilden, zu der das Potsdamer Abkommen und vor allem die internationale Ruhrkontrolle die geeignete Handhabe boten. Man kann sich leicht die Genugtuung der Sowjets vorstellen, als ihnen die Amerikaner die Aufteilung Deutschlands in mehrere Besatzungszonen vorschlugen und ihnen damit eine direkte Einflußnahme auf dessen politisches und wirtschaftliches Leben einräumten.

Der damalige Außenminister Molotow erklärte bei dieser Gelegenheit, die Sowjetregierung hätte keine besseren Vorschläge unterbreiten können und werde sich deshalb vorbehaltlos an der Kontrolle des besiegten Deutschland beteiligen. Stalins Mißtrauen gegenüber einer wiederauflebenden deutschen Großmacht in Europa schien durch eine solche unmittelbare Überwachung des ehemaligen Hauptfeindes beruhigt. In diesem Zusammenhang muß man sich aber daran erinnern, daß die Sowjetunion bis zum September 1944 versucht hat, einen Separatfrieden mit dem Dritten Reich abzuschließen. Diese Friedensfühler wurden erst dann endgültig zurückgezogen, als die Niederlage Deutschlands besiegelt war und die westalliierten Vorschläge dem Kreml die Gewißheit gaben, daß seine Großmachtstellung im Nachkriegseuropa unangefochten bleiben werde. In dieser Annahme glaubte sich Stalin durch die Rooseveltsche Konzeption der *one world* bestärkt, die ja der von ihm geplanten Wiederherstellung des nationalstaatlichen Systems in Europa keineswegs im Wege stand. Im Gegenteil, die *one world* kam den sowjetischen Vorstellungen über die Zukunft Mittel- und Osteuropas sogar entgegen. Stalin dachte in rein nationalstaatlichen Kategorien und hatte nicht die Absicht, ein Bündnis oder gar eine Union unter gleichberechtigten Staaten zu errichten. Er knüpfte in seinen Vorstellungen vielmehr an die Lehren Lenins an, die dieser – ebenfalls in einem Weltkrieg (1915) – über die Zukunft des europäischen Staatensystems und die Einigung Europas verkündet hatte. Lenins Haltung zeigte genau jene Skepsis gegenüber nicht-kommunistischen Unionsplänen und jene Verflechtung von staats- und gesellschaftspolitischer Zielsetzung, die später Stalins Vorgehen gegenüber Europa so dynamisch gestalten sollte.

2.2. *Osteuropas Rückkehr zum nationalstaatlichen System*

Der Gedanke, auf europäischem Boden könne sich – unter nicht-kommunistischem Vorzeichen – eine neue und eigenständige gesellschaftliche und politische Ordnung entfalten, blieb somit auch den Nachfolgern Lenins gleichermaßen fremd, ja, die unmittelbare Nachkriegszeit schien ihrem Glauben sogar recht zu geben. Stalin konnte es bei der Planung seiner künftigen Europapolitik nur recht sein, wenn die Vereinigten Staaten sich wenig um diese europäische Einigung kümmerten. Ihre Vorstellung von einer alles überdachenden Weltorganisation ließ das nationalstaatliche System in Europa unberührt.

Das gab Stalin genau jene Mittel in die Hand, die er für die Umgestaltung dieses Staatensystems in seinem Sinne benötigte. Er ging dabei von der Annahme aus, daß eine Verschmelzung der mittel- und osteuropäischen Länder mit der Sowjetunion zum damaligen Zeitpunkt weder wünschenswert noch sinnvoll wäre. Bei dieser Überlegung spielte die Rücksicht auf die zu erwartenden Gegenmaßnahmen des Westens ebenso eine Rolle wie die Befürchtung, daß eine derartige Eingliederung innerhalb der Sowjetunion ein kulturelles und wirtschaftliches Gefälle schaffen würde, das das innere Gleichgewicht des kriegszerstörten und geschwächten Landes ernsthaft gefährdet hätte.

So ermunterte Stalin ganz im Gegenteil die osteuropäischen Kommunisten, sich den virulenten Nationalismus ihrer Länder zu eigen zu machen und ihn für ihre eigenen Zwecke zu nutzen. Nicht Anschluß an die große Sowjetunion, sondern Wiederherstellung und Bewahrung der staatlichen Selbständigkeit sollte ihre Parole heißen. Auf sich allein gestellt, politisch und wirtschaftlich schwach, würden sich die restaurierten Kleinstaaten Osteuropas einer sowjetischen Einflußnahme nicht entziehen können. Dabei verstand es sich, daß ihre Beziehungen zur Sowjetunion möglichst »freundschaftlich« und »eng« sein sollten, wie es das erwähnte Fünfpunkte-Programm Stalins verlangte. Stalin hatte aus diesem Grund darauf bestanden, in den Abkommen von Teheran, Jalta und Potsdam das künftige Verhältnis zwischen der Sowjetunion und ihren westlichen Nachbarn mit derartigen pro-sowjetischen Attributen festzulegen. Das bedingte eine im kommunistischen Sinne »demokratische«, »antifaschistische« und »friedliebende« Politik der zu bildenden osteuropäischen Regierungen. Was den westlichen Alliierten als allgemeine, ja selbstverständliche Formulierungen erschienen, bildete für Stalin die Handhabe, ein nach seiner Interpretation dieser Attribute gleichgeschaltetes Herrschaftssystem bis zur Elbe aufzubauen. Sie umschrieben gleichermaßen das Aktionsprogramm für die osteuropäischen Kommunisten bei der politischen, sozialen und wirtschaftlichen Umwandlung ihrer Länder in sowjetfreundliche Volksdemokratien.

Roosevelts Ideal der »ungeteilten Welt« mußte auf viele nicht-kommunistische Kreise Osteuropas wie ein Hohn wirken, weil sie aus unmittelbarer Nähe zusahen, wie Stalin eben diese Welt zu erobern sich anschickte.

Damit sind bereits Grundlagen und Methoden der Stalinschen Nachkriegsplanung für Europa weitgehend gekennzeichnet. Stalin hat, seiner Gewohnheit folgend, nur sehr selten Erklärungen über seine Politik abgegeben. Die hier veröffentlichten Auszüge stammen alle aus dem Jahre 1943 und charakterisieren in etwa seine Vorstellungen über die Zukunft Europas [D 9, 10]. Sonst aber ließ der Diktator in erster Linie die Tatsachen für sich sprechen. Dafür ist Polen das eindrücklichste Beispiel. Seine geographische Lage und Bevölkerungszahl machten es zum Kernstück der sowjetischen Osteuropapolitik. Ein nicht-kommunistisches Polen hätte der Sowjetunion nicht nur den Zugang zu Mitteleuropa allgemein, sondern besonders zu jenem Land versperrt, das Lenin bereits als Schlüssel für die kommunistische Machtergreifung in ganz Europa bezeichnet hatte: Deutschland. Entgegen ihren Versprechungen richtete die Sowjetunion eigene wirtschaftliche, militärische und Parteistellen in Polen ein; der Versicherung Stalins, keinen Teil des polnischen Gebietes zu annektieren, steht die Eingliederung von 180 000 qkm polnischer Ostgebiete in die Sowjetunion gegenüber. Die Zusage schließlich, die soziale Struktur Polens unberührt zu lassen, hinderte Stalin nicht, aus Polen eine der ersten Volksdemokratien zu machen. Diese Restauration kleiner Nationalstaaten im sowjetischen Vorfeld erlaubte es Moskau, sein machtpolitisches Übergewicht gegen die unter sich isolierten Länder gewaltsam durchzusetzen und sie unter Kontrolle zu halten.

2.3. *Sowjetischer Bilateralismus*

Die Verbindung von sozialrevolutionärer Zielsetzung und nationalstaatlicher Restauration bildete in den Plänen Stalins für Mittel- und Osteuropa eine Einheit, deren Grundzüge für alle betroffenen Länder gleich, in der praktischen Durchführung jedoch recht unterschiedlich waren. Sie erlaubte das stückweise Herausbrechen dieser Staaten aus dem westlichen und ihre stufenweise Eingliederung in das sowjetisch-kommunistische System. Nicht nur die Beziehungen unter den kommunistischen Parteien, sondern auch die zwischenstaatlichen Bindungen waren ein wichtiges Mittel, um zu dem angestrebten Regimewechsel zu kommen. Die Bildung von volksdemokratischen Staaten sollte den Prozeß der Sowjetisierung entsprechend den jeweiligen nationalen Verhältnissen erleichtern und fördern helfen. Noch war man nämlich nicht soweit, die gemeinsame sozialökonomische und ideologische Basis als ausreichende Garantie für den »unverbrüchlichen Zusammenhalt« der Volksdemokratien mit der Sowjetunion ansehen zu können. Um so wichtiger war es, möglichst feste politische Bindungen auf zwischenstaatlicher Ebene herzustellen. Sie sollten eine unbeschränkte Einwirkung auf diese Staaten erlauben und sie zugleich von einer Zusammenarbeit mit Westeuropa abhalten.

Eine Reihe von bilateralen Abkommen zwischen der Sowjetunion und den Volksdemokratien und den Volksdemokratien untereinander bildete gleich nach dem Kriege das sichtbare Gerüst für den Aufbau des europäischen Ostblocks. Die Abkommen tragen fast durchwegs den Charakter von »Verträgen über Freundschaft, Zusammenarbeit und gegenseitigen Beistand« sowie von Vereinbarungen über kulturelle Zusammenarbeit. Es ist bezeichnend für die Politik Stalins, daß er auch unter den Volksdemokratien keine mehrseitigen Verträge zuließ und ebenso keine Kulturabkommen mit den osteuropäischen Ländern abschloß. Trotzdem waren die Bindungen der Volksdemokratien untereinander niemals so eng wie zwischen jeder einzelnen Volksdemokratie und der Sowjetunion. Dieses engmaschige Vertragssystem ließ bewußt keinen Raum für Sonderbündnisse unter zwei oder mehreren Volksdemokratien. Sie hätten – wie das Beispiel der von Stalin verhinderten Balkanföderation zwischen Jugoslawien, Bulgarien und Albanien zeigt – möglicherweise die sowjetische Einflußnahme geschwächt und ein Eigengewicht gewonnen, das für die Sowjetunion nur gefährlich sein konnte.

Hauptinhalt der mit den Volksdemokratien abgeschlossenen Verträge ist die Sicherung vor einer abermaligen deutschen Aggression. Die Sowjetunion, die 1942 mit Großbritannien und 1944 mit Frankreich ähnliche Beistandsabkommen abschloß, machte ganz bewußt diese antideutsche Tendenz zum einigenden Band unter den sonst keineswegs geeinten osteuropäischen Staaten. Sie schaffte sich zudem einen Vorwand, als ihr Beschützer aufzutreten und damit einen Rechtstitel zur Einflußnahme auf ihre Außenpolitik zu erwerben. Die drei wichtigsten Verträge ging Moskau noch während des Krieges mit der Tschechoslowakei (am 12. Dezember 1943) [D 11], mit Polen kurz nach dessen Befreiung (am 21. April 1945) und Jugoslawien (am 11. April 1945) ein. Das Abkommen mit Jugoslawien wurde jedoch bereits vier Jahre später im Laufe des Kominform-Konfliktes annulliert, Ungarn, Rumänien und Bulgarien konnten offiziell erst viel später – 1948 – in das Vertragsnetz eingefügt werden, nachdem sie 1947 ihre Friedensverträge erhalten hatten. Im gleichen Jahr (1948) schloß die Sowjetunion einen ähnlichen Freundschaftsvertrag mit Finnland. Im Laufe der sechziger Jahre wurden die meisten dieser Verträge erneuert oder, wie im Falle Polens [D 12] und der DDR, ein neuer Vertrag abgeschlossen.

Polen, die Tschechoslowakei und Jugoslawien und wenig später auch Ungarn, Rumänien, Bulgarien und Albanien befanden sich damit bereits im Griff des sowjetisch-kommunistischen Herrschaftssystems, als noch manche Föderalisten Westeuropas auf eine gesamteuropäische Friedensordnung hofften. Mit der Vervollständigung des osteuropäischen Vertragsnetzes war jedoch die erste Etappe der sozialen und politischen Umwälzung in den Volksdemokratien zu Ende gegangen und Mittel- und Osteuropa auf lange Zeit hinaus den Plänen für eine europäische Einigung entrückt.

Dokumente

D 9: Erklärung Stalins über die polnisch-sowjetischen Beziehungen. Antworten auf Fragen eines Korrespondenten der New York Times vom 4. Mai 1943

Herr Parker!
Am 3. Mai habe ich Ihre beiden Fragen betreffs der polnisch-sowjetischen Beziehungen erhalten.
Ich sende Ihnen meine Antworten:
1. Frage: Wünscht die Regierung der Sowjetunion ein starkes und unabhängiges Polen nach der Niederlage Hitler-Deutschlands?
Antwort: Unbedingt wünscht sie das.
2. Frage: Auf welche Grundlagen sollen von Ihrem Standpunkt aus sich die Beziehungen zwischen Polen und der Sowjetunion nach dem Kriege stützen?

Antwort: Auf die Grundlage dauerhafter, gut nachbarlicher Beziehungen und gegenseitiger Hochachtung oder, wenn das polnische Volk es wünscht, auf die Grundlage eines Bündnisses zur gegenseitigen Hilfe gegen die Deutschen als die Hauptfeinde der Sowjetunion und Polens.

Hochachtungsvoll
J. Stalin

Quelle: Josef W. Stalin, Über den Großen Vaterländischen Krieg der Sowjetunion, Berlin-Ost 1945, S. 85f.

D 10: Rede Stalins zum 26. Jahrestag der Oktoberrevolution, gehalten am 6. November 1943 (Auszug)

Der Sieg der verbündeten Länder über Hitlerdeutschland wird die wichtigen Fragen der Organisierung und Wiederherstellung des staatlichen, wirtschaftlichen und kulturellen Lebens der europäischen Völker auf die Tagesordnung stellen. Die Politik unserer Regierung in diesen Fragen bleibt unverändert. Gemeinsam mit unseren Verbündeten müssen wir:

1. die Völker Europas von der faschistischen Okkupation befreien und ihnen helfen, ihre von den faschistischen Unterdrückern zerstückelten nationalen Staaten wiederherzustellen: die Völker Frankreichs, Belgiens, Jugoslawiens, der Tschechoslowakei, Polens, Griechenlands und der anderen Staaten, die sich unter dem deutschen Joch befinden, müssen wieder frei und selbständig werden;
2. den befreiten Völkern Europas das volle Recht und die Freiheit einräumen, selbst die Frage ihrer staatlichen Ordnung zu entscheiden;
3. Maßnahmen ergreifen, damit alle faschistischen Verbrecher, die an diesem Krieg und an den Leiden der Völker schuld sind, in welchem Land sie sich auch verbergen mögen, alle von ihnen begangenen Verbrechen mit harter Strafe sühnen;
4. eine Ordnung in Europa aufrichten, die die Möglichkeit einer neuen Aggression von seiten Deutschlands völlig ausschließt;
5. eine dauerhafte wirtschaftliche, politische und kulturelle Zusammenarbeit der Völker Europas herstellen, begründet auf gegenseitigem Vertrauen und gegenseitiger Hilfe, um die von den Deutschen zerstörte Wirtschaft und Kultur wiederaufzubauen.

Quelle: Josef W. Stalin, Über den Großen Vaterländischen Krieg der Sowjetunion, Berlin-Ost 1945, S. 100.

D 11: Vertrag über Freundschaft, Zusammenarbeit und gegenseitigen Beistand zwischen der Union der Sozialistischen Sowjetrepubliken und der Tschechoslowakischen Republik vom 12. Dezember 1943

Das Präsidium des Obersten Sowjets der UdSSR und der Präsident der Tschechoslowakischen Republik,
erfüllt von dem Wunsch, den zwischen der UdSSR und der Tschechoslowakischen Republik bestehenden Vertrag über gegenseitigen Beistand, der am 16. Mai 1935 in Prag geschlossen worden war, abzuändern und auszudehnen,
erfüllt von dem Wunsch, die Bestimmungen des zwischen der UdSSR und der Regierung der Tschechoslowakischen Republik über gemeinsame Maßnahmen im Krieg gegen Deutschland geschlossenen Vertrages, unterzeichnet am 18. Juli 1941 in London, zu bestätigen,
erfüllt von dem Wunsch, nach dem Krieg dazu beizutragen, den Frieden zu erhalten und eine neue Aggression seitens Deutschlands zu verhüten und eine dauernde Freundschaft und friedliche Zusammenarbeit in der Nachkriegszeit untereinander zu gewährleisten,
haben zu diesem Zweck beschlossen, einen Vertrag zu schließen und zu ihren Bevollmächtigten bestimmt: (folgen Namen) die nach Austausch ihrer in guter und gehöriger Form befundenen Beglaubigungsschreiben folgendes vereinbart haben:

Artikel 1

Die Hohen Vertragschließenden Parteien, die untereinander übereingekommen sind, sich in einer gemeinsamen Politik dauerhafter, freundschaftlicher Zusammenarbeit und gegenseitigen Beistandes nach dem Kriege zu verbünden, verpflichten sich, gegenseitigen Beistand und militärische und sonstige Hilfe sowie Unterstützung jeder Art im gegenwärtigen Kriege gegen Deutschland und gegen alle Länder, die sich mit Deutschland zu Aggressivmaßnahmen in Europa vereint haben, zu gewähren.

Artikel 2

Die Hohen Vertragschließenden Parteien verpflichten sich, keinerlei Verhandlungen einzuleiten, gleichgültig welcher Art sie sein mögen, weder mit der Regierung Hitlers während des gegenwärtigen Krieges, noch mit irgendeiner anderen Regierung in Deutschland, die nicht vorbehaltlos auf jede aggressive Absicht verzichtet, und nicht über den Abschluß eines Waffenstillstandes oder Friedens mit Deutschland oder mit irgendeinem mit Deutschland zu aggressiven Maßnahmen verbundenen Staat zu verhandeln, es sei denn, daß es im beiderseitigen Einverständnis erfolgt. Sie sind übereingekommen, ihre wirtschaftlichen Beziehungen in dem höchstmöglichen Maße zu entwickeln und sich nach dem Kriege jede in ihrer Macht stehende wirtschaftliche Hilfe zu gewähren.

Artikel 3

Indem sie ihre Vorkriegspolitik des Friedens und des gegenseitigen Beistandes, die in dem zu Prag am 16. Mai 1935 unterzeichneten Vertrag niedergelegt ist, bestätigen, übernehmen die Hohen Vertragschließenden Parteien folgende Verpflichtungen: Im Falle, daß eine der Parteien in der Nachkriegszeit sich in Kriegshandlungen gegen Deutschland, falls letzteres wieder zu einer Aggressionspolitik zurückkehren sollte, oder gegen jeden anderen Staat, der unmittelbar oder mittelbar von Deutschland zu einer derartigen Politik verleitet worden ist, verwickelt sehen würde, so hat die andere Hohe Vertragschließende Partei sofort mit allen zur Verfügung stehenden Mitteln militärische und andere Hilfe zu leisten.

Artikel 4

Die Hohen Vertragschließenden Parteien sind unter Berücksichtigung ihrer beiderseitigen Interessen nach Sicherheit übereingekommen, eine enge und freundschaftliche Zusammenarbeit in der Zeit nach der Wiederherstellung des Friedens aufrechtzuerhalten und in Übereinstimmung mit den Grundsätzen gegenseitiger Achtung ihrer Unabhängigkeit und Souveränität sowie der Nichteinmischung in die inneren Angelegenheiten des anderen Staates zu handeln.

Artikel 5

Jede der Hohen Vertragschließenden Parteien verpflichtet sich, keinerlei Bündnisse abzuschließen und an keiner Koalition teilzunehmen, die gegen die andere Hohe Vertragschließende Partei gerichtet sind.

Artikel 6

Der vorliegende Vertrag tritt mit der Unterzeichnung in Kraft und ist baldmöglichst zu ratifizieren. Der Austausch der Ratifikationsurkunden findet so bald wie möglich in Moskau statt.

Der vorliegende Vertrag bleibt zwanzig Jahre, gerechnet vom Zeitpunkt seiner Unterzeichnung ab, in Kraft.

Sollte ein Jahr vor Ablauf dieser zwanzigjährigen Frist keine der Hohen Vertragschließenden Parteien den Wunsch geäußert haben, diesen Vertrag zu kündigen, so bleibt er weitere fünf Jahre in Kraft und so weiter fort, bis eine der Hohen Vertragschließenden Parteien ein Jahr vor Ablauf der laufenden Frist schriftlich den Wunsch bekundet, diesen Vertrag zu kündigen.

Zu Urkund dessen haben die Bevollmächtigten diesen Vertrag unterzeichnet und mit ihren Siegeln versehen. Ausgefertigt in doppelter Urschrift in russischer und tschechischer Sprache, die beide in gleicher Weise maßgebend sind.

Moskau, den 12. Dezember 1943.

[Unterschriften]

Quelle: Boris Meissner, Das Ostpakt-System, Frankfurt/M. 1955, S. 22.

D 12: Der neue sowjetisch-polnische Vertrag über Freundschaft, Zusammenarbeit und gegenseitigen Beistand vom 8. April 1965 (anstelle des Vertrages vom 21. April 1945)

Das Präsidium des Obersten Sowjets der Union der sozialistischen Sowjetrepubliken und der Staatsrat der Volksrepublik Polen bekräftigen die Treue gegenüber den Zielen und Prinzipien, die im Vertrag über Freundschaft, gegenseitigen Beistand und Zusammenarbeit in den Nachkriegsjahren zwischen der Sowjetunion und Polen vom 21. April 1945 proklamiert worden sind, und haben,

in dem Wunsch, die grundsätzliche Wende in den Beziehungen zwischen den Nachbarvölkern, der Sowjetunion und Polen, zu festigen, die im Verlauf des gemeinsamen Kampfes gegen die faschistischen Eroberer entstand, und ständig bestrebt, die Freundschaft, die Zusammenarbeit und den gegenseitigen Beistand der beiden sozialistischen Staaten zu stärken,
überzeugt davon, daß die weitere Entwicklung der Beziehungen auf dieser Grundlage den Lebensinteressen der Völker beider Länder sowie auch der gesamten sozialistischen Gemeinschaft entspricht und ihre allseitige Entwicklung sowie die Verwirklichung der vor ihnen stehenden historischen Aufgaben fördert, entsprechend dem gemeinsamen Streben der Union der Sozialistischen Sowjetrepubliken und der Volksrepublik Polen, die konsequent die Politik der friedlichen Koexistenz von Staaten mit unterschiedlicher Gesellschaftsordnung betreiben, unentwegt die Festigung des Friedens im Einklang mit den Zielen und Prinzipien der Satzung der Organisation der Vereinten Nationen herbeizuführen,
in der Feststellung, daß einer der beiden deutschen Staaten – die Deutsche Demokratische Republik – die Prinzipien des Potsdamer Abkommens verwirklicht hat und zur Gewährleistung der Sicherheit in Europa und zur Festigung des Weltfriedens wirkungsvoll beiträgt, während der westdeutsche Militarismus die Sicherheit in Europa bedroht,
von der Entschlossenheit erfüllt, den aus dem Warschauer Vertrag über Freundschaft, Zusammenarbeit und gegenseitigen Beistand vom 14. Mai 1955 resultierenden Verpflichtungen nachzukommen,
in Anbetracht dessen, daß der Vertrag über Freundschaft, gegenseitigen Beistand und Nachkriegszusammenarbeit, der zwischen der Sowjetunion und Polen am 21. April 1945 geschlossen wurde und eine hervorragende Rolle bei der Entwicklung der freundschaftlichen Beziehungen zwischen den beiden Staaten spielte, einer Erneuerung mit Rücksicht auf die reichen Erfahrungen der Entwicklung der sowjetisch-polnischen Beziehungen sowie auf die in der Welt erfolgten Änderungen bedarf, beschlossen, diesen Vertrag zu schließen, und zu diesem Zweck folgendes vereinbart:

Artikel 1

Die hohen vertragschließenden Seiten werden im Einklang mit den Prinzipien des sozialistischen Internationalismus die ewige und unverbrüchliche Freundschaft festigen, die allseitige Zusammenarbeit entwickeln und einander gegenseitigen Beistand auf der Grundlage der Gleichberechtigung, der Achtung und der Souveränität und der Nichteinmischung in die inneren Angelegenheiten der anderen Seite erweisen.

Artikel 2

Die hohen vertragschließenden Seiten werden die wirtschaftliche und wissenschaftlich-technische Zusammenarbeit entwickeln und vertiefen, die sich auf Prinzipien des gegenseitigen Vorteils und freundschaftlicher Hilfe stützt, sowie an der Verwirklichung multilateraler Zusammenarbeit im Rahmen des Rates für gegenseitige Wirtschaftshilfe teilnehmen.

Artikel 3

Die hohen vertragschließenden Seiten werden die kulturellen Verbindungen festigen und insbesondere die gegenseitigen Verbindungen und die Zusammenarbeit auf den Gebieten von Bildung, Wissenschaft, Kunst, Presse, Rundfunk, Fernsehen, Film sowie Körperkultur entwickeln.

Artikel 4

Die hohen vertragschließenden Seiten werden ihre Anstrengungen zur Gewährleistung des Weltfriedens und der Sicherheit, zur Erreichung einer allgemeinen und völligen Abrüstung und zur endgültigen Beseitigung des Kolonialismus fortsetzen. In diesem Zusammenhang werden die hohen vertragschließenden Seiten mit anderen Staaten bei den Anstrengungen zur Verwirklichung dieser Ziele zusammenarbeiten.

Artikel 5

Die hohen vertragschließenden Seiten werden unentwegt eine friedliche Entwicklung der Beziehungen in Europa anstreben und stellen noch einmal fest, daß die Unantastbarkeit der Staatsgrenze der Volksrepublik Polens an der Oder und Neiße zu den wichtigsten Faktoren der europäischen Sicherheit gehört.

Artikel 6

Die hohen vertragschließenden Seiten werden alle ihnen zur Verfügung stehenden Mittel einsetzen, um die Gefahr einer Aggression seitens westdeutscher Kräfte des Militarismus und Revanchismus oder seitens irgendeines anderen Staates, der sich mit ihnen verbünden würde, zu beseitigen.

Artikel 7

Im Falle eines bewaffneten Überfalls irgendeines Staates oder irgendeiner Staatengruppe, von denen im Artikel 6 die Rede war, auf eine der hohen vertragschließenden Seiten wird die andere hohe vertragschließende Seite in Verwirklichung des Rechts auf individuelle und kollektive Selbstverteidigung, entsprechend dem Artikel 51 der Satzung der Organisation der Vereinten Nationen, ihr unverzüglich jeglichen – auch militärischen – Beistand erweisen und mit allen ihr zur Verfügung stehenden Mitteln Unterstützung gewähren.

Von den entsprechend den Bestimmungen dieses Artikels ergriffenen Maßnahmen werden die hohen vertragschließenden Seiten den Sicherheitsrat in Kenntnis setzen und im Geiste der entsprechenden Bestimmungen der Satzung der Organisation der Vereinten Nationen handeln.

Artikel 8

Die hohen vertragschließenden Seiten werden über alle wichtigen sie betreffenden internationalen Probleme Vereinbarungen treffen und Konsultationen abhalten.

Artikel 9

Dieser Vertrag bedarf der Ratifizierung und tritt in Kraft mit dem Austausch der Ratifikationsurkunde, der in nächster Zeit in Moskau erfolgt.

Dieser Vertrag wird für die Dauer von zwanzig Jahren geschlossen und bleibt automatisch weitere fünf Jahre in Kraft, wenn ihn nicht eine der vertragschließenden Seiten zwölf Monate vor dem Ablauf der entsprechenden Frist kündigt.

Ausgefertigt in Warschau am 8. April 1965 in zwei Exemplaren, jedes in russischer und polnischer Sprache, wobei beide Texte gleichermaßen gültig sind.

Quelle: Europa-Archiv, 1965, D 231–233.

Tafel 1: Das zweiseitige Vertragssystem im europäischen Ostblock

		1. Generation [a]	2. Generation [b]	3. Generation [c]	Laufzeit in Jahren (Verlängerung)	Truppen-stationierung
UdSSR	– CSSR	12. 12. 1943	27. 11. 1963	6. 5. 1970	25 (jeweils 10)	16. 10. 1968
UdSSR	– DDR		12. 6. 1964	7. 10. 1975	25 (jeweils 10)	12. 3. 1957
UdSSR	– Polen	21. 4. 1945	8. 4. 1965		20 (jeweils 5)	17. 12. 1956
UdSSR	– Ungarn	18. 2. 1948	7. 9. 1967		20 (jeweils 5)	27. 5. 1957
UdSSR	– Rumänien	4. 2. 1948	7. 7. 1970		20 (jeweils 5)	15. 4. 1957
UdSSR	– Bulgarien	18. 3. 1948	12. 5. 1967		20 (jeweils 5)	(1958 erloschen)
CSSR	– Polen	18. 3. 1947	1. 3. 1967		20 (jeweils 5)	
CSSR	– Rumänien	21. 7. 1948	16. 8. 1968		20 (jeweils 5)	
CSSR	– DDR		17. 3. 1967	3. 10. 1977	25 (jeweils 10)	
CSSR	– Bulgarien	23. 4. 1948	26. 4. 1968		20 (jeweils 5)	
CSSR	– Ungarn	16. 4. 1949	14. 6. 1968		20 (jeweils 5)	
DDR	– Rumänien		12. 5. 1972		20 (jeweils 5)	
DDR	– Polen		15. 3. 1967	28. 5. 1977	25 (jeweils 10)	
DDR	– Ungarn		18. 5. 1967	24. 3. 1977	25 (jeweils 10)	
DDR	– Bulgarien		7. 9. 1967	14. 9. 1977	25 (jeweils 10)	
Polen	– Bulgarien	29. 5. 1948	6. 4. 1967		20 (jeweils 5)	
Polen	– Ungarn	18. 6. 1948	16. 5. 1968		20 (jeweils 5)	
Polen	– Rumänien	26. 1. 1949	12. 11. 1970		20 (jeweils 5)	
Ungarn	– Rumänien	24. 1. 1948	24. 2. 1972		20 (jeweils 5)	
Ungarn	– Bulgarien	16. 7. 1948	10. 7. 1969		20 (jeweils 5)	
Bulgarien	– Rumänien	16. 1. 1948	19. 11. 1970		20 (jeweils 5)	

a: »Sicherheitspakte«; b: »Integrationsverträge«; c: »Blockverträge«

Quelle: Winfried Aichinger/Arthur Friedrich Maiwald, Die globale Bündnispolitik der UdSSR, Teil I, Warschauer Pakt und Europa, in: Österreichische militärische Zeitschrift, (1987) 3, S. 243.

II. Europa im Kalten Krieg (1948–1962)

Nur wenige Zeit nach dem Ende des Zweiten Weltkrieges wurden die Schatten einer neuen Art von »Krieg« immer länger. Bald sollten sie jene Hoffnungen und Pläne verdunkeln, die wohl alle Europäer nach dem traumatischen Schrecken des Krieges für ein neues, friedlicheres und einiges Europa gehegt hatten. Statt dessen sah sich Europa fast unvermittelt im Zentrum eines neu heraufziehenden Sturmes. Es war die Konfrontation zwischen zwei völlig entgegengesetzten politischen und gesellschaftlichen Systemen: das heißt, von freien und pluralistischen Demokratien mit einem deutlichen Akzent auf einer marktwirtschaftlich geprägten Wirtschaft einerseits, und von der Sowjetunion beherrschten zentralistischen Einparteidiktaturen, deren Wirtschaft sich einem straffen Zentralismus und einer möglichst totalen Planung verschrieben hatten, andererseits.

Eine solche Frontstellung ließ wenig Raum für Bewegungsfreiheit. Europas Neutrale – Schweden und die Schweiz, vorsichtig gefolgt von dem im Schatten der Sowjetunion stehenden Finnland und, nach dem Staatsvertrag von 1955, Österreich – rechneten sich unzweideutig zum Lager der westlichen Demokratien. Jugoslawien wiederum trennte sich bereits 1948 von der Sowjetunion und der von ihr kontrollierten kommunistischen Bewegung (Kominform); es verfolgte fortan den Kurs eines blockfreien aber kommunistisch geprägten Staates und versuchte mit dem Modell der Arbeiterselbstverwaltung einen wirtschaftspolitischen »dritten Weg« zu gehen.

So verlief die Trennlinie zwischen »West« und »Ost« unverkennbar und scheinbar unüberbrückbar mitten durch den europäischen Kontinent. Sie teilte zwei Welten, die über Europa hinaus ihre Verlängerung im kommunistisch gewordenen China, in Nordkorea, der Äußeren Mongolei und Nordvietnam im Osten, in den Vereinigten Staaten und Kanada im Westen fand. Europa wurde damit gleichzeitig zum Schauplatz und zum Objekt des Kalten Krieges, zerrissen zwischen Ost und West. Es wurde zum »Aufmarschgebiet« der beiden Weltmächte, Vereinigte Staaten und Sowjetunion, und, als Ergebnis eines sich immer weiter steigernden Rüstungswettlaufs, zum größten Waffenarsenal aller Zeiten. Der Traum von einem geeinten Europa, in dem Ost und West nichts mehr als geographische Begriffe sein würden, verwandelte sich in einen Alptraum von einem mit neuem Krieg bedrohten Europa. Einen solchen dritten Krieg, dessen war sich jedermann bewußt, würde dieses Europa nicht mehr überleben.

Wo es deshalb hüben und drüben eine Aufbruchstimmung gab, zielte sie nicht auf eine freiwillige Vereinigung der europäischen Staaten ab, sondern auf eine Überwindung der »kapitalistischen Herrschaft« im Westen (wie sie die Sowjetunion versprach) oder auf jene der sowjetkommunistischen Herrschaft (wie es sich der Westen für Osteuropa wünschte). Solche entgegengesetzten Ziele waren, wenn überhaupt, nur durch einen Zusammenschluß des eigenen Lagers, durch eine wirtschaftliche Wiedergesundung und eine gemeinsame Verteidigung zu erreichen. Genau in diese beiden sich oft gegenseitig bedingenden oder fördernden Richtungen weisen die nun darzustellenden Entwicklungen. Sie bedeuteten zunächst eine Vertiefung, nicht eine Überwindung von Europas Teilung.

1. Ansätze zur wirtschaftlichen und politischen Zusammenarbeit in Westeuropa

1.1. Marshallplan und OEEC

Das Bemühen um den wirtschaftlichen Wiederaufbau Europas – und zwar Gesamteuropas – bestimmte die westliche, vor allem die amerikanische Politik in den Jahren unmittelbar nach Kriegsende. Der ungewöhnlich harte Winter 1946/47 verlangsamte die so dringende wirtschaftliche Erholung der kriegszerstörten Länder in gefährlichem Maße. Eine im Jahre 1946 vorgenommene erste Bestandsaufnahme ergab ein erschreckendes Bild vom Rückschlag, den allein die industrielle Produktion in Europa erlitten hatte. Die Indexzahlen hierfür (verglichen mit denjenigen von 1938 = 100) lauteten: Belgien 77, Bulgarien 90, Tschechoslowakei 70, Dänemark 93, Finnland 65, Frankreich 75, Deutschland 22, Griechenland 44, Irland 103, Italien 54, die Niederlande 62, Norwegen 93, Polen 71, Schweden und Großbritannien je 101.

Die möglichst rasche wirtschaftliche Gesundung Europas bildete deshalb das nächste und wichtigste Ziel der damaligen amerikanischen Politik. Hinter ihm hatte die Sorge um die politische Gestaltung des verwüsteten Kontinents zurückzustehen – eine Reihenfolge der Prioritäten, die Stalin im Osten Europas umgekehrt einhielt und zu seinen Gunsten auszunutzen wußte. Die westlichen Alliierten reagierten darauf nur zögernd in dem Maße, in dem diese Stalinsche Politik die offene Auseinandersetzung unvermeidlich machte. Nach der Stuttgarter Rede von Außenminister Byrnes bildete die am 12. März 1947 verkündete Truman-Doktrin einen zweiten wichtigen Schritt in der Neuformulierung der amerikanischen Haltung. Anlaß dazu gaben die kommunistischen Guerillakämpfe in Griechenland und der wachsende Druck Moskaus auf die Türkei. Diese akute Bedrohung der zur westlichen Einflußsphäre gehörenden Länder veranlaßte die Vereinigten Staaten zu einer ersten energischen Demonstration: mit der Truman-Doktrin sicherten sie allen freien Völkern ihre Unterstützung in deren Kampf gegen subversive Kräfte oder äußeren Druck zu. Aber selbst hier dachte Washington mehr an wirtschaftliche und finanzielle Hilfeleistungen als an politische Gegenmaßnahmen. Noch scheute man vor dem Kalten Krieg zurück und sah auch in den Vorschlägen Churchills zur Sammlung der freien Völker Europas eine zu gewagte Herausforderung der Sowjetunion. Zwar verabschiedete der amerikanische Kongreß – ebenfalls im März 1947 – eine erste Resolution über die Unterstützung der europäischen Einigungsbestrebungen; der Weg zu ihrer praktischen Ausführung blieb aber noch unbeschritten.

Ende April kehrte der damalige amerikanische Außenminister Marshall aus Moskau mit der Überzeugung zurück, daß die Sowjetunion sich nicht an einem gemeinsamen Programm für den europäischen Wiederaufbau beteiligen werde. Zwei Monate später, am 5. Juni 1947, hielt er die berühmt gewordene Rede in Harvard [D 13].

Darin kündigte er eine ausgedehnte amerikanische Hilfeleistung für den Wiederaufbau Europas an – mit der gezielten Auflage allerdings, daß sich die Völker Europas zusammenschlössen und auf diese Weise Gewähr für eine möglichst tragfähige Organisation und wirkungsvolle Verwendung dieser Hilfe böten. Das Angebot Marshalls schloß ganz bewußt auch die mittel- und osteuropäischen Staaten ein und vermied jede antisowjetische Tendenz. Auch jetzt noch, an der Schwelle des Kalten Krieges, sollte die Tür für eine Mitarbeit der Sowjetunion, besonders aber der bereits weitgehend kommunistisch gelenkten Volksdemokratien offengehalten werden.

Stalin verhielt sich dem amerikanischen Angebot gegenüber von Anfang an ablehnend. Dessen Annahme hätte einen abrupten Kurswechsel in seiner Europapolitik erfordert und ihn von dem eben begonnenen Aufbau seines neueroberten Herrschaftsbereiches abgehalten. Die Teilnahme der osteuropäischen Länder am Marshallplan hätte sie abermals dem westlich-kapitalistischen Einfluß ausgesetzt, den er, Stalin, mit ihrer militärischen Eroberung und politisch-sozialen Revolution ausgeschaltet zu haben glaubte. So gab Außenminister Molotow auf der Außenministerkonferenz der vier Großmächte im Juli 1947 unzweideutig zu verstehen, daß sein Land den Marshallplan entschieden ablehne [D 14]. Er fügte dem die Warnung vor einer drohenden Spaltung Europas hinzu – eine Warnung, die die Sowjetunion kurz darauf wahrmachte, als sie Polen und der Tschechoslowakei die Teilnahme an den vorbereitenden Besprechungen und später an der im April 1948 gegründeten Organisation für Europäische Wirtschaftliche Zusammenarbeit (*Organization for European Economic Cooperation*, OEEC) rundweg verbot. Das Nein Moskaus und der Rückzug der beiden wichtigsten osteuropäischen Staaten begruben die letzten Hoffnungen auf einen gesamteuropäischen Wiederaufbau. Gegen den Willen ihrer Gründer stand sie somit am Anfang jenes Weges der europäischen Nachkriegsentwicklung, der von einem institutionell ungeteilten Europa zu der sich immer weiter vertiefenden organisatorischen und politischen Spaltung Europas führte. Den Mittelpunkt dieses Prozesses, der bald auch den politischen und militärischen Bereich miteinbezog, bildete Deutschland. Seine Teilung stand stellvertretend für jene des ganzen Kontinents und verflocht beide zu einem unauflöslichen Ganzen.

Am 6. April 1948 unterzeichneten siebzehn europäische Länder (Belgien, Dänemark, Frankreich, Griechenland, Großbritannien, Irland, Island, Italien, Luxemburg, die Niederlande, Norwegen, Österreich, Portugal, Schweden, die Schweiz, die Türkei, die drei westlichen Besatzungszonen Deutschlands [später die Bundesrepublik] und nach einigen Jahren Spanien) das Abkommen über die OEEC [D 15]. Sie sollte – als Partner der amerikanischen *Economic Cooperation Administration* – die Vorschläge Marshalls verwirklichen. Ihre Hauptaufgabe war somit die Verteilung der amerikanischen Wirtschaftshilfe nach den Bedürfnissen der einzelnen Länder, vor allem aber unter dem Gesichtspunkt einer engeren Zusammenarbeit der beteiligten Länder. Aber selbst die umfassende Hilfeleistung Amerikas (in den Jahren 1948–1950 kam ein Betrag von insgesamt zwanzig Milliarden Dollar zur Verteilung) vermochte diesen von Marshall erhofften und von den europäischen Föderalisten geforderten Zusammenschluß nur um weniges voranzutreiben. Das wirtschaftlich geglückte Wagnis der Marshallplanhilfe ergab in politischer Hinsicht die enttäuschende Bilanz, daß die europäischen Staaten weit davon entfernt waren, auf Teile ihrer sorgsam gehüteten Souveränität zugunsten einer höheren Einheit zu verzichten.

Von der OEEC selbst, deren unverbindliche Struktur genau dieser Haltung entsprach, ging in den folgenden Jahren die Schaffung von vier Institutionen aus:
1. Am 19. September 1950 die Gründung der Europäischen Zahlungsunion (EZU), deren Vorläuferin – das Abkommen über innereuropäischen Zahlungs- und Verrechnungsverkehr (vom 16. Oktober 1948) – sich als unzureichend erwiesen hatte;
2. Die Europäische Kernenergie-Agentur, die am 20. Dezember 1957 als Spezialorganisation der OEEC und später der OECD für die Förderung der Entwicklung der Produktion und die Anwendung der Kernenergie für friedliche Zwecke durch technische Zusammenarbeit unter den Mitgliedstaaten gegründet wurde;
3. Die Europäische Konferenz der Verkehrsminister (CEMT), gegründet im Jahre 1952 mit der Aufgabe, die beste Ausnützung und rationelle Weiterentwicklung des europäischen Binnenverkehrs von internationaler Bedeutung zu garantieren und die Arbeit der internationalen Organisationen, die sich mit Fragen des Binnenverkehrs befassen, zu koordinieren und zu fördern.
4. Die Europäische Produktivitätszentrale (EPZ). Sie wurde 1953 von der OEEC unter starker finanzieller Beteiligung der Vereinigten Staaten gegründet. Ihre Aufgabe war es, die geeignetsten und rationellsten Methoden zur Steigerung der Produktivität und Maßnahmen zur Beseitigung von Produktivitätshemmnissen zu entwikkeln.

Bereits diese Übersicht über die wichtigsten von der OEEC geschaffenen Nebenorganisationen zeigt, daß immer mehr Bereiche des westeuropäischen Wirtschaftslebens organisatorisch zusammengefaßt wurden*. Dabei war nicht zu verkennen, daß sich diese Zusammenarbeit im konventionellen Rahmen zwischenstaatlicher Vereinbarungen hielt, die keinerlei föderative Züge aufwiesen. Das führte dazu, die politische Einigung mehr und mehr auf dem Umweg über eine wirtschaftliche Integration zu suchen, in der Annahme, daß diese früher oder später notwendigerweise auch zu einer politischen führen werde. Ähnliches hatte man wohl auch von den verschiedenen regionalen Wirtschafts- und Zollunionen erhofft, wie sie schon während des Krieges – so die belgisch-niederländisch-luxemburgische Zollunion (Benelux) – und in den ersten Nachkriegsjahren in verschiedensten Formen vorgeschlagen wurden. Als einzige unter ihnen trat die Benelux am 1. Januar 1948 in Kraft. Das ist kaum ein Zufall, denn in eben jene Zeit fällt auch die Gründung der OEEC auf wirtschaftlichem und der Westunion auf politisch-militärischem Gebiet. An beiden Organisationen waren – neben Großbritannien und Frankreich – die Beneluxstaaten maßgebend beteiligt.

Diese Organisationen waren, direkt oder indirekt, eine Folge des sich verschärfenden Ost-West-Konfliktes. Der wenig ermutigende Verlauf der Moskauer Außenministerkonferenz vom Frühjahr 1947, die Weigerung der kommunistischen Staaten, am Marshallplan teilzunehmen, die Gründung des ostentativ kämpferisch aufgezogenen Kominform und die fortschreitende Sowjetisierung Mittel- und Osteuropas beschleunigten auch den westlichen Zusammenschluß. Er gelangte im Dezember 1947 durch den ergebnislosen Verlauf der Londoner Außenministerkonferenz zu einem neuen

* Dazu kamen noch eine Reihe anderer europäischer Organisationen wie die 1959 begründete Konferenz der Europäischen Post- und Fernmeldeverwaltungen, die Europäische Zivile Luftfahrtskonferenz, die Europäische Organisation für Raumforschung usw.

Wendepunkt: dem Übergang zum politischen Zusammenschluß Westeuropas. Ihn kündigte der damalige britische Außenminister Ernest Bevin in einer bedeutenden Rede vor dem Unterhaus am 22. Januar 1948 mit dem Ausruf an: »Die Zeit ist nun reif für die Konsolidierung Westeuropas.« Mit einer einzigen, fast lapidar klingenden Gegenüberstellung faßte er dann die Nachkriegsgeschichte Europas und seine Spaltung in Ost und West zusammen: »Wir stehen in Osteuropa vor einem *fait accompli* – wir denken nun an Westeuropa als eine Einheit.« Damit war eine Einheit anvisiert, deren Kern der bereits 1947 geschlossene britisch-französische Pakt von Dünkirchen und die drei Beneluxstaaten bilden sollten. Der Gedanke der europäischen Einigung und der Erhaltung Europas als Herz der Zivilisation werde, wie Bevin meinte, von den meisten Menschen anerkannt. Das Kernproblem sei nun, ob die Einheit Europas ohne die Vorherrschaft einer Großmacht erreicht werden könne. Damit war bereits angedeutet, daß der am 17. März 1948 unterzeichnete Brüsseler Fünfmächtevertrag (die Westunion)* keineswegs nur als Maßnahme »für den Fall der Erneuerung einer deutschen Aggressionspolitik«, sondern mindestens ebensosehr als eine militärische Schutzgemeinschaft gegen die wachsende Bedrohung durch die Sowjetunion gedacht war. Für Bevin – und mit ihm eine wachsende Zahl europäischer und amerikanischer Staatsmänner – konnte dieses Bündnis der fünf europäischen »Kernstaaten« nur ein Anfang sein. »Anschließend«, so sagte er, »müssen wir über den Kreis unserer unmittelbaren Nachbarn hinausgehen. Wir müssen die Frage der Einbeziehung anderer historischer Glieder der europäischen Zivilisation, einschließlich des neuen Italien, in diese große Konstruktion prüfen.« In der Tat stand der Brüsseler Vertrag Pate bei der Gründung von zwei viel umfassenderen Organisationen: dem Europarat und dem Nordatlantikpakt.

1.2. Der Europarat

Die Gründung des Europarates führte die europäischen Staaten an die Grenzen dessen, was sie zu jener Zeit einer zwischenstaatlichen Organisation zuzugestehen bereit waren. Dem von den fünf Brüsseler Staaten im Oktober 1948 eingesetzten Komitee der Achtzehn war die Aufgabe übertragen worden, einen Kompromiß zwischen den kontinental-föderalistischen und den britisch-funktionalen Vorschlägen zu dem geplanten Europaparlament zu finden. Anfang 1949 zeichnete sich eine gemeinsame Lösung ab, so daß Außenminister Bevin am 7. März im Namen der Brüsseler Vertragsstaaten die Regierungen Dänemarks, Irlands, Italiens, Norwegens und Schwedens zu einer Zehnmächtekonferenz nach London einladen konnte. Diese Konferenz bereitete die Gründung des Europarates vor und veröffentlichte, nach weiteren geheimen Beratungen, am 5. Mai 1949 das von allen angenommene Statut des Europarates [D 16]. Ihm traten am 8. August 1949 Griechenland und die Türkei bei, im März 1950 folgte Irland; die Saar wurde im Mai desselben Jahres als assoziiertes Mitglied (d. h. ohne Vertretung im Ministerkomitee) zugelassen. Die Bundesrepublik, zunächst ebenfalls nur assoziiertes Mitglied, erlangte im Mai 1951 die Vollmitgliedschaft, während die Saar im Mai 1955 bei der Rückgliederung an Westdeutschland

* Sie wurde 1954 zur Westeuropäischen Union (WEU) erweitert (siehe S. 114f.)

ihren Status im Europarat verlor. 1956 traten Österreich als 15., 1961 Zypern als 16., 1963 die Schweiz als 17. und im April 1965 das unabhängig gewordene Malta als 18. Mitglied der Straßburger Organisation bei. Jahre später folgten Portugal (22. September 1976) und Spanien (24. November 1977); dann traten Liechtenstein (23. November 1978), San Marino (16. November 1988) und Finnland (5. Mai 1989) dem Europarat bei. Ungarn wurde am 6. November 1990 als erstes ehemaliges Ostblockland aufgenommen; ihm folgte am 20. Februar 1991 die ČSFR.

Als erste umfassende (west)europäische Institution sollte der Europarat – wie es in seinem Statut heißt – »eine engere Verbindung zwischen seinen Mitgliedern zum Schutze und zur Förderung der Ideale und Grundsätze, die ihr gemeinsames Erbe bilden, herstellen und ihren wirtschaftlichen und sozialen Fortschritt fördern«. Er war somit als europäisches Forum und als Instrument für die Ausarbeitung gemeinsamer Abkommen auf kulturellem, sozialem, wirtschaftlichem und rechtlichem Gebiet konzipiert. Zu diesem Zweck wurden ein Ministerkomitee, das sich aus den Außenministern der Mitgliedstaaten zusammensetzt, eine Beratende Versammlung europäischer Parlamentarier (deren Zahl sich nach der Größe der Mitgliedstaaten richtet) und ein Generalsekretariat als Hauptorgane des Europarates geschaffen (vgl. Tafel 2).

Eine solche Struktur des Europarates überließ – auf der Basis des traditionellen Einstimmigkeitsprinzips – dem Ministerkomitee alle entscheidenden Kompetenzen und verwies das Parlament auf ausschließlich beratende Funktionen. Das stellte zweifellos einen Sieg der konservativ-nationalstaatlichen Kräfte über die föderativen Ideen dar, wie er sich bereits in den Auseinandersetzungen in Den Haag und im Schoße der Europäischen Bewegung abgezeichnet hatte. Die Gegner einer echten Integration mit entsprechenden überstaatlichen Organen – vorab Großbritannien und die skandinavischen Staaten – hatten mit ihrem Sieg den Beweis erbracht, daß die »Vereinigten Staaten von Europa« noch ein fernes Ideal darstellten, dem selbst die Realität eines bedrohten Nachkriegs-Europa offenbar nicht zu einer baldigen Verwirklichung verhelfen konnte. Für die »Europäer« war dies eine schmerzliche und enttäuschende Einsicht, um so mehr, als alle ihre späteren Vorstöße für eine Umwandlung des Europarates in ein echtes Parlament scheitern sollten. Auf der anderen Seite war es aber gerade diese lockere, mit keinem Souveränitätsverlust verbundene Zusammenarbeit, die den neutralen Staaten Europas (Schweden, Österreich, die Schweiz und schließlich Finnland) den Beitritt ermöglichte. Wenn der Europarat anstelle einer engen Bindung seiner Mitglieder den weiten Rahmen eines Staatenbundes vorgezogen hatte, dann schloß diese Entscheidung zumindest das Bekenntnis zu einer offenen europäischen Gemeinschaft ein. In ihr sollte Raum genug für die vielfältigen Interessen und Bindungen ihrer Glieder bleiben. Das verfehlte gerade in den Jahren der sich vertiefenden Spaltung Europas seine Wirkung auf die mittel- und osteuropäischen Staaten nicht. In der Tat stellte, Jahre danach, die von vielen beklagte lose Organisation des Europarates den »Anlaufhafen« dar, in dem osteuropäische Länder, wie Polen und Ungarn, zunächst als Gäste empfangen werden konnten, ohne in den Verdacht von abtrünnigen Verbündeten der Sowjetunion zu geraten.

Die sichtbarsten und wohl auch bedeutendsten Leistungen des Europarates sind die von ihm ausgearbeiteten Konventionen. Das betrifft in erster Linie die bereits vom Haager Kongreß angeregte Europäische Konvention zum Schutze der Menschenrechte und Grundfreiheiten [D 17]. 1950 in Rom von fünfzehn Staaten unterzeichnet, trat sie 1953 in Kraft. Durch sie wurden erstmals internationale Instanzen –

Tafel 2: Europarat – Organisations- und Funktionsschema

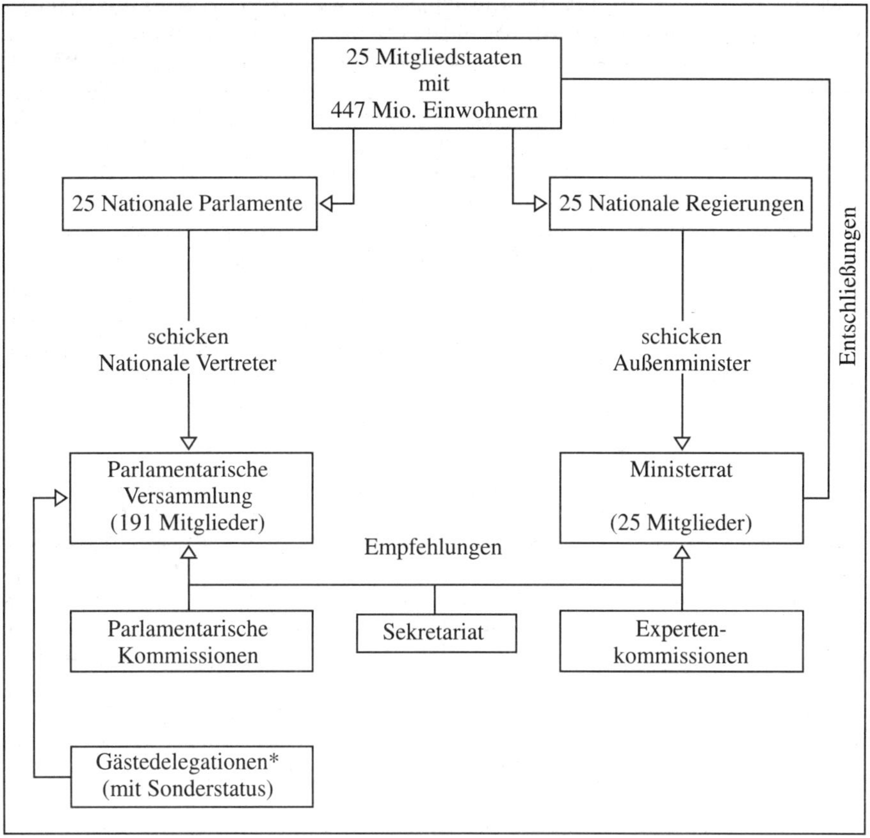

* Nach der Aufnahme Ungarns und der ČSFR als Vollmitglieder haben noch folgende Länder Sondergaststatus: Polen, Jugoslawien, die UdSSR und Rumänien.

eine Europäische Kommission für Menschenrechte und ein Europäischer Gerichtshof – geschaffen, die über Beschwerden wegen Verletzung der Menschenrechte verbindlich und ohne Zustimmung nationalstaatlicher Organe entscheiden können.

Eine Reihe weiterer Konventionen – so die Europäische Kulturkonvention, die Europäische Sozialcharta vom 13. Oktober 1961, aber auch Abkommen zur grenzübergreifenden Zusammenarbeit in Rechtsfragen (1980) und zum Datenschutz (1981) – sind unterzeichnet, bzw. bereits von allen oder einer Anzahl von Mitgliedstaaten ratifiziert worden (vgl. Tafel 3). Ein Beweis für das wachsende Interesse der kommunistischen Länder Osteuropas an den Arbeiten des Europarates ist die zum Teil wörtliche Übernahme verschiedener seiner Konventionen durch diese Länder.

1.3. Die Europäische Gemeinschaft für Kohle und Stahl

Das bevorstehende Ende des Marshallplanes machte für die europäischen Staaten die Frage nach der künftigen Ausgestaltung ihrer Wirtschaftsbeziehungen immer dringlicher. In den Jahren 1950–1952 wurden deshalb von den privaten Europa-Organisationen und Persönlichkeiten des politischen und wirtschaftlichen Lebens eine Reihe von Vorschlägen über die Fortführung der wirtschaftlichen und politischen Integration vorgelegt. Auf staatlicher Ebene war es Frankreich, das, aus verschiedenen Motiven, die Initiative für den nächsten Schritt ergriff. Ihr Ausgangspunkt war die wegweisende Regierungserklärung des damaligen französischen Außenministers Robert Schuman vom 9. Mai 1950. Sie führte ein Jahr später zur Gründung der Europäischen Gemeinschaft für Kohle und Stahl (EGKS oder Montanunion). Die Politik, die mit dieser Erklärung eingeleitet wurde, entsprang in erster Linie der französischen Sorge um eine dauerhafte Regelung der Ruhrfrage oder, in anderen Worten, der Weiterführung der Kontrolle über die deutsche Stahlindustrie. Bereits vor der Gründung der Bundesrepublik Deutschland hatte Paris eine befriedigende Lösung dieses für Frankreich eminent wichtigen Problems verlangt. Bundeskanzler Adenauer kam den französischen Ansichten und Sorgen bewußt entgegen. Er deutete sogleich die Möglichkeit an, die einseitige Kontrolle der deutschen Stahlindustrie durch die Schaffung einer umfassenderen Gemeinschaft zu ersetzen. Sie sollte die Schwerindustrie aller ihrer künftigen Mitglieder unter gemeinschaftliche Aufsicht stellen und auf diese Weise an die Stelle der Diskriminierung Deutschlands den Anfang gemeinschaftlicher Wirtschaftspolitik setzen.

Dieser Gedanke traf sich mit dem amerikanischen Bemühen, die Bundesrepublik wieder als gleichberechtigtes Glied in die europäische Gemeinschaft und, damit einhergehend, in das Verteidigungssystem des Westens einzubeziehen. Der damalige amerikanische Staatssekretär, Dean Acheson, brachte diese Absichten seiner Regierung zum Ausdruck, als er sich nur einen Tag nach der Schuman-Rede zu Fragen der europäischen Integration äußerte. Frankreich mußte sich deshalb darüber klar sein, daß die Vereinigten Staaten eine diskriminierende Behandlung der Bundesrepublik nicht zulassen wollten. Der Vorschlag Schumans trug dieser Situation Rechnung. Er zielte in realistischer – aber keineswegs nur selbstloser – Weise auf eine supranationale Lösung des Ruhrproblems ab. Die Kontrolle der deutschen Schwerindustrie

Tafel 3: Stand der Ratifizierungen der Konventionen und Abkommen des Europarates (September 1989)

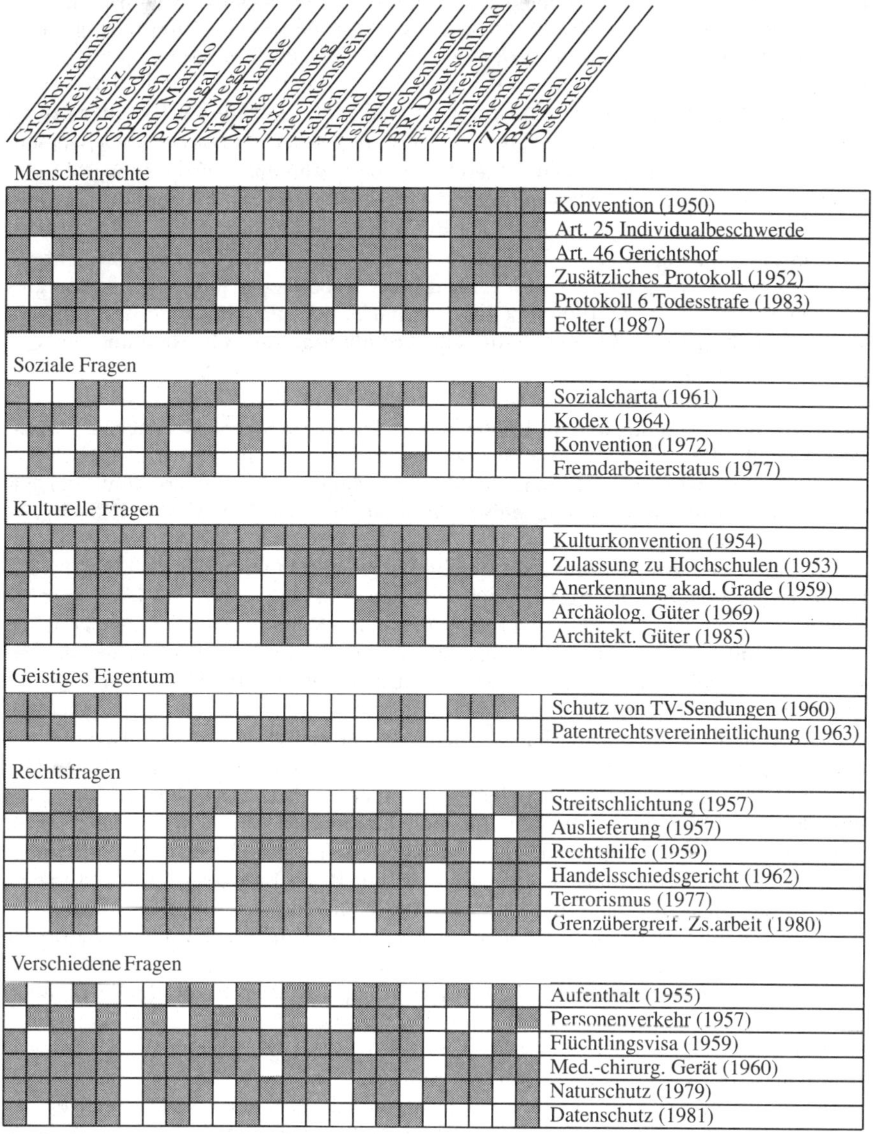

Quelle: Nach: Etat des signatures et des ratifications des traités européens. Chart of signatures and ratifications of European treaties, Europarat, Straßburg 1989.

sollte fortan einer europäischen Gemeinschaft übertragen werden, in der die Bundesrepublik zusammen mit anderen europäischen Staaten einen festen und dauerhaften Platz finden würde. Einer solchen Lösung konnte die Bundesregierung trotz innerer Widerstände ohne großen Schaden zustimmen; Großbritannien dagegen schreckte vor einer so engen Bindung an den Kontinent zurück und ließ es bei einer bloßen Assoziierung mit der Montanunion bewenden.

Der auf fünfzig Jahre abgeschlossene Vertrag trat im Juli 1952 in Kraft [D 18]. Er begründete unter den sechs Mitgliedstaaten (Frankreich, Bundesrepublik, Italien, den Niederlanden, Belgien und Luxemburg) die erste echte europäische Gemeinschaft mit eigenen Zuständigkeiten. Die EGKS, vor allem ihr aus neun Mitgliedern bestehendes Exekutivorgan – die Hohe Behörde –, besitzt ein direktes Einspruchsrecht in den Vertragsstaaten; sie schließt Verträge mit dritten Staaten und akkreditiert Botschafter. Ihr Ziel war die Schaffung eines einheitlichen europäischen Marktes für Kohle, Eisen und Stahl, um im Einklang mit der Gesamtwirtschaft der Mitgliedstaaten zur Steigerung von Beschäftigung, Produktion und Lebenshaltung der Gemeinschaft insgesamt beizutragen.

Neben der Hohen Behörde wurden als parlamentarisches Kontrollorgan die Gemeinsame Versammlung und als Bindeglied zu den nationalen Regierungen ein Ministerrat geschaffen; die Tätigkeit der Gemeinschaft überwacht ein Europäischer Gerichtshof. Der Sitz der EGKS befindet sich in Luxemburg, doch wurden mit der Fusion der drei Europäischen Gemeinschaften (1965) einige bisherige EGKS-Organe nach Brüssel übernommen.

Die Montanunion steht mit ihrer neuartigen Konstruktion bereits an der Schwelle zu einer neuen Etappe der westeuropäischen Einigung. Ihre politische Krönung sollte die nun einsetzende wirtschaftliche Integration in der Bildung eines bundesstaatlichen oder staatenbündischen Gemeinwesens bilden, wie sie der berühmte Art. 38 der gescheiterten Europäischen Verteidigungsgemeinschaft vorsah [D 19]. Wo im kommunistischen Bereich ein dichtes Netz zweiseitiger Verträge, gestützt von der unbedingten Disziplin der kommunistischen Parteien, die europäischen Volksdemokratien mit der Sowjetunion verband, begann in Westeuropa die Phase der übernationalen Gemeinschaften. Zwischen diesen beiden verschiedenen Systemen gab es kaum noch irgendwelche Bindungen. Beide standen sie unter dem Einfluß und Schutz ihrer außereuropäischen Vormacht und drehten sich, nach Ost und West blickend, buchstäblich den Rücken zu. Einzig Deutschland (mit Berlin) und, bis 1955, Österreich bildeten auf Grund ihres Viermächtestatus eine letzte Klammer unter den ehemaligen Alliierten. Aber auch sie, selbst schon vielfach geschwächt, erinnerte nur entfernt noch an die Pläne für eine europäische Friedensordnung. Sie wurde deshalb bald von der Sowjetunion als ein lästiger Überrest aus dem Zweiten Weltkrieg für hinfällig erklärt.

Dokumente

D 13: Rede des amerikanischen Außenministers Marshall vom 5. Juni 1947 an der Harvard-Universität (Auszug)

Ich brauche Ihnen, meine Herren, nicht zu erzählen, daß die Weltlage sehr ernst ist. Das ist allen intelligenten Menschen offenbar ...

Bei unseren Erwägungen über die Bedürfnisse Europas für den Wiederaufbau wurden die Menschenverluste, die sichtbare Zerstörung der Städte, Fabriken, Bergwerke und Eisenbahnen richtig einkalkuliert, aber es hat sich in den letzten Monaten herausgestellt, daß diese sichtbare Zerstörung wahrscheinlich weniger schwerwiegend ist als die Tatsache, daß das gesamte europäische Wirtschaftssystem aus den Angeln gehoben wurde ...

In dem Erholungsprozeß ist dadurch eine schwerwiegende Verzögerung eingetreten, daß man sich zwei Jahre nach Einstellung der Feindseligkeiten noch immer nicht auf eine Friedensregelung mit Deutschland und Österreich geeinigt hat. Aber selbst bei einer schnelleren Lösung dieser schwierigen Probleme würde die Gesundung der europäischen Wirtschaftsstruktur ganz offensichtlich eine sehr viel längere Zeitspanne und viel größere Anstrengungen fordern, als man anfangs angenommen hatte ...

In Wahrheit liegt die Sache so, daß Europas Bedarf an ausländischen Nahrungsmitteln und anderen wichtigen Gütern – hauptsächlich aus Amerika – während der nächsten drei oder vier Jahre um so viel höher liegt als seine gegenwärtige Zahlungsfähigkeit, daß beträchtliche zusätzliche Hilfsleistungen notwendig sind, wenn es nicht in einen wirtschaftlichen, sozialen und politischen Verfall sehr ernster Art geraten soll.

Die Lösung liegt in einer Durchbrechung des *Circulus vitiosus* und in der Wiederherstellung des Vertrauens bei den europäischen Völkern auf die wirtschaftliche Zukunft ihrer Länder und ganz Europas. Der Fabrikant und der Landwirt in weiten Gebieten müssen gewillt und in der Lage sein, ihre Produkte für eine Währung in Tausch zu geben, deren fester Wert außer Zweifel steht. Abgesehen von der demoralisierenden Wirkung auf die ganze Welt und von der Möglichkeit, daß aus der Verzweiflung der betroffenen Völker sich Unruheherde ergeben könnten, dürfte es auch offensichtlich sein, welche Folgen dieser Zustand auf die Wirtschaft der Vereinigten Staaten haben muß. Es ist nur logisch, daß die Vereinigten Staaten alles tun, was in ihrer Macht steht, um die Wiederherstellung gesunder wirtschaftlicher Verhältnisse in der Welt zu fördern, ohne die es keine politische Stabilität und keinen sicheren Frieden geben kann. Unsere Politik richtet sich nicht gegen irgendein Land oder irgendeine Doktrin, sondern gegen Hunger, Armut, Verzweiflung und Chaos. Ihr Zweck ist die Wiederbelebung einer funktionierenden Weltwirtschaft, damit die Entstehung politischer und sozialer Bedingungen ermöglicht wird, unter denen freie Institutionen existieren können. Ich bin überzeugt, daß eine solche Unterstützung nicht nach und nach entsprechend der jeweiligen Entwicklung von Krisen geleistet werden darf. Wenn die Regierung der Vereinigten Staaten in Zukunft Hilfsleistungen gewährt, so sollten diese eine Heilungskur und nicht nur ein Linderungsmittel darstellen. Jeder

Regierung, die bereit ist, beim Wiederaufbau zu helfen, wird die volle Unterstützung der Regierung der Vereinigten Staaten gewährt werden, dessen bin ich sicher. Aber eine Regierung, die durch Machenschaften versucht, die Gesundung der anderen Länder zu hemmen, kann von uns keine Hilfe erwarten. Darüber hinaus werden alle Regierungen, politischen Parteien oder Gruppen, die es darauf abgesehen haben, das menschliche Elend zu einem Dauerzustand zu machen, um in politischer oder anderer Hinsicht Nutzen daraus zu ziehen, auf den Widerstand der Vereinigten Staaten stoßen.

Eines ist schon jetzt klar: Bevor die Vereinigten Staaten ihre Bemühungen zur Besserung der Lage fortsetzen und zum Gesundungsprozeß der europäischen Welt beitragen können, müssen die Länder Europas untereinander zu einer Einigung darüber kommen, was die gegenwärtige Lage am dringendsten erfordert und inwieweit die Länder Europas selbst dazu beitragen können, eine volle Auswertung der Maßnahmen unserer Regierung zu erzielen.

Es wäre weder angebracht noch zweckmäßig, wenn die Regierung der Vereinigten Staaten von sich aus ein Programm entwerfen würde, um die wirtschaftliche Wiederaufrichtung Europas durchzuführen. Das ist Sache der Europäer selbst. Die Initiative muß von Europa ausgehen, meine ich. Unsere Rolle sollte darin bestehen, den Entwurf eines europäischen Programms freundschaftlich zu fördern und später dieses Programm zu unterstützen, soweit das für uns praktisch ist. Es sollte ein gemeinsames Programm entworfen werden, hinter dem, wenn nicht alle, so doch eine Anzahl von europäischen Nationen stehen.

Quelle: Europa-Archiv, 1947, S. 821.

D 14: Molotows Schlußworte auf der Pariser Konferenz über europäische Wirtschaftsplanung vom 2. Juli 1947 (Auszug)

Die Sowjetdelegation hat sorgfältig den von der französischen Delegation am 1. Juli gemachten Vorschlag geprüft. Ebenso wie der vorher von der britischen Delegation unterbreitete Vorschlag, sieht das französische Projekt die Aufgabe der Ausarbeitung eines Wirtschaftsprogramms für ganz Europa vor, obwohl, wie bekannt ist, die meisten der europäischen Länder bis jetzt noch kein eigenes nationales Wirtschaftsprogramm besitzen. Es wird vorgeschlagen, eine Spezialorganisation zur Ausarbeitung eines solchen allumfassenden europäischen Programms zu bilden und diese Organisation zu beauftragen, die Hilfsquellen und Erfordernisse der europäischen Staaten festzustellen, ja sogar die Entwicklung der Schlüsselindustrien in diesen Ländern festzulegen und erst danach die Möglichkeit der Erlangung einer Wirtschaftshilfe von den Vereinigten Staaten zu ermitteln.

Damit ist die Frage der amerikanischen Wirtschaftshilfe, über die außerdem bis jetzt noch nichts bekannt ist, für die britische und die französische Regierung zum Vorwand geworden, auf der Schaffung einer neuen Organisation zu bestehen, welche über den europäischen Ländern steht, sich in die inneren Angelegenheiten dieser Länder einmischt und sogar die Anweisungen für die Entwicklung der Schlüsselindustrien in diesen Ländern festlegt. Außerdem erheben Großbritannien und Frankreich zusammen mit den ihnen eng verbundenen Ländern Anspruch auf beherrschende Positionen in dieser Organisation oder, wie es in dem britischen Plan heißt, in dem sogenannten »Lenkungsausschuß« für Europa.

Nun werden zwar mündliche Vorbehalte gemacht, nach welchen sich diese Organisation angeblich nicht in die inneren Angelegenheiten der in Frage kommenden Staaten einmischen oder ihre Souveränität verletzen will, es geht aber aus den Aufgaben, die dieser Organisation oder dem »Lenkungsausschuß« gestellt werden, völlig klar hervor, daß die europäischen Länder unter Kontrolle gestellt werden und ihre frühere wirtschaftliche und nationale Unabhängigkeit im Interesse einiger starker Mächte verlieren. Jedenfalls wird jetzt vorgeschlagen, die Möglichkeit der Erlangung eines amerikanischen Kredits durch ein Land von dessen Gehorsam gegenüber der oben erwähnten Organisation und ihrem »Lenkungsausschuß« abhängig zu machen.

Wozu kann dies führen? Heute kann ein Druck auf Polen ausgeübt werden, mehr Kohlen zu produzieren, und sei es auf Kosten anderer polnischer Industrien, die eingeschränkt werden würden, weil irgendwelche europäischen Länder hieran interessiert sind. Morgen werden sie sagen, die Tschechoslowakei solle aufgefordert werden, ihre landwirtschaftliche Produktion zu erhöhen und ihren Maschinenbau einzuschränken, um Maschinen von anderen europäischen Ländern zu erhalten, welche ihre Waren zu möglichst hohen Preisen zu verkaufen wünschen, oder, wie die Zeitungen kürzlich schrieben, Norwegen wird gezwungen werden, seine Stahlindustrie nicht weiterzuentwickeln, da dies gewissen ausländischen Stahlverbänden besser passen würde, und so weiter. Was wird von der wirtschaftlichen Unabhängigkeit und Souveränität solcher europäischer Länder übrigbleiben? Wie können unter solchen Umständen die kleinen Länder und die schwächeren Staaten ihre nationale Wirtschaft und die Unabhängigkeit ihres Staates sichern?

Die Sowjetregierung kann selbstverständlich diesen Weg nicht einschlagen. Sie hält sich auch jetzt an ihre Vorschläge, die sie auf dieser Konferenz am 30. Juni unterbreitete. Die Sowjetregierung teilt auch nicht die Illusionen über die Unterstützung aus dem Ausland, die in dem letzten französischen Projekt enthalten waren.

Wenn Anstrengungen gemacht werden, damit sich Europa in erster Linie selbst helfe und sein eigenes Wirtschaftspotential und den Warenaustausch zwischen den Ländern entwickele, dann liegt dies im Interesse der europäischen Länder. Wenn jedoch gesagt wird – wie es in dem französischen Vorschlag geschieht –, daß die entscheidende Rolle im Wiederaufbau des Wirtschaftslebens der europäischen Länder von den Vereinigten Staaten von Amerika und nicht von den europäischen Ländern selbst übernommen werden sollte, dann steht eine solche Politik im Gegensatz zu den Interessen der europäischen Länder, weil dies zur Beseitigung der wirtschaftlichen Unabhängigkeit führen könnte, was mit der Wahrung der nationalen Souveränität unvereinbar wäre ...

Wohin würde die Verwirklichung des französisch-britischen Vorschlages über die Schaffung einer Spezialorganisation oder eines »Lenkungsausschusses« zur Ausarbeitung eines allumfassenden europäischen Wirtschaftsprogramms führen? Die Durchführung dieses Vorschlages würde zu nichts Gutem führen. Das Ergebnis hiervon wäre, daß Großbritannien, Frankreich und eine Gruppe von Ländern, die ihnen folgen, sich von den anderen europäischen Staaten isolieren würden und daß sie Europa in zwei Staatengruppen aufteilen und dadurch neue Schwierigkeiten in den Beziehungen unter ihnen verursachen würden. In diesem Falle würden die amerikanischen Kredite nicht dem Ziele des wirtschaftlichen Wiederaufbaus Europas dienen, sondern dem Ziel, einige europäische Länder gegen andere europäische Länder auszuspielen, wie es einige starke, die Vorherrschaft anstrebende Mächte in ihrem Interesse wünschen.

Quelle: Europa-Archiv, 1947, S. 822f.

D 15: Abkommen über die Organisation für Europäische Wirtschaftliche Zusammenarbeit (OEEC) vom 16. April 1948 (Auszug)

Die Regierungen Österreichs, Belgiens, Dänemarks, Frankreichs, Griechenlands, Irlands, Islands, Italiens, Luxemburgs, Norwegens, der Niederlande, Portugals, des Vereinigten Königreichs, Schwedens, der Schweiz und der Türkei und die Oberbefehlshaber der französischen, der britischen und der amerikanischen Besatzungszone Deutschlands haben,
in der Annahme, daß eine starke und blühende europäische Wirtschaft für die Verwirklichung des Zieles der Vereinten Nationen, die Erhaltung der persönlichen Freiheit und die Erhöhung des allgemeinen Wohlstandes, von grundlegender Bedeutung ist und daß sie zur Erhaltung des Friedens beitragen wird, in der Erkenntnis, daß ihre Wirtschaftssysteme miteinander verflochten sind und daß der Wohlstand jeder einzelnen Nation vom Wohlstand aller abhängig ist,
in dem Glauben, daß nur durch enge und dauernde Zusammenarbeit zwischen den vertragschließenden Parteien der Wohlstand Europas wiederhergestellt und erhalten und der Kriegsschaden beseitigt werden kann,
in der Bereitwilligkeit, die in dem allgemeinen Bericht des Ausschusses für wirtschaftliche Zusammenarbeit Europas dargelegten Grundsätze und Ziele zu verwirklichen, insbesondere die baldige Herstellung gesunder wirtschaftlicher Verhältnisse, die es den vertragschließenden Parteien so schnell wie möglich erlauben sollen, einen befriedigenden Stand wirtschaftlicher Betätigung ohne außergewöhnliche Hilfe von außen zu erreichen und zu erhalten und ihren vollen Beitrag zur wirtschaftlichen Festigung der Welt zu leisten,
in dem Entschluß, ihre wirtschaftlichen Kräfte zu diesem Zwecke zu vereinigen, sich gemeinsam um die bestmögliche kollektive Ausnutzung der Kapazität und der Gegebenheiten jeder einzelnen Nation zu bemühen, ihre Produktion zu steigern, ihre industriellen und landwirtschaftlichen Anlagen zu entwickeln und auszubauen, ihren Handel auszudehnen, die zwischen ihnen bestehenden Handelsschranken allmählich abzuschaffen, Vollbeschäftigung zu fördern und das Gleichgewicht ihrer Wirtschaft und das allgemeine Vertrauen in ihre nationalen Währungen wiederherzustellen oder zu erhalten,
in Kenntnisnahme von dem großzügigen Beschluß des amerikanischen Volkes, der in den Maßnahmen für eine Hilfeleistung zum Ausdruck kommt, ohne die die oben dargelegten Ziele nicht vollständig erreicht werden können,
in dem Entschluß, die Bedingungen zu schaffen und die Einrichtungen zu gründen,

die für den Erfolg der europäischen wirtschaftlichen Zusammenarbeit und für die wirksame Verwendung der amerikanischen Hilfe notwendig sind, und zu diesem Zwecke ein Abkommen abzuschließen,
die unterzeichneten Bevollmächtigten ernannt, die nach Vorlage ihrer in guter und gehöriger Form befundenen Vollmachten über die folgenden Bestimmungen übereingekommen sind:

Artikel 1

Die vertragschließenden Parteien kommen überein, ihre wirtschaftlichen Beziehungen untereinander in enger Zusammenarbeit zu pflegen.

Sie werden sich unverzüglich der Aufgabe widmen, ein gemeinsames Wiederaufbauprogramm auszuarbeiten und durchzuführen. Es wird das Ziel dieses Programms sein, so bald wie möglich einen befriedigenden Stand der wirtschaftlichen Betätigung ohne außergewöhnliche Hilfe von außen zu erreichen und aufrechtzuerhalten, und zu diesem Zweck des Programms ist der Notwendigkeit einer Ausfuhrsteigerung der vertragschließenden Parteien gegenüber nichtbeteiligten Ländern in größtmöglichem Ausmaß Rechnung zu tragen.

Die vertragschließenden Parteien verpflichten sich dementsprechend, den folgenden allgemeinen Verpflichtungen durch angestrengte Selbsthilfe und im Geiste gegenseitiger Unterstützung nachzukommen, und errichten hiermit eine Organisation für europäische wirtschaftliche Zusammenarbeit, die im folgenden als die Organisation bezeichnet wird.

Teil I

Allgemeine Verpflichtungen

Artikel 2

Die vertragschließenden Parteien werden sowohl einzeln wie auch gemeinsam durch möglichst wirksame Ausnutzung der ihnen zur Verfügung stehenden Hilfsquellen, und zwar sowohl in den Heimat- als auch in den Überseegebieten, und durch fortschreitende Modernisierung der Anlagen und Arbeitsmethoden die Entwicklung der Produktion nachdrücklich und in der Weise fördern, wie es für die Durchführung des gemeinsamen Wiederaufbauprogramms am vorteilhaftesten ist.

Artikel 3

Die vertragschließenden Parteien werden im Rahmen der Organisation, sooft und soweit es nötig erscheint, allgemeine Pläne für die Produktion und den Austausch von Waren und Dienstleistungen entwerfen. Dabei werden sie ihre verschiedenen Berechnungen oder Programme und die allgemeine Weltwirtschaftslage berücksichtigen.

Jede der vertragschließenden Parteien wird sich nach besten Kräften bemühen, die Ausführung dieser allgemeinen Pläne sicherzustellen.

Artikel 4

Die vertragschließenden Parteien werden den Austausch von Waren und Dienstleistungen in gegenseitiger Zusammenarbeit so weitgehend wie möglich entwickeln. Zu diesem Zweck werden sie ihre bereits eingeleiteten Bemühungen um die baldmögliche Schaffung eines multilateralen Zahlungssystems untereinander fortsetzen und in der Auflockerung gegenseitiger Handels- und Zahlungsbeschränkungen zusammenarbeiten mit dem Ziel, diese Beschränkungen, die gegenwärtig den Handels- und Zahlungsverkehr behindern, so bald wie möglich zu beseitigen.

Bei der Anwendung dieses Artikels werden die vertragschließenden Parteien, und zwar gemeinsam wie auch jede für sich, die Notwendigkeit gebührend berücksichtigen, übermäßige Gleichgewichtsverschiebungen in ihren finanziellen und wirtschaftlichen Beziehungen untereinander und mit nichtbeteiligten Ländern auszugleichen oder zu vermeiden.

Artikel 5

Die vertragschließenden Parteien kommen überein, ihre wirtschaftlichen Verbindungen auf jede Art und Weise zu stärken, die die Ziele dieses Abkommens nach ihrer Ansicht fördern würden. Sie werden weiterhin Zollunion oder ähnliche Einrichtungen, wie zum Beispiel Freihandelsgebiete, in Erwägung ziehen, deren Bildung einen Weg zur Erreichung dieser Ziele darstellen könnte. Diejenigen vertragschließenden Mächte, die der Bildung von Zollunionen bereits grundsätzlich zugestimmt haben, werden die Errichtungen solcher Unionen nach Maßgabe der Verhältnisse so schnell wie möglich herbeiführen.

Artikel 6

Die vertragschließenden Parteien werden untereinander und mit anderen gleichgesinnten Ländern in der Herabsetzung von Zöllen und anderen Hindernissen für die Ausdehnung des Handels zusammenwirken, um ein gesundes und ausgeglichenes multilaterales Handelssystem zu schaffen, das mit den Grundsätzen der Havanna-Charta* im Einklang steht.

Artikel 7

Jede der vertragschließenden Parteien wird unter gebührender Berücksichtigung der Notwendigkeit, einen hohen und bleibenden Stand von Handel und Beschäftigung zu erreichen und die Gefahren der Inflation zu vermeiden oder ihnen entgegenzuwirken, diejenigen Maßnahmen ergreifen, die in ihrer Macht liegen, um die Stabilität ihrer Währung und ihrer inneren Finanzlage, gesunde Wechselkurse und das allgemeine Vertrauen in ihr Währungssystem herzustellen oder zu erhalten.

Artikel 8

Die vertragschließenden Parteien werden die ihnen zur Verfügung stehenden Arbeitskräfte möglichst weitgehend und zweckdienlich einsetzen.

Sie werden sich bemühen, Vollbeschäftigung für ihr eigenes Volk zu erreichen und sie können auf Arbeitskräfte zurückgreifen, die in einem anderen vertragschließenden Land zur Verfügung stehen. Im letzteren Fall werden sie auf Grund gegenseitiger Abmachungen die notwendigen Maßnahmen ergreifen, um die Verlagerung der Arbeiter zu erleichtern und sicherzustellen, daß diese in Verhältnissen untergebracht werden, die vom wirtschaftlichen und sozialen Standpunkt aus befriedigen.

Ganz allgemein werden die vertragschließenden Mächte gemeinsam an der Beseitigung der Hindernisse mitwirken, die der Freizügigkeit hinderlich sind.

Artikel 9

Die vertragschließenden Parteien werden der Organisation alle Auskünfte geben, die diese von ihnen anfordert, um die Erfüllung ihrer Aufgaben zu erleichtern.

---

* Entwurf eines Welthandelsabkommens im Rahmen der UN 1946/47.

Quelle: Europa-Archiv, 1948, S. 1345ff.

D 16: Satzung des Europarates vom 5. Mai 1949 (mit Änderungen)

Die Regierungen des Königreichs Belgien, des Königreichs Dänemark, der Französischen Republik, der Republik Irland, der Italienischen Republik, des Großherzogtums Luxemburg, des Königreichs der Niederlande, des Königreichs Norwegen, des Königreichs Schweden und des Vereinigten Königreichs von Großbritannien und Nordirland haben,
in der Überzeugung, daß die Festigung des Friedens auf den Grundlagen der Gerechtigkeit und internationalen Zusammenarbeit für die Erhaltung der menschlichen Gesellschaft und der Zivilisation von lebenswichtigem Interesse ist;
in unerschütterlicher Verbundenheit mit den geistigen und sittlichen Werten, die das gemeinsame Erbe ihrer Völker sind und der persönlichen Freiheit, der politischen Freiheit und der Herrschaft des Rechtes zugrunde liegen, auf denen jede wahre Demokratie beruht;
in der Überzeugung, daß zum Schutze und zur fortschreitenden Verwirklichung dieses Ideals und zur Förderung des sozialen und wirtschaftlichen Fortschritts zwischen den europäischen Ländern, die von demselben Geiste beseelt sind, eine engere Verbindung hergestellt werden muß;
in der Erwägung, daß, um diesem Bedürfnis und den offenkundigen Bestrebungen ihrer Völker Rechnung zu tragen, schon jetzt eine Organisation errichtet werden muß, in der die europäischen Staaten enger zusammengeschlossen werden,
beschlossen, einen Europarat zu gründen, der aus einem Komitee von Vertretern der Regierungen und einer Beratenden Versammlung besteht, und zu diesem Zweck diese Satzung angenommen.

Kapitel I
Aufgabe des Europarates
Artikel 1

(a) Der Europarat hat zur Aufgabe, eine engere Verbindung zwischen seinen Mitgliedern zum Schutze und zur Förderung der Ideale und Grundsätze, die ihr gemeinsames Erbe bilden, herzustellen und ihren wirtschaftlichen und sozialen Fortschritt zu fördern.
(b) Diese Aufgabe wird von den Organen des Rates erfüllt durch Beratung von Fragen von gemeinsamem Interesse, durch den Abschluß von Abkommen und durch gemeinschaftliches Vorgehen auf wirtschaftlichem, sozialem, kulturellem und wissenschaftlichem Gebiet und auf den Gebieten des Rechts und der Verwaltung sowie durch den Schutz und die Fortentwicklung der Menschenrechte und Grundfreiheiten.
(c) Die Beteiligung der Mitglieder an den Arbeiten des Europarates darf ihre Mitwirkung am Werk der Vereinten Nationen und der anderen internationalen Organisationen oder Vereinigungen, denen sie angehören, nicht beeinträchtigen.
(d) Fragen der nationalen Verteidigung gehören nicht zur Zuständigkeit des Europarates.

Kapitel II
Zusammensetzung
Artikel 2

Mitglieder des Europarates sind die Vertragspartner dieser Satzung.

Artikel 3

Jedes Mitglied des Europarates erkennt den Grundsatz der Vorherrschaft des Rechts und den Grundsatz an, daß jeder, der seiner Hoheitsgewalt unterliegt, der Menschenrechte und Grundfreiheiten teilhaftig werden soll. Es verpflichtet sich, bei der Erfüllung der in Kapitel I bestimmten Aufgaben aufrichtig und tatkräftig mitzuarbeiten.

Artikel 4

Jeder europäische Staat, der für fähig und gewillt befunden wird, die Bestimmungen des Artikels 3 zu erfüllen, kann vom Ministerkomitee eingeladen werden, Mitglied des Europarates zu werden. Jeder auf diese Weise eingeladene Staat erwirbt die Mitgliedschaft mit der in seinem Namen erfolgenden Hinterlegung einer Urkunde über den Eintritt zu dieser Satzung beim Generalsekretär.

Artikel 5

(a) Unter besonderen Umständen kann ein europäisches Land, das für fähig und gewillt befunden wird, die Bestimmungen des Artikels 3 zu erfüllen, vom Ministerkomitee eingeladen werden, assoziiertes Mitglied des Europarates zu werden. Jedes auf diese Weise eingeladene Land erwirbt die Eigenschaft eines assoziierten Mitgliedes mit der in seinem Namen erfolgenden Hinterlegung einer Urkunde über die Annahme dieser Satzung beim Generalsekretär. Die assoziierten Mitglieder können nur in der Beratenden Versammlung vertreten sein.

(b) In dieser Satzung umfaßt der Ausdruck »Mitglied« auch die assoziierten Mitglieder, soweit es sich nicht um die Vertretung im Ministerkomitee handelt.

Artikel 6

Vor der Absendung einer der in den Artikeln 4 oder 5 vorgesehenen Einladung setzt das Ministerkomitee die Zahl der dem zukünftigen Mitglied in der Beratenden Versammlung zustehenden Sitze und seinen Beitrag zu den finanziellen Aufwendungen fest.

Artikel 7

Jedes Mitglied des Europarates kann aus diesem ausscheiden, indem es dem Generalsekretär gegenüber eine förmliche Erklärung hierüber abgibt. Die Austrittserklärung wird mit dem Ende des laufenden Rechnungsjahres wirksam, wenn sie innerhalb der ersten neun Monate dieses Jahres, und mit dem Ende des folgenden Rechnungsjahres, wenn sie in den letzten drei Monaten dieses Jahres abgegeben worden ist.

Artikel 8

Jedem Mitglied des Europarates, das sich einer schweren Verletzung der Bestimmungen des Artikels 3 schuldig macht, kann sein Recht auf Vertretung vorläufig entzogen und es kann vom Ministerkomitee aufgefordert werden, gemäß den in Artikel 7 vorgesehenen Bestimmungen seinen Austritt zu erklären. Kommt es dieser Aufforderung nicht nach, so kann das Komitee beschließen, daß das Mitglied von einem vom Komitee bestimmten Zeitpunkt an dem Rat nicht mehr angehört.

Artikel 9

Erfüllt ein Mitglied seine finanziellen Verpflichtungen nicht, so kann ihm das Ministerkomitee das Recht auf Vertretung im Komitee und in der Beratenden Versammlung entziehen, und zwar für so lange, als es seinen Verpflichtungen nicht nachkommt.

Kapitel III
Allgemeine Bestimmungen

Artikel 10

Die Organe des Europarates sind:
(I) das Ministerkomitee;
(II) die Beratende Versammlung.
Diesen beiden Organen steht das Sekretariat des Europarates zur Seite.

Artikel 11

Der Europarat hat seinen Sitz in Straßburg.

Artikel 12

Die Amtssprachen des Europarates sind Französisch und Englisch. Die Geschäftsordnungen des Ministerkomitees und der Beratenden Versammlung bestimmen die Umstände und Voraussetzungen, unter denen andere Sprachen verwendet werden können.

Kapitel IV
Das Ministerkomitee

Artikel 13

Das Ministerkomitee ist das Organ, das dafür zuständig ist, im Namen des Europarates gemäß Artikeln 15 und 16 zu handeln.

Artikel 14

Jedes Mitglied hat im Ministerkomitee einen Vertreter, jeder Vertreter hat eine Stimme. Vertreter im Komitee sind die Außenminister. Kann ein Außenminister an den Sitzungen nicht teilnehmen, oder lassen andere Umstände es wünschenswert erscheinen, so kann ein Beauftragter bestellt werden, der für ihn tätig wird. Der Beauftragte soll, wenn irgend möglich, ein Mitglied der Regierung seines Landes sein.

Artikel 15

(a) Das Ministerkomitee prüft auf Empfehlung der Beratenden Versammlung oder von Amts wegen die Maßnahmen, die zur Erfüllung der Aufgaben des Europarates geeignet sind, einschließlich des Abschlusses von Abkommen und Vereinbarungen und der Annahme einer gemeinsamen Politik durch die Regierungen in bestimmten Fragen. Seine Beschlüsse werden vom Generalsekretär den Mitgliedern mitgeteilt.
(b) Die Beschlüsse des Ministerkomitees können gegebenenfalls die Form von Empfehlungen an die Regierungen annehmen. Das Komitee kann die Regierungen auffordern, ihm über die auf Grund der Empfehlungen getroffenen Maßnahmen zu berichten.

Artikel 16

Vorbehaltlich der Bestimmungen der Artikel 24, 28, 30, 32, 33 und 35 über die Befugnisse der Beratenden Versammlung regelt das Ministerkomitee mit bindender Wirkung alle Fragen der Organisation und des inneren Dienstes des Europarates. Es erläßt zu diesem Zweck die erforderlichen Haushalts- und Verwaltungsordnungen.

Artikel 17

Das Ministerkomitee kann zu den von ihm für wünschenswert erachteten Zwecken Komitees oder Ausschüsse beratenden oder technischen Charakters bilden.

Artikel 18

Das Ministerkomitee gibt sich eine Geschäftsordnung; diese regelt insbesondere:
(I) Die zur Beschlußfähigkeit notwendige Mitgliederzahl;
(II) den Modus für die Bestellung des Vorsitzenden und die Dauer seines Mandats;
(III) das Verfahren für die Aufstellung der Tagesordnung und für die Einreichung der Entschließungsanträge;
(IV) die Art und Weise der Mitteilung der Bestellung von Beauftragten gemäß Artikel 14.

Artikel 19

In jeder Sitzungsperiode der Beratenden Versammlung unterbreitet ihr das Ministerkomitee Berichte über seine Tätigkeit unter Beifügung der einschlägigen Unterlagen.

Artikel 20

(a) Einstimmigkeit der abgegebenen Stimmen und die Stimmen der Mehrheit der Vertreter, die Anspruch auf einen Sitz im Ministerkomitee haben, sind für Entschließungen des Komitees über folgende wichtige Fragen erforderlich:
(I) Empfehlungen nach Artikel 15 (b);
(II) Fragen nach Artikel 19;
(III) Fragen nach Artikel 21 (a), (I) und (b);
(IV) Fragen nach Artikel 33;
(V) Empfehlungen für die Abänderung der Artikel 1 (d), 7, 15, 20 und 22; und
(VI) alle sonstigen Fragen, für die das Komitee wegen ihrer Bedeutung durch eine unter den Voraussetzungen des nachstehenden Absatzes (d) angenommene Entschließung gegebenenfalls die Einstimmigkeit vorschreibt.

(b) Fragen aus dem Bereich der Geschäftsordnung oder der Haushalts- oder Verwaltungsordnungen können den Gegenstand einer Entscheidung bilden, die mit einfacher Mehrheit der Stimmen aller Vertreter, die Anspruch auf einen Sitz im Ministerkomitee haben, gefaßt wird.

(c) Die in Anwendung der Artkel 4 und 5 gefaßten Entschließungen des Komitees bedürfen der Annahme durch eine Zweidrittelmehrheit aller Vertreter, die Anspruch auf einen Sitz im Ministerkomitee haben.

(d) Alle sonstigen Entschließungen des Komitees werden mit Zweidrittelmehrheit der abgegebenen Stimmen und der einfachen Mehrheit der Stimmen aller Vertreter, die Anspruch auf einen Sitz im Ministerkomitee haben, gefaßt. Zu diesen Entschließungen gehören insbesondere diejenigen über die Annahme des Haushaltsplans, der Geschäftsordnung, der Haushalts- und Verwaltungsordnungen, die Empfehlungen über die Änderung der vorstehend unter (a) (V) nicht erwähnten Artikel dieser Satzung sowie darüber, welcher Absatz dieses Artikels im Zweifelsfalle anzuwenden ist.

Artikel 21

(a) Die Sitzungen des Ministerkomitees finden, wenn dieses keine andere Entscheidung trifft, statt:
(I) unter Ausschluß der Öffentlichkeit und
(II) am Sitze des Rates.

(b) Das Komitee bestimmt selbst, welche Mitteilungen über die nichtöffentlichen Beratungen und über ihre Beschlüsse zu veröffentlichen sind.

(c) Das Komitee muß vor der Eröffnung der Sitzungsperioden der Beratenden Versammlung und zu Beginn dieser Sitzungsperioden zusammentreten; es tritt außerdem zusammen, wenn es von ihm für zweckmäßig erachtet wird.

Kapitel V

Beratende Versammlung

Artikel 22

Die Beratende Versammlung ist das beratende Organ des Europarates. Sie erörtert Fragen, die in ihr Aufgabengebiet fallen, wie es in dieser Satzung umschrieben ist, und übermittelt ihre Beschlüsse dem Ministerkomitee in der Form von Empfehlungen.

Artikel 23

(a) Die Beratende Versammlung kann über alle Fragen, die nach den Begriffsbestimmungen des Kapitels I der Aufgabe des Europarates entsprechen und in dessen Zuständigkeit fallen, beraten und Empfehlungen ausarbeiten; sie berät ferner über jede Frage, die ihr vom Ministerkomitee zur Stellungnahme unterbreitet wird, und kann dazu Empfehlungen ausarbeiten.

(b) Die Versammlung setzt ihre Tagesordnung im Einklang mit den Bestimmungen des vorstehenden Absatzes (a) und unter Berücksichtigung der Tätigkeit der anderen europäischen zwischenstaatlichen Organisationen, denen einige oder alle Mitglieder des Rates angehören, fest.

(c) Der Präsident der Versammlung entscheidet im Zweifelsfalle, ob eine im Laufe einer Sitzungsperiode aufgeworfene Frage auf die Tagesordnung der Versammlung gehört.

Artikel 24

Die Beratende Versammlung kann unter Berücksichtigung der Bestimmungen des Artikels 38 (d) Komitees oder Ausschüsse bilden, die beauftragt sind, alle Fragen im Rahmen ihrer Zuständigkeit im Sinne der Begriffsbestimmung des Artikels 23 zu prüfen, ihr Bericht zu erstatten und zu den auf ihre Tagesordnung gesetzten Angelegenheiten sowie zu allen Verfahrensfragen Stellung zu nehmen.

Artikel 25

(a) Die Beratende Versammlung besteht aus Vertretern aller Mitglieder, die von deren Parlamenten gewählt oder nach einem von diesen Parlamenten bestimmten Verfahren bezeichnet werden, jedoch unter dem Vorbehalt, daß die Regierung eines jeden Mitglieds ergänzende Ernennungen vornehmen kann, wenn das Parlament nicht tagt und das in diesem Falle zu befolgende Verfahren nicht bestimmt hat. Jeder Vertreter muß Staatsangehöriger des von ihm vertretenen Mitgliedes sein. Er darf nicht gleichzeitig dem Ministerkomitee angehören.

(b) Kein Vertreter kann im Laufe einer Sitzungsperiode der Versammlung ohne deren Zustimmung seines Mandates enthoben werden.

(c) Jeder Vertreter kann einen Ersatzmann haben, der im Falle der Abwesenheit des Vertreters berechtigt ist, an seiner Stelle an den Sitzungen teilzunehmen, das Wort zu ergreifen und abzustimmen. Die Bestimmungen des vorstehenden Absatzes (a) finden auch auf die Bezeichnung der Ersatzleute Anwendung.

Artikel 26

Die Mitglieder haben Anspruch auf die nachstehend angegebene Zahl von Sitzen (Stand: März 1991):

Frankreich, Bundesrepublik Deutschland, Italien, Vereinigtes Königreich von Großbritannien und Nordirland	je 18
Spanien, Türkei	je 12
Belgien, Griechenland, Niederlande, Portugal, Ungarn, ČSFR	je 7
Österreich, Schweden, Schweiz	je 6
Dänemark, Norwegen, Finnland	je 5
Irland	4
Zypern, Island, Luxemburg, Malta	je 3
Fürstentum Liechtenstein, San Marino	je 2

Artikel 27

Die Bedingungen, unter denen das Ministerkomitee insgesamt bei den Aussprachen der Beratenden Versammlung vertreten sein kann, und diejenigen, unter denen die Vertreter im Komitee und ihre Beauftragten einzeln das Wort vor der Versammlung ergreifen können, unterliegen den einschlägigen Bestimmungen der Geschäftsordnung, die nach Anhörung der Versammlung vom Komitee beschlossen werden können.

Artikel 28

(a) Die Beratende Versammlung gibt sich ihre Geschäftsordnung. Sie wählt aus ihrer Mitte ihren Präsidenten, der bis zur folgenden ordentlichen Sitzungsperiode im Amt bleibt.

(b) Der Präsident leitet die Arbeiten, nimmt aber weder an den Aussprachen noch an der Abstimmung teil. Der Ersatzmann des Präsidenten ist befugt, an seiner Stelle an den Sitzungen teilzunehmen, das Wort zu ergreifen und abzustimmen.

(c) Die Geschäftsordnung regelt insbesondere:

(I) die Frage der Beschlußfähigkeit;

(II) das Verfahren für die Wahl und die Dauer des Amts des Präsidenten und der anderen Mitglieder des Büros;

(III) das Verfahren für die Aufstellung der Tagesordnung und für deren Bekanntgabe an die Vertreter;

(IV) Zeitpunkt und Verfahren und Bekanntgabe der Namen der Vertreter und ihrer Ersatzleute.

Artikel 29

Vorbehaltlich der Bestimmungen des Artikels 30 bedürfen alle Entschließungen der Beratenden Versammlung der Zweidrittelmehrheit der abgegebenen Stimmen, einschließlich der Entschließungen, die zum Gegenstand haben:

(I) Empfehlungen an das Ministerkomitee;
(II) Vorschläge an das Komitee über die auf die Tagesordnung der Versammlung zu setzenden Fragen;
(III) die Bildung der Komitees oder Ausschüsse;
(IV) die Festsetzung des Eröffnungstages der Sitzungsperioden;
(V) die Bestimmung der erforderlichen Mehrheit für die Annahme der Entschließungen, die nicht unter die vorstehenden Ziffern (I) bis (IV) fallen oder in Zweifelsfällen die Bestimmung der angemessenen Mehrheitsregel.

Artikel 30

Die Entschließungen der Beratenden Versammlung über Fragen des inneren Geschäftsganges, insbesondere über die Wahl der Mitglieder des Büros, die Ernennung der Mitglieder für die Komitees und Ausschüsse und die Annahme der Geschäftsordnung, bedürfen der von der Versammlung gemäß Artikel 29 (V) zu bestimmenden Mehrheit.

Artikel 31

Die Beratungen über die dem Ministerkomitee zu unterbreitenden Vorschläge über die Aufnahme einer Frage auf die Tagesordnung der Beratenden Versammlung dürfen sich nach Abgrenzung des Gegenstandes der Frage nur auf die Gründe beziehen, die für oder gegen diese Aufnahme sprechen.

Artikel 32

Die Beratende Versammlung tritt alljährlich zu einer ordentlichen Sitzungsperiode zusammen, deren Zeitpunkt und Dauer von der Versammlung so festgesetzt werden, daß jedes Zusammentreffen mit den Sitzungsperioden der Parlamente der Mitglieder und der Generalversammlung der Vereinten Nationen nach Möglichkeit vermieden wird. Die Dauer der ordentlichen Sitzungsperioden darf einen Monat nicht überschreiten, es sei denn, daß die Versammlung und das Ministerkomitee in beiderseitigem Einvernehmen etwas anderes beschließen.

Artikel 33

Die ordentlichen Sitzungsperioden der Beratenden Versammlung finden am Sitze des Rates statt, es sei denn, daß die Versammlung und das Ministerkomitee in beiderseitigem Einvernehmen anders entscheiden.

Artikel 34

Die Beratende Versammlung kann auf Vorschlag des Ministerkomitees oder des Präsidenten der Versammlung nach einem zwischen ihnen erzielten diesbezüglichen Einvernehmen, das sich auch auf den Zeitpunkt und den Ort bezieht, zu einer außerordentlichen Sitzungsperiode einberufen werden.

Artikel 35

Die Sitzungen der Beratenden Versammlung sind öffentlich, es sei denn, daß die Versammlung anders entscheidet.

Kapitel VI
Sekretariat
Artikel 36

(a) Das Sekretariat besteht aus dem Generalsekretär, einem stellvertretenden Generalsekretär und dem erforderlichen Personal.
(b) Der Generalsekretär und der stellvertretende Generalsekretär werden von der Beratenden Versammlung auf Empfehlung des Ministerkomitees ernannt.
(c) Die übrigen Mitglieder des Sekretariats werden vom Generalsekretär nach Maßgabe der Verwaltungsordnung ernannt.
(d) Kein Mitglied des Sekretariats kann eine entgeltliche Stellung bei einer Regierung innehaben, Mitglied der Beratenden Versammlung oder eines nationalen Parlaments sein oder eine Tätigkeit ausüben, die mit seinen Pflichten unvereinbar ist.
(e) Jeder Angehörige des Personals des Sekretariats hat in einer feierlichen Erklärung seine Treuepflicht gegenüber dem Europarat zu bekräftigen und zu geloben, daß er die Pflichten seiner Stellung gewissenhaft erfüllen wird, ohne sich dabei durch Erwägungen nationaler Art beeinflussen zu lassen, und daß er Weisungen im Zusammenhang mit der Erfüllung seiner Aufgaben von keiner Regierung und keiner anderen Behörde als dem Rat anfordern oder entgegennehmen und sich jeder Handlung enthalten wird, die mit seiner Stellung als eines internationalen ausschließlich dem Rat verantwortlichen Beamten unvereinbar ist. Der Generalsekretär und der stellvertretende Generalsekretär geben diese Erklärung vor dem Komitee ab; die übrigen Mitglieder des Personals geben die Erklärung vor dem Generalsekretär ab.
(f) Jedes Mitglied hat den ausschließlich internationalen Charakter der Aufgaben des Generalsekretärs und des Personals des Sekretariats zu achten und davon Abstand zu nehmen, diese Personen bei der Erfüllung ihrer Aufgaben zu beeinflussen.

Artikel 37

(a) Das Sekretariat wird am Sitze des Rates eingerichtet.
(b) Der Generalsekretär ist für die Tätigkeit des Sekretariats dem Ministerkomitee gegenüber verantwortlich. Er hat insbesondere, vorbehaltlich der Bestimmungen des Artikels 38 (d), der Beratenden Versammlung die von ihr etwa benötigten Verwaltungsdienste und sonstigen Dienste zur Verfügung zu stellen.

Kapitel VII
Finanzen
Artikel 38

(a) Jedes Mitglied trägt die Kosten seiner eigenen Vertretung im Ministerkomitee und in der Beratenden Versammlung.
(b) Die Aufwendungen des Sekretariats und alle sonstigen gemeinsamen Aufwendungen werden in dem vom Komitee unter Zugrundelegung der Bevölkerungszahl jedes Mitglieds bestimmten Verhältnis auf alle Mitglieder umgelegt.
Der Beitrag eines jeden assoziierten Mitglieds wird vom Komitee festgesetzt.
(c) Der Haushalt des Rates wird alljährlich vom Generalsekretär unter Beachtung der Haushaltsordnung dem Komitee zur Genehmigung unterbreitet.
(d) Der Generalsekretär unterbreitet dem Ministerkomitee die Anforderungen der Versammlung, die geeignet sind, Ausgaben zu verursachen, welche den Betrag der im Haushalt für die Versammlung und ihre Arbeiten bereits bewilligten Ansätze überschreiten.

(e) Der Generalsekretär unterbreitet dem Ministerkomitee ferner einen Voranschlag der Ausgaben, die mit der Durchführung jeder der dem Komitee vorgelegten Empfehlungen verbunden sind. Ein Beschluß, dessen Durchführung zusätzliche Ausgaben verursacht, gilt erst dann als vom Ministerkomitee angenommen, wenn dieses die darauf bezüglichen zusätzlichen Kostenvoranschläge genehmigt hat.

Artikel 39

Der Generalsekretär gibt alljährlich den Regierungen der Mitglieder die Höhe ihres Beitrages bekannt. Die Beiträge gelten als am Tage dieser Bekanntgabe fällig; sie sind dem Generalsekretär spätestens innerhalb von sechs Monaten zu überweisen.

Kapitel VIII
Vorrechte und Immunitäten

Artikel 40

(a) Dem Europarat, den Vertretern der Mitglieder und dem Sekretariat stehen im Gebiete der Mitglieder die Immunitäten und Vorrechte zu, die für die Erfüllung ihrer Aufgaben erforderlich sind. Auf Grund dieser Immunitäten dürfen insbesondere die Vertreter der Beratenden Versammlung im Gebiete der Mitglieder wegen der im Laufe der Beratungen der Versammlung, ihrer Komitees und Ausschüsse zum Ausdruck gebrachten Auffassungen oder wegen ihrer Stimmabgabe weder festgenommen noch verfolgt werden.

(b) Die Mitglieder verpflichten sich, so bald wie möglich ein Abkommen abzuschließen, um die Anwendung des vorstehenden Absatzes (a) in vollem Maße sicherzustellen. Zu diesem Zweck wird das Ministerkomitee den Regierungen der Mitglieder den Abschluß eines Abkommens empfehlen, das die in ihren Gebieten gewährten Vorrechte und Immunitäten näher bezeichnet. Außerdem wird mit der Regierung der Französischen Republik ein besonderes Abkommen getroffen, das die Vorrechte und Immunitäten bezeichnet, die dem Rat an seinem Sitze zustehen.

Kapitel IX
Satzungsänderungen

Artikel 41

(a) Vorschläge auf Änderung dieser Satzung können dem Ministerkomitee oder, unter den in Artikel 23 vorgesehenen Bedingungen, der Beratenden Versammlung unterbreitet werden.

(b) Das Komitee empfiehlt die von ihm für wünschenswert erachteten Änderungen der Satzung und sorgt für ihre Aufnahme in ein Protokoll.

(c) Jedes Änderungsprotokoll tritt in Kraft, sobald es von zwei Dritteln der Mitglieder ratifiziert ist.

(d) Unbeschadet der Bestimmungen der vorstehenden Absätze dieses Artikels treten die Änderungen der Artikel 23 bis 35, 38 und 39 nach ihrer jeweiligen Billigung durch das Komitee und die Versammlung mit dem Datum der vom Generalsekretär ausgestellten Bescheinigung, die den Regierungen der Mitglieder zu übersenden ist und die Billigung der genannten Änderungen beglaubigt, in Kraft. Die Bestimmungen dieses Absatzes können erst vom Schluß der zweiten ordentlichen Sitzungsperiode der Versammlung an Anwendung finden.

Kapitel X
Schlußbestimmungen
Artikel 42

(a) Diese Satzung bedarf der Ratifizierung. Die Ratifikationsurkunden werden bei der Regierung des Vereinigten Königreichs von Großbritannien und Nordirland hinterlegt.

(b) Diese Satzung tritt nach der Hinterlegung von sieben Ratifikationsurkunden in Kraft. Die Regierung des Vereinigten Königreichs gibt allen Unterzeichnerregierungen das Inkrafttreten der Satzung und die Namen der derzeitigen Mitglieder des Europarates bekannt.

(c) In der Folge wird jeder weitere Unterzeichner mit dem Tage der Hinterlegung seiner Ratifikationsurkunde Vertragspartner dieser Satzung.

Zu Urkund dessen haben die unterzeichneten, zu diesem Zweck ordnungsgemäß beglaubigten Vertreter diese Satzung unterschrieben.

Geschehen zu London am 5. Mai 1949 in französischer und englischer Sprache, wobei beide Fassungen gleichermaßen authentisch sind, in einem einzigen Exemplar, das in den Archiven der Regierung des Vereinigten Königreichs hinterlegt wird; diese übersendet beglaubigte Abschriften den anderen Regierungen der Unterzeichnerstaaten.

[Unterschriften]

Quelle: Europa-Archiv, 1949, S. 2241–2244.

D 17: Europäische Konvention zum Schutze der Menschenrechte und Grundfreiheiten vom 4. November 1950 (Auszug)

In Erwägung der universellen Erklärung der Menschenrechte, die von der Generalversammlung der Vereinten Nationen am 10. Dezember 1948 verkündet wurde;
in der Erwägung, daß diese Erklärung bezweckt, die universelle und wirksame Anerkennung und Einhaltung der darin erklärten Rechte zu gewährleisten;
in der Erwägung, daß das Ziel des Europarates die Herbeiführung einer größeren Einigkeit unter seinen Mitgliedern ist und daß eines der Mittel zur Erreichung dieses Zieles in der Wahrung und in der Entwicklung der Menschenrechte und Grundfreiheiten besteht;
unter erneuter Bekräftigung ihres tiefen Glaubens an diese Grundfreiheiten, welche die Grundlage der Gerechtigkeit und des Friedens in der Welt bilden, und deren Aufrechterhaltung wesentlich auf einem wahrhaft demokratischen politischen Regime einerseits und auf einer gemeinsamen Auffassung und Achtung der Menschenrechte andererseits beruht, von denen sie sich herleiten;
entschlossen, als Regierungen europäischer Staaten, die vom gleichen Geiste beseelt sind und ein gemeinsames Erbe an geistigen Gütern, politischen Überlieferungen, Achtung der Freiheit und Vorherrschaft des Gesetzes besitzen, die ersten Schritte auf dem Wege zu einer kollektiven Garantie gewisser in der Universellen Erklärung verkündeter Rechte zu unternehmen;

Vereinbaren die unterzeichneten Regierungen und Mitglieder des Europarates folgendes:

Artikel 1

Die Hohen Vertragschließenden Teile sichern allen ihrer Herrschaftsgewalt unterstehenden Personen die in Abschnitt I dieser Konvention niedergelegten Rechte und Freiheiten zu.

Abschnitt I

Artikel 2

(1) Das Recht jedes Menschen auf das Leben wird gesetzlich geschützt. Abgesehen von der Vollstreckung eines Todesurteils, das von einem Gericht im Falle eines mit der Todesstrafe bedrohten Verbrechens ausgesprochen worden ist, darf eine absichtliche Tötung nicht vorgenommen werden.

(1) Die Tötung wird nicht als Verletzung dieses Artikels betrachtet, wenn sie sich aus einer unbedingt erforderlichen Gewaltanwendung ergibt:

a) um die Verteidigung eines Menschen gegenüber rechtswidriger Gewaltanwendung sicherzustellen;

b) um eine ordnungsgemäße Festnahme durchzuführen oder das Entkommen einer ordnungsgemäß festgehaltenen Person zu verhindern;

c) um im Rahmen der Gesetze einen Aufruhr oder einen Aufstand zu unterdrücken.

Artikel 3

Niemand darf der Folter oder unmenschlicher oder erniedrigender Strafe oder Behandlung unterworfen werden.

Artikel 4

(1) Niemand darf in Sklaverei oder Leibeigenschaft gehalten werden.

(2) Niemand darf gezwungen werden, Zwangs- oder Pflichtarbeit zu verrichten.

(3) Als »Zwangs- oder Pflichtarbeit« im Sinne dieses Artikels gilt nicht:

a) jede Arbeit, die normalerweise von einer Person verlangt wird, die unter den von Artikel 5 der vorliegenden Konvention vorgesehenen Bedingungen in Haft gehalten oder bedingt freigelassen worden ist;

b) jede Dienstleistung militärischen Charakters, oder im Falle der Verweigerung aus Gewissensgründen in Ländern, wo diese als berechtigt anerkannt ist, eine sonstige anstelle der militärischen Dienstpflicht tretende Dienstleistung;

c) jede Dienstleistung im Falle von Notständen und Katastrophen, die das Leben oder das Wohl der Gemeinschaft bedrohen;

d) jede Arbeit oder Dienstleistung, die zu den normalen Bürgerpflichten gehört.

Artikel 5

(1) Jeder Mensch hat ein Recht auf Freiheit und Sicherheit. Die Freiheit darf einem Menschen nur in den folgenden Fällen und nur auf dem gesetzlich vorgeschriebenen Wege entzogen werden:

a) wenn er rechtmäßig nach Verurteilung durch ein zuständiges Gericht in Haft gehalten wird;

b) wenn er rechtmäßig festgenommen worden ist oder in Haft gehalten wird wegen Nichtbefolgung eines rechtmäßigen Gerichtsbeschlusses oder zur Erzwingung der Erfüllung einer durch das Gesetz vorgeschriebenen Verpflichtung;

c) wenn er rechtmäßig festgenommen worden ist oder in Haft gehalten wird zum Zwecke seiner Vorführung vor die zuständige Gerichtsbehörde, sofern hinreichender Verdacht dafür besteht, daß der Betreffende eine strafbare Handlung begangen hat, oder begründeter Anlaß zu der Annahme besteht, daß es notwendig ist, den Betreffenden an der Begehung einer strafbaren Handlung oder an der Flucht nach Begehung einer solchen zu verhindern;
d) wenn es sich um die rechtmäßige Haft eines Minderjährigen handelt, die zum Zwecke überwachter Erziehung angeordnet ist, oder um die rechtmäßige Haft eines solchen, die zwecks Vorführung vor die zuständige Behörde verhängt ist;
e) wenn er sich in rechtmäßiger Haft befindet, weil er eine Gefahrenquelle für die Ausbreitung ansteckender Krankheiten bildet, oder weil er geisteskrank, Alkoholiker, rauschgiftsüchtig oder Landstreicher ist;
f) wenn er rechtmäßig festgenommen worden ist oder in Haft gehalten wird, weil er daran gehindert werden soll, unberechtigt in das Staatsgebiet einzudringen, oder weil er von einem gegen ihn schwebenden Ausweisungs- oder Auslieferungsverfahren betroffen ist.
(2) Jeder Festgenommene muß unverzüglich und in einer ihm verständlichen Sprache über die Gründe seiner Festnahme und über die gegen ihn erhobenen Beschuldigungen unterrichtet werden.
(3) Jede nach der Vorschrift des Absatzes 1 c) dieses Artikels festgenommene oder in Haft gehaltene Person muß unverzüglich einem Richter oder einem anderen, gesetzlich zur Ausübung richterlicher Funktionen ermächtigten Beamten vorgeführt werden. Er hat Anspruch auf Aburteilung innerhalb einer angemessenen Frist oder auf Haftentlassung während des Verfahrens. Die Freilassung kann von der Leistung einer Sicherheit für das Erscheinen vor Gericht abhängig gemacht werden.
(4) Jeder, der seiner Freiheit durch Festnahme oder Haft beraubt ist, hat das Recht, ein Verfahren zu beantragen, in dem von einem Gericht unverzüglich über die Rechtmäßigkeit der Haft entschieden wird und im Falle der Widerrechtlichkeit seine Entlassung angeordnet wird.
(5) Jeder, der entgegen den Bestimmungen dieses Artikels von Festnahme oder Haft betroffen worden ist, hat Anspruch auf Schadenersatz.

Artikel 6

(1) Jedermann hat Anspruch darauf, daß seine Sache in billiger Weise öffentlich und innerhalb einer angemessenen Frist gehört wird, und zwar vor einem unabhängigen und unparteiischen, auf Gesetz beruhenden Gericht, das über zivilrechtliche Ansprüche und Verpflichtungen oder über die Stichhaltigkeit der gegen ihn erhobenen strafrechtlichen Anklage zu entscheiden hat. Das Urteil muß öffentlich verkündet werden, jedoch kann die Presse und die Öffentlichkeit während der gesamten Verhandlung oder eines Teils derselben im Interesse der Sittlichkeit, der öffentlichen Ordnung oder der nationalen Sicherheit in einem demokratischen Staat ausgeschlossen werden oder wenn die Interessen von Jugendlichen oder der Schutz des Privatlebens der Prozeßparteien es verlangen oder, und zwar unter besonderen Umständen, wenn die öffentliche Verhandlung die Interessen der Gerechtigkeit beeinträchtigen würde, in diesem Falle jedoch nur in dem nach Auffassung des Gerichts erforderlichen Umfang.
(2) Bis zum gesetzlichen Nachweis seiner Schuld wird vermutet, daß der wegen einer strafbaren Handlung Angeklagte unschuldig ist.

Artikel 7

(1) Niemand kann wegen einer Handlung oder Unterlassung verurteilt werden, die zur Zeit ihrer Begehung nach inländischem oder internationalem Recht nicht strafbar war. Ebenso darf keine höhere Strafe als die im Zeitpunkt der Begehung der strafbaren Handlung angedrohte Strafe verhängt werden.
(2) Durch diesen Artikel darf die Verurteilung oder Bestrafung einer Person nicht ausgeschlossen werden, die sich einer Handlung oder Unterlassung schuldig gemacht hat, welche im Zeitpunkt ihrer Begehung nach den allgemeinen von den zivilisierten Völkern anerkannten Rechtsgrundsätzen strafbar war.

Artikel 8

(1) Jedermann hat Anspruch auf Achtung seines Privat- und Familienlebens, seiner Wohnung und seines Briefverkehrs.
(2) Der Eingriff einer öffentlichen Behörde in die Ausübung dieses Rechts ist nur statthaft, insoweit dieser Eingriff gesetzlich vorgesehen ist und eine Maßnahme darstellt, die in einer demokratischen Gesellschaft für die nationale Sicherheit, die öffentliche Ruhe und Ordnung, das wirtschaftliche Wohl des Landes, die Verteidigung der Ordnung und zur Verhinderung von strafbaren Handlungen, zum Schutz der Gesundheit und der Moral oder zum Schutz der Rechte und Freiheiten anderer notwendig ist.

Artikel 9

(1) Jedermann hat Anspruch auf Gedanken-, Gewissens- und Religionsfreiheit; dieses Recht umfaßt die Freiheit des einzelnen zum Wechsel der Religion oder der Weltanschauung sowie die Freiheit, seine Religion oder Weltanschauung einzeln oder in Gemeinschaft mit anderen öffentlich oder privat, durch Gottesdienst, Unterricht, durch die Ausübung und Beachtung religiöser Gebräuche auszuüben.
(2) Die Religions- und Bekenntnisfreiheit darf nicht Gegenstand anderer als vom Gesetz vorgesehener Beschränkungen sein, die in einer demokratischen Gesellschaft notwendige Maßnahmen im Interesse der öffentlichen Sicherheit, der öffentlichen Ordnung, Gesundheit und Moral oder für den Schutz der Rechte und Freiheiten anderer sind.

Artikel 10

(1) Jeder hat Anspruch auf freie Meinungsäußerung. Dieses Recht schließt die Freiheit der Meinung und die Freiheit zum Empfang und zur Mitteilung von Nachrichten oder Ideen ohne Eingriffe öffentlicher Behörden und ohne Rücksicht auf Landesgrenzen ein. Dieser Artikel schließt nicht aus, daß die Staaten Rundfunk-, Lichtspiel- oder Fernsehunternehmen einem Genehmigungsverfahren unterwerfen.
(2) Da die Ausübung dieser Freiheiten Pflichten und Verantwortung mit sich bringt, kann sie bestimmten, vom Gesetz vorgesehenen Formvorschriften, Bedingungen, Einschränkungen oder Strafdrohungen unterworfen werden, wie sie vom Gesetz vorgeschrieben oder in einer demokratischen Gesellschaft im Interesse der nationalen Sicherheit, der territorialen Unversehrtheit oder der öffentlichen Sicherheit, der Aufrechterhaltung der Ordnung und der Verbrechensverhütung, des Schutzes der Gesundheit und der Moral, des Schutzes des guten Rufes oder der Rechte anderer, um die Verbreitung von vertraulichen Nachrichten zu verhindern oder das Ansehen und die Unparteilichkeit der Rechtsprechung zu gewährleisten, unentbehrlich sind.

Artikel 11

(1) Alle Menschen haben das Recht, sich friedlich zu versammeln und sich frei mit anderen zusammenzuschließen, einschließlich des Rechts, zum Schutze ihrer Interessen Gewerkschaften zu bilden und diesen beizutreten.
(2) Die Ausübung dieser Rechte darf keinen anderen Einschränkungen unterworfen werden als den vom Gesetz vorgesehenen, die in einer demokratischen Gesellschaft im Interesse der äußeren und inneren Sicherheit, zur Aufrechterhaltung der Ordnung und zur Verbrechensverhütung, zum Schutze der Gesundheit und der Moral oder zum Schutze der Rechte und Freiheiten anderer notwendig sind. Dieser Artikel verbietet nicht, daß die Ausübung dieser Rechte für Mitglieder der Streitkräfte, der Polizei oder der Staatsverwaltung gesetzlichen Einschränkungen unterworfen wird.

Artikel 12

Mit Erreichung des Heiratsalters haben Männer und Frauen das Recht, eine Ehe einzugehen und eine Familie nach den nationalen Gesetzen, die die Ausübung dieses Rechts regeln, zu gründen.

Artikel 13

Sind die in der vorliegenden Konvention festgelegten Rechte und Freiheiten verletzt worden, so hat der Verletzte das Recht, eine wirksame Beschwerde bei einer nationalen Instanz einzulegen, selbst wenn die Verletzung von Personen begangen worden ist, die in amtlicher Eigenschaft gehandelt haben.

Artikel 14

Der Genuß der in der vorliegenden Konvention festgelegten Rechte und Freiheiten muß ohne Unterschied des Geschlechts, der Rasse, Hautfarbe, Sprache, Religion, politischen oder sonstigen Anschauungen, nationaler oder sozialer Herkunft, Zugehörigkeit zu einer nationalen Minderheit, des Vermögens, der Geburt oder des sonstigen Status gewährleistet werden.

Artikel 15

(1) Im Falle eines Krieges oder eines anderen öffentlichen Notstandes, der das Leben der Nation bedroht, kann jeder der Hohen Vertragschließenden Teile Maßnahmen ergreifen, welche die in dieser Konvention vorgesehenen Verpflichtungen in dem Umfang, den die Lage unbedingt erfordert, und unter der Bedingung außer Kraft setzen, daß diese Maßnahmen nicht in Widerspruch zu den sonstigen völkerrechtlichen Verpflichtungen stehen.
(2) Die vorstehende Bestimmung gestattet kein Außerkraftsetzen des Artikels 2 außer bei Todesfällen, die auf rechtmäßige Kriegshandlungen zurückzuführen sind, oder der Artikel 3, 4 (Absatz 1) und 7.
(3) Jeder Hohe Vertragschließende Teil, der dieses Recht der Außerkraftsetzung ausübt, hat den Generalsekretär des Europarats eingehend über die getroffenen Maßnahmen und deren Gründe zu unterrichten. Er muß den Generalsekretär des Europarats auch über den Zeitpunkt in Kenntnis setzen, in dem diese Maßnahmen außer Kraft getreten sind und die Vorschriften der Konvention wieder volle Anwendung finden.

Artikel 16

Keine der Bestimmungen der Artikel 10, 11 und 14 darf so ausgelegt werden, daß sie den Hohen Vertragschließenden Parteien verbietet, die politische Tätigkeit von Ausländern Beschränkungen zu unterwerfen.

Artikel 17

Keine Bestimmung dieser Konvention darf dahin ausgelegt werden, daß sie für einen Staat, eine Gruppe oder eine Person das Recht begründet, eine Tätigkeit auszuüben oder eine Handlung zu begehen, die auf die Abschaffung der in der vorliegenden Konvention festgelegten Rechte und Freiheiten oder auf weitergehende Beschränkungen dieser Rechte und Freiheiten, als in der Konvention vorgesehen, hinzielt.

Artikel 18

Die nach der vorliegenden Konvention gestatteten Einschränkungen dieser Rechte und Freiheiten dürfen nicht für andere Zwecke als die vorgesehenen angewandt werden.

Abschnitt II

Artikel 19

Um die Einhaltung der Verpflichtungen, welche die Hohen Vertragschließenden Teile in dieser Konvention übernommen haben, sicherzustellen, werden errichtet:
a) eine Europäische Kommission für Menschenrechte, im folgenden »Kommission« genannt;
b) ein Europäischer Gerichtshof für Menschenrechte, im folgenden »Gerichtshof« genannt.

[...]

Abschnitt IV

Artikel 38

Der Europäische Gerichtshof für Menschenrechte besteht aus ebensoviel Richtern, wie der Europarat Mitglieder zählt. Dem Gerichtshof darf jeweils nur ein Angehöriger jedes einzelnen Staates angehören.

Artikel 39

(1) Die Mitglieder des Gerichtshofs werden von der Beratenden Versammlung mit Stimmenmehrheit aus einer Liste von Personen gewählt, die von den Mitgliedern des Europarats vorgeschlagen werden; jedes Mitglied hat drei Kandidaten vorzuschlagen, von denen mindestens zwei eigene Staatsangehörige sein mussen.
(2) Dasselbe Verfahren ist, soweit anwendbar, einzuschlagen, um den Gerichtshof im Falle späteren Beitritts anderer Staaten zu ergänzen und um frei gewordene Sitze zu besetzen.
(3) Die Kandidaten müssen das höchste sittliche Ansehen genießen und müssen entweder die Befähigung für die Ausübung hoher richterlicher Ämter besitzen oder Rechtsgelehrte von anerkanntem Ruf sein.

[...]

Artikel 47

Der Gerichtshof darf sich mit einem Fall nur befassen, nachdem die Kommission anerkannt hat, daß die Versuche zur Erzielung eines Ausgleichs fehlgeschlagen sind, und nur vor Ablauf der in Artikel 32 vorgesehenen Dreimonatsfrist.

Artikel 48

Das Recht, ein Verfahren vor dem Gerichtshof anzustrengen, haben nur die nachstehend aufgeführten Stellen, und zwar entweder unter der Voraussetzung, daß der in Frage kommende Hohe Vertragschließende Teil, wenn nur einer beteiligt ist, oder sämtliche Hohen Vertragschließenden Teile, wenn mehrere beteiligt sind, der obligatorischen Gerichtsbarkeit des Gerichtshofs unterworfen sind, oder aber, falls dies nicht zutrifft, unter der Voraussetzung, daß der einzige in Frage kommende Hohe Vertragschließende Teil oder sämtliche Hohen Vertragschließenden Teile zustimmen;

a) die Kommission;
b) der Hohe Vertragschließende Teil, dem der Verletzte angehört;
c) der Hohe Vertragschließende Teil, der die Kommission mit dem Fall befaßt hat;
d) der Hohe Vertragschließende Teil, gegen den sich die Beschwerde richtet.

[...]

Artikel 54

Das Urteil des Gerichtshofes ist dem Ministerausschuß zuzuleiten; dieser überwacht seine Durchführung.

[...]

Abschnitt V

Artikel 59

Die Mitglieder der Kommission und des Gerichtshofs genießen bei der Ausübung ihres Amtes die in Artikel 40 der Satzung des Europarats und den hiernach abgeschlossenen Abkommen vorgesehenen Vorrechte und Immunitäten.

Artikel 60

Keine Bestimmung dieser Konvention darf als Beschränkung oder Minderung eines der Menschenrechte und grundsätzlichen Freiheiten ausgelegt werden, die in den Gesetzen eines Hohen Vertragschließenden Teils oder einer anderen Vereinbarung, an der er beteiligt ist, festgelegt sind.

[...]

Artikel 62

Die Hohen Vertragschließenden Teile kommen überein, daß sie, es sei denn auf Grund besonderer Vereinbarungen, keinen Gebrauch von zwischen ihnen geltenden Verträgen, Übereinkommen oder Erklärungen machen werden, um von sich aus einen Streit um die Auslegung oder Anwendung dieser Konvention einem anderen Verfahren zu unterwerfen, als in der Konvention vorgesehen ist.

[...]

Artikel 65

(1) Ein Hoher Vertragschließender Teil kann diese Konvention nicht vor Ablauf von fünf Jahren nach dem Tage, an dem die Konvention für ihn wirksam wird, und nur nach einer sechs Monate vorher an den Generalsekretär des Europarats gerichteten Mitteilung kündigen; der Generalsekretär hat den anderen Hohen Vertragschließenden Teilen von der Kündigung Kenntnis zu geben.

(2) Eine derartige Kündigung bewirkt nicht, daß der betreffende Hohe Vertragschließende Teil in bezug auf irgendeine Handlung, welche eine Verletzung dieser

Verpflichtungen darstellen könnte, und von dem Hohen Vertragschließenden Teil vor dem Datum seines rechtswirksamen Ausscheidens vorgenommen wurde, von seinen Verpflichtungen nach dieser Konvention befreit wird.

(3) Unter dem gleichen Vorbehalt scheidet ein Vertragsteil aus dieser Konvention aus, der aus dem Europarat ausscheidet.

(4) Entsprechend den Bestimmungen der vorstehenden Absätze kann die Konvention auch für ein Gebiet gekündigt werden, auf das sie nach Artikel 63 ausgedehnt worden ist.

Geschehen zu Rom am 4. November 1950 in englischer und französischer Sprache, wobei die beiden Texte in gleicher Weise maßgebend sind, in einer einzigen Ausfertigung, die in den Archiven des Europarats verwahrt wird. Der Generalsekretär wird allen Unterzeichnern beglaubigte Abdrucke übermitteln.

[Unterschriften]

Quelle: Bundesgesetzblatt, 1952, II, S. 1880ff.

D 18: Vertrag über die Gründung der Europäischen Gemeinschaft für Kohle und Stahl vom 18. April 1951 (Auszug)

Der Präsident der Bundesrepublik Deutschland, Seine Königliche Hoheit der Kronprinz von Belgien, der Präsident der Französischen Republik, der Präsident der Italienischen Republik, Ihre Königliche Hoheit die Großherzogin von Luxemburg, Ihre Majestät die Königin der Niederlande,

in der Erwägung, daß der Weltfriede nur durch schöpferische, den drohenden Gefahren angemessene Anstrengungen gesichert werden kann,

in der Überzeugung, daß der Beitrag, den ein organisiertes und lebendiges Europa für die Zivilisation leisten kann, zur Aufrechterhaltung friedlicher Beziehungen unerläßlich ist,

in dem Bewußtsein, daß Europa nur durch konkrete Leistungen, die zunächst eine tatsächliche Verbundenheit schaffen, und durch die Errichtung gemeinsamer Grundlagen für die wirtschaftliche Entwicklung aufgebaut werden kann,

in dem Bemühen, durch die Ausweitung ihrer Grundproduktionen zur Hebung des Lebensstandards und zum Fortschritt der Werke des Friedens beizutragen,

entschlossen, an die Stelle der jahrhundertealten Rivalitäten einen Zusammenschluß ihrer wesentlichen Interessen zu setzen, durch die Errichtung einer wirtschaftlichen Gemeinschaft den ersten Grundstein für eine weitere und vertiefte Gemeinschaft unter Völkern zu legen, die lange Zeit durch blutige Auseinandersetzungen entzweit waren, und die institutionellen Grundlagen zu schaffen, die einem nunmehr allen gemeinsamen Schicksal die Richtung weisen können,

haben beschlossen, eine Europäische Gemeinschaft für Kohle und Stahl zu gründen, und zu diesem Zweck als Bevollmächtigte bestellt: (Namen)

die nach Austausch ihrer als gut und gehörig befundenen Vollmachten die folgenden Bestimmungen vereinbart haben:

Erster Titel
Die Europäische Gemeinschaft für Kohle und Stahl
Artikel 1
Durch diesen Vertrag begründen die Hohen Vertragschließenden Teile unter sich eine Europäische Gemeinschaft für Kohle und Stahl; sie beruht auf einem gemeinsamen Markt, verfolgt gemeinsame Ziele und hat gemeinsame Organe.

Artikel 2
Die Europäische Gemeinschaft für Kohle und Stahl ist dazu berufen, im Einklang mit der Gesamtwirtschaft der Mitgliedstaaten und auf der Grundlage eines gemeinsamen Marktes, wie er in Artikel 4 näher bestimmt ist, zur Ausweitung der Wirtschaft, zur Steigerung der Beschäftigung und zur Hebung der Lebenshaltung in den Mitgliedstaaten beizutragen.

Die Gemeinschaft hat in fortschreitender Entwicklung die Voraussetzungen zu schaffen, die von sich aus die rationellste Verteilung der Erzeugung auf dem höchsten Leistungsstande sichern; sie hat hierbei dafür zu sorgen, daß keine Unterbrechung in der Beschäftigung eintritt, und zu vermeiden, daß im Wirtschaftsleben der Mitgliedstaaten tiefgreifende und anhaltende Störungen hervorgerufen werden.

Artikel 3
Die Organe der Gemeinschaft haben im Rahmen der jedem von ihnen zugewiesenen Befugnisse und im gemeinsamen Interesse

a) auf eine geordnete Versorgung des gemeinsamen Marktes unter Berücksichtigung des Bedarfs dritter Länder zu achten;

b) allen in vergleichbarer Lage befindlichen Verbrauchern des gemeinsamen Marktes gleichen Zugang zu der Produktion zu sichern;

c) auf die Bildung niedrigster Preise dergestalt zu achten, daß diese Preise nicht eine Erhöhung der von denselben Unternehmen bei anderen Geschäften angewandten Preise oder der Gesamtheit der Preise während eines anderen Zeitabschnittes zur Folge haben; hierbei sind die erforderlichen Abschreibungen zu ermöglichen und den hereingenommenen Kapitalien normale Verzinsungsmöglichkeiten zu bieten;

d) darauf zu achten, daß Voraussetzungen erhalten bleiben, die einen Anreiz für die Unternehmen bieten, ihr Produktionspotential auszubauen und zu verbessern und eine Politik rationeller Ausnutzung der natürlichen Hilfsquellen unter Vermeidung von Raubbau zu verfolgen;

e) auf eine Verbesserung der Lebens- und Arbeitsbedingungen der Arbeiter hinzuwirken, die es erlaubt, diese Bedingungen im Rahmen der Fortschritte in jeder der zu ihrem Aufgabenkreis gehörenden Industrien einander anzugleichen;

f) die Entwicklung des zwischenstaatlichen Austausches zu fördern und dafür zu sorgen, daß bei den Preisen auf den auswärtigen Märkten angemessene Grenzen eingehalten werden;

g) die geordnete Ausweitung und Modernisierung der Erzeugung sowie die Verbesserung der Qualität in einer Weise zu fördern, die jede Schutzmaßnahme gegen Konkurrenzindustrien ausschließt, es sei denn, daß sie durch eine von diesen Unternehmen oder zu ihren Gunsten vorgenommene unzulässige Handlung gerechtfertigt ist.

Artikel 4

Als unvereinbar mit dem gemeinsamen Markt für Kohle und Stahl werden innerhalb der Gemeinschaft gemäß den Bestimmungen dieses Vertrages aufgehoben und untersagt:

a) Ein- und Ausfuhrzölle oder Abgaben gleicher Wirkung sowie mengenmäßige Beschränkungen des Warenverkehrs;

b) Maßnahmen oder Praktiken, die eine Diskriminierung zwischen Erzeugern oder Käufern oder Verbrauchern herbeiführen, insbesondere hinsichtlich der Preis- und Lieferbedingungen und der Beförderungstarife, sowie Maßnahmen oder Praktiken, die den Käufer an der freien Wahl seines Lieferanten hindern;

c) von den Staaten bewilligte Subventionen oder Beihilfen oder von ihnen auferlegte Sonderlasten, in welcher Form dies auch immer geschieht;

d) einschränkende Praktiken, die auf eine Aufteilung oder Ausbeutung der Märkte abzielen.

Artikel 5

Die Gemeinschaft erfüllt ihre Aufgabe unter den in diesem Vertrag vorgesehenen Bedingungen durch begrenzte Eingriffe.

Zu diesem Zweck

- erhellt und erleichtert sie das Handeln der Beteiligten dadurch, daß sie Auskünfte einholt, für Beratungen sorgt und allgemeine Ziele bestimmt;
- stellt sie den Unternehmen Finanzierungsmittel für ihre Investitionen zur Verfügung und beteiligt sich an den Lasten der Anpassung;
- sorgt sie für Schaffung, Aufrechterhaltung und Beachtung normaler Wettbewerbsbedingungen und greift in die Erzeugung und den Markt nur dann direkt ein, wenn es die Umstände erfordern;
- gibt sie die Gründe für ihr Handeln bekannt und ergreift die Maßnahmen, die erforderlich sind, um die Beachtung der Bestimmungen dieses Vertrages zu gewährleisten.

Die Organe der Gemeinschaft erledigen diese Aufgaben mit einem möglichst kleinen Verwaltungsapparat in enger Zusammenarbeit mit den Beteiligten.

Artikel 6

Die Gemeinschaft hat Rechtspersönlichkeit.

Im zwischenstaatlichen Verkehr hat die Gemeinschaft die für die Durchführung ihrer Aufgaben und Erreichung ihrer Ziele erforderliche Rechts- und Geschäftsfähigkeit.

Die Gemeinschaft hat in jedem Mitgliedstaat die weitestgehende Rechts- und Geschäftsfähigkeit, die juristischen Personen dieses Staates zuerkannt ist; sie kann insbesondere bewegliches und unbewegliches Vermögen erwerben und veräußern sowie klagen und verklagt werden.

Die Gemeinschaft wird durch ihre Organe im Rahmen ihrer Befugnisse vertreten.

Zweiter Titel
Die Organe der Gemeinschaft

Artikel 7

Die Organe der Gemeinschaft sind:

- die Hohe Behörde, der ein Beratender Ausschuß zur Seite steht;

- die Gemeinsame Versammlung, nachstehend »die Versammlung« genannt;
- der Besondere Ministerrat, nachstehend »der Rat« genannt;
- der Gerichtshof.

Kapitel I
Die Hohe Behörde
Artikel 8

Die Hohe Behörde hat die Aufgabe, für die Erreichung der in diesem Vertrag festgelegten Zwecke nach Maßgabe des Vertrages zu sorgen.

Artikel 9

Die Hohe Behörde besteht aus neun Mitgliedern, die für sechs Jahre ernannt und auf Grund ihrer allgemeinen Befähigung ausgewählt werden.

Ausscheidende Mitglieder können wiederernannt werden. Die Zahl der Mitglieder der Hohen Behörde kann durch einstimmigen Beschluß des Rates herabgesetzt werden.

Nur Staatsangehörige der Mitgliedstaaten können Mitglieder der Hohen Behörde werden.

Der Hohen Behörde dürfen nicht mehr als zwei Mitglieder derselben Staatsangehörigkeit angehören.

Die Mitglieder der Hohen Behörde üben ihre Tätigkeit in voller Unabhängigkeit im allgemeinen Interesse der Gemeinschaft aus. Sie dürfen bei der Erfüllung ihrer Pflichten weder Anweisungen von einer Regierung oder einer anderen Stelle einholen noch solche Anweisungen entgegennehmen. Sie haben jede Handlung zu unterlassen, die mit dem überstaatlichen Charakter ihrer Tätigkeit unvereinbar ist.

Jeder Mitgliedstaat verpflichtet sich, diesen überstaatlichen Charakter zu achten und nicht zu versuchen, die Mitglieder der Hohen Behörde bei der Erfüllung ihrer Aufgaben zu beeinflussen.

Die Mitglieder der Hohen Behörde dürfen keine entgeltliche oder unentgeltliche Tätigkeit ausüben, noch sich unmittelbar oder mittelbar während ihrer Amtszeit und drei Jahre nach deren Beendigung an Geschäften, die Kohle und Stahl betreffen, beteiligen oder hieran beteiligt bleiben.

Artikel 10

Die Regierungen der Mitgliedstaaten ernennen im gemeinsamen Einvernehmen acht Mitglieder. Diese nehmen die Ernennung des neunten Mitglieds vor, das gewählt ist, wenn es mindestens fünf Stimmen erhält . . .

Artikel 11

Der Präsident und der Vizepräsident der Hohen Behörde werden durch die Regierungen der Mitgliedstaaten unter den Mitgliedern dieser Behörde für die Dauer von zwei Jahren nach demselben Verfahren, wie es für die Ernennung der Mitglieder der Hohen Behörde vorgesehen ist, ausgewählt. Sie können wiedergewählt werden.

Außer im Falle einer allgemeinen Neubesetzung erfolgt die Ernennung nach Anhörung der Hohen Behörde.

[. . .]

Artikel 13

Die Beschlüsse der Hohen Behörde werden mit der Mehrheit ihrer Mitglieder gefaßt.

Die Geschäftsordnung legt die Beschlußfähigkeit fest. In jedem Fall ist für die Beschlußfähigkeit der Hohen Behörde die Anwesenheit von mehr als der Hälfte ihrer Mitglieder erforderlich.

Artikel 14

Zur Erfüllung der ihr übertragenen Aufgaben erläßt die Hohe Behörde im Rahmen der Bedingungen dieses Vertrages Entscheidungen, spricht Empfehlungen aus oder gibt Stellungnahmen ab.

Die Entscheidungen sind in allen ihren Teilen verbindlich.

Die Empfehlungen sind hinsichtlich der von ihnen bestimmten Ziele verbindlich, lassen jedoch denen, an die sie gerichtet sind, die Wahl der für die Erreichung dieser Ziele geeigneten Mittel.

Die Stellungnahmen sind nicht verbindlich.

Ist die Hohe Behörde befugt, eine Entscheidung zu erlassen, so kann sie sich darauf beschränken, eine Empfehlung auszusprechen.

Artikel 15

Die Entscheidungen, Empfehlungen und Stellungnahmen der Hohen Behörde sind mit Gründen zu versehen und haben auf die pflichtgemäß eingeholten Stellungnahmen Bezug zu nehmen.

Betreffen Entscheidungen und Empfehlungen einen Einzelfall, so werden sie für den Beteiligten durch die Zustellung verbindlich.

In den übrigen Fällen genügt die Veröffentlichung für die Anwendbarkeit.

Die Hohe Behörde erläßt Ausführungsbestimmungen zu diesem Artikel.

Artikel 16

Die Hohe Behörde trifft alle Maßnahmen des inneren Geschäftsbetriebes, die geeignet sind, das ordnungsmäßige Arbeiten ihrer Dienststellen sicherzustellen.

Sie kann Studienausschüsse, insbesondere einen wirtschaftswissenschaftlichen Ausschuß, einsetzen.

Im Rahmen der von der Hohen Behörde erlassenen allgemeinen Organisationsordnung hat der Präsident die Dienststellen der Hohen Behörde zu verwalten und für die Durchführung ihrer Beschlüsse zu sorgen.

Artikel 17

Die Hohe Behörde veröffentlicht alljährlich, spätestens einen Monat vor der Eröffnung der Sitzungsperiode der Versammlung, einen Gesamtbericht über die Tätigkeit und die Verwaltungsausgaben der Gemeinschaft.

Artikel 18

Bei der Hohen Behörde wird ein Beratender Ausschuß gebildet. Er besteht aus mindestens dreißig und höchstens einundfünfzig Mitgliedern, und zwar aus einer gleichen Anzahl von Vertretern der Erzeuger, der Arbeitnehmer sowie der Verbraucher und Händler.

Die Mitglieder des Beratenden Ausschusses werden durch den Rat ernannt.

Der Rat bestimmt die maßgebenden Erzeuger- und Arbeitnehmerorganisationen, auf die er die zu besetzenden Sitze verteilt. Jede Organisation soll eine Liste aufstellen, die für jeden der Organisation zugewiesenen Sitze zwei Kandidaten enthält. Die Ernennung erfolgt auf Grund dieser Liste.

Die Mitglieder des Beratenden Ausschusses werden persönlich und für die Dauer von zwei Jahren ernannt. Sie sind nicht an Aufträge oder Weisungen der Organisationen gebunden, die sie benannt haben.

Der Beratende Ausschuß ernennt aus seiner Mitte seinen Präsidenten und die Mitglieder seines Büros für die Dauer eines Jahres. Der Ausschuß gibt sich eine Geschäftsordnung.

Die den Mitgliedern des Beratenden Ausschusses zu gewährenden Vergütungen werden vom Rat auf Vorschlag der Hohen Behörde festgesetzt.

Artikel 19

Die Hohe Behörde kann den Beratenden Ausschuß in allen Fällen anhören, in denen sie es für angebracht hält. Sie hat es immer dann zu tun, wenn dieser Vertrag die Anhörung vorschreibt.

Die Hohe Behörde unterbreitet dem Beratenden Ausschuß die allgemeinen Ziele und Programme, die sie auf Grund des Artikels 46 festgelegt hat; sie unterrichtet ihn laufend über die allgemeinen Richtlinien ihrer Tätigkeit auf Grund der Artikel 54, 65 und 66.

Hält es die Hohe Behörde für erforderlich, so kann sie dem Beratenden Ausschuß zur Abgabe seiner Stellungnahme eine Frist setzen; diese Frist darf nicht kürzer als zehn Tage sein, gerechnet vom Zeitpunkt der zu diesem Zweck erfolgten Mitteilung an den Präsidenten.

Auf Antrag der Hohen Behörde oder auf Antrag der Mehrheit seiner Mitglieder wird der Beratende Ausschuß von seinem Präsidenten zur Beratung über eine bestimmte Frage einberufen.

Die Verhandlungsniederschrift ist der Hohen Behörde und dem Rat gleichzeitig mit den Stellungnahmen des Ausschusses zuzuleiten.

Kapitel II

Die Versammlung

Artikel 20

Die Versammlung besteht aus Vertretern der Völker der in der Gemeinschaft zusammengeschlossenen Staaten; sie übt die Kontrollbefugnisse aus, die ihr nach diesem Vertrage zustehen.

Artikel 21

Die Versammlung besteht aus Abgeordneten, die einmal jährlich nach dem von jedem Hohen Vertragschließenden Teil bestimmten Verfahren von den Parlamenten aus deren Mitte zu ernennen oder in allgemeiner direkter Wahl zu wählen sind.

Die Zahl dieser Abgeordneten wird wie folgt festgesetzt:

Deutschland 18
Belgien 10
Frankreich 18
Italien 18
Luxemburg 4
Niederlande 10

Die Vertreter der Saarbevölkerung sind in die Zahl der Frankreich zugewiesenen Abgeordneten eingerechnet*.

Artikel 22

Die Versammlung hält jährlich eine Sitzungsperiode ab. Sie tritt, ohne daß es einer Einberufung bedarf, am zweiten Dienstag des Monats Mai zusammen. Die Sitzungsperiode darf nicht über das Ende des laufenden Rechnungsjahres hinaus ausgedehnt werden.

Die Versammlung kann auf Antrag des Rates zu einer außerordentlichen Sitzung einberufen werden, um zu Fragen Stellung zu nehmen, die ihr vom Rat vorgelegt werden.

Sie kann ebenso auf Antrag der Mehrheit ihrer Mitglieder oder der Hohen Behörde zu einer außerordentlichen Sitzungsperiode zusammentreten.

Artikel 23

Die Versammlung bestellt aus ihrer Mitte ihren Präsidenten und die Mitglieder ihres Büros.

Die Mitglieder der Hohen Behörde können an allen Sitzungen teilnehmen. Der Präsident der Hohen Behörde oder die von ihr bestimmten Mitglieder sind auf ihren Antrag zu hören.

Die Hohe Behörde antwortet mündlich oder schriftlich auf die ihr von der Versammlung oder deren Mitgliedern gestellten Fragen.

Die Mitglieder des Rates können an allen Sitzungen teilnehmen und sind auf ihren Antrag zu hören.

Artikel 24

Die Versammlung erörtert in öffentlicher Sitzung den Gesamtbericht, der ihr von der Hohen Behörde vorgelegt wird.

Wird auf Grund des Berichts ein Mißtrauensantrag eingebracht, so darf die Versammlung über diesen Antrag nicht vor Ablauf von mindestens drei Tagen nach seiner Einbringung und nur in offener Abstimmung entscheiden.

Wird der Mißtrauensantrag mit Zweidrittelmehrheit der abgegebenen Stimmen und mit der Mehrheit der Stimmen aller Mitglieder der Versammlung angenommen, so müssen die Mitglieder der Hohen Behörde geschlossen zurücktreten. Sie führen die laufenden Geschäfte bis zu ihrer Ablösung gemäß Artikel 10 weiter.

Artikel 25

Die Versammlung gibt sich eine Geschäftsordnung; hierzu ist Stimmenmehrheit ihrer Mitglieder erforderlich.

Die Verhandlungen der Versammlung werden nach den Bestimmungen dieser Geschäftsordnung veröffentlicht.

Kapitel III
Der Rat

Artikel 26

Der Rat übt seine Befugnisse in den in diesem Vertrag vorgesehenen Fällen und in der dort angegebenen Weise aus, insbesondere um die Tätigkeit der Hohen Behörde

---

* Seit Eingliederung der Saar in die Bundesrepublik hinfällig.

und der für die allgemeine Wirtschaftspolitik ihrer Länder verantwortlichen Regierungen aufeinander abzustimmen.

Der Rat und die Hohe Behörde unterrichten und beraten einander zu diesem Zweck.

Der Rat kann die Hohe Behörde auffordern, Vorschläge und Maßnahmen aller Art zu prüfen, die er zur Erreichung der gemeinsamen Ziele für zweckmäßig oder erforderlich hält.

Artikel 27

Der Rat besteht aus den Vertretern der Mitgliedstaaten. Jeder Staat entsendet ein Mitglied seiner Regierung.

Die Präsidentschaft wird von den Mitgliedern des Rates nacheinander in alphabetischer Reihenfolge der Mitgliedstaaten für je drei Monate wahrgenommen.

Artikel 28

Der Rat tritt auf Antrag eines Mitgliedstaates oder der Hohen Behörde nach Einberufung durch seinen Präsidenten zusammen.

Bei Anhörung des Rates durch die Hohe Behörde berät der Rat, ohne notwendigerweise eine Abstimmung vorzunehmen. Die Beratungsprotokolle werden der Hohen Behörde übermittelt.

Eine nach diesem Vertrag erforderliche Zustimmung des Rates gilt als erteilt, wenn dem von der Hohen Behörde vorgelegten Vorschlag zustimmen:
– die absolute Mehrheit der Vertreter der Mitgliedstaaten, einschließlich der Stimme des Vertreters eines Mitgliedstaates, der mindestens 20 v. H. des Gesamtwertes der Kohle- und Stahlproduktion in der Gemeinschaft umfaßt;
– oder, wenn bei Stimmengleichheit die Hohe Behörde ihren Vorschlag nach einer zweiten Beratung aufrechterhält, die Vertreter von zwei Mitgliedstaaten, die jeder mindestens 20 v. H. des Gesamtwertes der Kohle- und Stahlproduktion in der Gemeinschaft umfassen.

Ist in diesem Vertrage eine einstimmige Entscheidung oder einstimmige Zustimmung verlangt, so sind hierzu die Stimmen aller Mitglieder des Rates erforderlich.

Mit Ausnahme der Entscheidungen, die einer qualifizierten Mehrheit oder der Einstimmigkeit bedürfen, werden die Entscheidungen des Rates mit Mehrheit der Mitglieder des Rates getroffen; diese Mehrheit gilt als erreicht, wenn sie die absolute Mehrheit der Vertreter der Mitgliedstaaten, einschließlich der Stimme des Vertreters eines Mitgliedstaates enthält, der mindestens 20 v. H. des Gesamtwertes der Kohle- und Stahlproduktion in der Gemeinschaft umfaßt.

Jedes Mitglied des Rates kann bei Abstimmungen nur für eines der anderen Mitglieder mitstimmen.

Der Rat verkehrt mit den Mitgliedstaaten über seinen Präsidenten.

Die Beschlüsse des Rates werden in der von ihm bestimmten Weise veröffentlicht.

[...]

Kapitel IV

Der Gerichtshof

Artikel 31

Der Gerichtshof sichert die Wahrung des Rechts bei der Auslegung und Anwendung dieses Vertrages und der Durchführungsvorschriften.

[...]

Dritter Titel
Wirtschafts- und Sozialbestimmungen
Kapitel I
Allgemeine Bestimmungen (Art. 46–48)

Kapitel II
Finanzbestimmungen
Artikel 49

Die Hohe Behörde ist berechtigt, sich
- durch Erhebung von Umlagen auf die Erzeugung von Kohle und Stahl,
- durch Aufnahme von Anleihen

die zur Erfüllung ihrer Aufgaben erforderlichen Mittel zu beschaffen.

Sie kann unentgeltliche Zuwendungen entgegennehmen.

[...]

Kapitel III
Investitionen und finanzielle Hilfe (Art. 54–56)

Kapitel IV
Erzeugung (Art. 57–59)

Kapitel V
Preise (Art. 60–64)

Kapitel VI
Kartelle und Zusammenschlüsse (Art. 65–66)

Kapitel VII
Beeinträchtigung der Wettbewerbsbestimmungen (Art. 67)

Kapitel VIII
Löhne und Freizügigkeit der Arbeitnehmer (Art. 68–69)

Kapitel IX
Frachten und Transporte (Art. 70)

Kapitel X
Handelspolitik (Art. 71–75)

Vierter Titel
Allgemeine Bestimmungen
Artikel 76

Die Gemeinschaft genießt nach den Bestimmungen eines Zusatzprotokolls in den Gebieten der Mitgliedstaaten die Immunitäten und Vorrechte, die zur Erfüllung ihrer Aufgabe erforderlich sind.

[...]

Artikel 86

Die Mitgliedstaaten verpflichten sich, alle geeigneten allgemeinen oder besonderen Maßnahmen zu ergreifen, um die Erfüllung der Verpflichtungen zu sichern, die sich aus den Entscheidungen und Empfehlungen der Organe der Gemeinschaft ergeben, und der Gemeinschaft die Erfüllung ihrer Aufgaben zu erleichtern.

[...]

Artikel 97

Dieser Vertrag gilt für die Dauer von fünfzig Jahren vom Zeitpunkt seines Inkrafttretens an.

Artikel 98

Jeder europäische Staat kann einen Antrag auf Beitritt zu diesem Vertrag stellen. Der Antrag ist an den Rat zu richten, der nach Stellungnahme der Hohen Behörde einstimmig Beschluß faßt und ebenfalls einstimmig die Bedingungen für den Beitritt festsetzt. Der Beitritt wird mit dem Tage des Eingangs der Beitrittsurkunde bei der Regierung wirksam, bei welcher der Vertrag hinterlegt ist.

[...]

Artikel 100

Dieser Vertrag ist in einem einzigen Exemplar verfaßt, das in den Archiven der Regierung der Französischen Republik hinterlegt wird; diese übersendet den Regierungen der anderen Unterzeichnerstaaten eine beglaubigte Abschrift des Vertrages.

Zu Urkund dessen haben die unterzeichneten Bevollmächtigten ihre Unterschriften unter diesen Vertrag gesetzt und ihn mit ihren Siegeln versehen.

Geschehen zu Paris, am achtzehnten April neunzehnhunderteinundfünfzig.

[Unterschriften]

Quelle: Bundesgesetzblatt, 1952, II, S. 447 ff.

D 19: Bildung des europäischen Bundesstaates. Artikel 38 des EVG-Vertrages vom 27. Mai 1952 (Auszug)

§ 1 Innerhalb der im letzten Absatz dieses Artikels vorgesehenen Fristen untersucht die Versammlung (d. h. das zu bildende europäische Parlament – d. Hrsg.):

a) die Bildung einer Versammlung der Europäischen Verteidigungsgemeinschaft durch Wahl auf demokratischer Grundlage;

b) die Befugnisse, die einer solchen Versammlung zu übertragen wären;

c) die Änderungen, die gegebenenfalls an den Vorschriften dieses Vertrages über die übrigen Organe der Gemeinschaft vorgenommen werden müßten, insbesondere, um eine angemessene Vertretung der Staaten sicherzustellen.

Bei ihren Untersuchungen hat sich die Versammlung insbesondere von nachstehenden Grundsätzen leiten zu lassen:

Die endgültige Organisation, die an die Stelle der vorläufigen Organisation treten wird, soll so beschaffen sein, daß sie den Bestandteil eines späteren bundesstaatlichen oder staatenbündischen Gemeinwesens bilden kann, das auf dem Grundsatz der Gewaltenteilung beruhen und insbesondere über ein Zweikammersystem verfügen soll [...]

Quelle: Die Vertragswerke von Bonn und Paris vom Mai 1952. Dokumente und Berichte des Europa-Archivs, Frankfurt/M. 1962, S. 201.

2. Die Festigung des Ostblocks

Die Entwicklung Europas nach dem Jahr 1947 ist vor allem das Ergebnis gegenläufiger Interessen und Kräfte in West und Ost: Die sowjetischen Expansionsversuche wurden mit einer Beschleunigung des westeuropäischen Zusammenschlusses beantwortet; das wiederum führte zu kommunistischen Gegenmaßnahmen und damit zu einer weiteren Vertiefung der Spaltung. Es ist schwer zu beurteilen, wie weit damals bereits Stalins Politik eine Reaktion auf die fortschreitende Organisation der westlichen Abwehr oder eine Kompensation für die sowjetische Unterlegenheit gegenüber dem amerikanischen Atombombenmonopol war. Sicher ist, daß auch Stalins Vorgehen im Rahmen der allgemeinen weltpolitischen Entwicklung gesehen und verstanden werden muß. Sicher ist auch, daß die kommunistischen Führer die Umwälzungen der Nachkriegsjahre als revolutionäre »Flut« betrachteten, auf deren Wellen sie den Kommunismus bis weit in die westliche Welt hineintragen wollten. Die unerwarteten Erfolge in Mittel- und Osteuropa ermutigten Stalin zu weiteren Vorstößen in Südosteuropa, im Mittleren Osten, in Südostasien und im Fernen Osten. Solange die Fronten noch fließend waren, kam es ihm darauf an, sich das Gesetz des Handelns nicht entreißen zu lassen und obendrein die eben eroberten Positionen zu konsolidieren. In Europa galt das in erster Linie für das sowjetisch besetzte Mitteldeutschland – die spätere Deutsche Demokratische Republik – und die Tschechoslowakei. Hier nutzten die einheimischen Kommunisten im Februar 1948 eine Regierungskrise und ergriffen in einem wohlvorbereiteten, unblutigen Staatsstreich die Macht. Nur knapp einen Monat später, am 20. März 1948, verließ der sowjetische Vertreter den alliierten Kontrollrat in Berlin und gab damit das Zeichen für die beginnende Blockade der ehemaligen Reichshauptstadt. Damals befand sich der östliche Teil Deutschlands bereits fest in sowjetischer Hand; mit seiner Aktion gegen Berlin wollte Stalin der Gefahr zuvorkommen, durch die bevorstehende Gründung eines westdeutschen Staates von jeder Einflußnahme auf diesen Teil Deutschlands abgeschnitten zu werden. Die Errichtung der OEEC am 16. April 1948, der Beginn der ersten Außenministerkonferenz der neugeschaffenen Westunion am 17. April und die für den 20. April anberaumte Fortsetzung der Londoner Beratungen über Deutschland ließen Stalin den Moment für gekommen erscheinen, mit der völligen Blockierung Berlins (Beginn 24. Juni 1948) seinen stärksten Trumpf auszuspielen. Als die Blockade nach einem Jahr – am 12. Mai 1949 – wieder aufgehoben wurde, bedeutete dies zugleich auch das Ende der sowjetischen Expansionspolitik im Europa der Nachkriegszeit. In jenen

Monaten nahmen die Ereignisse in Asien Stalins Aufmerksamkeit bereits völlig in Anspruch. Die Gründung der DDR am 7. Oktober 1949, zeitlich bewußt durch einige Monate vom Inkrafttreten des westdeutschen Grundgesetzes (23. Mai 1949) abgesetzt, bekräftigte lediglich noch formal die *de facto* schon längst bestehende Spaltung Deutschlands. Damit war das letzte Bindeglied – sieht man vom prekären Viermächtestatus Berlins ab – im Herzen Europas zerschnitten und dessen Teilung vom Nordkap bis zum Bosporus vollzogen.

In diesen Zeitraum fallen der weitere Ausbau des osteuropäischen Vertragsnetzes, die Gründung des Kommunistischen Informationsbüros (Kominform) 1947 sowie des Rates für gegenseitige Wirtschaftshilfe (RGW) 1949 und die Einbeziehung der neugegründeten DDR in den sowjetischen Herrschaftsbereich (1949/50). In die gleiche Periode fällt aber auch der erste tiefgreifende Konflikt innerhalb des kommunistischen Blocks, der Ausschluß Jugoslawiens aus dem Kominform (1948/49).

2.1. Der Ausbau des osteuropäischen Vertragssystems

Der weitere Ausbau des bilateralen Vertragssystems in Osteuropa erfolgte – wie bereits erwähnt (S. 41 ff.) – nach der Unterzeichnung der Friedensverträge mit den ehemaligen Feindstaaten Ungarn, Rumänien und Bulgarien (zu denen auf nicht-kommunistischer Seite noch Italien und Finnland zu zählen sind). Nach dem Abschluß der beiden für die Sowjetunion entscheidenden Verträge mit der Tschechoslowakei und Polen (1943 und 1945) hatte Stalin bewußt die Initiative zu weiteren zweiseitigen Abkommen den neuen Volksdemokratien überlassen: Er wollte offenbar dem Westen gegenüber den Eindruck einer eigenmächtigen und voreiligen Blockbildung vermeiden. An der tatsächlichen militärischen und politischen Kontrolle Mittel- und Osteuropas änderte diese ostentative Zurückhaltung Stalins ohnehin nichts. Er glaubte sich aber von ihr befreit, nachdem der Marshallplan verkündet und der westeuropäische Zusammenschluß in Angriff genommen worden waren. Bereits im Februar und März 1948 schloß Stalin deshalb Freundschafts- und Beistandsverträge mit (in dieser zeitlichen Reihenfolge) Rumänien, Ungarn und Bulgarien, die sich inhaltlich nur wenig voneinander unterschieden. Damals verstärkte sich auch der sowjetische Druck auf Finnland. Diesem gelang es – nicht ohne westliche Rückenstärkung –, eine zu einseitige Bindung an Moskau zu vermeiden und damit seine politische Unabhängigkeit weitgehend zu bewahren.

Trotz der fast eintönigen Ähnlichkeit der vielfältigen Abkommen unter den kommunistischen Ländern (vgl. Tafel 6, S. 136) weist das Vertragssystem einige für die späteren Ereignisse bezeichnende Merkmale auf. So vermied es beispielsweise die Sowjetunion während vieler Jahre, irgendwelche Kulturabkommen mit ihren »Satelliten« einzugehen. Dies vergrößerte die geistige Isolierung der bereits vom Westen hermetisch abgeschlossenen Volksdemokratien noch mehr und brachte ihre kulturelle Eigenständigkeit fast völlig zum Erliegen. Erst Jahre später, vor allem nach 1956, öffnete die Sowjetunion ihre Grenzen zu einem Erfahrungs- und Gedankenaustausch, in dem sie so lange eine Gefährdung ihres Regimes gesehen hatte.

Jugoslawien war der Sowjetunion mit dem Abschluß politischer Verträge mit den ehemaligen Feindstaaten vorausgegangen. Sie alle datieren bereits aus den Jahren 1945–1947. Das zeigt die bedeutsame Stellung, die Titos Staat innerhalb des Ostblocks innehatte und ihm oft ein sehr eigenwilliges Vorgehen erlaubte. Im Unterschied zu den von der Sowjetunion abgeschlossenen Bündnisverträgen sehen jene der Balkanländer den *casus foederis* nicht nur im Fall einer deutschen, sondern jeder beliebigen äußeren Aggression vor. Erinnert man sich daran, daß gerade in jener Zeit gegen den Willen Moskaus Föderationspläne im Balkan erörtert wurden, so bekommt der Ausspruch des bulgarischen Ministerpräsidenten Dimitroff, die Verträge seien »gegen jede Intervention in innere Angelegenheiten« gerichtet, eine besondere Spitze gegen Moskaus Einmischungsgelüste. Die Bemerkung ist jedenfalls bezeichnend für die schon damals bestehenden blockinternen Spannungen, die dann auch zum Bruch mit Jugoslawien führten.

Die einzige Volksdemokratie, mit der Stalin nie einen Vertrag eingehen wollte und die von ihm unverhüllt stiefmütterlich behandelt wurde, war Albanien. Der sowjetische Diktator überließ das kleine Bergland ganz der jugoslawischen Vormundschaft, die allerdings mit Titos »Exkommunizierung« ein unerwartet rasches Ende fand. Albanien rächte sich damals prompt für die jahrelange Bevormundung durch den nördlichen Nachbar, indem es dessen erbittertster Feind wurde. Die Gelegenheit zu einer Abrechnung mit Moskau sollte Jahre später kommen: Der sowjetisch-albanische Konflikt findet zu einem guten Teil seine Erklärung in dem aufgestauten Ressentiment, das die von Stalin gedemütigten Albaner gegen die Sowjetunion hegten und das sich nun stellvertretend gegen Chruschtschow entlud.

Allein dieser kurze Überblick zeigt, wie viele latente Spannungen unter der Decke einer vermeintlichen »monolithischen Einheit« weiterschwelten. Es blieb den Nachfolgern Stalins vorbehalten, sich mit ihnen auseinanderzusetzen.

2.2. Die Gründung des Kominform

Das eigentliche Rückgrat des kommunistischen Lagers bildeten die enge Verflechtung der regierenden kommunistischen Parteien und ihre unbedingte Unterordnung unter die Vorherrschaft der KPdSU. Beides vertiefte die Spaltung Europas viel stärker, als es der unterschiedliche organisatorische Aufbau und der abweichende Inhalt der zwischenstaatlichen Verträge und Institutionen in Ost und West jemals zu tun vermocht hätten. Wo in Westeuropa der Wunsch zu gemeinsamer Abwehr und das Streben nach einer möglichst dauerhaften Zusammenarbeit das integrierende Element darstellen, waren es im kommunistischen Bereich in erster Linie die Durchdringung aller Lebensbereiche durch den totalitären Apparat von Staat und Partei und die ideologische und politische Orientierung auf das Machtzentrum Moskau. Stalin, der es als sein oberster Lenker verkörperte, besaß auch auf die von ihm als Statthalter in den Volksdemokratien eingesetzten Kommunistenführer einen unangefochtenen Einfluß. Er schuf damit ein vielfach verästeltes Netz von Kontrollen, Bindungen und Abhängigkeiten, die seinem Herrschaftssystem erst Halt und Bestand gaben.

So waren die neuen Männer in Polen (Berman, Bierut), Ungarn (Rákosi), Bulgarien (Dimitroff), Rumänien (Gheorgiu-Dej), der Tschechoslowakei (Gottwald) und der DDR (Ulbricht) durch ihre frühere Tätigkeit in der Komintern (der 1943 aufgelösten Kommunistischen Internationale) oder durch ihre besondere Loyalität zu Stalin kaum mehr als dessen verlängerter Arm, jederzeit bereit, seine Befehle widerspruchslos auszuführen, selbst wenn es auf Kosten des eigenen Landes ging. Bezeichnende Ausnahmen von diesem fast sklavischen Abhängigkeitsverhältnis waren Tito, der einzige Kommunistenführer Osteuropas, der ohne sowjetische Unterstützung zur Macht gekommen war, und, in einem anderen Sinne, der mehr von Tito als von Stalin abhängige albanische Parteiführer Enver Hodscha. Es ist denn auch kaum ein Zufall, daß beide dem Ostblock den Rücken kehrten: Titos Jugoslawien wurde 1948 aus der Kominform ausgeschlossen; Hodschas Albanien brach bald mit dem sowjetischen Lager.

Stalins persönliches Prestige war unlöslich mit jenem der KPdSU als der unumstrittenen Führerin des Weltkommunismus verbunden. Die sowjetische Partei verstand sich als »Mutter« aller kommunistischen Parteien und identifizierte deren Interessen mit ihren eigenen: Was gut für die KPdSU war, hatte auch richtig für die gesamte kommunistische Bewegung zu sein. Auf solche Weise verschaffte sich die Sowjetunion ein permanentes Einspruchs- und Kontrollrecht gegenüber den osteuropäischen Parteien, dem diese sich widerspruchslos zu unterziehen hatten; abweichende nationale Interessen galten als Verrat an der Sowjetunion und dem Kommunismus ganz allgemein.

Diese Parteidiktatur Stalins wurde durch eine Reihe weiterer Kontroll- und Einflußmöglichkeiten ergänzt: dazu gehören die von der Sowjetunion bei Kriegsende diktierten Reparationsforderungen, die die Grundlage für eine wirtschaftliche Ausbeutung der ehemaligen Feindstaaten boten; die sogenannten Gemischten Gesellschaften, die der Sowjetunion in diesen Ländern in allen lebenswichtigen Wirtschaftszweigen eine 50 %ige Beteiligung und damit ein maßgebendes Mitspracherecht sicherten; die sowjetische Geheimpolizei (unter Berija); die Sowjetbotschafter als ausführende Organe sowjetischer Interessen und nicht zuletzt die Rote Armee als Besatzungstruppe in den meisten mittel- und osteuropäischen Staaten.

Auch im Verkehr mit den Kommunistenführern zog Stalin zweiseitige Verhandlungen vor. Das gab ihm die Gelegenheit, die Kommunisten gegeneinander auszuspielen und sie bei den Gesprächen unter vier Augen die ganze Macht seiner Persönlichkeit spüren zu lassen. In diesem größeren Rahmen der vielfachen informellen Bindungen innerhalb des Sowjetsystems ist die Gründung des Kommunistischen Informationsbüros zu sehen. Sie fiel in eine Periode, in der Stalin glaubte, die Maske fallen lassen und seine Ziele in Mittel- und Osteuropa ohne die lästige Rücksicht auf die westlichen Alliierten offenlegen zu können. Zwei Jahre nach dem Krieg bestand für ihn kein Anlaß mehr, mit verdeckten Karten zu spielen, um so weniger, als seiner Ansicht nach die westlichen Abwehrmaßnahmen eine deutliche Gegenaktion verlangten. Die Teilung der Welt in zwei Lager war für Stalin eine unumstößliche Tatsache geworden. Sie rief nach einer neuen organisatorischen und ideologischen Straffung der kommunistischen Bewegung.

Nach mehrmonatigen Konsultationen wurde in einem kleinen Ort in Polen im September 1947 das Kominform* ins Leben gerufen [D 20]. Abermals mit Ausnahme der albanischen Partei sowie der Sozialistischen Einheitspartei Deutschlands (SED) gehörten ihm alle kommunistischen Parteien des europäischen Blocks sowie die beiden größten westeuropäischen kommunistischen Parteien, diejenigen Italiens und Frankreichs, an. Bei diesem Anlaß hielten die beiden sowjetischen Parteiführer, A. Shdanow und G. Malenkow, die Grundsatzreferate. Sie sollten für die künftige Marschrichtung des Kominform maßgebend werden. Shdanow äußerte sich dabei ausführlich zur weltpolitischen Lage, als deren entscheidendes Merkmal er die Teilung der Welt in zwei Lager bezeichnete. Diese Rede war eine offene Kampfansage an die westliche Welt, eine Kampfansage, der bald danach die bereits aufgezeigten sowjetischen Vorstöße an der Peripherie des kommunistischen Machtbereiches folgten, mit denen die angerufene Teilung erst wirklich vollzogen wurde.

2.3. *Der Rat für gegenseitige Wirtschaftshilfe*

Mit der Gründung des Rates für gegenseitige Wirtschaftshilfe (RGW, russische Bezeichnung *Sowjet ekonomitscheskoj wsaimopomoschtschi;* der im Westen gebräuchliche Name Comecon ist die Abkürzung der englischen Übersetzung *Council for Mutual Economic Assistance*) am 25. Januar 1949 durchbrach Stalin erstmals seinen Grundsatz, nur bilaterale Verbindungen unter den Ostblockstaaten zuzulassen. Dem muß allerdings gleich einschränkend hinzugefügt werden, daß der RGW zu Stalins Lebzeiten kaum mehr darstellte als die institutionelle Fassade für eine einseitige Ausbeutungspolitik Moskaus in den Volksdemokratien. Von einer »engen wirtschaftlichen Zusammenarbeit« – wie sie das Gründungskommuniqué verhieß [D 21] – konnte keine Rede sein. Die geringe Bedeutung, die Stalin denn auch dieser »offiziellen« Zielsetzung beimaß, kommt allein schon darin zum Ausdruck, daß der Rat des RGW in den Jahren 1951–54 nicht mehr zusammentrat. Erst nach dem Tode Stalins, ungefähr ab 1954/55, wurde der RGW schrittweise reorganisiert und unter Chruschtschow zur Grundlage der internationalen Wirtschaftszusammenarbeit im europäischen Ostblock gemacht (vgl. S. 198ff.). Mitgliedstaaten waren bis zu seiner geplanten Auflösung (1991) neben der Sowjetunion Bulgarien, Ungarn, Polen, Rumänien und die Tschechoslowakei; Albanien konnte ihm, wohl auf Stalins Geheiß, erst einen Monat später (am 23. Februar 1949) beitreten; die DDR erlangte die Mitgliedschaft am 29. September 1950. Auch Jugoslawien hatte sich für den Beitritt interessiert, doch kam er nach dem kurz zuvor erfolgten Bruch Jugoslawiens mit dem Kominform nicht in Betracht: Gerade eine wirtschaftliche Isolierung sollte die jugoslawischen »Häretiker« zum Nachgeben zwingen.

---

* Das Kominform hat, vor allem wegen der dominierenden Rolle Stalins und der beschränkten Zahl der Mitglieder, nie jene Bedeutung wie die Komintern erlangt. Sein Sitz, ursprünglich in Belgrad, befand sich in Bukarest, sein Organ war die Zeitschrift »Für dauerhaften Frieden, für Volksdemokratie!«. Die Nachfolger Stalins empfanden das Kominform für ihre Politik mehr belastend als nützlich und lösten es am 16. April 1956 auf.

Die Mitgliedschaft beim RGW beschränkte sich somit auf die europäischen kommunistischen Staaten; weder China noch die beiden Volksdemokratien Nordvietnam und Nordkorea haben jemals die Mitgliedschaft erworben. Stalin wollte also der OEEC ein osteuropäisches Gegenstück gegenüberstellen, das ihm zudem den willkommenen Vorwand lieferte, die Volksdemokratien von einer Beteiligung am Marshallplan abzuhalten. Für ihn war damit im Grunde genommen die Rolle des RGW ausgespielt. Dessen Tätigkeit erschöpfte sich in den ersten Jahren seines Bestehens denn auch in der Ausarbeitung genereller Richtlinien für die »wirtschaftliche Zusammenarbeit« und den »Ausbau der Außenhandelsbeziehungen«. Nach zwei wohl bloß formellen Tagungen (im August 1949 und November 1950) schlief die reguläre Tätigkeit des RGW ein; niemand schien ein Interesse daran zu haben – am wenigsten Stalin –, sie unter den damaligen Bedingungen zu aktivieren. Bis zu seiner Reorganisation nach Stalins Tod verfügte der RGW nur über zwei Organe: die Ratstagung, bestehend aus den bevollmächtigten Vertretern der Mitgliedstaaten, und ein ständiges Büro (Sekretariat) in Moskau, das die Tagungen vorzubereiten hatte.

Die Gründung und vor allem die spätere Entwicklung des RGW zeigen, wie stark sie von der wirtschaftlichen Integration Westeuropas beeinflußt und vorangetrieben wurden.

2.4. Die Einbeziehung der Deutschen Demokratischen Republik in den Ostblock

Die formelle Umwandlung der Sowjetischen Besatzungszone Deutschlands in den »ersten deutschen Arbeiter- und Bauernstaat« gab der Sowjetunion die Möglichkeit, sie nun zum integrierenden Bestandteil des osteuropäischen Paktsystems zu machen. Das war für Stalin mehr als ein Ausgleich für den Verlust Jugoslawiens. Sein Telegramm am 13. Oktober 1949 an die neugebildete DDR-Regierung zeigt, welche Bedeutung er einem kommunistisch gelenkten Staatswesen auf deutschem Boden beimaß: Stalin nannte die Errichtung der DDR »einen Wendepunkt in der Geschichte Europas«. Er brachte damit unverhüllt zum Ausdruck, welche zentrale Stellung Deutschland seit jeher im Denken der sowjetischen Kommunisten eingenommen hatte. Mehr noch: Das Telegramm bestätigte zugleich, daß Stalin keineswegs auf sein Ziel einer Sowjetisierung ganz Deutschlands verzichtet hatte [D 22].

Innerhalb von nur wenigen Monaten wurde die DDR von allen dem kommunistischen Machtbereich angehörenden Staaten anerkannt (die Anerkennung durch Jugoslawien erfolgte erst 1957 im Zuge seiner Annäherung an die Sowjetunion). Da die DDR aber immer noch als besetztes Land galt – der Kriegszustand wurde erst 1955 offiziell als beendet erklärt –, übertrug ihr die Sowjetunion vorerst lediglich Verwaltungsfunktionen der sowjetischen Militäradministration. Zur Aufnahme regulärer vertraglicher Beziehungen zwischen Moskau und Pankow kam es erst am 20. September 1955, als der DDR in einem Staatsvertrag die »volle Souveränität« übertragen wurde. Bis dahin blieb es den Volksdemokratien vorbehalten, die ersten völkerrechtlichen Verträge mit dem neuen Mitglied der kommunistischen Gemeinschaft abzuschließen. Die beiden östlichen Nachbarn standen hierbei an erster Stelle: Zusammen mit einer gemeinsamen Deklaration von Warschau schloß Polen am 6. Juni 1950 eine Reihe von Abkommen mit der DDR ab. Ihnen folgte als wichtigster Akt am 6. Juli 1950 der Vertrag über die Oder-Neiße-Linie (der »Friedensgrenze«) [D 23]. Als zweiter Staat folgte die Tschechoslowakei gleichfalls mit einer gemeinsamen Erklärung und einem Abkommen vom 26. Juni 1950. Daran schlossen sich zweiseitige Abkommen mit Ungarn, Rumänien und Bulgarien an, während Albanien auch diesmal abseits blieb.

Am 29. September wurde schließlich die DDR in den ein Jahr zuvor gegründeten Rat für gegenseitige Wirtschaftshilfe aufgenommen. Den Status eines gleichberechtigten Mitgliedes des Ostpaktsystems erhielt sie jedoch erst im Laufe der folgenden Jahre. Moskau achtete dabei sorgfältig darauf, diese schrittweise Eingliederung der DDR nur dann fortzuführen, wenn und nachdem der Westen ähnliche Maßnahmen für die Bundesrepublik beschlossen hatte. Dieses zeitliche Vorangehen des Westens sollte aller Welt beweisen, daß ihm die volle Verantwortung für die sich vertiefende Spaltung Europas zufalle.

2.5. Der Ostblock und China

Während sich in Europa in den Jahren 1947/49 die Fronten zunehmend verhärteten, drang die Flut des asiatischen Kommunismus fast unaufhaltsam vor. Am 9. September 1948 riefen die Kommunisten Koreas nördlich des 38. Breitengrades die Gründung einer volksdemokratischen Republik aus. Einen Monat später erklärte sich Stalin zur Aufnahme diplomatischer Beziehungen mit diesem – nach der Äußeren Mongolei – zweiten kommunistischen Staat Asiens bereit.

Die Gründung der Chinesischen Volksrepublik wurde von Mao Tse-tung am 1. Oktober 1949 proklamiert: Schon am darauffolgenden Tag nahm die Sowjetregierung diplomatische Beziehungen mit diesem bevölkerungsreichsten Staat der Erde auf. Bereits im Dezember 1949 begab sich eine chinesische Regierungsdelegation unter Leitung von Mao Tse-tung nach Moskau, um über die künftige Zusammenarbeit zwischen den beiden Großmächten zu beraten. Nach fast zweimonatigen Verhandlungen konnte am 14. Februar 1950 ein umfangreiches Vertragswerk unterzeichnet werden, das von beiden Seiten als historischer Erfolg gefeiert wurde [D 24, 25]. Im Vordergrund standen ein Freundschafts-, Bündnis- und Beistands-Vertrag sowie Wirtschafts- und Kreditabkommen und die Regelung der weiteren Überlassung von Dairen und Port Arthur an die Sowjetunion. Am 27. März 1950 schloß die Sowjetunion ein weiteres Abkommen mit Peking, das unter anderem die Schaffung von sowjetisch-chinesischen Aktiengesellschaften zur Ausbeutung der wichtigsten Bodenschätze in dem weiten Grenzland Sinkiang vorsah.

Den sowjetischen Abkommen mit Peking folgten wenig später solche der europäischen Volksdemokratien. Gemeinsam schlossen sie das junge China in das Netz der bilateralen Verträge ein und machten es zu einem integrierenden Bestandteil des Blocks. Er umfaßte damit mit einem Schlag eine Bevölkerung von annähernd einer Milliarde Menschen und eröffnete der kommunistischen Politik ganz neue Dimensionen. Das blieb nicht ohne Einfluß auf Europa und die europäischen Volksdemokratien. China wurde plötzlich in vielfacher Weise auf dem europäischen Schauplatz als politischer Machtfaktor gegenwärtig.

Auf dem Höhepunkt der Herbstkrisen von 1956 hatte es bereits ein entscheidendes Wort bei der Niederwerfung der ungarischen Revolution und der Wiederherstellung des europäischen Ostblocks mitzureden. Trotzdem und trotz der zahlreichen vertraglichen Bindungen blieb China ein Fremdkörper im sowjetischen Herrschaftsbereich, ein ungewohnter und ungewöhnlicher Partner, mit dem eine Zusammenarbeit neue Perspektiven eröffnen, ein Konflikt jedoch schwerste Krisen hervorrufen konnte.

Dokumente

D 20: Die Gründung des Kominform-Büros, September 1947

Die Konferenz stellt fest, daß das Fehlen der Verbindung zwischen den an der gegenwärtigen Konferenz teilnehmenden kommunistischen Parteien bei dem jetzigen Zustande einen ernsten Nachteil darstellt. Die Erfahrung hat gezeigt, daß ein derartiger Mangel an Verbindung unter den kommunistischen Parteien falsch und schädlich ist. Die Notwendigkeit eines Austausches der Erfahrungen und der freiwilligen Koordinierung der Handlungen der verschiedenen Parteien ist insbesondere jetzt dringend, wo die internationale Nachkriegslage schwierig geworden ist und das Fehlen einer Verbindung unter den kommunistischen Parteien für die Arbeiterklasse Schaden hervorrufen könnte.

Auf Grund des oben Dargelegten kommen die Teilnehmer an der Konferenz über folgendes überein:

1. Ein Informationsbüro zu errichten, das aus Vertretern folgender Parteien besteht: der Kommunistischen Partei Jugoslawiens, der Bulgarischen Arbeiterpartei (Kommunisten), der Kommunistischen Partei Rumäniens, der ungarischen Kommunistischen Partei, der Polnischen Arbeiterpartei, der Kommunistischen Partei der Sowjetunion (Bolschewisten), der Kommunistischen Partei Frankreichs, der Kommunistischen Partei der Tschechoslowakei und der Kommunistischen Partei Italiens.
2. Das Informationsbüro soll mit der Aufgabe betraut werden, den Erfahrungsaustausch zu organisieren und – im Falle der Notwendigkeit – die Aktivität der kommunistischen Parteien auf der Grundlage gegenseitigen Übereinkommens zu koordinieren.
3. Das Informationsbüro soll aus Vertretern der Zentralkomitees (zwei von jedem Zentralkomitee) bestehen. Die Delegationen der Zentralkomitees sollen durch die Zentralkomitees ernannt und ersetzt werden.
4. Das Informationsbüro soll sein gedrucktes Organ haben, das in französischer und russischer Sprache und – soweit als möglich – auch in anderen Sprachen 14tägig und später wöchentlich erscheinen soll.
5. Die Stadt Belgrad wird als Sitz des Informationsbüros bestimmt.

Quelle: Boris Meissner, Das Ostpakt-System, Frankfurt/M. 1955, S. 87.

D 21: Der Rat für gegenseitige Wirtschaftshilfe. Gründungskommuniqué vom 25. Januar 1949

Im Januar dieses Jahres wurde in Moskau eine Wirtschaftskonferenz abgehalten, an der Vertreter Bulgariens, Ungarns, Polens, Rumäniens, der UdSSR und der Tschechoslowakei teilnahmen.

Die Konferenz stellte bemerkenswerte Erfolge in den zwischen den erwähnten Ländern herrschenden wirtschaftlichen Beziehungen fest, die besonders in einem vermehrten Warenaustausch zur Geltung gekommen sind. Dank der Schaffung solcher wirtschaftlicher Beziehungen und der Verwirklichung einer gemeinsamen Politik der wirtschaftlichen Zusammenarbeit haben die volksdemokratischen Länder und die UdSSR die Möglichkeit erhalten, den Wiederaufbau und die Entwicklung ihrer nationalen Wirtschaften zu beschleunigen.

Die Konferenz hat weiter festgestellt, daß die Regierungen der Vereinigten Staaten und Großbritanniens sowie die Regierungen verschiedener anderer westeuropäischer Staaten dem Sachverhalt nach einen wirtschaftlichen Boykott gegen die volksdemokratischen Länder und gegen die UdSSR verhängt haben, weil es diese Länder nicht für möglich erachten, sich dem Diktat des Marshallplans zu unterwerfen, da dieser Plan die Souveränitätsrechte der Länder sowie die Interessen ihrer nationalen Wirtschaft verletzt.

Unter Berücksichtigung dieser Sachlage hat die Konferenz über die Frage der möglichen Organisation einer weitergehenden wirtschaftlichen Zusammenarbeit zwischen den volksdemokratischen Ländern und der UdSSR beraten.

Zum Zwecke der Verwirklichung dieser weitergehenden wirtschaftlichen Zusammenarbeit zwischen den volksdemokratischen Ländern und der UdSSR hat die Konferenz die Errichtung eines Rates für gegenseitige Wirtschaftshilfe als notwendig erachtet. Dieser Rat wird sich aus gleichberechtigten Vertretern aller an der Konferenz beteiligten Länder zusammensetzen. Seine Aufgaben werden im Austausch von wirtschaftlichen Erfahrungen, Gewährung gegenseitiger technischer Hilfe und gegenseitigen Beistandes beim Austausch von Rohstoffen, Nahrungsmitteln, Maschinen und Ausrüstungsgegenständen bestehen.

Die Konferenz ist übereingekommen, den Rat für gegenseitige Wirtschaftshilfe für eine offene Organisation zu erklären, der auch andere europäische Staaten beitreten können, die sich mit den Prinzipien des Rates einverstanden erklären und an einer weitgehenden wirtschaftlichen Zusammenarbeit mit den obengenannten Ländern teilzunehmen wünschen. Der Rat für gegenseitige Wirtschaftshilfe wird nur beim vorhandenen Einverständnis der interessierten Länder Beschlüsse fassen.

Der Rat wird in bestimmten Abständen Tagungen in den Hauptstädten der beteiligten Länder abhalten, wobei den Vorsitz der Vertreter desjenigen Landes führen wird, in dessen Hauptstadt die Tagung abgehalten wird.

Quelle: Boris Meissner, Das Ostpakt-System, Frankfurt/M. 1955, S. 108f.

D 22: Glückwunschbotschaft Stalins zur Gründung der Deutschen Demokratischen Republik vom 13. Oktober 1949

An den Präsidenten der Deutschen Demokratischen Republik, Herrn Wilhelm Pieck

An den Ministerpräsidenten der Regierung der DDR, Herrn Otto Grotewohl

Gestatten Sie mir, Sie und in Ihrer Person das deutsche Volk anläßlich der Gründung der Deutschen Demokratischen Republik und Ihrer Wahl zum Präsidenten und zum Ministerpräsidenten der Deutschen Demokratischen Republik zu beglückwünschen.

Die Gründung der deutschen demokratischen friedliebenden Republik ist ein Wendepunkt in der Geschichte Europas. Es unterliegt keinem Zweifel, daß die Existenz eines friedliebenden demokratischen Deutschlands neben dem Bestehen der friedliebenden Sowjetunion die Möglichkeit neuer Kriege in Europa ausschließt, dem Blutvergießen in Europa ein Ende macht und die Knechtung der europäischen Länder durch die Weltimperialisten unmöglich macht.

Die Erfahrung des letzten Krieges hat gezeigt, daß das deutsche und das sowjetische Volk in diesem Kriege die größten Potenzen in Europa zur Vollbringung großer Aktionen von Weltbedeutung besitzen. Wenn diese beiden Völker die Entschlossenheit an den Tag legen werden, für den Frieden mit der gleichen Anspannung ihrer Kräfte zu kämpfen, mit der sie den Krieg führten, so kann man den Frieden in Europa für gesichert halten.

Wenn Sie so den Grundstein für ein einheitliches, demokratisches und friedliebendes Deutschland legen, vollbringen Sie gleichzeitig ein großes Werk für ganz Europa, indem Sie ihm einen festen Frieden gewährleisten.

Sie brauchen nicht daran zu zweifeln, daß Sie, wenn Sie diesen Weg einschlagen und den Frieden festigen, eine große Sympathie und aktive Unterstützung aller Völker der Welt finden werden, darunter auch des amerikanischen, englischen, französischen, polnischen, tschechoslowakischen, italienischen Volkes, schon gar nicht zu reden vom friedliebenden Sowjetvolk.

Ich wünsche Ihnen Erfolg auf diesem neuen glorreichen Wege.

Es lebe und gedeihe das einheitliche, unabhängige, demokratische friedliebende Deutschland!

Den 13. Oktober 1949 J. Stalin

Quelle: Dokumente zur Außenpolitik der Regierung der Deutschen Demokratischen Republik, Berlin-Ost 1954, Bd. I, S. 232.

D 23: Abkommen zwischen der DDR und der Republik Polen über die Markierung der deutsch-polnischen Staatsgrenze vom 6. Juli 1950

Der Präsident der Deutschen Demokratischen Republik und der Präsident der Republik Polen,

geleitet von dem Wunsche, dem Willen zur Festigung des allgemeinen Friedens

Ausdruck zu verleihen, und gewillt, einen Beitrag zum großen Werke der einträchtigen Zusammenarbeit friedliebender Völker zu leisten,
in Anbetracht, daß diese Zusammenarbeit zwischen dem deutschen und dem polnischen Volke dank der Zerschlagung des deutschen Faschismus durch die UdSSR und dank der Entwicklung der demokratischen Kräfte in Deutschland möglich wurde,
sowie gewillt, nach den tragischen Erfahrungen aus der Zeit des Hitlersystems eine unerschütterliche Grundlage für ein friedliches und gutnachbarliches Zusammenleben beider Völker zu schaffen,
geleitet von dem Wunsche, die gegenseitigen Beziehungen in Anlehnung an das die Grenze an der Oder und Lausitzer Neiße festlegende Potsdamer Abkommen zu stabilisieren und zu festigen,
in Durchführung der Bestimmungen der Warschauer Deklaration der Delegation der Provisorischen Regierung der Deutschen Demokratischen Republik und der Regierung der Republik Polen vom 6. Juni 1950,
in Anerkennung, daß die festgelegte und bestehende Grenze die unantastbare Friedens- und Freundschaftsgrenze ist, die die beiden Völker nicht trennt, sondern einigt,
haben beschlossen, das vorliegende Abkommen abzuschließen und zu ihren Bevollmächtigten ernannt: (Namen)
die nach Austausch ihrer in guter und gehöriger Form befundenen Vollmachten über folgende Bestimmungen übereingekommen sind:

Artikel 1

Die Hohen Vertragschließenden Parteien stellen übereinstimmend fest, daß die festgelegte und bestehende Grenze, die von der Ostsee entlang die Linie westlich von der Ortschaft Swinoujscie* und von dort entlang dem Fluß Oder bis zur Einmündung der Lausitzer Neiße und die Lausitzer Neiße entlang bis zur tschechoslowakischen Grenze verläuft, die Staatsgrenze zwischen Deutschland und Polen bildet.

Artikel 2

Die laut vorliegendem Abkommen markierte deutsch-polnische Staatsgrenze grenzt in vertikaler Linie auch den Luft- und Seeraum sowie das Innere der Erde ab.

Artikel 3

Zwecks Markierung im Terrain der im Artikel 1 genannten deutsch-polnischen Staatsgrenze berufen die Hohen Vertragschließenden Parteien eine gemischte deutsch-polnische Kommission mit dem Sitz in Warszawa.

Diese Kommission besteht aus acht Mitgliedern, von denen vier von der Provisorischen Regierung der Deutschen Demokratischen Republik und vier von der Regierung der Republik Polen ernannt werden.

Artikel 4

Zwecks Aufnahme der im Artikel 3 bestimmten Tätigkeit wird die gemischte deutsch-polnische Kommission spätestens bis zum 31. August 1950 zusammentreten.

---

* Deutsch: Swinemünde

Artikel 5

Nach Durchführung der Markierung der Staatsgrenze im Terrain werden die Hohen Vertragschließenden Parteien einen Akt über die Ausführung der Markierung der Staatsgrenze zwischen Deutschland und Polen abschließen.

Artikel 6

In Ausführung der Markierung der deutsch-polnischen Staatsgrenze werden die Hohen Vertragschließenden Parteien Vereinbarungen betreffs der Grenzübergänge, des lokalen Grenzverkehrs sowie der Schiffahrt auf den Grenzgewässern abschließen. Diese Vereinbarungen werden innerhalb eines Monats nach Inkrafttreten des im Artikel 5 genannten Aktes über die Ausführung der Markierung der Staatsgrenze zwischen Deutschland und Polen abgeschlossen werden.

Artikel 7

Das vorliegende Abkommen unterliegt einer Ratifikation, die in möglichst kürzester Frist stattfinden soll. Das Abkommen tritt in Kraft mit dem Austausch der Ratifikationsurkunden, der in Berlin stattfinden wird.

Zu Urkund dessen haben die Bevollmächtigten dieses Abkommen unterzeichnet und mit ihren Siegeln versehen.

Artikel 8

Ausgefertigt am 6. Juli 1950 in Zgorzelec* in zwei Urschriften, beide in deutscher und polnischer Sprache, wobei beide Wortlaute die gleiche Gültigkeit haben.

[Unterschriften]

---

* Deutsch: Görlitz

Quelle: Dokumente zur Außenpolitik der Regierung der Deutschen Demokratischen Republik, Berlin-Ost 1954, Bd. I, S. 342f.

D 24: Sowjetisch-chinesisches Kommuniqué vom 14. Februar 1950 über die Abkommen zwischen der Sowjetunion und der Chinesischen Volksrepublik

Im Laufe der letzten Zeit fanden in Moskau Verhandlungen zwischen dem Vorsitzenden des Ministerrates der UdSSR, J. W. Stalin, sowie dem Außenminister der UdSSR, A. J. Wyschinskij, einerseits und dem Vorsitzenden der Zentralen Volksregierung der Chinesischen Volksrepublik, Herrn Mao Tse-tung, sowie dem Premier des Staatlichen Verwaltungsrates und Außenminister, Herrn Tschou En-lai, andererseits statt, in deren Verlauf wichtige Fragen der politischen und wirtschaftlichen Beziehungen zwischen der Sowjetunion und der Chinesischen Volksrepublik erörtert wurden.

Die Verhandlungen, die in einer Atmosphäre der Herzlichkeit und des freundschaftlichen Verständnisses verliefen, bestätigen die Bestrebungen der beiden Parteien, ihre Beziehungen der Freundschaft und Zusammenarbeit in jeder Hinsicht zu festigen und auszubauen, sowie deren Wunsch, zwecks Gewährleistung des allgemeinen Friedens und der Sicherheit der Völker zusammenzuwirken.

Die Verhandlungen wurden abgeschlossen mit der am 14. Februar im Kreml erfolgten Unterzeichnung
1. des Vertrages zwischen der Sowjetunion und der Chinesischen Volksrepublik über Freundschaft, Bündnis und gegenseitigen Beistand,
2. des Abkommens über die Chinesische Tschangtschun-Bahn, Port Arthur und Dalnij (Dairen), auf Grund dessen nach Unterzeichnung des Friedensvertrages mit Japan die Chinesische Tschangtschun-Eisenbahn der Chinesischen Volksrepublik zum vollen Eigentum übertragen wird und die Sowjettruppen aus Port Arthur abgezogen werden,
3. des Abkommens über die Gewährung eines langfristigen Wirtschaftskredites seitens der Regierung der Sowjetunion an die Regierung der Chinesischen Volksrepublik zur Bezahlung von Lieferungen an Industrie- und Eisenbahnausrüstungen aus der UdSSR.

Im Zusammenhang mit der Unterzeichnung des Vertrages über Freundschaft, Bündnis und gegenseitigen Beistand und des Abkommens über die Chinesische Tschangtschun-Eisenbahn, Port Arthur und Dalnij (Dairen) fand ein Notenaustausch zwischen Herrn Tschou En-lai und A.J. Wyschinskij darüber statt, daß der am 14. August 1945 zwischen China und der Sowjetunion abgeschlossene entsprechende Vertrag nebst Abkommen außer Kraft getreten ist. Ferner stellten beide Regierungen fest, daß der unabhängige Status der Mongolischen Volksrepublik infolge der Volksabstimmung von 1945 und der inzwischen mit der Volksrepublik China angeknüpften diplomatischen Beziehungen völlig gewährleistet ist. Gleichzeitig fand zwischen Herrn Tschou En-lai und A.J. Wyschinskij ein Notenaustausch über den Beschluß der Sowjetregierung statt, der Regierung der Chinesischen Volksrepublik das von den sowjetischen Wirtschaftsorganisationen von japanischen Eigentümern erworbene wirtschaftliche Vermögen entschädigungslos zu übertragen; ferner über den Beschluß der Sowjetregierung, der Regierung der Chinesischen Volksrepublik alle Gebäude der früheren Militärsiedlung in Peking entschädigungslos zu übergeben.

Quelle: Boris Meissner, Das Ostpakt-System, Frankfurt/M. 1955, S. 166.

D 25: Vertrag über Freundschaft, Bündnis und gegenseitigen Beistand zwischen der Union der Sozialistischen Sowjetrepubliken und der Chinesischen Volksrepublik vom 14. Februar 1950

Das Präsidium des Obersten Sowjets der Union der Sozialistischen Sowjetrepubliken und die Zentrale Volksregierung der Volksrepublik China,
erfüllt von der Entschlossenheit, durch Festigung der Freundschaft und Zusammenarbeit zwischen der Union der Sozialistischen Sowjetrepubliken und der Volksrepublik China gemeinsam ein Wiederaufleben des japanischen Imperialismus und eine Wiederholung der Aggression seitens Japans oder eines anderen Staates, der sich in irgendeiner Form mit Japan zur Ausführung von Aggressionsakten verbinden sollte, zu verhindern,

erfüllt von dem Wunsch, den dauerhaften Frieden und die allgemeine Sicherheit im Fernen Osten und in der ganzen Welt in Übereinstimmung mit den Zielen der Vereinten Nationen zu festigen,
in der tiefen Überzeugung, daß die Festigung gutnachbarlicher Beziehungen und der Freundschaft zwischen der Union der Sozialistischen Sowjetrepubliken und der Volksrepublik China den grundlegenden Interessen der Völker der Sowjetunion und Chinas entspricht,
haben zu diesem Zwecke beschlossen, den vorliegenden Vertrag zu schließen und zu ihren bevollmächtigten Vertretern ernannt: (folgen Namen)
die nach Austausch ihrer in guter und gehöriger Form befundenen Vollmachten folgendes vereinbart haben:

Artikel 1

Die beiden Vertragschließenden Parteien verpflichten sich, gemeinsam alle ihnen zur Verfügung stehenden notwendigen Maßnahmen zu treffen, um eine Wiederholung der Aggression und eine Verletzung des Friedens seitens Japans oder irgendeines anderen Staates, der sich mit Japan unmittelbar oder mittelbar zu Aggressionsakten verbinden sollte, zu verhindern. Für den Fall, daß eine der Vertragschließenden Parteien von Japan oder mit Japan verbündeten Staaten angegriffen und auf diese Weise in den Kriegszustand versetzt werden sollte, wird die andere Vertragschließende Partei sofort mit allen ihr zur Verfügung stehenden Mitteln militärische und sonstige Hilfe leisten.

Die Vertragschließenden Parteien erklären zugleich ihre Bereitschaft, im Geiste aufrichtiger Zusammenarbeit an allen internationalen Aktionen teilzunehmen, die der Sicherung des Friedens und der Sicherheit in der ganzen Welt dienen. Sie werden ihre ganze Kraft zur schnellen Verwirklichung dieser Ziele einsetzen.

Artikel 2

Die beiden Vertragschließenden Parteien verpflichten sich, in gegenseitigem Einverständnis darauf hinzuwirken, daß sie in möglichst kurzer Zeit gemeinsam mit den anderen im Zweiten Weltkrieg verbündeten Mächten einen Friedensvertrag mit Japan abschließen.

Artikel 3

Die beiden Vertragschließenden Parteien werden keinerlei Bündnis abschließen, das sich gegen die andere Vertragschließende Partei richtet, und an keinerlei Koalitionen, Aktionen oder Maßnahmen teilnehmen, die gegen die andere Partei gerichtet sind.

Artikel 4

Die beiden Vertragschließenden Parteien werden in allen wichtigen internationalen Fragen, die die gemeinsamen Interessen der Sowjetunion und Chinas berühren, einander konsultieren und sich dabei von den Interessen der Festigung des Friedens und der allgemeinen Sicherheit leiten lassen.

Artikel 5

Die beiden Vertragschließenden Parteien verpflichten sich, im Geiste der Freundschaft und Zusammenarbeit und in Übereinstimmung mit den Grundsätzen der Gleichberechtigung, der gegenseitigen Interessen und der gegenseitigen Achtung der staatlichen Souveränität, der territorialen Integrität und der Nichteinmischung in die inneren Angelegenheiten der anderen Partei, die wirtschaftlichen und kulturellen Beziehungen zwischen der Sowjetunion und China zu entwickeln und zu festigen, einander jeden erdenklichen wirtschaftlichen Beistand zu gewähren und die erforderliche wirtschaftliche Zusammenarbeit zu verwirklichen.

Artikel 6

Der vorliegende Vertrag tritt sofort am Tage seiner Ratifizierung in Kraft. Der Austausch der Ratifikationsurkunden hat in Peking zu erfolgen.

Der vorliegende Vertrag bleibt für eine Zeitdauer von dreißig Jahren in Kraft. Sollte keine der beiden Vertragschließenden Parteien ein Jahr vor Ablauf dieser Frist den Wunsch äußern, den Vertrag zu kündigen, so bleibt dieser weitere fünf Jahre lang in Kraft und wird entsprechend dieser Regel verlängert.

Ausgefertigt in Moskau am 14. Februar 1950 in doppelter Urschrift, in russischer und chinesischer Sprache, die beide in gleicher Weise maßgebend sind.

Quelle: Alexander Uschakov/Dietrich Frenzke, Der Warschauer Pakt und seine bilateralen Bündnis-Verträge, Berlin 1987, S. 375ff.

3. Die Suche nach Sicherheit – zurück zu den Bündnissen

3.1. Zwischen Verhärtung und Entspannung

Inmitten der vielfachen weltpolitischen Entwicklungen, im Schatten des beängstigenden Rüstungswettlaufs und angesichts des gewaltigen Prozesses der Entkolonialisierung erschienen die Fronten im geteilten Europa unbeweglich. Daran vermochten weder der Regierungsantritt Präsident Eisenhowers (1952) noch der Tod Stalins (1953) Entscheidendes zu ändern. Vielmehr zeichnete sich in den beiden darauffolgenden Jahren (1954 und 1955) eine Tendenz ab, die offenbar diese Spaltung nur noch zu vertiefen drohte: Keine der beiden Weltmächte schien im Hinblick auf die Zerstörungskraft der sich rasch anhäufenden Nuklearwaffen mehr geneigt, ein größeres Risiko auf sich zu nehmen und die andere Seite zur Aufgabe entscheidender Positionen herauszufordern. Die letzte große Gipfelkonferenz der vier ehemaligen Siegermächte – Vereinigte Staaten, Sowjetunion, Großbritannien und Frankreich – in Genf im Sommer 1955 bildete den beredten Ausdruck dieser Haltung: Sie half nicht, den sich vertiefenden Graben zwischen den Westmächten und der Sowjetunion zu überwinden. Sie besiegelte vielmehr den Status quo in Europa und damit die Teilung Deutschlands auf unabsehbare Zeit. Daran konnten auch mancherlei Anzeichen einer gewissen Entspannung nichts wesentliches ändern: weder der endlich zustande gekommene Staatsvertrag mit Österreich und damit verbundene Abzug der vier Besatzungsmächte noch Chruschtschows Versöhnung mit Jugoslawien und die Rückgabe der von der Sowjetunion besetzten Halbinsel Porkkala an Finnland.

Wer sich im Westen von diesem »Tauwetter« in der Sowjetunion und dem Übergang zu einer von Stalins Nachfolgern proklamierten »Politik der friedlichen Koexistenz« eine Wende in den Ost-West Beziehungen erhofft hatte, sah sich bald getäuscht. Was sich geändert hatte, waren die Methoden, kaum die Ziele der sowjetischen Politik. Dennoch mehrten sich, zumal in Frankreich, die Stimmen, die im westlichen Verteidigungsbündnis und erst recht in der geplanten Europäischen Verteidigungsgemeinschaft (vgl. S. 114) ein unnötiges Hindernis für eine Verständigung mit der Sowjetunion erblickten. Sie hofften durch eine Absage an die Europäische Verteidigungsgemeinschaft (EVG), Frankreich in die Rolle eines Vermittlers zwischen den beiden Blöcken manövrieren zu können.

Die Verfechter einer solchen »Politik der Mitte« übersahen, daß mit einem Alleingang des einen oder anderen europäischen Staates dem Ost-West-Gegensatz und erst recht der Sowjetunion als Großmacht nicht beizukommen war. Denn die bestimmenden Elemente dieses Gegensatzes bildeten nach wie vor Teile jener viel umfassenderen Auseinandersetzung zwischen zwei Systemen, in der es nicht um diplomatische Finessen sondern um so grundsätzliche Fragen wie die Richtigkeit und Überlegenheit der jeweiligen gesellschaftlichen Ordnung und politischer Werte ging. In diesem Widerstreit stand letztlich die Frage nach der geistigen Grundorientierung des Europa von morgen. Ihm konnte sich niemand entziehen. Man konnte ihn auch nicht mit der Suche nach einer »goldenen Mitte« auflösen: Für einen »dritten Weg« wie für die Vorstellung Europas als vermittelnde »dritte Kraft« gab es unter diesen Umständen keine Chance.

Es kam hinzu, daß die westeuropäische Einigung längst zu einem festen Bestandteil des westlichen Ordnungs- und Wertsystems geworden war. Dessen Preisgabe zugunsten einer utopischen Hoffnung hätte den Verzicht auf alles bisher Erreichte und Bewahrte bedeutet. Umgekehrt konnte es, zumindest in jenen Jahren, für die osteuropäischen Volksdemokratien nicht jene größere Unabhängigkeit von Moskau geben, die über sehr begrenzte innenpolitische Reformen hinaus zu einer Annäherung an den Westen geführt hätte. Das mußten die Menschen in der DDR im Juni 1953, die Ungarn und Polen im Herbst 1956 und später, 1968, die Tschechoslowaken mit aller Deutlichkeit erfahren, als ihre Reformversuche mit Drohungen oder gar militärischer Gewalt unterdrückt wurden. Wenn jemals Chancen für eine Wandlung des kommunistischen Systems bestanden hatten, dann wurden sie durch diese Ereignisse auf Jahre hinaus verschüttet.

3.2. Der Aufbau regionaler Bündnisse

Es war Europa, in dem die Vision von einer »einen Welt« und einer weltweit wirksamen »kollektiven Sicherheit«, verkörpert durch die Vereinten Nationen, an der harten Wirklichkeit widersprüchlicher Interessen scheiterte. Kollektive, für alle Staaten gleichermaßen gültige – und verläßliche – Sicherheit konnte es nur geben, wenn sich die wichtigsten dafür verantwortlichen Mächte einig waren: einig über die Grundwerte einer internationalen Ordnung und über die Art und Weise, sie zu stützen und zu verteidigen. Genau das war nicht der Fall: Die Meinung der sowjetischen Führung – Stalins zunächst, Chruschtschows danach – waren diametral jener der Vereinigten Staaten und ihrer Verbündeten entgegengesetzt. Die Vereinten Nationen sahen sich außerstande, ihren Mitgliedern auch nur ein Minimum an Sicherheit zu bieten. Der Krieg in Korea (1950 begonnen) bot dafür ebenso den Beweis wie der Verlust des Selbstbestimmungsrechtes der osteuropäischen Staaten unter der sowjetischen Oberherrschaft.

Die Suche nach Ersatzlösungen führte unweigerlich zurück zu dem vertrauten System regionaler Bündnisse. Die Furcht vor einem weiteren Vormarsch der Sowjetunion über die Elbe hinaus verbunden mit Westeuropas wirtschaftlicher und militärischer Schwäche waren die entscheidenden Geburtshelfer bei der Gründung der Nordatlantischen Allianz im Jahre 1949; auf östlicher Seite bot Jahre danach – 1955 – der Beitritt der Bundesrepublik zur NATO und ihre damit verbundene Wiederaufrüstung den Anlaß oder doch den Vorwand zur Schaffung des Warschauer Paktes.

So fand sich Europa nur zehn Jahre nach dem Krieg wieder eingebunden in ein Korsett militärischer Bündnisse. Im Unterschied zu früher waren diese Bündnisse in ihrem Gehalt und ihrer Struktur himmelweit von ihren Vorgängern im 19. und der ersten Jahrzehnte des 20. Jahrhunderts verschieden. Ihre Führungsmächte waren erstmals die Vereinigten Staaten als außereuropäischer Staat im Westen und die Sowjetunion als Vorreiter der kommunistischen Weltrevolution im Osten. Die Bündnisse gingen damit weit über machtpolitische Kalküle und militärische Verteidigung hinaus. Sie wurden zu Bollwerken oder Symbolen völlig entgegengesetzter Gesellschafts- und Wertsysteme: Die Atlantische Allianz bildete eine Gemeinschaft freiheitlich-demokratischer Staaten, der Warschauer Pakt eine von der Sowjetunion geprägte und beherrschte Einheit, die sich die Errichtung einer kommunistischen Gesellschaft auf die Fahnen geschrieben hatte. Dieser völlig entgegengesetzte Charakter der beiden Allianzen machte einen Ausgleich zwischen ihnen ebenso unvorstellbar wie das Überwechseln ihrer Mitglieder von einer zur andern. Die Fronten blieben unbeweglich und ein Dialog lange Zeit undenkbar.

Mit dem Marshallplan und der Gründung der OEEC (vgl. S. 54ff.) waren die Grundsteine für den wirtschaftlichen Wiederaufbau in Westeuropa gelegt; Osteuropa blieb auf Befehl Stalins davon ausgeschlossen. Fast zur selben Zeit verstärkten sich die Bemühungen um eine militärische Absicherung gegen eine sich expansiv und aggressiv gebärdende Sowjetunion. Der im März 1948 gegründete Brüsseler Pakt wurde dabei nur als erster Schritt auf dem Wege zum Aufbau einer umfassenderen Verteidigungsgemeinschaft des Westens verstanden. Es wurde auch hier sehr bald klar, daß eine solche Gemeinschaft politisch nur sinnvoll und militärisch nur glaubwürdig sein konnte, wenn sich die Vereinigten Staaten an ihr in vollem Umfang beteiligten. So begannen sich, im Schatten der Entwicklungen in Osteuropa, zögernd, aber fast zwangsläufig die Pläne der Widerstandskämpfer für eine gesamteuropäische Friedensordnung in solche für die westliche Abwehr gegen einen neuen, nicht weniger bedrohlichen Totalitarismus zu verwandeln.

3.2.1. Die Gründung der NATO

Das hatte niemand gewollt und kaum jemand vorausgesehen; von den 3,1 Millionen Soldaten der amerikanischen Armee bei Kriegsende standen ein Jahr später noch

391 000 in Europa, die beinahe 300 000 Mann zählenden kanadischen Truppen waren nach Hause zurückgekehrt und von den 1,32 Millionen britischen Soldaten blieb wenig mehr als ein Drittel auf dem Kontinent zurück. Im Gegensatz dazu stand der bis an die Elbe vorgestoßene Truppenkoloß der Roten Armee in fast unverminderter Größe da, als wollte er, einer Lawine gleich, Westeuropa unter seinem Gewicht erdrücken. 1948 erschreckten der Umsturz in Prag und die drohende Blockade Berlins auch jene, die bis dahin stets noch an eine Verständigung mit Stalin geglaubt hatten. Die Fehler und Versäumnisse westlicher Politik während und unmittelbar nach dem Kriege forderten ihren Preis. Er bestand nicht nur in der Spaltung Europas, sondern zusätzlich noch in der Verteidigung seines frei gebliebenen Teiles.

Am 11. Juni 1948 nahm der amerikanische Senat mit 64 gegen 4 Stimmen jene denkwürdige Vandenberg-Resolution an, die den Vereinigten Staaten den Beitritt zur atlantischen Allianz ermöglichte: Sie erkannte das Recht zu regionalen Abmachungen und zur kollektiven Selbstverteidigung an und forderte den Anschluß der Vereinigten Staaten an solche Abkommen. Das bedeutete nichts mehr und nichts weniger als eine völlige Abkehr von Roosevelts Vorstellungen über eine Welt ohne Sonderbündnisse.

Nur ein Vierteljahr nach dem Abschluß des Brüsseler Vertrages, am 6. Juli 1948, trafen in Washington die Botschafter der Brüsseler Staaten mit jenen der Vereinigten Staaten und Kanadas zusammen. Nach langen Verhandlungen wurde am 4. April 1949 der Nordatlantikpakt von zwölf Staaten (Belgien, Dänemark, Frankreich, Großbritannien, Island, Italien, Kanada, Luxemburg, Norwegen, den Niederlanden, Portugal und den Vereinigten Staaten) unterzeichnet [D 26]. Griechenland und die Türkei traten ihm am 18. Februar 1952 bei, die Bundesrepublik wurde – worauf noch zurückzukommen ist – am 5. Mai 1955 als fünfzehntes Mitglied in die NATO aufgenommen [D 27] (vgl. Tafel 4).

Zwei Faktoren machten die Gründung des atlantischen Bündnisses zu einem einschneidenden Geschehnis in der Nachkriegsentwicklung Europas: Einmal bildete diese Allianz die institutionelle Klammer zwischen Westeuropa und Nordamerika, indem sie die Vereinigten Staaten erstmals als politische Kraft an den europäischen Kontinent band. Das bedeutete mehr als nur ein vorübergehendes militärisches Engagement; denn Amerika nahm bald auch am Fortgang der europäischen Integration aktiven Anteil. Zweitens machte aber die amerikanische Präsenz in Europa dessen Spaltung zu einem untrennbaren Bestandteil der sich auf globaler Ebene vollziehenden Teilung der Welt in Ost und West. Die Sowjetunion sah sich durch eigenes Verschulden um die größte Frucht ihrer Kriegsanstrengungen gebracht: Die von einem Atombombenmonopol geschützte Rückkehr der Vereinigten Staaten nach Europa setzte der eben errungenen Vormachtstellung Moskaus ein so ernst zu nehmendes Gewicht entgegen, daß der kommunistische Vormarsch auf unabsehbare Zeit zum Stehen gebracht wurde.

Tafel 4: Organisation der NATO

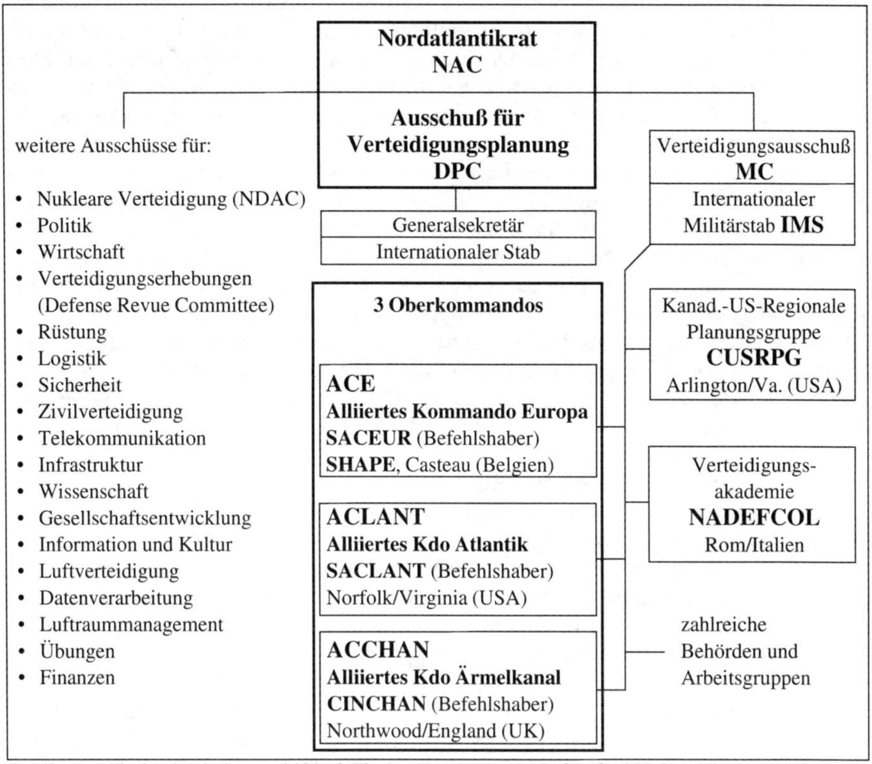

Quelle: Der Fischer Weltalmanach'89, © Fischer Taschenbuch Verlag GmbH, Frankfurt am Main 1988, Sp. 709 f.; Graphik von Adolf Böhm.

3.2.2. Von der EVG zur Westeuropäischen Union

Der Plan für eine Europäische Verteidigungsgemeinschaft (EVG) entstand 1950 nach dem Ausbruch des Koreakrieges, also auf dem Höhepunkt des Ost-West-Konfliktes. Er stellte einen Versuch dar, gleichzeitig der sowjetischen Herausforderung zu begegnen, die zum damaligen Zeitpunkt noch offene deutsche Frage zu lösen und die Grundlagen für eine neue europäische Gesamtverfassung zu schaffen. Es zeigte sich bald, daß mit dieser Zielsetzung die EVG und die beteiligten Staaten überfordert waren. Was unter dem Eindruck größter sowjetischer Bedrohung noch möglich erschienen war, wurde nun in der trügerischen Atmosphäre der »Entspannung« und »friedlichen Koexistenz« zu einem gewagten Projekt, gegen das sich ein ständig wachsender Berg von Bedenken erhob. Sie konzentrierten sich immer mehr auf die bevorstehende Wiederaufrüstung der Bundesrepublik und die damit zusammenhängende Ablösung des alliierten Besatzungsregimes durch die Bonner Vereinbarungen vom 26. Mai 1952 (sogenannter Deutschland- oder Generalvertrag). Vom Schicksal der EVG hingen deshalb eine Reihe von Problemen ab, zu denen auch das künftige Verhältnis zur Sowjetunion und die damals erörterten Pläne für ein System der kollektiven Sicherheit in Europa gehörten.

Überblickt man diesen großen Komplex ineinander verflochtener Probleme, so wird auch sogleich klar, weshalb die Sowjetunion alles daransetzte, um auf die Art ihrer Lösung möglichst weitgehenden Einfluß zu nehmen. Es ist deshalb nicht erstaunlich, daß gerade in jenen Jahren die Verhandlungen über Deutschland und Europa wieder aufgenommen wurden. Die Sowjetunion unterbreitete, beginnend mit ihrer Deutschlandnote vom 10. März 1952, bis zu den Vorschlägen Molotows auf der Berliner Außenministerkonferenz 1954 (europäischer Sicherheitspakt) immer neue Vorschläge, mit denen die EVG zum Scheitern gebracht und ihre Sicherheitsinteressen in Europa gewahrt werden sollten. Von dem Mißlingen dieser Versuche über die Verwerfung der EVG bis zur Gründung der WEU und des Warschauer Paktes führt deshalb eine in sich zusammenhängende gerade Linie.

Das Scheitern der EVG, mit der so viele Hoffnungen und Ziele verbunden gewesen waren, warf die europäischen Einigungsbemühungen um Jahre zurück. Es ließ auch die brennende Frage des deutschen Verteidigungsbeitrages und der Eingliederung der Bundesrepublik in die westliche Allianz ungelöst. Dem hatten die im September 1954 einsetzenden Bemühungen um die Beseitigung dieser bisher schwersten Krise des Westens Rechnung zu tragen. Fest stand immerhin, daß das Bündnis mit den Vereinigten Staaten – und damit die NATO – unverändert die Grundlage der gemeinsamen Allianz bleiben mußte. Jetzt erinnerte man sich auch an die in Vergessenheit geratene Verteidigungsorganisation der fünf Brüsseler Paktmächte, die sich als notdürftiger Halt für die auseinanderstrebenden Länder anbot. In das institutionelle Rahmenwerk dieser beiden Organisationen (NATO und Brüsseler Pakt) sollte nun die Bundesrepublik als gleichberechtigter Partner einbezogen und damit ihre Wiederaufrüstung innerhalb der atlantischen Gemeinschaft abgeschirmt werden.

Auf Vorschlag der britischen Regierung trafen sich die Außenminister der Brüsseler Paktstaaten, der Bundesrepublik, Italiens, der Vereinigten Staaten und Kanadas vom 28. September bis zum 3. Oktober in London. Die Beratungen dieser Neunmächtekonferenz wurden wenige Wochen später in Paris (20.–22. Oktober) fortgesetzt. Am 23. Oktober 1954 wurde ein aus mehreren Teilen bestehendes Vertragswerk als Ersatzlösung für die EVG unterzeichnet [D 27, 28, 29, 30]. Die vor allem auf Vorschlägen des britischen Außenministers Eden beruhenden Vereinbarungen brachten eine Lösung, die in etwa den mannigfachen Interessen, Rücksichtnahmen und Erfordernissen innerhalb der Allianz entsprach; sie war aber weit davon entfernt, eine wirkliche Alternative zur EVG und damit ein Fortschritt auf dem Weg zur europäischen Integration zu sein. Ihr wesentlicher Inhalt läßt sich wie folgt kurz zusammenfassen:

- Beendigung des Besatzungsregimes in der Bundesrepublik, Aufhebung des Besatzungsstatuts und der Alliierten Kontrollkommission. Die Bundesrepublik erklärte sich dagegen mit der weiteren Stationierung ausländischer Truppen auf ihrem Hoheitsgebiet einverstanden.
- Erweiterung des Brüsseler Paktes zur Westeuropäischen Union (WEU) mit dem Ziel, diese zu einem neuen Ausgangspunkt für die europäische Einigung zu machen; Aufnahme Italiens und der Bundesrepublik in die WEU [D 31] (in Zusatzprotokollen wurden die dadurch notwendig gewordenen Änderungen im Statut des Brüsseler Paktes festgehalten, vor allem die gegen eine potentielle deutsche Aggression gerichtete Klausel fallengelassen);
- Einigung im Rahmen der WEU über die Maximalstärke der Streitkräfte jedes Mitgliedstaates und Schaffung eines Systems der Rüstungskontrolle. Die Bundesrepublik verpflichtete sich dabei, keine Massenvernichtungswaffen (A-, B- und C-Waffen) sowie bestimmte andere schwere Waffen auf ihrem Gebiet herzustellen;
- Zusicherung der Vereinigten Staaten, Großbritanniens und Kanadas, Streitkräfte auf dem europäischen Kontinent zu belassen und im Einklang mit der Strategie der NATO einzusetzen. Großbritannien sicherte außerdem zu, die Effektivstärke seiner Streitkräfte in Europa nicht gegen den Wunsch der anderen WEU-Mitglieder zu vermindern. Es behielt sich jedoch das Recht vor, sich im Falle eines »ernsten überseeischen Notstandes« als von dieser Pflicht entbunden zu betrachten;
- Aufnahme der Bundesrepublik in den Atlantikpakt;
- Bildung einer einheitlichen militärischen Struktur durch Unterstellung sämtlicher Streitkräfte der Mitgliedstaaten, die im Kommandobereich des Obersten Alliierten Befehlshabers in Europa stationiert sind, unter dessen Befehl. Davon sind lediglich bestimmte Streitkräfte ausgenommen, die für die Verteidigung überseeischer Gebiete, für interne Sicherungsfragen und für Polizeieinsätze erforderlich sind.
- Schaffung eines Rates der WEU, der sich aus den Außenministern der sieben Mitgliedstaaten zusammensetzt, sowie einer (parlamentarischen) Versammlung, deren Zusammensetzung ähnlich aufgeschlüsselt ist wie diejenigen des Europarates und der EGKS. Neben das Generalsekretariat der WEU trat als völlig neue, in dieser Art erstmalige Institution das Amt für Rüstungskontrolle sowie ein Ständiger Rüstungsausschuß zur Angleichung der nationalen Waffensysteme.

Der entscheidende Unterschied zwischen der EVG und dem Pariser Vertragswerk liegt – und das spiegelt die ganz verschiedene Stimmung, in der die beiden Verträge entstanden sind, deutlich wider – in ihrer Zielsetzung und den ihnen übertragenen Vollmachten: Nicht mehr die Verteidigung, sondern die Rüstungskontrolle und Rüstungsbeschränkung sind das oberste Ziel der WEU (vgl. D 29); die militärische »Integration« bleibt ausschließlich der NATO vorbehalten; ebensowenig verfügt die

WEU über ein übernationales Organ, das die europäische Gemeinschaft tatsächlich stärken könnte. Die französischen Befürchtungen hinsichtlich einer wiedererstehenden »Wehrmacht« hatten zwar die EVG zu Fall zu bringen vermocht, sie schufen aber schließlich genau das, was sie verhindern wollten, nämlich eine deutsche Nationalarmee.

Die Ratifikationsurkunden der Pariser Verträge waren bis zum 5. Mai 1955 hinterlegt und am 9. Mai konnte die Bundesrepublik als fünfzehntes Mitglied in die NATO aufgenommen werden. Das bot der Sowjetunion den Vorwand, ihre aus der Kriegszeit stammenden Beistandsverträge mit Großbritannien und Frankreich zu kündigen und fünf Tage später, am 14. Mai, zu der seit Oktober 1954 angekündigten Gegenmaßnahme, der Gründung des Warschauer Paktes, zu schreiten (vgl. S. 130ff.).

Dokumente

D 26: Der Nordatlantikpakt vom 4. April 1949

Präambel

Die vertragschließenden Staaten bestätigen ihren Glauben an die Ziele und Prinzipien der Charta der Vereinten Nationen und ihren Wunsch, mit allen Völkern und mit allen Regierungen in Frieden zu leben.
Sie sind entschlossen, die Freiheit, das gemeinsame Kulturerbe ihrer Völker, gegründet auf die Prinzipien der Demokratie, auf die Freiheit des einzelnen und die Grundsätze des Rechts, sicherzustellen.
Sie sind bestrebt, die Stabilität und Wohlfahrt im nordatlantischen Gebiet zu fördern.
Sie sind entschlossen, ihre Bemühungen um eine gemeinsame Verteidigung und um die Erhaltung von Frieden und Sicherheit zu vereinigen.
Daher sind sie übereingekommen, diesen Nordatlantikpakt zu schließen.

Artikel 1

Die vertragschließenden Staaten verpflichten sich, gemäß den Bestimmungen der Charta der Vereinten Nationen jeden internationalen Streitfall, an dem sie beteiligt sein mögen, durch friedliche Mittel in der Weise zu regeln, daß Frieden, Sicherheit und Gerechtigkeit unter den Völkern nicht gefährdet werden, und sich in ihren internationalen Beziehungen jeglicher Drohung oder Gewaltanwendung zu enthalten, die in irgendeiner Weise mit den Zielen der Vereinten Nationen nicht vereinbar ist.

Artikel 2

Durch Stärkung ihrer freien Institutionen, Herbeiführung eines besseren Verständnisses für die diesen Institutionen zugrunde liegenden Prinzipien und durch Förderung der Voraussetzungen für Stabilität und Wohlfahrt werden die vertragschließenden Staaten zu einer weiteren Entwicklung friedlicher und freundschaftlicher internationaler Beziehungen beitragen. Sie werden bestrebt sein, Konflikte in ihrer internationalen Wirtschaftspolitik zu beseitigen, und werden die wirtschaftliche Zusammenarbeit zwischen einzelnen oder allen Vertragsstaaten fördern.

Artikel 3

Um die Ziele dieses Vertrages nachhaltiger zu verwirklichen, werden die vertragschließenden Staaten einzeln und gemeinsam durch ständige, wirksame Selbsthilfe und gegenseitige Unterstützung die Kraft des einzelnen Staates und der Gesamtheit der Staaten, einem bewaffneten Angriff Widerstand zu leisten, aufrechterhalten und entwickeln.

Artikel 4

Die vertragschließenden Staaten werden in Beratungen miteinander eintreten, wenn nach der Meinung eines von ihnen die Unversehrtheit des Gebiets, die politische Unabhängigkeit oder die Sicherheit irgendeines der vertragschließenden Staaten bedroht ist.

Artikel 5

Die vertragschließenden Staaten sind darüber einig, daß ein bewaffneter Angriff gegen einen oder mehrere von ihnen in Europa oder Nordamerika als ein Angriff gegen sie alle betrachtet werden wird, und infolgedessen kommen sie überein, daß im Falle eines solchen bewaffneten Angriffs jeder von ihnen in Ausübung des in Artikel 51 der Charta der Vereinten Nationen anerkannten Rechts zur persönlichen oder gemeinsamen Selbstverteidigung des Vertragsstaat oder die Vertragsstaaten, die angegriffen werden, unterstützen wird, indem jeder von ihnen für sich und im Zusammenwirken mit den anderen Vertragsstaaten diejenigen Maßnahmen unter Einschluß der Verwendung bewaffneter Kräfte ergreift, die er für notwendig erachtet, um die Sicherheit des nordatlantischen Gebietes wiederherzustellen und aufrechtzuerhalten.
Jeder derartige bewaffnete Angriff und alle als dessen Ergebnis ergriffenen Maßnahmen sollen dem Sicherheitsrat unverzüglich gemeldet werden. Diese Maßnahmen sind zu beenden, sobald der Sicherheitsrat die zur Wiederherstellung und Aufrechterhaltung des Völkerfriedens und der internationalen Sicherheit notwendigen Maßnahmen getroffen hat.

Artikel 6

(Abgeändert durch das Protokoll über den Beitritt Griechenlands und der Türkei zum Atlantikpakt vom 15. Oktober 1951)

Als ein bewaffneter Angriff auf einen oder mehrere der vertragschließenden Staaten im Sinne des Artikels 5 gilt ein bewaffneter Angriff
1) auf das Gebiet irgendeines dieser Staaten in Europa oder Nordamerika, auf die algerischen Departements Frankreichs*, auf das Gebiet der Türkei oder auf die der Gebietshoheit eines Vertragsstaates unterliegenden Inseln im nordatlantischen Gebiet nördlich des Wendekreises des Krebses;
2) auf die Streitkräfte, Schiffe oder Flugzeuge irgendeines Vertragsstaates, wenn sie sich in oder über diesen Gebieten oder irgendeinem anderen europäischen Gebiet, in dem irgendeiner der Vertragsstaaten bei Inkrafttreten des Paktes eine Besatzung unterhält, oder im Mittelmeer oder im nordatlantischen Raum nördlich des Wendekreises des Krebses befinden.

---

* Seit der Unabhängigkeit Algeriens hinfällig.

Artikel 7

Dieser Vertrag berührt in keiner Weise die sich aus der Charta ergebenden Rechte und Verpflichtungen der Vertragsstaaten, die Mitglieder der Vereinten Nationen sind, oder die in erster Linie bestehende Verantwortlichkeit des Sicherheitsrates für die Aufrechterhaltung von Frieden und Sicherheit unter den Völkern. Er darf auch nicht dahin ausgelegt werden, daß er in irgendeiner Weise solche Rechte, Verbindlichkeiten und Verantwortlichkeiten berühre.

Artikel 8

Jeder vertragschließende Staat erklärt hiermit, daß keine von den internationalen Verbindlichkeiten, die zur Zeit zwischen ihm und einem anderen Vertragsstaat oder irgendeinem dritten Staat in Kraft sind, in Widerspruch zu den Bestimmungen dieses Vertrages steht, und verpflichtet sich, auch in Zukunft in keine internationale Verbindlichkeit einzutreten, die im Widerspruch zu dem Vertrag steht.

Artikel 9

Die vertragschließenden Staaten errichten hiermit einen Rat, in dem jeder von ihnen vertreten sein wird, zu dem Zwecke der Erörterung von Gegenständen, welche die Ausführung dieses Vertrages betreffen. Die Organisation des Rates wird so gestaltet werden, daß er in der Lage ist, jederzeit unverzüglich zusammenzutreten. Soweit notwendig, wird der Rat Hilfsorgane ins Leben rufen, insbesondere wird er sofort einen Verteidigungsausschuß zur Empfehlung von Maßnahmen für die Ausführung der Artikel 3 und 5 errichten.

Artikel 10

Die vertragschließenden Staaten können auf Grund eines einstimmig getroffenen Übereinkommens jeden anderen europäischen Staat, der in der Lage ist, die Grundsätze dieses Vertrages zu fördern und zur Sicherheit des nordatlantischen Gebietes beizutragen, zum Beitritt zu diesem Vertrage einladen. Jeder auf diese Weise eingeladene Staat kann durch Hinterlegung seiner Beitrittserklärung bei der Regierung der Vereinigten Staaten von Amerika ein Partner dieses Vertrages werden. Die Regierung der Vereinigten Staaten von Amerika wird jedem der vertragschließenden Staaten die Hinterlegung einer solchen Beitrittserklärung mitteilen.

Artikel 11

Dieser Vertrag soll von den vertragschließenden Staaten gemäß dem für sie geltenden verfassungsmäßigen Verfahren ratifiziert und durchgeführt werden. Die Ratifizierungsurkunden werden so bald wie möglich bei der Regierung der Vereinigten Staaten von Amerika hinterlegt werden, die alle anderen Unterzeichnerstaaten von jeder Hinterlegung benachrichtigen wird. Der Vertrag tritt zwischen den Staaten, die ihn ratifiziert haben, in Kraft, sobald die Ratifizierungsurkunden der Mehrheit der Unterzeichnermächte – einschließlich Belgiens, Kanadas, Frankreichs, Luxemburgs, der Niederlande, des Vereinigten Königreichs und der Vereinigten Staaten – hinterlegt sind. In bezug auf andere Staaten tritt er an dem Tage der Hinterlegung ihrer Ratifizierungsurkunden in Kraft.

Artikel 12

Nach zehnjähriger Gültigkeitsdauer des Vertrages und zu jedem späteren Zeitpunkt werden die vertragschließenden Staaten auf das Verlangen eines von ihnen miteinander in eine Beratung über die Abänderung des Vertrages eintreten und hierbei die Faktoren berücksichtigen, die alsdann von Einfluß auf den Frieden und die Sicherheit im nordatlantischen Gebiet sein werden, unter Einschluß der Entwicklung allgemeiner und gebietsmäßig beschränkter Abkommen zur Aufrechterhaltung von Frieden und Sicherheit unter den Völkern im Rahmen der Charta der Vereinten Nationen.

Artikel 13

Nach zwanzigjähriger Gültigkeitsdauer des Vertrages kann jeder vertragschließende Staat aus dem Verhältnis ausscheiden, und zwar ein Jahr nach Erklärung seiner Kündigung gegenüber der Regierung der Vereinigten Staaten von Amerika, die den Regierungen der anderen vertragschließenden Staaten die Hinterlegung jeder Kündigungserklärung mitteilen wird.

Artikel 14

Dieser Vertrag, dessen englischer und französischer Wortlaut in gleicher Weise maßgebend sind, wird in den Archiven der Regierung der Vereinigten Staaten von Amerika hinterlegt werden. Amtlich beglaubte Abschriften dieser Urkunden werden von dieser Regierung den Regierungen der anderen Unterzeichner übermittelt werden.

Zu Urkund dessen haben die unterzeichneten Bevollmächtigten diesen Vertrag unterzeichnet.

Gegeben zu Washington, am vierten April 1949.

[Unterschriften]

Quelle: Europa-Archiv, 1949, S. 2071 ff.

D 27–30: Das Pariser Vertragswerk vom 23. Oktober 1954

D 27: Protokoll Nr. I zur Änderung und Ergänzung des Brüsseler Vertrages

Seine Majestät der König der Belgier, der Präsident der Französischen Republik und Präsident der Französischen Union, Ihre Königliche Hoheit die Großherzogin von Luxemburg, Ihre Majestät die Königin der Niederlande und Ihre Majestät die Königin des Vereinigten Königreichs von Großbritannien und Nordirland und Ihrer übrigen Reiche und Gebiete, Haupt des Commonwealth, als Parteien des am 17. März 1948 in Brüssel unterzeichneten Vertrags über wirtschaftliche, soziale und kulturelle Zusammenarbeit und über kollektive Selbstverteidigung, im folgenden als »der Vertrag« bezeichnet, einerseits

und der Präsident der Bundesrepublik Deutschland sowie der Präsident der Italienischen Republik andererseits,

Von dem gemeinsamen Willen beseelt, den Frieden und die Sicherheit zu festigen,

In dem Wunsche, zu diesem Zweck die Einheit Europas zu fördern und seiner fortschreitenden Integrierung Antrieb zu geben,

In der Überzeugung, daß der Beitritt der Bundesrepublik Deutschland und der Italienischen Republik zu dem Vertrag einen neuen wesentlichen Schritt auf diesem Weg bedeutet,

Unter Berücksichtigung der auf der Londoner Konferenz gefaßten Beschlüsse, die in der Schlußakte vom 3. Oktober 1954 und ihren Anlagen niedergelegt sind,
Haben zu ihren Bevollmächtigten bestellt: (folgt Aufzählung der Ländervertreter)
Diese haben nach Vorlage ihrer Vollmachten, die als gut und gehörig befunden wurden, folgendes vereinbart:

Artikel I

Die Bundesrepublik Deutschland und die Italienische Republik treten hiermit dem Vertrag in der durch dieses Protokoll geänderten und ergänzten Fassung bei.

Die Hohen Vertragschließenden Teile dieses Protokolls betrachten das Protokoll über die Streitkräfte der Westeuropäischen Union (im folgenden als Protokoll Nr. II bezeichnet), das Protokoll über die Rüstungskontrolle und seine Anlagen (im folgenden als Protokoll Nr. III bezeichnet) und das Protokoll über das Amt für Rüstungskontrolle der Westeuropäischen Union (im folgenden als Protokoll Nr. IV bezeichnet) als Bestandteil dieses Protokolls.

Artikel II

Der Absatz der Präambel des Vertrages: »alle Maßnahmen zu treffen, die im Fall der Wiederaufnahme einer deutschen Angriffspolitik als notwendig erachtet werden«, wird wie folgt geändert: »die Einheit Europas zu fördern und seiner fortschreitenden Integrierung Antrieb zu geben«.

Die einleitenden Worte von Artikel I Abs. 2 lauten wie folgt: »die in vorstehendem Absatz vorgesehene Zusammenarbeit, die durch den in Artikel VIII genannten Rat erfolgt ...«.

Artikel III

Folgender neuer Artikel wird in den Vertrag als Artikel IV aufgenommen:

»Bei der Durchführung des Vertrages arbeiten die Hohen Vertragschließenden Teile und alle von ihnen im Rahmen des Vertrags geschaffenen Organe eng mit der Organisation des Nordatlantikvertrags zusammen.

Da der Aufbau einer Parallelorganisation zu den militärischen NATO-Stäben unerwünscht ist, sind der Rat und sein Amt in militärischen Angelegenheiten hinsichtlich Auskunftserteilung und Beratung auf die zuständigen militärischen NATO-Stellen angewiesen.«

Artikel IV, V, VI und VII des Vertrages werden dementsprechend in Artikel V, VI, VII und VIII umbenannt.

Artikel IV

Artikel VIII des Vertrages (bisher Artikel VII) wird wie folgt geändert:
»1. Um den Frieden und die Sicherheit zu festigen und die Einheit Europas zu fördern und seiner fortschreitenden Integrierung Antrieb zu geben sowie eine engere Zusammenarbeit zwischen den Mitgliedstaaten und mit anderen europäischen Organisationen zu unterstützen, setzen die Hohen Vertragschließenden Teile des Brüsseler Vertrags einen Rat ein, der sich mit der Durchführung dieses Vertrags, seiner Protokolle und deren Anlagen befaßt.
2. Der Rat führt die Bezeichnung »Rat der Westeuropäischen Union«; er ist so eingerichtet, daß er ständig tätig sein kann; soweit erforderlich, richtet er nachgeordnete Stellen ein, insbesondere errichtet er unverzüglich ein Amt für Rüstungskontrolle, mit den in Protokoll Nr. IV bestimmten Aufgaben.

3. Auf Antrag eines der Hohen Vertragschließenden Teile wird der Rat unverzüglich einberufen, um eine Beratung bei jeder Lage zu ermöglichen, die eine Bedrohung des Friedens, gleichviel in welchem Gebiet, oder eine Gefährdung der wirtschaftlichen Stabilität darstellt.
4. Über Fragen, für die ein anderes Abstimmungsverfahren nicht vereinbart ist oder vereinbart wird, beschließt der Rat einstimmig. In den Fällen der Protokolle Nr. II, III und IV wendet er die verschiedenen darin vorgesehenen Abstimmungsverfahren an – Einstimmigkeit, Zweidrittelmehrheit, einfache Mehrheit. Er entscheidet mit einfacher Mehrheit über Fragen, die ihm vom Amt für Rüstungskontrolle vorgelegt werden.«

Artikel V

Als neuer Artikel wird in den Vertrag ein Artikel IX eingefügt:

»Der Rat der Westeuropäischen Union erstattet einer Versammlung, die aus Vertretern der Brüsseler Vertragsmächte bei der Beratenden Versammlung des Europarates besteht, jährlich einen Bericht über seine Tätigkeit, insbesondere über die Rüstungskontrolle.«

Artikel VIII, IX und X des Vertrages werden dementsprechend in Artikel X, XI und XII umbenannt.

Artikel VI

Dieses Protokoll und die weiteren in Artikel I aufgeführten Protokolle sind zu ratifizieren, die Ratifikationsurkunden sind sobald wie möglich bei der Belgischen Regierung zu hinterlegen.

Sie treten in Kraft, sobald alle Ratifikationsurkunden zu diesem Protokoll bei der Belgischen Regierung hinterlegt worden sind und die Beitrittsurkunde der Bundesrepublik Deutschland zum Nordatlantikpakt bei der Regierung der Vereinigten Staaten von Amerika hinterlegt worden ist.

Die Belgische Regierung wird die Regierungen der übrigen Hohen Vertragschließenden Teile und die Regierung der Vereinigten Staaten von der Hinterlegung jeder Ratifikationsurkunde unterrichten.

Zu Urkund dessen haben die oben erwähnten Bevollmächtigten dieses Protokoll unterzeichnet und mit ihrem Siegel versehen. Geschehen zu Paris am 23. Oktober des Jahres 1954 in je einem Urstück in englischer und französischer Sprache, wobei beide Fassungen in gleicher Weise maßgebend sind; sie werden in den Archiven der Belgischen Regierung hinterlegt, die jedem der anderen Unterzeichnerstaaten beglaubigte Abschriften übermittelt.

[Unterschriften]

Quelle: Bundesgesetzblatt, 1955, II, S. 258ff.

D 28: Protokoll Nr. II über die Streitkräfte der Westeuropäischen Union

Seine Majestät der König der Belgier, der Präsident der Französischen Republik und Präsident der Französischen Union, der Präsident der Bundesrepublik Deutschland,

der Präsident der Italienischen Republik, Ihre Königliche Hoheit die Großherzogin von Luxemburg, Ihre Majestät die Königin der Niederlande und Ihre Majestät die Königin des Vereinigten Königreichs von Großbritannien und Nordirland und Ihrer übrigen Reiche und Gebiete, Haupt des Commonwealth, als Unterzeichner des Protokolls zur Änderung und Ergänzung des Brüsseler Vertrags
haben nach Konsultation des Nordatlantikrats
zu ihren Bevollmächtigten bestellt: (wie in vorstehendem Protokoll)
und folgendes vereinbart:

Artikel 1

1. Die Land- und Luftstreitkräfte, die jeder der Hohen Vertragschließenden Teile dieses Protokolls dem Alliierten Oberbefehlshaber Europa in Friedenszeiten auf dem europäischen Festland unterstellt, dürfen nach Gesamtstärke und Anzahl der Verbände nicht überschreiten:
(a) für Belgien, Frankreich, die Bundesrepublik Deutschland, Italien und die Niederlande die Höchstgrenzen, wie sie in dem Sonderabkommen zu dem am 27. Mai 1952 in Paris unterzeichneten Vertrag über die Gründung der Europäischen Verteidigungsgemeinschaft für Friedenszeiten festgelegt sind;
(b) für das Vereinigte Königreich 4 Divisionen und die Zweite Taktische Luftflotte;
(c) für Luxemburg eine Kampfgruppe in Regimentsstärke.
2. Die Anzahl der in Absatz 1 genannten Verbände kann, um den Bedürfnissen der NATO zu entsprechen, soweit dies erforderlich ist, auf den neuesten Stand gebracht und angepaßt werden, vorausgesetzt, daß eine gleichwertige Kampfkraft erhalten bleibt und die Gesamtstärken nicht überschritten werden.
3. Die Festlegung dieser Höchststärken verpflichtet keinen der Hohen Vertragschließenden Teile, Streitkräfte dieser Stärke aufzustellen oder zu unterhalten, beläßt ihnen aber das Recht, dies, wenn erforderlich, zu tun.

Artikel 2

Hinsichtlich der Marinestreitkräfte wird der Beitrag, den jeder der Hohen Vertragschließenden Teile dieses Protokolls den NATO-Kommandobehörden leistet, jedes Jahr im Zuge der Jahreserhebung (unter Berücksichtigung der Empfehlungen der militärischen NATO-Stellen) festgelegt. Die Marinestreitkräfte der Bundesrepublik Deutschland bestehen aus den Schiffen und Verbänden, die zur Erfüllung der ihr von der Organisation des Nordatlantikvertrages zugewiesenen Verteidigungsaufgaben erforderlich sind, oder gleichwertiger Kampfkraft; sie müssen sich im Rahmen des in Artikel 1 genannten Sonderabkommens halten.

Artikel 3

Werden während der NATO-Jahreserhebung zu irgendeinem Zeitpunkt Empfehlungen vorgelegt, die zu einer Erhöhung der Gesamtstärke der Streitkräfte über die in den Artikeln 1 und 2 bezeichneten Grenzen hinaus führen würden, so darf der betreffende Staat die empfohlenen Erhöhungen nur annehmen, wenn die Hohen Vertragschließenden Teile dieses Protokolls dies einstimmig billigen; die Billigung kann entweder im Rat der Westeuropäischen Union oder in der Organisation des Nordatlantikvertrages zum Ausdruck gebracht werden.

Artikel 4

Damit der Rat der Westeuropäischen Union feststellen kann, ob die in den Artikeln 1 und 2 festgelegten Grenzen eingehalten werden, erhält er laufend Mitteilungen, die auf den Ergebnissen der vom Alliierten Oberbefehlshaber Europas durchgeführten Inspektionen beruhen. Diese Mitteilungen werden von einem hohen Offizier übermittelt, den der Alliierte Oberbefehlshaber Europa hierzu bestimmt.

Artikel 5

Die Stärke und Bewaffnung der Streitkräfte für die bodenständige Verteidigung und der Polizeikräfte der Hohen Vertragschließenden Teile dieses Protokolls auf dem europäischen Festland werden unter Berücksichtigung der eigentlichen Aufgaben und des Bedarfs sowie der vorhandenen Stärke dieser Kräfte durch Abkommen innerhalb der Organisation der Westeuropäischen Union festgelegt.

Artikel 6

Ihre Majestät die Königin des Vereinigten Königreichs von Großbritannien und Nordirland wird auf dem europäischen Festland einschließlich Deutschlands die Effektivstärke der zur Zeit dem Alliierten Oberbefehlshaber Europa zur Verfügung gestellten Streitkräfte des Vereinigten Königreichs, d. h. vier Divisionen und die Zweite Taktische Luftflotte, aufrechterhalten oder dort Streitkräfte unterhalten, die der Alliierte Oberbefehlshaber Europa als gleichwertige Kampfkraft ansieht. Ihre Majestät verpflichtet sich, diese Streitkräfte nicht gegen den Wunsch der Mehrheit der Hohen Vertragschließenden Teile zurückzuziehen; diese treffen ihre Entscheidung, nachdem sie von der Auffassung des Alliierten Oberbefehlshabers Europa Kenntnis genommen haben. Diese Verpflichtung bindet jedoch Ihre Majestät nicht im Falle eines akuten Notstandes in Übersee. Falls die Unterhaltung der Streitkräfte des Vereinigten Königreichs auf dem europäischen Festland zu irgendeiner Zeit eine zu schwere Belastung der auswärtigen Finanzen des Vereinigten Königreichs mit sich bringt, wird Ihre Majestät durch Ihre Regierung im Vereinigten Königreich von Großbritannien und Nordirland den Nordatlantikrat ersuchen, die finanziellen Bedingungen für den Unterhalt der Verbände des Vereinigten Königreichs zu überprüfen.

Zu Urkund dessen haben die obengenannten Bevollmächtigten dieses Protokolls, das eines der in Artikel 1 des Protokolls zur Änderung und Ergänzung des Vertrages bezeichneten Protokolle darstellt, unterzeichnet und mit ihrem Siegel versehen.

Geschehen zu Paris am 23. Oktober 1954 in je einem Urstück, in englischer und französischer Sprache, wobei beide Fassungen in gleicher Weise maßgebend sind; sie werden in den Archiven der Belgischen Regierung hinterlegt, die jedem der anderen Unterzeichnerstaaten beglaubigte Abschriften übermittelt.

[Unterschriften]

Quelle: Europa-Archiv, 1954, S. 7129f.

D 29: Protokoll Nr. III über die Rüstungskontrolle

Seine Majestät der König der Belgier, der Präsident der Französischen Republik und Präsident der Französischen Union, der Präsident der Bundesrepublik Deutschland, der Präsident der Italienischen Republik, Ihre Königliche Hoheit die Großherzogin von Luxemburg, Ihre Majestät die Königin der Niederlande, Ihre Majestät die Königin des Vereinigten Königreichs von Großbritannien und Nordirland und Ihrer übrigen Reiche und Gebiete, Haupt des Commonwealth, als Unterzeichner des Protokolls zur Änderung und Ergänzung des Brüsseler Vertrages
haben zu ihren Bevollmächtigten bestellt: (wie im ersten Protokoll)
und folgendes vereinbart:

Teil I
Unzulässige Rüstungsproduktion
Artikel 1

Die Hohen Vertragschließenden Teile und Mitglieder der Westeuropäischen Union nehmen die Erklärung des Bundeskanzlers der Bundesrepublik Deutschland (am 3. Oktober 1954 in London abgegeben und diesem Protokoll als Anlage I beigefügt) zur Kenntnis, mit welcher die Bundesrepublik Deutschland sich verpflichtet hat, in ihrem Gebiet keine Atomwaffen, biologischen und chemischen Waffen herzustellen, und geben ihre Zustimmung zu Protokoll. Diese Waffenarten, auf die sich dieser Artikel bezieht, sind in Anlage II näher bezeichnet. Die Definitionen dieser Waffenarten werden von dem Rat der Westeuropäischen Union genauer bestimmt und auf den neuesten Stand gebracht.

Artikel 2

Die Hohen Vertragschließenden Teile, Mitglieder der Westeuropäischen Union, nehmen ferner die vom Bundeskanzler der Bundesrepublik Deutschland mit derselben Erklärung eingegangene Verpflichtung zur Kenntnis und geben ihre Zustimmung zu dieser Verpflichtung zu Protokoll, wonach bestimmte weitere Waffenarten im Gebiet der Bundesrepublik Deutschland nicht hergestellt werden, es sei denn, daß der Rat der Westeuropäischen Union auf Grund einer dem Bedarf der Streitkräfte entsprechenden Empfehlung des zuständigen Oberbefehlshabers der Organisation des Nordatlantikvertrages und eines entsprechenden Antrages der Regierung der Bundesrepublik Deutschland mit Zweidrittelmehrheit beschließt, Änderungen oder Streichungen in dem Verzeichnis dieser Waffen vorzunehmen. Die in diesem Artikel bezeichneten Waffenarten sind in Anlage III aufgeführt.

Teil II
Kontrollierte Rüstung
Artikel 3

Ist die Entwicklung der Atomwaffen, der biologischen und chemischen Waffen in dem Gebiet derjenigen Hohen Vertragschließenden Teile auf dem europäischen Festland, die auf das Recht zu deren Herstellung nicht verzichtet haben, über das Versuchsstadium hinaus gediehen und hat dort die eigentliche Fertigung begonnen, so wird die Höhe der Bestände, die die betreffenden Hohen Vertragschließenden Teile auf dem europäischen Festland unterhalten dürfen, vom Rat der Westeuropäischen Union mit einfacher Stimmenmehrheit festgesetzt.

Artikel 4

Unbeschadet der vorstehenden Artikel unterliegen die in Anlage IV aufgeführten Rüstungstypen in dem Ausmaß und in der Weise der Kontrolle, wie dies in Protokoll Nr. IV festgelegt ist.

Artikel 5

Der Rat der Westeuropäischen Union kann das Verzeichnis der Anlage IV durch einstimmige Entscheidung ändern.

Zu Urkund dessen haben die obenerwähnten Bevollmächtigten dieses Protokolls, das eines der in Artikel I des Protokolls zur Änderung und Ergänzung des Vertrages aufgeführten Protokolle ist, unterzeichnet und mit ihrem Siegel versehen.

Geschehen zu Paris am 23. Oktober des Jahres 1954 in je einem Urstück, in englischer und französischer Sprache, wobei beide Fassungen in gleicher Weise maßgebend sind; sie werden in den Archiven der Belgischen Regierung hinterlegt, die jedem der anderen Unterzeichnerstaaten beglaubigte Abschriften übermittelt.

[Unterschriften]

Quelle: Europa-Archiv, 1954, S. 7130.

D 30: Protokoll Nr. IV über das Amt für Rüstungskontrolle der Westeuropäischen Union (Auszug)

Seine Majestät der König der Belgier, der Präsident der Französischen Republik und Präsident der Französischen Union, der Präsident der Bundesrepublik Deutschland, der Präsident der Italienischen Republik, Ihre Königliche Hoheit die Großherzogin von Luxemburg, Ihre Majestät die Königin der Niederlande, Ihre Majestät die Königin des Vereinigten Königreichs von Großbritannien und Nordirland und Ihrer übrigen Reiche und Gebiete, Haupt des Commonwealth, als Unterzeichner des Protokolls zur Änderung und Ergänzung des Brüsseler Vertrags,
haben in Übereinstimmung mit Artikel IV des Protokolls zur Änderung und Ergänzung des Vertrages die Errichtung eines Amts für Rüstungskontrolle beschlossen, und zu ihren Bevollmächtigten bestellt: (wie im ersten Protokoll)
und folgendes vereinbart:

Teil I

Satzung

Artikel 1

Das Amt für Rüstungskontrolle (im folgenden als »das Amt« bezeichnet) ist dem Rat der Westeuropäischen Union (im folgenden als »der Rat« bezeichnet) verantwortlich. Es hat einen Direktor, dem ein stellvertretender Direktor zur Seite steht; diese werden unterstützt von einem Stab, der sich aus Staatsangehörigen der Hohen Vertragschließenden Teile, die Mitglieder der Westeuropäischen Union sind, in ausgewogenem Verhältnis zusammensetzt.

Artikel 2

Der Direktor und sein Stab, sowie alle Bediensteten, die dem Amt von den Mitgliedstaaten gegebenenfalls zur Verfügung gestellt werden, unterstehen der allgemeinen Verwaltungskontrolle des Generalsekretärs der Westeuropäischen Union.

Artikel 3

Der Direktor wird vom Rat durch einstimmige Entscheidung auf fünf Jahre ernannt; er kann nicht wiederernannt werden. Er ist dafür verantwortlich, daß die Auswahl seines Stabes nach dem in Artikel 1 genannten Grundsatz und im Benehmen mit den beteiligten Mitgliedstaaten erfolgt. Vor der Besetzung der Stellen des stellvertretenden Direktors und der Abteilungsleiter des Amtes holt der Direktor die Zustimmung des Rates zu der Ernennung der hierfür in Frage kommenden Personen ein.

Artikel 4

1. Der Direktor legt dem Rat durch den Generalsekretär einen Plan für den Aufbau des Amtes vor. Das Amt soll in Abteilungen gegliedert sein, die sich im einzelnen befassen mit:
(a) der Prüfung von statistischen und Haushaltsangaben, die von den Mitgliedern der Westeuropäischen Union und den zuständigen NATO-Stellen einzuholen sind;
(b) Inspektionen, Stichproben und Besichtigungen;
(c) Verwaltung.
2. Der Aufbau kann durch Entscheidung des Rats geändert werden.

[...]

Teil II

Aufgaben

Artikel 7

1. Das Amt hat folgende Aufgaben:
(a) sich davon zu überzeugen, daß die in Protokoll Nr. III dargelegten Verpflichtungen eingehalten werden, bestimmte in den Anlagen II und III zu diesem Protokoll aufgeführte Waffentypen nicht herzustellen;
(b) in Übereinstimmung mit Teil III dieses Protokolls die Höhe der von den einzelnen Mitgliedern der Westeuropäischen Union auf dem europäischen Festland gehaltenen Bestände an Waffentypen, die in Anlage IV zu Protokoll Nr. III genannt sind, zu kontrollieren. Diese Kontrolle erstreckt sich auf den Ausstoß und die Einfuhren in dem Ausmaße, das erforderlich ist, um die Kontrolle der Bestände wirksam zu gestalten.
2. Im Hinblick auf die in Absatz 1 dieses Artikels genannten Aufgaben hat das Amt:
(a) die von den Mitgliedern der Westeuropäischen Union und von den NATO-Stellen gelieferten statistischen und Haushaltsangaben genau zu prüfen;
(b) auf dem europäischen Festland Stichproben, Besichtigungen und Inspektionen in Produktionsanlagen, Depots und bei den Streitkräften (mit Ausnahme der NATO unterstehenden Depots oder Streitkräften) durchzuführen;
(c) dem Rat Bericht zu erstatten.

Artikel 8

Hinsichtlich der NATO unterstehenden Streitkräfte und Depots werden Stichproben, Besichtigungen und Inspektionen von den zuständigen Stellen der Organisation des Nordatlantikvertrages durchgeführt. Im Falle der dem Alliierten Oberbefehlshaber

Europa unterstellten Streitkräfte und Depots werden dem Amt die Angaben mitgeteilt, die der Rat über den von dem Alliierten Oberbefehlshaber Europa zu benennenden Hohen Offizier erhält.

Artikel 9

Die Tätigkeit des Amts beschränkt sich auf das europäische Festland.

Artikel 10

Das Amt befaßt sich mit dem Ausstoß an Fertigfabrikaten und Bestandteilen der in den Anlagen II, III und IV zu Protokoll Nr. III aufgeführten Art und nicht mit den Herstellungsverfahren. Es sorgt dafür, daß Material und Erzeugnisse für den zivilen Verbrauch von seiner Tätigkeit ausgenommen bleiben.

Artikel 11

Die von dem Amt durchgeführten Inspektionen erfolgen nicht routinemäßig, sondern in der Art von Stichproben, die in unregelmäßigen Zeitabständen durchgeführt werden. Diese Inspektionen werden im Geiste harmonischer Zusammenarbeit durchgeführt. Der Direktor unterbreitet dem Rat eingehende Vorschriften über die Durchführung der Inspektionen, die unter anderem ein angemessenes Rechtsverfahren in bezug auf private Interessen vorsehen.

Artikel 12

Den Mitgliedern des Amtes ist für ihre Stichproben, Besichtigungen und Inspektionen auf Verlangen freier Zugang zu den Anlagen und Depots sowie Einblick in die betreffenden Buchungen und Unterlagen zu gewähren. Das Amt und die nationalen Behörden arbeiten bei diesen Stichproben und Inspektionen zusammen; insbesondere können die nationalen Behörden auf Verlangen daran teilnehmen.

Teil III

Höhe der Rüstungsbestände

Artikel 13

1. Alle Mitglieder der Westeuropäischen Union erstatten in bezug auf ihre der NATO unterstehenden und auf dem europäischen Festland stationierten Streitkräfte dem Amt jährlich Bericht über:

(a) die im Verhältnis zu den Stärken ihrer Streitkräfte erforderlichen Gesamtmengen der in Anlage IV zu Protokoll Nr. III aufgeführten Waffenarten;

(b) die Bestände an solchen Waffen, wie sie zu Beginn der einzelnen Kontrolljahre jeweils vorhanden sind;

(c) die Programme, mit deren Hilfe die unter Unterabsatz (a) aufgeführten Gesamtmengen erreicht werden sollen, und zwar durch:

(I) Herstellung im eigenen Gebiet;

(II) Ankauf in einem anderen Staat;

(III) Hilfe durch Lieferung von Fertigfabrikaten seitens eines anderen Staates.

2. Diese Berichte werden von allen Mitgliedern der Westeuropäischen Union auch in bezug auf ihre Streitkräfte für die bodenständige Verteidigung, ihre Polizeikräfte sowie ihre sonstigen der nationalen Kontrolle unterliegenden und auf dem europäischen Festland stationierten Streitkräfte erstattet, und zwar einschließlich eines Berichts über die Bestände, die sie für ihre in Übersee stationierten Streitkräfte auf dem europäischen Festland halten.

3. Die Berichte werden mit den entsprechenden der Organisation des Nordatlantikvertrages vorgelegten Angaben abgestimmt.

Artikel 14
(NATO-Streitkräfte)

Artikel 15
(Polizeikräfte)

Artikel 16
Hinsichtlich der sonstigen unter nationaler Kontrolle verbleibenden Streitkräfte müssen die von dem Amt als angemessen anzuerkennenden Gesamtmengen an Waffen den Gesamtmengen entsprechen, die dem Amt von den Mitgliedern angegeben werden.

[...]

Artikel 20
1. Das Amt erstattet dem Rat unverzüglich Meldung, wenn Inspektionen oder Mitteilungen aus anderer Quelle ergeben,
(a) daß eine Waffenart gefertigt wird, die nicht herzustellen das betreffende Mitglied sich verpflichtet hat;
(b) daß Rüstungsbestände über die Zahlen und Mengen hinaus vorhanden sind, die gemäß Artikel 19 (Abweichungen von vereinbarten Bestandeshöhen) und 22 festgestellt wurden.
2. Gelangt der Rat zu der Überzeugung, daß der von dem Amt gemeldete Verstoß nicht von großer Bedeutung ist und durch unverzügliche örtliche Maßnahmen behoben werden kann, so teilt er dies dem Amt und dem betreffenden Mitglied mit; diese veranlassen das Erforderliche.
3. Bei anderen Verstößen ersucht der Rat das betreffende Mitglied um eine entsprechende Stellungnahme binnen einer vom Rat zu bestimmenden Frist; wird diese Stellungnahme als unbefriedigend erachtet, so trifft der Rat die ihm notwendig erscheinenden Maßnahmen nach einem noch festzulegenden Verfahren.
4. Entscheidungen, die in den Rahmen dieses Artikels fallen, trifft der Rat mit einfacher Stimmenmehrheit.

Artikel 21
Alle Mitglieder teilen dem Amt Namen und Standort der Depots auf dem europäischen Festland, in denen der Kontrolle unterliegende Rüstung gelagert ist, sowie Namen und Standort der Produktionsanlagen auf dem europäischen Festland mit, die diese Rüstung fertigen oder – selbst wenn sie nicht in Betrieb sind – eigens zu deren Fertigung bestimmt sind.

Artikel 22
Alle Mitglieder der Westeuropäischen Union unterrichten das Amt laufend über die Mengen an Waffen der in Anlage IV zu Protokoll Nr. III aufgeführten Arten, die zur Ausfuhr aus ihrem Gebiet auf dem europäischen Festland bestimmt sind. Das Amt ist berechtigt, sich davon zu überzeugen, daß die betreffenden Waffen tatsächlich ausgeführt werden. Erscheinen die Bestände bei einer der Kontrolle unterliegenden Waffenarten ungewöhnlich, so ist das Amt darüber hinaus berechtigt, die Ausfuhraufträge nachzuprüfen.

Artikel 23

Der Rat übermittelt dem Amt die ihm von der Regierung der Vereinigten Staaten und von der Regierung von Kanada gemachten Angaben über die militärische Hilfe, die den auf dem Festland befindlichen Streitkräften der Mitglieder der Westeuropäischen Union gewährt werden soll.

Zu Urkund dessen haben die vorgenannten Bevollmächtigten dieses Protokoll, das eines der in Artikel I des Protokolls zur Änderung und Ergänzung des Vertrages genannten Protokolle ist, unterzeichnet und mit ihrem Siegel versehen.

Geschehen zu Paris, am 23. Oktober des Jahres 1954, in je einem Urstück, in englischer und französischer Sprache, wobei beide Fassungen in gleicher Weise maßgebend sind; diese werden in den Archiven der Belgischen Regierung hinterlegt, die jedem der anderen Unterzeichnerstaaten beglaubigte Abschriften übermittelt.

[Unterschriften]

Quelle: Europa-Archiv, 1954, S. 7131f.

D 31: Erklärung vom 3. Oktober 1954, mit welcher die Bundesrepublik Deutschland und Italien eingeladen werden, dem Brüsseler Vertrag beizutreten

Die Regierungen Belgiens, Frankreichs, Luxemburgs, der Niederlande und des Vereinigten Königreichs, als Partner des Brüsseler Vertrags vom 17. März 1948 über wirtschaftliche, soziale und kulturelle Zusammenarbeit und über berechtigte kollektive Selbstverteidigung,

Sind sich bewußt, daß die Grundsätze, auf die sich die vom Brüsseler Vertrag geschaffene Staatengemeinschaft stützt, auch von der Bundesrepublik Deutschland und von Italien anerkannt und angewendet werden;

Nehmen mit Befriedigung zur Kenntnis, daß ihre Friedensliebe und ihre Treue zu demokratischen Einrichtungen gemeinsame Bande zwischen den Staaten Westeuropas darstellen;

Sind davon überzeugt, daß eine Aufnahme der Bundesrepublik Deutschland und Italiens einen neuen und bedeutsamen Schritt auf dem Wege zur Verwirklichung der im Vertrag bereits angedeuteten Ziele darstellen würde, und

beschließen:

In Anwendung des Artikels IX des Vertrags die Bundesrepublik Deutschland und Italien einzuladen, diesem gemäß den in der Schlußakte niedergelegten Beschlüssen der Londoner Konferenz vom 28. September bis 3. Oktober 1954 geänderten und ergänzten Vertrag beizutreten.

Quelle: Europa-Archiv, 1954, S. 7127.

3.3. Das östliche Bündnissystem

3.3.1. Die Gründung des Warschauer Paktes

Auch im kommunistisch beherrschten Teil Europas gab es in den fünfziger Jahren – ähnlich wie in Westeuropa – zwei verschiedene Entwicklungsphasen: die erste war vorwiegend eine der politisch-militärischen Konsolidierung, die zweite – ungefähr ab 1957/58 – eine solche der Intensivierung der wirtschaftlichen Zusammenarbeit.

Die Gründung des Warschauer Paktes stand am Beginn der ersten Phase: Sie wurde von Moskau als »Abwehrmaßnahme« gegen die westdeutsche Wiederaufrüstung und die Schaffung der Westeuropäischen Union deklariert. Paradoxerweise sollte sich dieser kommunistische Defensivpakt im Herbst 1956 nicht in der Abwehr eines von außen kommenden Angriffes, sondern in der Rettung der erschütterten Blockeinheit bewähren. Im weiteren blieb seine Funktion immer mehr auf die rein militärische Integration beschränkt; die ihm ursprünglich wohl zugedachte Aufgabe eines politischen Koordinierungsorgans vermochte er dagegen nur ganz selten zu erfüllen. Das hat seinen Grund nicht nur darin, daß sich das Schwergewicht der zwischenstaatlichen Zusammenarbeit im Ostblock mehr und mehr auf den wirtschaftlichen Bereich verlagerte. Noch stärker begünstigten die wachsenden Divergenzen unter den Ostblockländern selbst diese Tendenz. Sie gipfelten in der Zuspitzung des sowjetisch-chinesischen Konfliktes und, damit einhergehend, in dem Verlust des bisher unbestrittenen sowjetischen Partei- und Herrschaftsmonopols. Im Hinblick auf diese blockinternen Schwierigkeiten konnte Moskau an einer wenigstens zeitweiligen Stabilisierung der europäischen Front nur interessiert sein. Für Europa bedeutete dies den Abschluß der expansiven Phase sowjetischer Europapolitik und den Übergang zu einem stabileren *Modus vivendi* zwischen Ost und West. Dies bedingte allerdings die beidseitige Hinnahme der Teilung Europas, die in ihrem Sinne zu überwinden auch die Sowjetunion auf lange Zeit hinaus wenig Chancen sah.

Die Gründer des Warschauer Paktes beriefen sich auf ähnliche Motive wie jene des RGW: es war die Erfolglosigkeit der sowjetischen Bemühungen, einen institutionellen Zusammenschluß Westeuropas zu verhindern, und die Notwendigkeit, darauf mit einer Gegenorganisation zu antworten. So steht auch der Warschauer Pakt am Ende einer Reihe von mißglückten Versuchen Moskaus, die Einbeziehung der Bundesrepublik Deutschland in das westliche Bündnissystem und damit dessen Festigung zu verhindern. Zu diesen Versuchen gehören vor allem der Kampf der Kommunisten gegen die EVG, die vieldiskutierte sowjetische Deutschlandnote vom 10. März 1952 (in der ein fragwürdiges Verfahren zur Wiedervereinigung Deutschlands zum Preise seiner militärischen Neutralisierung angeboten wurde) sowie die von Außenminister Molotow auf der Berliner Außenministerkonferenz von 1954 vorgelegten Pläne für ein gesamteuropäisches System der kollektiven Sicherheit auf der Grundlage der Teilung Deutschlands. Seltsamerweise blieb Moskau jedoch während der ganzen Zeit zwischen dem Scheitern der EVG (30. August) und der Pariser Neunmächtekonferenz (20.–22. Oktober) stumm – in einer Zeit also, in der eine günstige Chance für ein aktives sowjetisches Eingreifen in die westeuropäischen Wirrungen bestanden hätte. Erst am 23. Oktober traf in den westlichen Hauptstädten eine Note aus der sowjetischen Hauptstadt ein, mit der die Ratifikation der gleichentags unterzeichneten Verträge aufgehalten werden sollte. Am 13. November verdichtete sich die sowjetische

Gegenoffensive zu einem konkreten Vorschlag: In Noten an 23 europäische Staaten und an die USA trat jetzt die Sowjetregierung mit einer Einladung zu einer Konferenz für die Schaffung eines Systems der kollektiven Sicherheit in Europa hervor. Dahinter stand die Absicht, die mühsam zurechtgezimmerte WEU in einem europäischen Sicherheitspakt zwischen NATO und Warschauer Pakt aufgehen zu lassen und auf diese Weise vor allem Westdeutschlands Mitgliedschaft in der NATO zu verhindern. Auch diesmal hatte Moskau keinen Erfolg; die westlichen Regierungen lehnten die Einladung ab, so daß die Konferenz der europäischen Länder für die Gewährleistung des Friedens und der Sicherheit (vom 29. November bis zum 2. Dezember 1954) zu einer rein blockinternen Angelegenheit der acht Warschauer-Pakt-Mächte wurde. Bereits das Schlußkommuniqué der Konferenz drohte nun mit Gegenmaßnahmen gegen die WEU auf dem Gebiet der »Organisation der Streitkräfte und ihrer Kommandos«.

Noch bevor die Pariser Verträge am 5. Mai 1955 in Kraft getreten waren, fanden vorbereitende Besprechungen zwischen der Sowjetunion und den Volksdemokratien statt: Man war bereit, sogleich zum Gegenschlag auszuholen. Das geschah am 11. Mai 1955 mit der Eröffnung der zweiten Konferenz der acht Ostblockstaaten in Warschau* [D 32]; ihr Ergebnis, die angedrohte Unterzeichnung des Vertrages über Freundschaft, Zusammenarbeit und gegenseitigen Beistand – des Warschauer Paktes [D 33] – überraschte niemanden mehr.

Mit dem Warschauer Pakt trat neben die zweiseitigen Nichtangriffspakte (vgl. S. 45) eine multilaterale Verteidigungsorganisation des europäischen Ostblocks. Sie änderte wenig oder nichts an der tatsächlichen Machtverteilung innerhalb des Blocks, gab der Sowjetunion aber ein willkommenes Tauschobjekt für die Auflösung der NATO in die Hand. Interessanterweise nahm sie von diesem Angebot zur Liquidierung des Warschauer Paktes die für sie viel wichtigeren zweiseitigen Beistandsverträge mit den Volksdemokratien stillschweigend aus.

Der elf Artikel umfassende Vertrag ist für die Dauer von zwanzig Jahren (also genau wie der Atlantikpakt) abgeschlossen. Er kann jedoch jederzeit durch ein kollektives Sicherheitssystem in Europa abgelöst werden. Der Vertrag sieht die Verpflichtung der Mitgliedstaaten vor, sich jeder Angriffshandlung zu enthalten (Art. 1), sich für eine Herabsetzung der Rüstungen einzusetzen (Art. 2) und sich im Falle der Gefahr eines bewaffneten Angriffs auf einen oder mehrere Mitgliedstaaten sofort zu konsultieren (Art. 3) und unverzüglichen Beistand zu leisten (Art. 4). Zu diesem Zwecke wurde die Errichtung eines gemeinsamen Kommandos für die bewaffneten Streitkräfte der Signatarstaaten beschlossen. Außerdem sieht der Vertrag die Schaffung eines Politischen Konsultativkomitees als Rahmen für die künftigen gemeinsamen Besprechungen vor (Art. 6). Bereits die Warschauer Konferenz faßte einen Beschluß über die Bildung eines Vereinten Kommandos der Streitkräfte [D 34]. Die Leitung des Oberkommandos fiel auf Grund der in Warschau festgelegten militärischen Spitzengliederung dem Oberkommandierenden der Vereinten Streitkräfte zu. Dies war seit Inkrafttreten des Paktes stets ein sowjetischer Marschall (vgl. Tafel 5, S. 133).

---

* Sie war, rechnet man alle vorausgegangenen Ostblockkonferenzen zusammen, erst die vierte dieser Art; nach den beiden Beratungen in Prag (1948) und Warschau (1950) hatten bis Dezember 1954 keine gemeinsamen Konferenzen mehr stattgefunden, ein Beweis mehr, wie wenig Stalin an solchen mehrseitigen Konsultationen gelegen war.

Bereits auf seiner ersten Tagung in Prag (27./28. Januar 1956) machte der Politische Konsultativausschuß von seinen Kompetenzen Gebrauch und faßte eine Reihe für die Struktur der Paktorganisation wichtige Beschlüsse (siehe Schlußkommuniqué [D 35]):

1. Bestätigung des Statuts des Vereinten Oberkommandos, das die Dominanz des sowjetischen Generalstabs festschrieb;
2. Einbeziehung der bewaffneten Kontingente der kurz zuvor offiziell geschaffenen Nationalen Volksarmee der DDR in die Vereinten Streitkräfte;
3. Bildung von zwei Hilfsorganen beim Politischen Konsultativausschuß, beide mit Sitz in Moskau;
   - eine Ständige Kommission zur Ausarbeitung von Empfehlungen für außenpolitische Fragen;
   - ein Vereintes Sekretariat, dem Vertreter aller Mitgliedstaaten angehören.
4. Es wurde beschlossen, daß der Politische Konsultativausschuß nach Bedarf, jedoch mindestens zweimal im Jahr zusammentreten sollte. Die Ereignisse in Polen und Ungarn im Herbst 1956 setzten diese Regelung jedoch bereits außer Kraft. Sie blokkierten die Tätigkeit der Organisation in einem Maße, daß der Ausschuß erst nach zwei Jahren wieder zusammentreten konnte. In der Zwischenzeit hatte es die Sowjetunion vorgezogen, zu ihrer bewährten Methode der zweiseitigen Verhandlungen zurückzukehren.

Der Warschauer Pakt bot der Sowjetunion eine willkommene Grundlage, die Frage der Stationierung ihrer Streitkräfte in den Volksdemokratien zu regeln. Dies wurde nach den Herbstkrisen 1956 unvermeidlich. Sie ließen keinen Zweifel darüber bestehen, daß die Sowjetunion notfalls nicht davor zurückschreckte, die Paktorganisation als Vorwand zu einem direkten Eingreifen gegen die unbotmäßigen osteuropäischen Staaten zu benutzen.

3.3.2. Die sowjetischen Streitkräfte in Osteuropa

In der Tat erwies sich die Stationierung sowjetischer Truppen in Osteuropa als eines der dornigsten Probleme der Beziehungen zwischen der Sowjetunion und den Volksdemokratien. Diese Truppen waren – ähnlich wie die inzwischen aufgelösten Gemischten Gesellschaften – das sichtbare Zeichen der sowjetischen Vorherrschaft und eine stete Herausforderung des seit Stalin unterdrückten Nationalstolzes. Eine der ersten Forderungen der ungarischen Revolutionäre galt deshalb dem Rückzug dieser Streitkräfte, und Moskau schien – auf dem Höhepunkt der Krise – geneigt, diesem auch von Polen vorgebrachten Wunsche zu entsprechen. Das wenigstens ließ ihre »Erklärung über die Grundlagen der Entwicklung und weiteren Festigung der Zusammenarbeit zwischen der Sowjetunion und den anderen sozialistischen Staaten« vom 30. Oktober [D 36] durchblicken. In ihr wurde den Volksdemokratien ein *Modus vivendi* vorgeschlagen, der Moskau einige Konzessionen abverlangte, ohne die die Einheit des Blocks nicht zu retten war.

Die Sowjetführung schlug deshalb die Abberufung der in die Volksdemokratien entsandten »Berater«, Verhandlungen über den Rückzug der sowjetischen Besat-

Tafel 5: Organisationsschema des Warschauer Paktes (1980)

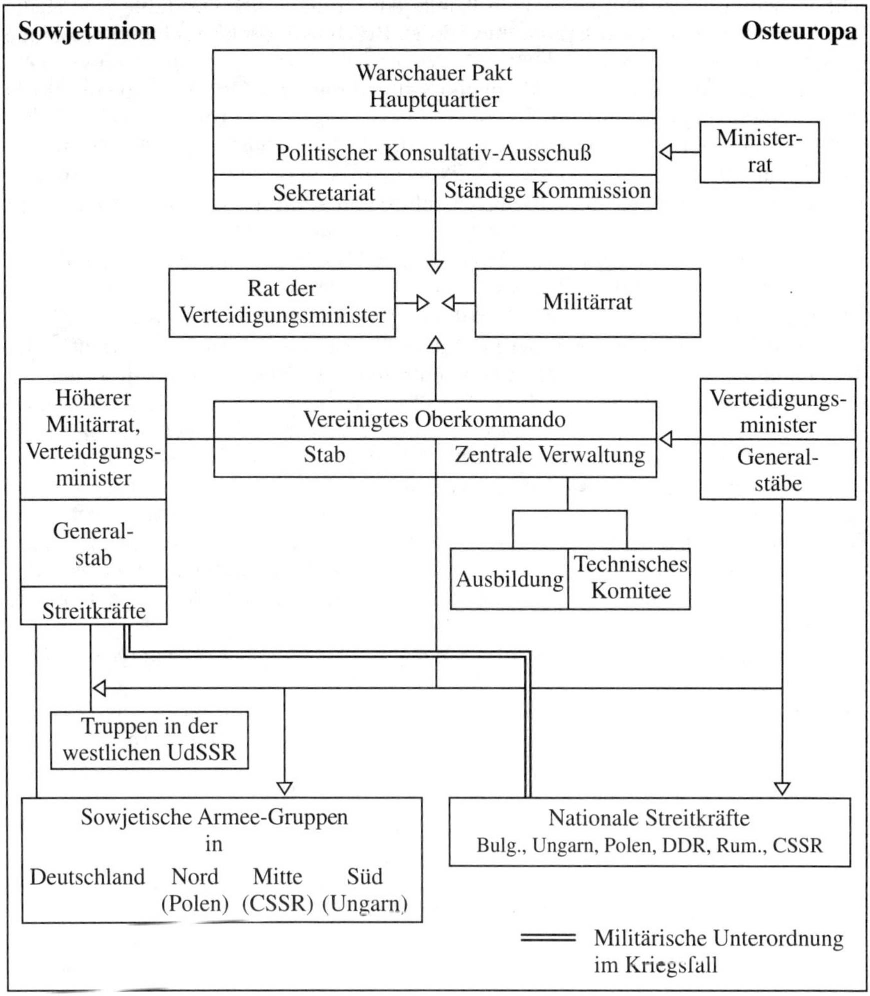

Quelle: The Military Balance 1981–82.

zungstruppen aus Polen, Rumänien und Ungarn (in der Tschechoslowakei, Bulgarien und Albanien befanden sich keine sowjetischen Gruppen mehr) und eine Überprüfung der Wirtschaftsbeziehungen vor. Dieser als fast unerhörtes Entgegenkommen deklarierte Vorschlag wurde teilweise durch die nachfolgenden Ereignisse in Ungarn überholt. Er bildete jedoch in den anschließenden Monaten (Ende 1956 bis Frühjahr 1957) die Grundlage für die mit Polen, der DDR, Ungarn und Rumänien abgeschlossenen Truppenstationierungsabkommen. Diese Vereinbarungen boten auch den ersten Ansatzpunkt für die Reorganisation des RGW und damit der wirtschaftlichen Zusammenarbeit unter den Ländern des europäischen Blocks.

In einer fast ununterbrochenen Reihe zweiseitiger Verhandlungen versuchte die Sowjetunion, das in seinen Grundfesten erschütterte Gefüge ihres Herrschaftssystems zu konsolidieren und gegen ähnliche Krisen abzusichern. Sie lud, beginnend mit Polen (15.–18. November 1956), alle europäischen Volksdemokratien und ihre kommunistischen Lenker der Reihe nach zu Besprechungen in Moskau ein. Sie gewährte ihnen erstmals eine substantielle Wirtschaftshilfe und versicherte sich in gemeinsamen Kommuniqués ihrer unveränderten Loyalität.

Die jeweils einige Wochen nach den Besprechungen ausgehandelten Truppenstationierungsverträge stimmen mit wenigen, allerdings wesentlichen Ausnahmen (u. a. hinsichtlich einer besonderen Behandlung der DDR) inhaltlich überein. Sie regeln die sich aus dem »zeitweiligen Aufenthalt« der sowjetischen Truppen ergebenden Fragen, so die Notwendigkeit von Konsultationen der Signatarstaaten bei Truppenbewegungen außerhalb der zugewiesenen Stationierungsplätze und die gegenseitige Entschädigung und Rechtshilfe in Fällen gesetzeswidrigen Verhaltens von Truppenangehörigen.

Im Laufe ihrer Bemühungen um die Wiederherstellung ihres erschütterten Herrschaftssystems ergriff die Sowjetführung die Gelegenheit, den unsicher gewordenen Volksdemokratien die unabdingbaren Elemente für die Zugehörigkeit zum Ostblock in Erinnerung zu rufen. Dazu mußten nach sowjetischer Auffassung für alle Volksdemokratien unterschiedslos folgende Merkmale gegeben sein:

- Kontrolle der politischen Macht durch die Arbeiterklasse;
- Bündnis dieser Arbeiterklasse mit der Bauernschaft und »anderen Schichten der Werktätigen«;
- Liquidierung des kapitalistischen Eigentums an Produktionsmitteln und Einführung einer zentralistischen Planwirtschaft sowie – mit deutlichem Wink an Ungarn
- »entschiedene Verteidigung der Errungenschaften der sozialistischen Revolution gegen die Anschläge der ehemaligen Ausbeuterklasse«.

Mit diesen Bedingungen stellte Moskau ein System verbindlicher Richtlinien für die Volksdemokratien auf, das von ihnen eine weitgehende Anpassung und Homogenität verlangte und ihnen wenig Raum für einen »eigenen Sozialismus« ließ. Die Idee des Nationalkommunismus erschien im Lichte dieser Postulate Moskaus nicht mehr vereinbar mit den neuen Prinzipien des »proletarischen Internationalismus«, der »gegenseitigen Solidarität« und »engen Zusammenarbeit«, die fortan dem Block einen noch größeren Halt als bisher geben sollten. Stärker als auf der zwischenstaatlichen Ebene wurde diese »unzerstörbare Einheit« auf die Beziehungen unter den kommunistischen Parteien übertragen. Alle diese Versuche, die Einheit des Ostblocks neu zu kitten, konnten jedoch den einmal aufgebrochenen, durch das jugoslawische Beispiel ermunterten und die Entwicklung in China geförderten Drang nach größerer Unabhängigkeit nicht zurückhalten.

3.3.3. Der Übergang zum mehrseitigen Vertragssystem

Der Warschauer Pakt war nur das wichtigste, nicht aber das einzige Anzeichen für den damals einsetzenden Übergang von dem traditionellen zweiseitigen zum Risiko des multilateralen Vertragssystems (vgl. Tafel 6, S. 136). 1956 folgte bereits die Gründung eines gemeinschaftlichen Vereinigten Instituts für Kernforschung (offenbar als Gegenzug zur bevorstehenden Errichtung von Euratom). Sie war anläßlich einer internationalen Konferenz aller kommunistischen Staaten (mit Einschluß jener Asiens) beschlossen worden. Das zehn Artikel umfassende Statut umschreibt die allgemeine Zielsetzung – gemeinsame theoretische und experimentelle Untersuchungen im Bereich der Kernphysik –, seine Organisation (Art. 5) und die finanzielle Beteiligung der Mitgliedstaaten sowie die Rechtspersönlichkeit des Instituts. Sein Sitz ist das etwa 100 km nordwestlich von Moskau gelegene Dubna im Gebiet Kalinin in der UdSSR. Dem Institut sind verschiedene wissenschaftliche Laboratorien, darunter eines für Kernprobleme und für Physik hoher Energien, angeschlossen (Art. 4).

Ende 1957 wurden zwei weitere bedeutsame multilaterale Abkommen abgeschlossen: dasjenige über die Organisation der Zusammenarbeit auf dem Gebiet des Post- und Fernmeldewesens vom 16. Dezember 1957 und ein wirtschaftlich und rechtlich gleichermaßen wichtiges Abkommen über die »Allgemeinen Bedingungen für die Warenlieferungen zwischen den Außenhandelsunternehmungen der Teilnehmer des RGW« vom 13. Dezember 1957. Diese sogenannten Allgemeinen Lieferbedingungen verbanden die bilateralen Handelsverträge der kommunistischen Staaten zu einem einheitlichen internationalen Kaufrecht im RGW, das dem Plancharakter der nationalen Wirtschaften entsprach.

In diesem Zusammenhang verdient auch das seit jenen Jahren sich ständig verdichtende Netz von Rechtshilfeverträgen auf dem Gebiet des internationalen Privat- und Prozeßrechts Erwähnung. Hinzu kommen die zahlreichen Konsularverträge, die Abkommen über doppelte Staatsangehörigkeit, die 1959 erfolgte Vereinbarung über ein internationales Schiedsgericht für See- und Binnenschiffahrt und die Neufassung der Vereinbarung über den internationalen Eisenwarenverkehr (SMGS).

Wenn diese Art rechtlicher Integration sich politisch kaum auswirkte, so war sie doch ein wichtiges Indiz für die Bestrebungen Moskaus, die vielfache Verzahnung der mittel- und osteuropäischen Staaten untereinander und mit der Sowjetunion immer enger und zu einem unauflöslichen Bestandteil der allgemeinen politisch-wirtschaftlichen Integration zu gestalten. Hier vor allem wird sichtbar, wie sehr und bis in alle Lebensbereiche hinein die beiden Teile Europas von unterschiedlichen Vorstellungen, Ideen und rechtlichen Normen geprägt und auseinandergetrieben wurden.

Tafel 6: Die multilateralen Organisationen und Abkommen im kommunistischen Block bis 1989

	Zwischenstaatliche Beziehungen					Parteibeziehungen			
Land	RGW (Jan. 1949)	sozialist. Arbeitsteilg. (Juli 1962)	Warschauer Pakt (Mai 1955)	Truppen-stationierungs-abkommen	Kernfor-schungs-institut	Kominform (1947–1956)	Moskauer Erklärung (1957)	Moskauer Erklärung (1960)	Unterstützg. KPdSU-Partei-programm (1961)
UdSSR									
Albanien	Beitritt Febr. 1949		Austritt 1968						
Bulgarien									
CSSR				16. Okt. 1968					
DDR	Beitritt Sept. 1950			12. März 1957					
Jugoslawien	Assoziation 17. Sept. 1964				besondere Vereinbarung	Ausschluß 1948			
Polen				17. Dez. 1956					
Rumänien		bedingt		15. April 1957 Rückzug 1958					
Ungarn				27. Mai 1957					
China	Beobachter bis 1961				besondere Vereinbarung				
Nordkorea									
(Nord)Vietnam	Beitritt Juni 1978								
Äußere Mongolei	Beitritt Juni 1962								
Kuba	Beitritt Juli 1972								

D 32: Schlußkommuniqué der Konferenz der europäischen Ostblockstaaten in Warschau vom 14. Mai 1955

Vom 11. bis zum 14. Mai 1955 fand in Warschau die zweite Konferenz Europäischer Länder zur Gewährleistung des Friedens und der Sicherheit in Europa statt, an der teilnahmen: Die Volksrepublik Albanien, die Volksrepublik Bulgarien, die Ungarische Volksrepublik, die Deutsche Demokratische Republik, die Volksrepublik Polen, die Rumänische Volksrepublik, die Union der Sozialistischen Sowjetrepubliken und die Tschechoslowakische Republik.

An der Warschauer Konferenz nahmen folgende Vertreter der erwähnten Staaten teil: (folgt Aufzählung der Ländervertreter).

An der Konferenz nahm auch ein Vertreter der Volksrepublik China als Beobachter teil – der Stellvertreter des Vorsitzenden des Staatsrats und Verteidigungsminister der Volksrepublik China, Peng Teh-huai.

Die Teilnehmer der Warschauer Konferenz haben die mit der Ratifizierung der Pariser Kriegsverträge verbundenen Veränderungen in der internationalen Lage allseitig erörtert und festgestellt, daß die Ratifizierung der Pariser Verträge, die die Bildung einer neuen militärischen Gruppierung in Gestalt der Westeuropäischen Union unter Teilnahme des in Remilitarisierung betriffenen Westdeutschlands und dessen Einbeziehung in den Nordatlantikblock vorsehen, die Gefahr eines neuen Krieges verstärkt und eine Bedrohung der nationalen Sicherheit der friedliebenden Staaten schafft.

Die Teilnehmerstaaten der Konferenz haben beschlossen, für die Gewährleistung ihrer Sicherheit und im Interesse der Erhaltung des Friedens in Europa erforderliche Maßnahmen zu treffen.

Zu diesem Zweck haben die Teilnehmerstaaten der Warschauer Konferenz einen Vertrag über Freundschaft, Zusammenarbeit und gegenseitigen Beistand zwischen der Volksrepublik Albanien, der Volksrepublik Bulgarien, der Ungarischen Volksrepublik, der Deutschen Demokratischen Republik, der Volksrepublik Polen, der Rumänischen Volksrepublik, der Union der Sozialistischen Sowjetrepubliken und der Tschechoslowakischen Republik abgeschlossen.

Auf der Konferenz wurde ferner ein Beschluß über die Schaffung eines Vereinten Kommandos der Streitkräfte der Teilnehmerstaaten des Vertrages gefaßt. Die Konferenz verlief in einer Atmosphäre voller Einmütigkeit, die Ausdruck der herzlichen Freundschaft und Zusammenarbeit der Brudervölker des Lagers des Friedens, der Demokratie und des Sozialismus ist.

Quelle: Boris Meissner, Das Ostpakt-System, Frankfurt/M. 1955, S. 203.

D 33: Vertrag über Freundschaft, Zusammenarbeit und gegenseitigen Beistand zwischen der Volksrepublik Albanien, der Volksrepublik Bulgarien, der Ungarischen Volksrepublik, der Deutschen Demokratischen Republik, der Volksrepublik Polen, der Rumänischen Volksrepublik, der UdSSR und der Tschechoslowakischen Republik vom 14. Mai 1955

Die Vertragschließenden Parteien haben beschlossen, unter erneuter Bekundung ihres Strebens nach Schaffung eines auf der Teilnahme aller europäischen Staaten, unabhängig von ihrer gesellschaftlichen und staatlichen Ordnung, beruhenden Systems der kollektiven Sicherheit in Europa, das ermöglichen würde, ihre Anstrengungen im Interesse der Sicherheit des Friedens in Europa zu vereinigen,
unter gleichzeitiger Berücksichtigung der Lage, die in Europa durch die Ratifizierung der Pariser Verträge entstanden ist, welche die Bildung neuer militärischer Gruppierungen in Gestalt der »Westeuropäischen Union« unter Teilnahme eines remilitarisierten Westdeutschland und dessen Einbeziehung in den Nordatlantikpakt vorsehen, wodurch sich die Gefahr eines neuen Krieges erhöhte und eine Bedrohung der nationalen Sicherheit der friedliebenden Staaten entsteht,
in der Überzeugung, daß unter diesen Bedingungen die friedliebenden Staaten Europas zur Gewährleistung ihrer Sicherheit und im Interesse der Aufrechterhaltung des Friedens in Europa notwendige Maßnahmen ergreifen müssen, geleitet von den Zielen und Grundsätzen der Satzung der Organisation der Vereinten Nationen,
im Interesse der weiteren Festigung und Entwicklung der Freundschaft, der Zusammenarbeit und des gegenseitigen Beistandes in Übereinstimmung mit den Grundsätzen der Achtung der Unabhängigkeit und der Souveränität der Staaten sowie der Nichteinmischung in ihre inneren Angelegenheiten,
diesen Vertrag über Freundschaft, Zusammenarbeit und gegenseitigen Beistand zu schließen, und zu ihren Bevollmächtigten ernannt: (folgen Namen),
die ihre in gehöriger Form und in Ordnung befundenen Vollmachten vorlegten und über folgendes übereinkamen:

Artikel 1

Die Vertragschließenden Parteien verpflichten sich in Übereinstimmung mit der Satzung der Organisation der Vereinten Nationen, sich in ihren internationalen Beziehungen der Drohung mit Gewalt oder ihrer Anwendung zu enthalten und ihre internationalen Streitfragen mit friedlichen Mitteln so zu lösen, daß der Weltfrieden und die Sicherheit nicht gefährdet werden.

Artikel 2

Die Vertragschließenden Parteien erklären ihre Bereitschaft, sich im Geiste aufrichtiger Zusammenarbeit an allen internationalen Handlungen zu beteiligen, deren Ziel die Gewährleistung des Weltfriedens und der Sicherheit ist, und werden alle ihre Kräfte für die Verwirklichung dieser Ziele einsetzen.

Hierbei werden sich die Vertragschließenden Parteien dafür einsetzen, in Vereinbarung mit anderen Staaten, die diesbezügliche Zusammenarbeit wünschen, wirksame Maßnahmen zur allgemeinen Abrüstung und zum Verbot von Atom-, Wasserstoff- und anderen Massenvernichtungswaffen zu ergreifen.

Artikel 3

Die Vertragschließenden Parteien werden sich in allen wichtigen internationalen Fragen, die ihre gemeinsamen Interessen berühren, beraten und sich dabei von den Interessen der Festigung des Weltfriedens und der Sicherheit leiten lassen.

Sie werden sich im Interesse der Gewährleistung der gemeinsamen Verteidigung und der Erhaltung des Friedens und der Sicherheit untereinander unverzüglich jedesmal beraten, wenn nach Meinung einer der Parteien die Gefahr eines bewaffneten Überfalls auf einen oder mehrere Teilnehmerstaaten des Vertrages entsteht.

Artikel 4

Im Falle eines bewaffneten Überfalls in Europa auf einen oder mehrere Teilnehmerstaaten des Vertrages seitens irgendeines Staates oder einer Gruppe von Staaten wird jeder Teilnehmerstaat des Vertrages in Verwirklichung des Rechtes auf individuelle oder kollektive Selbstverteidigung in Übereinstimmung mit Artikel 51 der Satzung der Organisation der Vereinten Nationen dem Staat oder den Staaten, die einem solchen Überfall ausgesetzt sind, sofortigen Beistand individuell und in Vereinbarung mit den anderen Teilnehmerstaaten des Vertrages mit allen Mitteln, die ihnen erforderlich scheinen, einschließlich der Anwendung von militärischer Gewalt, erweisen. Die Teilnehmerstaaten des Vertrages werden sich unverzüglich über gemeinsame Maßnahmen beraten, die zum Zwecke der Wiederherstellung und Aufrechterhaltung des Weltfriedens und der Sicherheit zu ergreifen sind.

Von den Maßnahmen, die auf Grund dieses Artikels ergriffen werden sollten, wird dem Sicherheitsrat entsprechend den Bestimmungen der Satzung der Organisation der Vereinten Nationen Mitteilung gemacht. Diese Maßnahmen werden eingestellt, sobald der Sicherheitsrat die Maßnahmen ergreift, die zur Wiederherstellung und Erhaltung des Weltfriedens und der Sicherheit erforderlich sind.

Artikel 5

Die Vertragschließenden Parteien kamen überein, ein Vereintes Kommando derjenigen ihrer Streitkräfte zu schaffen, die nach Vereinbarung zwischen den Parteien diesem auf Grund gemeinsam festgelegter Grundsätze handelnden Kommando zur Verfügung gestellt werden. Sie werden auch andere vereinbarte Maßnahmen ergreifen, die zur Stärkung ihrer Wehrfähigkeit notwendig sind, um die friedliche Arbeit ihrer Völker zu beschützen, die Unantastbarkeit ihrer Grenzen und Territorien zu garantieren und den Schutz gegen eine mögliche Aggression zu gewährleisten.

Artikel 6

Zur Durchführung der in diesem Vertrag vorgesehenen Beratungen zwischen den Teilnehmerstaaten des Vertrages und zur Erörterung von Fragen, die im Zusammenhang mit der Verwirklichung dieses Vertrages entstehen, wird ein Politischer Beratender Ausschuß gebildet, in den jeder Teilnehmerstaat des Vertrages ein Regierungsmitglied oder einen anderen besonders ernannten Vertreter delegiert.

Der Ausschuß kann, wenn es erforderlich ist, Hilfsorgane schaffen.

Artikel 7

Die Vertragschließenden Parteien übernehmen die Verpflichtung, sich an keinen Koalitionen oder Bündnissen zu beteiligen und keine Abkommen zu schließen, deren Zielsetzung den Zielen dieses Vertrages widerspricht.

Die Vertragschließenden Parteien erklären, daß ihre Verpflichtungen aus bestehenden internationalen Verträgen nicht im Widerspruch zu den Bestimmungen dieses Vertrages stehen.

Artikel 8

Die Vertragschließenden Parteien erklären, daß sie im Geiste der Freundschaft und der Zusammenarbeit für die Weiterentwicklung und Festigung der wirtschaftlichen und kulturellen Beziehungen untereinander in Befolgung der Grundsätze der gegenseitigen Achtung ihrer Unabhängigkeit und Souveränität und der Nichteinmischung in ihre innere Angelegenheiten handeln werden.

Artikel 9

Dieser Vertrag steht anderen Staaten zum Beitritt offen, die, unabhängig von ihrer gesellschaftlichen und staatlichen Ordnung, ihre Bereitschaft bekunden, durch Teilnahme an diesem Vertrag zur Vereinigung der Anstrengungen der friedliebenden Staaten zum Zwecke der Gewährleistung des Friedens und der Sicherheit der Völker beizutragen. Dieser Beitritt wird mit dem Einverständnis der Teilnehmerstaaten des Vertrages nach der Hinterlegung der Beitrittsurkunden bei der Regierung der Volksrepublik Polen in Kraft treten.

Artikel 10

Dieser Vertrag bedarf der Ratifizierung. Die Ratifikationsurkunden werden bei der Regierung der Volksrepublik Polen hinterlegt.

Der Vertrag tritt am Tage der Hinterlegung der letzten Ratifikationsurkunde in Kraft. Die Regierung der Volksrepublik Polen wird die anderen Teilnehmerstaaten des Vertrages von der Hinterlegung einer jeden Ratifikationsurkunde in Kenntnis setzen.

Artikel 11

Dieser Vertrag bleibt 20 Jahre in Kraft. Für die Vertragschließenden Parteien, die ein Jahr vor Ablauf dieser Frist der Regierung der Volksrepublik Polen keine Erklärung über die Kündigung dieses Vertrages übergeben, bleibt er weitere zehn Jahre in Kraft.

Im Falle der Schaffung eines Systems der kollektiven Sicherheit in Europa und des Abschlusses eines diesem Ziele dienenden gesamteuropäischen Vertrages über kollektive Sicherheit, den die Vertragschließenden Parteien unentwegt anstreben werden, verliert dieser Vertrag am Tage des Inkrafttretens des gesamteuropäischen Vertrages seine Gültigkeit.

Ausgefertigt in Warschau, am vierzehnten Mai 1955 in je einem Exemplar in deutscher, russischer, polnischer und tschechischer Sprache, die alle in gleicher Weise maßgebend sind. Beglaubigte Abschriften dieses Vertrages wird die Regierung der Volksrepublik Polen allen anderen Vertragsteilnehmern übergeben.

Zu Urkund dessen haben die Bevollmächtigten diesen Vertrag unterschrieben und mit ihren Siegeln versehen.

[Unterschriften]

Quelle: Boris Meissner, Der Warschauer Pakt, Köln 1962, S. 97ff.

D 34: Beschluß der Warschauer-Pakt-Mächte über die Errichtung eines gemeinsamen Oberkommandos vom 14. Mai 1955

Über die Bildung des Vereinten Kommandos der Streitkräfte der Teilnehmerstaaten des Vertrages über Freundschaft, Zusammenarbeit und gegenseitigen Beistand

In Übereinstimmung mit dem Vertrag über Freundschaft, Zusammenarbeit und gegenseitigen Beistand zwischen der Volksrepublik Albanien, der Volksrepublik Bulgarien, der Ungarischen Volksrepublik, der Deutschen Demokratischen Republik, der Volksrepublik Polen, der Rumänischen Volksrepublik, der UdSSR und der Tschechoslowakischen Republik haben die Teilnehmerstaaten des Vertrages den Beschluß über die Bildung eines Vereinten Kommandos der Streitkräfte gefaßt. In diesem Beschluß ist vorgesehen, daß allgemeine Fragen, die die Stärkung der Verteidigungsfähigkeit und die Organisation der Vereinten Streitkräfte der Teilnehmerstaaten betreffen, im Politischen Beratenden Ausschuß erörtert werden, der entsprechende Beschlüsse fassen wird.

Zum Oberkommandierenden der Vereinten Streitkräfte, die aus den von den Staaten, die den Vertrag unterzeichnet haben, zur Verfügung gestellten Streitkräften bestehen, wird Marschall der Sowjetunion I. S. Konjew ernannt.

Zu Stellvertretern des Oberkommandierenden der Vereinten Streitkräfte werden die Verteidigungsminister oder andere militärische Führer der Teilnehmerstaaten des Vertrages ernannt, denen der Befehl über die für die Vereinten Streitkräfte zur Verfügung gestellten Streitkräfte jedes der Teilnehmerstaaten auferlegt wird.

Die Frage der Teilnahme der Deutschen Demokratischen Republik an Maßnahmen, die die Streitkräfte des Vereinten Kommandos betreffen, wird später erörtert.

Beim Oberkommandierenden der Vereinten Streitkräfte wird ein Stab der Vereinten Streitkräfte der Teilnehmerstaaten des Vertrages gebildet, dem ständige Vertreter der Generalstäbe der Teilnehmerstaaten des Vertrages angehören.

Die Dislozierung der Vereinten Streitkräfte auf dem Territorium der Teilnehmerstaaten des Vertrages wird in Übereinstimmung mit den Erfordernissen der gemeinsamen Verteidigung nach Vereinbarung zwischen diesen Staaten durchgeführt.

Quelle: Boris Meissner, Der Warschauer Pakt, Köln 1962, S. 102.

D 35: Einbeziehung der DDR in die Pakt-Streitkräfte. Schlußkommuniqué der ersten Tagung des Politischen Beratenden Ausschusses des Warschauer Paktes vom 28. Januar 1956 (Auszug)

Am 27. und 28. Januar fanden in Prag die Sitzungen des Politischen Beratenden Ausschusses der Teilnehmerstaaten des Vertrages über Freundschaft, Zusammenarbeit und gegenseitigen Beistand, der in Warschau am 14. Mai 1955 abgeschlossen wurde, statt. (folgen Namen der Ländervertreter)

Als Beobachter der Volksrepublik China nahm Marschall Nich Schung-tschen, stellvertretender Vorsitzender des Nationalen Verteidigungsrates der Volksrepublik China, teil.

Den Vorsitz auf den Sitzungen führte der Vorsitzende des Ministerrates der Volksrepublik Albanien, Mehmet Shehu.

Auf Vorschlag des Oberkommandierenden der Vereinigten Streitkräfte, des Marschalls der Sowjetunion, I. S. Konjew, wurden das Statut über das Vereinigte Oberkommando erörtert und bestätigt sowie organisatorische Fragen entschieden, die mit der Tätigkeit der Vereinigten Streitkräfte der Teilnehmerstaaten des Warschauer Vertrages verbunden sind.

Es wurde der Vorschlag der Delegation der Deutschen Demokratischen Republik angenommen, daß nach der Schaffung der Nationalen Volksarmee der Deutschen Demokratischen Republik ihre bewaffneten Kontingente in die Vereinigten Streitkräfte einbezogen werden. Es wurde ebenfalls beschlossen, daß der Minister für Nationale Verteidigung der Deutschen Demokratischen Republik, entsprechend der festgelegten Ordnung ein Stellvertreter des Oberkommandierenden der Vereinigten Streitkräfte der Teilnehmerstaaten des Warschauer Vertrages sein wird.

Entsprechend dem Warschauer Vertrag, der die Durchführung von Beratungen zwischen den Teilnehmerstaaten des Vertrages über internationale Fragen vorsieht, die ihre gemeinsamen Interessen berühren, erörterte der Politische Beratende Ausschuß die internationale Lage und kam zu Schlußfolgerungen, die in der Deklaration der Teilnehmerstaaten des Warschauer Vertrages dargelegt sind, die von den Vertretern dieser Staaten unterzeichnet wurde. [Der Text der Deklaration wird gesondert veröffentlicht*.] Es wurden einige organisatorische Fragen erörtert, die mit der Arbeit des Politischen Beratenden Ausschusses verbunden sind.

Es wurden Beschlüsse darüber gefaßt, daß der Politische Beratende Ausschuß je nach Notwendigkeit zusammentreten wird, jedoch nicht weniger als zweimal im Jahr, um die in Verbindung mit der Verwirklichung des Warschauer Vertrages entstehenden Fragen zu erörtern.

Den Vorsitz werden auf den Sitzungen für je ein Kalenderjahr der Reihe nach die Vertreter eines jeden Staates führen, der im Ausschuß vertreten ist.

Beim Politischen Beratenden Ausschuß werden Hilfsorgane mit dem Sitz in Moskau gebildet:

a) Eine ständige Kommission zur Ausarbeitung von Empfehlungen für außenpolitische Fragen.

b) Ein vereinigtes Sekretariat, dem die Vertreter aller Teilnehmer des Warschauer Vertrages angehören.

---

* In dieser Sammlung nicht veröffentlicht. Vgl. den Wortlaut der Deklaration bei Boris Meissner, Der Warschauer Pakt, Köln 1962, S. 105–110.

Quelle: Ebenda, S. 103.

D 36: Sowjetische Grundsatzerklärung vom 30. Oktober 1956 anläßlich der ungarischen Revolution (Auszug)

Im Werdegang des neuen Systems und im Zuge der tiefgreifenden revolutionären Umgestaltungen der gesellschaftlichen Beziehungen hat es nicht wenig Schwierigkeiten, ungelöste Aufgaben und direkte Fehler gegeben, was auch für die Beziehungen zwischen den sozialistischen Ländern gilt, hat es Verstöße und Fehler gegeben, die dem Prinzip der Gleichberechtigung in den Beziehungen zwischen den sozialistischen Staaten Abruch taten.

Der XX. Parteitag der Kommunistischen Partei der Sowjetunion hat diese Verstöße und Fehler auf das entschiedenste verurteilt und die Aufgabe gestellt, in den Beziehungen der Sowjetunion zu den anderen sozialistischen Ländern die Leninschen Prinzipien der Gleichberechtigung der Völker konsequent zu verwirklichen. Er hat verkündet, daß es notwendig ist, der geschichtlichen Vergangenheit und den Besonderheiten jedes Landes, das den Weg des Aufbaus eines neuen Lebens beschritten hat, vollauf Rechnung zu tragen ...

Die Sowjetregierung ist bereit, zusammen mit den Regierungen der anderen sozialistischen Staaten Maßnahmen zu erörtern, die eine weitere Entwicklung und Festigung der Wirtschaftsverbindungen zwischen den sozialistischen Ländern gewährleisten, um jede Möglichkeit einer Verletzung des Prinzips der nationalen Souveränität, des gegenseitigen Vorteils und der Gleichberechtigung in den Wirtschaftsbeziehungen auszuschalten.

Dieses Prinzip ist auch auf die Berater auszudehnen. Bekanntlich entsandte die Sowjetunion in der ersten Zeit der Bildung des neuen Gesellschaftssystems auf Ersuchen der Regierungen der volksdemokratischen Länder dorthin eine gewisse Anzahl sowjetischer Fachleute: Ingenieure, Agronomen, Wissenschaftler, militärische Berater ...

Im Zusammenhang damit, daß die Länder der Volksdemokratie nunmehr über eigene qualifizierte nationale Kader auf allen Gebieten des wirtschaftlichen und militärischen Aufbaus verfügen, hält es die Sowjetregierung für unaufschiebbar, zusammen mit den anderen sozialistischen Staaten die Frage zu erörtern, ob der weitere Aufenthalt von Beratern der UdSSR in diesen Ländern zweckmäßig sei ...

Im Einklang mit dem Warschauer Vertrag und mit Regierungsabkommen befinden sich bekanntlich sowjetische Truppen in der Ungarischen und der Rumänischen Republik. In der Republik Polen befinden sich sowjetische Militäreinheiten gemäß dem Potsdamer Viermächte-Abkommen und dem Warschauer Vertrag. In den anderen Ländern der Volksdemokratie stehen keine sowjetischen Militäreinheiten.

Zwecks Gewährleistung der gegenseitigen Sicherheit der sozialistischen Länder ist die Sowjetregierung bereit, mit den anderen sozialistischen Ländern, den Signataren des Warschauer Vertrags, die Frage der sowjetischen Truppen in den Gebieten der oben angeführten Länder zu erörtern. Hierbei geht die Sowjetregierung von dem allgemeinen Prinzip aus, daß die Dislozierung von Truppen des einen oder anderen Teilnehmerstaates des Warschauer Vertrags im Gebiete eines anderen Teilnehmerstaates des Warschauer Vertrags nach einer Übereinkunft aller Vertragsteilnehmer und lediglich mit der Einwilligung desjenigen Staates erfolgt, in dessen Gebiet auf sein Ersuchen diese Truppen disloziert werden sollen ...

Die Sowjetregierung verleiht der Zuversicht Ausdruck, daß die Völker der sozialistischen Länder es nicht zulassen werden, daß äußere und innere reaktionäre Elemente die Grundlagen des volksdemokratischen Systems erschüttern, welches durch den aufopferungsvollen Kampf und das Schaffen der Arbeiter, Bauern und Intellektuellen jedes dieser Länder errungen und gefestigt worden ist. Die Völker der sozialistischen Länder werden alles daransetzen, nach der Beseitigung von allem, was der weiteren Festigung der demokratischen Grundlagen, der Unabhängigkeit und der Souveränität ihrer Länder im Wege steht, die sozialistischen Grundlagen, jedes Landes, seine Wirtschaft, seine Kultur weiterzuentwickeln, um den materiellen Wohlstand und das Kulturniveau aller Werktätigen unablässig zu heben, sie werden die brüderliche Einheit und die gegenseitige Hilfe der sozialistischen Länder festigen, um das große Werk des Friedens und des Sozialismus zu konsolidieren.

Quelle: Neue Zeit (Moskau), 1956, 45, S. 1f.

3.4. Regionale Bündnisse in Nord- und Südosteuropa

3.4.1. Der Balkanpakt

Gleichsam an der Peripherie der zentraleuropäischen Blockbildung entstanden anfangs der fünfziger Jahre im Norden und Südosten des Kontinents zwei Regionalbündnisse, die, in verschiedener Weise, eine engere Zusammenarbeit der dort beheimateten Ländergruppe vorsahen.

Am 28. Februar 1953 unterzeichneten Jugoslawien, Griechenland und die Türkei einen Vertrag über Freundschaft und Zusammenarbeit [D 37]. Er sah regelmäßige, mindestens jährliche Konferenzen der Außenminister, eine Koordinierung der Verteidigungsplanung und die Entwicklung der Zusammenarbeit auf den Gebieten der Wirtschaft, Technik und Kultur vor. Ein am 7. November 1953 unterzeichneter Zusatzvertrag schuf ein ständiges Sekretariat, das »alle Fragen, die in den Rahmen der politischen, militärischen, kulturellen, wirtschaftlichen und technischen Zusammenarbeit unter den Mitgliedstaaten fallen, prüfen und den Regierungen Vorschläge zu einer engeren Föderation und einer gemeinsamen Politik« machen sollte.

Zwei Vorgänge von weitreichender Bedeutung hatten das Zustandekommen dieses Regionalbündnisses ermöglicht: der jahrelange Widerstand Griechenlands und der Türkei gegen den kommunistischen Druck und der Ausschluß Jugoslawiens aus dem Kominform. Tito sah sich damals von der Sowjetunion wirtschaftlich und politisch isoliert und war gezwungen, den Westen um Hilfe anzugehen. Eine Allianz, wie er sie nun mit zwei der NATO angehörenden Staaten einging, sollte ihm einmal einen willkommenen Schutz gegen weiteren sowjetischen Druck verschaffen. Gleichzeitig hoffte er, seinen Lieblingsgedanken einer Balkanföderation – diesmal allerdings unter anderem Vorzeichen – wieder ins Gespräch bringen zu können. Die ursprünglichen Bedenken der übrigen NATO-Mitglieder gegen eine allzu enge Verbindung mit dem unverändert kommunistischen Jugoslawien vermochte der jugoslawische Staatschef durch sein behutsames Manövrieren zwischen West und Ost allmählich zu beschwichtigen.

Griechenland und die Türkei, an der Südostflanke der atlantischen Allianz besonders gegen ein sowjetisches Umfassungsmanöver exponiert, betrachteten ihr Bündnis mit einem verhältnismäßig starken Nachbarn als eine zusätzliche Garantie gegen eine Erneuerung sowjetischen Druckes. Jugoslawien erwies sich aber bald als recht unzuverlässiger Partner, der eine Schaukelpolitik zwischen Ost und West einer einseitigen Bindung vorzog. Zwar wurde der Balkanpakt ein Jahr nach seiner Gründung – am 9. August 1954 – zu einem Verteidigungsbündnis ausgebaut. Das hinderte Tito allerdings nicht daran, der sich kurz danach anbahnenden und für ihn viel wichtigeren Aussöhnung mit der Sowjetunion die Hand zu bieten. Jetzt stand ganz im Gegenteil der Balkanpakt als eine allzu einseitig nach dem Westen ausgerichtete Bindung im Wege. Der jugoslawische Staatschef ließ deshalb den geplanten Ausbau der Paktorganisation zum Stillstand kommen; kurze Zeit nach dem spektakulären Besuch der Sowjetführer in Belgrad (Juni 1955) und der demonstrativen Versöhnung der beiden »feindlichen Brüder« geriet der Balkanpakt in Vergessenheit, ohne jemals formell aufgekündigt worden zu sein*.

3.4.2. Die Nordische Union

Das – ungleiche – Gegenstück zu dem militärpolitischen Bündnis in Südosteuropa bildeten im Norden die Bemühungen der skandinavischen Staaten um eine engere Zusammenarbeit. Sie hofften, sich nach dem Kriege als eine neutrale Nordische Union aus dem heraufziehenden Ost-West-Konflikt heraushalten zu können. Angesichts des wachsenden sowjetischen Drucks auf Finnland mußten sie jedoch bald einsehen, daß sich die angestrebte Neutralität nicht aufrechterhalten ließ. Der Beitritt Dänemarks und Norwegens zum Atlantikpakt verwandelte den latenten Argwohn Moskaus gegenüber der Union in eine offene Ablehnung. Die nordischen Staaten gerieten damit gegen ihre Absicht in den Sog des Ost-West-Konfliktes. Er verlangte auch von ihnen früher oder später die Entscheidung, in welcher Weise sie sich an der westeuropäischen Integration und am Aufbau des westlichen Verteidigungsbündnisses beteiligen sollten. Ihre eigene Zusammenarbeit beschränkten sie aber bewußt auf Gebiete, die der verschiedenen politischen Lage der einzelnen Länder Rechnung tragen konnten. Im Juni 1952 gaben die Parlamente Dänemarks, Norwegens und Schwedens ihre Zustimmung zu einer neuen gemeinsamen Organisation, dem Nordischen Rat [D 38]. Dieser von ihnen gleichzeitig, aber unabhängig voneinander gefaßte Beschluß galt – gemäß Artikel 14 des Statuts – als Gründungsakt des Rates selbst. Island schloß sich ihm Ende 1952 an, während für Finnland ein Sonderstatus gefunden werden mußte: Es konnte auf Wunsch jederzeit an den Beratungen und Beschlüssen des Rates teilnehmen, ohne zu einer vollen Mitgliedschaft verpflichtet zu sein. Erst im Oktober 1955 wurde auch Finnland Mit-

* Marschall Tito erklärte später den Pakt als »zu den Akten« gelegt.

glied des Nordischen Rates, nachdem Moskau seine bisherigen Bedenken dagegen fallengelassen hatte.

Der Rat setzt sich aus je sechzehn schwedischen, norwegischen, dänischen und finnischen und fünf isländischen Mitgliedern zusammen. Sie werden aus den Länderparlamenten unter Berücksichtigung der verschiedenen politischen Richtungen ausgewählt.

Eine völkerrechtlich verbindliche Form erhielt die Zusammenarbeit unter den skandinavischen Staaten jedoch erst zehn Jahre nach Gründung des lediglich auf nationaler Gesetzgebung beruhenden Nordischen Rates. Das am 23. März 1962 in Helsinki unterzeichnete und am 1. Juli 1963 in Kraft getretene Abkommen über eine allgemeine nordische Zusammenarbeit (die sogenannte Konvention von Helsinki) war eine indirekte Folge der fortschreitenden Wirtschaftsintegration in Westeuropa. Sie veranlaßte die nordischen Staaten, ihre früheren Pläne für die Bildung eines gemeinsamen Marktes wieder aufzunehmen und die bisher formlose Zusammenarbeit auf den Gebieten der Kultur, der Wirtschafts- und Sozialpolitik, der Gesetzgebung und Verwaltung zu konsolidieren. Nach mehrmonatigen Vorbereitungsarbeiten konnte anläßlich des zehnten Jahrestages der Gründung des Nordischen Rates das Abkommen unterzeichnet werden. Darin verpflichteten sich die fünf beteiligten Staaten, »die bestehende rechtliche, kulturelle, soziale und wirtschaftliche Zusammenarbeit weiter zu fördern und zu entwickeln«. Die wichtigsten Instrumente und Formen zur Verwirklichung dieser Ziele bilden nach wie vor die interministeriellen Besprechungen, der Nordische Rat und seine Organe. Ihm kommt damit ein eigenständiges Gewicht im nordischen Raum zu, das seine Bedeutung auch im größeren Rahmen einer europäischen Einigung bewahren wird.

Dokumente

D 37: Vertrag über Freundschaft und Zusammenarbeit zwischen Jugoslawien, Griechenland und der Türkei vom 28. Februar 1953 (Balkanpakt)

Die Vertragspartner
bestätigen ihren Glauben an die Grundsätze, die in der Charta der Vereinten Nationen niedergelegt sind.
Sie sind entschlossen, mit allen Völkern in Frieden zu leben und zur Erhaltung des internationalen Friedens beizutragen.
Sie sind durchdrungen von dem Wunsch, die Freundschaftsbeziehungen, die unter ihnen herrschen, zu konsolidieren.
Sie sind entschlossen, die Freiheit und Unabhängigkeit ihrer Völker und ihre territoriale Integrität gegen jede äußere Macht zu verteidigen.
Sie sind entschlossen, ihre Anstrengungen zu vereinen, um ihre Verteidigung gegen jede äußere Aggression wirksam zu organisieren, und wollen sich gegenseitig konsul-

tieren und in allen Fragen von gemeinsamem Interesse, besonders aber in Fragen, die sich auf ihre Verteidigung beziehen, zusammenarbeiten.
Sie sind überzeugt, daß die gemeinsamen Interessen ihrer Völker und aller friedliebenden Völker fordern, zweckmäßige Maßnahmen zu treffen, um den Frieden und die Sicherheit in diesem Teil der Welt entsprechend dem Artikel 51 der Charta der Vereinten Nationen zu erhalten.
Ihre Staatschefs haben daher beschlossen, den folgenden Vertrag zu schließen, und haben als ihre Bevollmächtigten ernannt: (folgen Namen).

Artikel 1

Um ihre Zusammenarbeit in dauerhafter Form zu sichern, werden sich die Vertragspartner über alle Probleme von gemeinsamem Interesse konsultieren.

Die Außenminister der Vertragspartner werden regelmäßig einmal jährlich eine Konferenz abhalten und, wenn dies für notwendig angesehen wird, häufiger, um die internationale politische Lage zu überprüfen und die entsprechenden Beschlüsse in Übereinstimmung mit den Zielen dieses Vertrages zu fassen.

Artikel 2

Die Vertragspartner beabsichtigen, auch weiterhin gemeinsame Anstrengungen zu machen, um den Frieden und die Sicherheit in ihrem Gebiet zu wahren und gemeinsam die Überprüfung der Probleme ihrer Sicherheit einschließlich gemeinsamer Verteidigungsmaßnahmen, die im Falle eines nichtprovozierten Angriffes gegen sie notwendig werden könnten, fortzusetzen.

Artikel 3

Die Generalstäbe der Vertragspartner werden ihre Zusammenarbeit mit dem Ziel fortsetzen, ihren Regierungen Empfehlungen in Verteidigungsfragen, die in einem gemeinsamen Übereinkommen festgelegt sind, vorzulegen, damit koordinierte Beschlüsse gefaßt werden können.

Artikel 4

Die Vertragspartner werden ihre Zusammenarbeit auf den Gebieten der Wirtschaft, Technik und Kultur entwickeln. In den Fällen, in denen dies für nützlich angesehen wird, werden entsprechende Abkommen geschlossen und die notwendigen Organe für die Behandlung wirtschaftlicher, technischer und kultureller Probleme geschaffen werden.

Artikel 5

Die Vertragspartner verpflichten sich, jeden Streit, der unter ihnen auftauchen könnte, mit friedlichen Mitteln, wie sie in der Charta der Vereinten Nationen vorgesehen sind, und im Geiste der Verständigung und Freundschaft beizulegen. Sie verpflichten sich ebenso, daß sie sich jeder Einmischung in innere Angelegenheiten der anderen Seite enthalten werden.

Artikel 6

Die Vertragspartner werden sich des Abschlusses von Bündnissen oder der Teilnahme an einer Aktion enthalten, die sich gegen einen von ihnen richtet oder die ihren Interessen Schaden zufügen könnte.

Artikel 7

Jeder der Vertragspartner erklärt für sich, daß keinerlei internationale Verpflichtungen, die zwischen ihm und einem oder mehreren Staaten jetzt in Kraft sind, den Bestimmungen dieses Vertrages widersprechen. Die Vertragspartner übernehmen ihrerseits die Verpflichtung, in Zukunft keinerlei internationale Verpflichtung zu unterzeichnen, die im Widerspruch zu diesem Vertrag stehen könnte.

Artikel 8

Dieser Vertrag ändert nicht die Rechte und Verpflichtungen, die sich für Griechenland und die Türkei aus dem Nordatlantik-Vertrag vom 4. April 1949 ergeben, und kann nicht so ausgelegt werden, als änderte er diese Rechte und Verpflichtungen.

Artikel 9

Nach Inkrafttreten dieses Vertrages kann jeder andere Staat, dessen Mitarbeit alle Vertragspartner als nützlich für die Verwirklichung der Ziele dieses Vertrages ansehen, dem Vertrag unter den gleichen Bedingungen und mit den gleichen Rechten wie die drei Unterzeichnerstaaten beitreten.

Artikel 10

Dieser Vertrag, dessen französischer Text authentisch ist, wird von allen Vertragspartnern ratifiziert werden, und die Ratifikationsurkunden werden im Sekretariat für auswärtige Angelegenheiten der Föderativen Volksrepublik Jugoslawien in Belgrad deponiert werden. Er tritt mit dem Tage in Kraft, an dem die letzte Ratifikationsurkunde deponiert wird.

Nach Ablauf von fünf Jahren nach dem Inkrafttreten dieses Vertrages kann jeder Vertragspartner aufhören, Mitglied dieses Vertrages zu sein, durch eine Erklärung an die Regierungen der übrigen Vertragspartner mit einer Kündigungsfrist von einem Jahr.

Quelle: Europa-Archiv, 1953, S. 5563f.

D 38: Satzung des Nordischen Rates (angenommen von den Regierungen und Parlamenten der Mitgliedstaaten im Jahre 1957 und am 1. Januar 1958 in Kraft getreten)

Artikel 1

Der Nordische Rat ist ein Organ für die Zusammenarbeit des Dänischen Folketings, des Finnischen Reichstages, des isländischen Altings, des Norwegischen Stortings, des Schwedischen Reichstages und der Regierungen dieser Länder in Angelegenheiten, bei denen gemeinsame Maßnahmen dieser Länder oder einzelner von ihnen in Frage kommen.

Artikel 2

Der Rat besteht aus neunundsechzig gewählten Mitgliedern und aus Regierungsvertretern.

Für die Zeitdauer und auf die Weise, die jedes Land bestimmt, wählen das Dänische Folketing, der Finnische Reichstag, das Norwegische Storting und der Schwedische Reichstag aus ihrer Mitte je sechzehn Mitglieder des Rates nebst der erforderlichen Anzahl von Stellvertretern und das Isländische Alting aus seiner Mitte fünf Mitglieder des Rates nebst der erforderlichen Anzahl von Stellvertretern. Unter den gewählten Mitgliedern jedes Landes müssen verschiedene politische Richtungen vertreten sein.

Jede Regierung ernennt unter ihren Mitgliedern Regierungsvertreter in der von ihr gewünschten Anzahl.

Artikel 3

Die Regierungsvertreter haben in dem Rat kein Stimmrecht.

Artikel 4

Der Rat tritt einmal jährlich an einem Zeitpunkt zusammen, den er selbst bestimmt (ordentliche Sitzung). Außerdem tritt er zusammen, wenn er dies beschließt oder wenn es mindestens zwei Regierungen oder mindestens fünfundzwanzig gewählte Mitglieder beantragen (außerordentliche Sitzung). Die ordentliche Sitzung findet nach Bestimmung des Rates in einer der Hauptstädte der beteiligten Länder statt.

Artikel 5

Für jede ordentliche Sitzung und für die Zeit bis zur nächsten ordentlichen Sitzung wählt der Rat unter den gewählten Mitgliedern einen Vorsitzenden und vier stellvertretende Vorsitzende. Der Vorsitzende und die stellvertretenden Vorsitzenden bilden das Präsidium des Rates.

Artikel 6

Die Verhandlungen des Rates sind öffentlich, falls er nicht im Hinblick auf die besondere Art einer Frage anderes beschließt.

Artikel 7

Bei jeder ordentlichen Sitzung werden die gewählten Mitglieder auf feste Ausschüsse verteilt, um die Angelegenheiten vorzubereiten. Die Ausschüsse können nach Bestimmung des Präsidiums in einzelnen Fällen auch zwischen den Sitzungen zusammentreten.

Für die Bearbeitung besonderer Angelegenheiten in der Zeit zwischen den Sitzungen können Komitees eingesetzt werden.

Artikel 8

Die Delegation jedes Landes stellt einen Sekretär und anderes Personal an. Die Tätigkeit der Sekretariate und ihre gegenseitige Zusammenarbeit stehen unter der Leitung des Präsidiums.

Artikel 9

Jede Regierung und jedes Mitglied haben das Recht, durch schriftlichen Antrag an das Präsidium dem Rat Angelegenheiten zu unterbreiten. Das Präsidium läßt die ihm notwendig erscheinenden Ermittlungen vornehmen und sendet rechtzeitig vor der Sitzung die betreffenden Aktenstücke den Regierungen und den Mitgliedern zu.

Artikel 10

Der Rat erörtert Fragen von gemeinsamem Interesse für die Länder und kann Empfehlungen an die Regierungen beschließen. Der Empfehlung ist die Angabe beizufügen, wie jedes Mitglied abgestimmt hat.

In Fragen, die ausschließlich bestimmte Länder betreffen, haben nur die Mitglieder aus diesen Ländern Stimmrecht.

Artikel 11

Die Regierungen sollen dem Rat bei jeder ordentlichen Sitzung über die Maßnahmen berichten, die anläßlich der Empfehlungen des Rates getroffen worden sind.

Artikel 12

Der Rat legt seine Geschäftsordnung selbst fest.

Artikel 13

Jedes Land bestreitet die Ausgaben für seine Teilnahme an dem Rat.

Der Rat bestimmt, wie gemeinsame Ausgaben zu verteilen sind.

Quelle: Nordisk Råd/Dänisches Sekretariat. Inoffizielle Übersetzung aus dem Schwedischen.

4. Westliche Integration und östliche Kohäsion

4.1. Wirtschaftlicher Schulterschluß in Westeuropa

Nach der Errichtung der WEU bestanden 1955 im westlichen Europa vier europäische Institutionen – OEEC, Europarat, EGKS und WEU – sowie der Atlantikpakt, der Nordamerika mit den wichtigsten Ländern Europas zu einem gemeinsamen Verteidigungsbündnis verband. Bereits diese Organisationen bildeten ein wirkungsreiches Geflecht abgestufter Integration der in ihnen verbundenen westeuropäischen Länder. Trotzdem ließ gerade die Niederlage im Kampf um die EVG die Europäer bewußt werden, wie weit ihre Länder von einer wahren politischen Einigung noch entfernt und wie stark der sie trennende Nationalismus noch waren. Das Ungenügen eines nur bruchstückweisen Zusammenschlusses empfanden jene am stärksten, die durch ihre praktische Arbeit in den ersten europäischen Organisationen erkannt hatten, daß nur auf diese Weise eine Fortführung des Einigungsprozesses möglich war. Ihnen, den europäischen Beamten und Parlamentariern, fiel nun, mehr noch als den privaten Europabewegungen, die Aufgabe zu, die Initiative für die nächsten Schritte zu unternehmen. Bereits im Dezember 1954 forderte die Gemeinsame Versammlung der Montanunion die Einsetzung einer Sonderkommission, die die Stärkung der Gemeinschaft und die Erweiterung der wirtschaftlichen Zusammenarbeit auf allen Gebieten prüfen sollte. Ein zweiter Impuls zu der als *Relance européenne* bezeichneten Wiederaufnahme der Einigungsbemühungen ging von den Benelux-Ländern und deren Außenministern aus. So stellte der niederländische Außenminister Beyen in einer

Rede vom 21. April 1955 fest: »Wenn wir zum politischen Zusammenschluß gelangen wollen, müssen wir an das Problem unter dem Gesichtswinkel der Gesamtwirtschaft herangehen; denn die Wirtschaftsmacht stellt die für die Aufrechterhaltung der politischen Einheit Europas notwendige Infrastruktur dar.« Ein entsprechendes Memorandum der Benelux-Länder an ihre Partner in der EGKS vom Mai 1955 zeichnete die Grundsätze für das weitere Vorgehen auf: Die immer engere wirtschaftliche Zusammenarbeit sollte der Motor und Wegbereiter für die später folgende politische Einigung werden.

Im Juni 1955 trafen die Außenminister der sechs Länder in Messina zusammen. Sie beschlossen, eine Regierungskonferenz für eine Zollunion und eine Organisation für die Entwicklung und Nutzung der nuklearen Energie einzusetzen [D 39]. Der belgische Außenminister Paul Henri Spaak wurde zum Vorsitzenden einer Kommission ernannt, die die in Messina ausgearbeiteten Richtlinien auf ihre praktische Verwirklichung hin prüfen sollte. Diese vorbereitenden Arbeiten dauerten bis Anfang 1957. Ihr Ergebnis bildeten der Vertrag über die Europäische Wirtschaftsgemeinschaft (EWG, »Gemeinsamer Markt«) [D 40] und der Vertrag über die Europäische Gemeinschaft für Atomenergie (Euratom). Beide Verträge wurden am 25. März 1957 in Rom unterzeichnet und traten am 1. Januar 1958 in Kraft.

4.1.1. Die Europäische Wirtschaftsgemeinschaft

Die Gründung der Europäischen Wirtschaftsgemeinschaft (EWG) war nicht nur der bisher wichtigste und größte Schritt auf dem Wege zur Bildung einer engen wirtschaftlichen Verflechtung der sechs Länder »Kerneuropas« (Frankreich, Italien, Bundesrepublik Deutschland, Belgien, die Niederlande und Luxemburg). Sie war zugleich ein politischer Akt, ein Bekenntnis zum unveränderten Ziel der Schaffung eines vereinigten Europas. Das hält die Präambel zu dem 248 Artikel umfassenden Vertrag [D 40] in klaren Worten fest: Ziel der EWG ist die Schaffung »der Grundlage für einen immer engeren Zusammenschluß der europäischen Völker«. Auch »die anderen Völker Europas« werden aufgerufen, sich zu dem gleichen Ziel zu bekennen, nämlich »durch einen solchen Zusammenschluß der Wirtschaftskräfte« Frieden und Freiheit wahren und festigen zu helfen. Diese Worte lassen die Hoffnungen jener föderalistischen Europäer der Kriegs- und Nachkriegszeit aufklingen, für die die Einheit Europas gleichbedeutend mit der Sicherung des Friedens und der Wiedergewinnung der Freiheit waren.

Kernstück der EWG ist eine Zollunion zwischen den zunächst sechs Mitgliedstaaten und die stufenweise Errichtung eines gemeinsamen Zolltarifs gegenüber allen Außenländern. Das bedeutete vor allem die Verwirklichung folgender Ziele:

- die stufenweise Abschaffung der Zölle und mengenmäßigen Beschränkungen innerhalb eines Zeitraumes von höchstens fünfzehn Jahren;
- die Einführung eines gemeinsamen Außenzolltarifs und einer gemeinsamen Handelspolitik gegenüber Drittländern;
- eine gemeinsame landwirtschaftliche Marktordnung;
- gemeinsame Verkehrspolitik;

- gemeinsame Wettbewerbsregeln im Sinne eines grundsätzlichen Kartellverbots;
- die Harmonisierung der Arbeitsbedingungen und Schaffung eines europäischen Sozialfonds;
- die Angleichung der innerstaatlichen Rechtsvorschriften, soweit dies für das ordnungsgemäße Funktionieren des gemeinsamen Marktes erforderlich ist;
- die Assoziierung der überseeischen Länder und Hoheitsgebiete zur Steigerung ihrer wirtschaftlichen Entwicklung. Ein spezielles Protokoll [D 41] regelt die Probleme, die sich für die Gemeinschaft aus der Teilung Deutschlands und des innerdeutschen Handels ergeben.

Die Struktur der Organe folgt weitgehend derjenigen der EGKS; der Ministerrat (Art. 145), der für die Abstimmung der Wirtschaftspolitik zu sorgen hat, setzt sich aus je einem Vertreter der Mitgliedsländer zusammen. Seine Entscheidungen erfolgen grundsätzlich durch Mehrheitsbeschluß; nur in bestimmten Fällen ist eine qualifizierte, nach dem »Gewicht der Länder« bestimmte Mehrheit erforderlich (Art. 148). Die Versammlung (Europäisches Parlament) übt begrenzte Beratungs- und Kontrollbefugnisse aus und setzte sich bis zur ersten Erweiterung aus 142 Mitgliedern (davon je 36 für Frankreich, die Bundesrepublik und Italien) zusammen. Das Parlament ist – ähnlich wie der Europäische Gerichtshof – ein Gemeinschaftsorgan aller drei Europäischen Gemeinschaften, also zugleich auch für die EGKS und Euratom zuständig. Das eigentliche ausführende Organ der EWG ist die aus anfangs neun, heute siebzehn Mitgliedern bestehende Kommission (Art. 155ff.) mit dem ihr beigeordneten umfangreichen Sekretariat (9 Generaldirektionen). Zu den besonderen, unter der Leitung der Kommission stehenden Einrichtungen gehören der Fonds zur Finanzierung der wirtschaftlichen Entwicklung der überseeischen Gebiete und der bereits erwähnte Europäische Sozialfonds (Art. 123–125). Für die Unterstützung von wirtschaftlich ungenügend entwickelten Gebieten innerhalb des EWG-Raumes sowie für die Modernisierung von einzelnen Unternehmungen und die Finanzierung von Projekten, an denen mehrere Mitgliedstaaten interessiert sind, wurde die Europäische Investitionsbank geschaffen (Art. 129 und 130). Sie wird von einem Rat der Gouverneure geleitet.

Später sollte noch der Europäische Rat der Staats- und Regierungschefs dazukommen.

Die großen, schon kurze Zeit nach dem Inkrafttreten des Vertrages erreichten Erfolge der EWG übertrafen auch die Erwartungen der kühnsten Optimisten. Sie gaben den europäischen Föderalisten recht, die seit jeher in einem solchen unauflöslichen Zusammenschluß die Stärke Europas gesehen und auf ihrer Forderung nach übernationalen Organen bestanden hatten. Bereits nach wenigen Jahren wurde die EWG, mit ihrer 170-Millionen-Bevölkerung zum bedeutsamsten Handelspartner der Welt (größter Importeur und zweitgrößter Exporteur), in den Jahren 1958–1962 erhöhte sich das Bruttosozialprodukt um 21,5 % (gegen 11 % in Großbritannien und 18 % in den USA), die Industrieproduktion um 37 % (dagegen 14 % in Großbritannien und 28 % in den USA).

Dieser Erfolg einer freiheitlich-demokratischen Wirtschaftsgemeinschaft mußte früher oder später den Ärger Moskaus hervorrufen, um so mehr als – wie noch zu zeigen sein wird (S. 198ff.) – alle sowjetischen Bemühungen um eine Rationalisierung und Reorganisation des Rates für gegenseitige Wirtschaftshilfe bestenfalls magere Ergebnisse zu erzielen vermochten. Die EWG wurde deshalb bald die Zielscheibe sowjetisch-kommunistischer Angriffe: Sie war der sichtbare Widerspruch zu Lenins

These von der »Unmöglichkeit dauerhafter Zusammenschlüsse kapitalistischer Staaten« und zugleich der unwiderlegbare Beweis dafür, daß eine solche Gemeinschaft nur auf der Grundlage der Freiwilligkeit und Gleichberechtigung ihrer Glieder gedeihen kann. Damit wies die EWG, wenigstens indirekt, auch den osteuropäischen Völkern den Weg, der allein zu der erhofften gesamteuropäischen Gemeinschaft führen kann.

4.1.2. Europäische Zusammenarbeit und Atomenergie (CERN und Euratom)

Die Schöpfer des Vertrages über die Europäische Atomgemeinschaft (Euratom) erkannten richtig, daß die friedliche Nutzung von nuklearer Energie für industrielle Zwecke in den kommenden Jahrzehnten äußerst kostspielige Investitionen erfordern würde. Diese Mittel waren nur durch eine Zusammenfassung der Kräfte aller Länder Europas aufzubringen. Das hatten bereits die positiven Erfahrungen der im Jahre 1953 begründeten Europäischen Organisation für Kernforschung (CERN) [D 42] und der von der OEEC eingesetzten Europäischen Kernenergie-Agentur gezeigt. An dem in Genf domizilierten CERN beteiligten sich zwölf europäische Länder (Belgien, die Bundesrepublik, Dänemark, Frankreich, Großbritannien, Griechenland, Italien, Jugoslawien, Norwegen, die Niederlande, Schweden und die Schweiz). Sie war die erste Organisation dieser Art in Europa, die sich auf internationaler Ebene mit der Kernforschung für friedliche Zwecke befaßte.

Der Euratom-Vertrag ging nun innerhalb der Sechser-Gemeinschaft einen Schritt weiter. In seinem Ersten Teil (Art. 1–3) bezeichnete er es als Aufgaben der Gemeinschaft, in kurzer Zeit die technischen und industriellen Mittel zu schaffen, die zur ausreichenden Erzeugung von Kernenergie und damit zur Beseitigung des bedrohlichen Energiemangels in Europa erforderlich sind. Als Organe der Gemeinschaft wurden – ähnlich der EWG – ein Ministerrat und eine fünfköpfige Kommission geschaffen: Die parlamentarische Versammlung und den Gerichtshof teilt sie mit der EGKS und der EWG. Zur Erfüllung ihrer Aufgaben hat die Kommission die nationalen Forschungsprogramme zu koordinieren und mittels einer eigenen Kernforschungsstelle durchzuführen; außerdem hat sie Schulen für Nachwuchskräfte zu errichten (Art. 4–11). Die weiteren Vertragsbestimmungen regeln die Mitwirkung der staatlichen und privaten Unternehmungen bei der Durchführung des Programms, den Gesundheitsschutz, die Investitionsfrage und die Gründung eigener Unternehmungen. Ein Jahr nach Inkrafttreten des Vertrages sind alle Zölle, Abgaben und mengenmäßigen Beschränkungen auf Erze und auf Stoffe, die bei der Nutzung von Kernenergie verwendet werden, zwischen den Mitgliedstaaten zu beseitigen sowie ein gemeinsamer Außenzoll zu schaffen.

4.1.3. Die Zusammenlegung der gemeinsamen Organe

Der fünfte Teil des EWG-Vertrages (Art. 137–198), der dritte Teil des Euratom-Vertrages (Art. 101–170) und das zusätzliche Abkommen über die gemeinsamen Organe für die Europäischen Gemeinschaften regeln die Zusammensetzung, Befugnisse und Beschlußfassung der gemeinsamen Organe dieser drei Gemeinschaften. Neben dem Gerichtshof und dem Parlament besteht ein gemeinsamer Wirtschafts- und Sozialausschuß, der sich wo möglich zu gleichen Teilen auf Arbeitnehmer und Arbeitgeber verteilen soll. Mit der Zusammenlegung dieser Institutionen war ein gemeinsames Band unter den drei Gemeinschaften Kerneuropas geschaffen. Es sollte zum Ansatzpunkt für eine weitere Rationalisierung und spätere Fusion der übrigen Gemeinschaftsorgane werden. Darüber konnte Jahre später, im Februar 1963, nach langen Verhandlungen eine grundsätzliche Einigung erzielt werden (vgl. Tafel 7). Den Beschluß, eine Vereinigte Europäische Kommission zu bilden, faßte der Ministerrat der Sechser-Gemeinschaft jedoch erst nach abermals zwei Jahren (Januar 1965).

4.1.4. Die Europäische Freihandelsassoziation (EFTA)

Bereits zu Beginn der *Relance européenne* standen sich bei den Beratungen über die weiteren Schritte für eine Wirtschaftsintegration zwei Ansichten gegenüber; sie entsprachen in einem gewissen Sinne dem alten Gegensatz zwischen »Unionisten« und »Föderalisten«. Die Vertreter der einen Richtung erstrebten die Kooperation der einzelnen Nationalwirtschaften entsprechend der »klassischen« Freihandelslehre und ohne Aufgabe irgendwelcher Teile nationaler Souveränität; die andere Gruppe plädierte für eine Zusammenfassung der nationalen Wirtschaften zu einem gemeinsamen Markt, was die Übertragung von Hoheitsrechten auf ein übergeordnetes Organ mit einschloß. Dieser für die EWG gewählten Lösung konnten sich weder Großbritannien noch die europäischen Neutralen (Schweiz, Schweden und Österreich) anschließen. Der britische Gegenvorschlag für eine umfassende Freihandelszone entsprach genau der traditionellen nationalstaatlichen Konzeption Englands, für die eine zu enge Bindung an den Kontinent keinen Ausgleich für die Lösung vom *Commonwealth* bieten konnte. Die Briten sahen in einer solchen Freihandelszone vielmehr eine lockere Wirtschaftsorganisation innerhalb einer Mehrheit unabhängiger politischer Einheiten, die in dem weltumspannenden Marktsystem die Liberalisierung des Devisen- und Warenaustausches fördern würde. In ihr sollten sich die künftige EWG und die ihr nicht angehörenden übrigen OEEC-Staaten zu einer Zusammenarbeit verbinden, um so die drohende Spaltung Westeuropas in zwei Wirtschaftsgruppen zu vermeiden.

Die Initiative zu neuen Verhandlungen nach der Gründung der EWG ging abermals von Großbritannien aus. Sie zogen sich über anderthalb Jahre (bis Ende 1958) hin, ohne zu einem faßbaren Ergebnis zu führen. Die britische Regierung konnte und wollte sich nicht zu Verpflichtungen bereitfinden, die ihre wirtschaftspolitische Handlungsfreiheit eingeschränkt hätten; umgekehrt fürchteten die EWG-Staaten, durch ein allzu weites Entgegenkommen in Richtung auf rein nationalstaatliche Interessen

Tafel 7: Organisationsschema der Europäischen Gemeinschaften

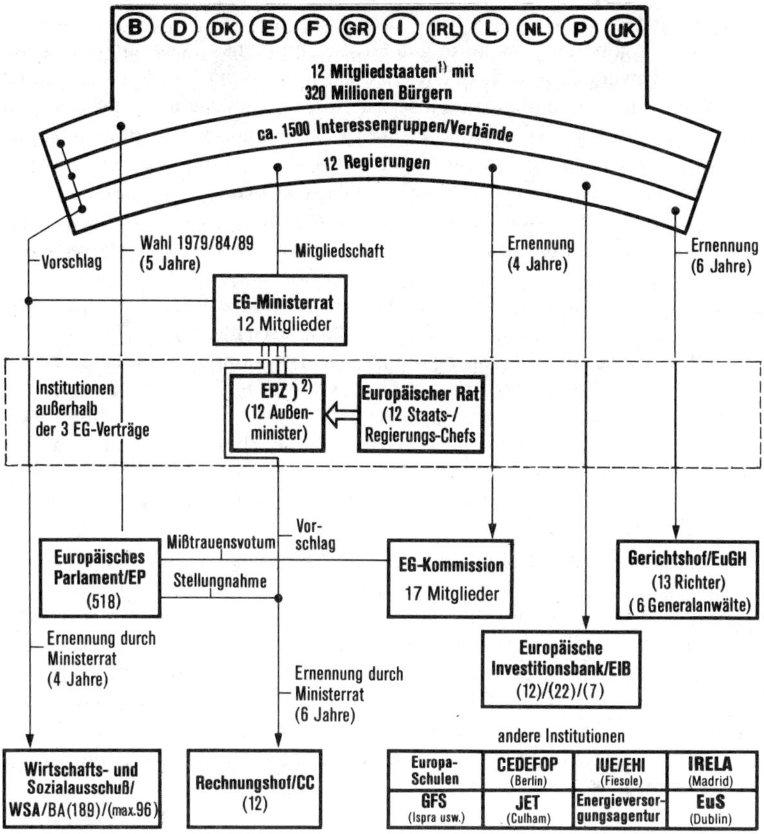

1) Amtliche alphabetische Reihenfolge (von België/Belgique bis United Kingdom)

2) Europäische Politische Zusammenarbeit (personenidentisch mit EG-Außenminister-Rat)

Quelle. Der Fischer Weltalmanach '88, © Fischer Taschenbuch Verlag GmbH, Frankfurt am Main 1987, Sp. 735f.; Graphik von Adolf Böhm

Substanz und politische Zielsetzung der eben ins Leben gerufenen Gemeinschaft zu gefährden. An diesem Gegensatz scheiterte schließlich das Projekt der Großen Freihandelszone.

Im Spätherbst 1958 gaben die Regierungen Großbritanniens, Dänemarks, Norwegens, Österreichs, Schwedens und der Schweiz die Einberufung einer gemeinsamen Konferenz bekannt, auf der sie über die Sicherung ihrer gemeinsamen Wirtschaftsinteressen beraten wollten. Eine Reihe von weiteren Zusammenkünften, zu denen auch Portugal hinzugezogen wurde, führte am 20./21. Juli 1959 zur Gründung einer Europäischen Freihandelsassoziation (*European Free Trade Association,* EFTA). Die von der Ministerkonferenz in Stockholm beschlossene und nachher ausgearbeitete Konvention wurde am 20. November 1959 paraphiert und trat am 3. Mai 1960 in Kraft [D 43].

Im Gegensatz zu der politischen Zielsetzung der EWG verfolgt die EFTA nur handelspolitische Ziele: Ausweitung von Handel und wirtschaftlicher Tätigkeit, Sicherung der Vollbeschäftigung, Steigerung der Produktivität und finanzielle Stabilität (Art. 2) und progressiver Abbau der Einfuhrzölle (Art. 3). Der Vertrag sah auch keinerlei unabhängige Behörde – ähnlich der EWG-Kommission – vor. Er blieb vielmehr mit dem von jedem Mitgliedstaat beschickten Rat als oberstem Organ und dem Festhalten am Einstimmigkeitsprinzip durchaus im Rahmen traditioneller Organisationsformen. Ein Sekretariat in Genf steht dem Rat für die laufenden Arbeiten zur Verfügung (vgl. Tafel 8).

Bereits die Entstehungsgeschichte dieser losen Staatenassoziation weist darauf hin, daß die EFTA vor allem als Gegenmaßnahme zum Schutz vor den wirtschaftlichen Auswirkungen der EWG auf die »äußeren Sieben« gedacht ist. Sie sollte zudem eine bessere Verhandlungsposition gegenüber der festgefügten Wirtschaftsgemeinschaft schaffen, deren Erfolge eine wachsende Anziehungskraft ausübten.

Am 27. März 1961 schloß die EFTA ein Assoziationsabkommen mit Finnland. Dank ihrer lockeren Struktur vermochte sie, dem besonderen Verhältnis Finnlands zur Sowjetunion besser Rechnung zu tragen, als es politische Zielsetzung und Kohärenz der EWG erlaubt hätten.

4.1.5. Von der OEEC zur OECD

Der Gedanke einer großen, die EWG und die übrigen OEEC-Länder umspannenden Freihandelszone warf auch die Frage nach dem künftigen Verhältnis zu den nordamerikanischen Handelspartnern, den USA und Kanada, auf. Für die Begründung einer atlantischen Wirtschaftsgemeinschaft sprachen allein schon das Vorhandensein eines militärisch-politischen Gegenstücks, der NATO, und die immer enger werdende handelspolitische Verflechtung zwischen den beiden Kontinenten.

In der NATO waren seit längerem Forderungen nach einer stärkeren politischen und wirtschaftlichen Zusammenarbeit erhoben worden; die verschiedenen Vorschläge (vor allem der NATO-Parlamentarierkonferenz) hatten jedoch bislang zu keinem konkreten Ergebnis geführt. Nachdem im Dezember 1958 die Verhandlungen über die Schaffung einer Großen Freihandelszone innerhalb der OEEC gescheitert

Tafel 8: Die Organisation der Europäischen Freihandelsassoziation (EFTA)

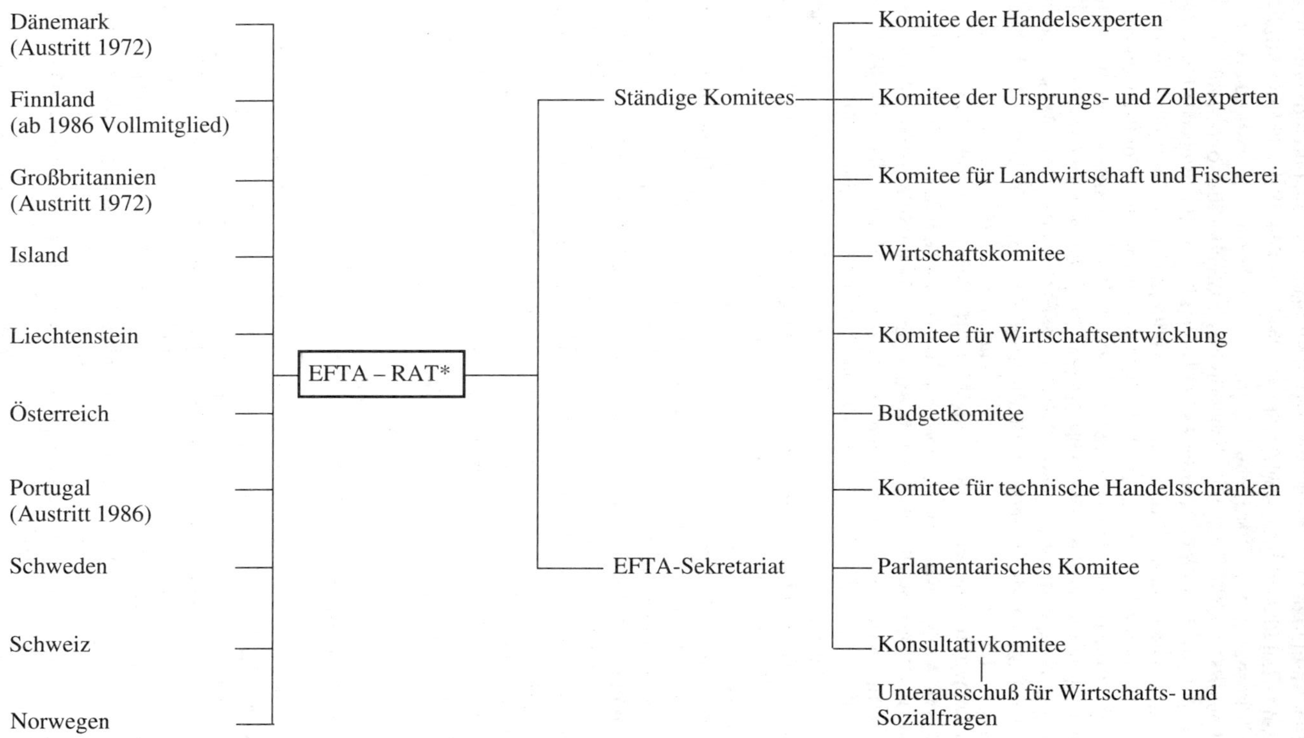

* Gemeinsamer Ausschuß EFTA – Jugoslawien (1978)

waren, gewannen die Pläne für eine Erweiterung der OEEC durch die Aufnahme der USA und Kanadas neues Gewicht. Eine Revision des OEEC-Statuts drängte sich ohnehin nach dem Inkrafttreten des Europäischen Währungsabkommens vom 5. August 1955 und dem für Ende 1958 gefaßten Beschluß über die volle Konvertibilität der Währungen auf. Das im Dezember 1959 von den Regierungschefs der USA, Großbritanniens, Frankreichs und der Bundesrepublik eingesetzte *Special Economic Committee* befaßte sich im Januar 1960 mit den amerikanischen Vorschlägen zur Umgestaltung der OEEC in eine erweiterte atlantische Wirtschaftsorganisation. Die Verhandlungen des Komitees, die auch Fragen einer verstärkten Entwicklungshilfe berührten, zogen sich über das ganze Jahr 1960 hin. Erst am 14. Dezember 1960 konnte eine neue Konvention über die Gründung der Organisation für wirtschaftliche Zusammenarbeit und Entwicklung (*Organization for Economic Cooperation and Development,* OECD) unterzeichnet werden [D 44]. Sie trat nach der Ratifikation durch die zwanzig Mitgliedstaaten am 1. September 1961 in Kraft.

Die OECD schuf, allerdings auf Kosten der inneren Substanz und Entscheidungskraft, erstmals einen institutionellen Rahmen für eine wirtschaftliche Zusammenarbeit im atlantischen Bereich. Sie bildete damit den Ansatzpunkt für die in den folgenden Jahren einsetzenden Bemühungen um die Begründung einer »atlantischen Partnerschaft« zwischen Nordamerika und Westeuropa. Der Beitritt Japans im Jahre 1963 ließ die OECD zu einer weltweiten Organisation der westlichen Industrieländer werden. Im Unterschied zu der nur für europäische Belange bestimmten OEEC setzt sich die OECD auch nach außen gerichtete Aufgaben, vorab die Hilfe für Entwicklungsländer. Zu diesem Zwecke wurde die seit 1960 bestehende *Development Aid Group* als ein *Development Aid Committee* (DAC) in die OECD eingegliedert. Dieser Ausschuß soll eine gerechtere Lastenverteilung, eine bessere Koordination und eine genauere Überprüfung in der westlichen Entwicklungshilfe gewährleisten. Neben dieser entwicklungspolitischen Aufgabe gehören die Beschäftigung mit einer ausgeglicheneren Wachstumspolitik und die Ausweitung des Welthandels zu den wichtigsten Zielen der OECD (Art. 1)*.

Organe der OECD sind der von sämtlichen Mitgliedstaaten beschickte Rat, in dem alle wichtigen Beschlüsse einstimmig gefaßt werden müssen, sowie ein Generalsekretär mit einem in Paris von der OEEC übernommenen und entsprechend umgestalteten Sekretariat.

Ähnlich der EFTA blieb somit auch die OECD im Rahmen einer konventionellen Staatenverbindung mit beschränktem eigenem Wirkungsbereich und traditioneller Einstimmigkeit. Sie entbehrte der Dynamik der EWG und besitzt auch nicht jenen Impetus, der ihre Vorgängerin, die OEEC, in den ersten Nachkriegsjahren noch vorangetrieben hatte. Ihre Tätigkeit gewann deshalb weder für die erhoffte Zusammenführung der beiden europäischen Wirtschaftsgruppierungen noch für die Fortführung der Integration irgendwelche nennenswerte Bedeutung. Das erklärt, weshalb die Idee einer »atlantischen Partnerschaft« von der OECD weg auf die EWG hin lenkte und weshalb jenseits des »Eisernen Vorhangs« weder die EFTA noch die OECD, sondern das Wagnis der EWG alle Aufmerksamkeit der kommunistischen Politik auf sich zog.

---

* Die Europäischen Gemeinschaften regelten in einem Zusatzprotokoll ihre Vertretung bei der OECD (vgl. Text in: Europa-Archiv, 1961, D 98).

D 39: Schlußkommuniqué der Konferenz von Messina vom 3. Juni 1955 (Auszug)

Die Regierungen der Bundesrepublik Deutschland, Belgiens, Frankreichs, Italiens, Luxemburgs und der Niederlande glauben, daß der Augenblick gekommen ist, um eine neue Phase auf dem Wege zur Schaffung Europas einzuleiten. Sie sind der Ansicht, daß Europa zunächst auf wirtschaftlichem Gebiet gebaut werden muß.
Sie erachten es als notwendig, die Schaffung eines vereinigten Europa durch die Weiterentwicklung gemeinsamer Institutionen, durch die schrittweise Fusion der nationalen Wirtschaften, durch die Schaffung eines gemeinsamen Marktes und durch die schrittweise Harmonisierung ihrer Sozialpolitik fortzusetzen.
Eine derartige Politik erscheint ihnen unerläßlich, um Europa den Platz zu erhalten, den es in der Welt einnimmt, um ihm seinen Einfluß und seine Ausstrahlungskraft zurückzugeben und um den Lebensstandard seiner Bevölkerung stetig zu heben.
Zu diesen Zwecken haben sich die sechs Minister über die folgenden Ziele geeinigt:

I.

1. Die Steigerung des Warenaustausches und der Freizügigkeit der Personen verlangen den gemeinsamen Ausbau großer Verkehrswege. Zu diesem Zweck soll eine gemeinsame Prüfung von Entwicklungsplänen vorgenommen werden, die ein europäisches Verkehrsnetz von Kanälen, Autostraßen und elektrifizierten Eisenbahnlinien und die Standardisierung der Ausrüstung zum Ziele haben. Ebenso soll die bessere Koordinierung des Luftverkehrs geprüft werden.
2. Reichlichere und billigere Energie ist ein fundamentales Element des wirtschaftlichen Fortschritts. Deshalb muß alles getan werden, um den Austausch von Gas und elektrischem Strom zu fördern, der geeignet ist, die Rentabilität der Investierungen zu erhöhen und die Preise für die Versorgung zu senken. Es soll untersucht werden, mit welchen Methoden die Entwicklung der Energieerzeugung und des Energieverbrauchs unter gemeinsamen Gesichtspunkten koordiniert und die allgemeinen Richtlinien einer gemeinsamen Politik festgelegt werden können. (Dabei wird die Entschließung berücksichtigt, die der Besondere Rat der Montanunion am 12./13. Oktober 1953 gefaßt hat.)
3. Die Entwicklung der Atomenergie zu friedlichen Zwecken eröffnet binnen kurzem die Aussicht auf eine neue industrielle Revolution von ungleich größerem Ausmaß als jene der letzten hundert Jahre. Die sechs Signatarstaaten erachten es als notwendig, die Frage einer gemeinsamen Organisation zu untersuchen, die mit der Verantwortung und den Mitteln für die Gewährleistung der friedlichen Entwicklung der Atomenergie auszustatten wäre, wobei die besonderen Vereinbarungen einzelner Regierungen mit dritten Staaten berücksichtigt werden müßten.
Diese Mittel müßten einbegreifen:
a) Gründung eines gemeinsamen Fonds mit Beiträgen jedes Mitgliedstaates zur Finanzierung des Baues von Atomanlagen und der laufenden oder künftigen Forschung.
b) Freier und hinreichender Zugang zu den Rohstoffen, freier Austausch von Informationen und der Techniker, der Nebenprodukte und Spezialausrüstungen.

c) Verfügbarkeit der erzielten Ergebnisse ohne Diskriminierung und Gewährung finanzieller Hilfe für die Auswertung dieser Ergebnisse.
d) Zusammenarbeit mit Nichtmitgliedstaaten.
Die sechs Regierungen stellen fest, daß das Ziel ihres Vorgehens auf wirtschaftspolitischem Gebiet in der Bildung eines von allen Zollschranken und mengenmäßigen Beschränkungen freien gemeinsamen europäischen Marktes besteht. Sie sind der Ansicht, daß dieser Markt schrittweise geschaffen werden muß ...

Quelle: Europa-Archiv, 1955, S. 7974f.

D 40: Vertrag über die Gründung der Europäischen Wirtschaftsgemeinschaft vom 25. März 1957 (Auszug)

Seine Majestät der König der Belgier, der Präsident der Bundesrepublik Deutschland, der Präsident der Französischen Republik, der Präsident der Italienischen Republik, Ihre Königliche Hoheit die Großherzogin von Luxemburg, Ihre Majestät die Königin der Niederlande –
in dem festen Willen, die Grundlagen für einen immer engeren Zusammenschluß der europäischen Völker zu schaffen,
entschlossen, durch gemeinsames Handeln den wirtschaftlichen und sozialen Fortschritt ihrer Länder zu sichern, indem sie die Europa trennenden Schranken beseitigen,
in dem Vorsatz, die stetige Besserung der Lebens- und Beschäftigungsbedingungen ihrer Völker als wesentliches Ziel anzustreben,
in der Erkenntnis, daß zur Beseitigung der bestehenden Hindernisse ein einverständliches Vorgehen erforderlich ist, um eine beständige Wirtschaftsausweitung, einen ausgewogenen Handelsverkehr und einen redlichen Wettbewerb zu gewährleisten,
in dem Bestreben, ihre Volkswirtschaften zu einigen und deren harmonische Entwicklung zu fördern, indem sie den Abstand zwischen einzelnen Gebieten und den Rückstand weniger begünstigter Gebiete verringern,
in dem Wunsch, durch eine gemeinsame Handelspolitik zur fortschreitenden Beseitigung der Beschränkungen im zwischenstaatlichen Wirtschaftsverkehr beizutragen,
in der Absicht, die Verbundenheit Europas mit den überseeischen Ländern zu bekräftigen, und in dem Wunsch, entsprechend den Grundsätzen der Satzung der Vereinten Nationen den Wohlstand der überseeischen Länder zu fördern,
entschlossen, durch diesen Zusammenschluß ihrer Wirtschaftskräfte Frieden und Freiheit zu wahren und zu festigen, und mit der Aufforderung an die anderen Völker Europas, die sich zu dem gleichen hohen Ziel bekennen, sich diesen Bestrebungen anzuschließen –
haben beschlossen, eine Europäische Wirtschaftsgemeinschaft zu gründen; sie haben zu diesem Zweck zu ihren Bevollmächtigten ernannt: (folgen Namen).
Diese sind nach Austausch ihrer als gut und gehörig befundenen Vollmachten wie folgt übereingekommen:

Erster Teil
Grundsätze
Artikel 1

Durch diesen Vertrag gründen die Hohen Vertragsparteien untereinander eine Europäische Wirtschaftsgemeinschaft.

Artikel 2

Aufgabe der Gemeinschaft ist es, durch die Errichtung eines Gemeinsamen Marktes und die schrittweise Annäherung der Wirtschaftspolitik der Mitgliedstaaten eine harmonische Entwicklung des Wirtschaftslebens innerhalb der Gemeinschaft, eine beständige und ausgewogene Wirtschaftsausweitung, eine größere Stabilität, eine beschleunigte Hebung der Lebenshaltung und engere Beziehungen zwischen den Staaten zu fördern, die in dieser Gemeinschaft zusammengeschlossen sind.

Artikel 3

Die Tätigkeit der Gemeinschaft im Sinne des Artikels 2 umfaßt nach Maßgabe dieses Vertrages und der darin vorgesehenen Zeitfolge

a) die Abschaffung der Zölle und mengenmäßigen Beschränkungen bei der Ein- und Ausfuhr von Waren sowie aller sonstigen Maßnahmen gleicher Wirkung zwischen den Mitgliedstaaten;

b) die Einführung eines Gemeinsamen Zolltarifs und einer gemeinsamen Handelspolitik gegenüber dritten Ländern;

c) die Beseitigung der Hindernisse für den freien Personen-, Dienstleistungs- und Kapitalverkehr zwischen den Mitgliedstaaten;

d) die Einführung einer gemeinsamen Politik auf dem Gebiet der Landwirtschaft;

e) die Einführung einer gemeinsamen Politik auf dem Gebiet des Verkehrs;

f) die Errichtung eines Systems, das den Wettbewerb innerhalb des Gemeinsamen Marktes vor Verfälschungen schützt;

g) die Anwendung von Verfahren, welche die Koordinierung der Wirtschaftspolitik der Mitgliedstaaten und die Behebung von Störungen im Gleichgewicht ihrer Zahlungsbilanzen ermöglichen;

h) die Angleichung der innerstaatlichen Rechtsvorschriften, soweit dies für das ordnungsmäßige Funktionieren des Gemeinsamen Marktes erforderlich ist;

i) die Schaffung eines Europäischen Sozialfonds, um die Beschäftigungsmöglichkeiten der Arbeitnehmer zu verbessern und zur Hebung ihrer Lebenshaltung beizutragen;

j) die Errichtung einer Europäischen Investitionsbank, um durch Erschließung neuer Hilfsquellen die wirtschaftliche Ausweitung in der Gemeinschaft zu erleichtern;

k) die Assoziierung der überseeischen Länder und Hoheitsgebiete, um den Handelsverkehr zu steigern und die wirtschaftliche und soziale Entwicklung durch gemeinsame Bemühungen zu fördern.

Artikel 4

(1) Die der Gemeinschaft zugewiesenen Aufgaben werden durch folgende Organe wahrgenommen:

- eine Versammlung,
- einen Rat,
- eine Kommission,
- einen Gerichtshof.

Jedes Organ handelt nach Maßgabe der ihm in diesem Vertrag zugewiesenen Befugnisse.
(2) Der Rat und die Kommission werden von einem Wirtschafts- und Sozialausschuß mit beratender Aufgabe unterstützt.

Artikel 5

Die Mitgliedstaaten treffen alle geeigneten Maßnahmen allgemeiner oder besonderer Art zur Erfüllung der Verpflichtungen, die sich aus diesem Vertrag oder aus Handlungen der Organe der Gemeinschaft ergeben. Sie erleichtern dieser die Erfüllung ihrer Aufgabe.

Sie unterlassen alle Maßnahmen, welche die Verwirklichung der Ziele dieses Vertrages gefährden könnten.

Artikel 6

(1) Die Mitgliedstaaten koordinieren in enger Zusammenarbeit mit den Organen der Gemeinschaft ihre Wirtschaftspolitik, soweit dies zur Erreichung der Ziele dieses Vertrags erforderlich ist.
(2) Die Organe der Gemeinschaft achten darauf, die innere und äußere finanzielle Stabilität der Mitgliedstaaten nicht zu gefährden.

Artikel 7

Unbeschadet besonderer Bestimmungen dieses Vertrages ist in seinem Anwendungsbereich jede Diskriminierung aus Gründen der Staatsangehörigkeit verboten.

Der Rat kann mit qualifizierter Mehrheit auf Vorschlag der Kommission und nach Anhörung der Versammlung Regelungen für das Verbot solcher Diskriminierungen treffen.

Artikel 8

(1) Der Gemeinsame Markt wird während einer Übergangszeit von zwölf Jahren schrittweise verwirklicht.

Die Übergangszeit besteht aus drei Stufen von je vier Jahren; die Dauer jeder Stufe kann nach Maßgabe der folgenden Bestimmungen geändert werden.
(2) Jeder Stufe entspricht eine Gesamtheit von Maßnahmen, die zusammen eingeleitet und durchgeführt werden müssen.
(3) Der Übergang von der ersten zur zweiten Stufe hängt von der Feststellung ab, daß die in diesem Vertrag für die erste Stufe ausdrücklich festgelegten Ziele im wesentlichen tatsächlich erreicht und daß vorbehaltlich der in diesem Vertrag vorgesehenen Ausnahmen und Verfahren die Verpflichtungen eingehalten worden sind.

Diese Feststellung wird vom Rat am Ende des vierten Jahres auf Grund eines Berichts der Kommission einstimmig getroffen. Ein Mitgliedstaat kann die Einstimmigkeit nicht verhindern, indem er sich auf die Nichterfüllung seiner eigenen Verpflichtungen beruft. Kommt keine Einstimmigkeit zustande, so wird die erste Stufe ohne weiteres um ein Jahr verlängert.

Am Ende des fünften Jahres trifft der Rat die Feststellung unter denselben Bedingungen. Kommt keine Einstimmigkeit zustande, so wird die erste Stufe ohne weiteres um ein zusätzliches Jahr verlängert.

Am Ende des sechsten Jahres trifft der Rat die Feststellung mit qualifizierter Mehrheit auf Grund des Berichts der Kommission.

(4) Verbleibt ein Mitgliedstaat in der Minderheit, so kann er binnen einem Monat nach der zuletzt genannten Abstimmung beim Rat die Bestellung einer Schiedsstelle beantragen, deren Entscheidung für alle Mitgliedstaaten und für die Organe der Gemeinschaft verbindlich ist; wird die erforderliche Mehrheit nicht erreicht, so gilt das gleiche für jeden Mitgliedstaat. Die Schiedsstelle besteht aus drei Mitgliedern, die vom Rat einstimmig auf Vorschlag der Kommission bestellt werden.

Kommt die Bestellung durch den Rat binnen einem Monat nach Antragstellung nicht zustande, so werden die Mitglieder der Schiedsstelle innerhalb eines weiteren Monats vom Gerichtshof bestellt.

Die Schiedsstelle wählt ihren Vorsitzenden selbst.

Sie erläßt ihren Schiedsspruch binnen sechs Monaten nach der im letzten Unterabsatz von Absatz (3) genannten Abstimmung des Rates.

(5) Die zweite und die dritte Stufe können nur durch eine einstimmige, vom Rat auf Vorschlag der Kommission erlassene Entscheidung verlängert oder abgekürzt werden.

(6) Die Bestimmungen der vorstehenden Absätze dürfen nicht zur Folge haben, daß die Übergangszeit länger als fünfzehn Jahre, vom Inkrafttreten dieses Vertrages an gerechnet, dauert.

(7) Vorbehaltlich der in diesem Vertrag vorgesehenen Ausnahmen oder Abweichungen ist das Ende der Übergangszeit gleichzeitig der Endtermin für das Inkrafttreten aller vorgesehenen Vorschriften sowie für die Durchführung aller Maßnahmen, die zur Errichtung des Gemeinsamen Marktes gehören.

Zweiter Teil
Grundlagen der Gemeinschaft

Titel I: Der freie Warenverkehr – Art. 9–11
Kapitel 1: Die Zollunion
Abschnitt 1: Die Abschaffung der Zölle zwischen den Mitgliedstaaten – Art. 12–17
Abschnitt 2: Die Aufstellung des Gemeinsamen Zolltarifs – Art. 18–29
Kapitel 2: Beseitigung der mengenmäßigen Beschränkungen zwischen den Mitgliedstaaten – Art. 30–37
Titel II: Die Landwirtschaft – Art. 38–47
Titel III: Die Freizügigkeit, der freie Dienstleistungs- und Kapitalverkehr
Kapitel 1: Die Arbeitskräfte – Art. 48–51
Kapitel 2: Das Niederlassungsrecht – Art. 52–58
Kapitel 3: Dienstleistungen – Art. 59–66
Kapitel 4: Kapitalverkehr – Art. 67–73
Titel IV: Der Verkehr – Art. 74–84

Dritter Teil
Die Politik der Gemeinschaft

Titel I: Gemeinsame Regeln
Kapitel 1: Wettbewerbsregeln
Abschnitt 1: Vorschriften für Unternehmen – Art. 85–90
Abschnitt 2: Dumping – Art. 91
Abschnitt 3: Staatliche Beihilfen – Art. 92–94
Kapitel 2: Steuerliche Vorschriften – Art. 95–99
Kapitel 3: Angleichung der Rechtsvorschriften – Art. 100–102

Titel II: Die Wirtschaftspolitik
Kapitel 1: Die Konjunkturpolitik – Art. 103
Kapitel 2: Die Zahlungsbilanz – Art. 104–109

Kapitel 3
Die Handelspolitik
Artikel 110

Durch die Schaffung einer Zollunion beabsichtigen die Mitgliedstaaten, im gemeinsamen Interesse zur harmonischen Entwicklung des Welthandels, zur schrittweisen Beseitigung der Beschränkungen im internationalen Handelsverkehr und zum Abbau der Zollschranken beizutragen.

Bei der gemeinsamen Handelspolitik werden die günstigen Auswirkungen berücksichtigt, welche die Abschaffung der Zölle zwischen den Mitgliedstaaten auf die Steigerung der Wettbewerbsfähigkeit der Unternehmen dieser Staaten haben kann.

Artikel 111

Unbeschadet der Artikel 115 und 116 gelten während der Übergangszeit folgende Vorschriften:

1. Die Mitgliedstaaten koordinieren ihre Handelsbeziehungen mit dritten Ländern derart, daß am Ende der Übergangszeit die erforderlichen Voraussetzungen für die Durchführung einer gemeinsamen Politik auf dem Gebiet des Außenhandels gegeben sind.

Die Kommission unterbreitet dem Rat Vorschläge für das bei dem gemeinsamen Vorgehen in der Übergangszeit anzuwendende Verfahren und für die Vereinheitlichung der Handelspolitik.

2. Die Kommission unterbreitet dem Rat Empfehlungen für Zollverhandlungen mit dritten Ländern über den Gemeinsamen Zolltarif.

Der Rat ermächtigt die Kommission, die Verhandlungen einzuleiten.

Die Kommission führt diese Verhandlungen im Benehmen mit einem zu ihrer Unterstützung vom Rat bestellten besonderen Ausschuß nach Maßgabe der Richtlinien, die ihr der Rat erteilen kann.

3. Bei der Ausübung der ihm in diesem Artikel übertragenen Befugnisse beschließt der Rat während der beiden ersten Stufen einstimmig, danach mit qualifizierter Mehrheit.

4. Die Mitgliedstaaten treffen im Benehmen mit der Kommission alle erforderlichen Maßnahmen, um insbesondere eine Anpassung der geltenden Zollvereinbarungen mit dritten Ländern herbeizuführen, damit das Inkrafttreten des Gemeinsamen Zolltarifs nicht verzögert wird.

5. Die Mitgliedstaaten setzen sich das Ziel, ihre Liberalisierungslisten gegenüber dritten Ländern oder Gruppen von dritten Ländern auf einem möglichst hohen Stand untereinander zu vereinheitlichen. Die Kommission unterbreitet den Mitgliedstaaten alle hierfür geeigneten Empfehlungen.

Beseitigen oder verringern die Mitgliedstaaten ihre mengenmäßigen Beschränkungen gegenüber dritten Ländern, so sind sie verpflichtet, die Kommission hiervon vorher zu unterrichten und den anderen Mitgliedstaaten die gleiche Behandlung zu gewähren.

[...]

Artikel 113

(1) Nach Ablauf der Übergangszeit wird die gemeinsame Handelspolitik nach einheitlichen Grundsätzen gestaltet; dies gilt insbesondere für die Änderung von Zollsätzen, den Abschluß von Zoll- und Handelsabkommen, die Vereinheitlichung der Liberalisierungsmaßnahmen, die Ausfuhrpolitik und die handelspolitischen Schutzmaßnahmen, zum Beispiel im Falle von Dumping und Subventionen.
(2) Die Kommission unterbreitet dem Rat Vorschläge für die Durchführung der gemeinsamen Handelspolitik.
(3) Sind Abkommen mit dritten Ländern auszuhandeln, so legt die Kommission dem Rat Empfehlungen vor; dieser ermächtigt die Kommission zur Einleitung der erforderlichen Verhandlungen.

Die Kommission führt diese Verhandlungen im Benehmen mit einem zu ihrer Unterstützung vom Rat bestellten besonderen Ausschuß nach Maßgabe der Richtlinien, die ihr der Rat erteilen kann.
(4) Bei der Ausübung der ihm in diesem Artikel übertragenen Befugnisse beschließt der Rat mit qualifizierter Mehrheit.

Artikel 114

Die in Artikel 111 Absatz (2) und in Artikel 113 vorgesehenen Abkommen werden im Namen der Gemeinschaft vom Rat geschlossen, der während der beiden ersten Stufen einstimmig, danach mit qualifizierter Mehrheit handelt.

[. . .]

Artikel 116

Nach Ablauf der Übergangszeit gehen die Mitgliedstaaten in den internationalen Organisationen mit wirtschaftlichem Charakter bei allen Fragen, die für den Gemeinsamen Markt von besonderem Interesse sind, nur noch gemeinsam vor. Zu diesem Zweck unterbreitet die Kommission dem Rat Vorschläge über das Ausmaß und die Durchführung des gemeinsamen Vorgehens; dieser beschließt darüber mit qualifizierter Mehrheit.

Während der Übergangszeit setzen sich die Mitgliedstaaten miteinander ins Benehmen, um ihr Vorgehen aufeinander abzustimmen und soweit wie möglich eine einheitliche Haltung einzunehmen.

Titel III: Die Sozialpolitik
Kapitel 1: Sozialvorschriften – Art. 117–122
Kapitel 2: Der Europäische Sozialfonds – Art. 123–128
Titel IV: Die europäische Investitionsbank – Art. 129–130

Vierter Teil
Die Assoziierung der überseeischen Länder und Hoheitsgebiete
Art. 131–136

Fünfter Teil
Die Organe der Gesellschaft
Titel I
Vorschriften über die Organe
Kapitel 1
Die Organe
Abschnitt 1
Die Versammlung
Artikel 137

Die Versammlung besteht aus Vertretern der Völker der in der Gemeinschaft zusammengeschlossenen Staaten; sie übt die Beratungs- und Kontrollbefugnisse aus, die ihr nach diesem Vertrag zustehen.

Artikel 138

(1) Die Versammlung besteht aus Abgeordneten, die nach einem von jedem Mitgliedstaat bestimmten Verfahren von den Parlamenten aus ihrer Mitte ernannt werden.

(2) Die Zahl dieser Abgeordneten wird wie folgt festgesetzt:

Belgien 14
Deutschland 36
Frankreich 36
Italien 36
Luxemburg 6
Niederlande 14

(3) Die Versammlung arbeitet Entwürfe für allgemeine unmittelbare Wahlen nach einem einheitlichen Verfahren in allen Mitgliedstaaten aus.

Der Rat erläßt einstimmig die entsprechenden Bestimmungen und empfiehlt sie den Mitgliedstaaten zur Annahme gemäß ihren verfassungsrechtlichen Vorschriften.

Artikel 139

Die Versammlung hält jährlich eine Sitzungsperiode ab. Sie tritt, ohne daß es einer Einberufung bedarf, am dritten Dienstag des Monats Oktober zusammen.

Die Versammlung kann auf Antrag der Mehrheit ihrer Mitglieder sowie auf Antrag des Rates oder der Kommission zu einer außerordentlichen Sitzungsperiode zusammentreten.

Artikel 140

Die Versammlung wählt aus ihrer Mitte ihren Präsidenten und ihr Präsidium.

Die Mitglieder der Kommission können an allen Sitzungen teilnehmen und müssen auf ihren Antrag im Namen der Kommission jederzeit gehört werden.

Die Kommission antwortet mündlich oder schriftlich auf die ihr von der Versammlung oder von deren Mitgliedern gestellten Fragen.

Der Rat wird nach Maßgabe seiner Geschäftsordnung von der Versammlung jederzeit gehört.

Artikel 141

Soweit dieser Vertrag nichts anderes bestimmt, beschließt die Versammlung mit der absoluten Mehrheit der abgegebenen Stimmen.

Die Geschäftsordnung legt die Beschlußfähigkeit fest.

Artikel 142

Die Versammlung gibt sich ihre Geschäftsordnung; hierzu sind die Stimmen der Mehrheit ihrer Mitglieder erforderlich.

Die Verhandlungsniederschriften der Versammlung werden nach den Bestimmungen dieser Geschäftsordnung veröffentlicht.

Artikel 143

Die Versammlung erörtert in öffentlicher Sitzung den jährlichen Gesamtbericht, der ihr von der Kommission vorgelegt wird.

Artikel 144

Wird wegen der Tätigkeit der Kommission ein Mißtrauensantrag eingebracht, so darf die Versammlung nicht vor Ablauf von drei Tagen nach seiner Einbringung und nur in offener Abstimmung darüber entscheiden.

Wird der Mißtrauensantrag mit der Mehrheit von zwei Dritteln der abgegebenen Stimmen und mit der Mehrheit der Mitglieder der Versammlung angenommen, so müssen die Mitglieder der Kommission geschlossen ihr Amt niederlegen. Sie führen die laufenden Geschäfte bis zur Ernennung ihrer Nachfolger gemäß Artikel 158 weiter.

Abschnitt 2

Der Rat

Artikel 145

Zur Verwirklichung der Ziele und nach Maßgabe dieses Vertrags
- sorgt der Rat für die Abstimmung der Wirtschaftspolitik der Mitgliedstaaten;
- besitzt der Rat eine Entscheidungsbefugnis.

Artikel 146

Der Rat besteht aus Vertretern der Mitgliedstaaten. Jede Regierung entsendet eines ihrer Mitglieder.

Der Vorsitz wird von den Mitgliedern des Rates nacheinander in der alphabetischen Reihenfolge der Mitgliedstaaten für je sechs Monate wahrgenommen.

Artikel 147

Der Rat wird von seinem Präsidenten aus eigenem Entschluß, auf Antrag eines seiner Mitglieder oder der Kommission einberufen.

Artikel 148

(1) Soweit in diesem Vertrag nichts anderes bestimmt ist, beschließt der Rat mit der Mehrheit seiner Mitglieder.

(2) Ist zu einem Beschluß des Rates die qualifizierte Mehrheit erforderlich, so werden die Stimmen der Mitglieder wie folgt gewogen:

Belgien 2
Deutschland 4
Frankreich 4
Italien 4
Luxemburg 1
Niederlande 2

Beschlüsse kommen zustande, wenn dafür mindestens abgegeben werden:
- zwölf Stimmen in den Fällen, in denen die Beschlüsse nach diesem Vertrag auf Vorschlag der Kommission zu fassen sind;

- zwölf Stimmen, welche die Zustimmung von mindestens vier Mitgliedern umfassen, in allen anderen Fällen.

(3) Die Stimmenthaltung von anwesenden oder vertretenen Mitgliedern steht dem Zustandekommen von Beschlüssen des Rates, zu denen Einstimmigkeit erforderlich ist, nicht entgegen.

Artikel 149

Wird der Rat kraft dieses Vertrags auf Vorschlag der Kommission tätig, so kann er Änderungen dieses Vorschlags nur einstimmig beschließen.

Solange ein Beschluß des Rates nicht ergangen ist, kann die Kommission ihren ursprünglichen Vorschlag ändern, insbesondere in den Fällen, in denen die Versammlung zu diesem Vorschlag gehört wurde.

Artikel 150

Jedes Mitglied kann sich das Stimmrecht höchstens eines anderen Mitglieds übertragen lassen.

Artikel 151

Der Rat gibt sich eine Geschäftsordnung.

Diese Geschäftsordnung kann die Einsetzung eines Ausschusses aus Vertretern der Mitgliedstaaten vorsehen. Der Rat bestimmt die Aufgabe und die Zuständigkeit dieses Ausschusses.

Artikel 152

Der Rat kann die Kommission auffordern, die nach seiner Ansicht zur Verwirklichung der gemeinsamen Ziele geeigneten Untersuchungen vorzunehmen und ihm entsprechende Vorschläge zu unterbreiten.

Artikel 153

Der Rat regelt nach Stellungnahme der Kommission die rechtliche Stellung der in diesem Vertrag vorgesehenen Ausschüsse.

Artikel 154

Der Rat setzt mit qualifizierter Mehrheit die Gehälter, Vergütungen und Ruhegehälter für den Präsidenten und die Mitglieder der Kommission sowie für den Präsidenten, die Richter, die Generalanwälte und den Kanzler des Gerichtshofs fest. Er setzt mit derselben Mehrheit alle sonstigen als Entgelt gezahlten Vergütungen fest.

Abschnitt 3

Die Kommission

Artikel 155

Um das ordnungsgemäße Funktionieren und die Entwicklung des Gemeinsamen Marktes zu gewährleisten, erfüllt die Kommission folgende Aufgaben:

- für die Anwendung dieses Vertrags sowie der von den Organen auf Grund dieses Vertrags getroffenen Bestimmungen Sorge zu tragen;
- Empfehlungen oder Stellungnahmen auf den in diesem Vertrag bezeichneten Gebieten abzugeben, soweit der Vertrag dies ausdrücklich vorsieht oder soweit sie es für notwendig erachtet;
- nach Maßgabe dieses Vertrags in eigener Zuständigkeit Entscheidungen zu treffen

und am Zustandekommen der Handlungen des Rates und der Versammlung mitzuwirken;
- die Befugnisse auszuüben, die ihr der Rat zur Durchführung der von ihm erlassenen Vorschriften überträgt.

Artikel 156

Die Kommission veröffentlicht jährlich, und zwar spätestens einen Monat vor Beginn der Sitzungsperiode der Versammlung, einen Gesamtbericht über die Tätigkeit der Gemeinschaft.

Artikel 157

(1) Die Kommission besteht aus neun Mitgliedern, die auf Grund ihrer allgemeinen Befähigung ausgewählt werden und volle Gewähr für ihre Unabhängigkeit bieten müssen.

Die Zahl der Mitglieder der Kommission kann vom Rat einstimmig geändert werden.

Nur Staatsangehörige der Mitgliedstaaten können Mitglieder der Kommission sein.

Nicht mehr als zwei Mitglieder der Kommission dürfen dieselbe Staatsangehörigkeit besitzen.

(2) Die Mitglieder der Kommission üben ihre Tätigkeit in voller Unabhängigkeit zum allgemeinen Wohl der Gemeinschaft aus.

Sie dürfen bei der Erfüllung ihrer Pflichten Anweisungen von einer Regierung oder einer anderen Stelle weder anfordern noch entgegennehmen. Sie haben jede Handlung zu unterlassen, die mit ihren Aufgaben unvereinbar ist. Jeder Mitgliedstaat verpflichtet sich, diesen Grundsatz zu achten und nicht zu versuchen, die Mitglieder der Kommission bei der Erfüllung ihrer Aufgaben zu beeinflussen.

Die Mitglieder der Kommission dürfen während ihrer Amtszeit keine andere entgeltliche oder unentgeltliche Berufstätigkeit ausüben. Bei der Aufnahme ihrer Tätigkeit übernehmen sie die feierliche Verpflichtung, während der Ausübung und nach Ablauf ihrer Amtstätigkeit die sich aus ihrem Amt ergebenden Pflichten zu erfüllen, insbesondere die Pflicht, bei der Annahme gewisser Tätigkeiten oder Vorteile nach Ablauf dieser Tätigkeit ehrenhaft und zurückhaltend zu sein. Werden diese Pflichten verletzt, so kann der Gerichtshof auf Antrag des Rates oder der Kommission das Mitglied je nach Lage des Falles gemäß Artikel 160 seines Amtes entheben oder ihm seine Ruhegehaltsansprüche oder andere an ihrer Stelle gewährte Vergünstigungen aberkennen.

Artikel 158

Die Mitglieder der Kommission werden von den Regierungen der Mitgliedstaaten im gegenseitigen Einvernehmen ernannt. Ihre Amtszeit beträgt vier Jahre. Wiederernennung ist zulässig.

Artikel 159

Abgesehen von den regelmäßigen Neubesetzungen und von Todesfällen endet das Amt eines Mitgliedes der Kommission durch Rücktritt oder Amtsenthebung.

Für das ausscheidende Mitglied wird für die verbleibende Amtszeit ein Nachfolger ernannt. Der Rat kann einstimmig entscheiden, für diese Zeit einen Nachfolger nicht zu ernennen.

Außer im Falle der in Artikel 160 geregelten Amtsenthebung bleiben die Mitglieder der Kommission bis zur Neubesetzung ihres Sitzes im Amt.

Artikel 160

Jedes Mitglied der Kommission, das die Voraussetzungen für die Ausübung seines Amtes nicht mehr erfüllt oder eine schwere Verfehlung begangen hat, kann auf Antrag des Rates oder der Kommission durch den Gerichtshof seines Amtes enthoben werden.

In diesem Falle kann der Rat durch einstimmige Entscheidung dieses Mitglied vorläufig von seinen Dienstpflichten entbinden und die Stelle besetzen, bis der Gerichtshof entschieden hat.

Auf Antrag des Rates oder der Kommission kann der Gerichtshof das Mitglied vorläufig von seinen Dienstpflichten entbinden.

Artikel 161

Der Präsident und die beiden Vizepräsidenten der Kommission werden aus deren Mitgliedern für zwei Jahre nach dem Verfahren ernannt, das für die Ernennung der Mitglieder der Kommission vorgesehen ist. Wiederernennung ist zulässig.

Außer im Falle einer allgemeinen Neubesetzung erfolgt die Ernennung nach Anhörung der Kommission.

Endet das Amt des Präsidenten und der Vizepräsidenten durch Rücktritt, Amtsenthebung oder Tod, so wird es für die verbleibende Amtszeit gemäß Absatz 1 neu besetzt.

Artikel 162

Der Rat und die Kommission ziehen einander zu Rate und regeln einvernehmlich die Art und Weise ihrer Zusammenarbeit.

Die Kommission gibt sich eine Geschäftsordnung, um ihr ordnungsmäßiges Arbeiten und das ihrer Dienststellen nach Maßgabe dieses Vertrages zu gewährleisten. Sie sorgt für die Veröffentlichung dieser Geschäftsordnung.

Artikel 163

Die Beschlüsse der Kommission werden mit der Mehrheit der in Artikel 157 bestimmten Anzahl ihrer Mitglieder gefaßt.

Die Kommission kann nur dann wirksam tagen, wenn die in ihrer Geschäftsordnung festgesetzte Anzahl von Mitgliedern anwesend ist.

Abschnitt 4
Der Gerichtshof
Art. 164–188

Kapitel 2
Gemeinsame Vorschriften für mehrere Organe

Artikel 189

Zur Erfüllung ihrer Aufgaben und nach Maßgabe dieses Vertrages erlassen der Rat und die Kommission Verordnungen, Richtlinien und Entscheidungen, sprechen Empfehlungen aus oder geben Stellungnahmen ab.

Die Verordnung hat allgemeine Geltung. Sie ist in allen ihren Teilen verbindlich und gilt unmittelbar in jedem Mitgliedstaat.

Die Richtlinie ist für jeden Mitgliedstaat, an den sie gerichtet wird, hinsichtlich des zu erreichenden Ziels verbindlich, überläßt jedoch den innerstaatlichen Stellen die Wahl der Form und der Mittel.

Die Entscheidung ist in allen ihren Teilen für diejenigen verbindlich, die sie bezeichnet.

Die Empfehlungen und Stellungnahmen sind nicht verbindlich.

Artikel 190

Die Verordnungen, Richtlinien und Entscheidungen des Rates und der Kommission sind mit Gründen zu versehen und nehmen auf die Vorschläge und Stellungnahmen Bezug, die nach diesem Vertrag eingeholt werden müssen.

Artikel 191

Die Verordnungen werden im Amtsblatt der Gemeinschaft veröffentlicht. Sie treten zu dem durch sie festgelegten Zeitpunkt oder andernfalls am zwanzigsten Tag nach ihrer Veröffentlichung in Kraft.

Die Richtlinien und Entscheidungen werden denjenigen, für die sie bestimmt sind, bekanntgegeben und werden durch diese Bekanntgabe wirksam.

Artikel 192

Die Entscheidungen des Rates oder der Kommission, die eine Zahlung auferlegen, sind vollstreckbare Titel; dies gilt nicht gegenüber Staaten.

Die Zwangsvollstreckung erfolgt nach den Vorschriften des Zivilprozeßrechts des Staates, in dessen Hoheitsgebiet sie stattfindet. Die Vollstreckungsklausel wird nach einer Prüfung, die sich lediglich auf die Echtheit des Titels erstrecken darf, von der staatlichen Behörde erteilt, welche die Regierung jedes Mitgliedstaates zu diesem Zweck bestimmt und der Kommission und dem Gerichtshof benennt.

Sind diese Formvorschriften auf Antrag der die Vollstreckung betreibenden Partei erfüllt, so kann diese die Zwangsvollstreckung nach innerstaatlichem Recht betreiben, indem sie die zuständige Stelle unmittelbar anruft.

Die Zwangsvollstreckung kann nur durch eine Entscheidung des Gerichtshofes ausgesetzt werden. Für die Prüfung der Ordnungsmäßigkeit der Vollstreckungsmaßnahmen sind jedoch die einzelstaatlichen Rechtsprechungsorgane zuständig.

Kapitel 3

Der Wirtschafts- und Sozialausschuß

Artikel 193

Es wird ein Wirtschafts- und Sozialausschuß mit beratender Aufgabe errichtet.

Der Ausschuß besteht aus Vertretern der verschiedenen Gruppen des wirtschaftlichen und sozialen Lebens, insbesondere der Erzeuger, der Landwirte, der Verkehrsunternehmer, der Arbeitnehmer, der Kaufleute und Handwerker, der freien Berufe und der Allgemeinheit.

Artikel 194

Die Anzahl der Mitglieder des Ausschusses wird wie folgt festgesetzt:

Belgien 12
Deutschland 24
Frankreich 24
Italien 24
Luxemburg 5
Niederlande 12

Die Mitglieder des Ausschusses werden vom Rat durch einstimmigen Beschluß auf vier Jahre ernannt. Wiederernennung ist zulässig.

Sie werden für ihre Person ernannt und sind an keine Weisungen gebunden.

Artikel 195

(1) Zur Ernennung der Mitglieder des Ausschusses legt jeder Mitgliedstaat dem Rat eine Liste vor, die doppelt soviel Kandidaten enthält wie seinen Staatsangehörigen Sitze zugewiesen sind.

Die Zusammensetzung des Ausschusses muß der Notwendigkeit Rechnung tragen, den verschiedenen Gruppen des wirtschaftlichen und sozialen Lebens eine angemessene Vertretung zu sichern.

(2) Der Rat hört die Kommission. Er kann die Meinung der maßgeblichen europäischen Organisationen der verschiedenen Zweige des Wirtschafts- und Soziallebens einholen, die an der Tätigkeit der Gemeinschaft interessiert sind.

Artikel 196

Der Ausschuß wählt aus seiner Mitte seinen Präsidenten und sein Präsidium auf zwei Jahre.

Er gibt sich seine Geschäftsordnung; sie bedarf der einstimmigen Genehmigung des Rates.

Der Ausschuß wird von seinem Präsidenten auf Antrag des Rates oder der Kommission einberufen.

Artikel 197

Der Ausschuß umfaßt fachliche Gruppen für die Hauptsachgebiete dieses Vertrags.

Er enthält insbesondere je eine fachliche Gruppe für die Landwirtschaft und für den Verkehr; auf diese finden die Sonderbestimmungen der Titel über die Landwirtschaft und den Verkehr Anwendung.

Die fachlichen Gruppen werden im Rahmen des allgemeinen Zuständigkeitsbereichs des Ausschusses tätig. Sie können nicht unabhängig vom Ausschuß gehört werden.

Innerhalb des Ausschusses können ferner Unterausschüsse eingesetzt werden; diese haben über bestimmte Fragen oder auf bestimmten Gebieten Entwürfe von Stellungnahmen zur Beratung im Ausschuß auszuarbeiten.

Die Geschäftsordnung bestimmt die Art und Weise der Zusammensetzung und regelt die Zuständigkeit der fachlichen Gruppen und Unterausschüsse.

Artikel 198

Der Ausschuß muß vom Rat oder der Kommission in den in diesem Vertrag vorgesehenen Fällen gehört werden. Er kann von diesen Organen in allen Fällen gehört werden, in denen diese es für angebracht halten.

Wenn der Rat oder die Kommission es für notwendig erachten, setzen sie dem Ausschuß für die Vorlage seiner Stellungnahme eine Frist; diese beträgt mindestens zehn Tage, vom Eingang der Mitteilung beim Präsidenten des Ausschusses an gerechnet. Nach Ablauf der Frist kann das Fehlen einer Stellungnahme unberücksichtigt bleiben.

Die Stellungnahmen des Ausschusses und der zuständigen fachlichen Gruppe sowie ein Bericht über die Beratungen werden dem Rat und der Kommission übermittelt.

Titel II
Finanzvorschriften
Artikel 199–209

Sechster Teil
Allgemeine und Schlußbestimmungen
Artikel 210

Die Gemeinschaft besitzt Rechtspersönlichkeit

Artikel 211

Die Gemeinschaft besitzt in jedem Mitgliedstaat die weitestgehende Rechts- und Geschäftsfähigkeit, die juristischen Personen nach dessen Rechtsvorschriften zuerkannt ist; sie kann insbesondere bewegliches und unbewegliches Vermögen erwerben und veräußern sowie vor Gericht stehen. Zu diesem Zweck wird sie von der Kommission vertreten.

Artikel 212

Der Rat erläßt in Zusammenarbeit mit der Kommission und nach Anhörung der anderen beteiligten Organe einstimmig das Statut der Beamten sowie die Beschäftigungsbedingungen für die sonstigen Bediensteten der Gemeinschaft.

Nach Ablauf des vierten Jahres nach Inkrafttreten dieses Vertrages kann der Rat mit qualifizierter Mehrheit das Statut und die Beschäftigungsbedingungen auf Vorschlag der Kommission und nach Anhörung der anderen beteiligten Organe ändern.

Artikel 213

Zur Erfüllung der ihr übertragenen Aufgaben kann die Kommission alle erforderlichen Auskünfte einholen und alle erforderlichen Nachprüfungen vornehmen; der Rahmen und die nähere Maßgabe hierfür werden vom Rat gemäß den Bestimmungen dieses Vertrages festgelegt.

Artikel 214

Die Mitglieder der Organe der Gemeinschaft, die Mitglieder der Ausschüsse sowie die Beamten und sonstigen Bediensteten der Gemeinschaft sind verpflichtet, auch nach Beendigung ihrer Amtstätigkeit Auskünfte, die ihrem Wesen nach unter das Berufsgeheimnis fallen, nicht preiszugeben; dies gilt insbesondere für Auskünfte über Unternehmen sowie deren Geschäftsbeziehungen oder Kostenelemente.

Artikel 215

Die vertragliche Haftung der Gemeinschaft bestimmt sich nach dem Recht, das auf den betreffenden Vertrag anzuwenden ist.

Im Bereich der außervertraglichen Haftung ersetzt die Gemeinschaft den durch ihre Organe oder Bediensteten in Ausübung ihrer Amtstätigkeit verursachten Schaden nach den allgemeinen Rechtsgrundsätzen, die den Rechtsordnungen der Mitgliedstaaten gemeinsam sind.

Die persönliche Haftung der Bediensteten gegenüber der Gemeinschaft bestimmt sich nach den Vorschriften ihres Statuts oder der für sie geltenden Beschäftigungsbedingungen.

Artikel 216

Der Sitz der Organe der Gemeinschaft wird im Einvernehmen zwischen den Regierungen der Mitgliedstaaten bestimmt.

Artikel 217

Die Regelung der Sprachenfrage für die Organe der Gemeinschaft wird unbeschadet der Verfahrensordnung des Gerichtshofs vom Rat einstimmig getroffen.

Artikel 218

Die Gemeinschaft genießt in den Hoheitsgebieten der Mitgliedstaaten die zur Erfüllung ihrer Aufgabe erforderlichen Vorrechte und Befreiungen nach Maßgabe eines besonderen Protokolls.

Artikel 219

Die Mitgliedstaaten verpflichten sich, Streitigkeiten über die Auslegung oder Anwendung dieses Vertrags nicht anders als hierin vorgesehen zu regeln.

Artikel 220

Soweit erforderlich, leiten die Mitgliedstaaten untereinander Verhandlungen ein, um zugunsten ihrer Staatsangehörigen folgendes sicherzustellen:

- den Schutz der Personen sowie den Genuß und den Schutz der Rechte zu den Bedingungen, die jeder Staat seinen eigenen Angehörigen einräumt;
- die Beseitigung der Doppelbesteuerung innerhalb der Gemeinschaft;
- die gegenseitige Anerkennung der Gesellschaften im Sinne des Artikels 58 Absatz 2, die Beibehaltung der Rechtspersönlichkeit bei Verlegung des Sitzes von einem Staat in einen anderen und die Möglichkeit der Verschmelzung von Gesellschaften, die den Rechtsvorschriften verschiedener Mitgliedstaaten unterstehen;
- die Vereinfachung der Förmlichkeiten für die gegenseitige Anerkennung und Vollstreckung richterlicher Entscheidungen und Schiedssprüche.

Artikel 221

Unbeschadet der sonstigen Bestimmungen dieses Vertrags stellen die Mitgliedstaaten binnen drei Jahren nach seinem Inkrafttreten die Staatsangehörigen der anderen Mitgliedstaaten hinsichtlich ihrer Beteiligung am Kapital von Gesellschaften im Sinne des Artikels 58 den eigenen Staatsangehörigen gleich.

Artikel 222

Dieser Vertrag läßt die Eigentumsordnung in den verschiedenen Mitgliedstaaten unberührt.

[...]

Artikel 224

Die Mitgliedstaaten setzen sich miteinander ins Benehmen, um durch gemeinsames Vorgehen zu verhindern, daß das Funktionieren des Gemeinsamen Makrtes durch Maßnahmen beeinträchtigt wird, die ein Mitgliedstaat bei einer schwerwiegenden innerstaatlichen Störung der öffentlichen Ordnung, im Kriegsfall, bei einer ernsten, eine Kriegsgefahr darstellenden internationalen Spannung oder in Erfüllung der Verpflichtungen trifft, die er im Hinblick auf die Aufrechterhaltung des Friedens und der internationalen Sicherheit übernommen hat.

Artikel 225

Werden auf dem Gemeinsamen Markt die Wettbewerbsbedingungen durch Maßnahmen auf Grund der Artikel 223 und 224 verfälscht, so prüft die Kommission gemeinsam mit dem beteiligten Staat, wie diese Maßnahmen den Vorschriften dieses Vertrages angepaßt werden können.

In Abweichung von dem in den Artikeln 169 und 170 vorgesehenen Verfahren kann die Kommission oder ein Mitgliedstaat den Gerichtshof unmittelbar anrufen, wenn die Kommission oder der Staat der Auffassung ist, daß ein anderer Mitgliedstaat die in den Artikeln 223 und 224 vorgesehenen Befugnisse mißbraucht. Der Gerichtshof entscheidet unter Ausschluß der Öffentlichkeit.

Artikel 226

(1) Während der Übergangszeit kann ein Mitgliedstaat bei Schwierigkeiten, welche einen Wirtschaftszweig erheblich und voraussichtlich anhaltend treffen oder welche die wirtschaftliche Lage eines bestimmten Gebietes beträchtlich verschlechtern können, die Genehmigung zur Anwendung von Schutzmaßnahmen beantragen, um die Lage wieder auszugleichen oder den betreffenden Wirtschaftszweig an die Wirtschaft des Gemeinsamen Marktes anzupassen.

(2) Auf Antrag des betreffenden Staates bestimmt die Kommission unverzüglich in einem Dringlichkeitsverfahren die ihres Erachtens erforderlichen Schutzmaßnahmen und legt gleichzeitig die Bedingungen und Einzelheiten ihrer Anwendung fest.

(3) Die nach Absatz (2) genehmigten Maßnahmen können von den Vorschriften dieses Vertrages abweichen, soweit und solange dies unbedingt erforderlich ist, um die in Absatz (1) genannten Ziele zu erreichen. Es sind mit Vorrang solche Maßnahmen zu wählen, die das Funktionieren des Gemeinsamen Marktes am wenigsten stören.

Artikel 227

(1) Dieser Vertrag gilt für das Königreich Belgien, die Bundesrepublik Deutschland, die Französische Republik, die Italienische Republik, das Großherzogtum Luxemburg und das Königreich der Niederlande.

(2) Für Algerien und die französischen überseeischen Departements gelten mit Inkrafttreten dieses Vertrags seine besonderen und allgemeinen Bestimmungen über

- den freien Warenverkehr,
  dic Landwirtschaft, mit Ausnahme des Artikels 40 Absatz (4),
- den freien Dienstleistungsverkehr,
- die Wettbewerbsrcgcln,
- die in den Artikeln 108, 109 und 226 vorgesehenen Schutzmaßnahmen,
- die Organe.

Die Bedingungen für die Anwendung der anderen Bestimmungen dieses Vertrags werden binnen zwei Jahren nach seinem Inkrafttreten durch einstimmige Entscheidungen des Rates auf Vorschlag der Kommission beschlossen.

Die Organe der Gemeinschaft sorgen im Rahmen der in diesem Vertrag, insbesondere in Artikel 226, vorgesehenen Verfahren für die wirtschaftliche und soziale Entwicklung dieser Gebiete.

(3) Für die in Anhang IV zu diesem Vertrag aufgeführten überseeischen Länder und Hoheitsgebiete gilt das besondere Assoziierungssystem, das im Vierten Teil dieses Vertrages festgelegt ist.

(4) Dieser Vertrag findet auf die europäischen Hoheitsgebiete Anwendung, deren auswärtige Beziehungen ein Mitgliedstaat wahrnimmt.

Artikel 228

(1) Soweit dieser Vertrag den Abschluß von Abkommen zwischen der Gemeinschaft und einem oder mehreren Staaten oder einer internationalen Organisation vorsieht, werden diese Abkommen von der Kommission ausgehandelt. Sie werden vorbehaltlich der Zuständigkeiten, welche die Kommission auf diesem Gebiet besitzt, durch den Rat geschlossen; dieser hört zuvor die Versammlung in allen Fällen, in denen der Vertrag dies vorsieht.

Der Rat, die Kommission oder ein Mitgliedstaat kann zuvor ein Gutachten des Gerichtshofes über die Vereinbarkeit des beabsichtigten Abkommens mit diesem Vertrag einholen. Ist dieses Gutachten ablehnend, so kann das Abkommen nur nach Maßgabe des Artikels 236 in Kraft treten.

(2) Die unter diesen Voraussetzungen geschlossenen Abkommen sind für die Organe der Gemeinschaft und für die Mitgliedstaaten verbindlich.

Artikel 229

Die Kommission unterhält alle zweckdienlichen Beziehungen zu den Organen der Vereinten Nationen, ihrer Fachorganisationen und des Allgemeinen Zoll- und Handelsabkommens.

Sie unterhält ferner, soweit zweckdienlich, Beziehungen zu allen internationalen Organisationen.

Artikel 230

Die Gemeinschaft führt jede zweckdienliche Zusammenarbeit mit dem Europarat herbei.

Artikel 231

Die Gemeinschaft führt ein enges Zusammenwirken mit der Europäischen Organisation für Wirtschaftliche Zusammenarbeit herbei; die Einzelheiten werden gemeinsam festgelegt.

Artikel 232

(1) Dieser Vertrag ändert nicht die Bestimmungen des Vertrags über die Gründung der Europäischen Gemeinschaft für Kohle und Stahl, insbesondere hinsichtlich der Rechte und Pflichten der Mitgliedstaaten, der Befugnisse der Organe dieser Gemeinschaft und der Vorschriften des genannten Vertrags für das Funktionieren des Gemeinsamen Marktes für Kohle und Stahl.

(2) Dieser Vertrag beeinträchtigt nicht die Vorschriften des Vertrags zur Gründung der Europäischen Atomgemeinschaft.

Artikel 233

Dieser Vertrag steht dem Bestehen und der Durchführung der regionalen Zusammenschlüsse zwischen Belgien und Luxemburg und den Niederlanden nicht entgegen, soweit die Ziele dieser Zusammenschlüsse durch Anwendung dieses Vertrags nicht erreicht sind.

[...]

Artikel 235

Erscheint ein Tätigwerden der Gemeinschaft erforderlich, um im Rahmen des Gemeinsamen Marktes eines ihrer Ziele zu verwirklichen, und sind in diesem Vertrag die hierfür erforderlichen Befugnisse nicht vorgesehen, so erläßt der Rat einstimmig auf Vorschlag der Kommission und nach Anhörung der Versammlung die geeigneten Vorschriften.

Artikel 236

Die Regierung jedes Mitgliedstaates oder die Kommission kann dem Rat Entwürfe zur Änderung dieses Vertrags vorlegen.

Gibt der Rat nach Anhörung der Versammlung und gegebenenfalls der Kommission eine Stellungnahme zugunsten des Zusammentritts einer Konferenz von Vertretern der Regierungen der Mitgliedstaaten ab, so wird diese vom Präsidenten des Rates einberufen, um die an diesem Vertrag vorzunehmenden Änderungen zu vereinbaren.

Diese Änderungen treten in Kraft, nachdem sie von allen Mitgliedstaaten gemäß ihren verfassungsrechtlichen Vorschriften ratifiziert worden sind.

Artikel 237

Jeder europäische Staat kann beantragen, Mitglied der Gemeinschaft zu werden. Er richtet seinen Antrag an den Rat; dieser beschließt einstimmig, nachdem er die Stellungnahme der Kommission eingeholt hat.

Die Aufnahmebedingungen und die erforderlich werdenden Anpassungen dieses Vertrags werden durch ein Abkommen zwischen den Mitgliedstaaten und dem antragstellenden Staat geregelt. Das Abkommen bedarf der Ratifizierung durch alle Vertragsstaaten gemäß ihren verfassungsrechtlichen Vorschriften.

Artikel 238

Die Gemeinschaft kann mit einem dritten Staat, einer Staatenverbindung oder einer internationalen Organisation Abkommen schließen, die eine Assoziierung mit gegenseitigen Rechten und Pflichten, gemeinsamem Vorgehen und besonderen Verfahren herstellen.

Diese Abkommen werden nach Anhörung der Versammlung einstimmig vom Rat geschlossen.

Werden durch diese Abkommen Änderungen dieses Vertrags erforderlich, so müssen diese zuvor nach dem in Artikel 236 vorgesehenen Verfahren angenommen werden.

Artikel 239

Die diesem Vertrag im gegenseitigen Einvernehmen der Mitgliedstaaten beigefügten Protokolle sind Bestandteil dieses Vertrags.

Artikel 240

Dieser Vertrag gilt auf unbegrenzte Zeit.

Einsetzung der Organe

Artikel 241

Der Rat tritt binnen einem Monat nach Inkrafttreten dieses Vertrags zusammen.

Artikel 242

Der Rat trifft alle zweckdienlichen Maßnahmen, um binnen drei Monaten nach seinem ersten Zusammentreten den Wirtschafts- und Sozialausschuß einzusetzen.

Artikel 243

Die Versammlung tritt binnen zwei Monaten nach der ersten Sitzung des Rates auf Einberufung durch dessen Präsidenten zusammen, um ihr Präsidium zu wählen und ihre Geschäftsordnung auszuarbeiten. Bis zur Wahl des Präsidiums führt der Alterspräsident den Vorsitz.

Artikel 244

Der Gerichtshof nimmt seine Tätigkeit mit Ernennung seiner Mitglieder auf. Die Ernennung des ersten Präsidenten erfolgt nach dem für die Ernennung der Mitglieder geltenden Verfahren für die Dauer von drei Jahren.

Der Gerichtshof legt binnen drei Monaten nach Aufnahme seiner Tätigkeit seine Verfahrensordnung fest.

Der Gerichtshof kann nicht vor der Veröffentlichung der Verfahrensordnung angerufen werden. Die Fristen für die Klageerhebung laufen erst von diesem Zeitpunkt an.

Der Präsident des Gerichtshofs übt von seiner Ernennung an die ihm durch diesen Vertrag übertragenen Befugnisse aus.

Artikel 245

Mit Ernennung ihrer Mitglieder nimmt die Kommission ihre Tätigkeit auf und übernimmt gleichzeitig die ihr in diesem Vertrag übertragenen Aufgaben.

Mit Aufnahme ihrer Tätigkeit leitet die Kommission die Untersuchungen ein und stellt die Verbindungen her, die für die Erstellung einer Übersicht über die wirtschaftliche Lage der Gemeinschaft erforderlich sind.

[...]

Schlußbestimmungen

Artikel 247

Dieser Vertrag bedarf der Ratifizierung durch die Hohen Vertragsparteien gemäß ihren verfassungsrechtlichen Vorschriften. Die Ratifikationsurkunden werden bei der Regierung der Italienischen Republik hinterlegt.

Dieser Vertrag tritt am ersten Tag des auf die Hinterlegung der letzten Ratifikationsurkunde folgenden Monats in Kraft. Findet diese Hinterlegung weniger als fünfzehn Tage vor Beginn des folgenden Monats statt, so tritt der Vertrag am ersten Tag des zweiten Monats nach dieser Hinterlegung in Kraft.

Artikel 248

Dieser Vertrag ist in einer Urschrift in deutscher, französischer, italienischer und niederländischer Sprache abgefaßt, wobei jeder Wortlaut gleichermaßen verbindlich ist; er wird im Archiv der Regierung der Italienischen Republik hinterlegt; diese übermittelt der Regierung jedes anderen Unterzeichnerstaates eine beglaubigte Abschrift.

Zu Urkund dessen haben die unterzeichneten Bevollmächtigten ihre Unterschriften unter diesen Vertrag gesetzt. Geschehen zu Rom am fünfundzwanzigsten März neunzehnhundertsiebenundfünfzig.

[Unterschriften]

Quelle: Bundesgesetzblatt, 1957, II, S. 770ff.

D 41: Protokoll über den innerdeutschen Handel vom 25. März 1957

Die Hohen Vertragsparteien –
unter Berücksichtigung der zur Zeit infolge der Teilung Deutschlands gegebenen Verhältnisse –
sind über folgende Bestimmungen übereingekommen, die diesem Vertrag als Anhang beigefügt sind:

(1) Da der Handel zwischen den deutschen Gebieten innerhalb des Geltungsbereichs des Grundgesetzes für die Bundesrepublik Deutschland und den deutschen Gebieten außerhalb dieses Geltungsbereichs Bestandteil des innerdeutschen Handels ist, erfordert die Anwendung dieses Vertrags in Deutschland keinerlei Änderung des bestehenden Systems dieses Handels.

(2) Jeder Mitgliedstaat unterrichtet die anderen Mitgliedstaaten und die Kommission über die Abkommen, die den Handelsverkehr mit den außerhalb des Geltungsbereichs des Grundgesetzes für die Bundesrepublik Deutschland gelegenen deutschen Gebieten betreffen, sowie über die zu ihrer Ausführung ergehenden Vorschriften. Er achtet darauf, daß diese Ausführung nicht im Gegensatz zu den Grundsätzen des Gemeinsamen Marktes steht, und trifft insbesondere geeignete Vorkehrungen, um Schädigungen innerhalb der Volkswirtschaften der anderen Mitgliedstaaten zu vermeiden.

(3) Jeder Mitgliedstaat kann geeignete Maßnahmen treffen, um zu verhindern, daß sich für ihn aus dem Handel eines anderen Mitgliedstaates mit den deutschen Gebieten außerhalb des Geltungsbereichs des Grundgesetzes für die Bundesrepublik Deutschland Schwierigkeiten ergeben. Geschehen zu Rom am fünfundzwanzigsten März neunzehnhundertsiebenundfünfzig.

[Unterschriften]

Quelle: Europa. Dokumente zur Frage der europäischen Einigung, hrsg. vom Forschungsinstitut der Deutschen Gesellschaft für Auswärtige Politik, Bd. III, München 1962, S. 1339.

D 42: Abkommen über die Gründung einer Europäischen Organisation für Kernforschung vom 1. Juli 1953 (Auszug)

Im Hinblick auf das am 15. Februar 1952 in Genf zur Unterzeichnung aufgelegte Abkommen über die Bildung eines Vertreterrats europäischer Staaten zur Planung eines internationalen Laboratoriums und zur Organisation anderer Formen der Zusammenarbeit auf dem Gebiet der Kernforschung;

im Hinblick auf das am 30. Juni 1953 in Paris unterzeichnete Ergänzungsabkommen zur Verlängerung des genannten Abkommens; und
von dem Wunsche beseelt, gemäß Artikel III Absatz 2 des genannten Abkommens vom 15. Februar 1952 ein Abkommen zur Gründung einer Europäischen Organisation für Kernforschung, einschließlich der Errichtung eines internationalen Laboratoriums zur Durchführung eines vereinbarten Forschungsprogramms grundlegender und rein wissenschaftlicher Art über hochenergetische Partikel, abzuschließen,
haben die Unterzeichnerstaaten dieses Abkommens folgendes vereinbart:

Artikel 1

Bildung der Organisation

1. Die Europäische Organisation für Kernforschung (im folgenden als »die Organisation« bezeichnet) wird hiermit gegründet.
2. Sitz der Organisation ist Genf.

Artikel II

Ziele

1. Die Organisation hat die Zusammenarbeit zwischen europäischen Staaten auf dem Gebiet der Kernforschung grundlegender und rein wissenschaftlicher Art sowie der hiermit im wesentlichen verbundenen Forschung zum Ziele. Die Organisation befaßt sich nicht mit Arbeiten militärischer Art; die Ergebnisse ihrer experimentellen und theoretischen Arbeiten sind zu veröffentlichen oder auf sonstige Weise der Allgemeinheit zugänglich zu machen.
2. Bei der in Ziffer 1 dieses Artikels genannten Zusammenarbeit beschränkt die Organisation ihre Arbeit auf die in Ziffer 3, 4 und 5 dieses Artikels aufgeführten Tätigkeiten.
3. Das Grundprogramm der Organisation umfaßt:
a) den Bau eines Internationalen Laboratoriums (im folgenden als »das Laboratorium« bezeichnet) für Forschungszwecke auf dem Gebiete hochenergetischer Partikel und dem Gebiet der kosmischen Strahlen. Das Laboratorium besteht aus
(I) einem Protonen-Synchroton für Energien über 10 Gigaelektronenvolt (10^{12} eV);
(II) einem Synchrozyklotron mit einem Protonen-Beschleunigungsvermögen bis annähernd 600 Millionen Elektronenvolt (6×10^{8} eV);
(III) den erforderlichen Hilfsgeräten zur Verwendung bei den Forschungsprogrammen, die mittels der vorstehend unter (I) und (II) genannten Geräte durchgeführt werden;
(IV) den zur Unterbringung der in (I), (II) und (III) genannten Ausstattung sowie für die Verwaltung der Organisation und die Erfüllung ihrer sonstigen Aufgaben erforderlichen Gebäuden;
b) den Betrieb des vorstehend beschriebenen Laboratoriums;
c) die Organisation und Förderung der internationalen Zusammenarbeit auf dem Gebiet der Kernforschung unter Einschluß einer Zusammenarbeit außerhalb des Laboratoriums. Diese Zusammenarbeit kann insbesondere umfassen
(I) Arbeiten auf dem Gebiete der theoretischen Kernphysik;
(II) die Förderung der Beziehungen zwischen Wissenschaftlern und des Austausches von Wissenschaftlern, der Verbreitung von Informationen und von Möglichkeiten zur spezialisierten Ausbildung von Forschungsarbeiten;
(III) Zusammenarbeit mit nationalen Forschungsinstituten und ihre Beratung;

(IV) Arbeiten auf dem Gebiet der kosmischen Strahlen.
4. Jedes Ergänzungsprogramm ist dem in Artikel IV genannten Rat vorzulegen und erfordert die Zustimmung einer Zweidrittelmehrheit aller Mitgliedstaaten der Organisation.
5. Das Laboratorium wird im Rahmen seines Grundprogramms und etwaiger Ergänzungsprogramme im größtmöglichen Umfang mit Laboratorien und Instituten in den Gebieten der Mitgliedstaaten zusammenarbeiten. Soweit es sich mit den Zwecken der Organisation vereinbaren läßt, wird das Laboratorium bestrebt sein, seinerseits Forschungsarbeiten zu vermeiden, die bereits in den genannten Laboratorien oder Instituten durchgeführt werden.

Artikel III
Aufnahmebedingungen

1. Staaten, die Vertragsparteien des in der Präambel genannten Abkommens vom 15. Februar 1952 sind, oder an den durch diese Vereinbarung errichteten Rat Geld- oder Sachbeiträge geleistet und tatsächlich an seinen Arbeiten teilgenommen haben, sind berechtigt, Mitglieder der Organisation zu werden, indem sie gemäß den Bestimmungen von Artikel XV, XVI und XVII Vertragsparteien dieses Abkommens werden.
2. a) Andere Staaten können durch den in Artikel IV genannten Rat mittels einstimmiger Entscheidung der Mitgliedstaaten zur Organisation zugelassen werden.
b) Wünscht ein Staat der Organisation gemäß den Bestimmungen des vorstehenden Absatzes beizutreten, so setzt er den Direktor hiervon in Kenntnis. Der Direktor setzt alle Mitgliedstaaten von diesem Antrag in Kenntnis, und zwar mindestens drei Monate, bevor er im Rat erörtert wird. Die durch den Rat zugelassenen Staaten können durch Beitritt zu dieser Konvention gemäß Artikel XVII Mitglied der Organisation werden.
3. Die Mitgliedstaaten werden an der Arbeit der Organisation mit der Maßgabe mitwirken, daß ein Mitgliedstaat nicht verpflichtet ist, einen finanziellen Beitrag zu anderen Arbeiten als den in Artikel II Ziffer 3 genannten zu leisten. Ein Mitgliedstaat ist nicht zur Teilnahme an Arbeiten berechtigt, zu denen er keinen finanziellen Beitrag geleistet hat.
4. Zum Zwecke der Durchführung des Grundprogramms und etwaiger Ergänzungsprogramme der Organisation werden alle Mitgliedstaaten den Austausch von Personen und einschlägigen wissenschaftlichen und technischen Informationen erleichtern; dies gilt mit der Maßgabe, daß durch die Bestimmungen dieses Absatzes
a) die Anwendung der Gesetze und Verordnungen von Mitgliedstaaten betreffend die Einreise, den Aufenthalt oder die Ausreise aus ihrem Gebiet nicht berührt wird;
b) kein Mitgliedstaat verpflichtet ist, in seinem Besitz befindliche Informationen mitzuteilen oder die Mitteilung zu gestatten, sofern er der Auffassung ist, daß eine derartige Mitteilung im Widerspruch zu den Interessen seiner Sicherheit stehen würde.

Artikel IV
Organe

Die Organisation besteht aus einem Rat und einem durch entsprechendes Personal unterstützten Direktor.

[...]

Artikel VII
Finanzielle Beiträge

1. Jeder Mitgliedstaat beteiligt sich am Kapitalaufwand und den laufenden Betriebskosten der Organisation ... (nach einem besonderen Finanzprotokoll).

[...]

5. Nach Maßgabe der vom Rat erteilten Weisungen kann der Direktor Schenkungen und Vermächtnisse für die Organisation annehmen, vorausgesetzt, daß solche Schenkungen oder Vermächtnisse keinen Bedingungen unterliegen, die mit den Zwecken der Organisation nicht vereinbar sind.

Artikel VIII
Zusammenarbeit mit der UNESCO und anderen Organisationen

Die Organisation wird mit der Organisation der Vereinten Nationen für Erziehung, Wissenschaft und Kultur zusammenarbeiten. Sie kann ferner auf Grund eines mit Zweidrittelmehrheit aller Mitgliedstaaten gefaßten Beschlusses des Rates mit anderen Organisationen und Einrichtungen zusammenarbeiten.

Artikel IX
Rechtsstellung

Die Organisation hat Rechtspersönlichkeit im europäischen Staatsgebiet aller Mitgliedstaaten. Der Organisation und den Vertretern der Mitgliedstaaten im Rat, den Mitgliedern aller nachgeordneten gemäß Artikel V Ziffer 10 dieses Abkommens errichteten Stellen, dem Direktor sowie dem Personal der Organisation sind im europäischen Staatsgebiet der Mitgliedstaaten auf Grund von Abkommen, die zwischen der Organisation und jedem in Betracht kommenden Mitgliedstaat abzuschließen sind, diejenigen Vorrechte und Befreiungen zu gewähren, die gegebenenfalls für die Ausübung der Funktionen der Organisation im gegenseitigen Einvernehmen für erforderlich gehalten werden. Die zwischen der Organisation und dem Mitgliedstaat, in dessen Gebiet die Organisation errichtet wird, abzuschließende Vereinbarung wird außer Bestimmungen über Vorrechte und Befreiungen Bestimmungen zur Regelung der besonderen Beziehungen zwischen der Organisation und diesem Mitgliedstaat enthalten.

Artikel X
Änderungen

Artikel XI
Streitigkeiten

Artikel XII
Austritt

Nachdem dieses Abkommen sieben Jahre in Kraft gewesen ist, kann ein Mitgliedstaat dem Direktor schriftlich mitteilen, daß er das Abkommen kündigt und aus der Organisation austritt. Eine solche Kündigung wird am Ende des Haushaltsjahres, während dessen sie mitgeteilt wird, wirksam, falls sie während der ersten neun Monate dieses Haushaltsjahres erfolgt. Erfolgt sie während der letzten drei Monate des Haushaltsjahres, so wird sie am Ende des nächsten Haushaltsjahres wirksam.

Artikel XIII
Nichterfüllung der Verpflichtungen

Erfüllt ein Mitgliedstaat Verpflichtungen aus diesem Abkommen nicht, so endet seine Mitgliedschaft auf Beschluß des Rates, der mit einer Mehrheit von zwei Dritteln aller Mitgliedstaaten entscheidet.

Artikel XIV
Auflösung

Die Organisation wird aufgelöst, wenn die Zahl der Mitgliedstaaten unter fünf herabsinkt. Sie kann jederzeit durch Übereinkommen der Mitgliedstaaten aufgelöst werden. Vorbehaltlich einer Vereinbarung, die gegebenenfalls im Zeitpunkt der Auflösung zwischen den Mitgliedstaaten getroffen wird, ist der Staat, in dessen Gebiet sich der Sitz der Organisation zu diesem Zeitpunkt befindet, für die Abwicklung verantwortlich. Ein Überschuß ist unter denjenigen Staaten zu verteilen, die im Zeitpunkt der Auflösung Mitglieder sind, und zwar im Verhältnis zu den von ihnen vom Zeitpunkt ihres Beitritts zum Abkommen an tatsächlich geleisteten Beiträgen. Ergibt sich ein Fehlbetrag, so ist er von diesen Mitgliedstaaten im Verhältnis ihrer für das dann laufende Haushaltsjahr festgesetzten Beiträge zu tragen.

Artikel XV
Unterzeichnung

[...]

Artikel XVII
Beitritt

1. Jeder den Bedingungen des Artikels III Ziffer 1 oder 2 entsprechende Staat, der nicht Unterzeichnerstaat dieses Abkommens ist, kann vom 1. Januar 1954 an dem Abkommen und dem Finanzprotokoll beitreten.
2. Die Beitrittsurkunden sind beim Generaldirektor der Organisation der Vereinten Nationen für Erziehung, Wissenschaft und Kultur zu hinterlegen.

Artikel XVIII
Inkrafttreten

Artikel XIX
Notifizierungen

Artikel XX
Registrierung

Der Generaldirektor der Organisation der Vereinten Nationen für Erziehung, Wissenschaft und Kultur legt dieses Abkommen nach seinem Inkrafttreten dem Sekretariat der Vereinten Nationen zur Registrierung gemäß Artikel 102 der Satzung der Vereinten Nationen vor.

Zu Urkund dessen haben die unterzeichneten, von ihren Regierungen hierzu gehörig bevollmächtigten Vertreter dieses Abkommen unterschrieben.

Geschehen zu Paris am 1. Juli 1953 in französischer und englischer Sprache, wobei beide Texte gleichermaßen authentisch sind, in einer einzigen Ausfertigung, die in den Archiven der Organisation der Vereinten Nationen für Erziehung, Wissenschaft und Kultur hinterlegt wird, deren Generaldirektor allen Unterzeichner- und beitretenden Staaten sowie allen anderen Staaten, die an der Konferenz zur Organisation von Studien über die Errichtung eines europäischen Kernforschungslaboratoriums teilgenommen haben, eine beglaubigte Abschrift zustellt.

[Unterschriften]

Quelle: Europa-Archiv, 1954, S. 6400ff.

D 43: Übereinkommen zur Errichtung der Europäischen Freihandelsassoziation (EFTA) vom 4. Januar 1960 (Auszug)

Die Republik Österreich, das Königreich Dänemark, das Königreich Norwegen, die Portugiesische Republik, das Königreich Schweden, die Schweizerische Eidgenossenschaft und das Vereinigte Königreich von Großbritannien und Nordirland,
Im Hinblick auf das Abkommen über die europäische wirtschaftliche Zusammenarbeit vom 16. April 1948, durch das die Organisation für europäische wirtschaftliche Zusammenarbeit geschaffen wurde,
Entschlossen, die im Rahmen dieser Organisation begründete Zusammenarbeit aufrechtzuerhalten und weiterzuentwickeln,
In der festen Absicht, die baldige Schaffung einer multilateralen Assoziation zur Beseitigung der Handelsschranken und zur Förderung einer engeren wirtschaftlichen Zusammenarbeit zwischen den Mitgliedern der Organisation für europäische wirtschaftliche Zusammenarbeit, einschließlich der Mitglieder der Europäischen Wirtschaftsgemeinschaft, zu erleichtern,
Im Hinblick auf das Allgemeine Zoll- und Handelsabkommen,
Entschlossen, die Verwirklichung der Ziele dieses Allgemeinen Abkommens zu fördern,
Haben folgendes vereinbart:

Artikel 1
Die Assoziation

1. Durch dieses Übereinkommen wird eine internationale Organisation mit dem Namen »Europäische Freihandelsassoziation«, im folgenden Assoziation genannt, errichtet.
2. Mitglieder der Assoziation, im folgenden Mitgliedstaaten genannt, sind jene Staaten, die dieses Übereinkommen ratifizieren und jene anderen Staaten, die ihm beitreten.
3. Als »Zone« gelten alle Gebiete, auf die dieses Übereinkommen Anwendung findet.
4. Die Institutionen der Assoziation sind der Rat und jene anderen Organe, die der Rat schaffen kann.

Artikel 2
Zielsetzung

Die Assoziation hat zum Ziele,
a) in der Zone und in jedem Mitgliedstaat die fortwährende Ausweitung der wirtschaftlichen Tätigkeit, die Vollbeschäftigung, die Steigerung der Produktivität sowie

die rationelle Ausnützung der Hilfsquellen, die finanzielle Stabilität und die stetige Verbesserung des Lebensstandards zu fördern,
b) zu gewährleisten, daß der Handel zwischen den Mitgliedstaaten unter gerechten Wettbewerbsbedingungen erfolgt,
c) bedeutende Unterschiede zwischen den Mitgliedstaaten in den Bedingungen der Versorgung mit den innerhalb der Zone erzeugten Rohstoffen zu vermeiden, und
d) zur harmonischen Entwicklung und Ausweitung des Welthandels sowie zur fortschreitenden Beseitigung seiner Beschränkungen beizutragen.

Artikel 3
Einfuhrzölle

1. Gemäß diesem Artikel senken die Mitgliedstaaten und beseitigen schließlich Zölle und sonstige Abgaben gleicher Wirkung, die auf die Einfuhr oder im Zusammenhang mit der Einfuhr von Waren erhoben werden, welchen gemäß Artikel 4 die Zollbehandlung der Zone zusteht, ausgenommen die gemäß Artikel 6 notifizierten Zölle sowie andere in Artikel 6 genannten Abgaben. Diese Zölle oder sonstigen Abgaben werden im folgenden »Einfuhrzölle« genannt.
2. (a) Von jedem der folgenden Daten an erheben die Mitgliedstaaten auf keine Ware Einfuhrzölle, die höher sind als der für das jeweilige Datum angegebene Prozentsatz des Ausgangszolls:

1. Juli 1960	80 Prozent	1. Januar 1966	40 Prozent
1. Januar 1962	70 Prozent	1. Januar 1967	30 Prozent
1. Juli 1963	60 Prozent	1. Januar 1968	20 Prozent
1. Januar 1965	50 Prozent	1. Januar 1969	10 Prozent

(b) Vom 1. Januar 1970 an erheben die Mitgliedstaaten keine Einfuhrzölle mehr.
3. Unter dem in Absatz 2 dieses Artikels genannten Ausgangszoll für eine Ware ist, vorbehaltlich des Anhangs A, der von jedem Mitgliedstaat am 1. Januar 1960 auf Einfuhren dieser Ware aus anderen Mitgliedstaaten angewandte Einfuhrzoll zu verstehen.
4. Jeder Mitgliedstaat erklärt sich bereit, niedrigere als die in Absatz 2 dieses Artikels angegebenen Einfuhrzölle anzuwenden, wenn er der Ansicht ist, daß seine wirtschaftliche und finanzielle Lage sowie diejenige des betreffenden Wirtschaftszweiges dies gestatten.
5. Der Rat kann jederzeit beschließen, daß Einfuhrzölle schneller gesenkt oder früher beseitigt werden als in Absatz 2 dieses Artikels vorgesehen ist. Zwischen dem 1. Juli 1960 und dem 31. Dezember 1961 prüft der Rat, ob ein solcher Beschluß über die von einigen oder allen Mitgliedstaaten angewandten Einfuhrzölle für einige oder alle Waren gefaßt werden kann.

Artikel 4
Zollbehandlung der Zone

[...]

Artikel 5
Handelsverzerrungen

1. Im Sinne dieses Artikels liegt eine Handelsverzerrung vor, wenn
a) die Einfuhr einer bestimmten Ware in das Gebiet eines Mitgliedstaates aus dem Gebiet eines anderen Mitgliedstaates zunimmt, weil

(I) der einführende Mitgliedstaat gemäß Artikel 3 oder 6 die Zölle und Abgaben auf jene Ware gesenkt oder beseitigt hat und

(II) die vom ausführenden Mitgliedstaat erhobenen Zölle oder Abgaben auf Einfuhren von Rohstoffen oder Zwischenprodukten, die bei der Erzeugung der betreffenden Ware verwendet werden, wesentlich niedriger sind als die entsprechenden vom einführenden Mitgliedstaat erhobenen Zölle und Abgaben, und

(b) diese Einfuhrzunahme einer im Gebiete des einführenden Mitgliedstaates bestehenden Erzeugung ernstlichen Schaden zufügt oder zufügen könnte.

2. Der Rat widmet der Frage der Handelsverzerrungen und ihrer Ursachen laufend seine Aufmerksamkeit. Er faßt diejenigen Beschlüsse, die erforderlich sind, um den Ursachen von Handelsverzerrungen entgegenzuwirken, entweder indem er die Ursprungsregeln gemäß Absatz 5 des Artikels 4 ändert, oder auf andere ihm angemessen erscheinende Weise.

3. Jeder Mitgliedstaat kann besonders dringliche Fälle von Handelsverzerrungen vor den Rat bringen. Der Rat faßt seinen Beschluß so rasch als möglich, im allgemeinen innerhalb eines Monats. Der Rat kann mit Mehrheitsbeschluß die Ermächtigung zu vorübergehenden Maßnahmen zur Wahrung der Lage des betreffenden Mitgliedstaates erteilen. Solche Maßnahmen dürfen nicht länger aufrechterhalten werden, als für die Durchführung des in Absatz 2 dieses Artikels vorgesehenen Verfahrens erforderlich ist, höchstens aber zwei Monate, es sei denn, daß der Rat in Ausnahmefällen mit Mehrheitsbeschluß die Ermächtigung zur Verlängerung dieser Frist um weitere zwei Monate erteilt.

4. Ein Mitgliedstaat, der die Senkung der wirksamen Höhe seiner Zölle oder Abgaben auf eine Ware erwägt, welcher die Zollbehandlung der Zone nicht zusteht, notifiziert dies dem Rat soweit möglich mindestens dreißig Tage vor dem Inkrafttreten dieser Senkung und zieht Bedenken eines anderen Mitgliedstaates, daß die Senkung zu Handelsverzerrungen führen könnte, in Erwägung. Die auf Grund dieses Absatzes erhaltenen Mitteilungen dürfen niemandem außerhalb der Dienststellen der Assoziation oder der Regierungsstellen der Mitgliedstaaten bekanntgegeben werden.

5. Wenn die Mitgliedstaaten Änderungen ihrer Zölle oder Abgaben auf eine Ware erwägen, welcher die Zollbehandlung der Zone nicht zusteht, nehmen sie gebührend darauf Rücksicht, daß es erwünscht ist, sich daraus ergebende Handelsverzerrungen zu vermeiden. In solchen Fällen kann jeder Mitgliedstaat, nach dessen Ansicht eine Handelsverzerrung vorliegt, die Angelegenheit gemäß Artikel 1 vor den Rat bringen.

6. Wird bei der Prüfung einer Beschwerde gemäß Artikel 31 auf einen Unterschied in der Höhe der Zölle oder Abgaben auf eine Ware hingewiesen, welcher die Zollbehandlung der Zone nicht zusteht, so wird dieser Unterschied nur dann berücksichtigt, wenn der Rat mit Stimmenmehrheit feststellt, daß eine Handelsverzerrung vorliegt.

7. Der Rat überprüft von Zeit zu Zeit die Bestimmungen dieses Artikels und kann ihre Änderung beschließen.

Artikel 6–14

(Bestimmungen über Fiskalzölle und interne Steuern; Zollrückvergütungen; Verbot von Ausfuhrzöllen; mengenmäßige Ein- und Ausfuhrbeschränkungen; staatliche Beihilfen)

Artikel 15
Wettbewerbsbeschränkende Praktiken

1. Die Mitgliedstaaten anerkennen, daß die folgenden Praktiken mit diesem Übereinkommen insoweit unvereinbar sind, als sie die vom Abbau oder Fehlen der Einfuhrzölle und mengenmäßigen Beschränkungen im Handel zwischen den Mitgliedstaaten erwarteten Vorteile vereiteln:
(a) Vereinbarungen zwischen Unternehmungen, Beschlüsse von Vereinigungen von Unternehmungen und zwischen Unternehmungen abgestimmte Verhaltensweisen, die eine Verhinderung, Einschränkung oder Verfälschung des Wettbewerbs innerhalb der Zone bezwecken oder bewirken;
(b) Handlungen, durch die eine oder mehrere Unternehmungen eine beherrschende Stellung in der Zone oder in einem wesentlichen Teil derselben in unlauterer Weise ausnützen.
2. Sind Praktiken der in Absatz 1 dieses Artikels beschriebenen Art gemäß Artikel 31 vor den Rat gebracht worden, so kann der Rat in einer Empfehlung gemäß Absatz 3 oder in einem Beschluß gemäß Absatz 4 des Artikels 31 Vorsorge für die Veröffentlichung eines Berichtes über die Angelegenheit treffen.
3. (a) Im Lichte der gewonnenen Erfahrungen prüft der Rat spätestens bis zum 31. Dezember 1964 und kann auch jederzeit danach prüfen, ob zusätzliche oder abweichende Bestimmungen erforderlich sind, um auf die von wettbewerbsbeschränkenden Praktiken oder von beherrschenden Unternehmungen ausgehenden Folgen für den Handel zwischen den Mitgliedstaaten einzuwirken.
(b) Eine solche Prüfung schließt folgende Punkte ein:
(I) Bestimmung der wettbewerbsbeschränkenden Praktiken oder der beherrschenden Unternehmungen, mit denen der Rat befaßt werden sollte;
(II) Methoden zur Beschaffung von Auskünften über wettbewerbsbeschränkende Praktiken oder beherrschende Unternehmungen;
(III) Verfahrensregeln für Untersuchungen;
(IV) die Frage, ob dem Rat das Recht zur Einleitung von Untersuchungen übertragen werden sollte.
(c) Der Rat kann die Bestimmungen beschließen, die als Ergebnis der in den lit. (a) und (b) dieses Absatzes vorgesehenen Prüfung erforderlich scheinen.

Artikel 16–18
(enthalten Bestimmungen über Niederlassung und Dumping)

Artikel 19
Zahlungsbilanzschwierigkeiten

1. Ungeachtet der Bestimmungen des Artikels 10 kann jeder Mitgliedstaat im Einklang mit seinen anderen internationalen Verpflichtungen mengenmäßige Einfuhrbeschränkungen zum Schutze seiner Zahlungsbilanz einführen.
2. Ein Mitgliedstaat, der Maßnahmen gemäß Absatz 1 dieses Artikels trifft, notifiziert sie dem Rate womöglich vor deren Inkrafttreten. Der Rat prüft die Lage und widmet ihr laufend seine Aufmerksamkeit und kann jederzeit mit Stimmenmehrheit Empfehlungen machen, um schädigende Auswirkungen dieser Beschränkungen zu mildern oder um dem betreffenden Mitgliedstaat bei der Überwindung seiner Schwierigkeiten beizustehen. Wenn die Zahlungsbilanzschwierigkeiten länger als 18 Monate andauern und die angewandten Maßnahmen das Funktionieren der Assoziation

ernsthaft stören, prüft der Rat die Lage und kann, indem er auf die Interessen aller Mitgliedstaaten Bedacht nimmt, durch Mehrheitsbeschluß besondere Verfahren festlegen, um die Auswirkungen dieser Maßnahmen abzuschwächen oder auszugleichen.

3. Ein Mitgliedstaat, der Maßnahmen gemäß Absatz 1 dieses Artikels getroffen hat, nimmt auf seine Verpflichtung, Artikel 10 wiederum voll anzuwenden, Bedacht und unterbreitet dem Rat, sobald sich die Lage seiner Zahlungsbilanz bessert, Vorschläge, wie dies erreicht werden soll. Erachtet der Rat diese Vorschläge als nicht angemessen, so kann er diesem Mitgliedstaat mit Stimmenmehrheit andere diesem Zwecke dienende Regelungen empfehlen.

Artikel 20
Schwierigkeiten in bestimmten Wirtschaftszweigen

1. Wenn im Gebiet eines Mitgliedstaates

a) ein bedeutendes Ansteigen der Arbeitslosigkeit in einem bestimmten Wirtschaftszweig oder in einer bestimmten Gegend durch einen wesentlichen Rückgang der inländischen Nachfrage nach einem einheimischen Erzeugnis verursacht wird, und

(b) dieser Rückgang der Nachfrage auf eine Erhöhung der Einfuhren aus dem Gebiet anderer Mitgliedstaaten als Ergebnis des fortschreitenden Abbaus der Zölle, Abgaben und mengenmäßigen Beschränkungen gemäß den Artikeln 3, 6 und 10 zurückzuführen ist,

so kann dieser Mitgliedstaat, ungeachtet der sonstigen Bestimmungen dieses Übereinkommens,

(I) diese Einfuhren durch mengenmäßige Beschränkungen auf ein Ausmaß begrenzen, das nicht geringer ist als das Ausmaß dieser Einfuhren während eines zwölfmonatigen Zeitraumes, der im Laufe der letzten zwölf Monate vor Inkrafttreten der Beschränkungen zu Ende gegangen ist; diese Beschränkungen dürfen höchstens achtzehn Monate aufrechterhalten werdcn, es sei denn, der Rat erteile durch Mehrheitsbeschluß die Ermächtigung zu ihrer Beibehaltung für die Dauer und zu den Bedingungen, die er für angemessen erachtet; und

(II) andere Maßnahmen ergreifen, entweder an Stelle der oder neben den Einfuhrbeschränkungen gemäß Ziffer (I) dieses Absatzes, zu denen der Rat durch Mehrheitsbeschluß die Ermächtigung erteilt.

2. Bei Anwendung von Maßnahmen gemäß Absatz 1 dieses Artikels behandelt ein Mitgliedstaat die Einfuhren aus dem Gebiet aller anderen Mitgliedstaaten gleich.

3. Ein Mitgliedstaat, der Beschränkungen gemäß Absatz 1 Ziffer (I) dieses Artikels anwendet, notfiziert sie dem Rat womöglich vor ihrem Inkrafttreten. Der Rat kann jederzeit diese Beschränkungen prüfen und mit Stimmenmehrheit Empfehlungen machen, um schädigende Auswirkungen dieser Beschränkungen zu mildern oder um dem betroffenen Mitgliedstaat bei der Überwindung seiner Schwierigkeiten beizustehen.

4. Ist ein Mitgliedstaat zu irgendeinem Zeitpunkt nach dem 1. Juli 1960 der Ansicht, daß die Anwendung des Artikels 3, Absatz 2, lit. (a) und des Artikels 6, Absatz 3 auf irgendeine Ware zu der in Absatz 1 dieses Artikels beschriebenen Lage führen würde, so kann er dem Rat einen anderen Senkungsplan für den betreffenden Einfuhrzoll oder für das betreffende Schutzelement vorschlagen. Erachtet der Rat den Vorschlag als gerechtfertigt, so kann er diesen Mitgliedstaat durch Mehrheitsbeschluß ermächtigen, einen anderen Senkungsplan anzuwenden, vorausgesetzt, daß die Verpflichtun-

gen zur endgültigen Beseitigung des Einfuhrzolles oder des Schutzelementes gemäß Artikel 3, Absatz 2, lit. (b) und Artikel 6, Absatz 3 erfüllt werden.

5. Wenn der Rat vor dem 1. Januar 1970 der Ansicht ist, daß auch nachher ähnliche Bestimmngen wie jene der Absätze 1 bis 3 dieses Artikels erforderlich sind, kann er beschließen, daß solche Bestimmungen für einen beliebigen Zeitraum nach diesem Datum gelten.

Artikel 21–28

(enthalten Sonderbestimmungen für die Landwirtschaft und die Fischerei)

Artikel 29

Unsichtbare Transaktionen und Überweisungen

Die Mitgliedstaaten anerkennen die Bedeutung der unsichtbaren Transaktionen und Überweisungen für das gute Funktionieren der Assoziation. Sie sind der Auffassung, daß die von ihnen im Rahmen anderer internationaler Organisationen übernommenen Verpflichtungen hinsichtlich der Freizügigkeit solcher Transaktionen und Überweisungen zur Zeit ausreichend sind. Unter gebührender Berücksichtigung der weiteren internationalen Verpflichtungen der Mitgliedstaaten kann der Rat hinsichtlich solcher Transaktionen und Überweisungen jene anderen Bestimmungen beschließen, die wünschenswert erscheinen.

Artikel 30

Wirtschafts- und Finanzpolitik

Die Mitgliedstaaten anerkennen, daß die von ihnen verfolgte Wirtschafts- und Finanzpolitik die Wirtschaft anderer Mitgliedstaaten beeinflußt, und beabsichtigen, diese Politik in einer solchen Weise zu verfolgen, daß die Ziele der Assoziation gefördert werden. Die Mitgliedstaaten tauschen regelmäßig ihre Ansichten über die verschiedenen Gesichtspunkte dieser von ihnen verfolgten Politik aus. Dabei berücksichtigen sie die entsprechenden Arbeiten der Organisation für europäische wirtschaftliche Zusammenarbeit und anderer internationaler Organisationen. Der Rat kann über Angelegenheiten, die diese Politik betreffen, Empfehlungen an die Mitgliedstaaten richten, soweit dies für die Verwirklichung der Ziele und für das reibungslose Funktionieren der Assoziation erforderlich ist.

Artikel 31

Allgemeines Konsultations- und Beschwerdeverfahren

1. Ist ein Mitgliedstaat der Ansicht, daß ein Vorteil, den ihm dieses Übereinkommen einräumt, oder ein Ziel der Assoziation vereitelt wird oder werden könnte, und kommt zwischen den beteiligten Mitgliedstaaten keine befriedigende Regelung zustande, so kann jeder dieser Mitgliedstaaten die Angelegenheit vor den Rat bringen.

2. Der Rat trifft unverzüglich mit Stimmenmehrheit Vorkehrungen für die Prüfung der Angelegenheit. Die Vorkehrungen können die Überweisung an ein gemäß Artikel 33 geschaffenes Prüfungskomitee einschließen. Bevor der Rat gemäß Absatz 3 dieses Artikels vorgeht, überweist er auf Ersuchen eines beteiligten Mitgliedstaates die Angelegenheit einem solchen Prüfungskomitee. Die Mitgliedstaaten erteilen alle Informationen, die sie beschaffen können, und helfen bei der Ermittlung des Sachverhaltes mit.

3. Bei der Prüfung der Angelegenheit zieht der Rat in Betracht, ob festgestellt wurde, daß eine Verpflichtung aus diesem Übereinkommen nicht erfüllt wurde, und

ob und inwieweit ein durch dieses Übereinkommen eingeräumter Vorteil oder ein Ziel der Assoziation vereitelt wird oder werden könnte. Im Lichte dieser Erwägungen und des Berichtes eines gegebenenfalls eingesetzten Prüfungskomitees kann der Rat mit Stimmenmerheit an irgendeinen Mitgliedstaat jene Empfehlungen richten, die er für angemessen erachtet.

4. Wenn ein Mitgliedstaat einer gemäß Absatz 3 dieses Artikels gemachten Empfehlung nicht nachkommt oder nicht nachkommen kann, und der Rat mit Stimmenmehrheit feststellt, daß eine Verpflichtung aus diesem Übereinkommen nicht erfüllt wurde, so kann der Rat durch Mehrheitsbeschluß jeden Mitgliedstaat ermächtigen, gegenüber jenem Mitgliedstaat, welcher der Empfehlung nicht nachgekommen ist, die Erfüllung jener Verpflichtung aus diesem Übereinkommen auszusetzen, bei denen dies der Rat für angemessen erachtet.

5. Solange die Angelegenheit in Prüfung ist, kann jeder Mitgliedstaat den Rat jederzeit ersuchen, ihn aus Gründen der Dringlichkeit zu ermächtigen, vorübergehende Maßnahmen zur Wahrung seiner Lage zu ergreifen. Ist der Rat der Ansicht, daß die Umstände schwerwiegend genug sind, um vorübergehende Maßnahmen zu rechtfertigen, so kann er, ohne den Maßnahmen vorzugreifen, die er in der Folge gemäß den vorstehenden Absätzen dieses Artikels treffen könnte, durch Mehrheitsbeschluß einen Mitgliedstaat ermächtigen, die Erfüllung seiner Verpflichtungen aus diesem Abkommen insoweit und solange auszusetzen, als dies der Rat für angemessen erachtet.

Artikel 32
Der Rat

1. Dem Rat obliegt es,

(a) jene Befugnisse und Tätigkeiten auszuüben, die ihm durch dieses Übereinkommen übertragen werden,

(b) die Anwendung dieses Übereinkommens zu überwachen und dessen Durchführung laufend zu beaufsichtigen und

(c) zu prüfen, ob die Mitgliedstaaten weitere Maßnahmen treffen sollten, um die Verwirklichung der Ziele der Assoziation zu fördern und um die Herstellung engerer Beziehungen mit anderen Staaten, Staatenverbänden oder internationalen Organisationen zu erleichtern.

2. Jeder Mitgliedstaat ist im Rat vertreten und hat eine Stimme.

3. Der Rat kann beschließen, jene Organe, Komitees oder anderen Ausschüsse zu schaffen, die er für erforderlich erachtet, damit sie ihn bei der Erfüllung seiner Aufgaben unterstützen.

4. In Ausübung seiner Obliegenheiten gemäß Absatz 1 dieses Artikels kann der Rat Beschlüsse fassen, die für alle Mitgliedstaaten bindend sind, und Empfehlungen an die Mitgliedstaaten richten.

5. Für Beschlüsse und Empfehlungen des Rates ist Einstimmigkeit erforderlich, sofern dieses Übereinkommen nichts anderes vorsieht. Beschlüsse oder Empfehlungen gelten als einstimmig, wenn kein Mitgliedstaat eine ablehnende Stimme abgibt. Beschlüsse und Empfehlungen, für die Stimmenmehrheit vorgesehen ist, erfordern die bejahende Stimme von vier Mitgliedstaaten.

6. Ändert sich die Zahl der Mitgliedstaaten, so kann der Rat beschließen, die Zahl der erforderlichen Stimmen für Beschlüsse und Empfehlungen, für die Stimmenmehrheit vorgesehen ist, neu festzusetzen.

Artikel 33
Prüfungskomitees

Die in Artikel 31 erwähnten Prüfungskomitees bestehen aus Personen, die wegen ihrer fachlichen Eignung und Integrität ausgewählt werden und die in der Ausübung ihrer Pflichten außer von der Assoziation von keinem Staat, von keiner Behörde und von keiner Organisation Weisungen einholen oder entgegennehmen dürfen. Sie werden vom Rat gemäß jenen Bestimmungen und Bedingungen ernannt, die von ihm beschlossen werden.

Artikel 34
Administrative Vorkehrungen der Assoziation

[...]

Artikel 35
Rechtsfähigkeit, Privilegien und Immunitäten

[...]

Artikel 36
Beziehungen zu anderen internationalen Organisationen

Der Rat trachtet danach, im Namen der Assoziation zu anderen internationalen Organisationen jene Beziehungen herzustellen, die geeignet sind, die Verwirklichung der Ziele der Assoziation zu erleichtern. Er trachtet insbesondere danach, mit der Organisation für europäische wirtschaftliche Zusammenarbeit ein enges Zusammenwirken herzustellen.

Artikel 37
Verpflichtungen aus anderen internationalen Übereinkommen

Keine Bestimmung dieses Übereinkommens kann dahin ausgelegt werden, daß ein Mitgliedstaat von den Verpflichtungen befreit würde, die er auf Grund des Abkommens über die europäische wirtschaftliche Zusammenarbeit, des Abkommens über den Internationalen Währungsfonds, des Allgemeinen Zoll- und Handelsabkommens sowie anderer internationaler Übereinkommen, an denen er teilnimmt, übernommen hat.

Artikel 38
Anhänge*

Die Anhänge zu diesem Übereinkommen bilden einen integrierenden Bestandteil desselben und sind die folgenden:

Anhang A Ausgangszölle
Anhang B Ursprungsregeln für die Gewährung der Zollbehandlung der Zone
Anhang C Liste der staatlichen Beihilfen, auf die sich Artikel 13 Absatz 1 bezieht

---

* Die in Artikel 38 angeführten Anhänge A–G sowie das Protokoll über die Anwendung des Übereinkommens zur Errichtung der EFTA auf das Fürstentum Liechtenstein werden hier nicht im Wortlaut wiedergegeben.
Anhang A enthält die nähere Definition des in Artikel 3 verwendeten Begriffes »Ausgangszoll« sowie eine Reihe von Ausnahmen von der Bestimmung des Artikels 3, Absatz 3, daß unter »Ausgangszoll« der von jedem Mitgliedstaat am 1. Januar 1960 auf Einfuhren aus anderen Mitgliedstaaten angewandte Einfuhrzoll zu verstehen sei.

Anhang D Liste der landwirtschaftlichen Erzeugnisse, auf die sich Artikel 21, Absatz 1 bezieht (s. Definition in Art. 38)
Anhang E Liste der Fische und Meeresprodukte, auf die sich Artikel 26, Absatz 1 bezieht (s. Definition in Art. 38)
Anhang F Liste der Gebiete, auf die Artikel 43, Absatz 2 Anwendung findet
Anhang G Sonderbestimmungen für Portugal betreffend Einfuhrzölle und mengenmäßige Ausfuhrbeschränkungen.

Artikel 39
Ratifikation

Dieses Übereinkommen bedarf der Ratifikation durch die Signatarstaaten. Die Ratifikationsurkunden werden bei der Regierung Schwedens hinterlegt, die allen anderen Signatarstaaten eine entsprechende Notifikation übermittelt.

Artikel 40
Inkrafttreten

Dieses Übereinkommen tritt in Kraft, sobald alle Signatarstaaten ihre Ratifikationsurkunde hinterlegt haben.

Artikel 41
Beitritt und Assoziierung

1. Jeder Staat kann diesem Übereinkommen beitreten, vorausgesetzt, daß der Rat seinem Beitritt durch Beschluß zustimmt, und unter den Bestimmungen und Bedingungen, die in diesem Beschluß festgelegt sind. Die Beitrittsurkunde wird bei der Regierung Schwedens hinterlegt, die allen anderen Mitgliedstaaten eine entsprechende Notifikation übermittelt. Hinsichtlich eines beitretenden Staates tritt dieses Übereinkommen zu jenem Zeitpunkt in Kraft, der im Beschluß des Rates angegeben ist.

2. Der Rat kann über ein Übereinkommen zwischen den Mitgliedstaaten und einem anderen Staat, einem Staatenverband oder einer internationalen Organisation verhandeln, das eine Assoziierung mit jenen gegenseitigen Rechten und Pflichten, jenem gemeinsamen Vorgehen und jenen besonderen Verfahren herstellt, die für angemessen erachtet werden. Solche Übereinkommen werden den Mitgliedstaaten zur Annahme unterbreitet und treten in Kraft, sofern sie von allen Mitgliedstaaten angenommen werden. Die Annahmeurkunden werden bei der Regierung Schwedens hinterlegt, die allen anderen Mitgliedstaaten eine entsprechende Notifikation übermittelt.

Artikel 42
Rücktritt

Jeder Mitgliedstaat kann von diesem Übereinkommen unter der Voraussetzung zurücktreten, daß er zwölf Monate vorher an die Regierung Schwedens eine schriftliche Kündigung richtet, die allen anderen Mitgliedstaaten eine entsprechende Notifikation übermittelt.

Artikel 43
Territorialer Anwendungsbereich

1. Hinsichtlich der Mitgliedstaaten, die dieses Übereinkommen unterzeichnet haben, findet es auf ihre europäischen Gebiete Anwendung sowie auf jene europäischen Ge-

biete, für deren internationale Beziehungen ein Mitgliedstaat verantwortlich ist, mit Ausnahme der im Anhang F genannten Gebiete. (Weitere Bestimmungen gelten der Ausdehnung dieses Abkommens auf noch nicht einbezogene Gebiete, deren Staatswerdung und der entsprechenden Konsultationen über diese Fragen.)

Artikel 44
Änderungen des Übereinkommens

Sofern nicht an einer anderen Stelle dieses Übereinkommens einschließlich seiner Anhänge Bestimmungen für Änderungen vorgesehen sind, wird jede Änderung der Bestimmungen dieses Übereinkommens den Mitgliedstaaten zur Annahme unterbreitet, wenn sie durch Beschluß des Rates gutgeheißen worden ist; sie tritt in Kraft, sobald sie von allen Mitgliedstaaten angenommen worden ist. Die Annahmeurkunden werden bei der Regierung Schwedens hinterlegt, die allen anderen Mitgliedstaaten eine entsprechende Notifikation übermittelt.

Zu Urkund dessen haben die Unterzeichneten, die hierzu gebührend bevollmächtigt sind, das vorliegende Übereinkommen unterzeichnet.

Geschehen zu Stockholm, am 4. Januar 1960, in englischer und französischer Sprache, wobei jeder Wortlaut in gleicher Weise maßgebend ist, in einer einzigen Ausfertigung, die bei der Regierung Schwedens hinterlegt wird, die allen anderen Signatarstaaten und allen beitretenden Staaten eine beglaubigte Abschrift übermittelt.

[Unterschriften]

Quelle: Europa-Archiv, 1960, D 41 ff.

D 44: Das neue Statut der Organisation für Wirtschaftliche Zusammenarbeit und Entwicklung (OECD) vom 14. Dezember 1960

Die Regierungen des Königsreichs Belgien, des Königsreichs Dänemark, der Bundesrepublik Deutschland, der Französischen Republik, des Königreichs Griechenland, Irlands, der Republik Island, der Italienischen Republik, Kanadas, des Großherzogtums Luxemburg, des Königreichs der Niederlande, des Königreichs Norwegen, der Republik Österreich, der Portugiesischen Republik, des Königreichs Schweden, der Schweizerischen Eidgenossenschaft, Spaniens, der Republik Türkei, des Vereinigten Königreichs Großbritannien und Nordirland und der Vereinigten Staaten von Amerika –

im Hinblick darauf, daß eine starke und blühende Wirtschaft zur Verwirklichung der Ziele der Vereinten Nationen, zur Wahrung der persönlichen Freiheit und zur Erhöhung des allgemeinen Wohlstands unerläßlich ist,

überzeugt, daß sie diese Ziele am wirksamsten anstreben können, indem sie die Tradition der Zusammenarbeit stärken, die sich zwischen ihnen herausgebildet hat,

in der Erkenntnis, daß der wirtschaftliche Wiederaufbau und Fortschritt Europas, zu dem ihre Teilnahme an der Organisation für Europäische Wirtschaftliche Zusammen-

arbeit weitgehend beigetragen hat, neue Aussichten eröffnet, diese Tradition zu stärken und für neue Aufgaben und weiterreichende Ziele nutzbar zu machen,
in der Überzeugung, daß eine umfassendere Zusammenarbeit entscheidend zur Förderung friedlicher und harmonischer Beziehungen zwischen den Völkern der Welt beitragen wird,
in der Erkenntnis, daß ihre Volkswirtschaften in zunehmendem Maße voneinander abhängig sind,
entschlossen, durch gegenseitige Konsultation und Zusammenarbeit ihre Leistungsfähigkeit und ihre Möglichkeiten noch wirksamer einzusetzen, um ein optimales Wachstum ihrer Volkswirtschaften sowie das wirtschaftliche und soziale Wohl ihrer Völker zu fördern,
überzeugt, daß die wirtschaftlich weiter fortgeschrittenen Nationen zusammenarbeiten müssen, um die Entwicklungsländer nach besten Kräften zu unterstützen,
in der Erkenntnis, daß eine fortschreitende Ausweitung des Welthandels einer der wichtigsten Faktoren für die wirtschaftliche Entwicklung in jedem Staat und für bessere internationale Wirtschaftsbeziehungen ist,
entschlossen, diese Ziele in einer Weise zu verfolgen, die vereinbar ist mit den Verpflichtungen, welche sie als Teilnehmer an anderen internationalen Organisationen und Einrichtungen oder als Vertragsparteien internationaler Vereinbarungen haben –
sind über folgende Bestimmungen zur Umgestaltung der Organisation für Europäische Wirtschaftliche Zusammenarbeit in die Organisation für Wirtschaftliche Zusammenarbeit und Entwicklung übereingekommen:

Artikel 1

Ziel der Organisation für Wirtschaftliche Zusammenarbeit und Entwicklung (im folgenden als »Organisation« bezeichnet) ist es, eine Politik zu fördern, die darauf gerichtet ist,
a) in den Mitgliedstaaten unter Wahrung der finanziellen Stabilität eine optimale Wirtschaftsentwicklung und Beschäftigung sowie einen steigenden Lebensstandard zu erreichen und dadurch zur Entwicklung der Weltwirtschaft beizutragen,
b) in den Mitglied- und Nichtmitgliedstaaten, die in wirtschaftlicher Entwicklung begriffen sind, zu einem gesunden wirtschaftlichen Wachstum beizutragen, und
c) im Einklang mit internationalen Verpflichtungen auf multilateraler und nichtdiskriminierender Grundlage zur Ausweitung des Welthandels beizutragen.

Artikel 2

Zur Verfolgung dieser Ziele kommen die Mitglieder überein, einzeln sowie gemeinsam
a) den zweckmäßigen Einsatz ihrer wirtschaftlichen Mittel zu fördern,
b) auf wissenschaftlichem und technischem Gebiet die Entwicklung ihrer Hilfsmittel, die Forschung und die Berufsausbildung zu fördern,
c) eine Politik zu verfolgen, die darauf gerichtet ist, das Wachstum ihrer Volkswirtschaften und ihre innere und äußere finanzielle Stabilität zu gewährleisten sowie Entwicklungen zu vermeiden, die ihre eigenen Volkswirtschaften oder diejenigen anderer Staaten gefährden könnten,
d) ihre Bemühungen um den Abbau oder die Abschaffung der Behinderungen des zwischenstaatlichen Waren- und Dienstleistungsverkehrs sowie des laufenden Zahlungsverkehrs fortzusetzen und die Liberalisierung des Kapitalverkehrs beizubehalten und zu erweitern,

e) durch geeignete Mittel, insbesondere durch Zufuhr von Kapital in die Mitglied- und Nichtmitgliedstaaten, die in wirtschaftlicher Entwicklung begriffen sind, zu deren wirtschaftlicher Entwicklung beizutragen, und dabei zu berücksichtigen, daß es für die Volkswirtschaften dieser Staaten wichtig ist, technische Hilfe zu erhalten und wachsende Ausfuhrmärkte zu gewinnen.

Artikel 3

Um die in Artikel 1 niedergelegten Ziele zu erreichen und die in Artikel 2 enthaltenen Verpflichtungen zu erfüllen, kommen die Mitglieder überein,
a) einander fortlaufend zu unterrichten und der Organisation die zur Bewältigung ihrer Aufgaben erforderlichen Informationen zu liefern,
b) einander fortlaufend zu konsultieren, Untersuchungen durchzuführen und an vereinbarten Vorhaben teilzunehmen, sowie
c) eng zusammenzuarbeiten und, soweit angebracht, ihr Vorgehen zu koordinieren.

Artikel 4

Mitglieder der Organisation sind die Vertragsparteien dieses Übereinkommens.

Artikel 5

Um ihre Ziele zu erreichen, kann die Organisation
a) Beschlüsse fassen; diese sind für alle Mitglieder bindend, soweit nichts anderes vorgesehen,
b) Empfehlungen an die Mitglieder richten, sowie
c) mit Mitgliedern, Nichtmitgliedstaaten und internationalen Organisationen Vereinbarungen abschließen.

Artikel 6

1. Sofern die Organisation nicht für Sonderfälle einstimmig etwas anderes beschließt, bedürfen Beschlüsse und Empfehlungen der Zustimmung sämtlicher Mitglieder.
2. Jedes Mitglied hat eine Stimme. Enthält sich ein Mitglied bei der Abstimmung über einen Beschluß oder eine Empfehlung der Stimme, so steht die Stimmenthaltung solchen Beschlüssen oder Empfehlungen nicht entgegen; sie finden auf die anderen Mitglieder Anwendung, nicht jedoch auf das Mitglied, das sich der Stimme enthalten hat.
3. Ein Beschluß ist für ein Mitglied so lange nicht bindend, als es seine verfassungsrechtlichen Erfordernisse nicht erfüllt hat. Die anderen Mitglieder können vereinbaren, daß ein solcher Beschluß vorläufig auf sie Anwendung findet.

Artikel 7

Ein aus allen Mitgliedern bestehender Rat ist das Organ, von dem alle Rechtshandlungen der Organisation ausgehen. Der Rat kann zu Tagungen der Minister oder der Ständigen Vertreter zusammentreten.

Artikel 8

Der Rat bestellt alljährlich einen Vorsitzenden, der bei seinen Ministertagungen den Vorsitz führt, sowie zwei Stellvertretende Vorsitzende. Der Vorsitzende kann für ein auf seine erste Amtszeit folgendes weiteres Jahr bestellt werden.

Artikel 9

Der Rat kann einen Exekutivausschuß und die zur Verwirklichung der Ziele der Organisation erforderlichen Nebenorgane einsetzen.

Artikel 10

1. Der Rat ernennt für eine Amtszeit von fünf Jahren einen ihm verantwortlichen Generalsekretär. Diesem stehen ein oder mehrere Stellvertretende Generalsekretäre oder Beigeordnete Generalsekretäre zur Seite, die der Rat auf Empfehlung des Generalsekretärs ernennt.
2. Der Generalsekretär führt bei den Ratstagungen der Ständigen Vertreter den Vorsitz. Er unterstützt den Rat in jeder geeigneten Weise und kann ihm und jedem anderen Organ der Organisation Vorschläge unterbreiten.

Artikel 11

1. Der Generalsekretär stellt entsprechend den vom Rat genehmigten Organisationsplänen das Personal ein, welches die Organisation benötigt. Das Personalstatut bedarf der Zustimmung des Rates.
2. In Anbetracht des internationalen Charakters der Organisation dürfen der Generalsekretär, die Stellvertretenden oder Beigeordneten Generalsekretäre und das Personal bei keinem Mitglied und keiner Regierung oder Stelle außerhalb der Organisation um Weisungen nachsuchen oder solche von ihnen entgegennehmen.

Artikel 12

Die Organisation kann zu Bedingungen, deren Festlegung dem Rat obliegt,
a) an Nichtmitgliedstaaten und an Organisationen Mitteilungen richten,
b) mit Nichtmitgliedstaaten und mit Organisationen Beziehungen aufnehmen und unterhalten, sowie
c) Nichtmitgliedsregierungen und Organisationen einladen, an Arbeiten der Organisation teilzunehmen.

Artikel 13

Die Vertretung der durch die Verträge von Paris und Rom vom 18. April 1951 beziehungsweise 25. März 1957 gegründeten Europäischen Gemeinschaften in der Organisation richtet sich nach dem Zusatzprotokoll Nr. 1 zu diesem Übereinkommen.

Artikel 14
(Ratifizierungsverfahren)

Artikel 15

Mit dem Inkrafttreten dieses Übereinkommens wird die Umgestaltung der Organisation für Europäische Wirtschaftliche Zusammenarbeit wirksam; ihre Ziele, Organe, Befugnisse und Bezeichnung werden sodann die in diesem Übereinkommen vorgesehenen sein. Die Rechtspersönlichkeit der Organisation für Europäische Wirtschaftliche Zusammenarbeit setzt sich in der Organisation fort; die Beschlüsse, Empfehlungen und Resolutionen der Organisation für Europäische Wirtschaftliche Zusammenarbeit sind jedoch nach Inkrafttreten dieses Übereinkommens nur wirksam, wenn der Rat sie genehmigt.

Artikel 16

Der Rat kann beschließen, eine jede Regierung, welche die Pflichten eines Mitglieds zu übernehmen bereit ist, zum Beitritt zu diesem Übereinkommen einzuladen. Ein solcher Beschluß bedarf der Einstimmigkeit; jedoch kann der Rat im Einzelfall einstimmig beschließen, Stimmenthaltung zu gestatten; in diesem Fall gilt der Beschluß ungeachtet des Artikels 6 für alle Mitglieder. Der Beitritt wird mit Hinterlegung einer Beitrittsurkunde bei der Verwahrerregierung wirksam.

Artikel 17

Jede Vertragspartei kann die Anwendung dieses Übereinkommens auf sich selbst unter Einhaltung einer Frist von zwölf Monaten durch eine an die Verwahrerregierung zu richtende Kündigung beenden.

Artikel 18

Sitz der Organisation ist Paris, sofern der Rat nichts anderes beschließt.

Artikel 19

Die Rechtsfähigkeit der Organisation sowie die Privilegien, Befreiungen und Immunitätsrechte der Organisation, ihrer Bediensteten und der Vertreter der Mitglieder bei ihr bestimmen sich nach dem Zusatzprotokoll Nr. 2 zu diesem Übereinkommen.

Artikel 20

1. Der Generalsekretär legt dem Rat alljährlich im Einklang mit den vom Rat angenommenen Finanzvorschriften ein Jahresbudget, Rechnungsabschlüsse und, soweit der Rat solche anfordert, Nebenbudgets zur Genehmigung vor.
2. Die vom Rat genehmigten allgemeinen Ausgaben der Organisation werden nach einem vom Rat zu beschließenden Schlüssel aufgeteilt, sonstige Ausgaben werden nach Grundsätzen finanziert, die der Rat beschließt.

Artikel 21

Nach Eingang jeder Ratifikations-, Annahme- oder Beitrittsurkunde oder einer Kündigungsanzeige benachrichtigt die Verwahrerregierung alle Vertragsparteien und den Generalsekretär der Organisation.

Zu Urkund dessen haben die unterzeichneten, hierzu gehörig befugten Bevollmächtigten dieses Übereinkommen mit ihren Unterschriften versehen.

Geschehen zu Paris am 14. Dezember 1960 in englischer und französischer Sprache, wobei jeder Wortlaut gleichermaßen verbindlich ist, in einer Urschrift, die bei der Verwahrerregierung hinterlegt wird; diese übermittelt allen Unterzeichnern beglaubigte Abschriften.

[Unterschriften]

Quelle: Europa-Archiv, 1961, D 93ff.

4.2. *Die Sowjetunion und der Zusammenhalt des Ostblocks*

4.2.1. *Der Ausbau des Rates für gegenseitige Wirtschaftshilfe*

Die Entstalinisierungspolitik Chruschtschows und die Erschütterungen von 1956 leiteten innerhalb der kommunistischen Welt eine Entwicklung ein, die Jahre später und nach vielen Umwegen zu jener Lage führen sollte, wie sie sich Ende der achtziger Jahre darstellt. Ein Prozeß begann, die Beziehungen der Länder untereinander allmählich anzugleichen, die Stellung Moskaus als Hegemonialmacht zu schwächen und damit umgekehrt die Bewegungsfreiheit der Volksdemokratien fast unmerklich zu vergrößern.

Diese Wandlungen fallen zeitlich ungefähr zusammen mit der *Relance européenne* und der darauf folgenden Schaffung der EWG. Aus dieser Situation heraus wird verständlich, weshalb Chruschtschow gerade in einer stärkeren wirtschaftlichen Zusammenarbeit der Ostblockländer ein Gegengewicht gegen die EWG zu finden hoffte. Mit solchen wirtschaftlichen Bindungen glaubte er, die stalinistische Gewaltpolitik wirksam ersetzen zu können. Er erwartete davon eine allgemeine Angleichung des Entwicklungsniveaus unter den Volksdemokratien und, daraus hervorgehend, ihr wachsendes Interesse an der Beibehaltung der Blockeinheit. Die gemeinsame wirtschaftliche Entwicklung und die Erfahrungen der Sowjetunion sollen – wie sich das neue Parteiprogramm der KPdSU von 1961 ausdrückte – es ermöglichen, »die Fristen des sozialistischen Aufbaus abzukürzen« und den Volksdemokratien »die Perspektive ihres mehr oder minder gleichzeitigen Übergangs zum Kommunismus innerhalb derselben geschichtlichen Epoche« eröffnen. Das konnte nichts anderes heißen, als daß – auf dem Umwege über die Wirtschaft – die mittel- und osteuropäischen Länder zu einer untrennbaren Einheit mit der Sowjetunion verschmolzen werden sollten.

Dieses Ziel zu erreichen wurde dem RGW als internationaler Wirtschaftsorganisation aufgetragen. Seine Aufgabe schien dadurch leichter, daß der eigentliche Integrationsbereich zunächst auf die Sowjetunion und ihre osteuropäischen Verbündeten, also auf einen geographisch geschlossenen und politisch-kulturell ähnlich strukturierten Raum beschränkt war. Dies änderte sich aber im Laufe der folgenden Jahre, als 1962 die Äußere Mongolei, 1972 Kuba und 1978 Vietnam als Mitglieder des RGW aufgenommen wurden; Albanien erklärte umgekehrt 1962 seinen Austritt.

Der RGW wurde durch diese Neuankömmlinge aus zwei Kontinenten in seinem Einzugsbereich zwar globaler, in seiner Kohärenz aber sicher schwächer. Zudem erwiesen sich vor allem Kuba und Vietnam als große finanzielle Belastung: Ihre permanent schlechte Wirtschaftslage verlangte, zumal von der Sowjetunion, eine in die Milliarden Rubel gehende Wirtschaftshilfe. China hatte sich nach dem Bruch mit der Sowjetunion 1961 von seiner Beobachterrolle ganz zurückgezogen. Jugoslawien seinerseits erwarb aufgrund eines Assoziationsabkommens im September 1964 das Recht, auf verschiedenen Gebieten (wie jenen des Außenhandels, der Devisen- und Finanzbeziehungen) mit dem RGW zusammenzuarbeiten.

Die Entwicklung und Neuorganisation des RGW ist vor dem Hintergrund der doppelten Zielsetzung – Verflechtung der volksdemokratischen Wirtschaften und Wettbewerb mit dem Westen – zu verstehen. Die beiden bedeutsamsten Zäsuren wurden dabei durch die Außerordentliche Ratstagung vom Mai 1958 und die Kommunistische Gipfelkonferenz vom Juni 1962 gelegt [D 45]. In beiden Fällen gingen die wegweisenden Impulse von den jeweils vorgeschalteten Treffen der Führungsgremien der kommunistischen Parteien aus [D 46]. Auch in der Ära Chruschtschow behielten also die Parteien ihr Führungsmonopol und stellten sich damit über die staatlichen Organe. Davon wird weiter unten noch zu sprechen sein (siehe S. 250ff.). Die seit 1958 getroffenen Reorganisationsmaßnahmen lassen sich ungefähr wie folgt zusammenfassen:

1. Der RGW gab sich im Jahre 1959 mit der Annahme eines Statuts [D 47] und einer Konvention über die Rechtsfähigkeit, Privilegien und Immunitäten des Rates erstmals eine eigentliche völkerrechtliche Grundlage. Später kamen noch ein Abkommen zwischen dem RGW und der Sowjetunion über den Sitz des Rates in Moskau, eine Geschäftsordnung des Rates, ein Statut des Sekretariates, des Exekutivkomitees und der Ständigen Kommission hinzu. Bisher war seine Tätigkeit im wesentlichen durch Ad-hoc-Beschlüsse der Ratstagungen und damit weitgehend durch das freie Ermessen Moskaus gelenkt worden. In dem Statut wird nun die »souveräne Gleichheit« aller Mitgliedstaaten wenigstens formell anerkannt und verlangt, daß ihre Zusammenarbeit »in Übereinstimmung mit den Prinzipien der Gleichberechtigung, der Achtung der Souveränität und der nationalen Interessen, des gegenseitigen Vorteils und der kameradschaftlichen gegenseitigen Hilfe« erfolgen soll (Art. 1).

2. Die vom Statut festgelegte Organisation wurde in den letzten Jahren erheblich erweitert (vgl. Tafel 9). Seit 1962 besitzt der RGW folgende Organe: 1. die Ratstagung (Ministerrat), 2. die Tagung der Ländervertreter beim Rat, die aber praktisch ersetzt wurde durch 3. das 1962 neugeschaffene Exekutivkomitee, das nach einer Statutenrevision an die Stelle der Tagung der Ländervertreter beim Rat tritt (vgl. insbes. Art. VII des Statuts), 4. die Ständigen Fachkommissionen, 5. das Sekretariat und 6. das ebenfalls 1962 begründete, dem Exekutivkomitee zugeordnete Büro für die Koordination der wirtschaftlichen Zusammenarbeit. Dem Exekutivkomitee gehören die stellvertretenden Regierungschefs der RGW-Länder an. Sie sollen auf Grund ihrer besonderen Vollmachten in der Lage sein, Entscheidungen auf höchster Ebene zu treffen und damit eine bessere Koordinierung der zwischenstaatlichen Zusammenarbeit und die rasche Beilegung von Interessenkonflikten gewährleisten.

3. Seit 1956 bestehen die sogenannten Ständigen Kommissionen. Sie verdanken ihre Gründung der Ausarbeitung der langfristigen Wirtschaftspläne (Perspektivpläne), insbesondere der sowjetischen Sieben- bzw. Fünfjahrespläne (ab 1959), da ihnen die laufende Abstimmung der verschiedenen nationalen Wirtschaftszweige übertragen wurde. Die Zahl dieser Kommissionen ist im Laufe der Jahre auf etwa zwanzig angewachsen. Ihr Sitz befindet sich in den Hauptstädten jener RGW-Länder, in denen die Spezialisierung auf einen Wirtschaftsbereich ihren Schwerpunkt hat (so hat die Kommission für Elektroenergie ihren Sitz in Moskau, jene für Landwirtschaft in Sofia, für Erdöl- und Gasindustrie in Bukarest, für die chemische Industrie in Ost-Berlin). Die im Juni 1962 neugegründeten vier Kommissionen für Standardisierung, für Statistik, für die Koordinierung der wissenschaftlichen und technischen Forschung und für Währungs- und Finanzfragen zeigen deutlich die von Moskau angestrebte Rationalisierung und Vereinheitlichung der Zusammenarbeit unter den RGW-Ländern.

4. Das gilt auch für die Gründung eines Instituts für Standardisierung und eines Frachtbüros mit Sitz in Moskau sowie eines 1963 errichteten gemeinsamen Güterwagenparks und eine 1964 ins Leben gerufene Organisation für die Zusammenarbeit in der Schwarzmetallurgie (Intermetall). Im Oktober 1963 wurde ferner ein Abkommen

Tafel 9: Organisationsstruktur des Rates für gegenseitige Wirtschaftshilfe (RGW)

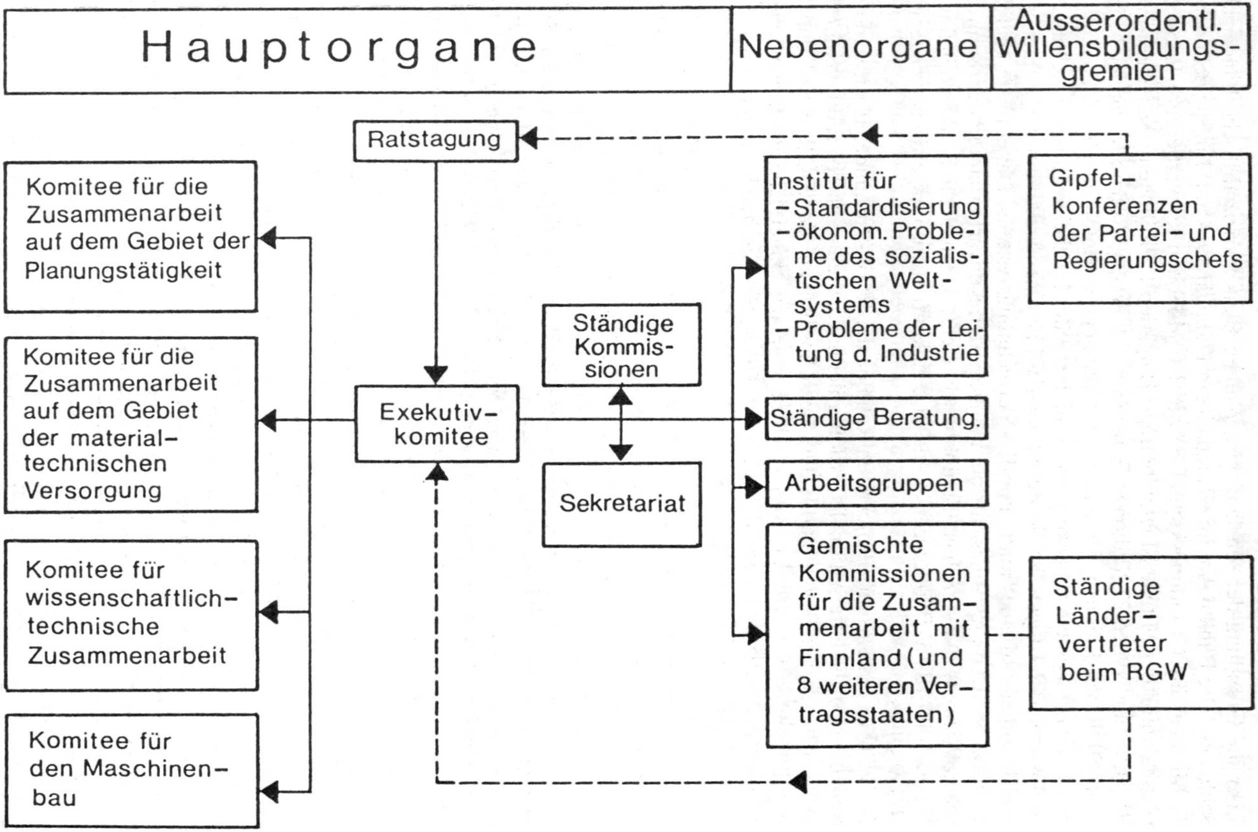

über die Gründung der seit langem geplanten Bank für sozialistische Länder abgeschlossen. Die Bank nahm ihre Tätigkeit am 1. Januar 1964 auf. Ihr Sitz befindet sich in Moskau, ihr Gründungskapital betrug 300 Millionen konvertierbare Rubel (der Kapitalanteil der Mitgliedstaaten beträgt: Bulgarien 17 Millionen, Tschechoslowakei 45 Millionen, Polen 27 Millionen, Ungarn 21 Millionen, Äußere Mongolei 3 Millionen, DDR 55 Millionen, Rumänien 16 Millionen, Sowjetunion 116 Millionen). Die Bank wird von einem Bankrat geleitet, in dem jedes Land eine Stimme hat. Ihre erste und wichtigste Aufgabe ist die Beseitigung des hemmenden bilateralen Zahlungsausgleichs zugunsten eines multilateralen Verrechnungssystems. Dabei bleibt allerdings fraglich, wie weit dies angesichts der mangelhaften Konvertierbarkeit der osteuropäischen Währungen möglich ist. So überrascht nicht, daß auch die Bank in den Sog des Wandels im RGW-Bereich geriet und ihre Zukunft ebenso ungewiß ist wie jene des RGW selber.

5. Größere gemeinsame Projekte im Rahmen der RGW-Zusammenarbeit waren unter anderem die internationale Erdölfernleitung »Freundschaft« (Abkommen von 1958 zwischen der Sowjetunion, der Tschechoslowakei, der DDR, Polen und Ungarn) mit einer Gesamtlänge von 4500 km sowie das einheitliche Hochspannungsleitungsnetz (Abkommen vom Mai 1959) für alle osteuropäischen Staaten und den westlichen Teil der Sowjetunion.

6. Dem sichtbaren Übergang vom bloßen Bilateralismus zu einer Multilateralität der Ostblockbeziehungen entsprachen auch die im Juni 1962 angenommenen Grundprinzipien der internationalen sozialistischen Arbeitsteilung [D 48]. Diese Arbeitsteilung sollte – im Gegensatz zu den »kapitalistischen Ausbeutungsmethoden« – zur »maximalen Ausnutzung der Vorzüge des sozialistischen Weltsystems, zur Festlegung richtiger Proportionen in der Volkswirtschaft eines jeden Landes, zur rationalen Standortbestimmung der Produktivkräfte ..., zur effektiven Ausnutzung der Arbeits- und Materialressourcen« und, nicht zuletzt, »zur Stärkung der Verteidigungsmacht des sozialistischen Lagers« beitragen (Abschnitt 1). Zu diesem Zweck sollten die nationalen Wirtschaftspläne koordiniert (Abschnitt 2), die Spezialisierung und Kooperation in der Produktion vorangetrieben (Abschnitt 3) und, durch Herstellung entsprechender Proportionen, ein möglichst hoher wirtschaftlicher Nutzeffekt erzielt werden (Abschnitt 4). Die einzelnen Volkswirtschaften sollten aber auch in sich, als selbständige Einheiten, gefördert (Abschnitt 5) und damit die noch bestehenden Unterschiede im Entwicklungsgrad allmählich beseitigt werden (Abschnitt 6). Der siebte Abschnitt spricht schließlich vom Abschluß langfristiger zwei- und mehrseitiger Verträge, dem erforderlichen Ausgleich der Zahlungsbilanz und einem allmählichen Übergang zu einer »eigenen (d. h. blockinternen) Preisbasis«, dem nie gelösten Problem des RGW. Tatsächlich gab es weder eine objektive Basis für die Zuweisung konkreter wirtschaftlicher Aufgaben an die einzelnen RGW-Mitgliedstaaten – was China als Fortdauer des sowjetischen Hegemoniestrebens angriff –, noch eine echte Relation zwischen Preisen und tatsächlichen Produktionskosten.

Diese grundlegenden Mängel des RGW sind wohl in erster Linie auf die von einem zentralistischen Plansystem manipulierten Preise zurückzuführen. Dazu kommt, daß der RGW trotz seiner sich ständig vermehrenden Organe nicht – wie die EWG – über ein mehr oder weniger selbständiges Exekutivorgan verfügt, das seine Entscheidung unabhängig von den nationalstaatlichen Interessen allein im Sinne gesamtwirtschaftlicher Erwägungen treffen würde. Die Schaffung einer solchen intergouvernementalen Planungsbehörde, die von Chruschtschow befürwortet wurde, scheiterte am Widerstand der Ostblockstaaten, vor allem Rumäniens. Gerade das aber wäre die Voraussetzung für eine ausgewogene Durchführung der »internationalen Arbeitsteilung« gewesen. Das wird deutlich, wenn man sich vor Augen hält, daß seit den Reformen von 1962 die Abstimmung der gesamten nationalen Volkswirtschaften (und nicht nur einzelner Bereiche) und damit der langfristigen Handelsverträge der RGW-Staaten untereinander nach solchen gemeinschaftlichen Richtlinien hätte erfolgen sollen. In Wirklichkeit lehnten sich diese Handelsverträge jedoch weitgehend an die sowjetischen Wirtschaftspläne an. So wurden in der ersten Hälfte der sechziger Jahre etwa 25 langfristige Warenabkommen unter den RGW-Ländern abgeschlossen, die sich in wichtigen Teilen auf den sowjetischen Siebenjahrplan für die Periode von 1959–1965 ausrichteten. Sehr bald sollte sich zeigen, daß sich trotz all dieser Bindungen einige Volksdemokratien einer allzu einseitigen Abhängigkeit von der Sowjetwirtschaft zu entziehen und dafür ihre Beziehungen zu den westlichen Ländern auszubauen suchten. Diese Tendenz verstärkte sich in dem Maße, in dem der wirtschaftliche Aufschwung in den Ländern der Europäischen Gemeinschaft und der EFTA mit der Stagnation im RGW-Bereich kontrastierte.

Der RGW, dessen Tätigkeit auf dem (weitgehend formalen) Einstimmigkeitsprinzip beruht, ließ sich in keiner Phase seiner Entwicklung mit den Europäischen Gemeinschaften vergleichen. Von einer eigentlichen »Integration« der sozialistischen Volkswirtschaften konnte nie die Rede sein. Seinen besonderen Charakter erhielt der RGW vielmehr durch die überragende Vormachtstellung der Sowjetunion und des von ihr wiederbelebten Leitsatzes des »sozialistischen Internationalismus«.

4.2.2. Der »sozialistische Internationalismus«

Durch die von ihnen eingeleitete »Entstalinisierung« sahen sich die sowjetischen Führer inner- und außerhalb ihres Landes plötzlich einer Bewegung gegenüber, die über die Person Stalins und seine Gewalttaten hinaus die Grundlagen des kommunistischen Systems selbst in Frage zu stellen schien. Die von Chruschtschow unternommene »Bewältigung der sowjetischen Vergangenheit« verwandelte sich immer mehr zu einer verzweifelten Anstrengung, die Wirren der Gegenwart zu bewältigen. Der Nachfolger Stalins stand vor der ebenso komplizierten wie heiklen Aufgabe, einen Übergang von den stalinistischen Gewaltmethoden zu neuen Formen des Zusammenlebens zu finden, die den Forderungen der Volksdemokratien nach größerer Bewegungsfreiheit und vermehrtem Mitspracherecht gerecht wurden, ohne die Einheit des Blocks zu gefährden. Auf staatlicher Ebene war die Sowjetregierung im Herbst 1956 zu ersten Konzessionen in dieser Richtung gezwungen worden (vgl. D 36). Jetzt ging es darum, eine Formel zu finden, die den Volksdemokratien zwar die geforderte formelle Gleichberechtigung gewährte, zugleich aber den Fortbestand der sowjetischen Kontrolle sicherte.

Die Lösung bot sich durch einen Rückgriff auf den weitgefaßten Begriff des »proletarischen Internationalismus« an. Er war imstande, beide Erfordernisse zugleich zu erfüllen: Aus dem Arsenal des internationalen Kommunismus stammend, bedeutet er die Unterstützung der Werktätigen eines Landes durch die Werktätigen eines anderen Landes in deren Kampf gegen den Kapitalismus und für den Aufbau des Kommunismus. Damit konnte er jederzeit als Rechtfertigung einer über die staatlichen Grenzen hinausgehenden »solidarischen Hilfeleistung von kommunistischen Bruderparteien« angerufen und als Vorwand zur Intervention benützt werden. Genau das hatte Moskau getan, als der Aufstand in Ungarn und der Zusammenbruch der osteuropäischen Wirtschaft eine umfassende sowjetische Hilfeleistung notwendig machten. Unter Berufung auf die durch den »proletarischen Internationalismus« gebotenen Pflichten übertrug die Sowjetführung die »brüderliche Hilfe« auch auf die staatliche Ebene.

Dies ermöglichte ihr zunächst das Eingreifen in Ungarn und Polen. Für die Zukunft aber gewann sie damit einen jederzeit anrufbaren Rechtstitel, dem im Zusammenhang mit der Invasion von Warschauer Paktstaaten (unter sowjetischer Führung) in die Tschechoslowakei die Bezeichnung »Breschnew-Doktrin« verliehen wurde (s. S. 262). Er erlaubte nicht nur eine permanente Kontrolle gegenüber den Volksdemokratien und ihres moskautreuen Verhaltens. Vielmehr konnte in seinem Namen notfalls auch eine direkte Intervention bei einem der Verbündeten als »brüderliche Hilfe« ausgegeben werden.

Es blieb den beiden großen »Konzilen« der kommunistischen Parteien in Moskau (1957 und 1960) vorbehalten, das sowjetische Vorgehen zu sanktionieren und den »sozialistischen Internationalismus« als »höchsten Typus der zwischenstaatlichen Beziehungen« anzuerkennen. Sie bezeichneten als seine tragenden Elemente die »Freiwilligkeit, Gleichberechtigung, Souveränität, Nichteinmischung in die inneren Angelegenheiten, Beachtung der territorialen Integrität, gegenseitigen Vorteil und brüderliche Hilfeleistung« [D 49]. Eine solche Umschreibung ließ einen gewissen Spielraum für »nationale Besonderheiten« der volksdemokratischen Staaten offen. Sie enthielt aber die viel einschneidendere Bedingung, daß es fortan »keine echten Widersprüche zwischen den Staaten der sozialistischen Gemeinschaft« mehr geben könne und dürfe.

Der Wesensunterschied zwischen westeuropäischem und kommunistischem Zusammenschluß zeigt sich wohl nirgends deutlicher als gerade in diesem Punkt: Während die westeuropäischen Länder ihre Institutionen auf die gemeinschaftliche »Verbundenheit mit den geistigen und sittlichen Werten, die das gemeinsame Erbe ihrer Völker sind« und die »persönliche und politische Freiheit« gründen (so die Präambel des Europarates), ist in dem zur »sozialistischen Gemeinschaft« umgewandelten Ostblock der »sozialistische Internationalismus« als Ausdruck der »umfassenden solidarischen Zusammenarbeit und brüderlichen Hilfe im gemeinsamen Kampf um den Aufbau des Kommunismus« das bestimmende Element ihres Zusammenhaltes.

Die Praxis des kommunistischen Zusammenlebens zeigte rasch, daß die Meinungen über die Moskauer Erklärungen und den »sozialistischen Internationalismus« weit auseinandergingen. Sie bildeten einen zusätzlichen Konfliktstoff im sowjetisch-chinesischen Streit über die Organisationsform des kommunistischen Blocks und die Rolle, die seine beiden größten Mitglieder darin spielen sollten. Die Sowjetunion machte deutlich, daß sie auf Grund ihrer geschichtlichen Verdienste und ihres machtpolitischen Übergewichts weder ihre führende Rolle mit anderen zu teilen noch ihren ideologisch-politischen Hegemonieanspruch aufzugeben gewillt war. Sie erhob vielmehr das Parteiprogramm der KPdSU von 1961 zum maßgebenden Wegweiser für die künftige Entwicklung des gesamten Kommunismus und proklamierte als deren Endziel die Verschmelzung aller kommunistischen Staaten mit dem Sowjetreich.

Entscheidend und vom sowjetisch-chinesischen Konflikt unberührt blieb dabei die Tatsache, daß fortan die gemeinsamen Beratungen der kommunistischen Parteien jeweils die weitere Marschroute des Weltkommunismus festlegen und im Bedarfsfalle die Grundprinzipien des »sozialistischen Lagers« neu formulieren sollten. Die Art und Weise, in der die Partei- und nicht die Regierungsvertreter die weitreichenden Reformen des RGW beschlossen, ist ein Beispiel für den immer wieder betonten Herrschaftsanspruch der kommunistischen über die staatlichen Organe.

Aber auch hier zeigte sich, daß nationale Traditionen und Interessen oft stärker waren als eine meist künstlich aufgepfropfte Parteidisziplin und Loyalität gegenüber Moskau. Bereits die Herbstkrisen von 1956, sodann der Alleingang Rumäniens und schließlich der Reformansatz in der Tschechoslowakei zeigten, wie zerbrechlich die »unerschütterliche Einheit« des »sozialistischen Internationalismus« bereits in den fünfziger und sechziger Jahren geworden und wie weit der Autoritätsschwund Moskaus als unbestrittene Führungsmacht fortgeschritten war. All das sollte zwanzig Jahre später zum vollen Ausbruch kommen, als die Sowjetunion unter Generalsekretär Gorbatschow begann, ihre eigene Unfehlbarkeit in Frage zu stellen.

Dokumente

D 45: Gipfelkonferenz der Partei- und Regierungschefs der RGW-Staaten vom 7. Juni 1962 (Auszug)

Die Beratung billigte die von der 15. Tagung des Rates für gegenseitige Wirtschaftshilfe ausgearbeiteten »Hauptprinzipien der internationalen sozialistischen Arbeitsteilung« und empfahl sie als Grundlage zur Aufstellung eines wirksamen Perspektivprogramms für die wirtschaftliche Zusammenarbeit zwischen den Comecon-Ländern.

Es wurde anerkannt, daß die in der bevorstehenden Periode wichtigste Arbeitsmethode des Rates für gegenseitige Wirtschaftshilfe eine Koordinierung der Perspektiv- und der laufenden Volkswirtschaftsplanung der Comecon-Länder sein muß, wodurch ermöglicht wird, die in diesen Ländern vorhandenen Hilfsquellen im Interesse der raschen Entwicklung eines jeden Landes unter Berücksichtigung der allmählichen Verringerung des Unterschieds im Stand der Wirtschaftsentwicklung und der Beschleunigung des ökonomischen Aufstiegs der sozialistischen Ländergemeinschaft am zweckmäßigsten auszunutzen.

Die Konferenz erachtete es für notwendig, daß im Zuge der Arbeiten zur Koordinierung der Volkswirtschaftspläne folgendes besonders beachtet werde:

die Beschleunigung der Arbeiten zur Spezialisierung und Kooperation in der Produktion, vor allem der Produktion von Maschinen und Ausrüstungen, die eine Mangelware darstellen, sowie der Produktion von Ausrüstungen für neue Zweige des Maschinenbaus, die eine für den technischen Fortschritt entscheidende Rolle spielen;

die größtmögliche Entwicklung der Rohstoff-, der Brennstoff- und der energetischen Basis der Comecon-Länder sowie die Ausarbeitung von Maßnahmen für einen zweckmäßigen Verbrauch der Rohstoffe, der Brennstoffe und der Energie;

die Notwendigkeit, schon in der allernächsten Zeit die Koordinierung wichtigster Investitionen in der Förderungs- und der Verarbeitungsindustrie in Angriff zu nehmen.

Als eine der wichtigsten Aufgaben des Rates für gegenseitige Wirtschaftshilfe betrachtet die Beratung eine weitere Verbesserung und die Vertiefung der Koordinierung bei wissenschaftlichen und technischen Forschungsarbeiten.

Auf der Konferenz wurde für zweckmäßig angesehen, daß die Comecon-Länder nach Maßgabe der Notwendigkeit an die Gründung von gemeinsamen Betrieben herantreten, die Bildung von vereinigten Forschungszentren, Projektierungs- und Konstruktionsbüros praktizieren sowie andere Maßnahmen gemeinsam ergreifen.

Die Beratung erkannte an, daß die Hebung der Rolle, des Ansehens und der Verantwortung des Rates für gegenseitige Wirtschaftshilfe und aller seiner Organe eine unentbehrliche Voraussetzung für die weitere erfolgreiche Entwicklung der wirtschaftlichen Zusammenarbeit zwischen den Comecon-Ländern sei. Sie arbeitete konkrete organisatorische Maßnahmen aus, die auf die Erreichung dieser Ziele gerichtet sind. Die Konferenzteilnehmer sahen es für zweckmäßig an, auch in Zukunft regelmäßig Konsultationen und den Meinungsaustausch zwischen den Führern der Parteien und der Staaten zu wichtigen ökonomischen Problemen zu pflegen.

Quelle: Europa-Archiv, 1962, D 377ff.

D 46: XVI. außerordentliche Tagung des RGW in Moskau vom 7. Juni 1962

Am 7. Juni 1962 fand in Moskau die XVI. außerordentliche Tagung des Rates für gegenseitige Wirtschaftshilfe statt.
An der Tagung nahmen die Delegationen der Mitgliedsländer dieses Rates aus der Volksrepublik Bulgarien, der Ungarischen Volksrepublik, der Deutschen Demokratischen Republik, der Volksrepublik Polen, der Rumänischen Volksrepublik, der Union der Sozialistischen Sowjetrepubliken und der Tschechoslowakischen Sozialistischen Republik teil.

An der Arbeit der Tagung beteiligten sich auch Vertreter der Mongolischen Volksrepublik.

Die Tagung des Rates für gegenseitige Wirtschaftshilfe legte praktische Maßnahmen fest, um die Empfehlungen zu verwirklichen, die am 6. und 7. Juni 1962 anläßlich der Beratung der Vertreter der kommunistischen und Arbeiterparteien der Mitgliedsländer des Rates erarbeitet wurden, Empfehlungen, die auf die weitere Entwicklung und Vervollkommnung der Organisation der wirtschaftlichen Zusammenarbeit der Mitgliedstaaten des Rates abzielen.

Die Ratstagung nahm Beschlüsse hinsichtlich der organisatorischen Festigung und Verstärkung der Tätigkeit der Körperschaften des Rates an, bildete einen Vollzugsausschuß des Rates, dem die stellvertretenden Regierungschefs der Länder angehören, die Mitglieder des Rates für gegenseitige Wirtschaftshilfe sind. Ferner wurde beschlossen, neue ständige Ratsausschüsse für die Standardisierung, für die Koordinierung der wissenschaftlichen und technischen Forschungen, für Statistik sowie ein Institut für Standardisierung des Rates für gegenseitige Wirtschaftshilfe zu gründen.

Die Tagung stellte fest, daß die Entwicklung einer vielseitigen Zusammenarbeit der zum Rat gehörenden Länder zu einer weiteren Verstärkung der ökonomischen Macht des sozialistischen Lagers, zur Festigung der Einheit und des Zusammenhalts der sozialistischen Länder und damit zur Beschleunigung des Sieges des sozialistischen Weltsystems im wirtschaftlichen Wettbewerb mit dem Kapitalismus beitragen werde.

Die Ratstagung billigte die Satzungsänderungen, die den Beitritt auch nichteuropäischer Länder, die die Ziele und Grundsätze des Rats teilen, zum Rat für gegenseitige Wirtschaftshilfe ermöglichen.

Der Rat behandelte das Aufnahmegesuch der Mongolischen Volksrepublik und nahm sie als Mitglied in den Rat für gegenseitige Wirtschaftshilfe auf.

Die Tagung verlief in einer Atmosphäre brüderlicher Freundschaft und Herzlichkeit.

Quelle: Europa-Archiv, 1962, D 396.

D 47: Statut des Rates für gegenseitige Wirtschaftshilfe vom 14. Dezember 1959 (mit Änderungen von 1963)

Die Regierungen der Volksrepublik Albanien, der Volksrepublik Bulgarien, der Ungarischen Volksrepublik, der Deutschen Demokratischen Republik, der Volksrepublik Polen, der Rumänischen Volksrepublik, der Union der Sozialistischen Sowjetrepubliken und der Tschechoslowakischen Republik sind

Im Hinblick darauf, daß die wirtschaftliche Zusammenarbeit, die zwischen ihren Ländern erfolgreich durchgeführt wird, zur rationellsten Entwicklung der Volkswirtschaft, zur Hebung des Lebensstandards der Bevölkerung und zur Festigung der Einheit und Geschlossenheit ihrer Länder beiträgt;

Erfüllt von der Entschlossenheit, auch weiterhin die allseitige wirtschaftliche Zusammenarbeit auf der Grundlage der konsequenten Verwirklichung der internationalen sozialistischen Arbeitsteilung im Interesse des Aufbaus des Sozialismus und Kommunismus in ihren Ländern und der Sicherung eines dauerhaften Friedens in der ganzen Welt zu entwickeln;

Überzeugt davon, daß die Entwicklung der wirtschaftlichen Zusammenarbeit zwischen ihren Ländern dazu beiträgt, die in der Charta der Vereinten Nationen festgelegten Ziele zu erreichen;

In Anerkennung ihrer Bereitschaft, die Wirtschaftsbeziehungen zu allen Ländern unabhängig von ihrer gesellschaftlichen und staatlichen Ordnung auf der Grundlage der Gleichheit, des gegenseitigen Vorteils und der Nichteinmischung in die inneren Angelegenheiten zu entwickeln;

In Anerkennung der ständig wachsenden Rolle des Rates für gegenseitige Wirtschaftshilfe bei der Organisierung der wirtschaftlichen Zusammenarbeit zwischen ihren Ländern

Übereingekommen, zu diesem Zweck das vorliegende Statut anzunehmen.

Artikel I
Ziele und Prinzipien

(1) Der Rat für gegenseitige Wirtschaftshilfe hat zum Ziel, durch Vereinigung und Koordinierung der Bemühungen der Mitgliedsländer des Rates zur planmäßigen Entwicklung der Volkswirtschaft, zur Beschleunigung des wirtschaftlichen und technischen Fortschritts in diesen Ländern, zur Hebung des Standes der Industrialisierung in den Ländern mit einer weniger entwickelten Industrie, zur ununterbrochenen Steigerung der Arbeitsproduktivität und ständigen Hebung des Wohlstandes der Völker der Mitgliedsländer des Rates beizutragen.

(2) Der Rat für gegenseitige Wirtschaftshilfe beruht auf den Grundlagen der souveränen Gleichheit aller Mitgliedsländer des Rates. Die wirtschaftliche und technisch-wissenschaftliche Zusammenarbeit der Mitgliedsländer des Rates wird in Übereinstimmung mit den Prinzipien der vollen Gleichberechtigung, der Achtung der Souveränität und der nationalen Interessen, des gegenseitigen Vorteils und der kameradschaftlichen gegenseitigen Hilfe verwirklicht.

Artikel II
Mitgliedschaft

(1) Ursprüngliche Mitglieder des Rates für gegenseitige Wirtschaftshilfe sind die Länder, die das vorliegende Statut unterzeichnet und ratifiziert haben.

(2) Die Aufnahme als Mitglied des Rates steht anderen Ländern Europas offen, die sich den Zielen und Prinzipien des Rates anschließen und ihr Einverständnis äußern, die im vorliegenden Statut enthaltenen Pflichten zu übernehmen.

Die Aufnahme neuer Mitglieder erfolgt durch Beschluß der Ratstagung auf der Grundlage offizieller Anträge der Länder.

(3) Jedes Mitgliedsland des Rates kann aus dem Rat austreten, nachdem es den Depositär des vorliegenden Statuts davon in Kenntnis gesetzt hat. Der Austritt wird sechs Monate nach dem Eingang der Mitteilung beim Depositär wirksam. Der Depositär setzt die Mitgliedsländer des Rates vom Eingang einer solchen Mitteilung in Kenntnis.

(4) Die Mitgliedsländer des Rates kommen überein,

a) die Erfüllung der von ihnen angenommenen Empfehlungen der Organe des Rates zu gewährleisten;

b) dem Rat und seinen Amtspersonen bei der Ausübung der im vorliegenden Statut vorgesehenen Funktionen die notwendige Unterstützung zuteil werden zu lassen;

c) dem Rat die für die Durchführung der ihm obliegenden Aufgaben notwendigen Unterlagen und Informationen zur Verfügung zu stellen;

d) den Rat über den Verlauf der Erfüllung der im Rat angenommenen Empfehlungen zu informieren.

Artikel III
Funktionen und Vollmachten

(1) In Übereinstimmung mit den im Artikel I des vorliegenden Statuts genannten Zielen und Prinzipien

a) organisiert der Rat für gegenseitige Wirtschaftshilfe die allseitige wirtschaftliche und technisch-wissenschaftliche Zusammenarbeit der Mitgliedsländer des Rates mit

dem Ziel der rationellsten Ausnutzung ihrer natürlichen Ressourcen und der Beschleunigung der Entwicklung der Produktivkräfte;
b) unterstützt der Rat für gegenseitige Wirtschaftshilfe die Mitgliedsländer des Rates bei der Vervollkommnung der internationalen Arbeitsteilung im Wege der Koordinierung der Pläne für die Entwicklung der Volkswirtschaft, der Spezialisierung und Kooperation ihrer Produktion;
c) ergreift der Rat für gegenseitige Wirtschaftshilfe Maßnahmen mit dem Ziel des Studiums wirtschaftlicher und technisch-wissenschaftlicher Probleme, die für die Mitgliedsländer des Rates von Interesse sind;
d) unterstützt der Rat für gegenseitige Wirtschaftshilfe die Mitgliedsländer des Rates bei der Ausarbeitung und Verwirklichung gemeinsamer Unternehmen auf den Gebieten der Entwicklung der Industrie und der Landwirtschaft der Mitgliedsländer des Rates, der Entwicklung des Verkehrswesens zur vorrangigen Sicherung des zunehmenden Transports von Export-, Import- und Transitgütern der Mitgliedsländer des Rates, der effektiven Ausnutzung der grundlegenden Investitionsmittel, die von den Mitgliedsländern des Rates für die Entwicklung von erzeugenden und verarbeitenden Industriezweigen sowie den Bau von wichtigeren Objekten, die für zwei oder mehr Länder von Interesse sind, bestimmt sind.
(2) Der Rat für gegenseitige Wirtschaftshilfe, vertreten durch seine im Rahmen ihrer Zuständigkeit handelnden Organe, ist bevollmächtigt, in Übereinstimmung mit dem vorliegenden Statut Empfehlungen anzunehmen und Beschlüsse zu fassen.

Artikel IV
Empfehlungen und Beschlüsse

(1) Empfehlungen werden zu Fragen der wirtschaftlichen und technisch-wissenschaftlichen Zusammenarbeit angenommen. Die Empfehlungen werden den Mitgliedsländern des Rates zur Behandlung mitgeteilt.

Die Verwirklichung der von ihnen angenommenen Empfehlungen durch die Mitgliedsländer des Rates erfolgt auf Grund von Beschlüssen der Regierungen oder anderer zuständiger Organe dieser Länder in Übereinstimmung mit ihrer Gesetzgebung.
(2) Beschlüsse des Rates werden zu organisatorischen und Verfahrensfragen gefaßt. Die Beschlüsse treten, soweit sie nichts anderes vorsehen, am Tage der Unterzeichnung des Tagungsprotokolls des entsprechenden Ratsorgans in Kraft.
(3) Alle Empfehlungen und Beschlüsse werden im Rat nur mit Einverständnis der interessierten Mitgliedsländer des Rates angenommen, wobei jedes Land das Recht hat, sein Interesse an einer beliebigen im Rat zu behandelnden Frage zu erklären.

Empfehlungen und Beschlüsse gelten nicht für die Länder, die erklärt haben, daß sie an der betreffenden Angelegenheit nicht interessiert sind. Jedes dieser Länder kann sich jedoch in der Folge den von den anderen Mitgliedsländern des Rates angenommenen Empfehlungen und Beschlüssen anschließen.

Artikel V
Organe

(1) Zur Verwirklichung der im Artikel III des vorliegenden Statuts genannten Funktionen und Vollmachten hat der Rat für gegenseitige Wirtschaftshilfe folgende Hauptorgane: die Ratstagung, das Exekutivkomitee, die Ständigen Kommissionen, das Sekretariat.

(2) Andere Organe, die sich als notwendig erweisen, können in Übereinstimmung mit diesem Statut gebildet werden.

Artikel VI
Die Ratstagung

(1) Die Ratstagung ist das höchste Organ des Rates für gegenseitige Wirtschaftshilfe. Sie ist ermächtigt, alle in die Zuständigkeit des Rates fallenden Fragen zu beraten sowie Empfehlungen und Beschlüsse gemäß diesem Statut anzunehmen.
(2) Die Ratstagung besteht aus den Delegationen aller Mitgliedsländer des Rates. Die Zusammensetzung der Delegation eines jeden Landes wird von der Regierung des betreffenden Landes bestimmt.
(3) Ordentliche Tagungen des Rates werden zweimal im Jahre abwechselnd in die Hauptstädte der Mitgliedsländer des Rates unter dem Vorsitz des Leiters der Delegation des Landes einberufen, in dem die Ratstagung stattfindet.
(4) Eine außerordentliche Ratstagung kann auf Ersuchen oder mit Zustimmung von mindestens einem Drittel der Mitgliedsländer des Rates einberufen werden.
(5) Die Ratstagung
a) behandelt die Hauptprobleme der wirtschaftlichen und technisch-wissenschaftlichen Zusammenarbeit, legt die Hauptrichtung der Tätigkeit des Rates fest und prüft den Bericht des Exekutivkomitees über die Tätigkeit des Rates;
b) übt andere Funktionen aus, die sich für die Erreichung der Ziele des Rates als notwendig erweisen.
(6) Die Ratstagung ist bevollmächtigt, solche Organe zu bilden, die sie zur Ausübung der dem Rat obliegenden Funktionen für notwendig erachtet.
(7) Die Ratstagung legt ihre Verfahrensregeln fest.

Artikel VII
Das Exekutivkomitee des Rates

1. Das Exekutivkomitee des Rates für gegenseitige Wirtschaftshilfe besteht aus den Vertretern aller Mitgliedsländer des Rates im Range der Stellvertreter der Regierungschefs, und zwar je einem aus jedem Land.

Das Exekutivkomitee ist das Hauptexekutivorgan des Rates.

Das Exekutivkomitee hat ein Büro für gemeinsame Probleme der Volkswirtschaftspläne, in dem jedes Mitgliedsland des Rates durch den Stellvertreter des Vorsitzenden des staatlichen Planungsorgans vertreten wird.

2. Das Exekutivkomitee führt seine Sitzungen mindestens einmal in zwei Monaten durch.
3. Das Exekutivkomitee hat im Rahmen seiner Zuständigkeit das Recht, in Übereinstimmung mit diesem Statut Empfehlungen und Beschlüsse anzunehmen. Das Exekutivkomitee kann Vorschläge zur Behandlung der Ratstagung unterbreiten.
4. Das Exekutivkomitee
a) leitet die gesamte Arbeit, die in Übereinstimmung mit den Beschlüssen der Ratstagung mit der Verwirklichung der dem Rat obliegenden Aufgaben verbunden ist, und führt eine systematische Aufsicht über die Erfüllung der von den Mitgliedsländern des Rates aus der Annahme der Empfehlungen sich ergebenden Verpflichtungen;
b) leitet die Arbeiten auf dem Gebiete der Koordinierung der Pläne für die Entwicklung der Volkswirtschaft, der Spezialisierung und Kooperation der Produktion der

Mitgliedsländer des Rates und organisiert die Ausarbeitung der Hauptrichtungen einer rationellen Arbeitsteilung in den wichtigeren Produktionszweigen dieser Länder;
c) prüft die Vorschläge der Mitgliedsländer des Rates, der Ständigen Kommissionen, des Büros des Exekutivkomitees für gemeinsame Probleme der Volkswirtschaftspläne, des Sekretariats des Rates und anderer Organe des Rates zu Problemen der wirtschaftlichen und technisch-wissenschaftlichen Zusammenarbeit, analysiert den Stand dieser Zusammenarbeit und arbeitet Maßnahmen zu ihrer weiteren Entwicklung aus;
d) arbeitet die Hauptrichtung und Maßnahmen zur Entwicklung des Austausches von Waren und Dienstleistungen zwischen den Mitgliedsländern des Rates sowie zur technisch-wissenschaftlichen Zusammenarbeit zwischen den Mitgliedsländern aus;
e) leitet die Arbeit des Sekretariats des Rates, der Ständigen Kommissionen und bestimmt die Hauptaufgaben und Hauptrichtung der Tätigkeit dieser Kommissionen;
f) bestätigt den Stellen- und Haushaltsplan des Sekretariats des Rates sowie den Bericht des Sekretariats des Rates über die Erfüllung des Haushaltsplanes, die Statuten der Ständigen Kommissionen, des Büros des Exekutivkomitees für gemeinsame Probleme der Volkswirtschaftspläne und des Sekretariats des Rates;
g) schafft Kontrollorgane zur Revision der Finanztätigkeit des Sekretariats des Rates;
h) übt andere Funktionen aus, die sich aus dem Statut sowie aus den Empfehlungen und den Beschlüssen der Ratstagung ergeben.
5. Das Exekutivkomitee kann zur Vorbereitung von Fragen Hilfsorgane schaffen.
6. Das Exekutivkomitee legt seine Verfahrensregeln fest.

Artikel VIII
Ständige Kommissionen

(1) Die Ständigen Kommissionen des Rates für gegenseitige Wirtschaftshilfe werden von der Ratstagung geschaffen, um zur Weiterentwicklung der Wirtschaftsbeziehungen zwischen den Mitgliedsländern des Rates beizutragen und die mehrseitige wirtschaftliche und technisch-wissenschaftliche Zusammenarbeit auf einzelnen Gebieten der Volkswirtschaft dieser Länder zu organisieren. Die Statuten der Ständigen Kommissionen werden durch die Tagung der Ländervertreter im Rat bestätigt. Die Statuten der Ständigen Kommissionen werden durch das Exekutivkomitee des Rates bestätigt.
(2) Jedes Mitgliedsland des Rates ernennt seine Vertreter in die Ständigen Kommissionen.
(3) Die Ständigen Kommissionen haben im Rahmen ihrer Zuständigkeit das Recht, entsprechend dem vorliegenden Statut Empfehlungen anzunehmen und Beschlüsse zu fassen. Die Kommissionen können ferner der Ratstagung und der Tagung der Ländervertreter Vorschläge zur Behandlung unterbreiten.
(4) Die Ständigen Kommissionen arbeiten Maßnahmen aus und bereiten Vorschläge zur Verwirklichung der im Absatz 1 dieses Artikels genannten wirtschaftlichen und technisch-wissenschaftlichen Zusammenarbeit vor und üben andere Funktionen aus, die sich aus dem vorliegenden Statut, den Empfehlungen und Beschlüssen der Ratstagung und der Tagung der Ländervertreter im Rat ergeben.

Die Ständigen Kommissionen legen der Tagung der Ländervertreter im Rat Jahresberichte über die geleistete Arbeit und ihre weitere Tätigkeit vor.
(5) Die Tagungen der Ständigen Kommissionen werden in der Regel an ihrem ständigen Sitz, der von der Ratstagung festgelegt wird, durchgeführt.
(6) Zur Erfüllung ihrer Funktionen können die Ständigen Kommissionen in Überein-

stimmung mit ihren Arbeitsplänen Arbeitsorgane mit dem Ziel der Abstimmung einzelner Aufgaben, die zur Zuständigkeit der Kommissionen gehören, schaffen, sowie technisch-wissenschaftliche Konferenzen und andere Beratungen abhalten.

Zusammensetzung und Aufgaben dieser Organe, der Konferenzen und Beratungen sowie der Ort und die Termine für die Durchführung ihrer Sitzungen werden von den Kommissionen bestimmt.

(7) Die Funktionen der Sekretariate der Ständigen Kommissionen werden von den entsprechenden Abteilungen des Sekretariats des Rates ausgeübt.

(8) Die Ständigen Kommissionen legen ihre Verfahrensregeln fest.

Artikel IX
Das Sekretariat

(1) Das Sekretariat des Rates für gegenseitige Wirtschaftshilfe besteht aus dem Sekretär des Rates, seinen Stellvertretern und dem für die Durchführung der dem Sekretariat obliegenden Funktionen erforderlichen Personal.

Der Sekretär des Rates wird von der Ratstagung und seine Stellvertreter werden vom Exekutivkomitee des Rates ernannt.

Der Sekretär des Rates und seine Stellvertreter leiten die Arbeit des Sekretariats des Rates. Das Sekretariat wird mit den Bürgern der Mitgliedsländer des Rates entsprechend dem Statut des Sekretariats des Rates besetzt.

Der Sekretär des Rates ist die oberste Amtsperson des Rates. Er vertritt den Rat gegenüber offiziellen Persönlichkeiten und Organisationen der Mitgliedsländer des Rates und anderer Länder sowie gegenüber internationalen Organisationen.

Der Sekretär des Rates kann seine Stellvertreter sowie Mitarbeiter des Sekretariats bevollmächtigen, in seinem Namen aufzutreten.

Der Sekretär und seine Stellvertreter können an allen Sitzungen der Organe des Rates teilnehmen.

(2) Das Sekretariat des Rates

a) trägt zur Vorbereitung und Durchführung der Tagungen und Beratungen der Ratsorgane bei, die im Rahmen des Rates stattfinden, und bereitet die Unterlagen für die Sitzungen der Ratsorgane in Übereinstimmung mit den Arbeitsplänen dieser Organe vor oder wirkt bei der Vorbereitung dieser Unterlagen mit;

b) stellt ökonomische Übersichten zusammen, führt wirtschaftliche Analysen an Hand der Unterlagen der Mitgliedsländer des Rates durch und trägt zur Vorbereitung und Veröffentlichung von Informations- und Nachschlagematerial über Fragen der wirtschaftlichen und technisch-wissenschaftlichen Zusammenarbeit der Mitgliedsländer des Rates sowie zur Vorbereitung anderer Übersichten und Analysen bei;

c) bereitet Vorschläge zu den einzelnen Fragen der Arbeit des Rates zwecks Behandlung in den entsprechenden Organen des Rates vor;

d) bearbeitet gemeinsam mit den Ständigen Kommissionen des Rates Entwürfe mehrseitiger Abkommen zu Fragen der wirtschaftlichen und technisch-wissenschaftlichen Zusammenarbeit in Übereinstimmung mit den Empfehlungen und Beschlüssen der Ratsorgane;

e) organisiert und führt die Kontrolle über die Erfüllung der Empfehlungen und Beschlüsse der Ratsorgane und bereitet entsprechende Vorschläge zwecks Behandlung im Exekutivkomitee und in den Ständigen Kommissionen vor;

f) ergreift andere Maßnahmen, die sich aus dem vorliegenden Statut, den im Rat

angenommenen Empfehlungen und Beschlüssen sowie aus dem Reglement des Sekretariats des Rates ergeben.
(3) Der Sekretär des Rates, seine Stellvertreter und das Personal des Sekretariats handeln bei der Ausübung ihrer dienstlichen Obliegenheiten als internationale Amtspersonen.
(4) Sitz des Sekretariats des Rates ist Moskau.

Artikel X
Teilnahme anderer Länder an der Arbeit des Rates

Der Rat für gegenseitige Wirtschaftshilfe kann Länder, die nicht Mitglieder des Rates sind, zur Teilnahme an der Arbeit der Organe des Rates einladen.

Die Bedingungen, unter denen die Vertreter dieser Länder an der Arbeit der Ratsorgane teilnehmen können, werden vom Rat in Verbindung mit den entsprechenden Ländern festgelegt.

Artikel XI
Beziehungen zu internationalen Organisationen

Der Rat für gegenseitige Wirtschaftshilfe kann Beziehungen zu Wirtschaftsorganisationen der Organisation der Vereinten Nationen und zu anderen internationalen Organisationen aufnehmen und unterhalten.

Der Charakter und die Formen dieser Beziehungen werden vom Rat in Vereinbarung mit den entsprechenden internationalen Organisationen festgelegt.

Artikel XII
Finanzfragen

(1) Die Mitgliedsländer des Rates für gegenseitige Wirtschaftshilfe tragen die Kosten für den Unterhalt des Sekretariats des Rates und die Finanzierung seiner Tätigkeit. Die Höhe des Anteils eines jeden Mitgliedslandes an diesen Kosten wird von dem Exekutivkomitee geregelt; andere Finanzfragen werden von der Tagung der Ländervertreter im Rat geregelt.
(2) Das Sekretariat des Rates legt dem Exekutivkomitee des Rates einen Bericht über die Erfüllung des Haushaltsplanes für jedes Kalenderjahr vor.
(3) Die Kosten für den Unterhalt der Teilnehmer der Ratstagung, der Tagungen des Exekutivkomitees des Rates, der Tagungen der Ständigen Kommissionen des Rates sowie der Konferenzen, die im Rahmen des Rates durchgeführt werden, trägt das Land, das seine Vertreter zu diesen Tagungen und Konferenzen entsendet.
(4) Die Kosten, die mit der Bereitstellung der Räume sowie technischen Einrichtungen zusammenhängen und für die Durchführung der im Abs. 3 dieses Artikels genannten Tagungen und Konferenzen notwendig sind, trägt das Land, in dem die Tagungen und Konferenzen stattfinden, mit Ausnahme der Fälle, in denen solche Tagungen und Konferenzen in den Räumen des Sekretariats des Rates stattfinden.

Artikel XIII
Verschiedene Bestimmungen

(1) Der Rat für gegenseitige Wirtschaftshilfe genießt auf dem Territorium eines jeden Mitgliedslandes des Rates die für die Ausübung seiner Funktionen und für die Erreichung seiner Ziele notwendige Rechtsfähigkeit.
(2) Der Rat sowie die Vertreter der Mitgliedsländer des Rates und die Amtsperso-

nen des Rates genießen auf dem Territorium eines jeden dieser Länder die zur Ausübung der Funktionen und zur Erreichung der im vorliegenden Statut vorgesehenen Ziele notwendigen Privilegien und Immunitäten.

(3) Die Rechtsfähigkeit, die Privilegien und Immunitäten, die in diesem Artikel genannt sind, werden in einer speziellen Konvention festgelegt.

(4) Die Bestimmungen des vorliegenden Statuts berühren nicht die Rechte und Pflichten der Mitgliedsländer des Rates, die sich aus ihrer Mitgliedschaft in anderen internationalen Organisationen sowie aus den von ihnen abgeschlossenen internationalen Verträgen ergeben.

(5) Die Vertreter der Länder im Exekutivkomitee des Rates sind zugleich ständige Vertreter ihres Landes im Rat. Der Ständige Vertreter eines Landes im Rat hat am Sitz des Sekretariats des Rates die notwendige Anzahl von Beratern und anderen Mitarbeitern.

Artikel XIV
Sprachen

Offizielle Sprachen des Rates für gegenseitige Wirtschaftshilfe sind die Sprachen aller Mitgliedsländer des Rates. Arbeitssprache des Rates ist die russische Sprache.

Artikel XV
Ratifikation und Inkrafttreten des Statuts

(1) Das vorliegende Statut unterliegt der Ratifikation durch die Unterzeichnerländer entsprechend ihrem verfassungsmäßigen Verfahren.

(2) Die Ratifikationsurkunden werden beim Depositär des vorliegenden Statuts hinterlegt.

(3) Das Statut tritt am Tage der Hinterlegung der Ratifikationsurkunden durch alle Mitgliedsländer, die das vorliegende Statut unterzeichnet haben, in Kraft, wovon der Depositär jedes Mitgliedsland in Kenntnis setzt.

(4) Für jedes Land, das in den Rat für gegenseitige Wirtschaftshilfe gemäß Artikel II Abs. 2 aufgenommen wird und dieses Statut ratifiziert, tritt es am Tage der Hinterlegung seiner Ratifikationsurkunde in Kraft, wovon der Depositär die anderen Mitgliedsländer des Rates in Kenntnis setzt.

Artikel XVI
Verfahren bei Änderung des Statuts

Jedes Mitgliedsland des Rates für gegenseitige Wirtschaftshilfe kann Vorschläge zur Änderung des vorliegenden Statuts einbringen.

Änderungen des Statuts, die von der Ratstagung gebilligt wurden, treten in Kraft, sobald alle Mitgliedsländer des Rates die Urkunden über die Ratifikation dieser Änderungen beim Depositär hinterlegt haben.

Artikel XVII
Schlußbestimmungen

Das vorliegende Statut wurde in einem Exemplar in russischer Sprache ausgefertigt. Das Statut wird bei der Regierung der Union der Sozialistischen Sowjetrepubliken hinterlegt, die den Regierungen aller anderen Mitgliedsländer des Rates beglaubigte Abschriften des Statuts zusendet sowie diesen Regierungen und dem Sekretär des Rates die Hinterlegung der Ratifikationsurkunden bei der Regierung der UdSSR mitteilt.

Zur Bestätigung dessen haben die Vertreter der Regierungen der Mitgliedsländer des Rates für gegenseitige Wirtschaftshilfe das vorliegende Statut unterzeichnet.

Ausgefertigt in Sofia am 14. Dezember 1959

[Unterschriften]

Quelle: Europa-Archiv, 1975, D 282ff.

D 48: Die Grundprinzipien der internationalen sozialistischen Arbeitsteilung vom 7. Juni 1962 (Auszug)

1. Die Gemeinschaft der Länder des Sozialismus und die internationale sozialistische Arbeitsteilung

Das sozialistische Weltsystem ist die soziale, wirtschaftliche und politische Gemeinschaft freier, souveräner Völker, die zum Sozialismus und Kommunismus schreiten, geeint durch die Gemeinsamkeit der Interessen und Ziele, durch unlösbare Bindungen der internationalen sozialistischen Solidarität.

Die Notwendigkeit des engen Zusammenschlusses der sozialistischen Länder in einem System ist bedingt durch objektive Gesetze der ökonomischen und politischen Entwicklung.

Die Gemeinschaft der sozialistischen Staaten stützt sich auf die in jedem Land geschaffene gleichartige ökonomische Grundlage – das gesellschaftliche Eigentum an den Produktionsmitteln –, auf einen gleichartigen Staatsaufbau – die Macht des Volkes mit der Arbeiterklasse an der Spitze –, auf eine einheitliche Ideologie – den Marxismus-Leninismus.

Die vereinten Anstrengungen der Völker der sozialistischen Gemeinschaft sind auf den Aufbau des Sozialismus und Kommunismus, auf den mächtigen Aufschwung der Volkswirtschaft jedes Landes und damit des Systems als Ganzes, auf die Verteidigung der revolutionären Errungenschaften gegenüber den Machenschaften der imperialistischen Reaktion, auf die Sicherung eines festen Friedens zwischen den Völkern gerichtet. Das sozialistische Weltsystem ist in eine neue Etappe seiner Entwicklung eingetreten.

Der Zusammenschluß der sozialistischen Staaten zu einem einheitlichen Lager, seine sich festigende Einheit und ständig wachsende Macht sichern den vollen Sieg des Sozialismus und Kommunismus innerhalb des gesamten Systems.

Die Gemeinschaft der Länder des Sozialismus verwirklicht ihre Ziele durch eine allseitige, politische, ökonomische und kulturelle Zusammenarbeit. Dabei lassen sich alle sozialistischen Länder streng von den Prinzipien der vollen Gleichberechtigung, der gegenseitigen Achtung der Unabhängigkeit und Souveränität, der brüderlichen gegenseitigen Hilfe und des gegenseitigen Vorteils leiten. Im Lager des Sozialismus hat niemand und kann niemand irgendwelche besonderen Rechte und Privilegien haben. Die Einhaltung der Prinzipien des Marxismus-Leninismus, des sozialistischen Internationalismus ist eine unerläßliche Bedingung für die erfolgreiche Entwicklung des sozialistischen Weltsystems ...

Zwischen den Ländern des Sozialismus entstanden und vervollkommnen sich verschiedene Formen der ökonomischen Zusammenarbeit und gegenseitigen Hilfe: die Koordinierung der Volkswirtschaftspläne, die Spezialisierung und Kooperation der Produktion, der internationale sozialistische Handel, die Gewährung von Krediten, die technische Hilfe und wissenschaftlich-technische Zusammenarbeit, die Zusammenarbeit beim Bau wirtschaftlicher Objekte, die Erschließung natürlicher Ressourcen und andere. Die organisatorischen Grundlagen der ökonomischen Zusammenarbeit werden ebenfalls ständig vervollkommnet: Das kollektive Organ für die Organisierung dieser Zusammenarbeit – der Rat für gegenseitige Wirtschaftshilfe – hat sich gefestigt ...

Im Gegensatz zur internationalen kapitalistischen Arbeitsteilung, die das Ausbeutungsverhältnis des Schwachen durch den Starken ausdrückt, sich spontan im Verlauf eines scharfen Konkurrenzkampfes und der Expansion der kapitalistischen Monopole bildet, die Ungleichheit des Standes der ökonomischen Entwicklung vertieft, zur Entstehung einer verkrüppelten einseitigen Struktur der Ökonomik der schwach entwickelten Länder führt, wird die internationale sozialistische Arbeitsteilung bewußt und planmäßig in Übereinstimmung mit den Lebensinteressen und Aufgaben der harmonischen und allseitigen Entwicklung aller sozialistischen Länder verwirklicht und führt zur Festigung ihrer Einheit ...

Die kommunistischen und Arbeiterparteien der sozialistischen Länder treten als Initiatoren und Organisatoren der internationalen sozialistischen Arbeitsteilung auf. Die Entwicklung und Vervollkommnung der internationalen sozialistischen Arbeitsteilung ist ein Bestandteil der wissenschaftlich begründeten ökonomischen Politik der kommunistischen und Arbeiterparteien der sozialistischen Länder ...

2. Die Koordinierung der Volkswirtschaftspläne – das Hauptmittel für die erfolgreiche Entwicklung und Vertiefung der internationalen sozialistischen Arbeitsteilung

Die Erfahrungen bei der Entwicklung des sozialistischen Weltwirtschaftssystems zeigen, daß das Hauptmittel für die planmäßige Vertiefung der internationalen sozialistischen Arbeitsteilung und die immer enger werdende Vereinigung der Produktionsanstrengungen der Länder des Sozialismus in der gegenwärtigen Etappe die Koordinierung der nationalen Volkswirtschaftspläne ist.

Die Koordinierung der Pläne – das ist die freiwillige gemeinsame planmäßige Tätigkeit der sozialistischen Staaten, die auf die maximale Ausnutzung der politischen und ökonomischen Vorteile des sozialistischen Weltsystems im Interesse der Sicherung des schnellstmöglichen Sieges des Sozialismus und Kommunismus gerichtet ist. Sie begünstigt die Durchsetzung der Politik der kommunistischen und Arbeiterparteien, die sich auf den wissenschaftlichen Prinzipien des Marxismus-Leninismus, auf der Grundlage einer tiefen Analyse der Möglichkeiten und der Bedürfnisse der Entwicklung der Wirtschaft aufbaut.

Wie die Erfahrungen der wirtschaftlichen Zusammenarbeit der Mitgliedsländer des RGW zeigen, muß die Koordinierung der Pläne auf die Verwirklichung folgender miteinander verbundener objektiver Prinzipien der Entwicklung der internationalen sozialistischen Arbeitsteilung gerichtet sein:

– die richtige Berücksichtigung der objektiv notwendigen Proportionen der ökono-

mischen Entwicklung jedes Landes und des sozialistischen Weltsystems als Ganzes, was dazu beiträgt, die Wirtschaft eines jeden Landes auszubilanzieren;
- Sicherung eines hohen ökonomischen Nutzeffektes der internationalen sozialistischen Arbeitsteilung, was sich in einem schnellen Wachstumstempo der Produktion und der größtmöglichen Befriedigung der Bedürfnisse der Bevölkerung in jedem Land bei minimalem Aufwand an gesellschaftlicher Arbeit ausdrückt;
- Sicherung der Verbindung der internationalen Spezialisierung der Produktion und der komplexen (mehrseitigen) Entwicklung der Wirtschaft der einzelnen sozialistischen Länder im Interesse der vollsten und zweckmäßigsten Ausnutzung der natürlichen und ökonomischen Voraussetzungen der Produktion einschließlich der Arbeitskräftereserven;
- die allmähliche Überwindung der historisch bedingten Unterschiede im ökonomischen Entwicklungsniveau der einzelnen Länder, vor allem durch die Industrialisierung der Länder mit einem relativ niedrigen Niveau der ökonomischen Entwicklung und auf der Grundlage der maximalen Ausnutzung der inneren Möglichkeiten eines jeden Landes sowie der Vorzüge des sozialistischen Weltsystems.

Die ständige Erhöhung der Wirksamkeit der Koordinierung setzt voraus, daß sie
- sowohl zweiseitig als auch mehrseitig erfolgt. Dabei wird in Betracht gezogen, daß in Zukunft die Bedeutung der mehrseitigen Koordinierung anwachsen wird;
- sich in erster Linie auf die Perspektivpläne erstreckt, was erlaubt, notwendige Veränderungen in der Struktur, in der Produktionstechnik usw. im Interesse der Vertiefung und Vervollkommnung der internationalen sozialistischen Arbeitsteilung vorzusehen;
- im Verlaufe der Aufstellung der Pläne durch die einzelnen Länder vorgenommen wird;
- Maßnahmen vorsieht, die die Erfüllung der abgestimmten Verpflichtungen hinsichtlich des Umfanges und der Termine der gegenseitigen Lieferungen, die Qualität und des technischen Niveaus der zu liefernden Erzeugnisse bzw. seitens der Länder sichert;
- gemeinsame Maßnahmen einer Reihe von Ländern bei der Lösung großer ökonomischer und technischer Fragen vorsieht.

3. Die Hauptrichtung der rationellen Arbeitsteilung in den wichtigsten Produktionszweigen

Die weitere Vervollkommnung der internationalen sozialistischen Arbeitsteilung auf der Grundlage der Koordinierung der Pläne setzt die beschleunigte Entwicklung solcher fortschrittlicher Formen der Arbeitsteilung, wie Spezialisierung und Kooperation der Produktion, innerhalb des sozialistischen Lagers voraus. Zwischenstaatliche Spezialisierung heißt: Konzentration der Produktion gleichartiger Erzeugnisse in einem bzw. einigen sozialistischen Ländern für die Befriedigung der Bedürfnisse der interessierten Länder und in diesem Zusammenhang die Erhöhung des technischen Niveaus und der Organisation der Produktion sowie die Herstellung fester ökonomischer Beziehungen und der Produktionskooperation zwischen den Ländern. Die internationale Spezialisierung der Produktion führt zur Erhöhung des Produktionsausstoßes, zur Senkung der Selbstkosten, zur Erhöhung der Arbeitsproduktivität, zur Verbesserung der Qualität der Erzeugnisse und ihrer technischen Charakteristiken.

Indem die internationale Spezialisierung und Kooperation der Produktion als aktiver Faktor des technischen Fortschritts auftritt, fördert sie die schnelle industrielle Entwicklung aller sozialistischen Länder ...

4. Die Gewährleistung eines hohen ökonomischen Nutzeffekts der internationalen sozialistischen Arbeitsteilung

Die internationale sozialistische Arbeitsteilung gewährleistet die Steigerung der Effektivität der gesellschaftlichen Produktion und fördert dadurch die erfolgreiche Lösung der von den kommunistischen und Arbeiterparteien in jeder historischen Entwicklungsetappe gestellten wirtschaftspolitischen Aufgaben. Die Effektivität der gesellschaftlichen Produktion zeigt sich im sozialistischen Weltsystem in einem hohen und stetigen Tempo der Produktionssteigerung, das erlaubt, die wachsenden Bedürfnisse der Völker aller sozialistischen Länder immer vollständiger zu befriedigen und die Unterschiede in ihrem ökonomischen Niveau systematisch zu überwinden.

Eine Bedingung für einen hohen ökonomischen Nutzen der internationalen Arbeitsteilung im sozialistischen Weltsystem ist die Herstellung rationeller Proportionen der Produktion durch Koordinierung der Pläne der Länder, dabei auch durch zweckmäßige Verteilung der Produktionskapazitäten für die Herstellung gleichartiger oder austauschbarer Erzeugnisse.

Hauptkriterium für den ökonomischen Nutzeffekt der internationalen sozialistischen Arbeitsteilung ist das Wachstum der Produktivität der gesellschaftlichen Arbeit, d. h. die Erreichung eines minimalen Aufwands an Material und Arbeit für die Herstellung und den Transport einer bestimmten Erzeugnisart ...

Der steten Erhöhung des ökonomischen Nutzens der gesellschaftlichen Produktion im sozialistischen Lager dient die sich ständig erweiternde wissenschaftlich-technische Zusammenarbeit der sozialistischen Staaten und insbesondere:
- die Übermittlung der fortschrittlichen Erfahrungen und Errungenschaften auf allen Gebieten der Produktion, der Wissenschaft und der Technik sowie die gegenseitige Hilfe bei der Ausbildung von Kadern;
- die Spezialisierung und Koordinierung der Forschungs- sowie Projektierungs- und Konstruktionsarbeiten als eines der wichtigsten Teile der rationellen Spezialisierung der Produktion selbst;
- gemeinsame Forschungs- sowie Projekticrungs- und Konstruktionsarbeiten und die Vervollkommnung der Organisationsformen von kollektiven Arbeiten, die Konzentration der wissenschaftlich-technischen Kräfte durch Spezialisierung und Koordinierung der Arbeiten auf die Lösung der für eine schnellere ökonomische Entwicklung wichtigsten Probleme;
- Erfahrungsaustausch auf dem Gebiet der Produktionsorganisation und der Wirtschaftsführung in den Betrieben und in den Verwaltungsorganen.

5. Die Verbindung der internationalen Spezialisierung der Produktion mit der komplexen Entwicklung der Wirtschaft der einzelnen sozialistischen Länder

Im sozialistischen Weltwirtschaftssystem sind günstige Bedingungen nicht nur für die konsequente und planmäßige Vertiefung der Arbeitsteilung zwischen den Ländern, sondern auch für die Bildung eines rationellen Komplexes miteinander verflochtener und einander ergänzender Volkswirtschaftszweige in jedem der Länder vorhanden.

Dies bedeutet die Schaffung einer Mehrzweigstruktur der Volkswirtschaft der sozialistischen Länder, die die Industrie und die Landwirtschaft, die extraktiven und die verarbeitenden Zweige, die Produktion von Produktionsmitteln und die Produktion von Konsumtionsmitteln zu einem optimalen Komplex verbindet und zur Erhöhung des Tempos und der Effektivität ihrer ökonomischen Entwicklung beiträgt.

Die internationale Spezialisierung sowie die Entwicklung nationaler Wirtschaftskomplexe in den einzelnen sozialistischen Ländern bedingen einander. Nur auf der Grundlage ihrer harmonischen Verbindung kann die vollständigste und ökonomischste Ausnutzung der Produktivkräfte eines jeden sozialistischen Landes und des sozialistischen Lagers in seiner Gesamtheit gewährleistet werden ...

Dabei darf die Rolle der natürlichen Bedingungen und der historischen Traditionen nicht überschätzt werden; ihre effektivste und vollständigste Ausnutzung muß von der Schaffung neuer Bedingungen und Traditionen entsprechend den Aufgaben des sozialistischen und kommunistischen Aufbaues begleitet sein ...

6. Überwindung der historisch entstandenen Unterschiede im ökonomischen Entwicklungsniveau der sozialistischen Länder

Die Länder des sozialistischen Weltsystems begannen den Aufbau der sozialistischen Gesellschaft mit unterschiedlichem Entwicklungsniveau der Produktivkräfte. Aus der Natur des Sozialismus selbst ergibt sich gesetzmäßig die Notwendigkeit der Angleichung des ökonomischen Niveaus der Länder. Der in der ganzen Welt höchste Lebensstandard für alle Völker der sozialistischen Staaten und der mehr oder minder gleichzeitige Übergang aller Länder zum Kommunismus kann nur durch die Schaffung der dazu notwendigen Produktionsvoraussetzungen in jedem Lande gewährleistet werden. Die materiellen Voraussetzungen für den Aufbau des Kommunismus werden durch die schöpferische Arbeit des Volkes eines jeden Landes und die ständige Erhöhung seines Beitrages für die Festigung des sozialistischen Systems geschaffen ...

Die Angleichung des ökonomischen Entwicklungsniveaus der Länder bedeutet dabei nicht die Beseitigung aller Unterschiede, die sich aus den Besonderheiten der natürlichen Ressourcen, der klimatischen Bedingungen, der nationalen Besonderheiten in der Verbrauchsstruktur und der Lebensweise der Bevölkerung ergeben ...

Die übrigen sozialistischen Länder tragen zur Erhöhung der Effektivität der Bemühungen dieser Länder, die auf einen schnellen Aufschwung der nationalen Ökonomik gerichtet sind, auf folgendem Wege bei:

- durch die Übergabe der neuesten wissenschaftlich-technischen Errungenschaften;
- durch Unterstützung bei der Projektierung in technischer Hinsicht fortschrittlicher Betriebe;
- bei der Durchführung geologischer Erkundungen;
- bei der Ausbildung von qualifizierten Kadern;
- durch Lieferung von Industrieausrüstungen, insbesondere von kompletten Ausrüstungen für Industriebetriebe;
- durch die Hilfe bei der Montage und Inbetriebnahme dieser Ausrüstungen;
- durch Gewährung von Krediten und anderen Arten von Hilfe ...

7. Arbeitsteilung und Warenaustausch zwischen den sozialistischen Ländern

Die internationale sozialistische Arbeitsteilung ist die Grundlage des Warenaustausches zwischen den sozialistischen Ländern, der auf dem Prinzip der Äquivalenz beruht.

Eine entsprechende Organisation der Warenlieferungen und Verrechnungsbeziehungen auf dem sozialistischen Weltmarkt ist dazu berufen, zur planmäßigen Vertiefung der Arbeitsteilung zwischen den sozialistischen Ländern beizutragen. Entsprechend der Entwicklung der Arbeitsteilung ist es notwendig, die Formen der Ware-Geld-Beziehungen zwischen den Ländern des Sozialismus ständig zu vervollkommnen.

Die praktische Verwirklichung der Empfehlungen zur internationalen Spezialisierung und Kooperation, die von den kompetenten Organen der Länder angenommen wurden, setzt den Abschluß langfristiger zwei- und mehrseitiger Handels- und anderer Abkommen voraus, die den Umfang und die Bedingungen für die Lieferung von Erzeugnissen spezialisierter Produktionen vorsehen sowie die Verantwortlichkeit der Partner für die Erfüllung der Verpflichtungen zur Lieferung der genannten Erzeugnisse, für deren entsprechendes technisches Niveau, Qualität und Liefertermine. Dabei ist es zweckmäßig, allmählich die Praxis der mehrseitigen Handels- und Zahlungsabkommen einzuführen ...

Es ist notwendig, das System der Preisbildung auf dem sozialistischen Weltmarkt ständig entsprechend den Erfordernissen der planmäßigen Vertiefung der internationalen sozialistischen Arbeitsteilung, der ständigen Erweiterung des Warenaustausches, der Beschleunigung der Entwicklung der sozialistischen Weltwirtschaft zu vervollkommnen, indem gleichzeitig die Bedingungen für den allmählichen Übergang zu einer eigenen Preisbasis geschaffen werden.

Die Grundprinzipien der internationalen sozialistischen Arbeitsteilung sind der Ausdruck allgemeiner Gesetzmäßigkeiten der Entwicklung des sozialistischen Weltsystems. Sie ergeben sich aus dem Charakter der Beziehungen zwischen den sozialistischen Staaten, dem von ihnen erreichten Niveau der Entwicklung der Produktivkräfte und der wirtschaftlichen Zusammenarbeit. Sie berücksichtigen die vor den einzelnen Ländern und vor dem gesamten Weltsystem des Sozialismus stehenden konkreten ökonomischen und politischen Aufgaben. Entsprechend der Weiterentwicklung und Festigung der wirtschaftlichen Zusammenarbeit der Länder des Sozialismus und der Gewinnung neuer Erfahrungen bei der Durchführung der internationalen Spezialisierung und Kooperation der Produktion werden die dargelegten Grundprinzipien auf dem Gebiet der internationalen sozialistischen Arbeitsteilung vervollkommnet, ergänzt und präzisiert.

Quelle: Europa-Archiv, 1962, D 381 ff.

D 49: Das Prinzip des sozialistischen Internationalismus als Grundlage der Beziehungen zwischen den sozialistischen Ländern. Moskauer Erklärung der kommunistischen Parteien vom November 1957 (Auszug)

Die Beratung ist der Auffassung, daß in der gegenwärtigen Lage die Festigung der Einheit und brüderlichen Zusammenarbeit der sozialistischen Staaten und der kommunistischen und Arbeiterparteien, der nationalen Befreiungsbewegung und der demokratischen Bewegung besonders große Bedeutung gewinnen.

Die Grundlage der Beziehungen zwischen den Ländern des sozialistischen Weltsystems und zwischen allen kommunistischen und Arbeiterparteien sind die durch das Leben erprobten Prinzipien des Marxismus-Leninismus, die Prinzipien des proletarischen Internationalismus. Gegenwärtig entspricht es den Lebensinteressen der Werktätigen aller Länder, die Sowjetunion und alle sozialistischen Länder zu unterstützen, weil sie eine Politik der Erhaltung des Weltfriedens durchführen und ein Bollwerk des Friedens und des sozialen Fortschritts sind. Die Arbeiterklasse,die demokratischen Kräfte und die Werktätigen aller Länder sind daran interessiert, unermüdlich um der gemeinsamen Sache willen die brüderlichen Verbindungen zu stärken. In ihrem Interesse liegt es, die historischen, politischen und sozialen Errungenschaften, die in der Sowjetunion, dem ersten und mächtigsten sozialistischen Staat, in der Volksrepublik China und in allen sozialistischen Staaten überhaupt erzielt worden sind, gegen alle Ränke der Feinde zu verteidigen. Auch für sie ist es von Bedeutung, daß diese Errungenschaften erweitert und gefestigt werden.

Die sozialistischen Länder gestalten ihre Beziehungen zueinander nach den Prinzipien der vollen Gleichberechtigung, der Respektierung der territorialen Integrität, der staatlichen Unabhängigkeit und Souveränität, der Nichteinmischung in die inneren Angelegenheiten des anderen. Das sind wichtige Prinzipien. Doch damit ist das Wesen der Beziehungen zwischen den sozialistischen Ländern noch nicht erschöpft. Unabdingbarer Bestandteil ihrer Beziehungen ist die brüderliche gegenseitige Hilfe. In dieser gegenseitigen Hilfe kommt das Prinzip des sozialistischen Internationalismus wirklich zur Geltung.

Auf der Grundlage voller Gleichberechtigung, gegenseitigen Vorteils und kameradschaftlicher gegenseitiger Hilfe haben die sozialistischen Staaten eine umfassende wirtschaftliche und kulturelle Zusammenarbeit entwickelt. Sie spielt bei der Festigung der wirtschaftlichen und politischen Unabhängigkeit eines jeden der sozialistischen Länder und der gesamten sozialistischen Gemeinschaft überhaupt eine große Rolle. Die sozialistischen Staaten werden ihre wirtschaftliche und kulturelle Zusammenarbeit auch künftig erweitern und vervollkommnen.

Quelle: Der Sowjetkommunismus – Dokumente, hrsg. von Hans-Joachim Lieber/Karl-Heinz Ruffmann, Bd. 1, Köln/Berlin 1963, S. 494f.

III. Festigung des Status quo (1963–1972)

1. Westeuropäische Integration: zwischen Stagnation und Erweiterung

Die im Herbst 1954 mit soviel Enthusiasmus in Angriff genommene *Relance européenne* hatte tatsächlich zur Errichtung zweier neuer Gemeinschaften geführt, der EWG und der Euratom. Bereits bei dem viel umfassenderen Projekt einer großen Freihandelszone kam die *Relance* wieder zum Erlahmen; bei der Notgemeinschaft der EFTA war von ihr nichts mehr zu spüren. Das große Ziel der politischen Einigung Europas war dagegen erneut auf der Strecke geblieben. Es schien nun von seiner Verwirklichung weiter entfernt zu sein als je zuvor. Vielmehr rührten sich zunehmend die bereits totgesagten Kräfte nationalistischer Eigenbrötelei, die in die entgegengesetzte Richtung staatlicher Unabhängigkeit wirkten.

Die Ursache dieser gegenläufigen Entwicklung lag nicht in Europa allein. Sie ist in dem weiteren Rahmen jener weltpolitischen Vorgänge zu suchen, bei denen Europa mindestens ebensosehr Objekt wie handelnde Partei war. Der Zusammenbruch der europäischen Kolonialreiche und, als Folge davon, die Entstehung einer Vielzahl neuer Staaten in Asien und Afrika, die waffentechnische Entwicklung mit der Herausbildung eines »nuklearen Gleichgewichts« zwischen Ost und West und, dadurch wiederum bedingt, ein gewandeltes Verhältnis zwischen den beiden Weltmächten: Dies alles ließ auch die europäischen Probleme in einem neuen Lichte erscheinen. Angesichts einer so veränderten weltpolitischen Konstellation erschien vielen die Einigung Europas weniger dringlich, seine Spaltung weniger unüberwindbar geworden zu sein. Der wirtschaftliche Aufschwung der westeuropäischen Länder gab ihnen ein größeres Gewicht innerhalb der atlantischen Allianz und rief nach einer Überprüfung ihres Verhältnisses zu den Vereinigten Staaten. Treibende Kraft bildete dabei ihr Wunsch nach stärkerer Eigenständigkeit und vermehrtem Mitspracherecht vor allem im Bereich der westlichen Verteidigung, deren Hauptlast Amerika als Führungsmacht während langer Zeit getragen hatte. Zudem hatte das Nachlassen der kommunistischen Bedrohung der Forderung nach einem raschen Zusammenschluß Westeuropas jene Dringlichkeit genommen, die ihn bis 1952 und nochmals 1956 vorangetrieben hatte. An die Stelle der direkten militärischen Konfrontation hatte Moskau den gesteigerten wirtschaftlichen Wettbewerb gesetzt und damit den Westen zu neuen Antworten herausgefordert.

Das Zusammentreffen dieser Entwicklungen ließ deshalb manchen Europäer die Integration als eine zu begrenzte Lösung für die umfassenden wirtschafts- und rüstungspolitischen Aufgaben betrachten, während umgekehrt andere gerade in einer stärkeren Berücksichtigung nationaler Interessen und der Lockerung der allzu starren Bündnissysteme eine Antwort für die Zukunft erblickten. Beiden Tendenzen war aber gemeinsam, daß sie, gewollt oder ungewollt, das bisher in Europa Erreichte in Frage stellten und die Fortführung der Integration sehr erschwerten.

Auch im kommunistischen Lager verstärkten sich die Strömungen, die ein ausgeglicheneres Zuordnungsverhältnis zur sowjetischen Vormacht und damit eine Neuordnung der machtpolitischen Struktur innerhalb des Ostblocks anstrebten. Der sowjetisch-chinesische Konflikt, zunächst im Abfall Albaniens vom Sowjetblock symbolisiert, beschleunigte diesen Prozeß und verschaffte den mitteleuropäischen Staaten wenigstens einen gewissen Spielraum in ihren Beziehungen zur Sowjetunion. Wo dieses Stadium erreicht war, mußte sich ebenfalls zeigen, daß die nationalen Interessen dieser Länder nicht notwendig mit jenen Moskaus übereinstimmten, sondern trotz aller offiziell proklamierter Solidarität sehr wohl eigenständige Züge annehmen konnten.

Die fast parallel laufenden Entwicklungen in West- und Osteuropa waren, trotz verschiedener Begründung und Reichweite, ihrer Natur nach zentrifugal. Sie führten ihrer Intention nach zu einer größeren Selbständigkeit der einzelnen Länder und zu einer zunehmenden Komplizierung ihrer bis dahin eindeutigen Hinordnung zu den beiden Weltmächten. Diese suchten, jede auf ihre Weise, mit einer solchen Entwicklung fertigzuwerden: Washington entwickelte und unterstützte den Gedanken der atlantischen Partnerschaft als neue Grundlage der Beziehungen zu Westeuropa. Moskau versuchte, die mittel- und osteuropäischen Staaten wirtschaftlich stärker zu binden und ihren kommunistischen Parteien mehr Rechte bei der Lenkung der blockinternen Zusammenarbeit einzuräumen. Beiden Großmächten war bei ihren Bemühungen nur ein halber Erfolg beschieden gewesen. Das hat seinen Grund wohl vor allem darin, daß die Krise der beiden Allianzsysteme Teil und Symptom eines viel umfassenderen Prozesses war. Er zeigte, über West- und Osteuropa hinausgreifend, den Übergang von der zweigeteilten (bipolaren) Welt zu einer differenzierteren Vielfalt der Staatenwelt an. Darin blieb der Ost-West-Konflikt (und damit die Spaltung Europas) zweifellos noch das wichtigste und schwierigste, aber nicht mehr das einzige weltweite Problem. Die Veränderungen in der westlichen und östlich-kommunistischen Allianz, wie sie im folgenden kurz dargestellt werden, sind darum nunmehr im Rahmen dieser umfassenderen Bewegung, Umgruppierung der Kräfte, ja: Infragestellung bisher gültiger Ordnungssysteme zu sehen und zu verstehen.

1.1. Erweiterung der europäischen Organisationen

Einige europäische Organisationen konnten den Kreis ihrer Mitglieder erweitern und damit das vielfältige Geflecht der Bindungen unter den westeuropäischen Staaten nochmals verdichten.

Nachdem Österreich kurz nach der Unterzeichnung des Staatsvertrags dem Europarat beigetreten war, folgten ihm am 24. Mai 1961 das unabhängig gewordene Zypern als 16., zwei Jahre später, am 6. Mai 1963, die Schweiz als 17. und Malta am 29. April 1965 als 18. Mitglied. Spanien war es zwar gelungen, seine Beziehungen zu den europäischen Organisationen zu verbessern, nicht aber zu einer Mitgliedschaft, sei es im Europarat, der EWG oder EFTA, zu gelangen. Die beiden europäischen Wirtschaftsorganisationen, EWG und EFTA, waren zwar nicht in der Lage, weitere Vollmitglieder aufzunehmen, schlossen aber eine Reihe von Assoziationsabkommen:

die EFTA, wie schon erwähnt, mit Finnland, die EWG 1962 mit Griechenland und 1963 mit der Türkei. Auf die langwierigen Beitrittsverhandlungen zwischen der EWG und Großbritannien wird noch zurückzukommen sein. Auf seiner Sitzung vom 11. Juli 1963 beschloß der EWG-Ministerrat, das neue Assoziationsabkommen zwischen der EWG und achtzehn afrikanischen Staaten und Madagaskar zu unterzeichnen. Dieser Vertrag sieht eine weitgehende wirtschaftliche Zusammenarbeit zwischen der EWG und den 19 afrikanischen Staaten vor. Die EWG gewährte ihnen vor allem eine Finanzhilfe im Werte von 730 Millionen Dollar. Damit drang erstmals eine europäische Organisation über die engeren Grenzen Europas hinaus in die außereuropäische Welt, was unverkennbar den Übergang zu der sich wandelnden Staatenwelt anzeigt. Dieser Schritt der EWG sollte, nach den Worten ihres Kommissions-Präsidenten, Prof. Hallstein, als Beweis der »Solidarität zwischen entwickelten Industrienationen und den Entwicklungsländern« dienen, eine Solidarität, die »in unserer Welt nicht – wie es früher einmal war – der Ausdruck des Zusammengehörigkeitsgefühls nur verwandter eng benachbarter Nationen« mehr sein kann.

Der Initiative der EWG-Kommission war es zu verdanken, daß am 8. April 1965 der Vertrag zur Einsetzung eines gemeinsamen Rates und einer gemeinsamen Kommission der Europäischen Gemeinschaften (Fusions-Vertrag) unterzeichnet werden konnte (vgl. Erklärung hierzu [D 50]). Damit wurden neben den bereits für alle drei Europäischen Gemeinschaften (Montanunion, EWG, Euratom) gemeinsamen Gerichtshof und das Parlament nun auch die übrigen Organe vereinigt.

1.2. Die Entwicklung der EWG

Das Scheitern des Projekts der Großen Freihandelszone brachte glücklicherweise die bereits angelaufene Wirtschaftsintegration in den Europäischen Gemeinschaften selbst nicht völlig zum Stillstand. Sie wirkte sich aber lediglich »nach innen« aus und vermochte die Spaltung zwischen EFTA- und EWG-Staaten nicht zu überwinden.

Zwei Konferenzen der Regierungschefs der sechs EWG-Länder blieben ohne jeden sichtbaren Erfolg: weder wurden das damals ausgiebig diskutierte Projekt einer Europäischen Universität in Florenz noch die seit langem geforderte Politische Union der sechs EWG-Staaten der Verwirklichung nähergebracht. Das Ziel dieser Union sollte nach den Worten des von der Bonner Konferenz eingesetzten Ausschusses (unter Leitung des Franzosen Christian Fouchet) sein, »die Politik der Mitgliedstaaten auf den Gebieten von gemeinsamem Interesse (Außenpolitik, Wirtschaft, Kultur und Verteidigung) anzunähern, zu koordinieren und zu vereinheitlichen« (So hieß es im vom Fouchet-Ausschuß am 15. März 1962 angenommenen Entwurf). Die Zeit für eine solche Politische Union war aber noch nicht reif. Zumal Frankreich unter de Gaulle verwässerte oder verzögerte manches in diese Richtung zielende Vorhaben. Aus der Europäischen Universität wurde ein Hochschulinstitut; die Politische Union wartet bis heute noch auf ihre Verwirklichung. Frankreich – und hinter seinem Rücken wohl auch andere EG-Länder – wandte sich hartnäckig gegen jede Art politischer Integration, die einen Souveränitätsverzicht gefordert hätte. Es tat dies um so beharrlicher, je länger sich die von ihm gewünschte Reorganisation des westlichen

Allianzsystems hinauszog. Immer deutlicher zeigte sich hier, daß die europäische Integration kein isolierter, in sich geschlossener Vorgang war, sondern in seiner weiteren Entwicklung untrennbar mit den viel umfassenderen Problemen der nuklearen Rüstungspolitik, der Gestaltung der atlantischen Partnerschaft, vor allem des künftigen Verhältnisses zu den Vereinigten Staaten, und der Haltung gegenüber der kommunistischen Welt zusammenhing.

Am 24. Oktober 1962 veröffentlichte die EWG-Kommission ein »Memorandum über das Aktionsprogramm der Gemeinschaft für die zweite Stufe« (der insgesamt drei für die volle Wirtschaftsunion vorgesehenen Stufen; vgl. D 40, EWG-Vertrag Art. 8). In dem vielbeachteten Memorandum entwickelte die Kommission ihre Vorstellungen über die Methoden und den Inhalt der EWG-Wirtschaftspolitik für die seit dem Januar 1962 laufende zweite Integrationsperiode. Nach ungewöhnlich zähen Verhandlungen über die gemeinsame Agrarpolitik hatte nämlich am 14. Januar 1962 der Ministerrat den Übergang zur zweiten Etappe (rückwirkend vom 1. Januar) beschlossen. Damit war, wie sich Kommissionspräsident Hallstein ausdrückte, »der entscheidende Übergang der Gemeinschaft aus dem Stadium der Beseitigung von Handelshemmungen in das Stadium echter, konstruktiver gemeinsamer Politik vollzogen worden«. Das nun im Oktober 1962 veröffentlichte Grundsatzprogramm betraf alle entscheidenden Gebiete der der EWG zugewiesenen Wirtschaftspolitik. Seine Erörterung war um so lebhafter, als es, im Unterschied zu dem von vornherein festgelegten und voraussehbaren Automatismus der Zollsenkungen, die eigentliche Wirtschaftspolitik der Sechsergemeinschaft berührte.

Die wahre Prüfung stand der EWG erst noch bevor. Ihren äußeren Anlaß bildeten die wachsenden Meinungsverschiedenheiten über die Durchführung der gemeinsamen Agrarpolitik der EWG-Länder, wie sie am 14. Januar 1962 beschlossen worden war. Ursache der Krise war aber wohl der Widerstand de Gaulles gegen die dahinterstehende supranationale Konzeption der europäischen Föderalisten. Die von der EWG-Kommission am 31. März 1965 unterbreiteten Vorschläge zur Finanzierung der Agrarpolitik sahen nämlich vor, die Gemeinschaft künftig nicht mehr durch Beiträge der Mitgliedstaaten, sondern durch eigene (aus Agrarabschöpfungen und Zöllen stammende) Einnahmen zu finanzieren. Diese weitreichende Stärkung der Gemeinschaft und ihre damit erworbene wirtschaftspolitische Unabhängigkeit sollte durch eine Erweiterung der Haushaltsrechte des Europäischen Parlaments kompensiert, d. h. kontrolliert werden. Eine solch weitgehende Verselbständigung der Kommission, gekoppelt mit dem bevorstehenden Übergang zum Mehrheitsprinzip in den Ratsbeschlüssen, war als bedeutsame Etappe auf dem Wege zur echten Integration gedacht. Es sollte mit anderen Worten den sechs Mitgliedern der EWG die Entscheidung abgefordert werden, ob sie eine Stärkung der politischen Stellung der Gemeinschaftsorgane gegenüber den Einzelstaaten wollten oder nicht.

Das Frankreich de Gaulles nahm diese Herausforderung an. In den nächtlichen Verhandlungen des Ministerrates vom 30. Juni auf den 1. Juli 1965 machte es seinen Partnern unzweideutig klar, daß es nicht bereit sei, der EWG Aufgaben zuzugestehen, die über die eines rein wirtschaftlichen Zweckverbandes hinausgingen. Der Leitgedanke, der alle europäischen Föderationspläne der Nachkriegszeit bestimmt und die EWG zu so weit ausstrahlendem Erfolg geführt hatte – nämlich die Übertragung von politischen Entscheidungsbefugnissen auf ein gemeinsames, übernationales Organ –, erlitt damit abermals eine bestürzende Niederlage. Für ein halbes Jahr lähmte sie die EWG, in der Frankreich bis zum Kompromiß von Luxemburg vom 29. Januar 1966 abwesend blieb. Die in Luxemburg getroffenen Vereinbarungen betreffen, in lapidarer Kürze, die entscheidenden Fragen der Mehrheitsbeschlüsse und der künftigen Zusammenarbeit zwischen EWG-Kommission und Ministerrat. Wenn die Krise auch überwunden werden konnte, so überlebte ein Mißtrauen, das nur neue und gemeinsam erreichte Erfolge in der EWG allmählich abtragen konnten. Sie machten es nun um so wichtiger, stets von neuem ein für alle annehmbares Gleichgewicht zwischen den Interessen der Gemeinschaft und jenen der Mitgliedstaaten zu finden. Das »Programm für Europa«, das das Mitglied der Kommission Hans von der Groeben 1969 veröffentlichte [D 51], legte die Richtlinien fest, die für die weitere Entwicklung und Festigung der Gemeinschaft wegweisend sein sollten.

1.3. Der deutsch-französische Vertrag

Es war ein geschickter Zug de Gaulles, sich durch den bereits ausgearbeiteten Vertrag mit der Bundesrepublik einen Rückhalt für sein Veto gegen Großbritannien (und indirekt gegen die Vereinigten Staaten) zu schaffen. Dieser Vertrag [D 52], als Akt der für die Einheit Europas so überragenden deutsch-französischen Versöhnung gefeiert, ging auf die Gespräche zwischen Bundeskanzler Adenauer und Präsident de Gaulle in Rambouillet Ende Juli 1960 zurück. Er wurde in den folgenden Jahren weiterentwickelt und schließlich am 22. Januar 1963 in Paris feierlich unterzeichnet, nur eine Woche nach der gegen den britischen EWG-Beitritt gerichteten Pressekonferenz de Gaulles. Das Abkommen sieht gegenseitige Konsultationen »in allen wichtigen Fragen der Außenpolitik«, eine engere Zusammenarbeit auf dem Gebiete der Verteidigung und die Förderung der kulturellen und wissenschaftlichen Kontakte (Sprachunterricht, Gleichwertigkeit der Diplome, Gruppenaustausch von Jugendlichen) vor. Dieses Zeugnis der Verständigung zwischen den beiden großen Ländern mochte noch so begrüßenswert sein, unter dem Gesichtspunkt einer möglichst umfassenden europäischen Zusammenarbeit blieb sein Wert umstritten. Eine größere Einheit hätte einen solchen zweiseitigen Vertrag eigentlich überflüssig machen müssen; jetzt aber erhielt er den Anflug einer etwas hochmütigen Ausschließlichkeit, die bei den anderen Ländern leicht als »Sonderbündelei« mißverstanden werden konnte.

D 50: Die Fusion der Europäischen Gemeinschaften. Mitteilung über den Abschluß des Vertrags zur Fusion der Gemeinschaftsorgane vom 8. April 1965 (Auszug)

Die Vertreter der Regierungen der Mitgliedstaaten der Europäischen Gemeinschaften sind am Donnerstag, dem 8. April 1965, in Brüssel zusammengetreten ...

Die Vertreter der Regierungen der Mitgliedstaaten haben folgende Texte festgelegt und unterzeichnet: den Vertrag zur Einsetzung eines gemeinsamen Rates und einer gemeinsamen Kommission der Europäischen Gemeinschaften und im Anhang dazu das Protokoll über die Vorrechte und Befreiungen der Europäischen Gemeinschaften; die Schlußakte der Konferenz.

Mit dieser Unterzeichnung, dem Abschluß langwieriger Verhandlungen, die mit Beharrlichkeit und in dem Willen geführt wurden, für heikle und vielschichtige Probleme die geeignetsten Lösungen zu finden, werden alle Organe zu gemeinsamen Organen der Europäischen Gemeinschaften. Durch das Abkommen über gemeinsame Organe für die Europäischen Gemeinschaften, das zugleich mit den Rom-Verträgen unterzeichnet und ratifiziert wurde, waren nämlich bereits ein gemeinsamer Gerichtshof und eine gemeinsame Versammlung für die drei Europäischen Gemeinschaften geschaffen worden.

Durch die nach diesem Vertrag erfolgende Fusion wird zunächst in die Handhabung der Verträge und in die Tätigkeit der Gemeinschaften ein logisch-rationelles Element aufgenommen, das in seiner Bedeutung nicht unterschätzt werden darf. Sie findet ihren Niederschlag in der Regel in einer Einsparung von Kräften und Mitteln ...

Im übrigen werden mit der Bildung eines gemeinsamen Rates und einer gemeinsamen Kommission Zuständigkeiten, die vorher auf die Organe der drei Gemeinschaften verteilt waren, auf gemeinsame Organe konzentriert. Man darf also hoffen, daß das Bestehen gemeinsamer Organe für die drei Gemeinschaften sich sowohl für das schöpferische Denken wie für die Verwaltungsarbeit günstig auswirken wird.

Die Schaffung eines gemeinsamen Rates und einer gemeinsamen Kommission der Gemeinschaften hat außerdem Folgen, die weit über den technischen Rahmen hinausgehen. Zunächst bringt die Fusion der Organe die Beständigkeit der Lebenskraft und der Dynamik der Gemeinschaften zum Ausdruck. Aber mehr noch: Einer der positivsten Aspekte des heute unterzeichneten Vertrags war die Zusammenfassung der verstreuten Entscheidungsbefugnisse und Zuständigkeiten der bestehenden Organe der drei europäischen Gemeinschaften gewissermaßen in der Hand von Organen, die sich nicht der Schwungkraft entziehen können, welche die Europäische Wirtschaftsgemeinschaft seit ihrer Gründung bewiesen hat, und zwar vielleicht gerade deshalb, weil sie die Gemeinschaft mit den allgemeinsten und damit am höchsten gesteckten Zielen war. Im übrigen kann die Konzentration der Befugnisse auf einen gemeinsamen Rat und eine gemeinsame Kommission auf jeden Fall diese beiden Organe nur stärken und aufwerten und damit eine beschleunigte Verwirklichung der Ziele der drei europäischen Verträge und ganz allgemein der europäischen Union ermöglichen.

Die Fusion bringt keine Änderung der in den Verträgen von Paris und Rom für die einzelnen Organe getroffenen Zuständigkeits- und Befugnisregelung mit sich. Der gemeinsame Rat und die gemeinsame Kommission werden nämlich die Befugnisse und Zuständigkeiten der drei Räte einerseits und der beiden Kommissionen sowie der Hohen Behörde andererseits unter den gleichen Bedingungen ausüben, die in den drei europäischen Verträgen festgelegt sind ...

Der neue Vertrag regelt im wesentlichen drei Fragen: die Einsetzung des gemeinsamen Rates und der gemeinsamen Kommission sowie einer gemeinsamen Verwaltung der Gemeinschaften und die Bildung eines gemeinsamen Verwaltungshaushalts.

Die Regeln für die Zusammensetzung und das Funktionieren des gemeinsamen Rates und der gemeinsamen Kommission lehnen sich an die derzeitige Regelung für die von den Verträgen von Rom eingesetzten Räte und Kommissionen an, die sich als bestens geeignet erwiesen hat.

Bei den Bedingungen für die Beschlußfassung des gemeinsamen Rates wurde die Harmonisierung im wesentlichen auf die Akte zur Organisation und über das Funktionieren aller Organe der Gemeinschaften beschränkt. Eine allgemeine Harmonisierung dieser Bestimmungen würde nämlich unter die eigentliche Fusion der Gemeinschaften fallen.

Der neue Vertrag bestätigt das Weiterbestehen des Ausschusses der Ständigen Vertreter, dessen Zuständigkeit auf die Angelegenheiten der EGKS ausgedehnt wird.

Die gemeinsame Kommission wird aus neun Mitgliedern bestehen. Angesichts der mit der allgemeinen Umgestaltung ihrer Dienststellen verbundenen Schwierigkeiten und umfangreichen Aufgaben wird sie jedoch bis zum Zeitpunkt des Inkrafttretens des Vertrages zur Gründung einer einzigen europäischen Gemeinschaft, längstens jedoch für drei Jahre ab Inkrafttreten des am heutigen Tage unterzeichneten Vertrags, aus 14 Mitgliedern bestehen ...

Die Schlußakte enthält zwei Erklärungen; in der einen beauftragen die Regierungen die gemeinsame Kommission, im Rahmen ihrer Befugnisse alle Maßnahmen zu treffen, um die Rationalisierung ihrer Dienststellen binnen einer Frist, die ein Jahr nicht überschreiten darf, durchzuführen; außerdem wird die Kommission gebeten, dem Rat über den Stand der Neuordnung der Dienststellen regelmäßig Bericht zu erstatten. In der zweiten Erklärung, einer Erklärung der Bundesrepublik Deutschland, behält sich die deutsche Bundesregierung vor, bei der Hinterlegung ihrer Ratifizierungsurkunde zu erklären, daß der Vertrag zur Einsetzung eines gemeinsamen Rates und einer gemeinsamen Kommission der Europäischen Gemeinschaften sowie der Vertrag über die Gründung der EGKS – bei dem diese Möglichkeit seinerzeit nicht vorgesehen worden war – auch für das Land Berlin gelten.

Die am heutigen Tage unterzeichneten Texte treten in Kraft, sobald alle Mitgliedstaaten sie gemäß ihren verfassungsrechtlichen Vorschriften ratifiziert haben.

Quelle: Europa-Archiv, 1965, D 303–306.

D 51: »Programm für Europa«, von dem Mitglied der Kommission der Europäischen Gemeinschaften Hans von der Groeben am 23. Juni 1969 veröffentlicht (Auszug)

III. Die Durchführung

A. Sofortmaßnahmen zur Stärkung der bestehenden europäischen Gemeinschaften
Aufnahme von Beitrittsverhandlungen mit England und den anderen europäischen Staaten, die entsprechende Anträge gestellt haben;
Erneuerung des Assoziierungsabkommens mit den afrikanischen Staaten;
Einigung über die Grundzüge einer gemeinsamen Handelspolitik;
Verbesserung der wirtschafts- und währungspolitischen Zusammenarbeit der Mitgliedstaaten (Barre-Plan);
Annahme eines neuen Forschungsprogramms für Euratom;
Neuorientierung und Intensivierung der Tätigkeit des Europäischen Sozialfonds;
Einigung über die Neuregelung der Agrarfinanzierung, die Schaffung gemeinschaftseigener Einnahmen und die Verstärkung der haushaltsrechtlichen Befugnisse des Europäischen Parlaments.

B. Abschluß eines Rahmenvertrags, durch den eine umfassende politische Gemeinschaft der europäischen Völker begründet wird.

Die konkrete Ausfüllung dieses Rahmens und insbesondere die Übertragung der zur Wahrnehmung der Gemeinschaftsaufgaben jeweils erforderlichen Befugnisse auf die Institutionen der Gemeinschaft kann progressiv in der Zeit erfolgen durch den Abschluß von Zusatzverträgen. Die Europäische Gemeinschaft wird auf diese Weise eine kontinuierliche Schöpfung sein. Der Rahmenvertrag müßte insbesondere folgendes enthalten:
die rechtliche Verankerung der unter I und II genannten Ziele und Grundlagen,
die Festlegung der Aufgabenbereiche der Gemeinschaft (Außenbeziehungen, Verteidigung, wirtschaftliche und kulturelle Angelegenheiten),
die Begründung der ständigen Institutionen der Gemeinschaft:

Der Rat würde wie bisher aus Vertretern der Regierungen der Mitgliedstaaten bestehen. Er könnte sowohl auf dem Niveau der Regierungschefs wie auch auf dem der Fachminister tagen. Seine Arbeitsweise muß mehr der eines Kabinetts als einer Regierungskonferenz entsprechen.

Das Europäische Parlament könnte in einer ersten Phase zur Hälfte aus Abgeordneten bestehen, die aus direkten Wahlen hervorgegangen sind, und zur Hälfte aus Abgeordneten, die von den nationalen Parlamenten delegiert werden. In einer zweiten Phase würde die Gesamtheit der Abgeordneten direkt gewählt werden.

Die Mitglieder der Europäischen Kommission würden von den Regierungen ernannt. Die Kommission bedürfte jedoch vor ihrem Amtsantritt eines Vertrauensvotums des Parlaments und könnte jederzeit durch ein Mißtrauensvotum gestürzt werden.

Die Mitglieder des Europäischen Gerichtshofes würden ebenfalls von den Regierungen ernannt.

Die Befugnisse der ständigen Institutionen der Gemeinschaft wären in den Zusatzverträgen näher zu bestimmen. Langfristiges Ziel der Gemeinschaft sollte die

Schaffung einer einheitlichen, vom Parlament kontrollierten Exekutive sein. Während einer Übergangszeit würden jedoch die Exekutivbefugnisse – wie im EWG-Vertrag – zum Teil vom Rat und zum Teil von der Kommission wahrgenommen. Die Gesetzesinitiative, die laufende Verwaltung der Gemeinschaft und die Verhandlungsführung bei internationalen Verhandlungen im Namen der Gemeinschaft wären Sache der Kommission. Der Erlaß von Verordnungen, die Beschlußfassung über Fragen von grundsätzlicher politischer Bedeutung sowie die Ausarbeitung von Richtlinien für internationale Wirtschaftsverhandlungen wären Sache des Rates, wobei die Mitwirkung des Parlaments entsprechend den Fortschritten der Integration verstärkt werden sollte. Besondere Regeln müßten während einer Übergangszeit für den Bereich der Außenpolitik gelten.

Das Europäische Parlament sollte das Recht haben, über alle Angelegenheiten der Gemeinschaft zu debattieren, Empfehlungen an den Rat zu richten und Untersuchungsausschüsse mit weitgehenden Anhörungsrechten einzusetzen. Internationale Abkommen, die im Namen der Gemeinschaft geschlossen werden, gesetzgeberische Maßnahmen von grundsätzlicher Bedeutung sowie der Haushalt der Gemeinschaft sollten außer der Beschlußfassung durch den Rat auch der Billigung durch das Europäische Parlament bedürfen oder dessen Veto unterliegen. Für bestimmte Fälle, so für den Abschluß von Zusatzverträgen, die wichtige Etappen in der Weiterentwicklung der Gemeinschaft darstellen, könnte die Möglichkeit vorgesehen werden, die demokratische Legitimation durch ein Referendum in allen Mitgliedstaaten der Gemeinschaft zu erhalten.

Der Europäische Gerichtshof müßte die ausschließliche Zuständigkeit für alle Streitigkeiten besitzen, welche die Auslegung oder Anwendung des Rahmenvertrages, der Zusatzverträge und der in Ausübung dieser Verträge erlassenen Rechtsakte betreffen. Er sollte ferner bei sonstigen Streitigkeiten zwischen Mitgliedstaaten im gegenseitigen Einvernehmen als Schiedsinstanz angerufen werden können.

C. Ausarbeitung von Zusatzverträgen je nach Fortgang der politischen Zusammenarbeit

Unverzüglich in Arbeit genommen werden sollte die Ausarbeitung der folgenden Verträge:

1. Vertrag zur Verschmelzung der bestehenden Gemeinschaften (EWG, Montanunion, Euratom) und Vollendung der Wirtschafts- und Währungsunion. Hierbei wäre vom EWG-Vertrag auszugehen. Für folgende Sachbereiche sollten jedoch Ziele, Methoden und Zeitpläne festgelegt werden, deren Durchführung Aufgabe der europäischen Institutionen wäre:
für die Verwirklichung einer gemeinsamen Währungs- und Konjunkturpolitik,
für die technologische Zusammenarbeit einschließlich Forschung und Entwicklung auf dem Gebiet der friedlichen Nutzung der Atomenergie,
für die gemeinsame Energiepolitik,
für die Intensivierung und Koordinierung der industriellen und regionalen Strukturpolitik.

2. Vertrag zur Europäisierung und Intensivierung der technischen, wirtschaftlichen und finanziellen Hilfsmaßnahmen zugunsten der Entwicklungsländer. Die Europäische Gemeinschaft sollte 2 vH ihres Sozialprodukts für die Entwicklungshilfe zur Ver-

fügung stellen. Der überwiegende Teil dieser Hilfe sollte multilateral durch einen europäischen Entwicklungsfonds vergeben werden.
3. Vertrag zur Begründung einer engen Zusammenarbeit auf dem Gebiet der Verteidigung und Rüstungswirtschaft.
Zu diesem Zweck insbesondere:
Schaffung einer europäischen Rüstungsbehörde, deren Aufgabe es wäre, gemeinsame Programme zu entwerfen, Doppelarbeit zu vermeiden, vom Rat beschlossene gemeinsame Programme durchzuführen und Vorschläge für die Vereinheitlichung der logistischen Systeme der Mitgliedstaaten auszuarbeiten;
regelmäßige Sitzungen der Verteidigungsminister der Mitgliedstaaten im Rahmen des Rates zur Abstimmung der Haltung in Fragen gemeinsamen Interesses.

D. Außenpolitische Zusammenarbeit
Die Zusammenarbeit der Mitgliedstaaten würde sich im Rahmen der allgemeinen Institutionen der politischen Gemeinschaft (vgl. III. B.) vollziehen. Vordringliches Ziel dieser Zusammenarbeit wäre die Festlegung einer gemeinsamen Haltung betreffend:
die Beziehungen zu Sowjetrußland und den osteuropäischen Staaten,
die Abrüstungsfrage,
die Überwindung der Teilung Deutschlands, die wirtschaftlichen und politischen Beziehungen zur DDR und die Wahrung des freien Zugangs zu West-Berlin,
die Schaffung eines europäischen Sicherheitssystems,
die Beziehungen der Gemeinschaft zu den afrikanischen Staaten und insbesondere die Ausdehnung der Assoziierung der französisch sprechenden afrikanischen Staaten mit der EWG auf alle interessierten afrikanischen Staaten,
die Verhandlungen in internationalen Organisationen.

Zu diesem Zweck sollten regelmäßige Zusammenkünfte der Außenminister im Rahmen des Rates stattfinden. Die Zusammenkünfte der Minister könnten durch einen Ausschuß der zuständigen Botschafter der Mitgliedstaaten vorbereitet werden, der unter dem Vorsitz eines Generalsekretärs der Gemeinschaften für außenpolitische Fragen tagen würde. Beschlüsse der Außenminister würden in einer ersten Phase durch den Ratspräsidenten mit Unterstützung des Generalsekretärs sowie gegebenenfalls der noch zu schaffenden gemeinsamen oder aber der bestehenden nationalen diplomatischen Missionen durchgeführt.

Quelle: Europa-Archiv, 1969, D 412ff.

D 52: Der deutsch-französische Vertrag vom 22. Januar 1963

I. Organisation

1. Die Staats- und Regierungschefs geben nach Bedarf die erforderlichen Weisungen und verfolgen laufend die Ausführung des im folgenden festgelegten Programms. Sie treten zu diesem Zweck zusammen, so oft es erforderlich ist, und grundsätzlich mindestens zweimal jährlich.

2. Die Außenminister tragen für die Ausführung des Programms in seiner Gesamtheit Sorge. Sie treten mindestens alle drei Monate zusammen. Unbeschadet der normalen Kontakte über die Botschaften treten diejenigen leitenden Beamten der beiden Außenministerien, denen die politischen, wirtschaftlichen und kulturellen Angelegenheiten obliegen, allmonatlich abwechselnd in Paris und Bonn zusammen, um den Stand der vorliegenden Fragen festzustellen und die Zusammenkunft der Minister vorzubereiten. Ferner nehmen die diplomatischen Vertretungen und die Konsulate der beiden Staaten sowie ihre ständigen Vertretungen bei den internationalen Organisationen die notwendige Verbindung in den Fragen gemeinsamen Interesses auf.
3. Zwischen den zuständigen Behörden beider Staaten finden regelmäßige Zusammenkünfte auf den Gebieten der Verteidigung, der Erziehung und der Jugendfragen statt. Sie beeinträchtigen in keiner Weise die Tätigkeit der bereits bestehenden Organe – französisch-deutsche Kulturkommission, ständige Gruppen der Generalstäbe –, deren Tätigkeit vielmehr erweitert wird. Die Außenminister sind bei diesen Zusammenkünften vertreten, um die Gesamtkoordinierung der Zusammenarbeit zu gewährleisten.
a) Der Armee- und der Verteidigungsminister treten wenigstens einmal alle drei Monate zusammen. Ferner trifft sich der französische Erziehungsminister in den gleichen Zeitabständen mit derjenigen Persönlichkeit, die auf deutscher Seite benannt wird, um die Ausführung des Programms der Zusammenarbeit auf kulturellem Gebiet zu verfolgen.
b) Die Generalstabschefs beider Staaten treten wenigstens einmal alle zwei Monate zusammen; im Verhinderungsfalle werden sie durch ihre verantwortlichen Vertreter ersetzt.
c) Der französische Hohe Kommissar für Jugend und Sport trifft sich wenigstens einmal alle zwei Monate mit dem Bundesminister für Familien- und Jugendfragen oder seinem Vertreter.
4. In jedem der beiden Staaten wird eine interministerielle Kommission beauftragt, die Fragen der Zusammenarbeit zu verfolgen. In dieser Kommission, der Vertreter aller beteiligten Ministerien angehören, führt ein hoher Beamter des Außenministeriums den Vorsitz. Ihre Aufgabe besteht darin, das Vorgehen der beteiligten Ministerien zu koordinieren und in regelmäßigen Abständen ihrer Regierung einen Bericht über den Stand der französisch-deutschen Zusammenarbeit zu erstatten. Die Kommission hat ferner die Aufgabe, zweckmäßige Anregungen für die Ausführung des Programms der Zusammenarbeit und dessen etwaige Ausdehnung auf neue Gebiete zu geben.

II. Programm

A. Auswärtige Angelegenheiten

1. Die beiden Regierungen konsultieren sich vor jeder Entscheidung in allen wichtigen Fragen der Außenpolitik und in erster Linie in den Fragen von gemeinsamem Interesse, um so weit wie möglich zu einer gleichgerichteten Haltung zu gelangen. Diese Konsultation betrifft unter anderem folgende Gegenstände:
- Fragen der Europäischen Gemeinschaften und der europäischen politischen Zusammenarbeit;
- Ost-West-Beziehungen sowohl im politischen als auch im wirtschaftlichen Bereich;

– Angelegenheiten, die in der Nordatlantikvertragsorganisation und in den verschiedenen internationalen Organisationen behandelt werden und an denen die beiden Regierungen interessiert sind, insbesondere im Europarat, in der Westeuropäischen Union, in der Organisation für Wirtschaftliche Zusammenarbeit und Entwicklung, in den Vereinten Nationen und ihren Sonderorganisationen.

2. Die auf dem Gebiet des Informationswesens bereits bestehende Zusammenarbeit wird zwischen den beteiligten Dienststellen in Paris und in Bonn und zwischen den Vertretungen in Drittstaaten fortgeführt und ausgebaut.

3. Hinsichtlich der Entwicklungshilfe stellen die beiden Regierungen ihre Programme einander systematisch gegenüber, um dauernd eine enge Koordinierung durchzuführen. Sie prüfen die Möglichkeit, Vorhaben gemeinsam in Angriff zu nehmen. Da sowohl auf französischer als auch auf deutscher Seite mehrere Ministerien für diese Angelegenheit zuständig sind, wird es Sache der beiden Außenministerien sein, die praktischen Grundlagen dieser Zusammenarbeit gemeinsam festzulegen.

4. Die beiden Regierungen prüfen gemeinsam die Mittel und Wege dazu, ihre Zusammenarbeit im Rahmen des Gemeinsamen Marktes, in anderen wichtigen Bereichen der Wirtschaftspolitik, z. B. der Land- und Forstwirtschaftspolitik, der Energiepolitik, der Verkehrs- und Transportfragen, der industriellen Entwicklung ebenso wie der Ausfuhrkreditpolitik zu verstärken.

B. Verteidigung

Auf diesem Gebiet werden nachstehende Ziele verfolgt:

1. Auf dem Gebiet der Strategie und der Taktik bemühen sich die zuständigen Stellen beider Länder, ihre Auffassungen einander anzunähern, um zu gemeinsamen Konzeptionen zu gelangen. Es werden französisch-deutsche Institute für operative Forschung errichtet.

2. Der Personalaustausch zwischen den Streitkräften wird verstärkt; er betrifft insbesondere die Lehrkräfte und Schüler der Generalstabsschulen; der Austausch kann sich auf die zeitweilige Abordnung ganzer Einheiten erstrecken. Zur Erleichterung dieses Austausches werden beide Seiten um den praktischen Sprachunterricht für das in Betracht kommende Personal bemüht sein.

3. Auf dem Gebiet der Rüstung bemühen sich die beiden Regierungen, eine Gemeinschaftsarbeit vom Stadium der Ausarbeitung geeigneter Rüstungsvorhaben und der Vorbereitung der Finanzierungspläne an zu organisieren.

Zu diesem Zweck untersuchen gemischte Kommissionen die von beiden Ländern hierfür betriebenen Forschungsvorhaben und nehmen eine vergleichende Prüfung vor. Sie unterbreiten den Ministern Vorschläge, die diese bei ihren dreimonatlichen Zusammenkünften prüfen und zu deren Ausführung sie die notwendigen Richtlinien geben.

Die Regierungen prüfen die Voraussetzungen, unter denen eine französisch-deutsche Zusammenarbeit auf dem Gebiet des zivilen Bevölkerungsschutzes hergestellt werden kann.

C. Erziehungs- und Jugendfragen

Auf dem Gebiet des Erziehungswesens und der Jugendfragen werden die Vorschläge, die in den französischen und deutschen Memoranden vom 19. September und 8. November 1962 enthalten sind, nach dem oben erwähnten Verfahren einer Prüfung unterzogen.

1. Auf dem Gebiet des Erziehungswesens richten sich die Bemühungen hauptsächlich auf folgende Punkte:

a) Sprachunterricht

Die beiden Regierungen erkennen die wesentliche Bedeutung an, die der Kenntnis der Sprache des anderen in jedem der beiden Länder für die französisch-deutsche Zusammenarbeit zukommt. Zu diesem Zweck werden sie sich bemühen, konkrete Maßnahmen zu ergreifen, um die Zahl der französischen Schüler, die Deutsch lernen, und die der deutschen Schüler, die Französisch lernen, zu erhöhen. Die Bundesregierung wird in Verbindung mit den Länderregierungen, die hierfür zuständig sind, prüfen, wie es möglich ist, eine Regelung einzuführen, die es gestattet, dieses Ziel zu erreichen. Es erscheint angebracht, an allen Hochschulen in Frankreich einen für alle Studierenden zugänglichen praktischen Unterricht in der deutschen Sprache und in Deutschland einen solchen in der französischen Sprache einzurichten.

b) Frage der Gleichwertigkeit der Diplome.

Die zuständigen Behörden beider Staaten sollen gebeten werden, beschleunigte Bestimmungen über die Gleichwertigkeit der Schulzeiten, der Prüfungen, der Hochschultitel und -diplome zu erlassen.

c) Zusammenarbeit auf dem Gebiet der wissenschaftlichen Forschung

Die Forschungsstellen und die wissenschaftlichen Institute bauen ihre Verbindungen untereinander aus, wobei sie mit einer gründlicheren gegenseitigen Unterrichtung beginnen; vereinbarte Forschungsprogramme werden in den Disziplinen aufgestellt, in denen sich dies als möglich erweist.

2. Der französischen und deutschen Jugend sollen alle Möglichkeiten geboten werden, um die Bande, die zwischen ihnen bestehen, enger zu gestalten, und ihr Verständnis füreinander zu vertiefen. Insbesondere wird der Gruppenaustausch weiter ausgebaut. Es wird ein Austausch- und Förderungswerk der beiden Länder errichtet, an dessen Spitze ein unabhängiges Kuratorium steht. Diesem Werk wird ein französisch-deutscher Gemeinschaftsfonds zur Verfügung gestellt, der der Begegnung und dem Austausch von Schülern, Studenten, jungen Handwerkern und jungen Arbeitern zwischen beiden Ländern dient.

III. Schlußbestimmungen

1. In beiden Ländern werden die erforderlichen Anordnungen zur unverzüglichen Verwirklichung des Vorstehenden getroffen. Die Außenminister stellen bei jeder ihrer Zusammenkünfte fest, welche Fortschritte erzielt worden sind.

2. Die beiden Regierungen werden die Regierungen der übrigen Mitgliedstaaten der Europäischen Gemeinschaften über die Entwicklung der französisch-deutschen Zusammenarbeit laufend unterrichtet halten.

3. Dieser Vertrag gilt mit Ausnahme der die Verteidigung betreffenden Bestimmungen auch für das Land Berlin, sofern nicht die Regierung der Bundesrepublik Deutschland gegenüber der Regierung der Französischen Republik innerhalb von drei Monaten nach Inkrafttreten des Vertrages eine gegenteilige Erklärung abgibt.

4. Die beiden Regierungen können die Anpassungen vornehmen, die sich zur Ausführung dieses Vertrages als wünschenswert erweisen.

5. Dieser Vertrag tritt in Kraft, sobald jeder der beiden Vertragschließenden dem

anderen mitgeteilt hat, daß die dazu erforderlichen innerstaatlichen Voraussetzungen erfüllt sind.

Quelle: Europa-Archiv, 1963, D 84–86.

2. Atlantische Partnerschaft und neuer Ost-West-Dialog

2.1. Von amerikanischer Dominanz zur transatlantischen Partnerschaft

Der Amtsantritt des neuen amerikanischen Präsidenten, John F. Kennedy, am 20. Januar 1961 leitete eine Entwicklung in sichtbare Bahnen, deren Anfänge erheblich weiter zurückgehen. Die wirtschaftliche Gesundung Westeuropas und die tiefgreifenden Wandlungen in Rüstungstechnik und -politik drängten gemeinsam auf eine bessere Gewichtsverteilung innerhalb des atlantischen Bündnisses, ja in den Beziehungen zwischen den beiden Kontinenten Europa und Nordamerika überhaupt. Mit dem Beitritt der Vereinigten Staaten und Kanadas zur erweiterten OECD im Jahre 1961 (s. S. 156ff.) war bereits ein erster Schritt in diese Richtung getan. Wichtiger aber noch war für die neue Administration in Washington die Ausarbeitung einer der rüstungspolitischen Entwicklung angepaßten gemeinsamen Verteidigungskonzeption und einer Neuordnung der Beziehungen zu den europäischen Wirtschaftsorganisationen EWG und EFTA.

Im Rahmen einer nuklearen und wirtschaftlichen Partnerschaft, die Europa zum gleichberechtigten Teilhaber machte, sollte diese besser ausgewogene Verteilung von gegenseitigen Rechten und Pflichten verwirklicht werden. Fortan hatten also innerhalb der NATO die beiden Pfeiler – Amerika und Europa – die gleiche Verantwortung zu tragen. Das blieb allerdings solange kaum mehr als ein Wunsch oder eine Zielvorstellung, als die Vereinigten Staaten die einzige westliche Macht mit einem strategisch glaubwürdigen Arsenal nuklearer Waffen und die westeuropäischen Verbündeten politisch getrennt und damit zu einer einheitlichen Verteidigungspolitik unfähig blieben. Der Versuch, zusammen mit den Vereinigten Staaten zu einer gemeinsamen nuklearen Streitmacht (der *Multilateral Nuclear Force*) zu kommen, scheiterte. Frankreich unter Präsident de Gaulle suchte sich in dem Maß von der strategischen Dominanz der Vereinigten Staaten zu lösen, in dem seine eigene nukleare Streitmacht (die *Force de Frappe*) Gestalt annahm: 1966 trat es mit einem Eklat aus der Militärorganisation der atlantischen Allianz aus [D 53]. Seither verfolgt Frankreich eine weitgehend unabhängige Verteidigungspolitik. Diese lehnt sich nur lose an jene der NATO an, sucht aber auf bilateraler Ebene mit der Bundesrepublik und später auch mit Großbritannien engere Bindungen. Für die NATO bedeutete dieser Austritt einmal den Verlust wichtiger Verbindungen zu Land und in der Luft mit der Südflanke (Italien, Griechenland und der Türkei); zum andern mußten Generalsekretariat und Oberkommando der NATO-Streitkräfte (*Supreme Headquarters Allied Power Europe*, SHAPE) nach Belgien (Brüssel und Mons) verlegt werden.

Die von Kennedy vorgebrachte und von seinen Nachfolgern übernommene Idee einer echten militärpolitischen Partnerschaft fand bei den Europäern ein positives

Echo. In der politischen Wirklichkeit hat sie aber bis heute bestenfalls nur in Teilen konkrete Formen angenommen. Weder die Westeuropäische Union als potentieller Kern für einen engeren militärischen Schulterschluß Westeuropas noch die verschiedenen Bemühungen um eine rationellere und kostengünstigere Zusammenarbeit im Rüstungssektor haben daran Wesentliches zu ändern vermocht. Das gilt für die innerhalb der NATO gebildete informelle *Eurogroup*, die eine bessere Koordination von europäischen Rüstungsvorhaben erleichtern soll, wie für andere ähnliche Gruppierungen (so vor allem die *Independent European Programme Group*, IEPG). Europa hat das Scheitern des ehrgeizigen Planes einer Europäischen Verteidigungsgemeinschaft nie richtig verwunden.

Stärker noch als auf rüstungspolitischem Gebiet konzentrierten sich die Bemühungen Kennedys auf den Ausbau und Ausgleich der wirtschaftspolitischen Beziehungen zu Europa. Das betraf in erster Linie das neu zu bestimmende Verhältnis zur EWG. In zwei grundlegenden Reden am 4. Juli 1962 in Philadelphia und in der hier auszugsweise wiedergegebenen Rede am 25. Juni 1963 in der Frankfurter Paulskirche [D 54], umschrieb der amerikanische Präsident seine Vorstellungen von dieser neuen Partnerschaft. Zum praktischen Kristallisationskern der wirtschaftlichen Partnerschaft sollte die sogenannte Kennedy-Runde werden, die eine allgemeine Senkung der Zölle um 50 % auf beiden Seiten des Atlantiks anstrebte. Die Vorverhandlungen hierzu wurden im Mai 1963 aufgenommen und auf Ministerebene ein Jahr später im Mai 1964 in Genf fortgesetzt. Grundlage hierfür war ein von der amerikanischen Regierung aufgestelltes »Programm zur Ausweitung des Außenhandels«. Die Kennedy-Runde fand am 30. Juni 1967 mit der Unterzeichnung einer Schlußakte durch die Vertreter von 48 von insgesamt 72 Vertragsparteien des Allgemeinen Zoll- und Handelsabkommens (GATT) ihren Abschluß. Faktisch einigte man sich auf eine Senkung des Zollniveaus um etwa 35 %. Die sechs EWG-Staaten verhandelten bei dieser größten Handelskonferenz der Geschichte als Einheit.

Der Gedanke der Partnerschaft fand bei der EWG (vergleiche als Beispiel hierfür die Erklärung des Präsidenten der EWG-Kommission, Professor Hallstein [D 55]) und bei den europäischen Mitgliedern der NATO weitgehende Zustimmung. Für die Europäischen Gemeinschaften bedeutete der Vorschlag zur Partnerschaft eine Anerkennung ihrer Bemühungen und ihres Erfolges. Die Sowjetunion konnte sich dagegen bis in die achtziger Jahre hinein nicht zu einer Anerkennung dieser »Vereinigung kapitalistischer Staaten« durchringen.

So willkommen der sichtbar wachsende Respekt gegenüber der EG war, so ließ sich doch nicht übersehen, daß der ursprüngliche Elan eines Aufbruchs zu neuen Ufern in den sechziger Jahren abflaute. Großbritanniens erster Anlauf zu einer Mitgliedschaft in der EG war 1963 am Veto General de Gaulles gescheitert. Manche Anläufe zu einem Fortschreiten zu weiteren Stufen der wirtschaftlichen und mehrere Ansätze zu einer stärkeren politischen Integration blieben stecken. Es war überwiegend – aber keineswegs ausschließlich – de Gaulles Vision eines Europas der Vaterländer anstelle eines geeinigten Europas, die die Kommission in ihrer Wirksamkeit bremste. Ohne Frankreich aber war an echte Fortschritte in Richtung einer Aufgabe oder Beschränkung nationaler Souveränitätsrechte und erst recht hinsichtlich eines politischen Zusammenschlusses nicht zu denken.

Das hatte nicht nur mit einem – geschichtlich fragwürdig gewordenen – Beharren auf einzelstaatlicher Unabhängigkeit zu tun. Es rührte auch daher, daß der äußere

Druck zugunsten eines solchen Zusammenschlusses spürbar nachgelassen hatte. Die wirtschaftliche Gesundung verlieh den westeuropäischen Ländern hinreichend Selbstvertrauen und Widerstandskraft, um eine kommunistische Machtübernahme im Innern nicht mehr als realistische Bedrohung zu empfinden. Ihr politischer Schulterschluß innerhalb der Allianz, unter dem Dach nuklearer Abschreckung durch die Vereinigten Staaten, machte auch einen Angriff von außen, also durch die Sowjetunion, immer unwahrscheinlicher. Die europäische Einigung, in den vierzigen Jahren als Mittel gegen einen neuen Krieg und in den fünfziger Jahren als Schild im Kalten Krieg empfohlen und vorangetrieben, verlor an Dringlichkeit in dem Maße, in dem man sich vom Weltkrieg entfernte und in dem der Kalte Krieg an Schärfe und Gefährlichkeit abnahm.

Die Zeichen in den sechziger Jahren standen vielmehr auf Dialog – einen Dialog mit der kommunistischen Welt, den man nach Jahren der Sprachlosigkeit erstmals wieder als nicht nur wünschenswert, sondern auch als möglicherweise nutzbringend ansah. Das galt bestimmt für den Bereich der europäischen Sicherheit im allgemeinen, des nuklearen Wettrüstens im besonderen. Es galt in einem sich wandelnden Sinne auch für die deutsche Frage oder eher für eine überaus vorsichtige Annäherung der beiden deutschen Staaten. Wo sich das eine zu dem von der NATO einhellig unterstützten Doppelgespann von »Sicherheit und Dialog«, Verteidigung und Entspannung verdichtete, kam es in der Bundesrepublik zu den ersten tastenden Versuchen einer Ostpolitik. Beide bedingten sich gegenseitig. Beide wiesen die Politik in und über Europa immer stärker in eine neue Richtung: Die Aufmerksamkeit galt jetzt weniger der Integration, hinter der oft das Risiko einer Konfrontation mit der Gegenseite stand. Vielmehr rückte die Entspannung in den Vordergrund. Sie nahm der Integration ihre Dringlichkeit, zugleich aber auch ihre kämpferische Note. Sie sollte – so jetzt die Hoffnung – die verkrampften Fronten hüben und drüben lockern und die Suche nach den verlorenen Gemeinsamkeiten erleichtern helfen.

Es war nur verständlich, daß angesichts eines schier ufer- und offenbar endlosen Wettrüstens die Sorge um mehr Sicherheit an erster Stelle stand: Sicherheit nicht nur und bestimmt nicht mehr ausschließlich aufgrund eigener Rüstungsanstrengungen; Sicherheit vielmehr und wo möglich mit Hilfe von Rüstungsbegrenzungen und -kontrollabkommen. Praktisch hieß dies einen Abbau des gegenseitigen Mißtrauens und einen schrittweisen Aufbau beidseitigen Vertrauens. Das sollte sich als ein langwieriger Prozeß herausstellen. Es gab in seinem Verlauf manche Un- und Rückfälle: Die Kubakrise 1962 war der wohl gefährlichste, das Ersticken des »Prager Frühlings« (s. S. 261 ff.) der tragischste unter ihnen. Aber beide trugen, jeder auf seine Weise, dazu bei, das Interesse am Dialog und an einer Rüstungskontrolle zu beleben und in greifbare Ergebnisse umzuwandeln.

Viele Mitglieder der westlichen Allianz, vor allem General de Gaulle, drängten auf einen solchen Dialog. Sie waren allerdings der Ansicht, daß er nur dann Erfolg haben könne, wenn dies nicht auf Kosten der eigenen Verteidigungsanstrengungen ginge. Sie wollten mit anderen Worten nicht ungeschützt der Sowjetunion gegenübertreten, die ihr Übergewicht an konventionellen Streitkräften nun auch noch durch einen forcierten Aufbau ihres nuklearen Arsenals zu ergänzen im Begriffe war. Diesen scheinbaren Widerspruch von Rüstung einerseits, Entspannung andererseits suchte ein von der NATO im Februar 1967 in Auftrag gegebener Bericht zu überbrücken. Er trug fortan den Namen des Ausschußvorsitzenden, des belgischen

Außenministers Pierre Harmel [D 56]. Im Auf und Ab von Spannung und Entspannung in den folgenden Jahren blieb der Harmel-Bericht die politische Leitlinie der Allianz. Er ist es auch heute noch.

2.2. *Europa und der Dialog der Weltmächte*

Seit seinem Zusammenbruch am Ende des Zweiten Weltkrieges war Europa nicht mehr alleiniger Herr seines politischen Schicksals. Vieles von dem, was sich in und zwischen seinen geteilten Hälften abspielte, war eine Funktion dessen, was die beiden Führungsmächte Amerika und Sowjetunion zuließen oder eben nicht zuließen. Eine Entspannung zwischen Ost und West und erst recht Fortschritte in den sensiblen Bereichen der Rüstung und Abrüstung waren nur denkbar, wenn sich das den Kontinent überdachende Verhältnis zwischen Washington und Moskau verbesserte.

An Ansätzen hatte es nicht gefehlt. Dazu gehörten die bereits erwähnte Gipfelkonferenz der vier Siegermächte in Genf im Sommer 1955 sowie jene vorzeitig abgebrochene in Paris 1960; dazu gehörte das mißglückte Treffen Kennedys mit Chruschtschow in Wien 1961, dem der Bau der Berliner Mauer im August desselben Jahres und das sowjetische Kuba-Abenteuer im Herbst 1962 folgten. Das Wettrüsten belastete ebenso wie der Krieg in Vietnam die sowjetisch-amerikanischen Beziehungen immer wieder von neuem. Die sich ständig ausweitenden Tätigkeiten der Sowjetunion im Mittleren Osten, in Afrika und in Asien taten ein Übriges, um das tiefe Mißtrauen der Amerikaner gegenüber sowjetischen Expansionsgelüsten zu nähren. Und schließlich beendete die brutale Intervention Moskaus in der Tschechoslowakei im August 1968 den eben erst eingeleiteten Dialog über eine Begrenzung der strategischen Rüstung (SALT: *Strategic Arms Limitation Talks*).

Es waren Präsident Nixon und sein Sicherheitsberater (und späterer Außenminister) Henry Kissinger, die in einem großen Entwurf versuchten, die Beziehungen zur sowjetischen Gegenmacht auf neue und womöglich solidere Grundlagen zu stellen. Die Sowjetunion, mit der es so viele Bereiche der Rivalität und Gegensätze, aber eben auch manche gemeinsame Interessen gab, sollte in ein Netz von Verträgen und Vereinbarungen eingebunden und damit als verantwortungsbewußte Großmacht gleichermaßen »in die Pflicht« genommen werden. Ausgangs- und Ansatzpunkt dieses ehrgeizigen Planes bildeten die 1969 wieder aufgenommenen SALT-Verhandlungen. Sie erwiesen sich als außerordentlich kompliziert und dauerten drei Jahre. Im Mai 1972 war es dann soweit: Präsident Nixon, anläßlich des ersten Besuches eines amerikanischen Präsidenten in der Sowjetunion, konnte zusammen mit Generalsekretär Breschnew den ersten Vertrag über eine Begrenzung von Anti-Raketen-Abwehrsystemen (ABM) und ein Einfrieren offensiver strategischer Nuklearraketen unterzeichnen. Es sollte der einzige Vertrag dieser Art bleiben, der von beiden Mächten bisher ratifiziert wurde. Ein von Präsident Carter und Generalsekretär Breschnew 1979 unterzeichneter Vertrag (SALT II) wurde bis heute vom amerikanischen Kongreß nicht genehmigt. Die von Präsident Reagan neu lancierten START-Verhandlungen (START = *Strategic Arms Reduction Talks*) laufen immer noch.

Nixons Besuch in der Sowjetunion galt mehr als nur diesem SALT-Vertrag. Dieser war allerdings von großer symbolischer Bedeutung, gedacht als Auftakt zur Neugestaltung der sowjetisch-amerikanischen Beziehungen. So sah es wohl auch die sowjetische Führung. Dank einer in den sechziger Jahren mit enormem Aufwand betriebenen Aufrüstung bei strategischen Waffen, fand sie sich nun erstmals als eine den Vereinigten Staaten gleichrangige Macht anerkannt. Dies war für das sowjetische Selbstbewußtsein ungemein wichtig. Die »Rangerhöhung« fand ihren sichtbaren Niederschlag in einer gemeinsamen Grundsatzerklärung über die weitere Gestaltung der sowjetisch-amerikanischen Beziehungen [D 57]. Sie legte die besondere weltpolitische Verantwortung der beiden Mächte fest. Erstmals bestätigte sie gemeinsame »Spielregeln« für ihr Verhalten zueinander und im Falle von Krisen. Auch wenn bereits ein Jahr später – im Verlaufe des arabisch-israelischen Oktoberkrieges von 1973 – diese Spielregeln übersehen wurden, ist die Grundsatzvereinbarung als wichtige Etappe auf der Suche nach einem neuen und konstruktiveren Verhältnis zwischen den Weltmächten zu werten.

Das konnte Europa nicht unberührt lassen; die siebziger Jahre wurden denn auch zu einer Periode, in der der Ost-West-Dialog erstmals die Integrationsbemühungen in den beiden Lagern überschattete.

Dokumente

D 53: Aide-mémoire der französischen Regierung an die 14 NATO-Partner vom 11. März 1966

Seit Jahren hat die französische Regierung bei zahlreichen Gelegenheiten sowohl öffentlich als auch in Besprechungen mit den verbündeten Regierungen zum Ausdruck gebracht, daß ihrer Ansicht nach die Organisation des Nordatlantikvertrags, soweit es die französische Regierung betrifft, nicht mehr den Verhältnissen entspreche, die gegenwärtig in der Welt obwalten und die sich wesentlich von denjenigen des Jahres 1949 und der darauffolgenden Jahre unterscheiden.

Die Bedrohung der westlichen Welt – insbesondere in Europa –, die Anlaß zum Abschluß des Vertrags war, hat sich nämlich ihrem Wesen nach geändert. Sie besitzt nicht mehr den unmittelbaren und gefahrvollen Charakter, der ihr früher innewohnte. Andererseits haben die europäischen Länder ihre Wirtschaft wieder aufgebaut und so erneut Mittel in die Hand bekommen. Insbesondere stattet sich Frankreich mit einer atomaren Rüstung aus, deren Natur allein schon seine Integration ausschließt. Drittens hat das nukleare Gleichgewicht zwischen der Sowjetunion und den Vereinigten Staaten, das an die Stelle des Monopols der letzteren getreten ist, die allgemeinen Voraussetzungen für die Verteidigung des Westens verändert. Schließlich ist es eine Tatsache, daß Europa nicht mehr das Zentrum internationaler Krisen ist. Dieses hat sich anderswohin verlagert, namentlich nach Asien, wo die Gesamtheit der Staaten des Atlantischen Bündnisses offensichtlich nicht betroffen ist.

Diese Entwicklung führt die französische Regierung in keiner Weise dazu, den am 4. April 1949 in Washington unterzeichneten Vertrag in Frage zu stellen. Mit anderen

Worten – und von Ereignissen abgesehen, die in den kommenden Jahren die Beziehungen zwischen Ost und West grundlegend ändern könnten – beabsichtigt sie nicht, sich 1969 auf die Bestimmungen des Artikels 13 des Vertrags zu berufen, und ist der Ansicht, daß das Bündnis so lange fortgesetzt werden muß, wie es notwendig erscheint.

Nachdem dies unzweideutig festgestellt ist, erhebt sich das Problem der Organisation, d. h. aller Abkommen, Vereinbarungen und Beschlüsse, die nach Unterzeichnung des Vertrags multilateral oder bilateral zustande gekommen sind. Nach Ansicht der französischen Regierung entspricht diese Organisation nicht mehr dem, was ihr geboten erscheint. Zweifellos hätte man sich vorstellen können, daß Verhandlungen eingeleitet würden, um die geltenden Bestimmungen einvernehmlich zu ändern. Gern hätte die französische Regierung dies vorgeschlagen, wenn sie Gründe für die Annahme gehabt hätte, daß solche Verhandlungen zu dem von ihr selbst ins Auge gefaßten Ergebnis hätten führen können. Leider deutet alles darauf hin, daß ein derartiges Vorgehen zum Scheitern verurteilt wäre, da die Partner Frankreichs sämtlich für die Aufrechterhaltung des Status quo oder gar für die Steigerung all dessen, was sich aus französischer Sicht hinfort als unannehmbar darstellt, einzutreten scheinen oder dies zu tun behaupten.

Somit sieht sich Frankreich, soweit es selbst betroffen ist, veranlaßt, die Folgerungen aus der Lage zu ziehen, das heißt, für sich selbst die Maßnahmen zu treffen, die ihm geboten erscheinen und die seines Erachtens keineswegs mit seiner Teilnahme am Bündnis und auch nicht mit seiner eventuellen Teilnahme an militärischen Operationen an der Seite seiner Verbündeten unvereinbar sind.

Schon in der Vergangenheit hat die französische Regierung Maßnahmen im hier erörterten Sinne hinsichtlich ihrer der NATO unterstellten Seestreitkräfte im Mittelmeer wie im Atlantik getroffen. Jetzt handelt es sich um die in Deutschland stationierten Land- und Luftstreitkräfte, die dem Alliierten Kommandobereich Europa unterstellt sind. Frankreich gedenkt, diese Unterstellung zu beenden. Dieser Beschluß wird gleichzeitig das Ausscheiden Frankreichs aus den beiden integrierten Kommandobehörden, denen diese Streitkräfte unterstehen und an denen es sich im Rahmen der NATO beteiligt, nämlich dem Oberkommando der Alliierten Streitkräfte in Europa und dem Kommandobereich Europa Mitte, zur Folge haben und damit auch die Verlegung der Sitze dieser beiden Kommandobehörden nach außerhalb des französischen Hoheitsgebiets.

Die Durchführung der Gesamtheit dieser Maßnahmen wirft selbstverständlich zahlreiche Probleme auf, die mit ihren Verbündeten zu erörtern die französische Regierung fortan bereit ist. Es wird erforderlich werden, die Verbindung zu prüfen, die zwischen dem französischen Kommando und den NATO-Kommandos herzustellen wäre, sowie die Voraussetzungen festzulegen, unter denen sich die französischen Streitkräfte, namentlich in Deutschland, in Kriegszeiten – wenn Artikel 5 des Vertrags von Washington zur Anwendung käme – an gemeinsamen militärischen Aktionen beteiligen würden, und zwar sowohl hinsichtlich des Oberbefehls wie auch der eigentlichen Operationen. Dies setzt insbesondere voraus, daß die zur Zeit in Deutschland stationierten französischen Land- und Luftstreitkräfte im Rahmen der Verträge vom 23. Oktober 1954 dort belassen werden, wozu die französische Regierung von sich aus bereit ist.

Sie ist bereit, die Lage mit der Bundesregierung zu prüfen und, wenn es erforderlich wäre, über die den deutschen Streitkräften in Frankreich auf Grund des Abkommens vom 25. Oktober 1960 gewährten Erleichterungen zu verhandeln.*

Andererseits wird es erforderlich werden, die Probleme zu prüfen, die sich für Frankreich hinsichtlich des Militärausschusses und der Ständigen Gruppe ergeben können, einschließlich des Problems der gegebenenfalls zwischen diesen Stellen und dem französischen Kommando herzustellenden Verbindung.

Dies sind in großen Zügen die Vorkehrungen, welche die französische Regierung, soweit es sie betrifft, ins Auge faßt, um die Modalitäten ihrer Teilnahme am Atlantischen Bündnis den neuen Verhältnissen anzupassen. Sie ist bereit, Verhandlungen über die praktischen Anwendungsbedingungen dieser Maßnahmen einzuleiten, und wünscht, daß es zwischen allen Verbündeten einvernehmlich zu adäquaten Regelungen kommen möge.

---

* Dieser Absatz ist nur in der Note an die Bundesrepublik enthalten.

Quelle: Europa-Archiv, 1966, D 229f.

D 54: Rede Präsident Kennedys in der Frankfurter Paulskirche vom 25. Juni 1963 (Auszug)

Aus diesem Grunde arbeiten unsere Nationen zusammen: um die NATO zu festigen, um den Handel auszuweiten, um den Entwicklungsländern beizustehen, um eine gemeinsame finanzpolitische Linie zu finden und um die Atlantische Gemeinschaft aufzubauen. Ich möchte das Wunder der wirtschaftlichen Leistungen Deutschlands nicht verkleinern. Aber das wahre deutsche Wunder war Ihre Abkehr von der Vergangenheit um der Zukunft willen – war Ihre Aussöhnung mit Frankreich, Ihre Beteiligung an der Schaffung Europas, Ihre führende Rolle in der NATO und Ihre wachsende Unterstützung konstruktiver Vorhaben in allen Teilen der Welt.

Ihr Wirtschaftsgefüge, Ihre Verfassungsgarantien, Ihr Vertrauen in die Autorität ziviler Instanzen, das alles steht im Einklang mit den Idealen älterer Demokratien. Und sie bilden einen festen Pfeiler der demokratischen europäischen Völkergemeinschaft ...

Die Zukunft des Westens beruht auf der atlantischen Partnerschaft – einem System der Zusammenarbeit, der wechselseitigen Abhängigkeit und der Übereinstimmung zwischen Völkern, die ihre Lasten gemeinsam tragen und ihre Chancen in aller Welt gemeinsam nutzen können. Mancher mag sagen, das sei lediglich ein Traum, doch ich bin anderer Meinung. Eine ganze Kette großer Leistungen – Marshallplan, NATO, Schumanplan und Gemeinsamer Markt – drängt uns auf dem Weg zu größerer Einheit immer weiter voran.

Wir müssen mit Schwierigkeiten und Hindernissen rechnen. Es werden sich Zweifel und Enttäuschungen einstellen. Es werden methodische und Meinungsverschiedenheiten auftreten. Aber wir haben den Willen und auch die Mittel, drei eng miteinander verbundenen Zielen zu dienen: dem Erbe unserer Länder, der Einheit unserer Kontinente und der Interdependenz der Bündnispartner des Westens ...

Die erste Aufgabe der Atlantischen Gemeinschaft bestand in der Sicherung der gemeinsamen Verteidigung. Diese Verteidigung ist nach wie vor unteilbar. Amerika setzt seine Städte aufs Spiel, um Ihre Städte zu verteidigen, weil wir Ihrer Freiheit bedürfen, um unsere Freiheit schützen zu können. Hunderttausende unserer Soldaten dienen gemeinsam mit den Ihrigen auf diesem Kontinent als konkretes Unterpfand jener Verpflichtung. Wer diese unsere Verpflichtung in Zweifel zieht oder ihre Unteilbarkeit leugnet – wer einen Keil zwischen Europa und Amerika treiben oder die Verbündeten einander entfremden möchte –, der unterstützt und stärkt damit nur jene Leute, die sich selbst als unsere Gegner betrachten und denen jede Verwirrung des Westens willkommen ist.

Das Ziel unserer gemeinsamen militärischen Anstrengungen ist nicht der Krieg, sondern der Friede, nicht die Vernichtung von Nationen, sondern die Sicherung der Freiheit. Die Streitkräfte, die die Bundesrepublik Deutschland zu diesem Zweck beisteuert, werden von denen keines anderen europäischen Landes übertroffen. Ihr Land steht in der ersten Verteidigungslinie – und Ihre Divisionen sind, Schulter an Schulter mit den unsrigen, eine Quelle der Stärke für uns alle.

Diese konventionell bewaffneten Streitkräfte sind von entscheidender Bedeutung, und dahinter stehen Tausende der modernsten Waffen hier auf europäischem Boden sowie weitere Tausende, nur Minuten entfernt, rund um die Welt in Bereitschaft. Zusammen haben unsere Länder für die Vorwärtsverteidigung des freien Europa ein Abschreckungspotential entwickelt, das die gegenwärtige oder voraussichtliche Stärke jedes Gegners bei weitem übertrifft.

Dennoch liegt es in der Natur der Sache, daß Amerikas nukleare Position innerhalb des Bündnisses Fragen aufgeworfen hat. Ich glaube, wir müssen uns mit diesen Fragen auseinandersetzen, nicht indem wir die Uhr auf die Zeit der separaten nationalen Abschreckung zurückdrehen, sondern indem wir eine noch einheitlichere atlantische Abschreckungsmacht mit echter europäischer Beteiligung schaffen...

Zweitens ist unsere Partnerschaft nicht nur militärischer Art. Die wirtschaftliche Einheit – und zwar nicht nur zwischen den Nationen Europas, sondern auch über den Atlantik hinweg – ist eine ebenso gebieterische Notwendigkeit.

Tatsächlich ist eine wirtschaftliche Zusammenarbeit innerhalb der gesamten freien Welt vonnöten. Indem wir den Entwicklungsländern in Afrika, Asien und Lateinamerika unsere Märkte öffnen, ihnen unser Kapital und unsere Erfahrungen zur Verfügung stellen und die Rohstoffpreise stabilisieren, können wir die Schaffung eines Klimas fördern, das die Freiheit und das Wirtschaftswachstum begünstigt. Dies ist eine atlantische Aufgabe, denn die atlantischen Nationen trugen dazu bei, diese Völker zu erwecken. Unsere Kaufleute und Händler begannen auf der Suche nach Mineralstoffen, Öl, Kautschuk und Kaffee, ihren Boden und gleichzeitig ihre Gesellschaftsformen umzupflügen. Jetzt müssen wir ihnen dabei helfen, vollgültige Mitglieder der Gesellschaft des 20. Jahrhunderts zu werden und die Kluft zwischen arm und reich zu überbrücken.

Eine andere große wirtschaftliche Aufgabe stellt uns die bevorstehende Verhandlungsrunde der Handelsgespräche. Diese Beratungen stellen sehr viel mehr dar als nur technische Diskussionen über Zoll- und Handelsfragen. Sie bieten die Möglichkeit zur Schaffung einer gemeinsamen Industrie- und Agrarpolitik über den Atlantik hinweg. Sie bieten ferner eine Gelegenheit, neuen Bedarf zu wecken, um dem wirtschaftlichen Wachstum neuen Auftrieb zu geben und mehr Arbeitsplätze und größeren Wohlstand für unsere wachsende Bevölkerung zu schaffen. Sie geben uns auch

Gelegenheit, die Handelswünsche und Erwartungen der anderen freien Völker einschließlich Japans kennenzulernen.

Kurzum, diese Verhandlungen sind ein Prüfstein für unsere Einigkeit. Wenngleich jedes Land selbstverständlich seine eigenen Interessen im Auge hat, muß es doch seinen Blick auch auf die gemeinsamen Interessen richten – auf die Notwendigkeit, die Märkte auf beiden Seiten des Atlantiks auszuweiten, auf die Notwendigkeit, das Gefälle zwischen hoch- und minderentwickelten Ländern zu verringern, und auf die Notwendigkeit, die atlantischen Volkswirtschaften auf ein höheres Produktionsniveau zu bringen, statt sie durch höhere Schutzwälle zu ersticken.

Drittens und letztens beruht die atlantische Partnerschaft auf einer gemeinsamen politischen Zielsetzung. Gegen die Gefahren der Spaltung und Erschlaffung ist mit geringeren Kräften nichts auszurichten. Die Geschichte lehrt, daß Uneinigkeit und Ermüdung die großen Gefahren sind, die einem Bündnis drohen. Thukydides berichtet, die Peloponnesier und ihre Verbündeten seien mächtig in der Schlacht, doch gehemmt durch eine politische Führung gewesen, in der »jeder seine eigenen Absichten verfolgt ..., was im allgemeinen dazu führt, daß jede Aktion unterbleibt ... Sie verwenden mehr Zeit auf die Besorgung ihrer eigenen Geschäfte als auf die Sorge für das Gemeinwohl ... Jeder glaubt, daß aus seinen eigenen Versäumnissen kein Schaden erwachsen und daß es die Aufgabe anderer sei, dies oder jenes zu tun – und da somit jeder für sich die gleiche Illusion hegt, gerät die gemeinsame Sache unmerklich immer mehr in Verfall.«

Soll unsere Große Allianz etwa das gleiche Schicksal erleiden? Wird sie, die im Augenblick höchster Gefahr geschmiedet wurde, in Selbstgefälligkeit zerfallen, weil jedes Mitglied seine eigenen Ziele zum Nachteil der gemeinsamen Sache verfolgt? Das darf nicht geschehen. Die alten Gefahren sind keineswegs ein für allemal gebannt und jede Spaltung in unseren Reihen könnte sie mit doppelter Macht wieder auf den Plan rufen.

Unsere Verteidigung ist jetzt stark – doch muß sie noch stärker werden. Unsere wirtschaftlichen Aufgaben sind jetzt klar – doch müssen wir ihre Erfüllung weiter vorantreiben. Das größte Erfordernis und unsere bemerkenswerteste Unterlassung ist freilich der Fortschritt zu wahrer politischer Gemeinschaft.

Quelle: Europa-Archiv, 1963, D 352–359.

D 55: Rede des Präsidenten der Kommission der EWG, Walter Hallstein, zur atlantischen Partnerschaft vom 17. September 1963 in Straßburg (Auszug)

Auch für den Plan der atlantischen Partnerschaft ist die Europäische Wirtschaftsgemeinschaft kausal.

Als Europa nach dem Kriege darniederlag, von Hunger, Chaos und Kommunismus bedroht, und die Gefahr eines sowjetischen Vorstoßes zum Atlantik bestand, sah sich Amerika zur Hilfe herausgefordert. Seine Antwort war beispiellos großzügig: Umfassend und wirksam durch Marshallplan und OEEC, durch jahrelange Duldung einer kontingentspolitischen Diskriminierung stützte es den wirtschaftlichen Wiederaufbau Europas, mit der NATO schuf es militärischen Schutz für seine Verbündeten.

Der darauf einsetzende Wiederaufstieg Europas kulminierte auf dem Kontinent in der Europäischen Gemeinschaft, die ihm seinen stärksten politischen Ausdruck verlieh. Das Wirtschaftswachstum Europas übertrifft seit einigen Jahren das der Vereinigten Staaten. Die Zahlungsbilanzsituation hat sich umgekehrt. Während Europa die Dollarlücke der Nachkriegszeit überwand, große Gold- und Devisenreserven ansammelte und – statt wie bisher Hilfe zu empfangen – selbst in großem Maße Entwicklungshilfe betrieb, geriet die amerikanische Zahlungsbilanz, nicht zuletzt als Folge politischer Belastungen, denen sie ausgesetzt war, in eine Periode größerer Defizite. Dieser Wandel akzentuierte sich, je enger sich die Länder Europas zusammenschlossen. Je stärker ihre Wirtschaftskraft infolgedessen im Verhältnis zu Amerika und der übrigen Welt wurde, desto mehr Nachdruck gewann andererseits natürlicherweise ihr Anspruch auf Mitbestimmung in allen wesentlichen Fragen der Atlantischen Allianz.

Die Antwort der Vereinigten Staaten auf diese neue Lage, insbesondere auf den Erfolg der Europäischen Wirtschaftsgemeinschaft, ist das Angebot einer grundlegenden Neuordnung des atlantischen Verhältnisses. Die Grundkonzeption, dokumentiert in wiederholten offiziellen Interpretationen, feierlichen Erklärungen des Präsidenten (namentlich den bedeutenden Reden am Unabhängigkeitstag 1962 in Philadelphia und dieses Jahr in der Frankfurter Paulskirche) und Stellungnahmen der Administration ist, daß die Vereinigten Staaten und Europa im Zeichen weltweiter Verantwortung gleichberechtigt zusammenarbeiten. Wirtschaftspolitischer Ausdruck dieses weit in die Zukunft weisenden Plans ist der *Trade Expansion Act,* der – indem er dem Präsidenten die nötigen Vollmachten gab – die neue GATT-Runde ermöglicht hat und der die endgültige Abkehr der Vereinigten Staaten von jenem wirtschaftspolitischen Isolationismus der dreißiger Jahre bedeutet, der wegen der Entwicklung der Technik und wegen der augenfälligen politischen und ökonomischen Interdependenz Amerikas und Europas ebensowenig in die heutige Zeit paßt wie ein politischer Isolationismus.

Welches sind die Erwägungen, die die Antwort Europas auf dieses Angebot bestimmen? Der Leitgedanke wird sein, daß der unleugbaren Interdependenz Rechnung getragen werden muß, die in der freien Welt, die im atlantischen Raum nicht nur auf politischem und militärischem, sondern auch auf wirtschaftlichem Gebiet besteht. Diese Interdependenz kann nicht ohne Gefahr für Sicherheit und Wohlstand Europas ignoriert werden.

Unser eigener Wohlstand hängt von der Gesundheit und raschen Expansion der amerikanischen Wirtschaft ab. Die Europäische Wirtschaftsgemeinschaft ist die größte Handelsmacht der Erde, weil sie, zur Autarkie nicht fähig und nicht willens, nämlich ihrer Struktur nach ein gewaltiges Verbreitungsgebiet ist. Durch eine liberale Importpolitik muß sie ihre Handelspartner in den Stand setzen, von ihr zu kaufen. Dadurch vermag sie ihre eigenen Exportindustrien zu fördern, die zugleich erfahrungsgemäß am stärksten zu wirtschaftlicher Expansion beitragen. Diese Lage spiegelt der Vertrag von Rom wider, indem er den Gemeinsamen Außentarif praktisch als einen Verhandlungstarif etabliert ...

Es bleibt schließlich die Frage – die politische Frage –, in welche Form das atlantische Verhältnis zu gießen ist, damit es den neuen Funktionen gerecht wird. Soll etwa der Gemeinsame Markt, wie manche vorschlagen, auf den atlantischen Raum ausgedehnt werden? Keineswegs, mit soviel Nutzen die Verfasser des amerikanischen *Trade Expansion Act* auch offensichtlich den Vertrag von Rom gelesen haben. Der amerikanische Kongreß ist weit davon entfernt, den Grad an Gemeinschaftsdisziplin zu akzeptieren, den unsere sechs Regierungen und Parlamente auf sich genommen haben ...

Das amerikanische Angebot an das neue Europa zielt vielmehr ab auf ein beständiges Zusammenwirken zweier unterschieden bleibenden Partner, die miteinander um Ausgleich und Gemeinsamkeiten ringen, beide an Lasten und Entscheidungen beteiligt und sowohl durch die Aufgaben der Verteidigung als auch durch die Werke des Friedens verknüpft sind. Die Partner sollen ihre Anstrengungen koordinieren, zugleich aber ihre Ziele im Wettbewerb miteinander zu verwirklichen suchen und ihre Kräfte vermehren, indem sie sich miteinander messen. Organisatorisch werden dafür – sicher für den Anfang und ohne daß das eine grundsätzliche Absage an Überlegungen sein soll, auf lange Sicht eigene pragmatische Formen zu finden – die vorhandenen Institutionen der freien Welt genügen: NATO, OECD, GATT, Internationaler Währungsfonds. Denn die Partnerschaft, die zur Diskussion steht, ist nicht so sehr eine Organisation als eine Politik, ein Prozeß. Sie ist eine Realität, die nicht an einem Tage und durch eine Erklärung oder einen Vertrag zu erreichen ist, sondern nur durch eine ganze Reihe von Handlungen, die im Laufe der Zeit Gewohnheiten, Traditionen und Präzedenzfälle für Zusammenarbeit und Einigkeit schaffen ...

In diesen Monaten hat eine neue Hoffnung sich aufgetan, daß die Welt beginnen könnte, sich aus der Verkrampfung zu lösen, in die sie der Weltherrschaftsanspruch der kommunistischen Führung versetzt hat. Die Strategie des Friedens, das Programm der freien Welt, könnte reale Aktion werden. Europa, in seiner Mitte durch den Eisernen Vorhang und die Mauer der Unmenschlichkeit durchschnitten, ist das Hauptobjekt eines solchen Vorgangs. Es muß den Anspruch erheben, Mitsubjekt zu sein. Auf welche andere konkrete Weise kann die Erfüllung dieses Anspruchs gesichert werden als durch eine Partnerschaft mit dem großen Hauptsprecher der freien Welt, den Vereinigten Staaten? Und um wieviel kann das Verhandlungsgewicht der freien Welt gesteigert werden, wenn sie sich geschlossen präsentiert: zu stark, um einen Angriff zu ermutigen, wohlhabend und fortschrittlich und daher ein Modell und ein Magnet, und die ganze Überlegenheit freier Institutionen demonstrierend.

Quelle: Europa-Archiv, 1963, D 535–544.

D 56: Bericht des Nordatlantikrates über die künftigen Aufgaben der Allianz vom 14. Dezember 1967 (Harmel-Bericht)

1. Vor einem Jahr beschlossen die Regierungen der fünfzehn Nationen der Allianz auf Initiative des belgischen Außenministers, »die künftigen Aufgaben der Allianz und ihre Verfahren zu deren Erfüllung zu untersuchen, um die Allianz als einen Faktor des dauerhaften Friedens zu stärken«. In dem vorliegenden Bericht werden der allgemeine Tenor und die hauptsächlichen Grundsätze dargelegt, die sich aus dieser Untersuchung der künftigen Aufgaben der Allianz ergeben.

2. Die Herren Schütz, Watson, Spaak, Kohler und Patijn haben Studien durchgeführt. Der Rat spricht diesen hervorragenden Persönlichkeiten Anerkennung und Dank für ihre Bemühungen und für die von ihnen erarbeiteten Analysen aus.
3. Die Untersuchung hat ergeben, daß die Allianz eine dynamische und lebenskräftige Organisation ist, die sich ständig den wechselnden Bedingungen anpaßt. Sie hat außerdem gezeigt, daß ihre künftigen Aufgaben im Rahmen der Vorschriften des Vertrags bearbeitet werden können, indem man auf den Methoden und Verfahren aufbaut, die ihren Wert seit vielen Jahren bewiesen haben.
4. Seit der Nordatlantikvertrag 1949 unterzeichnet wurde, hat sich die internationale Situation in bedeutsamer Weise geändert, und die politischen Aufgaben der Allianz haben eine neue Dimension angenommen. Unter anderem hat die Allianz eine wesentliche Rolle gespielt, als es darum ging, die kommunistische Expansion in Europa zum Stehen zu bringen; die UdSSR ist eine der beiden Supermächte der Welt geworden, aber die kommunistische Welt ist nicht mehr monolithisch; die sowjetische Doktrin der »friedlichen Koexistenz« hat den Charakter der Konfrontation mit dem Westen verändert, nicht dagegen die grundlegende Problematik. Obwohl zwischen der Macht der Vereinigten Staaten und der der europäischen Länder immer noch eine Diskrepanz besteht, hat sich Europa erholt und ist auf dem Wege zur Einheit. Der Prozeß der Dekolonisierung hat die Beziehungen Europas zur übrigen Welt verwandelt; gleichzeitig sind in den Beziehungen zwischen den entwickelten und den Entwicklungsländern größere Probleme entstanden.
5. Die Atlantische Allianz hat zwei Hauptfunktionen. Die erste besteht darin, eine ausreichende militärische Stärke und politische Solidarität aufrechtzuerhalten, um gegenüber Aggression und anderen Formen von Druckanwendung abschreckend zu wirken und das Gebiet der Mitgliedstaaten zu verteidigen, falls es zu einer Aggression kommt. Seit ihrer Gründung hat die Allianz diese Aufgabe erfolgreich erfüllt. Aber die Möglichkeit einer Krise kann nicht ausgeschlossen werden, solange die zentralen politischen Fragen in Europa, zuerst und zunächst die Deutschland-Frage, ungelöst bleiben. Außerdem schließt die Situation mangelnder Stabilität und Ungewißheit noch immer eine ausgewogene Verminderung der Streitkräfte aus. Unter diesen Umständen werden die Bündnispartner zur Sicherung des Gleichgewichts der Streitkräfte das erforderliche militärische Potential aufrechterhalten und dadurch ein Klima der Stabilität, der Sicherheit und des Vertrauens schaffen.

In diesem Klima kann die Allianz ihre zweite Funktion erfüllen: die weitere Suche nach Fortschritten in Richtung auf dauerhafte Beziehungen, mit deren Hilfe die grundlegenden politischen Fragen gelöst werden können. Militärische Sicherheit und eine Politik der Entspannung stellen keinen Widerspruch, sondern eine gegenseitige Ergänzung dar. Die kollektive Verteidigung ist ein stabilisierender Faktor in der Weltpolitik. Sie bildet die notwendigen Voraussetzungen für eine wirksame, auf größere Entspannung gerichtete Politik. Der Weg zu Frieden und Stabilität in Europa beruht vor allem auf dem konstruktiven Einsatz der Allianz im Interesse der Entspannung. Die Beteiligung der UdSSR und der Vereinigten Staaten wird zur wirksamen Lösung der politischen Probleme Europas erforderlich sein.
6. Die Atlantische Allianz war von Anfang an eine Gruppierung von Staaten auf kooperativer Grundlage, die von den gleichen Idealen beseelt sind und in hohem Maße gemeinsame Interessen besitzen. Ihr Zusammenhalt und ihre Solidarität bilden innerhalb des atlantischen Raums ein Element der Stabilität.

7. Als souveräne Staaten sind die Bündnispartner nicht gehalten, ihre Politik kollektiven Entscheidungen zu unterwerfen. Die Allianz bildet ein wirksames Forum und eine Clearingstelle für den Austausch von Informationen und Ansichten; auf diese Weise kann jeder Bündnispartner seine Politik auf Grund eingehender Kenntnis der Probleme und Ziele der anderen festlegen. Zu diesem Zweck muß die Praxis der offenen und rechtzeitigen Konsultationen vertieft und verbessert werden. Jeder Bündnispartner sollte an der Förderung besserer Beziehungen zur Sowjetunion und den osteuropäischen Staaten in vollem Maße mitwirken, sich dabei aber bewußt sein, daß die Entspannungspolitik nicht zu einer Spaltung der Allianz führen darf. Die Erfolgschancen werden zweifellos am größten sein, wenn die Bündnispartner eine gleichgerichtete Politik verfolgen insbesondere in Fragen, die alle im hohen Maße angehen; ihre Maßnahmen werden dann um so wirksamer sein.
8. Ohne erhebliche Anstrengungen aller Beteiligten ist keine Friedensordnung in Europa möglich. Die Entwicklung der sowjetischen und osteuropäischen Politik berechtigt zu der Hoffnung, daß diese Regierungen schließlich die Vorteile erkennen werden, die auch ihnen aus der gemeinsamen Erarbeitung einer friedlichen Regelung erwachsen. Eine endgültige und stabile Regelung in Europa ist jedoch nicht möglich ohne eine Lösung der Deutschland-Frage, die den Kern der gegenwärtigen Spannungen in Europa bildet. Jede derartige Regelung muß die unnatürlichen Schranken zwischen Ost- und Westeuropa beseitigen, die sich in der Teilung Deutschlands am deutlichsten und grausamsten offenbaren.
9. Die Bündnispartner sind daher entschlossen, ihre Bemühungen auf dieses Ziel zu richten, indem sie realistische Maßnahmen zur Förderung der Entspannung in den Ost-West-Beziehungen treffen. Die Entspannung ist nicht das Endziel, sondern ein Teil eines langfristigen Prozesses zur Verbesserung der Beziehungen und zur Förderung einer Regelung der europäischen Fragen. Das höchste politische Ziel der Allianz ist es, eine gerechte und dauernde Friedensordnung in Europa mit geeigneten Sicherheitsgarantien zu erreichen.
10. Gegenwärtig entwickeln sich die Kontakte zwischen den Staaten West- und Osteuropas in erster Linie auf bilateraler Basis. Bestimmte Fragen verlangen selbstverständlich ihrer Natur nach eine multilaterale Lösung.
11. Das Problem der Wiedervereinigung Deutschlands und der Zusammenhang dieser Frage mit einer europäischen Regelung sind in der Regel in Kontakten zwischen der Sowjetunion und den drei Westmächten behandelt worden, die auf diesem Gebiet besondere Verantwortung tragen. Bei der Vorbereitung dieser Kontakte hat die Bundesrepublik Deutschland im Interesse einer gemeinsamen Position an den Beratungen der drei Westmächte regelmäßig teilgenommen. Die Ansichten der übrigen Verbündeten werden weiterhin in rechtzeitigen Erörterungen zwischen den Bündnispartnern über die in dieser Frage zu befolgende westliche Politik berücksichtigt werden, ohne daß dadurch die besonderen Verantwortungen in irgendeiner Weise beeinträchtigt werden.
12. Die Bündnispartner werden laufend politische Maßnahmen prüfen, die darauf gerichtet sind, eine gerechte und dauerhafte Ordnung in Europa zu erreichen, die Teilung Deutschlands zu überwinden und die europäische Sicherheit zu fördern. Dies wird Bestandteil eines Prozesses der aktiven und fortlaufenden Vorbereitung für die Zeit sein, in der eine fruchtbare Erörterung dieser vielschichtigen Fragen-

komplexe zwischen Staaten in Ost und West auf bilateraler oder multilateraler Grundlage möglich sein wird.

13. Die Verbündeten prüfen zur Zeit Maßnahmen zur Abrüstung und praktischen Rüstungskontrolle einschließlich der Möglichkeit ausgewogener Truppenverminderungen. Diese Studien werden intensiviert werden. Ihre aktive Durchführung ist Ausdruck des Willens der Bündnispartner, an einer wirksamen Entspannung im Verhältnis zum Osten zu arbeiten.

14. Die Bündnispartner werden mit besonderer Aufmerksamkeit die Verteidigungsprobleme der exponierten Gebiete, z. B. Südost-Flanke, prüfen. In dieser Hinsicht weist die gegenwärtige Situation im Mittelmeer besondere Probleme auf, wobei zu berücksichtigen ist, daß die augenblickliche Krise im Nahen Osten in die Zuständigkeit der Vereinten Nationen fällt.

15. Das Gebiet des Nordatlantikvertrags kann nicht getrennt von der übrigen Welt behandelt werden. Krisen und Konflikte, die außerhalb des Vertragsgebiets entstehen, können seine Sicherheit entweder unmittelbar oder durch Änderung des globalen Kräftegleichgewichts beeinträchtigen. Im Rahmen der Vereinten Nationen und anderer internationaler Organisationen tragen verbündete Staaten einzeln zur Wahrung des Weltfriedens und der Sicherheit und zur Lösung wichtiger internationaler Probleme bei. In Übereinstimmung mit den feststehenden Gepflogenheiten werden die Verbündeten oder diejenigen unter ihnen, die dies wünschen, sich ohne Verpflichtung und je nach den Forderungen des Einzelfalles auch weiter über diese Probleme konsultieren.

16. Auf Grund dieser Erkenntnisse haben die Minister den Ständigen NATO-Rat angewiesen, in den kommenden Jahren die einzelnen sich aus dieser Untersuchung ergebenden Folgerungen in die Tat umzusetzen. Dies wird entweder durch die Intensivierung der bereits in Angriff genommenen Arbeiten oder die Durchführung hochspezialisierter Studien unter systematischem Einsatz von Sachverständigen und Beamten aus den Hauptstädten der Mitgliedstaaten geschehen.

17. Die Minister stellten fest, daß die Untersuchungen der Sonderarbeitsgruppe die Bedeutung der Rolle bestätigt haben, die der Allianz in den kommenden Jahren bei der Förderung der Entspannung und der Stärkung des Friedens zufällt. Da bedeutsame Probleme noch nicht in allen ihren Aspekten untersucht worden sind und andere Probleme von nicht minder großer Bedeutung, die sich aus den jüngsten politischen und strategischen Entwicklungen ergeben haben, noch der Prüfung bedürfen, haben die Minister die Ständigen Vertreter beauftragt, ohne Verzug die Untersuchung dieser Probleme aufzunehmen und dabei Verfahren anzuwenden, die der Ständige Nordatlantikrat zur späteren Vorlage weiterer Berichte an den Rat auf Ministerebene für geeignet hält.

Quelle: Europa-Archiv, 1968, D 75–77.

D 57: Grundsatzerklärung über die amerikanisch-sowjetischen Beziehungen, am 29. Mai 1972 anläßlich des Besuchs des Präsidenten der Vereinigten Staaten, Richard M. Nixon, in Moskau unterzeichnet

Die Vereinigten Staaten von Amerika und die Union der Sozialistischen Sowjetrepublik sind:
geleitet von ihren Verpflichtungen aufgrund der Charta der Vereinten Nationen und dem Wunsche, die friedlichen Beziehungen zueinander zu stärken und diese Beziehungen auf eine möglichst feste Grundlage zu stellen;
aus der Erkenntnis heraus, daß es notwendig ist, alle Anstrengungen zu unternehmen, um die Kriegsgefahr zu beseitigen und Bedingungen zu schaffen, die die Verringerung der Spannungen auf der Welt und die Stärkung der allgemeinen Sicherheit und der internationalen Zusammenarbeit fördern;
aus der Überzeugung heraus, daß die Verbesserung der amerikanisch-sowjetischen Beziehungen und deren zum beiderseitigen Vorteil gereichende Entwicklung auf solchen Gebieten wie Wirtschaft, Wissenschaft und Kultur diesen Zielen entsprechen und zu einem besseren gegenseitigen Verständnis und einer sachlichen Zusammenarbeit beitragen werden, ohne in irgendeiner Weise die Interessen dritter Länder zu präjudizieren;
aus dem Bewußtsein heraus, daß diese Ziele den Interessen der Völker beider Länder entsprechen,
wie folgt übereingekommen:
1. Sie werden von dem gemeinsamen Schluß ausgehen, daß es im Nuklearzeitalter keine andere Alternative gibt, als die gegenseitigen Beziehungen auf der Grundlage einer friedlichen Koexistenz zu gestalten. Unterschiede in der Ideologie und in den Gesellschaftssystemen der USA und der UdSSR sind keine Hindernisse für die bilaterale Entwicklung normaler Beziehungen, die auf den Grundsätzen der Souveränität, der Gleichberechtigung, der Nichteinmischung in innere Angelegenheiten und des beiderseitigen Vorteils beruhen.
2. Die USA und die UdSSR legen größten Wert darauf, das Entstehen von Situationen zu verhindern, die zu einer gefährlichen Verschlechterung ihrer Beziehungen führen könnten. Sie werden daher ihr Äußerstes tun, um militärische Konfrontationen zu vermeiden und den Ausbruch eines Nuklearkrieges zu verhindern. Sie werden in ihren gegenseitigen Beziehungen stets Zurückhaltung üben, und sie werden bereit sein, zu verhandeln und Meinungsverschiedenheiten mit friedlichen Mitteln beizulegen. Gespräche und Verhandlungen über offenstehende Fragen werden in einem Geiste der Gegenseitigkeit, des beiderseitigen Entgegenkommens und des beiderseitigen Vorteils geführt werden. Beide Seiten erkennen an, daß Bestrebungen, direkt oder indirekt einen einseitigen Vorteil auf Kosten des anderen zu erreichen, nicht im Einklang mit diesen Zielen stehen.

Die Voraussetzungen für die Erhaltung und Stärkung friedlicher Beziehungen zwischen den USA und der UdSSR sind die Anerkennung der Sicherheitsinteressen der Vertragspartner auf der Basis des Grundsatzes der Gleichberechtigung und der Verzicht auf Anwendung oder Androhung von Gewalt.
3. Die USA und die UdSSR tragen wie andere Länder, die ständige Mitglieder des

Weltsicherheitsrats sind, eine besondere Verantwortung, alles in ihrer Macht stehende zu tun, damit es nicht zu Konflikten oder Situationen kommt, die zur Erhöhung internationaler Spannungen führen würden. Demgemäß werden sie bestrebt sein, Bedingungen herbeizuführen, unter denen alle Länder in Frieden und Sicherheit leben können und nicht Gegenstand einer Einmischung in ihre inneren Angelegenheiten von außen werden.

4. Die USA und die UdSSR beabsichtigen, die Rechtsgrundlage für ihre gegenseitigen Beziehungen auszuweiten und die erforderlichen Anstrengungen zu unternehmen, damit bilaterale Abkommen, die sie geschlossen haben, und multilaterale Verträge und Abkommen, denen sie gemeinsam als Vertragspartner angehören, gewissenhaft durchgeführt werden.

5. Die USA und die UdSSR bekräftigen ihre Bereitschaft, die Praxis eines Gedankenaustauschs über Probleme von beiderseitigem Interesse fortzusetzen und, wenn erforderlich, einen solchen Gedankenaustausch auf höchster Ebene, einschließlich von Treffen der führenden Männer beider Länder, zu führen. Die beiden Regierungen begrüßen eine Zunahme produktiver Kontakte zwischen Vertretern der gesetzgebenden Körperschaften beider Länder und werden sie erleichtern.

6. Die Vertragspartner werden ihre Bemühungen fortsetzen, die Rüstungen sowohl auf bilateraler als auch auf multilateraler Basis zu begrenzen. Sie werden weiterhin besondere Anstrengungen unternehmen, um die strategischen Rüstungen zu begrenzen. Wo immer möglich, werden sie konkrete Abkommen schließen, die der Erreichung dieser Ziele dienen.

Die USA und die UdSSR betrachten als das letztliche Ziel ihrer Bemühungen die Erreichung einer allgemeinen und vollständigen Abrüstung und die Errichtung eines wirksamen Systems der internationalen Sicherheit in Übereinstimmung mit den Zielsetzungen und Grundsätzen der Vereinten Nationen.

7. Die USA und die UdSSR betrachten Handels- und Wirtschaftsbeziehungen als ein wichtiges und notwendiges Element der Stärkung ihrer bilateralen Beziehungen und werden daher das Wachstum solcher Beziehungen fördern. Sie werden die Zusammenarbeit zwischen den zuständigen Organisationen und Unternehmen der beiden Länder und den Abschluß von geeigneten Vereinbarungen und Kontrakten – einschließlich langfristiger – erleichtern.

Beide Länder werden zur Verbesserung der See- und Luftverbindungen zwischen ihnen beitragen.

8. Beide Seiten betrachten es als angebracht und nützlich, gegenseitige Kontakte und Zusammenarbeit auf den Gebieten der Wissenschaft und der Technologie zu entwickeln. Wo angebracht, werden die USA und die UdSSR geeignete Abkommen schließen, die sich auf die konkrete Zusammenarbeit auf diesen Gebieten erstrekken.

9. Beide Seiten bekräftigen ihre Absicht, die kulturellen Beziehungen zueinander zu vertiefen und ein besseres Kennenlernen der kulturellen Werte des anderen zu unterstützen. Sie werden für die Schaffung verbesserter Bedingungen für einen Kulturaustausch und den Reiseverkehr sorgen.

10. Die USA und die UdSSR werden bestrebt sein, dafür zu sorgen, daß ihre Beziehungen und ihre Zusammenarbeit auf den oben erwähnten und auf anderen in ihrem beiderseitigen Interesse liegenden Gebieten auf fester und langfristiger Grundlage beruhen. Um diesen Bemühungen einen dauerhaften Charakter zu geben, wer-

den sie auf allen Gebieten, wo dies durchführbar ist, gemeinsame Kommissionen oder andere Gremien einsetzen.

11. Die USA und die UdSSR erheben weder für sich selbst den Anspruch auf irgendwelche besonderen Rechte oder Vorteile in der Weltpolitik, noch würden sie einen solchen Anspruch von einer anderen Seite anerkennen. Sie erkennen die souveräne Gleichberechtigung aller Staaten an.

Die Entwicklung der amerikanisch-sowjetischen Beziehungen richtet sich nicht gegen irgendwelche dritten Länder oder deren Interessen.

12. Die in diesem Dokument dargelegten Grundsätze berühren nicht Verpflichtungen irgendwelcher Art, die von den USA oder der UdSSR in bezug auf andere Länder früher eingegangen worden sind.

Moskau, den 29. Mai 1972

[Unterschriften]

Quelle: Europa-Archiv, 1972, D 289–291.

3. Zerfallende Einheit im Ostblock

3.1. Autoritätskrise und Polyzentrismus

Fast gleichzeitig wie der Westen, aber aus völlig anderen Gründen, geriet der kommunistische Teil Europas in eine sich ständig verschärfende Strukturkrise. Sie nahm ihren Ausgang mit der auf dem 20. Parteitag der KPdSU (1956) eingeleiteten »Entstalinisierung«, erreichte ihren ersten Höhepunkt in den revolutionären Ereignissen in Polen und Ungarn im selben Jahre und führte, durch mühsame Einigungsversuche verlangsamt, aber nicht aufgehalten, 1961 zum Bruch Moskaus mit Albanien, hinter dem sich bereits der viel umfassendere Konflikt mit China ankündigte. Die sowjetisch-chinesische Auseinandersetzung, zunächst als ideologischer Dogmenstreit verschleiert, erweiterte sich rasch zu einer machtpolitischen Konfrontation zweier in Struktur, Lebensform und Entwicklungsstand völlig verschiedener kommunistischer Systeme. Höhepunkt des Konfliktes bildete ihre offene Entzweiung mit weitreichenden Auswirkungen für den Weltkommunismus.

Die eigentlichen Ursachen für diese vielfältigen, in sich aber zusammenhängenden Entwicklungen liegen tiefer, als es die kommunistischen Ideologen wahrhaben wollen. Sie liegen, zeitlich weit vor dem Beginn der »Entstalinisierung«, in dem unterdrückten, jedoch nie ausgerotteten osteuropäischen Nationalismus mit seiner kulturellen, historischen und sozialen Vielfalt und dem machtpolitischen Gegensatz zwischen den beiden Rivalen China und Rußland. Der Tod Stalins und der Versuch seiner Nachfolger, das kommunistische Imperium mit neuen, flexibleren, kurz: mit nicht-stalinistischen Methoden zu lenken, setzte Kräfte frei, über die Moskau zunehmend die Kontrolle verlor. Blieb erst einmal die Erkenntnis unwidersprochen, daß kommunistische Staaten – wie etwa Jugoslawien – auch ohne die als unentbehrlich hingestellte monolithische Einheit fortbestehen konnten, dann war der Weg frei, die lastenden Bindungen an Moskau zu lockern und sich mehr Bewegungsfreiheit zu schaffen. Das berührte die kommunistische Herrschaft zwar nicht unmittelbar; eine solche »divergierende Einheit« schwächte aber die bisher unbestrittene Führerstellung Moskaus und ermutigte die chinesischen Kommunisten, ihre abweichenden Thesen mit um so größerer – und wirksamerer – Hartnäckigkeit vorzubringen. Wenn Jugoslawien bereits 1955 das Recht zu »einem eigenen Weg zum Sozialismus« zugestanden wurde, dann bestand für das unvergleichlich mächtigere China kein Grund, sich nicht ebenfalls als selbständige Lehrinstanz innerhalb der kommunistischen Bewegung zu proklamieren. Es tat dies dann auch, als die Bindung an Moskau immer mehr den Aufbau einer eigenen nuklearen Rüstung zu hindern drohte. Als der italienische Kommunistenführer Togliatti 1956 von einem »Polyzentrismus« im Weltkommunismus sprach, mochte er kaum an eine derartige Aufteilung in verschiedene autonome Zentren gedacht haben. Er plädierte damals lediglich für ein Recht auf innerparteiliche Selbständigkeit, das an der ideologischen Jurisdiktionsgewalt der sowjetischen Partei nicht rütteln sollte. Jetzt zeigte sich aber, daß diese Vielfalt von Zentren nicht allein die Rechtgläubigkeit Moskaus in Zweifel zog, sondern das gesamte Ordnungssystem des Kommunismus in Frage stellte. Dies führte unvermeidlich zu einer echten Autoritätskrise, bei der die Frage, wer nun eigentlich bestimmt, was gültig sei, keine eindeutige Antwort mehr fand. Was Moskau früher *ex cathedra* als verbindlich statuieren konnte, wurde Gegenstand allgemeiner Diskussion; wichtige Lehrsätze des Kommunismus ebenso wie die Richtigkeit sowjetischer Entscheidungen wurden angezweifelt und damit die Vorrangstellung der Sowjetunion als irrtumsfreie »Führerin der Revolution« angefochten.

Eine solche Situation konnte nicht ohne Einfluß auf die Beziehungen zwischen den kommunistischen Parteien und den von ihnen regierten Ländern bleiben. Sie ermöglichte die »Häresie« Albaniens ebenso wie den Sonderfall Rumänien (s. S. 252f.). Die Volksdemokratien konnten und wollten sich unter solchen Umständen nicht mehr bereitfinden, eine von Moskau diktierte Herrschaftsordnung ohne Gegenleistung hinzunehmen oder allzu weitgehende Übergriffe der Sowjetunion in ihre inneren Angelegenheiten zu dulden. Moskaus Mahnungen zur Einheit und Geschlossenheit des kommunistischen Lagers mußten deshalb so lange ohne nachhaltige Wirkung bleiben, als die Grundlagen der sowjetischen Hegemonialpolitik selbst nicht geändert wurden. Heute, dreißig Jahre später, wissen wir wohin diese damals begonnene Entwicklung fuhren mußte: zu einer vielfachen Aufsplitterung und schließlich zu einer nicht mehr aufzuhaltenden Auflösung des sozialistischen Lagers. Es war wiederum Togliatti, der diese Frage für die kommunistische Bewegung zu beantworten suchte. In einem Memorandum, das zu seinem politischen Testament werden sollte, zeichnete er das Bild einer offenen Gemeinschaft, in der die kommunistischen Parteien über einen hohen Grad von Autonomie verfügen, aber in ständigem Kontakt untereinander stehen sollten [D 58].

Auch Chruschtschow mochte Ähnliches geahnt haben, als er in seinem Bericht über die Moskauer Konferenz von 1960 eingestand, es sei nicht mehr möglich, alle sozialistischen Länder und kommunistischen Parteien von irgendeiner Zentrale aus zu leiten. Er war sich wohl wie kaum ein anderer Kommunistenführer bewußt, daß dem Prozeß der Relativierung bisher verbindlicher Auffassungen und der Aufsplitterung in »Leitungszentren« zweifellos eine innere Dynamik innewohnt. Sie folgt – wie das bereits die ersten Jahre der »Entstalinisierung« (1955/56) zeigten – eigenen Gesetzen.

3.2. *Der Konflikt mit Albanien*

Am 8. Dezember 1961 brach die Sowjetunion ihre Beziehungen zu Albanien ab, einem ihrer treuesten Anhänger. Trotz langer und intensiver Bemühungen war es der führenden Macht im kommunistischen Block nicht gelungen, die kleinste und ärmste aller Volksdemokratien zum Gehorsam zu zwingen. Die albanischen Kommunisten widerstanden dem sowjetischen Druck und nahmen, wie es ihr nördlicher Nachbar Jugoslawien dreizehn Jahre zuvor getan hatte, das Risiko einer politischen und wirtschaftlichen Isolierung durch die anderen kommunistischen Staaten Europas in Kauf. Zum zweiten Mal seit der Ausstoßung Jugoslawiens aus dem Kominform im Jahre 1948 trennte sich ein kommunistisch regiertes Land vom sowjetischen Imperium. Weiter geht allerdings die Ähnlichkeit der beiden »Häresien« nicht: Der Bruch Albaniens mit Moskau vollzog sich in einer völlig veränderten Konstellation innerhalb des kommunistischen Lagers. Die zunächst noch indirekte Einbeziehung Chinas in den Konflikt brachte nämlich das ungleiche Kräfteverhältnis zwischen der Sowjetunion und Albanien in eine machtpolitisch und ideologisch ausgeglichenere Dreiecksbeziehung, deren eigentliche Spannungszentren bereits 1961 in Moskau und Peking lagen. Erst eine Situation, die den Albanern die Rückenstärkung Chinas sicherte, ermöglichte ihnen das herausfordernde Auftreten gegen Moskau. Der Schritt zu einer Lokkerung der stalinistischen Herrschaftsmethoden im Innern und einer Öffnung nach außen sollte, mühsam genug, erst im Gefolge der Wandlungen im übrigen Osteuropa beginnen.

3.3. *Der Sonderfall Rumänien*

Die Veränderungen in der politischen Stellung Rumäniens seit etwa 1962 können als Maßstab dafür dienen, wie weit innerhalb des europäischen Ostblocks der Spielraum für einen wiedererwachten Nationalismus sein konnte. Der rumänische Parteiführer Gheorghiu-Dej hat in dieser Zeit nicht nur systematisch parteiinterne Bindungen an Moskau abgebaut; er hat es auch verstanden, in geschickter Ausnützung der sowjetisch-chinesischen Rivalität, seinem Land eine Sonderstellung zu verschaffen, ohne deswegen innenpolitische Reformen durchzuführen. Bukarest verließ den sicheren Boden der widerspruchslosen Unterwerfung unter das Moskauer Diktat und etablierte sich als vermittelnde Partei zwischen den beiden streitenden Großmächten. Gestützt auf chinesisches Wohlwollen nahm es sich die nach kommunistischen Maßstäben unerhörte Freiheit heraus, seine eigenen Auffassungen und Interessen gegenüber der Sowjetunion zu behaupten. Die rumänischen Kommunisten wollten damit einmal demonstrieren, daß es für sie nicht ohne weiteres feststeht, wer in dem Konflikt zwischen Moskau und Peking recht hat. Sie machten außerdem deutlich, daß angesichts dieses Konfliktes eine bedingungslose Unterordnung unter sowjetische Führung nicht mehr die einzige Alternative ist, die einer Volksdemokratie für ihr Fortbestehen bleibt, sondern daß reale Chancen bestehen, fortan die eigenen, nationalen Interessen geltend zu machen.

Rumänien brachte auf diese Weise, gewollt oder ungewollt, den grundsätzlichen Interessenkonflikt zwischen der sowjetischen Hegemoniemacht einerseits und den Volksdemokratien als lediglich »zugewandten Orten« andererseits zum Ausdruck. Er zeigt, daß die von Stalin eingeleitete Neuordnung Mittel- und Osteuropas dem wirklichen Charakter und den eigentlichen Interessen der davon betroffenen Länder von vornherein widersprach. Nirgends kam das klarer zum Ausdruck als bei den sowjetischen Plänen für eine wirtschaftliche Integration der europäischen Volksdemokratien. So ist es auch kein Zufall, daß es gerade diese einseitigen, auf sowjetische Interessen zugeschnittenen Prinzipien der »sozialistischen Arbeitsteilung« (vgl. D 48) sind, an denen sich der rumänische Widerstand entzündete. Diese Arbeitsteilung barg nach Auffassung der rumänischen Führung die Gefahr in sich, daß ihr noch wenig industrialisiertes Land auf unabsehbare Zeit in der Rolle des bloßen Lieferanten von Rohstoffen und landwirtschaftlichen Erzeugnissen verharren sollte. Eine solche Aufteilung der RGW-Länder in Industrie- und Agrarländer, in entwickelte und nicht-entwickelte Staaten entspricht aber weder den Interessen Rumäniens noch ermöglicht sie den »allseitigen Aufbau des Kommunismus im Weltmaßstab«. Deshalb wandte sich Bukarest gegen eine noch stärkere Einbeziehung in die geplante Zusammenlegung aller nationalen Volkswirtschaftspläne für den Zeitraum von 1966–1970 [D 59]. Eine solche langfristige Einordnung in die von Moskau gelenkte Gesamtplanung hätte Rumänien zu einer noch stärkeren Ausrichtung auf die Sowjetunion gezwungen. Das aber konnte in den Augen der rumänischen Führer nur auf Kosten ihrer wirtschaftlichen Selbständigkeit, der angestrebten Entwicklung zum Industrieland und, nicht zuletzt, der Erweiterung des Handels mit dem Westen geschehen.

Aus diesen Befürchtungen heraus wuchs die rumänische Opposition innerhalb des RGW und entstand der Sonderfall Rumänien. Die sowjetisch-rumänische Kontroverse hüllte sich in den Mantel wirtschaftstheoretischer Erwägungen, bis sie im Frühjahr 1964 offen als politischer Konflikt zutage trat. Es waren vor allem die Rumänen, die mit einer Art »nationalem Manifest« zu einer durch chinesisches Wohlwollen gedeckten Offensive übergingen. Darin verkündeten sie, aller Welt hörbar, das »souveräne Recht jedes sozialistischen Staates, seine eigenen Wege zu gehen«. Sie lehnten deshalb konsequenterweise die von Chruschtschow gewünschte Errichtung zentraler Lenkungsorgane innerhalb des RGW ab, die ihrer Ansicht nach eine Schmälerung der einzelstaatlichen Souveränität zur Folge hätten. Bei aller Bereitschaft zur wirtschaftlichen Zusammenarbeit wiesen die Rumänen auf ihr in den Moskauer Erklärungen von 1957 und 1960 statuiertes Recht auf »nationale Unabhängigkeit« hin, das nach ihrer Meinung auch das Recht zur Entwicklung einer eigenen, autonomen industriellen Entwicklung enthält.

Die Antwort Moskaus [D 60] konnte nicht ausbleiben. Sie wies auf Rumäniens »Doppelzüngigkeit« hin: das eigene (sozialistische) Lager zu kritisieren, sich zugleich aber mit dem kapitalistischen Lager wirtschaftlich einzulassen. In der Tat schlug Rumänien aus seiner anti-sowjetischen Politik einiges an Kapital in Form wirtschaftlicher Zusammenarbeit und politischer Sympathie im Westen, vor allem in den Vereinigten Staaten, heraus. Dieses Kapital verbrauchte es unter der immer brutaler werdenden Diktatur Ceauşescus bis auf den letzten Rest. Ende der achtziger Jahre fand sich Rumänien doppelt isoliert: kritisiert vom Westen und gemieden von seinen ehemaligen Verbündeten im Osten, einschließlich der Sowjetunion.

3.4. Moskaus Vertrag mit der DDR

Als ob sie der weiteren Aufsplitterung des kommunistischen Lagers demonstrativ entgegenwirken wollte, schloß die Sowjetunion am 12. Juni 1964 einen »Vertrag über Freundschaft, gegenseitigen Beistand und Zusammenarbeit« mit der DDR ab [D 61]. Es handelte sich dabei zwar nicht um den seit Jahren von Chruschtschow angedrohten separaten Friedensvertrag, nichtsdestoweniger aber um eine vertragliche Fixierung der Grundsätze der sowjetischen Deutschlandpolitik. Ähnlich strukturiert, wenn auch inhaltlich detaillierter, fügte sich der Pakt in das bereits bestehende bilaterale Vertragsnetz des Ostblocks ein, wie es Moskau in den ersten Nachkriegsjahren aufgebaut hatte (s. S. 43). Erst drei Jahre später, 1967, sollten dann entsprechende Verträge mit den beiden Nachbarstaaten Polen und Tschechoslowakei folgen.

Der sowjetisch-ostdeutsche Beistandspakt geht inhaltlich erheblich über den Vertrag vom 20. September 1955 hinaus, mit dem die DDR zum »souveränen Staat« erklärt wurde. Sein Hauptpunkt stellt eine (sowjetische) Garantie der territorialen Integrität der DDR dar. West-Berlin wird als »selbständige politische Einheit« bezeichnet und die DDR als in ihrer Existenz einzig rechtmäßiger deutscher Staat bestätigt. Das Postulat des separaten Friedensvertrages mit der DDR wird aufrechterhalten, seine ultimative Form jedoch stillschweigend fallengelassen. Der Vertrag erhielt sein besonderes Gewicht im Rahmen der umfassenderen Bemühungen Moskaus, nach den Fehlschlägen einer stärkeren Integration innerhalb des RGW nun den Zusammenhalt des Blocks abermals auf bilateralem Wege zu festigen. Dazu gehörten auch die Besuche Chruschtschows in mehreren Volksdemokratien, die Verlängerung des sowjetisch-tschechoslowakischen Beistandsvertrages im November 1963 und der am 8. April 1965 abgeschlossene neue sowjetisch-polnische Vertrag, in dem eine Sicherheitsgarantie für den Bestand der Oder-Neiße-Linie festgelegt und damit der Status quo in Europa zusätzlich zementiert werden sollte. Bei allen drei Anlässen wurden außerdem zusätzliche Vereinbarungen zur engeren wirtschaftlichen Verflechtung dieser wichtigsten Volksdemokratien mit der Sowjetunion getroffen. (Am 15. Januar 1966 schloß die Sowjetunion zudem einen Beistandspakt mit der Äußeren Mongolei ab. Da diese bereits Mitglied des RGW war, bedeutete dieser Vertrag eine weitere Stärkung ihrer Beziehungen mit dem sowjetischen Block und richtete sich somit in erster Linie gegen das benachbarte China.)

D 58: Die Zukunft der kommunistischen Welt. Aus dem Testament Palmiro Togliattis, August 1964

Zur Stellung der kommunistischen Parteien

Eine internationale Konferenz (der kommunistischen Parteien*) kann zweifellos helfen, für diese Probleme eine bessere Lösung zu finden, aber im wesentlichen obliegt die Aufgabe, sie zu vertiefen und zu lösen, den einzelnen Parteien. Man kann sogar befürchten, daß die Annahme allgemeingültiger, starrer Formeln ein Hindernis bilden würde. Meine Meinung ist, daß in der Linie der gegenwärtigen historischen Entwicklung und ihrer allgemeinen Perspektiven (Vordringen und Sieg des Sozialismus in der ganzen Welt) die Formen und konkreten Bedingungen des Vordringens und des Sieges des Sozialismus heute und in der nächsten Zukunft von denen der Vergangenheit erheblich abweichen werden. Gleichzeitig sind die Verschiedenheiten von Land zu Land sehr groß. Deshalb muß jede Partei in autonomer Weise zu handeln verstehen. Die Autonomie der Parteien, deren entschiedene Fürsprecher wir sind, ist nicht nur eine innere Notwendigkeit unserer Bewegung, sondern eine wesentliche Bedingung für unsere Entwicklung unter den gegenwärtigen Verhältnissen.

Wir wären daher gegen jeden Vorschlag, erneut eine zentralisierte internationale Organisation zu schaffen. Wir sind beharrliche Fürsprecher der Einheit unserer Bewegung und der internationalen Arbeiterbewegung, aber diese Einheit muß in der Verschiedenheit der konkreten politischen Positionen verwirklicht werden, wie sie der Situation und dem Entwicklungsgrad in jedem Land entsprechen. Dabei besteht natürlich die Gefahr einer Isolierung der Parteien voneinander und infolgedessen einer gewissen Verwirrung. Gegen diese Gefahren muß man ankämpfen, und dafür stehen unserer Meinung nach folgende Mittel zur Verfügung: recht häufige Fühlungnahme und Erfahrungsaustausch zwischen den Parteien auf breiter Ebene; Einberufung gemeinschaftlicher Tagungen zum Studium gemeinsamer Probleme gewisser Gruppen von Parteien; internationale Arbeitstagungen zum Studium allgemeiner Probleme der Wirtschaft, Philosophie, Geschichte usw.

Außerdem sind wir dafür, daß zwischen den einzelnen Parteien und über Themen gemeinsamen Interesses auch öffentlich debattiert werden sollte, um die gesamte öffentliche Meinung daran zu interessieren. Das erfordert selbstverständlich, daß die Debatte in korrekter Weise unter Wahrung der gegenseitigen Achtung mit objektiven Argumenten geführt wird und nicht mit der Vulgarität und Heftigkeit, deren sich die Albaner und Chinesen befleißigen! ...

Eine Tatsache, die uns Sorge bereitet und die wir uns nicht vollständig erklären können, ist das Auftreten einer zentrifugalen Tendenz unter den sozialistischen Ländern. Darin liegt eine offenkundige und ernste Gefahr, mit der sich unserer Meinung nach die sowjetischen Genossen beschäftigen müssen. Dabei spielt zweifellos ein wiederauflebender Nationalismus eine Rolle. Wir wissen aber, daß das Nationalgefühl

---

* Wie sie von der KPdSU zur Festlegung einer neuen Generallinie und der Klärung des Konfliktes mit China im Sommer 1964 vorgeschlagen wurde.

auch nach der Eroberung der Macht noch für lange Zeit eine Konstante der sozialistischen und Arbeiterbewegung bleibt. Die wirtschaftlichen Fortschritte löschen es nicht aus, sondern geben ihm Nahrung. Auch im sozialistischen Lager muß man sich vielleicht (ich unterstreiche dieses »vielleicht«, da uns viele konkrete Tatsachen unbekannt sind) vor der erzwungenen äußeren Uniformität hüten und daran denken, daß die Einheit in der Vielfalt bei voller Autonomie der einzelnen Länder hergestellt und bewahrt werden muß.

Quelle: Ost-Probleme, 23, 1964, S. 650ff.

D 59: Erklärung des Zentralkomitees der Rumänischen Arbeiterpartei vom 22. April 1964 (Auszug)

Unsere Partei hat ihren Standpunkt mit aller Klarheit zum Ausdruck gebracht und darauf hingewiesen, daß, nachdem das Wesen der beabsichtigten (sc. von der Sowjetunion innerhalb des Rates für gegenseitige Wirtschaftshilfe geförderten) Maßnahmen darin besteht, einige Funktionen der wirtschaftlichen Leitung aus der Zuständigkeit des betreffenden Staates in die Kompetenz einiger überstaatlicher Organe der Organismen zu überführen, sie nicht den Prinzipien entsprechen, die den Beziehungen zwischen den sozialistischen Ländern zugrunde liegen.

Der Gedanke eines allen RGW-Ländern gemeinsamen einheitlichen Planungsorgans bringt äußerst ernste wirtschaftliche und politische Verwicklungen mit sich. Die planmäßige Leitung der Volkswirtschaft ist eine der grundlegenden, wesentlichen und unveräußerlichen Attrribute der Souveränität des sozialistischen Staates – da der Staatsplan das Hauptinstrument ist, durch das dieser seine politischen und sozialwirtschaftlichen Ziele verwirklicht, die Richtungen und den Rhythmus der Entwicklung der Volkswirtschaft, ihre grundlegenden Proportionen, die Akkumulationen sowie die Maßnahmen für die Hebung des materiellen und kulturellen Lebensstands des Volkes festlegt. Die Souveränität des sozialistischen Staates setzt voraus, daß er tatsächlich und uneingeschränkt über die Mittel zur praktischen Verwirklichung dieser Attribute verfügt und sämtliche Hebel der Leitung des wirtschaftlichen und sozialen Lebens in seinen Händen hält. Der Übergang eines solchen Hebels in den Zuständigkeitsbereich überstaatlicher oder außerstaatlicher Organe würde die Souveränität in einen inhaltlosen Begriff verwandeln.

Dies alles gilt voll und ganz auch für die zwischenstaatlichen Vereinigungen der technisch-produktiven Sparten sowie für die Betriebe, die das gemeinsame Eigentum zweier oder mehrerer Staaten sind. Der Staatsplan ist einheitlich und unteilbar, es können ihm keine Teile oder Abschnitte entnommen und außerhalb des Staates gestellt werden. Die Leitung der Volkswirtschaft in ihrer Gesamtheit ist nicht möglich, wenn Fragen der Leitung einiger Sparten oder Betriebe dem Zuständigkeitsbereich von Partei und Regierung des betreffenden Landes entzogen und außerstaatlichen Organen übertragen werden ...

Unter den gegenwärtigen Bedingungen, da es vierzehn sozialistische Länder in der Welt gibt, von denen nur ein Teil dem RGW angehört, da dessen Zusammensetzung das sozialistische Weltsystem nur teilweise widerspiegelt, würde es zum Ausbau der wirtschaftlichen Zusammenarbeit aller sozialistischen Länder beitragen, fände man, zusammen mit denen, die zur Zeit nicht dem RGW angehören, die geeignetsten Wege, damit alle sozialistischen Länder am RGW teilnehmen, um breiteste, elastische Formen und Methoden der Zusammenarbeit zu sichern, die, nach Maßgabe der Entfaltung des Prozesses der Weltrevolution, immer neue Staaten heranziehen und ihre Erfassung erleichtern. Auf diese Weise würde der RGW den Interessen der Steigerung des Wirtschaftspotentials der sozialistischen Gemeinschaft, der vollen Auswertung der Vorteile, die die Umwandlung des Sozialismus in ein Weltsystem mit sich bringt, und der Gewährleistung einer dauerhaften materiellen Basis für die Einheit der sozialistischen Länder im höchsten Grade entsprechen. Mehr noch, unseres Erachtens müßten selbst für die Länder, die den Bahnen einer nichtkapitalistischen Entwicklung folgen, Formen und Methoden für die Teilnahme an der Tätigkeit des RGW in Bereichen, die sie interessieren, gefunden werden.

Was die Rumänische Arbeiterpartei anbelangt, erklärt sie sich konsequent für die Festigung und Ausweitung der Zusammenarbeit mit allen sozialistischen Ländern, für die Durchführung der internationalen sozialistischen Arbeitsteilung im ganzen sozialistischen Wirtschaftssystem als objektive Notwendigkeit der Entwicklung dieses Systems.

Gleichzeitig kann die internationale sozialistische Arbeitsteilung nicht eine Isolierung der sozialistischen Länder von der Gesamtheit der Weltwirtschaftsbeziehungen bedeuten. Die Rumänische Volksrepulbik, die sich für die Förderung normaler, gegenseitig vorteilhafter Wirtschaftsbeziehungen ohne politische Bedingungen, ohne Einschränkungen und Diskriminierungen einsetzt, entwickelt wie die anderen sozialistischen Staaten ihre Wirtschaftsbeziehungen zu allen Staaten, unabhängig von deren Gesellschaftsordnung ...

Quelle: Rumänische Presse-Agentur: Dokumente, Artikel und Informationen über Rumänien, Bukarest, April 1964.

D 60: Sowjetische Replik auf den rumänischen Alleingang. Aus einer Sendung Radio Moskaus vom 30. Mai 1964 (Auszug)

Die Völker der sozialistischen Staaten wissen, daß sie die Ziele des Kommunismus schneller erreichen werden, wenn sie zusammenarbeiten und einander helfen und unterstützen. Zusammenarbeit stärkt die Kräfte jedes einzelnen sozialistischen Landes.

Diese klare Überlegung stößt auf den Widerstand jener, die sagen, sie erfüllten die Aufgaben des kommunistischen Aufbaus schneller, wenn sie sich auf ihre eigenen Kräfte verließen, als wenn sie eine enge Einheit mit den anderen sozialistischen Staaten bildeten. Die Urheber dieser Theorie vom Vertrauen in die eigenen Kräfte möchten, daß sich jedes sozialistische Land isoliert von anderen Staaten entwickelt. Zugleich gehen sie absichtlich über die Tatsache hinweg, daß in der Praxis diese Politik zu einem unvernünftigen Verschleiß von Arbeitskraft und materiellen Ressourcen führt.

Ist es nicht seltsam, daß jene, die gegen die Zusammenarbeit mit anderen sozialistischen Staaten agieren, sich wegen technischer Hilfe an kapitalistische Staaten wenden und große Summen ausländischer Währung dafür ausgeben? Die Verfasser des Schlagwortes vom Vertrauen in die eigenen Kräfte malen das Bild der wirtschaftlichen Zusammenarbeit zwischen Ländern des sozialistischen Weltsystems in düsteren Farben. Sie sagen, daß diese Zusammenarbeit zu einer Umwandlung von gewissen Ländern in Anhängsel für Rohstoffe und Landwirtschaft führen würde und daß sie ihren Status der Gleichberechtigung und, mehr noch, selbst ihre politische Unabhängigkeit verlieren würden. Dies kann nicht anders als eine bewußte Verzerrung des Charakters der wirtschaftlichen Beziehungen zwischen den sozialistischen Staaten angesehen werden. Zwischen diesen Ländern gibt es keinen Platz für ein »Diktat« oder eine Unterordnung.

Alle sozialistischen Länder, ob klein oder groß, arbeiten miteinander auf freiwilliger Grundlage zusammen. Ein Beispiel dafür ist der Rat für gegenseitige Wirtschaftshilfe, in dem alle Beschlüsse auf der Basis völliger Einstimmigkeit gefaßt werden. Er hilft die Anstrengungen der Mitgliedstaaten zu vereinheitlichen und zu koordinieren und trägt zur planmäßigen Entwicklung ihrer nationalen Wirtschaft und zur Beschleunigung ihres wirtschaftlichen und technischen Fortschritts bei.

Die Sowjetunion leistete und leistet weiterhin große Hilfe bei der Entwicklung der Schwerindustrie der sozialistischen Staaten. Die bei der Zusammenarbeit unter den sozialistischen Staaten gewonnene Erfahrung zeigt, daß die Mitglieder der sozialistischen Gemeinschaft ihre Wirtschaft nur im Rahmen einer brüderlichen Verbundenheit auf der rationellsten und wirksamsten Grundlage entwickeln können, indem sie die Vorteile der internationalen Arbeitsteilung klug ausnützen.

Quelle: The Guardian vom 9. Juni 1964 (Übersetzung durch Hrsg.).

D 61: Vertrag über Freundschaft, gegenseitigen Beistand und Zusammenarbeit zwischen der DDR und der Sowjetunion vom 12. Juni 1964

Die Deutsche Demokratische Republik und die Union der Sozialistischen Sowjetrepubliken haben,
geleitet von dem Wunsch, die brüderliche Freundschaft zwischen der Deutschen Demokratischen Republik und der Union der Sozialistischen Sowjetrepubliken weiterzuentwickeln und zu festigen, was den Grundinteressen der Völker beider Länder und der gesamten sozialistischen Gemeinschaft entspricht,
aufbauend auf der brüderlichen und allseitigen Zusammenarbeit, die ein Grundpfeiler der Politik ist, welche die Beziehungen zwischen beiden Staaten bestimmt, und die sich seit dem Abschluß des Vertrages über die Beziehungen zwischen der Deutschen Demokratischen Republik und der Union der Sozialistischen Sowjetrepubliken vom 20. September 1955 noch enger und herzlicher gestaltet hat,
in der festen Absicht, die Sicherung des Friedens in Europa und in der ganzen Welt zu

fördern und unbeirrt eine Politik der friedlichen Koexistenz von Staaten mit unterschiedlicher Gesellschaftsordnung zu befolgen,

von der Entschlossenheit erfüllt, ihre Anstrengungen zu vereinen, um – gestützt auf den Warschauer Vertrag über Freundschaft, Zusammenarbeit und gegenseitigen Beistand vom 14. Mai 1955 – der Bedrohung der internationalen Sicherheit und des Friedens durch die eine Revision der Ergebnisse des Zweiten Weltkrieges anstrebenden revanchistischen und militaristischen Kräfte wirksam entgegenzutreten und die territoriale Integrität und Souveränität beider Staaten gegen jeden Angriff zu verteidigen,

in der übereinstimmenden Auffassung, daß der erste Arbeiter- und Bauernstaat in der Geschichte Deutschlands – die Deutsche Demokratische Republik, die die Grundsätze des Potsdamer Abkommens verwirklicht hat – den Weg des Friedens geht und ein wichtiger Faktor zur Gewährleistung der Sicherheit in Europa und zur Abwendung der Kriegsgefahr ist,

in dem Wunsch, den Abschluß eines deutschen Friedensvertrages zu erleichtern und die Verwirklichung der Einheit Deutschlands auf friedlicher und demokratischer Grundlage zu fördern, geleitet von den Zielen und den Grundsätzen der Satzung der Organisation der Vereinten Nationen, folgendes vereinbart:

Artikel 1

Die Hohen Vertragschließenden Seiten werden, ausgehend von der vollen Gleichberechtigung, der gegenseitigen Achtung der staatlichen Souveränität, der Nichteinmischung in die inneren Angelegenheiten sowie von den hohen Prinzipien des sozialistischen Internationalismus, indem sie die Prinzipien des beiderseitigen Vorteils und der gegenseitigen brüderlichen Hilfe verwirklichen, auch künftig die Beziehungen der Freundschaft und der engen Zusammenarbeit auf allen Gebieten entwickeln und festigen.

Artikel 2

Die Hohen Vertragschließenden Seiten werden im Interesse des Friedens und der friedlichen Zukunft der Völker, darunter des deutschen Volkes, unbeirrt für die Beseitigung der Überreste des Zweiten Weltkrieges, für den Abschluß eines deutschen Friedensvertrages und für die Normalisierung der Lage in West-Berlin auf seiner Grundlage eintreten. Beide Seiten gehen davon aus, daß bis zum Abschluß eines deutschen Friedensvertrages die Vereinigten Staaten von Amerika, Großbritannien und Frankreich nach wie vor ihre Verantwortung für die Verwirklichung der Forderungen und Verpflichtungen auf dem Territorium der Bundesrepublik Deutschland tragen, die die Regierungen der vier Mächte gemeinsam im Potsdamer und in anderen internationalen Abkommen zur Ausrottung des deutschen Militarismus und Nazismus und zur Verhinderung einer deutschen Aggression übernommen haben.

Artikel 3

Die Hohen Vertragschließenden Seiten vereinen ihre Anstrengungen zur Gewährleistung des Friedens und der Sicherheit in Europa und in der ganzen Welt in Übereinstimmung mit den Zielen und den Grundsätzen der Satzung der Organisation der Vereinten Nationen. Sie werden alle von ihnen abhängigen Maßnahmen treffen, um auf der Grundlage der Prinzipien der friedlichen Koexistenz die Lösung grundlegender internationaler Probleme zu fördern, wie die allgemeine und vollständige Abrüstung einschließlich solcher Teilmaßnahmen, die zur Einstellung des Wettrüstens und zur Minderung der internationalen Spannungen beitragen, sowie die Beseitigung des Kolonialismus, die Beilegung territorialer und Grenzstreitigkeiten zwischen den Staaten mit friedlichen Mitteln und andere.

Artikel 4

Angesichts der bestehenden Gefahr eines Aggressionskrieges seitens militaristischer und revanchistischer Kräfte erklären die Hohen Vertragschließenden Seiten feierlich, daß die Unantastbarkeit der Staatsgrenzen der Deutschen Demokratischen Republik einer der Grundfaktoren der europäischen Sicherheit ist. Sie bekräftigen ihre feste Entschlossenheit, in Übereinstimmung mit dem Warschauer Vertrag über Freundschaft, Zusammenarbeit und gegenseitigen Beistand die Unantastbarkeit dieser Grenzen gemeinsam zu gewährleisten. Die Hohen Vertragschließenden Seiten werden auch alle notwendigen Maßnahmen ergreifen, um eine Aggression der Kräfte des Militarismus und Revanchismus, die eine Revision der Ergebnisse des Zweiten Weltkrieges anstreben, zu verhindern.

Artikel 5

Im Falle eines bewaffneten Überfalls irgendeines Staates oder irgendeiner Staatengruppe auf eine der Hohen Vertragschließenden Seiten in Europa wird die andere Hohe Vertragschließende Seite dieser in Übereinstimmung mit den Bestimmungen des Warschauer Vertrages über Freundschaft, Zusammenarbeit und gegenseitigen Beistand sofortigen Beistand erweisen. Von den ergriffenen Maßnahmen wird dem Sicherheitsrat in Übereinstimmung mit den Bestimmungen der Satzung der Organisation der Vereinten Nationen Mitteilung gemacht werden. Diese Maßnahmen werden eingestellt, sobald der Sicherheitsrat die Maßnahmen ergreift, die zur Wiederherstellung und Erhaltung des Weltfriedens und der Sicherheit erforderlich sind.

Artikel 6

Die Hohen Vertragschließenden Seiten werden West-Berlin als selbständige politische Einheit betrachten.

Artikel 7

Die Hohen Vertragschließenden Seiten bekräftigen ihren Standpunkt, daß angesichts der Existenz zweier souveräner deutscher Staaten – der Deutschen Demokratischen Republik und der Bundesrepublik Deutschland – die Schaffung eines friedliebenden, demokratischen, einheitlichen deutschen Staates nur durch gleichberechtigte Verhandlungen und eine Verständigung zwischen beiden souveränen deutschen Staaten erreicht werden kann.

Artikel 8

Die Hohen Vertragschließenden Seiten werden auf der Grundlage des beiderseitigen Vorteils und der uneigennützigen brüderlichen Zusammenarbeit, in Übereinstimmung mit den Grundsätzen des Rates für gegenseitige Wirtschaftshilfe die wirtschaftlichen und wissenschaftlich-technischen Beziehungen zwischen beiden Staaten maximal entwickeln und festigen, in Übereinstimmung mit den Grundsätzen der internationalen sozialistischen Arbeitsteilung die Koordinierung der Volkswirtschaftspläne, die Spezialisierung und Kooperierung der Produktion verwirklichen und durch die Annäherung und Abstimmung der nationalen Wirtschaften beider Staaten ein Höchstmaß an Produktivität sichern. Beide Seiten werden auch weiterhin ihre Beziehungen auf kulturellem, gesellschaftlichem und sportlichem Gebiet wie auf dem Gebiet des Touristenverkehrs entwickeln.

Artikel 9

Dieser Vertrag berührt nicht Rechte und Pflichten der beiden Seiten aus geltenden zweiseitigen und anderen internationalen Abkommen einschließlich des Potsdamer Abkommens.

Artikel 10

Dieser Vertrag wird für die Dauer von 20 Jahren vom Tage des Inkrafttretens gültig sein. Wenn ihn nicht eine der Hohen Vertragschließenden Seiten 12 Monate vor Ablauf der Geltungsdauer des Vertrages kündigt, bleibt der Vertrag weitere 10 Jahre in Kraft. Im Falle der Schaffung eines einheitlichen, demokratischen und friedliebenden deutschen Staates oder des Abschlusses eines deutschen Friedensvertrages kann dieser Vertrag vor Ablauf der Frist von 20 Jahren auf Wunsch jeder der Hohen Vertragschließenden Seiten überprüft werden.

Artikel 11

Dieser Vertrag bedarf der Ratifizierung und tritt in Kraft mit dem Austausch der Ratifikationsurkunden, der in nächster Zeit in Berlin erfolgt.

Ausgefertigt in Moskau am 12. Juni 1964 in zwei Exemplaren, jedes in deutscher und russischer Sprache, wobei beide Texte gleichermaßen gültig sind.

[Unterschriften]

Quelle: Europa-Archiv, 1964, D 325–328.

4. »Prager Frühling« und wirtschaftliche Zusammenarbeit

4.1. Beginn und Ende der Reformen in der Tschechoslowakei

Auch die Sowjetunion hatte einen Preis für die von Chruschtschow eingeleitete und von seinen Nachfolgern im großen und ganzen fortgesetzte Entspannungspolitik zu entrichten. Auch sie geriet, ähnlich wie der Westen, in den Zwiespalt, einerseits den Zusammenhalt unter ihren Verbündeten zu bewahren, andererseits deren Bestrebungen nach größerer Bewegungsfreiheit zu dulden. Sie scheiterte bei Albanien, wo es um das erste Ziel ging, und sie hatte keine andere Wahl bei Rumänien hinsichtlich des zweiten. Die DDR war und blieb einmal mehr ein Sonderfall: Der Vertrag von 1964 (vgl. D 61) bestätigte nicht nur ihre deutliche Zu- wo nicht Unterordnung gegenüber Moskau; er bot zugleich für die DDR-Führung selber die Gewähr, daß sich die Sowjetunion weiterhin für Fortbestand und Anerkennung des ostdeutschen Teilstaates verbürgen werde.

Die übrigen Volksdemokratien – Polen, Ungarn, Bulgarien und die Tschechoslowakei – befanden sich irgendwo in der Mitte. Das heißt, sie bewegten sich mehr oder weniger vorsichtig zwischen der offiziell bezeugten Loyalität zur sowjetischen Führungsmacht und tastendem Suchen nach glaubwürdigeren Formen nationaler Identität und höherer wirtschaftlicher Leistung. Am weitesten ging bei dieser Suche die Tschechoslowakei. Anfang Januar 1968 kam es zur Trennung der beiden höchsten Funktionen in Staat und Partei. Das war das sichtbare und symbolträchtige Signal zu einer sich rasch ausweitenden Reformbewegung. Staatspräsident Novotny wurde seinem Amt als erster Sekretär der Kommunistischen Partei enthoben und durch Alexander Dubček ersetzt. Ende März verlor Novotny auch sein Amt als Staatspräsident, sein Nachfolger wurde Ludvik Svoboda. An die Spitze der neugebildeten Regierung trat Alexander Dubček. Sie trat am 5. April mit einem Aktionsprogramm hervor, das u. a. wirtschaftliche Reformen in Aussicht stellte. Dadurch erhielt die als »Prager Frühling« bezeichnete Reformbewegung zusätzlichen und nunmehr offiziellen Auftrieb. Sie bezog sehr rasch – von der Außenpolitik abgesehen – alle wesentlichen Bereiche des öffentlichen Lebens mit ein. Am 1. Juni 1968 beschloß das Zentralkomitee der Partei die Einberufung eines außerordentlichen (14.) Parteitages für den 9. September. Auf ihm sollten die Weichen für alle weiteren Reformen gestellt werden. Ihr Ziel: ein »Sozialismus mit menschlichem Angesicht«.

Es konnte nicht ausbleiben, daß ob einer solchen an »Häresie« grenzenden Entwicklung die übrigen Warschauer Paktstaaten zusehends unruhiger wurden. Am 15. Juli erging in Form eines Briefes die erste und unüberhörbare Warnung der Verbündeten an Prag [D 62]. Sie enthielt das, was später als Breschnew-Doktrin in die Geschichte einging: die Warnung nämlich, daß das, was sich in der Tschechoslowakei abspiele, nicht nur sie selber, sondern die Gesamtheit der »sozialistischen Brüderländer« anginge. Diese behielten sich deshalb das Recht zum Eingreifen vor, um einer Lostrennung der Tschechoslowakei vom sozialistischen Lager zuvorzukommen – einer Lostrennung, die nur dem feindlichen Kapitalismus nützen und dem Sozialismus als Ganzem schaden könne.

Dubček und seine Anhänger beteuerten vergeblich ihre Treue zum Warschauer Pakt und bestanden auf Aussprachen mit den einzelnen »Bruderparteien«. Die dramatischste und letztlich erfolglose Begegnung – bereits im Schatten der sich verdichtenden Truppenbewegungen entlang der tschechischen Grenze – fand im tschechoslowakischen Grenzort Čierna nad Tisou (Schwarzau an der Theiss) vom 29. Juli bis 1. August (und nicht, wie es Moskau ursprünglich gewünscht hatte, auf sowjetischem Territorium) statt. Hier trafen sich in voller Besetzung das gesamte sowjetische Politbüro und das Präsidium der tschechoslowakischen Partei. Der Ausgang der Begegnung erschien als Sieg Dubčeks; wenige Tage später gaben ihm die fünf Warschauer Paktstaaten in Bratislava (Pressburg) ihren offiziellen Segen. Rumänien glänzte durch bewußte Abwesenheit, und der Präsident des blockfreien Jugoslawien, Tito, ließ deutlich seine Sympathie für den »Prager Frühling« durchblicken – ausgerechnet Tito, der noch die sowjetische Intervention in Ungarn 1956 als notwendig bezeichnet hatte.

War diese scheinbare Versöhnung in Čierna ein letzter Versuch Moskaus, eine ähnliche Intervention in Prag zu vermeiden? Oder diente sie nur dazu, Zeit zur Vorbereitung dieser Intervention zu gewinnen? Für die Tschechen wurde dies am frühen Morgen des 21. August zu einer rein theoretischen Frage: In der Nacht waren Truppen von fünf Warschauer Paktstaaten (Sowjetunion, Polen, Ungarn, DDR und Bulgarien) einmarschiert und setzten dem so hoffnungsvollen »Prager Frühling« im Namen der Breschnew-Doktrin ein Ende. Daran ließ die Erklärung der sowjetischen

Presseagentur TASS keinen Zweifel [D 63]. Und daran vermochte auch der verzweifelte Protest der Dubček-Regierung nichts mehr zu ändern [D 64]. Die Lage in der Tschechoslowakei wurde, wie es im nüchtern-brutalen Jargon kommunistischer Propaganda hieß, »normalisiert«. Anderthalb Jahre später fand diese »Normalisierung« ihre formelle Bestätigung in einem neuen »Vertrag über Freundschaft, Zusammenarbeit und gegenseitigen Beistand zwischen der Sowjetunion und der Tschechoslowakei« [D 65]. Mit ihm wurde auch die Anwesenheit von fünf sowjetischen Divisionen als eigentlicher Besatzungsmacht bekräftigt – dies in einer Tschechoslowakei, die im Unterschied zu Polen, Ungarn, Rumänien und der DDR seit ihrer Befreiung von deutscher Besetzung keine fremden Truppen bei sich gehabt hatte.

Ein Augenzeuge der tschechischen Tragödie, Zdenek Mlynar, sollte später über die Hoffnung der Reformen schreiben, wie sie rund zwanzig Jahre später nicht nur für Polen und Ungarn, sondern im Spätherbst 1989 auch für die Tschechoslowakei zur Leitlinie wurden: »Die entscheidenden Monate des ›Prager Frühling‹ 1968 waren in diesem Sinne die nationale ›Stunde der Wahrheit‹. Nicht etwa deshalb, weil keiner von denen, die sich damals dem Wertsystem, das in der ›Volksseele‹ verwurzelt war, untergeordnet hatten, fähig gewesen wäre, es später wieder zu verleugnen oder gar sich aktiv dagegen zu wenden. Etwas derartiges zu erwarten, wäre eine Illusion gewesen. Die ›Stunde der Wahrheit‹ zeigte jedoch, daß keiner, der sich der Volksbewegung untergeordnet hatte, widerstehen konnte, solange das Volk insgesamt von der Angst befreit war. Diese Monate bedeuteten auch deshalb die ›Stunde der Wahrheit‹, weil sie zeigten, womit der Gedanke jedes Sozialismus in der Gesinnung der großen Mehrheit des Volkes verknüpft war und womit nicht. Er wird in der Verbindung mit humanistischen und demokratischen Wertorientierungen akzeptiert, in der Verbindung mit Wertorientierungen des Totalitarismus abgelehnt«*.

Das »Prager Experiment« war zwar gescheitert, seine Zielsetzung – ein Sozialismus mit menschlichem Gesicht – lebte in den Herzen und Köpfen der Menschen weiter. Früher oder später mußte sie wieder auftauchen, Gestalt annehmen und schließlich offizielle Anerkennung finden. Dies einfach deshalb, weil sie dem Wesen des Menschen, seinem Drang nach Freiheit und Selbstverwirklichung entsprach und damit an europäisches Erbe anknüpfte. Die Breschnew-Doktrin war 1968 erfolgreich, weil sie eine Übermacht militärischer Stärke hinter sich hatte. Sie wurde in dem Maße unwirksam, in dem militärische Macht sich als Feind politischer Freiheit und als Hindernis wirtschaftlicher Entwicklung entpuppte.

4.2. Das RGW-Komplexprogramm

Es war bestimmt auch die Nachwirkung der tschechischen Krise, die die Sowjetunion zu einer ernsthaften Überprüfung ihrer Bündnis- und wirtschaftlichen Integrationspolitik veranlaßte. Bereits im März 1969, also nur wenige Monate nach dem Einmarsch in die Tschechoslowakei, beschloß der Politische Beratende Ausschuß des Warschauer Paktes die Schaffung von drei neuen Organen: eines Komitees der Verteidi-

* aus: Zdenek Mlynar, Nachtfrost, Köln/Frankfurt 1978, S. 152.

gungsminister, eines Militärrates und eines Vereinigten Komitees zur Koordinierung der Waffentechnik. Diese Maßnahmen sowie eine verstärkte militärpolitische Zusammenarbeit sollten offenbar dazu dienen, den Spannungen und zentrifugalen Tendenzen im Pakt entgegenzuwirken und die Koordination unter den Streitkräften und ihr Zusammenwirken zu verbessern. Albanien nahm die Intervention seiner Partner zum Anlaß, am 13. September 1968 den Austritt aus dem Warschauer Pakt zu erklären; Rumänien beschränkte fortan seine Teilnahme an Paktmanövern auf ein Minimum.

Eine Straffung der Zusammenarbeit auf wirtschaftlichem Gebiet erwies sich als komplizierter und langwieriger. Dafür war nicht zuletzt der Widerstand Rumäniens gegen jede Art supranationaler Integration und von Moskau gelenkter zentraler Planung verwantwortlich. Immerhin wurde ab 1969 auf der 23. Sondertagung des RGW beschlossen, die wirtschaftliche Zusammenarbeit mit Hilfe einer langfristig angelegten »sozialistischen Integration« zu vertiefen. Aber erst zwei Jahre später, anläßlich seiner 25. Jubiläumstagung im Juli 1971 in Bukarest, einigten sich die Ratsmitglieder auf ein ehrgeiziges »Komplexprogramm für die weitere Vertiefung und Vervollkommnung der Zusammenarbeit und Entwicklung der sozialistischen ökonomischen Integration der Mitgliedsländer des RGW« [D 66]. Das Programm spiegelt deutlich den – wahrscheinlich unlösbaren, sicher aber ungelösten – Widerspruch zwischen den beiden Strömungen im sozialistischen Lager wider: die von der Sowjetunion angestrebte möglichst weitgehende Integration der einzelnen Volkswirtschaften zu einem effizienteren Ganzen und das vorab von Rumänien betonte Bestehen auf möglichst weitgehender nationaler Souveränität.

Daraus konnte nicht mehr als ein Kompromiß entstehen. Als künftige Integrationsmethoden wurden wirtschaftspolitische Konsultation, Planprognosen, Plankoordinierung und ein ständiger Erfahrungsaustausch vorgesehen. Die langfristigen, auf zehn bis zwanzig Jahre angelegten Perspektivpläne der RGW-Staaten, besonders aber die Fünfjahrespläne sollten sowohl inhaltlich wie im zeitlichen Ablauf besser aufeinander abgestimmt werden. Wichtigste Ziele waren eine Förderung des RGW-Außenhandels und Verbesserungen in den Bereichen von Währung und Finanzen mit dem Fernziel einer gegenseitigen Konvertierbarkeit der Währungen.

Der reichlich lange Titel versprach viel mehr, als die wirtschaftspolitische Realität jemals zu halten vermochte. Das unverhältnismäßige Übergewicht der Sowjetunion, das Fehlen eines über den nationalen Interessen stehenden gemeinsamen Organs, einer freien Preisbildung und konvertierbarer Währungen sorgten dafür, daß diese »sozialistische Integration« nie über sehr bescheidene Anfänge meist bilateraler Natur hinauskam. Heute, fast zwanzig Jahre nach seiner Verkündigung, wirkt das Programm wie die Vorspiegelung einer auf Fortschritt gerichteten sozialistischen Welt, die in Wirklichkeit nie existiert hat. Das Ende der achtziger Jahre brachte dafür die Bestätigung und damit auch das Ende der bankrotten kommunistischen Planwirtschaft und des Versuchs der Koordination im multilateralen Rahmen des RGW.

D 62: Der Warschauer Brief an das Zentralkomitee der KP der Tschechoslowakei vom 15. Juli 1968 (Breschnew-Doktrin)

Es war und ist nicht unsere Absicht, uns in solche Angelegenheiten einzumischen, die ausgesprochen innere Angelegenheiten Ihrer Partei und Ihres Staates sind. Es war und ist nicht unsere Absicht, gegen die Prinzipien der Respektierung der Selbständigkeit und Gleichheit in den Beziehungen zwischen den kommunistischen Parteien und den sozialistischen Ländern zu verstoßen ...

Wir können jedoch nicht damit einverstanden sein, daß feindliche Kräfte Ihr Land vom Weg des Sozialismus stoßen und die Gefahr einer Lostrennung der Tschechoslowakei von der sozialistischen Gemeinschaft heraufbeschwören. Das sind nicht mehr nur Ihre Angelegenheiten. Das sind die gemeinsamen Angelegenheiten aller kommunistischen und Arbeiterparteien und aller durch Bündnis, durch Zusammenarbeit und Freundschaft vereinten Staaten. Das sind die gemeinsamen Angelegenheiten unserer Staaten, die sich im Warschauer Vertrag vereinigt haben, um ihre Unabhängigkeit, den Frieden und die Sicherheit in Europa zu gewährleisten, um eine unüberwindliche Schranke gegen die imperialistischen Kräfte der Aggression und der Revanche aufzurichten.

Quelle: Boris Meissner, Die »Breshnew-Doktrin«, Köln 1969, S. 47f.

D 63: Erklärung der sowjetischen Nachrichtenagentur TASS vom 21. August 1968 zum Einmarsch von Truppen der Sowjetunion, Bulgariens, der DDR, Polens und Ungarns in die ČSSR

TASS ist bevollmächtigt zu erklären, daß sich Persönlichkeiten der Partei und des Staates der Tschechoslowakischen Sozialistischen Republik an die Sowjetunion und die anderen verbündeten Staaten mit der Bitte gewandt haben, dem tschechoslowakischen Brudervolk dringend Hilfe, einschließlich der Hilfe durch bewaffnete Kräfte, zu gewähren. Dieser Appell wurde ausgelöst, weil die in der Verfassung festgelegte sozialistische Staatsordnung durch konterrevolutionäre Kräfte gefährdet wurde, die mit den dem Sozialismus feindlichen äußeren Kräften in eine Verschwörung getreten sind. Die Ereignisse in und um die Tschechoslowakei waren mehrmals Gegenstand des Meinungsaustausches der leitenden Persönlichkeiten der sozialistischen Bruderländer, einschließlich der Tschechoslowakei. Diese Länder sind einmütig darin, daß die Unterstützung, die Festigung und der Schutz der sozialistischen Errungenschaften der Völker die gemeinsame internationale Pflicht aller sozialistischen Staaten ist. Dieser ihr gemeinsamer Standpunkt wurde auch in der Bratislavaer Erklärung feierlich verkündet.

Die weitere Zuspitzung der Situation in der Tschechoslowakei berührt die Lebensinteressen der Sowjetunion und der anderen sozialistischen Länder, die Interessen der Sicherheit der Staaten der sozialistischen Gemeinschaft. Die Gefahr für die sozialistische Ordnung in der Tschechoslowakei ist gleichzeitig auch eine Gefahr für die Grundfesten des europäischen Friedens.

Die Sowjetregierung und die Regierungen der verbündeten Länder, der Bulgarischen Volksrepublik, der Deutschen Demokratischen Republik, der Polnischen Volksrepublik, der Ungarischen Volksrepublik, entschlossen sich – ausgehend von den Prinzipien der unzerstörbaren Freundschaft und Zusammenarbeit und im Einklang mit den bestehenden vertraglichen Verpflichtungen –, der erwähnten Bitte um die notwendige Hilfeleistung für das tschechoslowakische Brudervolk zu entsprechen.

Diese Entscheidung befindet sich in vollem Einklang mit dem Recht der Staaten auf individuelle und kollektive Selbstverteidigung, wie es in den Bündnisverträgen, die zwischen den sozialistischen Bruderländern abgeschlossen sind, vorgesehen ist. Sie entspricht auch den Lebensinteressen unserer Länder zum Schutz des europäischen Friedens gegen die Kräfte des Militarismus, der Aggression und des Revanchismus, die die Völker Europas schon des öfteren in Kriege stürzten.

Sowjetische Militäreinheiten haben gemeinsam mit Militäreinheiten der genannten verbündeten Länder am 21. August 1968 das Territorium der Tschechoslowakei betreten. Sie werden sofort aus der ČSSR herausgeführt, sobald die Gefahr für die Errungenschaften des Sozialismus in der Tschechoslowakei, die Gefahr für die Sicherheit der Länder der sozialistischen Gemeinschaft beseitigt ist, sobald die rechtmäßige Staatsmacht die Meinung vertritt, daß für einen weiteren Aufenthalt dieser militärischen Einheiten in der ČSSR keine Notwendigkeit mehr besteht.

Die unternommenen Handlungen richten sich nicht gegen irgendeinen Staat und beschränken in keiner Weise irgendwelche staatlichen Interessen. Sie dienen der Sache des Friedens und sind von der Sorge um die Festigung des Friedens diktiert.

Die Bruderländer stellen jeder beliebigen Bedrohung von außen fest und entschlossen ihre unerschütterliche Solidarität entgegen. Niemals und niemandem wird es gestattet sein, auch nur ein Glied aus der Gemeinschaft der sozialistischen Staaten herauszubrechen.

Quelle: Europa-Archiv, 1968, D 427f.

D 64: Protestnote der tschechoslowakischen Regierung an die sowjetische Regierung vom 21. August 1968

In der Nacht vom 20. zum 21. August 1968 kam es zu einer gemeinsamen bewaffneten Aktion von Luft- und Bodenstreitkräften der UdSSR, der Volksrepublik Polen, der DDR, der Volksrepublik Ungarn und der Volksrepublik Bulgarien gegen das Territorium der Tschechoslowakei. Die Truppen drangen gleichzeitig von vielen Stellen aus auf das Territorium der Tschechoslowakei vor, besetzten wichtige Punkte und in kurzer Zeit das gesamte Territorium der Tschechoslowakei.

Um nichtwiedergutzumachende katastrophale Folgen für die Beziehungen der Tschechoslowakei mit der Sowjetunion und eine Bedrohung des internationalen Friedens und der Sicherheit zu vermeiden, haben die verfassungsmäßigen Vertreter der

Tschechoslowakei und das Präsidium des ZK der KPČ die Bürger der Republik aufgerufen, Ruhe zu bewahren und den vordringenden Truppen keinen Widerstand zu leisten. Aus dem gleichen Grunde erhielten die Armee, die Sicherheitsorgane und die Volksmiliz nicht den Befehl, das Land zu verteidigen. Diese Haltung der Regierung der Tschechoslowakei angesichts der gewaltsamen Besetzung des Landes wird von der Geschichte als Beitrag eines kleinen Landes zur Wahrung des internationalen Friedens gewürdigt werden.

Die Regierung der Tschechoslowakei erklärt, daß weder die Regierung noch irgendein anderes verfassungsmäßiges Organ dieses Landes je der Invasion und Besetzung der Tschechoslowakei zugestimmt hat. Die gewaltsame Besetzung der Tschechoslowakei steht im Widerspruch zur Charta der Vereinten Nationen, zum Warschauer Vertrag und zu den fundamentalen Prinzipien des Völkerrechts.

In einer gemeinsamen Aktion unternahmen die fünf Länder einen Angriff auf die Unabhängigkeit der Tschechoslowakei und verletzten somit in beispielloser Weise ihre territoriale Integrität.

Die Regierung der Tschechoslowakei protestiert auf das entschiedenste gegen diesen Akt. Im Namen des ganzen tschechoslowakischen Volkes und im Namen des internationalen Friedens und der Zusammenarbeit fordert sie die Regierung der UdSSR auf, die illegale Besetzung der Tschechoslowakei unverzüglich zu beenden und alle Truppen vom tschechoslowakischen Territorium abzuziehen.

In diesem historischen Augenblick spricht die tschechoslowakische Regierung die Hoffnung aus, daß die Regierung und das Volk der Sowjetunion den Ernst der Lage, die mit der durch nichts zu erklärenden und noch weniger zu rechtfertigenden bewaffneten Aktion entstanden ist, erkennen und die rechtmäßigen Vertreter des tschechoslowakischen Volkes, die sich seiner vollen Unterstützung erfreuen, in die Lage versetzen, ihre normale Tätigkeit fortzusetzen.

Die Regierung der Tschechoslowakei behält sich das Recht vor, alle erforderlichen Maßnahmen zu ergreifen, wenn ihre Forderung nach unverzüglicher Beendigung der Okkupation der Tschechoslowakei nicht erfüllt wird.

Quelle: Europa-Archiv, 1968, D 431 f.

D 65: Vertrag über Freundschaft, Zusammenarbeit und gegenseitigen Beistand zwischen der Union der Sozialistischen Sowjetrepubliken und der Tschechoslowakischen Sozialistischen Republik vom 6. Mai 1970

Die Union der Sozialistischen Sowjetrepubliken und die Tschechoslowakische Sozialistische Republik haben,

in Bekräftigung ihrer Treue zu den Zielen und Prinzipien des am 12. Dezember 1943 geschlossenen und am 27. November 1963 verlängerten sowjetisch-tschechoslowakischen Vertrages über Freundschaft, gegenseitigen Beistand und Zusammenarbeit in der Nachkriegszeit, der bei der Entwicklung der freundschaftlichen Beziehungen zwischen den Völkern beider Staaten eine historische Rolle gespielt und ein festes Fun-

dament für die weitere Festigung der brüderlichen Freundschaft und der allseitigen Zusammenarbeit zwischen ihnen gelegt hat,
in der tiefen Überzeugung, daß die unerschütterliche Freundschaft zwischen der Union der Sozialistischen Sowjetrepubliken und der Tschechoslowakischen Sozialistischen Republik, die im gemeinsamen Kampf gegen den Faschismus gefestigt wurde und in den Jahren des Aufbaus des Sozialismus und Kommunismus eine weitere Vertiefung gefunden hat, wie auch die brüderliche gegenseitige Hilfe und die allseitige Zusammenarbeit zwischen ihnen, die auf der Lehre des Marxismus-Leninismus, auf den unerschütterlichen Prinzipien des sozialistischen Internationalismus beruhen, den grundlegenden Interessen der Völker beider Länder und der ganzen sozialistischen Gemeinschaft entsprechen,
bekräftigend, daß die Unterstützung, die Festigung und der Schutz der sozialistischen Errungenschaften, die dank der heldenhaften Anstrengungen und der aufopferungsvollen Arbeit eines jeden Volkes erzielt wurden, gemeinsame internationalistische Pflicht der sozialistischen Länder sind,
konsequent und unentwegt für die Festigung der Einheit und Geschlossenheit aller Länder der sozialistischen Gemeinschaft eintretend, die auf der Gemeinsamkeit der sozialen Ordnung und der Endziele beruhen,
von der Entschlossenheit erfüllt, die sich aus dem Warschauer Vertrag über Freundschaft, Zusammenarbeit und gegenseitigen Beistand vom 14. Mai 1955 ergebenden Verpflichtungen strikt einzuhalten,
feststellend, daß die wirtschaftliche Zusammenarbeit zwischen beiden Staaten ihre Entwicklung wie auch die weitere Vervollkommnung der sozialistischen internationalen Arbeitsteilung und der sozialistischen ökonomischen Integration im Rahmen des Rates für gegenseitige Wirtschaftshilfe fördert,
in der festen Absicht, zur Festigung des Friedens und der Sicherheit in Europa und in der ganzen Welt beizutragen und dem Imperialismus, dem Revanchismus und dem Militarismus entgegenzuwirken,
geleitet von den Zielen und Prinzipien, wie sie in der Charta der Vereinten Nationen verkündet sind,
in Anbetracht der Errungenschaften des sozialistischen und kommunistischen Aufbaus in beiden Ländern, der gegenwärtigen Lage und der Perspektive der allseitigen Zusammenarbeit sowie der Veränderungen, die in Europa und in der ganzen Welt seit dem Abschluß des Vertrages vom 12. Dezember 1943 vor sich gegangen sind,
folgendes vereinbart:

Artikel 1

Die Hohen Vertragschließenden Seiten werden in Übereinstimmung mit den Prinzipien des sozialistischen Internationalismus auch künftig die ewige, unerschütterliche Freundschaft zwischen den Völkern der Union der Sozialistischen Sowjetrepubliken und der Tschechoslowakischen Sozialistischen Republik festigen, die allseitige Zusammenarbeit zwischen beiden Ländern entwickeln und einander brüderliche Hilfe und Unterstützung leisten, aufbauend auf der gegenseitigen Achtung der staatlichen Souveränität und Unabhängigkeit, der Gleichberechtigung und der Nichteinmischung in die inneren Angelegenheiten.

Artikel 2

Die Hohen Vertragschließenden Seiten werden auch weiterhin, ausgehend von den Prinzipien der freundschaftlichen gegenseitigen Hilfe und der sozialistischen internationalen Arbeitsteilung, die für beide Seiten vorteilhafte zweiseitige und mehrseitige wirtschaftliche und wissenschaftlich-technische Zusammenarbeit zum Zwecke der Entwicklung der Volkswirtschaft, zur Erreichung eines möglichst hohen wissenschaftlich-technischen Niveaus und einer möglichst hohen Effektivität der gesellschaftlichen Produktion sowie zur Anhebung des materiellen Wohlstandes der Werktätigen ihrer Länder entwickeln und vertiefen.

Die Seiten werden die weitere Entwicklung der wirtschaftlichen Verbindungen und der Zusammenarbeit sowie die sozialistische ökonomische Integration der Mitgliedsländer des Rates für gegenseitige Wirtschaftshilfe fördern.

Artikel 3

Die Hohen Vertragschließenden Seiten werden auch weiterhin die Zusammenarbeit zwischen beiden Ländern auf dem Gebiet der Wissenschaft und Kultur, des Bildungswesens, der Literatur und Kunst, der Presse, des Rundfunks, des Films, des Fernsehens, des Gesundheitswesens, des Tourismus, der Körperkultur und auf anderen Gebieten entwickeln und ausweiten.

Artikel 4

Hohen Vertragschließenden Seiten werden auch künftig die Ausweitung der Zusammenarbeit und der unmittelbaren Verbindungen zwischen den Organen der Staatsgewalt und den gesellschaftlichen Organisationen der Werktätigen zum Zwecke eines tieferen gegenseitigen Verständnisses und der Annäherung der Völker beider Staaten fördern.

Artikel 5

Ihre unbeugsame Entschlossenheit zum Ausdruck bringend, den Weg des Aufbaus des Sozialismus und Kommunismus zu beschreiten, werden die Hohen Vertragschließenden Seiten die notwendigen Maßnahmen zum Schutze der sozialistischen Errungenschaften der Völker, der Sicherheit und der Unabhängigkeit beider Länder ergreifen, die Entwicklung allseitiger Beziehungen zwischen den Staaten der sozialistischen Gemeinschaft anstreben und im Geiste der Festigung ihrer Einheit, Freundschaft und Brüderlichkeit handeln.

Artikel 6

Die Hohen Vertragschließenden Seiten gehen davon aus,* daß das Münchner Abkommen vom 29. September 1938 unter Androhung eines Angriffskrieges sowie Anwendung von Gewalt gegen die Tschechoslowakei zustande gekommen war, daß es Bestandteil einer verbrecherischen Verschwörung Hitlerdeutschlands gegen den Frieden und eine grobe Verletzung der grundlegenden Normen des Völkerrechts darstellte und deshalb von Anfang an mit allen sich daraus ergebenden Folgen ungültig ist.

---

* Im tschechischen Text: »stellen fest« (*»konstatuji«;* russisch: *»ischodjat iz togo«*).

Artikel 7

Die Hohen Vertragschließenden Seiten werden in konsequenter Verfolgung einer Politik der friedlichen Koexistenz von Staaten mit unterschiedlicher Gesellschaftsordnung alle Anstrengungen zum Schutz des internationalen Friedens und der Sicherheit der Völker gegen die Anschläge der aggressiven Kräfte des Imperialismus und der Reaktion, zur Minderung der internationalen Spannungen, zur Einstellung des Wettrüstens und Herbeiführung der allgemeinen und vollständigen Abrüstung, zur endgültigen Liquidierung des Kolonialismus in allen seinen Formen und Erscheinungsarten sowie zur Unterstützung der Länder, die sich von der Kolonialherrschaft befreit und den Weg der Festigung der nationalen Unabhängigkeit und Souveränität beschritten haben, unternehmen.

Artikel 8

Die Hohen Vertragschließenden Seiten werden gemeinsam die Verbesserung der Lage und die Gewährleistung des Friedens in Europa, die Festigung und Entwicklung der Zusammenarbeit zwischen den europäischen Staaten, die Herstellung gutnachbarlicher Beziehungen zwischen ihnen und die Schaffung eines effektiven Systems der europäischen Sicherheit auf der Grundlage kollektiver Anstrengungen aller europäischer Staaten anstreben.

Artikel 9

Die Hohen Vertragschließenden Seiten erklären, daß die Unerschütterlichkeit* der Staatsgrenzen in Europa, wie sie nach dem Zweiten Weltkrieg entstanden sind, eine der Hauptvoraussetzungen für die Gewährleistung der europäischen Sicherheit darstellt. Sie geben ihrer festen Entschlossenheit Ausdruck, gemeinsam mit den anderen Teilnehmerstaaten des Warschauer Vertrages über Freundschaft, Zusammenarbeit und gegenseitigen Beistand vom 14. Mai 1955 und in Übereinstimmung mit ihm die Unantastbarkeit der Grenzen der Teilnehmerstaaten dieses Vertrages zu gewährleisten und alle zur Verhütung einer Aggression von seiten irgendwelcher Kräfte des Militarismus und des Revanchismus und zur Abwehr des Aggressors notwendigen Maßnahmen zu treffen.

Artikel 10

Im Falle eines bewaffneten Angriffs von seiten irgendeines Staates oder einer Staatengruppe gegen eine der Hohen Vertragschließenden Seiten wird die andere Vertragschließende Seite dies als Angriff auch gegen sie betrachten und ihr unverzüglich jeglichen Beistand, einschließlich militärischen Beistandes, leisten sowie sie mit allen ihr zur Verfügung stehenden Mitteln unterstützen, in Ausübung des Rechts auf individuelle oder kollektive Selbstverteidigung gemäß Artikel 51 der Charta der Vereinten Nationen.

Von den auf Grund dieses Artikels ergriffenen Maßnahmen werden die Hohen Vertragschließenden Seiten unverzüglich den Sicherheitsrat der Vereinten Nationen in Kenntnis setzen, und sie werden in Übereinstimmung mit den Bestimmungen der Charta der Vereinten Nationen handeln.

---

* Im tschechischen Text: »Unantastbarkeit« (*»nedotknutelnost«;* russisch: *»nezyblemost«*).

Artikel 11

Die Hohen Vertragschließenden Seiten werden einander informieren, sich über alle wichtigen internationalen Fragen, welche ihre Interessen berühren, konsultieren und ausgehend von der gemeinsamen, im Einklang mit den Interessen beider Staaten abgestimmten Position handeln.

Artikel 12

Die Hohen Vertragschließenden Seiten erklären, daß ihre Verpflichtungen aus geltenden internationalen Verträgen nicht in Widerspruch zu den Bestimmungen des vorliegenden Vertrages stehen.

Artikel 13

Dieser Vertrag bedarf der Ratifikation und tritt am Tage des Austausches der Ratifikationsurkunden in Kraft, der in kürzester Zeit in Moskau erfolgt.

Artikel 14

Der Vertrag wird für die Dauer von zwanzig Jahren geschlossen und automatisch für jeweils weitere fünf Jahre verlängert, wenn nicht eine der Hohen Vertragschließenden Seiten seine Kündigung zwölf Monate vor Ablauf der entsprechenden Frist mitteilt.

Ausgefertigt in Prag am 6. Mai 1970 in zwei Exemplaren, jedes in russischer und tschechischer Sprache, wobei beide Texte gleichermaßen gültig sind.

[Unterschriften]

Quelle: Europa-Archiv, 1970, D 285–288.

D 66: Programm des RGW für die weitere Entwicklung der Zusammenarbeit, angenommen auf der 25. Ratstagung in Bukarest vom 27. bis zum 29. Juli 1971 (Komplexprogramm; Auszug)

Dieses Programm wurde, ausgehend von den grundlegenden Prinzipien des Statuts des RGW und zur Realisierung der Beschlüsse der XXIII. (Sonder-) und der XXIV. Tagung des Rates, ausgearbeitet und von der XXV. Tagung des Rates für gegenseitige Wirtschaftshilfe angenommen.

Kapitel 1

Abschnitt 1

Charakteristik der erzielten Erfolge, Grundprinzipien, Hauptziele, -wege und -mittel, der weiteren Vertiefung und Vervollkommnung der wirtschaftlichen und wissenschaftlich-technischen Zusammenarbeit und Entwicklung der sozialistischen ökonomischen Integration der Mitgliedländer des RGW

[...]

2. Die Mitgliedländer des RGW gehen davon aus, daß der von ihnen erreichte hohe Entwicklungsstand der Produktivkräfte, die großen Strukturveränderungen in der Sphäre der Produktion und Konsumtion, die Aktualität der Aufgaben zur Durchführung der wissenschaftlich-technischen Revolution, der allseitigen Beschleunigung des technischen Fortschritts, der Steigerung des Nutzeffektes der gesellschaftlichen Pro-

duktion und der Erhöhung des Wohlstandes der Völker sowie der Charakter der sozialistischen Produktionsverhältnisse und der Erfordernisse des Klassenkampfes mit dem Imperialismus die ständige Vertiefung und Vervollkommnung der wirtschaftlichen und wissenschaftlich-technischen Zusammenarbeit der Mitgliedländer des RGW und die Entwicklung der sozialistischen ökonomischen Integration sowie die Entwicklung ihrer Wirtschafts- und wissenschaftlich-technischen Beziehungen mit den übrigen sozialistischen Ländern lebensnotwendig machen.

Die weitere Vertiefung und Vervollkommnung der Zusammenarbeit und Entwicklung der sozialistischen ökonomischen Integration fördern das Wachstum der ökonomischen Macht des sozialistischen Weltsystems und die Stärkung der Volkswirtschaft jedes Landes und sind ein wichtiger Faktor für die Festigung seiner Einheit und Überlegenheit über den Kapitalismus auf allen Gebieten des gesellschaftlichen Lebens, für die Sicherung des Sieges im Wettbewerb zwischen Sozialismus und Kapitalismus.

Die Vertiefung und Vervollkommnung der wirtschaftlichen und wissenschaftlich-technischen Zusammenarbeit und Entwicklung der sozialistischen ökonomischen Integration der Mitgliedländer des RGW sind ein von den kommunistischen und Arbeiterparteien und den Regierungen der Mitgliedländer des RGW bewußt und planmäßig gestalteter Prozeß der internationalen sozialistischen Arbeitsteilung, der Annäherung ihrer Wirtschaften und der Herausbildung einer modernen hocheffektiven Struktur der nationalen Wirtschaften, der schrittweisen Annäherung und Angleichung ihres ökonomischen Entwicklungsniveaus, der Herausbildung tiefgehender und stabiler Verbindungen in den Hauptzweigen der Wirtschaft, Wissenschaft und Technik, der Erweiterung und Festigung des internationalen Marktes dieser Länder sowie der Vervollkommnung der Ware-Geld-Beziehungen.

Dieser Prozeß schafft günstige Bedingungen für die effektivere Nutzung der Ressourcen der Länder und die breite Entfaltung der wissenschaftlich-technischen Revolution, die eine wichtige Bedingung für die Entwicklung der sozialistischen Gesellschaft darstellt und zu einem Hauptbereich des historischen Wettbewerbs zwischen Kapitalismus und Sozialismus geworden ist.

Die weitere Vertiefung und Vervollkommnung der Zusammenarbeit und Entwicklung der sozialistischen ökonomischen Integration der Mitgliedländer des RGW werden auch in Zukunft entsprechend den Prinzipien des sozialistischen Internationalismus auf der Grundlage der Achtung der staatlichen Souveränität, der Unabhängigkeit und der nationalen Interessen, der Nichteinmischung in die inneren Angelegenheiten der Länder, der völligen Gleichberechtigung, des gegenseitigen Vorteils und der kameradschaftlichen gegenseitigen Hilfe erfolgen. Die historischen Erfahrungen haben die Lebenskraft dieser marxistisch-leninistischen Prinzipien der zwischenstaatlichen Beziehungen neuen Typus, die den objektiven Erfordernissen der Festigung des sozialistischen Aufbaus in jedem Land und den Entwicklungsbedingungen des sozialistischen Weltsystems entsprechen sowie zur Schaffung einer stabilen Grundlage für eine breite und fruchtbare internationale Zusammenarbeit beitragen, voll und ganz bestätigt.

Die sozialistische ökonomische Integration erfolgt auf der Grundlage der vollen Freiwilligkeit und ist nicht mit der Schaffung übernationaler Organe verbunden, sie berührt nicht Fragen der inneren Planung, der finanziellen und der auf der wirtschaftlichen Rechnungsführung beruhenden Tätigkeit der Organisationen.

3. Die Mitgliedländer des RGW werden in Übereinstimmung mit ihrer Politik der friedlichen Koexistenz und im Interesse des sozialen Fortschritts sowie ausgehend davon, daß sich die internationale sozialistische Arbeitsteilung unter Berücksichtigung der weltweiten Arbeitsteilung vollzieht, die wirtschaftlichen und wissenschaftlich-technischen Verbindungen mit anderen Ländern unabhängig von deren gesellschaftlicher und staatlicher Ordnung auf der Grundlage der Prinzipien der Gleichberechtigung, des gegenseitigen Vorteils und der Achtung der Souveränität weiterentwickeln. Dabei werden sie der weiteren Ausdehnung des Handels, der wirtschaftlichen und wissenschaftlich-technischen Zusammenarbeit mit Entwicklungsländern besondere Beachtung schenken.

Die Mitgliedländer des RGW werden gemeinsam oder einzeln Maßnahmen zur Gewährleistung der Zusammenarbeit und der gleichberechtigten Mitgliedschaft der noch diskriminierten sozialistischen Staaten in internationalen ökonomischen und wissenschaftlich-technischen Organisationen ergreifen.

Zu diesem Zweck werden die Mitgliedländer des RGW ihre Außenwirtschaftspolitik im Interesse der Normalisierung der internationalen Handels- und Wirtschaftsbeziehungen und vor allem zur Beseitigung der Diskriminierung auf diesem Gebiet koordinieren.

4. Die Mitgliedländer des RGW gehen davon aus, daß das System der wirtschaftlichen und wissenschaftlich-technischen Zusammenarbeit der Mitgliedländer des RGW auf den allgemeinen Gesetzmäßigkeiten des sozialistischen Aufbaus, den grundlegenden Prinzipien der sozialistischen Wirtschaftsführung und der organischen Verbindung der Koordinierung der Pläne – als Hauptmethode für die Organisation der Zusammenarbeit – mit der breiteren Nutzung der Ware-Geld-Beziehungen beruht.

Unter der führenden Rolle der Arbeiterklasse und ihrer Parteien werden in den Mitgliedländern des RGW die ökonomischen Funktionen der sozialistischen Staaten auf der Grundlage des demokratischen Zentralismus und der planmäßigen Leitung der Volkswirtschaft eine weitere Entwicklung erfahren.

5. Die Mitgliedländer des RGW werden die wirtschaftliche und wissenschaftlich-technische Zusammenarbeit vertiefen und vervollkommnen und die sozialistische ökonomische Integration entwickeln, um beizutragen zur:

- schnelleren Entwicklung der Produktivkräfte in allen Mitgliedländern des RGW, Erreichung des wissenschaftlich-technischen Höchststandes und maximalen Erhöhung des ökonomischen Nutzeffektes der gesellschaftlichen Produktion sowie maximalen Steigerung der Produktivität der gesellschaftlichen Arbeit;
- Vervollkommnung der Struktur und Erweiterung des Produktionsumfanges bei systematischer Erhöhung des technischen Niveaus der Zweige sowie Einführung progressiver Technologien entsprechend den Erfordernissen der wissenschaftlich-technischen Revolution;
- Deckung des wachsenden Bedarfs der Volkswirtschaft der Länder an Brennstoffen, Energie und Rohstoffen, modernen Ausrüstungen, landwirtschaftlichen Erzeugnissen, Nahrungs- und Genußmitteln und anderen Konsumgütern für eine längere Perspektive im wesentlichen aus der Produktion und durch die rationelle Nutzung der Ressourcen der Mitgliedländer des RGW;
- Erhöhung des materiellen und kulturellen Lebensstandards der Völker der Mitgliedländer des RGW;

- schrittweisen Annäherung und Angleichung des ökonomischen Entwicklungsniveaus der Mitgliedländer des RGW;
- Erhöhung der Aufnahmefähigkeit und Stabilität des sozialistischen Weltmarktes;
- Stärkung der Positionen der Mitgliedländer des RGW in der Weltwirtschaft und im Endergebnis Sicherung des Sieges im ökonomischen Wettbewerb mit dem Kapitalismus;
- Stärkung der Verteidigungsfähigkeit der Mitgliedländer des RGW.

6. Die Hauptwege und -mittel für die weitere Vertiefung und Vervollkommnung der wirtschaftlichen und wissenschaftlich-technischen Zusammenarbeit und Entwicklung der sozialistischen ökonomischen Integration sind:
- gegenseitige, mehr- und zweiseitige Konsultationen zu Grundfragen der Wirtschaftspolitik;
- Vertiefung der mehr- und zweiseitigen Zusammenarbeit auf dem Gebiet der Planungstätigkeit der Länder einschließlich der Zusammenarbeit bei der Prognostizierung, der Koordinierung der Fünfjahrpläne und der Koordinierung der Pläne für eine längere Perspektive für wichtige Volkswirtschaftszweige und Produktionsarten, der gemeinsamen Planung einiger abgestimmter Industriezweige und einzelner Produktionen durch die interessierten Länder sowie des Erfahrungsaustausches über die Vervollkommnung der Systeme der Planung und Leitung der Volkswirtschaft;
- planmäßige Erweiterung der internationalen Spezialisierung und Kooperation in Produktion, Wissenschaft und Technik sowie Vereinigung der Anstrengungen der interessierten Länder bei der Erforschung und beim Abbau von Bodenschätzen, beim Bau von Produktionsobjekten und bei Forschungsarbeiten;
- planmäßige Erweiterung und Erhöhung des Nutzeffektes des gegenseitigen Handels, Vervollkommnung seiner Organisationsformen auf der Grundlage des staatlichen Monopols, Entwicklung der gegenseitigen Handelsbeziehungen in Verbindung mit der Vervollkommnung der Valuta- und Finanzbeziehungen und des Außenhandelspreissystems;
- Erweiterung der Direktbeziehungen zwischen Ministerien, Ämtern und anderen staatlichen Organen, Wirtschaftsorganisationen sowie Forschungs- und Entwicklungseinrichtungen der Mitgliedländer des RGW;
- Entwicklung der bestehenden und Schaffung neuer internationaler Wirtschaftsorganisationen durch die interessierten Länder;
- Vervollkommnung der Rechtsgrundlagen der wirtschaftlichen und wissenschaftlich-technischen Zusammenarbeit, wobei insbesondere die materielle Verantwortlichkeit der Seiten für die Nichterfüllung bzw. nicht gehörige Erfüllung der gegenseitigen Verpflichtungen erhöht werden soll.

7. Entsprechend den Beschlüssen der XXIII. (Sonder-) Tagung des Rates für gegenseitige Wirtschaftshilfe halten es die Mitgliedländer des RGW für erforderlich, auf der Grundlage einer festen und stabilen internationalen sozialistischen Arbeitsteilung einen Komplex von wirtschaftlichen und organisatorischen Maßnahmen zur Vertiefung und Vervollkommnung der Zusammenarbeit und Entwicklung der sozialistischen ökonomischen Integration durchzuführen. Mit diesem Ziel haben die Mitgliedländer des RGW ein Komplexprogramm für die weitere Vertiefung und Vervollkommnung der Zusammenarbeit und Entwicklung der sozialistischen ökonomischen Integration der Mitgliedländer des RGW, im weiteren Komplexprogramm genannt,

ausgearbeitet. Dieses Komplexprogramm ist für 15 bis 20 Jahre berechnet und enthält die erforderlichen wirtschaftlichen und organisatorischen Maßnahmen, die etappenweise zu den im Komplexprogramm festgelegten Terminen und unter Berücksichtigung der Interessen jedes Landes in der Gemeinschaft als Ganzes verwirklicht werden.

Im Verlaufe der Verwirklichung der im Komplexprogramm vorgesehenen Maßnahmen wird der Notwendigkeit Rechnung getragen werden, der schnelleren und effektiveren Entwicklung der Wirtschaft, Wissenschaft und Technik in den industriell weniger entwickelten Mitgliedländern des RGW bei maximaler Mobilisierung und effektiver Nutzung ihrer eigenen Anstrengungen und Ressourcen Hilfe und Unterstützung zu gewähren.

8. Bei der Vertiefung und Vervollkommnung der wirtschaftlichen und wissenschaftlich-technischen Zusammenarbeit und Entwicklung der sozialistischen ökonomischen Integration der Mitgliedländer des RGW wird dem Rat für gegenseitige Wirtschaftshilfe, der in seiner praktischen Tätigkeit alle erforderlichen Maßnahmen zur Realisierung dieses Komplexprogramms ergreifen wird, eine ständig wachsende Rolle zukommen.

Das Verfahren und die Termine für die Ausarbeitung der auf die Lösung der im Komplexprogramm genannten Aufgaben gerichteten Vorschläge und Empfehlungen werden nach Vereinbarung zwischen den Mitgliedländern des RGW in den Arbeitsplänen der entsprechenden Ratsorgane festgelegt.

Die Organe des RGW werden die mehrseitige Zusammenarbeit der Mitgliedländer des RGW organisieren, die Länder bei ihrer Verwirklichung unterstützen, die Ergebnisse der Zusammenarbeit analysieren und verallgemeinern und Empfehlungen für ihre weitere Vervollkommnung ausarbeiten.

[. . .]

Quelle: Europa-Archiv, 1971, D 479–496.

5. Deutschland, Berlin und die Ostverträge

5.1. Die Ostverträge

Die offene Wunde und das Symbol der Spaltung Europas blieben das geteilte Deutschland und dessen frühere Hauptstadt Berlin. Die DDR als zweiter deutscher Staat ermangelte der Legitimität im Innern und der Anerkennung nach außen. Legitimitätsdefizit im Innern heißt: Bis zum 13. August 1961 verließen Hunderttausende von DDR-Bürgern ihr Land und flüchteten in die Bundesrepublik. An jenem schicksalhaften 13. August setzte die vom damaligen Staatsratsvorsitzenden und Parteichef Ulbricht mit Unterstützung der Sowjetunion gebaute Mauer diesem menschlich wie wirtschaftlich unerträglichen Aderlaß auf lange Zeit ein brutales Ende: Die DDR riegelte sich nach Westen ab und igelte sich ein.

Aber auch die Anerkennung durch die Außenwelt fehlte: Die Westmächte, die Bundesrepublik und eine große Zahl anderer Länder verweigerten der DDR weiterhin die diplomatische Anerkennung. Die Bundesrepublik konnte nicht zuletzt dank ihres wirtschaftlichen Gewichts die nach Staatssekretär Hallstein benannte Doktrin weitgehend durchsetzen: Eine Anerkennung der DDR als zweiten deutschen Staat und damit eine Hinnahme der deutschen Teilung wurde als unfreundlicher Akt gegenüber der Bundesrepublik als dem einzig legitimen deutschen Staat angesehen. Ein Staat, der die DDR dennoch anerkannte, mußte mit einem Abbruch der Beziehungen zu Bonn rechnen.

In den sechziger Jahren, der Zeit einer beginnenden Entspannung, wuchsen Zweifel, ob eine solche Politik der Isolierung der DDR weise und auf die Dauer durchzustehen sei. Denn sie blockierte seit Jahren Fortschritte in der Abrüstung: Die Sowjetunion machte Verhandlungen über Sicherheit und Abrüstung in Europa abhängig von einer Anerkennung der DDR. Ein Zusammenlaufen verschiedenster Entwicklungen in der zweiten Hälfte der sechziger Jahre kündete Wandel und schließlich den Ausbruch aus der Stagnation der Ost-West-Beziehungen an. Auf ein wachsendes Interesse der Sowjetunion an einer Verbesserung der Beziehungen mit der Bundesrepublik, aber auch auf inneren Druck reagierend, entstand das, was die Bundesregierung am 25. März 1966 als »Friedensnote« an eine große Zahl von Ländern, darunter auch die Sowjetunion und die osteuropäischen Staaten sandte; die DDR wurde einmal mehr übergangen. In der Note erklärte die Bundesrepublik ihre Bereitschaft zu Verhandlungen über einen Verzicht auf die Anwendung von Gewalt zur Regelung internationaler Streitfragen.

Mit diesem Vorstoß wollte sich die Bundesrepublik als aktive Partnerin bei künftigen Verhandlungen über Probleme der europäischen Sicherheit vorstellen. Ihr Vorschlag zum Gewaltverzicht erhielt seine brennende Aktualität durch die Ereignisse in der Tschechoslowakei im August 1968: denn hier, bei der Unterdrückung des »Prager Frühlings«, lag ein offener Akt der Gewaltanwendung vor. Ihn bald in Vergessenheit geraten zu lassen, stärkte das Interesse der Sowjetunion an Verhandlungen mit dem Westen, nicht zuletzt mit der Bundesrepublik. Dort vollzog sich 1969 ein Regierungswechsel mit der Bildung einer Kleinen Koalition von SPD und FDP. Die neue Bundesregierung ging über das Angebot der »Friedensnote« hinaus und leitete jenen mühsamen, letztlich aber erfolgreichen Prozeß ein, der in Gewaltverzichtsverträgen mit der Sowjetunion und Polen, später auch mit der Tschechoslowakei und schließlich in den Grundvertrag mit der DDR münden sollte.

Er brachte die Anerkennung der DDR nicht nur durch die Bundesrepublik, sondern auch durch die drei Westmächte mit sich. Das war für Ost-Berlin von fast lebenswichtiger Bedeutung, weil eine mehr als zwanzigjährige weltpolitische Isolierung zu Ende ging. Damit war auch die lange und mit großem Aufwand aufrechterhaltene Verbindung von Deutschlandfrage und Abrüstung zerschnitten: Es konnte über Abrüstung und Sicherheit verhandelt werden, ohne daß damit von westlicher Seite die DDR ausgeklammert blieb und Fortschritte in der Deutschlandfrage in Richtung auf eine Wiedervereinigung gefordert wurden. Fortan, so lautete die Devise, konnte es solche Fortschritte in Richtung auf die deutsche Einheit nur in dem Maße geben, in dem sich die allgemeinen Ost-West-Beziehungen verbesserten. Der Preis hierfür war nun auch der formelle Abschied von der Hallstein-Doktrin und die schmerzliche Hinnahme der Existenz zweier deutscher Staaten auf unabsehbare Zeit.

Bevor das Verhältnis zwischen den beiden deutschen Staaten auf eine vertragliche Ebene gestellt werden konnte, standen Verhandlungen und schließlich Verträge mit der Sowjetunion und Polen sowie später der Tschechoslowakei an. Es waren jene Ostverträge, mit denen die Bundesrepublik anstrebte:

- den Weg zu einer europäischen Friedensordnung zu erleichtern;
- die Vorbehalte und Vorurteile über die Bundesrepublik in Osteuropa abzubauen;
- die Aussichten auf eine Regelung der Beziehungen zwischen der BRD und der DDR zu fördern, und
- die Verhandlungen der vier Mächte über Berlin zu erleichtern.

Mit den Verträgen mit der Sowjetunion (12. August 1970) [D 67, 68] und Polen (7. Dezember 1970) [D 69] wurde mehr als nur ein Verzicht auf Gewaltanwendung festgeschrieben: Es war die Anerkennung der »wirklichen Lage« in Europa, also des Status quo. Zu ihm gehörte fortan auch die Existenz der DDR. All dies war zwar keine *de iure*, aber immerhin doch eine *de facto* Anerkennung der bestehenden Grenzen in Europa.

5.2. Das Viermächte-Abkommen

In diesen Rahmen einer wenigstens vorläufigen politischen Flurbereinigung in der so ungemein komplexen und menschlich heiklen Deutschlandfrage gehört auch das Viermächte-Abkommen über Berlin [D 70]. Hier standen sich die westliche Auffassung von Berlin als einem Ost- und West-Berlin umfassenden Ganzen und die sowjetische Auffassung eines Sonderstatuts nur für West-Berlin gegenüber.

Das Abkommen brachte es immerhin zustande, den bisher so prekären, von der Sowjetunion immer wieder bedrängten Status Westberlins rechtlich festzulegen und damit politisch einigermaßen zu stabilisieren. Die vier Siegermächte bestätigten sich ihre Rechte und Verantwortlichkeiten. Sie einigten sich auf eine Bereinigung und Festlegung all dessen, wozu sich alle, wenn auch aus unterschiedlichen Interessen heraus, bereit finden konnten; nämlich auf die Fragen des Zugangs, des Zutritts und der Zuordnung – all dies aber nur für Westberlin. Für diesen Stadtteil bedeutete das Abkommen eine Normalisierung. Aber es versprach ihm nur bessere Sicherung, nicht volle Sicherheit, nur Klärung aber keine Klarheit, und nur Besserung aber noch lange keine Gesundheit. Berlin als Ganzes blieb damit eine jener Fragen, bei der sich zwar der Status quo erprobte, aber auch seine Zerbrechlichkeit und Vorläufigkeit bestätigt fanden. Noch war der Tag in weiter Ferne, an dem sich unversehens und unerhofft neue Perspektiven für Berlins Zukunft eröffnen sollten.

5.3. Der Grundvertrag

Das schwierigste Kapitel in jenen späten sechziger und frühen siebziger Jahren, in denen so vieles in Fluß kam, um schließlich die inzwischen fünfundzwanzigjährige

Nachkriegsordnung zu bestätigen, war die Regelung des Verhältnisses zwischen den beiden deutschen Staaten. Es war keineswegs nur so, daß hier die Bundesrepublik der alleinig gebende, die DDR der empfangende Teil war. Beide mußten sich, jede in ihrer Art und nach dem ihnen Möglichen, zu Konzessionen und Kompromissen durchringen. Beide wurden, diskret oder auch offen, von ihren jeweiligen Führungsmächten und Verbündeten zu diesem Schritt auf den anderen zu gedrängt.

Mit der Aufnahme direkter Gespräche zwischen Bonn und Ost-Berlin, der Doppelbegegnung von Bundeskanzler Brandt und Ministerpräsident Stoph in Erfurt und sodann in Kassel (März; Mai 1970), vor allem aber dem Grundvertrag von 1972 setzte das ein, was einer der Hauptbeteiligten – Egon Bahr – treffend als »abnormale Normalisierung« umschrieb. In der Tat: Die abgestorbenen, abgeschnittenen oder einseitig abgebrochenen Bindungen wurden in mühsamer Kleinarbeit wieder neu geknüpft, erste Brücken geschlagen und kleine Türen gegenseitiger Kommunikation geöffnet.

Der Grundvertrag [D 71], lakonisch in seiner Kürze, umriß die Rahmenbedingungen dessen, was hier zu tun möglich, aber längst nicht was zu tun eigentlich nötig war. Ihm folgten Abkommen über ein Dutzend, im Grundvertrag einzeln aufgeführter Bereiche wie Wirtschaftsbeziehungen, Wissenschaft und Technik, Verkehr, Arbeitsmöglichkeiten für Journalisten, Gesundheitswesen und Umweltschutz. Eines der wichtigsten Themen war die Erlaubnis für DDR-Bürger zu Besuchen in der Bundesrepublik. Ost-Berlin machte die Mauer schrittweise durchlässiger: Deutsche durften wieder in Deutschland reisen. Aber von wirklicher Normalität war all dies noch weit entfernt: Die Mauer als solche, und damit als Symbol der Teilung, blieb bis auf weiteres bestehen.

Was bei zwei Staaten, die erstmals Beziehungen aufnehmen, ein alltäglicher Vorgang ist, war bei den beiden deutschen Staaten ein unendlich mühsames Geschäft, immer wieder belastet von Mißtrauen über die »wahren Absichten« des anderen. Das war besonders spürbar auf seiten der DDR. Sie hatte sich, von der immer viel stärkeren und erfolgreicheren Bundesrepublik ignoriert, in den Schatten gestellt gesehen.

Die Bundesrepublik hielt an der Einheit der deutschen Nation fest. Das schloß auch eine einheitliche Staatsbürgerschaft mit ein, auf die alle DDR-Bürger Anspruch erheben konnten. Die DDR dagegen verstand sich nicht nur als selbständiger Staat, sondern als Vorläufer für ein einheitliches sozialistisches Deutschland. Wo die Bundesrepublik in einem gesunden Selbstbewußtsein ihrer demokratischen Legitimität und wirtschaftlichen Stärke für eine möglichst weite Öffnung plädierte, verkroch sich die DDR hinter einer Politik der Abgrenzung. Sie steigerte sich im Gefühl ihrer eigenen Unterlegenheit in ein geradezu manichäisches Weltbild hinein, in dem die »schlechten« Deutschen drüben den guten Deutschen im eigenen Land gegenüberstanden. Damit sollten wohl auch die DDR-Bürger von den Verlockungen des Westens abgehalten und Zweifel an der eigenen Leistungskraft und der Zukunft der DDR zerstreut werden. So wundert es nicht, daß der Bewegungsraum für Veränderungen im innerdeutschen Verhältnis eng und damit die deutsche Frage zwar vorläufig eingehegt, aber noch offen blieb.

D 67: Vertrag zwischen der Bundesrepublik Deutschland und der Union der Sozialistischen Sowjetrepubliken vom 12. August 1970

Die Hohen Vertragschließenden Parteien
in dem Bestreben, zur Festigung des Friedens und der Sicherheit in Europa und in der Welt beizutragen,
in der Überzeugung, daß die friedliche Zusammenarbeit zwischen den Staaten auf der Grundlage der Ziele und Grundsätze der Charta der Vereinten Nationen den sehnlichen Wünschen der Völker und den allgemeinen Interessen des internationalen Friedens entspricht,
in Würdigung der Tatsache, daß die früher von ihnen verwirklichten vereinbarten Maßnahmen, insbesondere der Abschluß des Abkommens vom 13. September 1955 über die Aufnahme der diplomatischen Beziehungen, günstige Bedingungen für neue wichtige Schritte zur Weiterentwicklung und Festigung ihrer gegenseitigen Beziehungen geschaffen haben,
in dem Wunsche, in vertraglicher Form ihrer Entschlossenheit zur Verbesserung und Erweiterung der Zusammenarbeit zwischen ihnen Ausdruck zu verleihen, einschließlich der wirtschaftlichen Beziehungen sowie der wissenschaftlichen, technischen und kulturellen Verbindungen, im Interesse beider Staaten,
sind wie folgt übereingekommen:

Artikel 1

Die Bundesrepublik Deutschland und die Union der Sozialistischen Sowjetrepubliken betrachten es als wichtiges Ziel ihrer Politik, den internationalen Frieden aufrechtzuerhalten und die Entspannung zu erreichen.

Sie bekunden ihr Bestreben, die Normalisierung der Lage in Europa und die Entwicklung friedlicher Beziehungen zwischen allen europäischen Staaten zu fördern und gehen dabei von der in diesem Raum bestehenden wirklichen Lage aus.

Artikel 2

Die Bundesrepublik Deutschland und die Union der Sozialistischen Sowjetrepubliken werden sich in ihren gegenseitigen Beziehungen sowie in Fragen der Gewährleistung der europäischen und der internationalen Sicherheit von den Zielen und Grundsätzen, die in der Charta der Vereinten Nationen niedergelegt sind, leiten lassen. Demgemäß werden sie ihre Streitfragen ausschließlich mit friedlichen Mitteln lösen und übernehmen die Verpflichtung, sich in Fragen, die die Sicherheit in Europa und die internationale Sicherheit berühren, sowie in ihren gegenseitigen Beziehungen gemäß Artikel 2 der Charta der Vereinten Nationen der Drohung mit Gewalt oder der Anwendung von Gewalt zu enthalten.

Artikel 3

In Übereinstimmung mit den vorstehenden Zielen und Prinzipien stimmen die Bundesrepublik Deutschland und die Union der Sozialistischen Sowjetrepubliken in der Erkenntnis überein, daß der Friede in Europa nur erhalten werden kann, wenn niemand die gegenwärtigen Grenzen antastet.

- Sie verpflichten sich, die territoriale Integrität aller Staaten in Europa in ihren heutigen Grenzen uneingeschränkt zu achten;
- sie erklären, daß sie keine Gebietsansprüche gegen irgend jemand haben und solche in Zukunft auch nicht erheben werden;
- sie betrachten heute und künftig die Grenzen aller Staaten in Europa als unverletzlich, wie sie am Tage der Unterzeichnung dieses Vertrags verlaufen, einschließlich der Oder-Neiße-Linie, die die Westgrenze der Volksrepublik Polen bildet, und der Grenze zwischen der Bundesrepublik Deutschland und der Deutschen Demokratischen Republik.

Artikel 4

Dieser Vertrag zwischen der Bundesrepublik Deutschland und der Union der Sozialistischen Sowjetrepubliken berührt nicht die von ihnen früher abgeschlossenen zweiseitigen und mehrseitigen Verträge und Vereinbarungen.

Artikel 5

Dieser Vertrag bedarf der Ratifikation und tritt am Tage des Austausches der Ratifikationsurkunden in Kraft, der in Bonn stattfinden soll.

Geschehen zu Moskau am 12. August 1970 in zwei Urschriften, jede in deutscher und russischer Sprache, wobei jeder Wortlaut gleichermaßen verbindlich ist.

[Unterschriften]

Quelle: Europa-Archiv, 1970, D 397f.

D 68 Brief des Bundesministers des Auswärtigen, Walter Scheel, an den sowjetischen Außenminister, Andrej Gromyko, anläßlich der Unterzeichnung des deutsch-sowjetischen Vertrags in Moskau am 12. August 1970

Sehr geehrter Herr Minister,
im Zusammenhang mit der heutigen Unterzeichnung des Vertrags zwischen der Bundesrepublik Deutschland und der Union der Sozialistischen Sowjetrepubliken beehrt sich die Regierung der Bundesrepublik Deutschland festzustellen, daß dieser Vertrag nicht im Widerspruch zu dem politischen Ziel der Bundesrepublik Deutschland steht, auf einen Zustand des Friedens in Europa hinzuwirken, in dem das deutsche Volk in freier Selbstbestimmung seine Einheit wiedererlangt.
Genehmigen Sie, Herr Minister, die Versicherung meiner ausgezeichnetsten Hochachtung.

Walter Scheel

Quelle: Europa-Archiv, 1970, D 399.

D 69: Vertrag zwischen der Bundesrepublik Deutschland und der Volksrepublik Polen vom 7. Dezember 1970 über die Grundlagen der Normalisierung ihrer gegenseitigen Beziehungen

Die Bundesrepublik Deutschland und die Volksrepublik Polen –
in der Erwägung, daß mehr als 25 Jahre seit Ende des Zweiten Weltkriegs vergangen sind, dessen erstes Opfer Polen wurde und der über die Völker Europas schweres Leid gebracht hat,
eingedenk dessen, daß in beiden Ländern inzwischen eine neue Generation herangewachsen ist, der eine friedliche Zukunft gesichert werden soll,
in dem Wunsche, dauerhafte Grundlagen für ein friedliches Zusammenleben und die Entwicklung normaler und guter Beziehungen zwischen ihnen zu schaffen,
in dem Bestreben, den Frieden und die Sicherheit in Europa zu festigen,
in dem Bewußtsein, daß die Unverletzlichkeit der Grenzen und die Achtung der territorialen Integrität und der Souveränität aller Staaten in Europa in ihren gegenwärtigen Grenzen eine grundlegende Bedingung für den Frieden sind –
sind wie folgt übereingekommen:

Artikel I

(1) Die Bundesrepublik Deutschland und die Volksrepublik Polen stellen übereinstimmend fest, daß die bestehende Grenzlinie, deren Verlauf im Kapitel IX der Beschlüsse der Potsdamer Konferenz vom 2. August 1945 von der Ostsee unmittelbar westlich von Swinemünde und von dort die Oder entlang bis zur Einmündung der Lausitzer Neiße und die Lausitzer Neiße entlang bis zur Grenze mit der Tschechoslowakei festgelegt worden ist, die westliche Staatsgrenze der Volksrepublik Polen bildet.
(2) Sie bekräftigen die Unverletzlichkeit ihrer bestehenden Grenzen jetzt und in der Zukunft und verpflichten sich gegenseitig zur uneingeschränkten Achtung ihrer territorialen Integrität.
(3) Sie erklären, daß sie gegeneinander keinerlei Gebietsansprüche haben und solche auch in Zukunft nicht erheben werden.

Artikel II

(1) Die Bundesrepublik Deutschland und die Volksrepublik Polen werden sich in ihren gegenseitigen Beziehungen sowie in Fragen der Gewährleistung der Sicherheit in Europa und in der Welt von den Zielen und Grundsätzen, die in der Charta der Vereinten Nationen niedergelegt sind, leiten lassen.
(2) Demgemäß werden sie entsprechend den Artikeln 1 und 2 der Charta der Vereinten Nationen alle ihre Streitfragen ausschließlich mit friedlichen Mitteln lösen und sich in Fragen, die die europäische und internationale Sicherheit berühren, sowie in ihren gegenseitigen Beziehungen der Drohung mit Gewalt oder der Anwendung von Gewalt enthalten.

Artikel III

(1) Die Bundesrepublik Deutschland und die Volksrepublik Polen werden weitere Schritte zur vollen Normalisierung und umfassenden Entwicklung ihrer gegenseitigen Beziehungen unternehmen, deren feste Grundlage dieser Vertrag bildet.
(2) Sie stimmen darin überein, daß eine Erweiterung ihrer Zusammenarbeit im Be-

reich der wirtschaftlichen, wissenschaftlichen, wissenschaftlich-technischen, kulturellen und sonstigen Beziehungen in ihrem beiderseitigen Interesse liegt.

Artikel IV

Dieser Vertrag berührt nicht die von den Parteien früher geschlossenen oder sie betreffenden zweiseitigen oder mehrseitigen internationalen Vereinbarungen.

Artikel V

Dieser Vertrag bedarf der Ratifikation und tritt am Tag des Austauschs der Ratifikationsurkunden in Kraft, der in Bonn stattfinden soll.

Zu Urkund dessen haben die Bevollmächtigten der Vertragsparteien diesen Vertrag unterschrieben.

Geschehen zu Warschau am 7. Dezember 1970 in zwei Urschriften, jede in deutscher und polnischer Sprache, wobei jeder Wortlaut gleichermaßen verbindlich ist.

[Unterschriften]

Quelle: Europa-Archiv, 1971, D 25f.

D 70: Das Viermächte-Abkommen* vom 3. September 1971**

Die Regierungen der Französischen Republik, der Union der Sozialistischen Sowjetrepubliken, des Vereinigten Königreichs Großbritannien und Nordirland, der Vereinigten Staaten von Amerika,
vertreten durch ihre Botschafter, die in dem früher vom Alliierten Kontrollrat benutzten Gebäude im amerikanischen Sektor Berlins eine Reihe von Sitzungen abgehalten haben,
handelnd auf der Grundlage ihrer Viermächte-Rechte und -Verantwortlichkeiten*** und der entsprechenden Vereinbarungen und Beschlüsse der Vier Mächte aus der Kriegs- und Nachkriegszeit, die nicht berührt werden,
unter Berücksichtigung der bestehenden Lage in dem betreffenden Gebiet,
von dem Wunsch geleitet, zu praktischen Verbesserungen der Lage beizutragen,
unbeschadet ihrer Rechtspositionen,
haben folgendes vereinbart:

Teil I

Allgemeine Bestimmungen

1. Die Vier Regierungen werden bestrebt sein, die Beseitigung von Spannungen und die Verhütung von Komplikationen in dem betreffenden Gebiet zu fördern.
2. Unter Berücksichtigung ihrer Verpflichtungen nach der Charta der Vereinten Na-

* In der DDR-Übersetzung: »Vierseitiges Abkommen«.

** Die hier wiedergegebene Übersetzung ist die Übersetzung der Bundesrepublik Deutschland, die zusammen mit den allein maßgeblichen englischen, französischen und russischen Texten in der Beilage zum Bundesanzeiger Nr. 174 vom 15. September 1972 veröffentlicht worden ist. Die Übersetzung der DDR findet sich im Neuen Deutschland vom 4. September 1971.

*** In der DDR-Übersetzung: »vierseitigen Rechte und Verantwortlichkeiten«.

tionen stimmen die Vier Regierungen darin überein, daß in diesem Gebiet keine Anwendung oder Androhung von Gewalt erfolgt und daß Streitigkeiten ausschließlich mit friedlichen Mitteln beizulegen sind.
3. Die Vier Regierungen werden ihre individuellen und gemeinsamen Rechte und Verantwortlichkeiten, die unverändert bleiben, gegenseitig achten.
4. Die Vier Regierungen stimmen darin überein, daß ungeachtet der Unterschiede in den Rechtsauffassungen die Lage, die sich in diesem Gebiet entwickelt hat und wie sie in diesem Abkommen sowie in den anderen in diesem Abkommen genannten Vereinbarungen definiert ist, nicht einseitig verändert wird.

Teil II

Bestimmungen, die die Westsektoren Berlins betreffen

A. Die Regierung der Union der Sozialistischen Sowjetrepubliken erklärt, daß der Transitverkehr von zivilen Personen und Gütern zwischen den Westsektoren Berlins und der Bundesrepublik Deutschland auf Straßen, Schienen- und Wasserwegen durch das Territorium der Deutschen Demokratischen Republik ohne Behinderungen sein wird, daß dieser Verkehr erleichtert werden wird, damit er in der einfachsten und schnellsten Weise vor sich geht und daß er Begünstigung erfahren wird.

Die diesen zivilen Verkehr betreffenden konkreten Regelungen, wie sie in Anlage I niedergelegt sind, werden zwischen den zuständigen deutschen Behörden vereinbart.

B. Die Regierungen der Französischen Republik, des Vereinigten Königreichs und der Vereinigten Staaten von Amerika erklären, daß die Bindungen zwischen den Westsektoren Berlins und der Bundesrepublik Deutschland aufrechterhalten und entwickelt werden, wobei sie berücksichtigen, daß diese Sektoren so wie bisher kein Bestandteil (konstitutiver Teil)* der Bundesrepublik Deutschland sind und auch weiterhin nicht von ihr regiert werden.

Konkrete Regelungen, die das Verhältnis zwischen den Westsektoren Berlins und der Bundesrepublik Deutschland betreffen, sind in Anlage II niedergelegt.

C. Die Regierung der Union der Sozialistischen Sowjetrepubliken erklärt, daß die Kommunikationen zwischen den Westsektoren Berlins und Gebieten, die an diese Sektoren grenzen, sowie denjenigen Gebieten der Deutschen Demokratischen Republik, die nicht an diese Sektoren grenzen, verbessert werden. Personen mit ständigem Wohnsitz in den Westsektoren Berlins werden aus humanitären, familiären, religiösen, kulturellen oder kommerziellen Gründen oder als Touristen in diese Gebiete reisen und sie besuchen können, und zwar unter Bedingungen, die denen vergleichbar sind, die für andere in diese Gebiete einreisende Personen gelten.

Die Probleme der kleinen Enklaven einschließlich Steinstückens und anderer kleiner Gebiete können durch Gebietsaustausch gelöst werden.

Konkrete Regelungen, die die Reisen, die Kommunikationen und den Gebietsaustausch betreffen, wie in Anlage III niedergelegt, werden zwischen den zuständigen deutschen Behörden vereinbart.

D. Die Vertretung der Interessen der Westsektoren Berlins im Ausland und die kon-

---

* Im englischen Text: *»constituent part«*, im französischen *»élément constitutif«*, im russischen *»sostavnoj čast'ju«*. In der DDR-Übersetzung heißt es »Bestandteil«, ohne den Zusatz: »(konstitutiver Teil)«.

sularische Tätigkeit der Union der Sozialistischen Sowjetrepubliken in den Westsektoren Berlins können wie in Anlage IV niedergelegt ausgeübt werden.

Teil III

Schlußbestimmungen

Diese Viermächte-Abkommen tritt an dem Tage in Kraft, der in einem Viermächte-Schlußprotokoll festgelegt wird, das abzuschließen ist, sobald die in Teil II dieses Viermächte-Abkommens und in seinen Anlagen vorgesehenen Maßnahmen vereinbart worden sind.

Geschehen in dem früher vom Alliierten Kontrollrat benutzten Gebäude im amerikanischen Sektor Berlins am 3. September 1971, in vier Urschriften, jede in englischer, französischer und russischer Sprache, wobei jeder Wortlaut gleichermaßen verbindlich ist.

[Unterschriften]

Quelle: Hans H. Mahnke (Hrsg.), Dokumente zur Berlin-Frage 1967–1986, München 1987, S. 190ff.

D 71: Grundvertrag zwischen der Bundesrepublik Deutschland und der Deutschen Demokratischen Republik vom 21. Dezember 1972

Die Hohen Vertragschließenden Seiten,
eingedenk ihrer Verantwortung für die Erhaltung des Friedens,
in dem Bestreben, einen Beitrag zur Entspannung und Sicherheit in Europa zu leisten,
in dem Bewußtsein, daß die Unverletzlichkeit der Grenzen und die Achtung der territorialen Integrität und der Souveränität aller Staaten in Europa in ihren gegenwärtigen Grenzen eine grundlegende Bedingung für den Frieden sind,
in der Erkenntnis, daß sich daher die beiden deutschen Staaten in ihren Beziehungen der Androhung oder Anwendung von Gewalt zu enthalten haben,
ausgehend von den historischen Gegebenheiten und unbeschadet der unterschiedlichen Auffassungen der Bundesrepublik Deutschland und der Deutschen Demokratischen Republik zu grundsätzlichen Fragen, darunter zur nationalen Frage,
geleitet von dem Wunsch, zum Wohle der Menschen in den beiden deutschen Staaten die Voraussetzungen für die Zusammenarbeit zwischen der Bundesrepublik Deutschland und der Deutschen Demokratischen Republik zu schaffen,
sind wie folgt übereingekommen:

Artikel 1

Die Bundesrepublik Deutschland und die Deutsche Demokratische Republik entwikkeln normale gutnachbarliche Beziehungen zueinander auf der Grundlage der Gleichberechtigung.

Artikel 2

Die Bundesrepublik Deutschland und die Deutsche Demokratische Republik werden sich von den Zielen und Prinzipien leiten lassen, die in der Charta der Vereinten

Nationen niedergelegt sind, insbesondere der souveränen Gleichheit aller Staaten, der Achtung der Unabhängigkeit, Selbständigkeit und territorialen Integrität, dem Selbstbestimmungsrecht, der Wahrung der Menschenrechte und der Nichtdiskriminierung.

Artikel 3

Entsprechend der Charta der Vereinten Nationen werden die Bundesrepublik Deutschland und die Deutsche Demokratische Republik ihre Streitfragen ausschließlich mit friedlichen Mitteln lösen und sich der Drohung mit Gewalt oder der Anwendung von Gewalt enthalten.

Sie bekräftigen die Unverletzlichkeit der zwischen ihnen bestehenden Grenze jetzt und in der Zukunft und verpflichten sich zur uneingeschränkten Achtung ihrer territorialen Integrität.

Artikel 4

Die Bundesrepublik Deutschland und die Deutsche Demokratische Republik gehen davon aus, daß keiner der beiden Staaten den anderen international vertreten oder in seinem Namen handeln kann.

Artikel 5

Die Bundesrepublik Deutschland und die Deutsche Demokratische Republik werden friedliche Beziehungen zwischen den europäischen Staaten fördern und zur Sicherheit und Zusammenarbeit in Europa beitragen.

Sie unterstützen die Bemühungen um eine Verminderung der Streitkräfte und Rüstungen in Europa, ohne daß dadurch Nachteile für die Sicherheit der Beteiligten entstehen dürfen.

Die Bundesrepublik Deutschland und die Deutsche Demokratische Republik werden mit dem Ziel einer allgemeinen und vollständigen Abrüstung unter wirksamer internationaler Kontrolle der internationalen Sicherheit dienende Bemühungen um Rüstungsbegrenzung und Abrüstung, insbesondere auf dem Gebiet der Kernwaffen und anderen Massenvernichtungswaffen, unterstützen.

Artikel 6

Die Bundesrepublik Deutschland und die Deutsche Demokratische Republik gehen von dem Grundsatz aus, daß die Hoheitsgewalt jedes der beiden Staaten sich auf sein Staatsgebiet beschränkt. Sie respektieren die Unabhängigkeit und Selbständigkeit jedes der beiden Staaten in seinen inneren und äußeren Angelegenheiten.

Artikel 7

Die Bundesrepublik Deutschland und die Deutsche Demokratische Republik erklären ihre Bereitschaft, im Zuge der Normalisierung ihrer Beziehungen praktische und humanitäre Fragen zu regeln. Sie werden Abkommen schließen, um auf der Grundlage dieses Vertrages und zum beiderseitigen Vorteil die Zusammenarbeit auf dem Gebiet der Wirtschaft, der Wissenschaft und Technik, des Verkehrs, des Rechtsverkehrs, des Post- und Fernmeldewesens, des Gesundheitswesens, der Kultur, des Sports, des Umweltschutzes und auf anderen Gebieten zu entwickeln und zu fördern. Einzelheiten sind in dem Zusatzprotokoll geregelt.

Artikel 8

Die Bundesrepublik Deutschland und die Deutsche Demokratische Republik werden ständige Vertretungen austauschen. Sie werden am Sitz der jeweiligen Regierung errichtet.

Die praktischen Fragen, die mit der Einrichtung der Vertretungen zusammenhängen, werden zusätzlich geregelt.

Artikel 9

Die Bundesrepublik Deutschland und die Deutsche Demokratische Republik stimmen darin überein, daß durch diesen Vertrag die von ihnen früher abgeschlossenen oder sie betreffenden zweiseitigen und mehrseitigen internationalen Verträge und Vereinbarungen nicht berührt werden.

Artikel 10

Dieser Vertrag bedarf der Ratifikation und tritt am Tage nach dem Austausch entsprechender Noten in Kraft.

Zu Urkund dessen haben die Bevollmächtigten der Hohen Vertragschließenden Seiten diesen Vertrag unterzeichnet. Geschehen in Berlin am 21. Dezember 1972 in zwei Urschriften in deutscher Sprache.

[Unterschriften]

Quelle: Europa-Archiv, 1973, D 13–15.

IV. Entspannung und Sicherheit (1972–1985)

1. Die Europäische Gemeinschaft zwischen Erweiterung und Erneuerung

1.1. Die erste Erweiterung: Großbritannien, Dänemark, Irland

Es war zu erwarten – und im EG-Vertrag auch vorgesehen –, daß früher oder später Bewerber in Brüssel anklopfen und um eine Aufnahme in die sich rasch entwickelnde Gemeinschaft bitten würden. Großbritannien hatte dies anfangs der sechziger Jahre bereits einmal getan. Trotz der frühen Bekenntnisse eines Churchill und Bevin zu einem geeinten Europa hatte es bisher aber jede festere und erst recht jede übernationale Bindung an eine europäische Gemeinschaft abgelehnt. Seine Mitgliedschaft in europäischen Institutionen blieb im traditionellen Rahmen uneingeschränkter Souveränität (Europarat, OECD und WEU); sie bot aber immerhin genügend Raum, um England den erwünschten Einfluß auf dem Kontinent zu sichern. Das Inselreich, vielfach an das weltweite *Commonwealth* gebunden und auf rüstungspolitischem Gebiet durch ein besonders enges Verhältnis zu den Vereinigten Staaten privilegiert, trennte sich nur schwer von der Vorstellung, im atlantischen Raum die vermittelnde Kraft zwischen Europa und Amerika zu bilden. Man blieb *of Europe*, ohne deshalb zu wünschen, auch *in Europe* zu sein; Europa zugewandt, ihm aber nicht zugehörig.

Trotzdem: Langsam kam auch London zu der Einsicht, daß an der Europäischen Gemeinschaft letztlich wohl kein Weg vorbei führen werde. Anfang August 1961 hielt Premierminister Macmillan vor dem Unterhaus eine denkwürdige Rede über die Haltung seiner Regierung zur EG. Nicht ohne Widerstände erhielt er schließlich vom Parlament die Ermächtigung, auf dem nun eingeschlagenen »Weg nach Europa« weiterzugehen. Dieser Anlauf fand sein abruptes Ende, als Staatspräsident de Gaulle in einer Pressekonferenz vom 14. Januar 1963 keinen Zweifel daran ließ, daß er einen Beitritt Großbritanniens zum gegenwärtigen Zeitpunkt für verfrüht erachte. Mit diesem indirekten Veto war die erste Erweiterung der Gemeinschaft für den Rest der sechziger Jahre »auf Eis« gelegt.

Inzwischen blieb die Entwicklung der Gemeinschaft nicht stehen. Wenn sich auch das Tempo verlangsamt hatte, kamen hauptsächlich zwei Themen immer wieder auf die Brüsseler Tagesordnung: die – stufenweise – Verwirklichung der Wirtschafts- und Währungsunion (auf der Grundlage des sogenannten Werner-Berichts) und die Neugestaltung der politischen Strukturen der Gemeinschaft. Dies betraf einmal die Übertragung von neuen Befugnissen an die Kommission, sodann die Direktwahl des Europäischen Parlaments (s. S. 298) und schließlich die Pläne für eine Politische Union, wie sie anfangs der achtziger Jahre beispielsweise im Vorschlag des italienischen Europaabgeordneten Altiero Spinelli konkreten Ausdruck fanden. Großbritannien nahm einen zweiten Anlauf, um Mitglied der Gemeinschaft zu werden. In einem Weißbuch [D 72] schilderte es ausführlich die Gründe für einen Beitritt: Europa, die Europäische Gemeinschaft, war für das Inselreich die einzig realistische

Alternative, sich im größeren Rahmen einer politischen und wirtschaftlichen Gemeinschaft zu behaupten.

1971 lagen gleich vier Beitrittsanträge auf dem Tisch der Gemeinschaft: der von Großbritannien (jetzt unter einer Labourregierung) und die von Dänemark, Norwegen und Irland. Die Gemeinschaft hatte inzwischen jene Fortschritte in Richtung auf eine weitere innere Festigung gemacht, die vor allem Frankreich als Vorbedingung für die Aufnahme weiterer Mitglieder gewünscht hatte. Am 30. Juni 1970 konnte die Konferenz der Europäischen Gemeinschaften mit den Staaten, die ihren Beitritt zu diesen Gemeinschaften beantragt haben, in Luxemburg eröffnet werden. Die Beitrittsverhandlungen wurden im Januar 1972 auch technisch abgeschlossen; die Verträge über den Beitritt am 22. Januar 1972 in einer feierlichen Zeremonie in Brüssel unterzeichnet [D 73].

Vier grundlegende Bedingungen waren nach Auffassung der EG für eine Aufnahme zu erfüllen: Die Kandidaten mußten zunächst einmal das geltende Gemeinschaftsrecht in seiner Gesamtheit übernehmen. Das bedeutete nicht nur die Annahme der Gründungsverträge, sondern auch des ganzen auf ihrer Grundlage entwikkelten Folgerechts sowie der seitens der EG mit Drittländern geschlossenen Verträge. Zweitens sollten Anpassungen nur durch Übergangsbestimmungen mit festen Fristen, nicht aber durch Änderungen des Gemeinschaftsrechts möglich sein. Drittens sollte die ungehinderte Weiterentwicklung der EG während der Verhandlungsperiode nicht behindert werden, und viertens sollten alle Probleme, die durch den Beitritt aufgeworfen wurden, *vor* der Unterzeichnung des Beitrittsvertrages geregelt werden.

Die Gemeinschaft verhielt sich hier unmißverständlich als der Verhandlungspartner, der weitgehend das Gesetz des Handelns bestimmte. Ihre Grundposition wurde deshalb von allen Kandidatenländern angenommen.

Großbritannien befand sich im Vergleich zu seiner ersten Bewerbung in einer günstigeren Lage. Die zehn Jahre früher noch so wichtigen Überlegungen – Bindungen mit dem *Commonwealth,* Sonderbeziehungen zu den Vereinigten Staaten, Mitgliedschaft bei der EFTA und Sorgen um die Landwirtschaft – hatten in der Zwischenzeit an Bedeutung verloren. Aber auch auf seiten der Gemeinschaft war man beweglicher geworden. Zwar stellte zumal Frankreich noch manches Hindernis in den Weg, die Abwesenheit des 1969 zurückgetretenen und 1970 verstorbenen Generals de Gaulle erleichterte jedoch das Zustandekommen der nun getroffenen Kompromißlösungen.

Von den vier Kandidaten wurden drei – Großbritannien, Dänemark und Irland – Mitglieder; nach einer ungewöhnlich lebhaft geführten Kampagne stimmten 54 % der Norweger gegen einen Beitritt. Ihr Land blieb damit bis heute außerhalb der Gemeinschaft.

1.2. Die Südausdehnung: Griechenland, Spanien und Portugal

Die zweite Erweiterung brachte der Beitritt Griechenlands im Jahre 1981 – ein Beitritt wohl mehr aus Respekt vor der demokratischen Tradition »Hellas« als aus wirtschaftspolitischen Überlegungen. Trotzdem: Nach Italien und Frankreich war nun ein drittes Mittelmeerland in Brüssel vertreten. Die bei diesem Anlaß gehaltene Rede des griechischen Ministerpräsidenten Karamanlis [D 74] bezeugt die Zugehörigkeit seines Landes zu Europa. Dessen Einigung werde, so Karamanlis, »das größte politische Ereignis der Geschichte unseres Kontinents« sein.

Wenig später öffnete sich die Türe zu einer dritten Erweiterung; abermals in Richtung Süden. Spanien und Portugal kamen 1986 als elftes und zwölftes Mitglied hinzu. Sie brachten neue Impulse, aber gerade im landwirtschaftlichen Bereich auch neue Probleme, die den inneren Zusammenhalt der Gemeinschaft auf eine harte Probe stellten. Jetzt rächte sich, daß es die Gemeinschaft trotz mancher Anläufe versäumt hatte, greifbare Fortschritte in Richtung auf die weiteren Integrationsstufen und das Ziel einer politischen Union durchzusetzen. Die Erweiterungen, so erfreulich sie auch waren, zielten nicht in diese Richtung; sie waren eher noch geeignet, das Erreichte zu gefährden. Das zeigte sich nicht zuletzt in dem Augenblick, in dem die Gemeinschaft aufgerufen wurde, über ihr beachtliches wirtschaftliches Gewicht hinaus, die ihr zugewachsene und von der Außenwelt auch zugeschriebene politische Verantwortung zur Geltung zu bringen.

Dokumente

D 72: Britisches Weißbuch über den Beitritt zu den Europäischen Gemeinschaften von 1971 (Auszug)

[...]

Die Argumente für eine britische Mitgliedschaft in den Europäischen Gemeinschaften

24. Die Europäischen Gemeinschaften sind gegründet worden, weil die Mitgliedsländer untereinander viel mehr gemeinsame Interessen als Interessenkonflikte haben. Westeuropa ist eines der großen Zentren des Weltgeschehens, aber keines seiner Länder ist für sich genommen mächtig genug, einen entscheidenden Einfluß auszuüben. Sie haben ein gemeinsames Interesse an der Sicherheit eines jeden von ihnen; sie sind entschlossen, nie wieder gegeneinander Krieg zu führen, und sie wissen, daß eine gegen eines von ihnen gerichtete Bedrohung eine Bedrohung für sie alle bedeutet. Sie verfolgen ähnliche wirtschaftliche und soziale Interessen, und sie haben etwa den gleichen Lebensstandard. Ihre Industrien können nicht mit voller Wirtschaftlichkeit arbeiten, wenn sie nach unterschiedlichen Richtlinien und Normen arbeiten. Keines der Mitgliedsländer kann es sich für sich allein leisten, sich mehr als einen begrenzten Teilbereich aus dem Gesamtkomplex des modernen technologischen und industriellen Fortschritts anzueignen, von dem Sicherheit und Wohlstand in so starkem Maße abhängen. In all diesen Punkten befinden wir uns in ähnlicher Lage wie unsere Nachbarn.

25. Die sechs Länder haben diese Tatsachen erkannt. Sie haben bereits in den Jahren, in denen sie ihre Gemeinschaften aufbauten, gezeigt, daß sie durch die Harmonisierung ihrer Wirtschaftspolitik und durch die gemeinschaftliche Entwicklung ihrer

wirtschaftlichen Ressourcen in der Lage waren, ihren Wohlstand zu verbessern, ihre Sicherheit auf eine festere Grundlage zu stellen und einen größeren Einfluß in Weltwirtschaftsfragen geltend zu machen. Der Kontrast zwischen den Erfahrungen, die sie in den letzten Jahren als Mitglieder der Gemeinschaft machten, und denen, die wir als Außenstehende gemacht haben und die darauf hinausliefen, daß das Wachstum unserer Mittel nicht ausreichte, um uns die Durchführung all unserer Vorhaben im In- und Ausland zu ermöglichen, läßt darauf schließen, daß sie den richtigen Weg gewählt haben. Die Sechs sind auf jeden Fall davon überzeugt, und sie beabsichtigen jetzt, gemeinschaftliche Politiken und gemeinschaftliche Verfahren nicht nur für wirtschaftliche Angelegenheiten, sondern auch für die Fragen der Außenpolitik zu entwickeln. Sie erkennen an, daß wir ähnliche Interessen haben, und sie wünschen unseren Beitritt.

Die politischen Argumente

26. Unsere geographischen, militärischen, politischen, wirtschaftlichen und sozialen Gegebenheiten sind denen der Sechs so ähnlich, und unsere Ziele stimmen so weit überein, daß es in unserem ureigensten Interesse liegt, mit ihnen zusammen an der Schaffung einer umfassenderen europäischen Gemeinschaft freier Nationen mitzuwirken, deren gemeinsame Stärke und Einfluß in der Welt so viel größer sein können als die ihrer einzelnen Mitglieder. Wenn wir außerhalb der Gemeinschaften bleiben, müßten wir auf einer engeren Basis unsere nationalen Interessen wahrnehmen und unsere nationalen Ressourcen entwickeln. Ohne Zweifel wären wir dazu in der Lage. Doch diese Aufgabe würde uns zunehmend schwerere Lasten aufbürden und würde in dem Maße immer schwieriger werden, wie die politische und wirtschaftliche Einheit Europas ohne uns in einer Nachbargemeinschaft voranschritte, die um ein Vielfaches größer ist als wir.

[...]

28. Wenn die politische Bedeutung eines Zusammengehens mit Europa zur Zeit am deutlichsten im wirtschaftlichen Bereich zutage tritt, so ist das deshalb der Fall, weil die Gemeinschaft in erster Linie mit Wirtschaftspolitik befaßt ist. Aber es ist unvermeidlich, daß sich das außenpolitische Betätigungsfeld der Gemeinschaft ausweitet, je weiter die Abstimmung der Interessen unter den Mitgliedstaaten fortschreitet. Das ist die eindeutige Absicht der Gemeinschaft. Was die Koordinierung der Außenpolitik betrifft, so werden die praktischen Verpflichtungen, die Großbritannien eingeht, wenn wir jetzt beitreten, nicht über das hinausgehen, was wir bereits in der WEU akzeptiert haben. Aber wir werden zu einem Zeitpunkt beitreten, der es uns ermöglicht, den Entwicklungsvorgang zu beeinflussen. Das gleiche gilt auch für die Fortschritte bei der Verwirklichung der Wirtschafts- und Währungsunion. Für diese ist bisher noch kein fester Zeitplan für die langfristige Entwicklung vereinbart worden; die bisher vereinbarten Schritte für die unmittelbare Zukunft werden für uns keine praktischen Schwierigkeiten aufwerfen. Wenn wir nicht beitreten sollten, würde das die Gemeinschaft der Sechs nicht davon abhalten, sowohl im wirtschaftlichen als auch im politischen Bereich weiter voranzuschreiten. Dadurch würden die Optionen, die zukünftigen britischen Regierungen noch offenblieben, eingeschränkt werden, ohne daß ihnen dabei das geringste Mitspracherecht zustünde.

29. Wir werden die uneingeschränkte Möglichkeit haben, in den Räten der Gemeinschaft unsere Ansichten zu Gehör zu bringen und unseren Einfluß geltend zu machen.

Die Gemeinschaft ist keine Föderation von Provinzen oder Grafschaften. Sie ist eine Gemeinschaft großer, etablierter Staaten, deren jeder seine eigene Persönlichkeit und seine eigenen Traditionen besitzt. In der Praxis der Gemeinschaften spiegelt sich daher die Realität wider, daß um den Beratungstisch die Vertreter souveräner Regierungen versammelt sind. Für den Fall, daß eine Regierung der Ansicht ist, daß bei einer Frage vitale nationale Interessen berührt werden, ist es die eingeführte Praxis, daß die Entscheidung einstimmig getroffen werden sollte. Wie jeder andere Vertrag verpflichtet der Vertrag von Rom seine Unterzeichner, sich für vereinbarte Ziele einzusetzen; aber diese Verpflichtung stellt die freiwillige Zusage eines souveränen Staates dar, eine politische Linie, die er selbst mit festgelegt hat, einzuhalten. Es kann keine Rede von einer Erosion wesentlicher nationaler Souveränitätsrechte sein; beabsichtigt ist vielmehr, daß man sich im allgemeinen Interesse die Ausübung einzelstaatlicher Souveränität teilt und diese ausweitet.

[...]

31. Die Verträge über die Europäische Wirtschaftsgemeinschaft und Euratom sind auf unbegrenzte Zeit, der Vertrag über die Europäische Gemeinschaft für Kohle und Stahl auf 50 Jahre abgeschlossen. Diese Verträge enthalten keine Bestimmungen, die einen Austritt ausdrücklich zulassen oder verbieten. Das ist bei einigen anderen wichtigen Verträgen, denen Großbritannien beigetreten ist, ebenso, beispielsweise bei der Charta der Vereinten Nationen. Das Gemeinschaftssystem beruht auf der ursprünglichen Zustimmung – und letztlich auf der fortgesetzten Zustimmung – der Mitgliedstaaten und damit der nationalen Parlamente. Das englische und das schottische Rechtssystem werden somit intakt bleiben. Bestimmte Bestimmungen der Verträge und in deren Rahmen erlassene Rechtsakte, die sich auf wirtschaftliche, kommerzielle und verwandte Gebiete beziehen, werden in unser Rechtssystem übernommen werden. Das *Common Law* wird die Grundlage unseres Rechtssystems bleiben, und unsere Gerichte werden weiterhin wie bisher Recht sprechen. In bestimmten Fällen würden sie Fragen des Gemeinschaftsrechts an den Europäischen Gerichtshof zu überweisen haben. Alle wesentlichen Merkmale unseres Rechts werden erhalten bleiben, darunter auch diejenigen, die die Gewährleistung der individuellen Freiheit betreffen wie die Schöffengerichte, *habeas corpus* und der Grundsatz, daß ein Mensch so lange als unschuldig gilt, bis seine Schuld bewiesen ist, sowie das Vertragsrecht (und dessen schottische Entsprechung), das Miet- und Pachtrecht, das Familienrecht, das Staatsangehörigkeitsrecht und das Grund- und Bodenrecht.

32. Im politischen wie im wirtschaftlichen Bereich liegt die Stärke der Gemeinschaft nicht so sehr in den Sicherungen, die ihren Wirkungsbereich abgrenzen, wie in den gemeinsamen Interessen der Mitgliedsländer. In einer Welt, in der so viel Macht außerhalb Europas konzentriert ist und Europa, vom internationalen Standpunkt betrachtet, nur noch eine Region unter anderen darstellt, sind die Meinungsverschiedenheiten unter den europäischen Nachbarn, stellt man sie neben das, was uns allen gemeinsam ist, bedeutungslos geworden. In Geschichte und Kultur, in ihren politischen, rechtlichen und sozialen Strukturen, in ihrem Lebensstandard und ihren nationalen Interessen und Zielen haben die Länder der Gemeinschaften und Großbritannien ein europäisches Erbe...

[...]

37. Auch das *Commonwealth* bietet uns für sich genommen keine der Mitgliedschaft in den Europäischen Gemeinschaften vergleichbare Alternativmöglichkeit und will

das auch gar nicht. Die Mitglieder des *Commonwealth* sind weit verstreut über die verschiedenen Regionen der Welt und unterscheiden sich in ihren politischen Vorstellungen und in ihrer wirtschaftlichen Entwicklung stark voneinander. Mit der Erlangung der Unabhängigkeit haben sich ihre politischen und wirtschaftlichen Beziehungen, vor allem mit Großbritannien, stark gewandelt, und sie wandeln sich noch weiter. Sie haben Handels- und Investitionsvereinbarungen mit anderen Ländern getroffen und treffen weiter solche, die den Erfordernissen ihrer grundlegenden geographischen und wirtschaftlichen Verhältnisse entsprechen. Der Anteil Großbritanniens am Handel des *Commonwealth* ist während des vergangenen Jahrzehnts stark zurückgegangen. In absoluten Zahlen sind die Exporte Großbritanniens in das *Commonwealth* nur langsam gestiegen, während unsere Exporte in die EWG eine viel raschere Expansion zu verzeichnen hatten und im Jahr 1970 unsere Exporte nach dem gesamten *Commonwealth* übertrafen. Vielen *Commonwealth*-Ländern erscheinen darüber hinaus die Europäischen Gemeinschaften in zunehmendem Maße als Handelspartner attraktiver, als es Großbritannien ist. Es ist bezeichnend, daß die ostafrikanischen *Commonwealth*-Länder der Gemeinschaft jetzt Handelspräferenzen vor uns gewähren.

[...]

Schlußfolgerungen

58. Die Regierung Ihrer Majestät hat jetzt die Ergebnisse der Verhandlungen und die Vereinbarungen, die zur Lösung der von der gegenwärtigen Regierung sowie von deren Vorgängerinnen genannten Probleme getroffen worden sind, sorgfältig geprüft. Ebenso wie ihre Vorgängerinnen hat sich die gegenwärtige Regierung bemüht, sicherzustellen, daß sich die Veränderungen des Handelssystems, vor allem soweit sie das *Commonwealth* betreffen, erst allmählich auswirken und den Betroffenen Zeit und Gelegenheit für die möglicherweise erforderlich werdenden Anpassungen gegeben wird. Die Regierung glaubt, daß diese Ziele erreicht worden sind.

59. Die Kosten des Beitritts zur Gemeinschaft – wie sie im Weißbuch dargelegt sind – sind der Preis, den wir für die wirtschaftlichen und politischen Vorteile zu zahlen haben würden. Diese Vorteile werden die Kosten mehr als wettmachen, vorausgesetzt, wir nützen die sich uns eröffnenden Möglichkeiten eines viel umfassenderen Binnenmarktes. Wenn wir das tun, werden wir ebenso wie die Sechs seit der Gründung der Gemeinschaft eine erhebliche Zunahme des Handels, einen Anreiz für Wachstum und Investitionen und einen größeren Zuwachs der Reallöhne und des Lebensstandards erzielen als in den letzten Jahren oder als möglich wäre, wenn wir den Gemeinschaften fernblieben.

60. Über diesen wirtschaftlichen Überlegungen stehen die generellen politischen Perspektiven. In einer erweiterten Gemeinschaft könnten wir unseren eigenen Interessen und denen unserer traditionellen Freunde und Verbündeten besser dienen. Gemeinsam mit den anderen Mitgliedern der erweiterten Gemeinschaft könnten wir mehr und Besseres leisten, als es einer von uns allein vermöchte. Gemeinsam könnten wir Probleme technologischer Neuerung und Entwicklung in Angriff nehmen, die für einen von uns allein zu groß wären. Gemeinsam könnten wir eine zivilisiertere Umwelt schaffen. Gemeinsam könnten wir erfolgreicher in der übrigen Welt konkurrieren. Gemeinsam könnten wir den ärmeren Ländern der Welt in großzügigerer Weise helfen, als wenn wir uns allein darum bemühen. Und gemeinsam könnten die Mitglieder der erweiterten Gemeinschaft sich gegenseitig helfen.

[...]
62. Die Wahl, die Großbritannien zu treffen hat, ist eindeutig. Entweder entschließen wir uns, Mitglied der Gemeinschaft zu werden und bei dem Bau eines stärkeren Europa auf den von den Sechs geschaffenen Fundamenten mitzuwirken, oder wir entscheiden uns, uns abseits von diesem großen Unternehmen zu halten, und versuchen, unsere Interessen von der schmalen – und immer schmaler werdenden – Basis der vergangenen Jahre aus wahrzunehmen. Als Vollmitglied der Gemeinschaft hätten wir mehr Gelegenheit und Macht, die Geschehnisse zu beeinflussen, als es uns allein möglich wäre; ein Europa mit Großbritannien in seinen Räten wäre stärker und einflußreicher als ein Europa ohne uns.
63. Eine Entscheidung, nicht beizutreten, wenn wir endlich dazu in der Lage wären, hieße, eine historische Chance ausschlagen und die gesamte Richtung der im vergangenen Jahrzehnt unter aufeinanderfolgenden Regierungen betriebenen britischen Politik umstoßen. Niemand könnte die Folgen einer solchen Umkehrung voraussagen. Alle Aspekte unseres nationalen Lebens wären davon betroffen, und unsere Zukunft würde ebensosehr, wenn nicht noch mehr davon berührt, wie sie es durch die Annahme der uns jetzt gebotenen Möglichkeiten würde.
64. In einer einzigen Generation hätten wir auf eine Vergangenheit verzichtet, in der wir ein Weltreich waren, und eine europäische Zukunft abgelehnt. Unsere Freunde in aller Welt wären bestürzt. Sie wären mit Recht ebenso ungewiß wie wir über unsere künftige Rolle und Position in der Welt. Unterdessen würden die jetzigen Gemeinschaften auch ohne Großbritannien weiterhin an Stärke und Einigkeit gewinnen. Unsere Fähigkeit, die Gemeinschaften zu beeinflussen, würde stetig abnehmen, während die Fähigkeit der Gemeinschaften, unsere Zukunft zu beeinflussen, ebenso stetig zunehmen würde.
65. Die Regierung Ihrer Majestät ist der Ansicht, daß die ausgehandelten Bedingungen fair und vernünftig sind und diesem Land eine Chance bieten, die vielleicht nie wiederkehrt. Sie wird deshalb das Parlament ersuchen, eine Grundsatzentscheidung darüber zu billigen, daß Großbritannien den Gemeinschaften auf dieser Basis als Vollmitglied beitreten sollte. Sie glaubt, daß eine solche Entscheidung im besten Interesse des Friedens, der Sicherheit und des Wohlstandes nicht nur des britischen Volkes, sondern auch der Völker Westeuropas und der ganzen Welt liegen würde.
66. Jede historische Entscheidung ist nicht nur eine Chance, sondern auch eine Herausforderung. Die Regierung Ihrer Majestät ist überzeugt, daß die richtige Entscheidung für uns darin besteht, die Herausforderung anzunehmen, die Chance zu nutzen und den Europäischen Gemeinschaften beizutreten.

Quelle: Europa-Archiv, 1971, D 357 ff.

D 73: Vertrag vom 22. Januar 1972 über den Beitritt des Königreichs Dänemark, Irlands, des Königreichs Norwegen, des Vereinigten Königreichs Großbritannien und Nordirland zur Europäischen Wirtschaftsgemeinschaft und zur Europäischen Atomgemeinschaft (Auszug)

Seine Majestät der König der Belgier, Ihre Majestät die Königin von Dänemark, der Präsident der Bundesrepublik Deutschland, der Präsident der Französichen Republik, der Präsident Irlands, der Präsident der Italienischen Republik, Seine Königliche Hoheit der Großherzog von Luxemburg, Ihre Majestät die Königin der Niederlande, Seine Majestät der König von Norwegen, Ihre Majestät die Königin des Vereinigten Königreichs Großbritannien und Nordirland,
einig in dem Willen, die Verwirklichung der Ziele des Vertrags zur Gründung der Europäischen Wirtschaftsgemeinschaft und des Vertrags zur Gründung der Europäischen Atomgemeinschaft fortzuführen,
entschlossen, im Geiste dieser Verträge auf den bereits geschaffenen Grundlagen einen immer engeren Zusammenschluß der europäischen Völker herbeizuführen,
in der Erwägung, daß Artikel 237 des Vertrags zur Gründung der Europäischen Wirtschaftsgemeinschaft und Artikel 205 des Vertrags zur Gründung der Europäischen Atomgemeinschaft den europäischen Staaten die Möglichkeit eröffnen, Mitglieder dieser Gemeinschaften zu werden,
in der Erwägung, daß das Königreich Dänemark, Irland, das Königreich Norwegen und das Vereinigte Königreich Großbritannien und Nordirland beantragt haben, Mitglieder dieser Gemeinschaften zu werden,
in der Erwägung, daß sich der Rat der Europäischen Gemeinschaften nach Einholung der Stellungnahme der Kommission für die Aufnahme dieser Staaten ausgesprochen hat,
haben beschlossen, die Aufnahmebedingungen und die erforderlichen Anpassungen der Verträge zur Gründung der Europäischen Wirtschaftsgemeinschaft und der Europäischen Atomgemeinschaft im gegenseitigen Einvernehmen festzulegen;...

Artikel 1

1. Das Königreich Dänemark, Irland, das Königreich Norwegen und das Vereinigte Königreich Großbritannien und Nordirland werden Mitglieder der Europäischen Wirtschaftsgemeinschaft und der Europäischen Atomgemeinschaft und Vertragsparteien der Verträge zur Gründung dieser Gemeinschaften mit den dazugehörigen Änderungen oder Ergänzungen.
2. Die Aufnahmebedingungen und die erforderlichen Anpassungen der Verträge zur Gründung der Europäischen Wirtschaftsgemeinschaft und der Europäischen Atomgemeinschaft sind in der diesem Vertrag beigefügten Akte festgelegt. Die die Europäische Wirtschaftsgemeinschaft und die Europäische Atomgemeinschaft betreffenden Bestimmungen der Akte sind Bestandteil dieses Vertrages.
3. Die Bestimmungen der in Absatz 1 genannten Verträge über die Rechte und Pflichten der Mitgliedstaaten sowie die Befugnisse und Zuständigkeiten der Organe der Gemeinschaften gelten auch für diesen Vertrag.

Artikel 2

Dieser Vertrag bedarf der Ratifizierung durch die Hohen Vertragsparteien gemäß ihren verfassungsrechtlichen Vorschriften. Die Ratifikationsurkunden werden spätestens am 31. Dezember 1972 bei der Regierung der Italienischen Republik hinterlegt.

Dieser Vertrag tritt am 1. Januar 1973 in Kraft, sofern alle Ratifikationsurkunden vor diesem Tag hinterlegt worden sind und alle Urkunden über den Beitritt zur Europäischen Gemeinschaft für Kohle und Stahl an diesem Tag hinterlegt werden.

Haben jedoch nicht alle in Artikel 1 Absatz 1 genannten Staaten ihre Ratifikations- und Beitrittsurkunden rechtzeitig hinterlegt, so tritt der Vertrag für die Staaten in Kraft, die diese Urkunden hinterlegt haben. In diesem Falle beschließt der Rat der Europäischen Gemeinschaften unverzüglich einstimmig die infolgedessen unerläßlichen Anpassungen des Artikel 3 dieses Vertrags, der Artikel 14, 16, 17, 19, 20, 23, 129, 142, 143, 155 und 160 der Akte über die Beitrittsbedingungen und die Anpassungen der Verträge, der Bestimmungen des Anhangs I der Akte über die Zusammensetzung und die Arbeitsweise verschiedener Ausschüsse und der Artikel 5 und 8 des dieser Akte beigefügten Protokolls über die Satzung der Europäischen Investitionsbank; er kann ferner einstimmig die Bestimmungen der Akte, die sich ausdrücklich auf einen Staat beziehen, der seine Ratifikations- und Beitrittsurkunden nicht hinterlegt hat, für nichtig erklären oder anpassen.

Artikel 3

Dieser Vertrag ist in einer Urschrift in dänischer, deutscher, englischer, französischer, irischer, italienischer, niederländischer und norwegischer Sprache abgefaßt, wobei alle acht Wortlaute gleichermaßen verbindlich sind; er wird im Archiv der Regierung der Italienischen Republik hinterlegt; diese übermittelt der Regierung jedes anderen Unterzeichnerstaats eine beglaubigte Abschrift.

Quelle: Europa-Archiv, 1972, D 123ff.

D 74: Rede des griechischen Ministerpräsidenten, Konstantin Karamanlis, anläßlich der Unterzeichnung des Vertrages über den Beitritt Griechenlands zur EG am 28. Mai 1979 in Athen (Auszug)

[...]

Ich glaube, daß die Einigung Europas das größte politische Ereignis der Geschichte unseres Kontinents sein wird. Ein Ereignis, das nicht nur das Schicksal Europas, sondern auch den Gang der ganzen Menschheit beeinflussen wird. Denn es wird das Gleichgewicht der Kräfte in der Welt herstellen, wird die Unabhängigkeit Europas sichern und zur Festigung der internationalen Ordnung und des Friedens beitragen.

Griechenland tritt Europa bei in der Überzeugung, daß im Rahmen der europäischen Solidarität für alle Seiten die nationale Unabhängigkeit gefestigt, die demokratische Freiheit gesichert und die wirtschaftliche Entwicklung beschleunigt wird, so daß der soziale und wirtschaftliche Fortschritt durch allseitige Zusammenarbeit zu gemeinsamem Gut wird.

Um an dieser Aufgabe teilzunehmen, sind wir entschlossen, die strukturellen Änderungen und die institutionellen Neuerungen zu unternehmen, welche uns das Erreichen dieses Zieles ermöglichen werden. Wir sind uns der Schwierigkeiten bewußt. Wir sind jedoch optimistisch darüber, daß wir durch eine allgemeinere Mobilisierung, durch ständige Wachsamkeit, aber auch durch das Verständnis unserer Partner diese Schwierigkeiten überwinden werden...

Gleichzeitig aber nährt unser Land den Ehrgeiz, im Maße seiner Möglichkeiten zur Verwirklichung der Idee eines geeinten Europa, an das es fest glaubt, beizutragen. Griechenland glaubt, daß es eine Möglichkeit zu einer besseren Arbeitsteilung anbieten kann, auf der Grundlage der komparativen Vorteile. Seine geographische Lage, seine politische Vergangenheit und sein kulturelles Niveau bieten die Voraussetzungen zur Entwicklung engerer wirtschaftlicher und kultureller Beziehungen zu dem Balkan und dem Mittelmeerraum. Griechenland ist der Vorposten an der europäischen Grenze und der mediterrane Balkon des gemeinsamen Marktes. Mit seinem menschlichen Potential, das in allen Kontinenten niedergelassen ist, und durch seine mächtige Handelsflotte kann Griechenland ebenfalls zur Promotion der europäischen Idee beitragen...

Von gleicher grundlegender Bedeutung für das Überleben Europas ist die schrittweise fortschreitende wirtschaftliche Vereinigung, welche die Verwertung eines riesigen natürlichen und menschlichen Potentials ermöglichen wird. Somit wird die Wirtschaft um den Menschen herum organisiert werden müssen, anstatt den Menschen um die Wirtschaft herum zu formen. Die Idee einer multidimensionalen Entwicklung wird verwirklicht und die Qualität des Lebens erhöht werden, während parallel dazu auf internationaler Ebene der Idee der wirtschaftlichen Gerechtigkeit und des Fortschritts der Entwicklungsländer gedient wird.

Der Isolationismus, die Zollwälle und die unerreichbare Autarkie sind historisch überholte Phasen der wirtschaftlichen politischen Aktion und sind eigentlich eine passive Art, den Ereignissen entgegenzutreten. Die heutigen Probleme Europas sowie der ganzen Menschheit setzen die Logik der größeren Räume und der größeren Zahlen voraus, um ihre richtige Lösung zu finden. Die Schwierigkeiten können nicht durch einen konkurrentiellen Isolationismus überwunden werden, sondern im Gegenteil durch eine Beschleunigung des Einigungsprozesses...

Quelle: Europa-Archiv, 1979, D 456.

2. Europas Suche nach einer Identität

2.1. Die Europäische Politische Zusammenarbeit

Die Europäische Gemeinschaft gewann einen weltpolitischen Stellenwert, kaum daß sie geschaffen war. Obwohl sie sich von Anfang an als Kern eines künftig geeinten Europas verstand, gehörte eine solche weltpolitische Rolle anfänglich nicht zu ihrem

Programm. Man sah sich – mitten im Kalten Krieg – als Teil des Westens und der atlantischen Gemeinschaft und als Rahmen wirtschaftlicher Zusammenarbeit. Aber allein schon durch den vertraglich verankerten Willen zur überstaatlichen Integration wirkte die EG als völlig neues Gebilde der internationalen Politik. Es wurde ihr deshalb von der Außenwelt eine Bedeutung zugemessen, die sie, mit inneren Querelen und mancherlei Geburtsfehlern belastet, selber kaum zu erkennen und erst recht nicht wahrzunehmen vermochte.

Die aus dem (europäischen) Kolonialismus entlassenen, nun als »Entwicklungsländer« bezeichneten jungen Staaten Afrikas, Asiens und der Karibik stellten vielfache Ansprüche an die Europäische Gemeinschaft. Sie fanden eine vertragliche Berücksichtigung in den mehrmals erneuerten und erweiterten Abkommen von Lomé.* In dem Maße, in dem die west-östliche Entspannung in den sechziger Jahren vorsichtig Gestalt annahm, konnten sich auch diese Länder offener für »Brüssel« interessieren als bisher. Und schließlich galt es, neue Formen und Gleichgewichte in den Beziehungen mit den Vereinigten Staaten und Japan zu finden. Die Herausforderungen wuchsen damit weit über das Wirtschaftliche hinaus in den politischen, ja militärisch-strategischen Bereich. Und damit wuchs auch der Bedarf nach besserer und regelmäßigerer politischer Zusammenarbeit unter den Mitgliedstaaten.

Eine rechtliche Grundlage hierzu bestand ebensowenig wie eine Verbindung zum institutionellen Geflecht der Gemeinschaften. Auch gab es keine Übereinstimmung über Ziele und Inhalte einer gemeinsamen Außenpolitik. Es blieb nichts anderes übrig als ein ebenso pragmatisches wie behutsames Vorgehen. Seine Grundlage wurde der sogenannte Davignon-Bericht, verfaßt von einem Ausschuß hoher Beamter unter dem Vorsitz des Belgiers (und späteren Vizepräsidenten der EG-Kommission) Etienne Davignon. Danach sollten sich die Außenminister der sechs EG-Staaten mindestens zweimal im Jahr zu Konsultationen treffen, die von den nationalen Außenministerien vorbereitet wurden; die Kommission selber konnte zu Stellungnahmen aufgefordert werden.

Die Arbeitsweise der »Europäische Politische Zusammenarbeit« (EPZ) genannten Gruppe trug nationalen Empfindlichkeiten ebenso Rechnung wie dem Bedürfnis der EG nach einem möglichst gemeinsamen Auftreten in politisch zentralen Fragen. Diese Koordination erwies sich als ein recht aufwendiges Unterfangen. Trotzdem wurde die EPZ, der später in der Einheitlichen Akte ein Sekretariat beigegeben wurde, sehr bald ein nützliches Instrument. Kaum war sie geschaffen, sah sich die Gemeinschaft bereits von vielen Seiten zur Stellungnahme bei weltpolitisch bedeutsamen Entwicklungen aufgefordert.

Drei dieser Entwicklungen, die die siebziger Jahre mitprägen sollten, seien hier erwähnt:

- die Veränderungen in den Ost-West-Beziehungen, die einmal (s. S. 237) zu einem auch für Europa bedeutsamen Rüstungsdialog zwischen den beiden Weltmächten USA und Sowjetunion, zum andern zu Verhandlungen über Sicherheit und Zusammenarbeit, also dem KSZE-Prozeß, führten. In beiden Fällen war es für die EG-Staaten wichtig, ihre Interessen wo immer möglich aufeinander abzustimmen und, wie dies bei der KSZE oft geschah, gemeinsam aufzutreten;
- die Entwicklungen im Nahen Osten, die sich 1973 zum arabisch-israelischen Okto-

* Die letzte Erneuerung wurde, nicht ohne Schwierigkeiten, im Dezember 1989 vereinbart.

berkrieg und einem Ölembargo der OPEC-Länder gegen westliche Industrieländer (zumal gegen die Vereinigten Staaten und die Niederlande) hochsteigerten. Westeuropa – und in seinem Kern natürlich die EG – erkannte hier plötzlich, wie verletzlich es trotz oder gerade wegen seines gewachsenen Wohlstandes und wie abhängig es von den Ölproduzenten des Mittleren Ostens geworden war. Die Erklärung von Kopenhagen – auf dem Höhepunkt der Ölkrise abgegeben – brachte dies deutlich zum Ausdruck [D 75]. Sie drückte zugleich den Wunsch der EG-Länder nach einem (längst überfälligen) Dialog mit den arabischen Ländern aus. Wenige Monate später folgte dann die von Henry Kissinger vorangetriebene Gründung einer Internationalen Energieagentur in Paris (Unterzeichnung der entsprechenden Vereinbarung am 18. November 1974). Ihre Aufgabe war: die Aufstockung der Ölreserven und die Bereitstellung eines Verteilmechanismus im Falle einer neuerlichen Energiekrise. Alle EG-Länder mit Ausnahme Frankreichs traten ihr bei.

– der Versuch der Vereinigten Staaten, die neuen EG-Mitglieder und damit die Gemeinschaft selber in den, von den Herbstkrisen 1973 beschleunigten, weltpolitischen Strukturwandel miteinzubeziehen. Bereits in einer Rede vom 23. April 1973 [D 76] hatte Kissinger die Europäer zu einem Überdenken ihrer Rolle und ihres Beitrages in dieser sich rasch verändernden Welt aufgefordert. Geplant war eine neue Atlantik-Charta, in der Prinzipien für eine möglichst weitgehende gemeinsame Politik der Vereinigten Staaten und Europas unter diesen neuen weltpolitischen Bedingungen festgelegt werden sollten.

1973 sollte aus der Sicht Washingtons zu einem »Jahr Europas« werden. Die weiteren Ereignisse zeigten dann sehr bald, daß Europa dafür noch nicht bereit war. Europas (oder der Gemeinschaft) Suche nach einer Identität hatte eben erst begonnen. Sie fand ihren ersten Ausdruck in dem »Dokument über die Europäische Identität« vom Dezember 1973. Darin bekannten sich die Neun erstmals deutlich zu ihren weltpolitischen Verpflichtungen und versprachen, künftighin in der Weltpolitik eine aktive Rolle zu spielen. Angedeutet wurde auch der Wille, die »europäische Identität« auf das noch weitentfernte Ziel einer »politischen Union« auszurichten. Ein Jahr später wurde mit der Schaffung des Europäischen Rates ein wenigstens verfahrensmäßiger Schritt in diese Richtung getan. Die Staats- und Regierungschefs sollten sich zur Verstärkung und Abstimmung der Gemeinschaftspolitik fortan nicht mehr nur sporadisch, sondern regelmäßig treffen. Sie haben dies seither denn auch tatsächlich getan.

Zweifellos sind sich die Neun und später die Zwölf damit in vielem näher gekommen. Von einer politischen Einheit oder einer greifbaren Identität sind sie allerdings auch heute – an der Schwelle zu den neunziger Jahren – noch weit entfernt.

Einen großen Schritt in Richtung auf eine glaubwürdigere und breiter abgestützte demokratische Legitimation dessen, was die Gemeinschaft als »supranationale Behörde« tat, bedeutete ihr Beschluß vom 20. September 1976, die Mitglieder des Europäischen Parlaments fortan durch die Bevölkerung der EG-Länder wählen zu lassen [D 77]. Die ersten Wahlen fanden 1979 statt; weitere folgten, wie in der Akte vorgesehen, in Abständen von 5 Jahren. Die bisher letzten Wahlen – im Juni 1989 – bestätigten die führende Stellung der Sozialisten und Christdemokraten sowie einen Vormarsch der »grünen« (Umweltschutz-)Parteien (vgl. Tafel 10). Die Kompetenzen des Parlaments wurden dagegen nur zögernd erweitert.

Tafel 10: Die Fraktionen im Europäischen Parlament nach den Wahlen vom Juni 1989

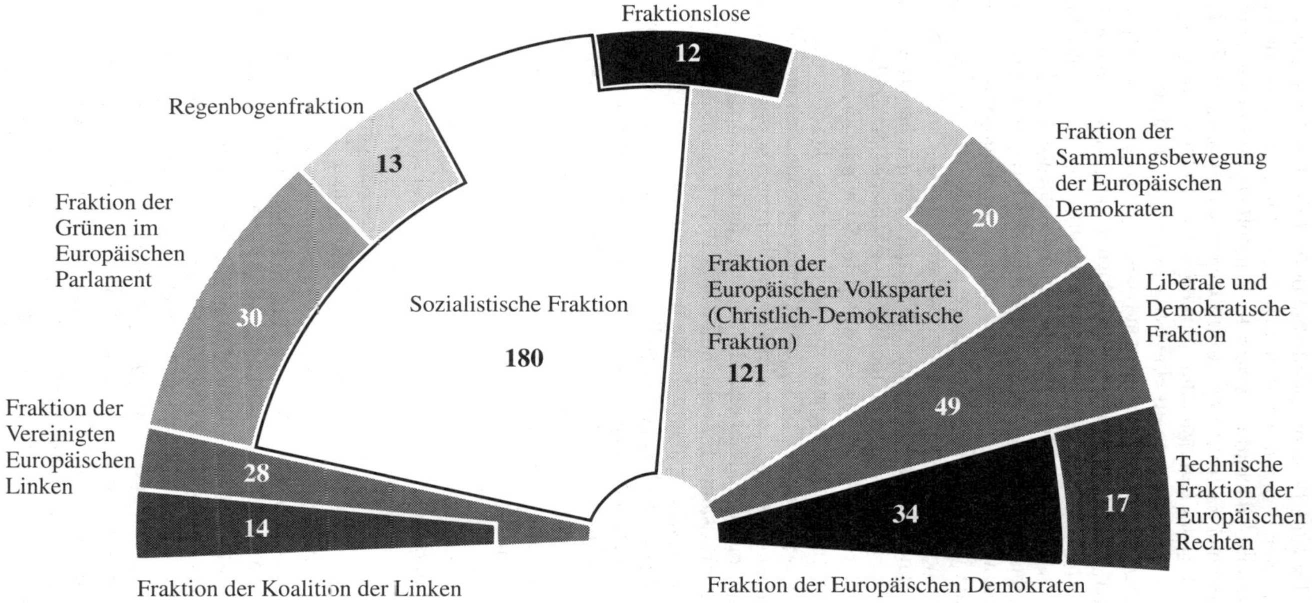

Stand: 27 Juli 1989

Quelle: Das Europäische Parlament, hrsg. von der Generaldirektion des Europäischen Parlaments, Juli 1989, S. 16.

2.2. *Das Europäische Währungssystem*

Europa, die Europäische Gemeinschaft, ohne eine gemeinsame Währung bleibt ein unvollständiges Europa. Die Koordinierung der nationalen Währungen – seit 1972 im Rahmen eines Europäischen Wechselkursverbundes (der sogenannten Währungsschlange) – erwies sich als eine der schwierigsten und auch heute noch nicht gelösten Aufgaben. Ein wichtiger Schritt auf diesem Weg wurde mit der Errichtung eines Europäischen Währungssystems (EWS) getan. Einer Initiative des damaligen Bundeskanzlers Schmidt und des französischen Staatspräsidenten Giscard d'Estaing folgend, beauftragte der Europäische Rat auf seiner Tagung im Juli 1978 in Bremen die Finanzminister, die »notwendigen Vorschriften für das Funktionieren« eines solchen EWS vorzubereiten. Es trat, nicht ohne mancherlei Bedenken und Schwierigkeiten, am 13. März 1979 in Kraft [D 78]. Lange Zeit widersetzte sich Großbritannien einer Eingliederung seiner Währung, weil es darin eine Gefährdung seiner staatlichen Souveränität sah. Seit dem 8. Oktober 1990 ist jedoch auch das britische Pfund Teil des EWS.

Wie seine Vorgängerin, die Währungsschlange, ist das EWS ein regional, d. h. auf die beigetretenen EG-Staaten begrenztes System fester, aber anpassungsfähiger Paritäten. Gemeinsamer Nenner für die Festlegung dieser Paritäten ist die Europäische Währungseinheit, der ECU. Er ist wie das Sonderziehungsrecht des Internationalen Währungsfonds das Äquivalent eines Währungskorbes, in dem er bestimmte feste Beträge der EG-Länder enthält. Änderungen und Anpassungen der Paritäten sind nur durch gemeinsames Einvernehmen aller Beteiligten möglich. Gewisse Abweichungen vom ECU-Leitkurs innerhalb des Währungssystems sind in bestimmten Grenzen möglich. Wo sie die »Toleranzschwelle« überschreiten, werden ein Eingreifen des betreffenden Landes oder gemeinsame, meist von den Notenbanken zu vereinbarende Maßnahmen nötig. Das EWS hat sich in den zehn Jahren seiner Existenz bewährt. Es ist aber noch weit von der angestrebten – und notwendigen – europäischen Währungsunion entfernt.

2.3. *Die Brücke zwischen EG und EFTA*

Die Erweiterung der Europäischen Gemeinschaft verlangte ihren Preis von der Europäischen Freihandelsassoziation (EFTA): durch das Ausscheiden Großbritanniens und Dänemarks 1972 und später Portugals 1986 schrumpfte deren Mitgliederzahl auf sechs Staaten (Island, Norwegen, Österreich, Schweden, Schweiz sowie, durch ein Zusatzprotokoll, Liechtenstein) und, ab 1986, Finnland; letzteres war bis zu seiner vollen Mitgliedschaft lediglich assoziiert gewesen. Es waren mit anderen Worten – von Norwegen und Island abgesehen – die europäischen Neutralen, die wegen ihres jeweiligen Status keine Möglichkeit und vielleicht auch keine Dringlichkeit sahen, der Europäischen Gemeinschaft beizutreten. Deshalb stellte sich die Frage, wie das künftige Verhältnis zwischen der erweiterten EG und der verkleinerten EFTA zu gestalten sei. Bereits auf ihrer Ministertagung im November 1969 hatten die EFTA-Staaten mit Blick auf die Beitrittsverhandlungen der künftigen EG-Anwärter (Großbritannien, Dänemark und Norwegen) ihr Interesse an einer Neuregelung dieses Verhältnisses bekundet. Die einen Monat später tagende EG-Gipfelkonferenz in Den Haag beschloß, mit der EFTA hierüber Gespräche einzuleiten. Beide Seiten waren sich darin einig, den bereits verwirklichten Freihandel beizubehalten. Über die Art und Weise der Gestaltung des künftigen EG-EFTA Verhältnisses bestanden aber unter den EFTA-Ländern selbst erhebliche Unterschiede.

Die eigentlichen Verhandlungen wurden am 15. Juni 1972 eröffnet und am 22. Juli 1972 mit der Unterzeichnung bzw. Paraphierung von Freihandelsabkommen für Industrieerzeugnisse zwischen den Rest-EFTA-Staaten und der Gemeinschaft sowie Freihandelsverträgen im Montanbereich zwischen den Rest-EFTA-Staaten (außer Finnland) und den künftigen zehn EG-Mitgliedern abgeschlossen [D 79]. Die Abkommen sahen einen Zollabbau vor, der – mit gewissen Ausnahmen – nach dem gleichen Zeitplan durchgeführt werden sollte wie der mit den Beitrittsländern vereinbarte, so daß nach Ablauf der Übergangszeit eine Freihandelszone von 16 europäischen Staaten entstehen konnte.

Diese Lösung stellte das Maximum des Erreichbaren dar. Sie schloß eine wachsende Zahl von separaten Einzelabkommen zwischen den einzelnen EFTA-Ländern und der EG sowie einen ständigen Kontakt zwischen den beiden recht ungleichen Organisationen nicht aus. Aber die Kluft zwischen einer mit übernationalen Kompetenzen ausgestatteten Gemeinschaft und einer losen Vereinigung von kleineren Staaten blieb bestehen. Erst das von der EG für 1992 proklamierte Ziel eines Einheitlichen Marktes (s. S. 364) warf die schwierige Frage einer entweder teilweisen oder völligen Neugestaltung der Beziehungen EFTA-EG ernstlich auf. Der von Österreich im Sommer 1989 gestellte Antrag auf eine Mitgliedschaft bei der EG war das Signal dafür, daß die Fronten nun in Bewegung gerieten. Im Dezember 1990 beschloß auch das schwedische Parlament, einen solchen Antrag zu stellen. Das demokratische Westeuropa mußte und muß sich die Frage stellen, welches der Platz der Neutralen (und Norwegens) und bald auch der osteuropäischen Länder im künftigen Europa sein soll. Damit verbunden ist zwangsläufig auch die Frage nach der Zukunft der EFTA und ihrer Verbindung mit der Europäischen Gemeinschaft.

2.4. *Vision Weltraum und Projekt Eureka*

Zusammenarbeit und Integration in Europa erhielten stets entscheidende Anstöße von außen: sei es von der Drohung einer sowjetischen Expansion, sei es durch die Konkurrenz zu den Vereinigten Staaten und später Japan.

Das gilt sowohl für den militärischen als auch für den wirtschaftlichen Bereich; das gilt in zunehmendem Maße auch für die Hochtechnologie. Dazu gehört die Eroberung des Weltraums und seine Nutzung nicht nur für militärisch-strategische, sondern auch für friedlich-zivile Zwecke. Die Weltraumaktivitäten der beiden Weltmächte konnten die Europäer nicht gleichgültig lassen. Frankreich war hier die treibende Kraft, unterstützt von der Bundesrepublik.

Die bereits in den sechziger Jahren konstituierte Europäische Weltraumorganisation *(European Space Agency* = ESA) erhielt neuen Auftrieb anläßlich eines Treffens der Forschungs- und Industrieminister ihrer Mitgliedstaaten am 30./31. Januar 1985. Sie beschlossen die Leitlinien eines Zehnjahresprogrammes, mit dem Westeuropa

sich zu einer Weltraummacht des 21. Jahrhunderts entwickeln soll. Zentrale Punkte dieses ehrgeizigen Vorhabens sind:
- der Ausbau des europäischen Trägersystems Ariane;
- ein eigenständiger Beitrag zu der von den USA geplanten Raumstation, mit dem Ziel des Baus einer eigenen Weltraumstation (Columbus) im 21. Jahrhundert;
- Vorbereitungen zur Entwicklung eines kleinen bemannten Raumflugzeuges zum Transport von Astronauten und Material zu der geplanten Raumstation (Hermes);
- Erweiterung des wissenschaftlichen Programms zur Erforschung des Weltraums.

Ebenfalls 1985 reagierten die Westeuropäer auf eine weitere technologische Herausforderung der Vereinigten Staaten: Präsident Reagans Vision eines weltraumgestützten Raketenabwehrsystems *(Strategic Defense Initiative* = SDI). Von diesem wurde nämlich erwartet, daß es dank eines enormen Aufwandes an finanziellen Mitteln und weitgespannter Forschung Riesensprünge in vielen, bei weitem nicht nur militärischen Bereichen der Hochtechnologie ermöglichen werde. Eine Konferenz in Paris (17. Juli 1985), an der neben den zwölf EG-Staaten auch Länder wie die Schweiz, Schweden und Österreich teilnahmen, beschloß die Schaffung eines flexiblen Kooperations- und Koordinationssystems, mit dem die Wettbewerbsfähigkeit Westeuropas auf dem Feld zukunftsträchtiger Hochtechnologien gefördert und verbessert werden soll. Auch hier stand die französische Regierung Pate: Das Projekt Eureka *(European Research Coordination Agency)* war geboren. Es fand ein durchwegs positives Echo nicht nur bei den Regierungen, sondern auch, was noch wichtiger ist, bei der Privatindustrie. Schon bei der zweiten Eureka-Tagung der 18 beteiligten Staaten in Hannover (5./6. November 1985) wurde es durch eine Grundsatzerklärung genauer umschrieben und ihm ein Sekretariat zugeteilt [D 80].

Dokumente

D 75: Dokument über die europäische Identität, angenommen von den Außenministern der Mitgliedstaaten der Europäischen Gemeinschaften am 14. Dezember 1973 in Kopenhagen (Auszug)

Die neun Mitgliedstaaten der Europäischen Gemeinschaft halten die Zeit für gekommen, ein Dokument über die europäische Identität auszuarbeiten, mit dem sie vor allem ihre Beziehungen zu den übrigen Ländern der Welt sowie ihre Verantwortlichkeiten und ihren Platz in der Weltpolitik näher bestimmen wollen. Sie haben die nähere Bestimmung dieser Identität in eine dynamische Perspektive gestellt und beabsichtigen, sie zu einem späteren Zeitpunkt im Lichte der Fortschritte beim europäischen Einigungswerk zu vertiefen.

Eine nähere Bestimmung der europäischen Identität macht es erforderlich,
- das gemeinsame Erbe, die eigenen Interessen, die besonderen Verpflichtungen der Neun und den Stand des Einigungsprozesses in der Gemeinschaft zu erfassen,
- den bereits erreichten Grad des Zusammenhalts gegenüber der übrigen Welt und die daraus erwachsenden Verantwortlichkeiten festzustellen,

– den dynamischen Charakter des europäischen Einigungswerks zu berücksichtigen. [...]

II. Die europäische Identität in der Welt

9. Das Europa der Neun ist sich der weltpolitischen Verpflichtungen bewußt, die ihm aus seiner Einigung erwachsen. Diese Einigung ist gegen niemanden gerichtet und entspringt auch keinerlei Machtstreben. Die Neun sind vielmehr überzeugt, daß ihr Zusammenschluß der gesamten Völkergemeinschaft nützt, weil er ein Element des Gleichgewichts und ein Pol der Zusammenarbeit mit allen Nationen ungeachtet ihrer Größe, ihrer Kultur und ihres Gesellschaftssystems ist. Sie wollen in der Weltpolitik eine aktive Rolle spielen und so unter Achtung der Ziele und Grundsätze der Charta der Vereinten Nationen dazu beitragen, daß die internationalen Beziehungen sich auf mehr Gerechtigkeit gründen, daß Unabhängigkeit und Gleichheit der Staaten besser gewahrt, der Wohlstand besser verteilt und die Sicherheit jedes einzelnen besser gewährleistet werden. Dieser Wille soll die Neun schrittweise dazu führen, auf dem Gebiet der Außenpolitik gemeinsame Positionen zu erarbeiten.

10. Bei der näheren Ausgestaltung einer gemeinsamen Politik gegenüber Drittländern wird sich die Gemeinschaft von den folgenden Grundsätzen leiten lassen:

a) Als eigenständiges Ganzes handelnd, werden die Neun bemüht sein, harmonische und konstruktive Beziehungen zu diesen Ländern zu fördern; diese Beziehungen dürfen ihren Willen, auf dem Wege zu der Europäischen Union nach dem vorgesehenen Zeitplan voranzuschreiten, weder gefährden noch verzögern oder beeinträchtigen.

b) In den künftigen Verhandlungen, die die Neun als Einheit mit anderen Ländern führen, müssen Rahmen und Verfahren so gewählt werden, daß der eigenständige Charakter des europäischen Ganzen gewahrt wird.

c) In ihren bilateralen Kontakten mit anderen Ländern werden sich die Mitgliedstaaten der Gemeinschaft in steigendem Maße auf miteinander festgelegte gemeinsame Positionen stützen.

11. In den bestehenden Rahmen wollen die Neun ihre Bande zu den Mitgliedstaaten des Europarats sowie zu anderen europäischen Ländern festigen, mit denen bereits enge Beziehungen der Freundschaft und Zusammenarbeit bestehen.

12. Die Neun messen der Assoziierungspolitik der Gemeinschaft wesentliche Bedeutung bei. Ohne die Vorteile zu schmälern, die den Ländern zugute kommen, mit denen sie besondere Beziehungen unterhält, beabsichtigt die Gemeinschaft, gemäß den in der Pariser Gipfel-Erklärung genannten Prinzipien und Zielen schrittweise eine umfassende, weltweite Politik der Entwicklungshilfe zu verwirklichen.

13. Die Gemeinschaft wird die Verwirklichung der Gemeinschaftsverpflichtungen gegenüber den Ländern des Mittelmeerbeckens und Afrikas sicherstellen, um die seit langem mit diesen Ländern bestehenden Bande zu verstärken. Die Neun wollen ihre historischen Bande mit allen Ländern des Nahen Ostens bewahren und bei der Herstellung und Wahrung von Frieden, Stabilität und Fortschritt in dieser Region mitwirken.

14. Die bestehenden engen Bande zwischen den Vereinigten Staaten und dem Europa der Neun, die einem gemeinsamen Erbe entspringende Werte und Ziele teilen, bringen beiden Seiten Nutzen und müssen gewahrt bleiben. Sie berühren nicht die Entschlossenheit der Neun, als ein eigenständiges, unverwechselbares Ganzes aufzutreten. Die Neun wollen ihren konstruktiven Dialog mit den Vereinigten Staa-

ten beibehalten und ihre Zusammenarbeit mit ihnen auf der Grundlage der Gleichberechtigung und im Geiste der Freundschaft weiterentwickeln.

15. Die Neun bleiben entschlossen, mit den übrigen Industrieländern, wie Japan und Kanada, deren Rolle für die Erhaltung einer offenen und ausgewogenen Weltwirtschaftsordnung wesentlich ist, Beziehungen enger Zusammenarbeit zu unterhalten und einen konstruktiven Dialog zu führen. Sie begrüßen die fruchtbare Zusammenarbeit mit diesen Ländern vor allem in der OECD.

16. Die Neun, die einzeln und gemeinsam zu den ersten Ergebnissen einer Politik der Entspannung und der Zusammenarbeit mit der UdSSR und den anderen osteuropäischen Ländern beigetragen haben, sind bestrebt, diese Politik auf der Grundlage der Gegenseitigkeit weiterzuentwickeln.

17. Im Bewußtsein der bedeutenden Rolle Chinas in den internationalen Beziehungen wollen die Neun ihre Beziehungen zu der chinesischen Regierung intensivieren und den Austausch auf den verschiedenen Gebieten sowie die Kontakte zwischen europäischen und chinesischen Führungskräften fördern.

18. Desgleichen sind sich die Neun der wichtigen Rolle bewußt, die den anderen asiatischen Ländern zukommt. Sie sind entschlossen, ihre Beziehungen zu diesen Ländern zu entwickeln, wie auf dem Gebiet des Handels die Absichtserklärung bezeugt, die die Gemeinschaft bei ihrer Erweiterung abgegeben hat.

19. Die Neun, zu deren Tradition freundschaftliche Beziehungen und Austausch verschiedenster Art mit den Ländern Lateinamerikas gehören, wollen beides weiterentwickeln. Sie messen in diesem Zusammenhang den zwischen den Europäischen Gemeinschaften und einigen lateinamerikanischen Ländern geschlossenen Abkommen große Bedeutung bei.

20. Wahren Frieden kann es nicht geben, wenn die entwickelten Länder den weniger begünstigten Völkern nicht noch mehr Aufmerksamkeit widmen. In dieser Gewißheit und im Bewußtsein ihrer besonderen Verantwortlichkeiten und Verpflichtungen messen die Neun dem Kampf gegen die Unterentwicklung in der Welt entscheidende Bedeutung bei. Sie sind deswegen entschlossen, ihre Anstrengungen auf dem Gebiet des Handels und der Entwicklungshilfe zu intensivieren und zu diesem Zweck die internationale Zusammenarbeit zu stärken.

21. Die Neun werden unter Wahrung der Wesenselemente ihrer Einheit und ihrer Grundziele im Geiste der Weltoffenheit an den internationalen Verhandlungen teilnehmen. Die Neun sind außerdem entschlossen, zum internationalen Fortschritt nicht nur im Rahmen ihrer Beziehungen zu Drittländern, sondern auch durch die gemeinsamen Positionen beizutragen, die sie wann immer möglich in den internationalen Organisationen, vor allem der Organisation der Vereinten Nationen und den Sonderorganisationen, einnehmen wollen.

III. Dynamik des europäischen Einigungswerks

22. Die Entwicklung der europäischen Identität wird sich nach der Dynamik des europäischen Einigungswerks richten. In den Außenbeziehungen werden die Neun vor allem bemüht sein, ihre Identität im Verhältnis zu den anderen politischen Einheiten schrittweise zu bestimmen. Damit stärken sie bewußt ihren inneren Zusammenhalt und tragen zur Formulierung einer wirklich europäischen Politik bei. Sie sind überzeugt, daß die fortschreitende Verwirklichung dieser Politik ein wesentlicher Faktor sein wird, der es ihnen erlaubt, die weiteren Stadien des europäischen Eini-

gungswerks mit Realismus und Vertrauen in Angriff zu nehmen; diese Politik erleichtert auch die vorgesehene Umwandlung der Gesamtheit ihrer Beziehungen in eine Europäische Union.

Quelle: Europa-Archiv, 1974, D 50 ff.

D 76: Rede Henry A. Kissingers, Berater des amerikanischen Präsidenten für Fragen der nationalen Sicherheit, bei Associated Press in New York am 23. April 1973 über die Europapolitik der Vereinigten Staaten (Auszug)

Wenn dieses Jahr als das Jahr Europas bezeichnet worden ist, so nicht deshalb, weil Europa im Jahre 1972 oder 1969 weniger wichtig gewesen wäre. Das Jahr 1973 ist das Jahr Europas, weil die Ära, die durch die Entscheidungen einer Generation zuvor gestaltet wurde, zu Ende geht.

[...]

Die Vereinigten Staaten schlagen ihren atlantischen Partnern vor, daß wir bis zu der Zeit, da der Präsident gegen Ende des Jahres nach Europa reist, eine neue Atlantische Charta ausgearbeitet haben, die die Ziele für die Zukunft setzt: einen Plan,

- der auf der Vergangenheit aufbaut, ohne zu ihrem Gefangenen zu werden;
- der sich mit den Problemen befaßt, die durch unseren Erfolg entstanden sind;
- der ein neues Verhältnis zwischen den atlantischen Nationen schafft, an dessen Fortschritt auch Japan teilhaben kann.

Wir bitten unsere Freunde in Europa, Kanada und schließlich auch in Japan, sich uns in diesem Bemühen anzuschließen.

Das ist es, was wir mit dem Jahr Europas meinen.

[...]

Die atlantischen Nationen müssen eine Lösung für die Bewältigung ihrer Vielfalt finden. Wir können es uns nicht mehr leisten, nationale oder regionale Selbstinteressen ohne einen einigenden Rahmen zu verfolgen. Wir können nicht zusammenhalten, wenn jedes Land oder jedes Gebiet seine Autonomie behauptet, wann immer es zu seinem Nutzen ist, und auf Einigkeit besteht, wenn es darum geht, die Unabhängigkeit anderer zu beschneiden.

[...]

Die Vereinigten Staaten werden weiterhin die Einigung Europas unterstützen. Wir haben nicht die Absicht, das zu zerstören, an dessen Zustandekommen wir so nachdrücklich mitgewirkt haben. Für uns ist die europäische Einheit, was sie immer gewesen ist: nicht Selbstzweck, sondern ein Mittel zur Stärkung des Westens. Wir werden weiterhin die europäische Einheit als Komponente einer größeren atlantischen Partnerschaft unterstützen.

[...]

Die atlantische Einheit ergab sich immer am natürlichsten auf dem Gebiete der Verteidigung. Über lange Jahre hinweg waren die militärischen Bedrohungen für

Europa ganz eindeutig; über die Notwendigkeit, ihnen zu begegnen, war man sich auf beiden Seiten des Atlantik allgemein einig; und die Verantwortung Amerikas war vorrangig und stand außer Frage. Heute sind wir uns weiterhin über das Ziel der kollektiven Verteidigung einig, aber wir sehen uns der neuen großen Aufgabe gegenüber, sie unter radikal veränderten strategischen Bedingungen und mit der neuen Chance aufrechtzuerhalten, unsere Sicherheit durch ausgehandelte Truppenreduzierungen zu fördern.

Der Westen hat nicht mehr das nukleare Übergewicht, das es ihm in den fünfziger und sechziger Jahren gestattete, sich fast ausschließlich auf eine massive nukleare Vergeltung zu verlassen. Weil eine solche Strategie unter Bedingungen des nuklearen Gleichgewichts zum gegenseitigen Selbstmord geradezu einlädt, muß das Bündnis andere Möglichkeiten haben. Die kollektive Fähigkeit, einem Angriff in Westeuropa mit Hilfe der Strategie der flexiblen Antwort zu widerstehen, steht im Mittelpunkt einer rationalen Strategie und ist von entscheidender Bedeutung für die Wahrung des Friedens. Aus diesem Grunde haben die Vereinigten Staaten beträchtliche konventionelle Streitkräfte in Europa aufrechterhalten, und unsere NATO-Verbündeten haben die wichtige Anstrengung unternommen, ihre eigenen militärischen Einrichtungen zu modernisieren und zu verbessern.

[...]

Die Tagesordnung, die ich hier dargelegt habe, ist keine amerikanische Verordnung, sondern ein Appell zu einem gemeinsamen schöpferischen Bemühen. Diese Generation hat die historische Chance, ein neues Gebäude der internationalen Beziehungen für die vor uns liegenden Jahrzehnte zu errichten. Dafür ist eine wiedererstarkte atlantische Partnerschaft unerläßlich.

Die Vereinigten Staaten sind bereit, ihren Beitrag zu leisten:

- Wir werden weiterhin die europäische Einheit unterstützen. Auf der Grundlage der Prinzipien der Partnerschaft werden wir Konzessionen für ihr weiteres Wachstum machen. Wir erwarten, daß man uns in einem Geist der Gegenseitigkeit entgegenkommt.
- Wir werden nicht von unseren feierlichen Verpflichtungen gegenüber unseren Verbündeten zurücktreten. Wir werden unsere Streitkräfte aufrechterhalten und uns nicht einseitig aus Europa zurückziehen. Andererseits erwarten wir von jedem Verbündeten einen fairen Anteil an dem gemeinsamen Bemühen um die gemeinsame Verteidigung.
- Wir werden den Abbau der Spannungen gegenüber unseren Gegnern auf der Grundlage konkreter Verhandlungen im gemeinsamen Interesse weiter betreiben. Wir begrüßen die Beteiligung unserer Freunde an einem konstruktiven Ost-West-Dialog.
- Wir werden niemals bewußt die Interessen unserer Freunde in Europa und in Asien verletzen. Andererseits erwarten wir, daß ihre Politik unsere Interessen und unsere Verantwortung ernst nimmt.
- Wir sind bereit, an der Lösung neuer gemeinsamer Probleme, denen wir gegenüberstehen, kooperativ mitzuwirken. So wirft beispielsweise das Problem der Energie den schwierigen Fragenkomplex der Sicherstellung der Versorgung, der Auswirkung der Öleinkommen auf die internationale Währungsstabilität, der Natur der gemeinsamen politischen und strategischen Interessen und der langfristigen Beziehungen zwischen den ölverbrauchenden und den ölerzeugenden Län-

dern auf. Dies könnte eine Ära der Konkurrenz sein; es sollte eine Ära der Zusammenarbeit sein.

- Genauso wie die Autonomie Europas kein Selbstzweck ist, kann die atlantische Gemeinschaft kein exklusiver Klub sein. Japan muß ein Hauptpartner bei unserem gemeinsamen Vorhaben sein.

Wir hoffen, daß unsere Freunde in Europa uns in diesem Geist entgegenkommen werden. Wir haben das Beispiel der großen Leistungen der vergangenen Jahrzehnte vor Augen – sowie die Möglichkeit, es ihnen gleichzutun und sie noch zu übertreffen. Das ist die vor uns liegende Aufgabe. Auf diese Weise können die atlantischen Länder in den siebziger Jahren wirklich ihren Völkern und der Sache des Friedens dienen.

Quelle: Europa-Archiv, 1973, D 220 ff.

D 77: Akt zur Einführung allgemeiner unmittelbarer Wahlen der Abgeordneten des Europäischen Parlaments, angenommen vom Rat der Europäischen Gemeinschaften am 20. September 1976 (Auszug)

Artikel 1

Die Abgeordneten der Völker der in der Gemeinschaft vereinigten Staaten in der Versammlung werden in allgemeiner, unmittelbarer Wahl gewählt.

Artikel 2

Die Zahl der in jedem Mitgliedstaat gewählten Abgeordneten wird wie folgt festgesetzt:

Belgien 24
Dänemark 16
Deutschland 81
Frankreich 81
Irland 15
Italien 81
Luxemburg 6
Niederlande 25
Vereinigtes Königreich 81.

Artikel 3

1. Die Abgeordneten werden auf fünf Jahre gewählt.
2. Diese fünfjährige Wahlperiode beginnt mit der Eröffnung der ersten Sitzung nach jeder Wahl.

Sie wird nach Maßgabe von Artikel 10 Absatz 2 Unterabsatz 2 verlängert oder verkürzt.

3. Das Mandat eines Abgeordneten beginnt und endet zu gleicher Zeit wie der in Absatz 2 genannte Zeitraum.

Artikel 4

1. Die Abgeordneten geben ihre Stimmen einzeln und persönlich ab. Sie sind weder an Aufträge noch an Weisungen gebunden.
2. Die Abgeordneten genießen die Vorrechte und Befreiungen, die nach dem Protokoll über die Vorrechte und Befreiungen der Europäischen Gemeinschaften im Anhang zum Vertrag zur Einsetzung eines gemeinsamen Rates und einer gemeinsamen Kommission der Europäischen Gemeinschaften für die Mitglieder der Versammlung gelten.

Artikel 5

Die Mitgliedschaft in der Versammlung ist vereinbar mit der Mitgliedschaft im Parlament eines Mitgliedstaates.

Artikel 6

1. Die Mitgliedschaft in der Versammlung ist unvereinbar mit der Eigenschaft als:
- Mitglied der Regierung eines Mitgliedstaats;
- Mitglied der Kommission der Europäischen Gemeinschaften;
- Richter, Generalanwalt oder Kanzler des Gerichtshofs der Europäischen Gemeinschaften;
- Mitglied des Rechnungshofs der Europäischen Gemeinschaften;
- Mitglied des Beratenden Ausschusses der Europäischen Gemeinschaft für Kohle und Stahl oder Mitglied des Wirtschafts- und Sozialausschusses der Europäischen Wirtschaftsgemeinschaft und der Europäischen Atomgemeinschaft;
- Mitglied von Ausschüssen und Gremien, die aufgrund der Verträge über die Gründung der Europäischen Gemeinschaft für Kohle und Stahl, der Europäischen Wirtschaftsgemeinschaft und der Europäischen Atomgemeinschaft Mittel der Gemeinschaften verwalten oder eine dauernde unmittelbare Verwaltungsaufgabe wahrnehmen;
- Mitglied des Verwaltungsrats oder des Direktoriums oder Bediensteter der Europäischen Investitionsbank;
- im aktiven Dienst stehender Beamter oder Bediensteter der Institutionen der Europäischen Gemeinschaften oder der ihnen angegliederten fachlichen Gremien.

2. Ferner kann jeder Mitgliedstaat nach Artikel 7 Absatz 2 innerstaatlich geltende Unvereinbarkeiten festlegen.
3. Die Abgeordneten der Versammlung, auf die im Laufe der in Artikel 3 festgelegten fünfjährigen Wahlperiode die Absätze 1 und 2 Anwendung finden, werden nach Artikel 12 ersetzt.

Artikel 7

1. Die Versammlung arbeitet gemäß Artikel 21 Absatz 3 des Vertrags über die Gründung der Europäischen Gemeinschaft für Kohle und Stahl, Artikel 138 Absatz 3 des Vertrags zur Gründung der Europäischen Wirtschaftsgemeinschaft und Artikel 108 Absatz 3 des Vertrags zur Gründung der Europäischen Atomgemeinschaft den Entwurf eines einheitlichen Wahlverfahrens aus.
2. Bis zum Inkrafttreten eines einheitlichen Wahlverfahrens und vorbehaltlich der sonstigen Bestimmungen dieses Akts bestimmt sich das Wahlverfahren in jedem Mitgliedstaat nach den innerstaatlichen Vorschriften.

Artikel 8

Bei der Wahl der Abgeordneten der Versammlung kann jeder Wähler nur einmal wählen.

Artikel 9

1. Die Wahl zur Versammlung findet zu dem von jedem Mitgliedstaat festgelegten Termin statt, der in einen für alle Mitgliedstaaten gleichen Zeitraum von Donnerstagmorgen bis zu dem unmittelbar nachfolgenden Sonntag fällt.
2. Mit der Ermittlung des Wahlergebnisses darf erst begonnen werden, wenn die Wahl in dem Mitgliedstaat, dessen Wähler innerhalb des in Absatz 1 genannten Zeitraums als letzte wählen, abgeschlossen ist.
3. Sollte ein Mitgliedstaat für die Wahl zur Versammlung eine Wahl in zwei Wahlgängen vorsehen, so muß der erste Wahlgang in den in Absatz 1 genannten Zeitraum fallen.

[...]

Artikel 14

Artikel 21 Absätze 1 und 2 des Vertrags über die Gründung der Europäischen Gemeinschaft für Kohle und Stahl, Artikel 138 Absätze 1 und 2 des Vertrags zur Gründung der Europäischen Wirtschaftsgemeinschaft und Artikel 108 Absätze 1 und 2 des Vertrags zur Gründung der Europäischen Atomgemeinschaft treten an dem Tag außer Kraft, an dem die erste nach Maßgabe dieses Akts gewählte Versammlung gemäß Artikel 10 Absatz 3 zusammentritt.

[...]

Quelle: Europa-Archiv, 1976, D 518ff.

D 78: Entschließung des Europäischen Rates auf seiner Tagung in Brüssel am 5. Dezember 1978 über die Errichtung des Europäischen Währungssystems (EWS) und damit zusammenhängende Fragen (Auszug)

1. Einleitung
1.1 In Bremen haben wir ein »System für eine engere währungspolitische Zusammenarbeit« erörtert, die »zu einer stabilen Währungszone in Europa führt«. Dabei haben wir eine derartige Zone als ein »sehr wünschenswertes Ziel« betrachtet und ein »dauerhaftes und wirksames System« in Aussicht genommen.
1.2 Nach sorgfältiger Prüfung der Vorarbeiten des Rates und anderer Gemeinschaftsgremien sind wir heute wie folgt übereingekommen:

Am 1. Januar 1979 wird ein Europäisches Währungssystem (EWS) errichtet.

1.3 Wir sind fest entschlossen, den dauerhaften Erfolg des EWS durch eine auf größere innere und äußere Stabilität gerichtete Politik sowohl für Defizit- als auch für Überschußländer zu gewährleisten.
1.4 In den nachstehenden Kapiteln wird in erster Linie die Anlaufphase des EWS behandelt.

Wir sind nach wie vor fest entschlossen, die hiermit eingeführten Bestimmungen und Verfahren spätestens zwei Jahre nach der Einführung dieses Systems in ein endgültiges System einzubringen. Das endgültige System bringt, wie in den Schlußfolgerungen der Tagung des Europäischen Rates vom 6./7. Juli 1978 in Bremen in Aussicht gestellt wurde, die Schaffung des Europäischen Währungsfonds sowie die uneingeschränkte Verwendung der ECU als Reserveaktivum und als Instrument für den Saldenausgleich mit sich. Es wird sowohl auf gemeinschaftlicher als auch auf einzelstaatlicher Ebene auf geeignete Rechtsvorschriften gegründet.

2. Die ECU und ihre Funktionen

2.1 Zentraler Punkt des EWS ist eine Europäische Währungseinheit (ECU). Wert und Zusammensetzung der ECU sind zu Beginn des Systems identisch mit Wert und Zusammensetzung der ERE.*

2.2 Die ECU wird verwendet:

a) als Bezugsgröße *(numéraire)* für den Wechselkursmechanismus,

b) als Grundlage für einen Abweichungsindikator,

c) als Rechengröße *(denominator)* für Operationen sowohl im Interventions- als auch im Kreditmechanismus,

d) als Instrument für den Saldenausgleich zwischen den Währungsbehörden der Europäischen Gemeinschaft.

2.3 Die Gewichte der Währungen in der ECU werden innerhalb von sechs Monaten nach Inkrafttreten des Systems und danach alle fünf Jahre oder auf Antrag, falls sich das Gewicht einer Währung um 25 Prozent geändert hat, überprüft und erforderlichenfalls revidiert.

Den Revisionen muß allseits zugestimmt werden; die Revisionen bewirken von sich aus keine Änderung des Außenwertes der ECU. Sie erfolgen nach den zugrundeliegenden ökonomischen Kriterien.

3. Wechselkurs- und Interventionsmechanismus

3.1 Jede Währung hat einen ECU-bezogenen Leitkurs. Diese Leitkurse dienen zur Festlegung eines Gitters bilateraler Wechselkurse.

Um diese Wechselkurse werden Bandbreiten von ± 2,25 Prozent festgelegt. EG-Länder mit gegenwärtig floatenden Währungen können zu Beginn des EWS größere Bandbreiten, und zwar bis zu ± 6 Prozent, wählen; diese sollen stufenweise verringert werden, sobald es die wirtschaftlichen Gegebenheiten erlauben.

Ein Mitgliedstaat, der nicht von Anfang an an dem Wechselkursmechanismus teilnimmt, kann sich zu einem späteren Zeitpunkt daran beteiligen.

3.2 Anpassungen der Leitkurse werden im gegenseitigen Einvernehmen nach einem gemeinsamen Verfahren vorgenommen, in das alle am Wechselkursmechanismus beteiligten Länder sowie die Kommission einbezogen sind. Im Gemeinschaftsrahmen finden gegenseitige Konsultationen über wichtige Beschlüsse zur Wechselkurspolitik zwischen den Ländern, die an dem System teilnehmen, und jedem Land, das nicht an ihm beteiligt ist, statt.

3.3 Interventionen erfolgen grundsätzlich in Teilnehmerwährungen.

3.4 Bei Erreichen der durch die Bandbreiten bestimmten Interventionspunkte besteht die Pflicht zur Intervention in Teilnehmerwährungen.

3.5 Als Indikator für die Feststellung von Abweichungen zwischen Gemeinschafts-

* ERE = Europäische Rechnungseinheit

währungen findet eine ECU-Korbformel Verwendung. Es wird eine »Abweichungsschwelle« festgelegt, die bei 75 Prozent der maximalen Abweichungsspanne jeder Währung liegt. Sie wird so berechnet, daß das Gewicht keinen Einfluß auf die Wahrscheinlichkeit hat, mit der eine Währung die Schwelle erreicht.

3.6 Überschreitet eine Währung ihre »Abweichungsschwelle«, so besteht eine Vermutung, daß die betreffenden Behörden diese Situation durch angemessene Maßnahmen korrigieren werden, und zwar durch

a) diversifizierte Interventionen,
b) interne währungspolitische Maßnahmen,
c) Änderungen der Leitkurse,
d) andere wirtschaftspolitische Maßnahmen.

Falls solche Maßnahmen aufgrund von besonderen Umständen nicht getroffen werden, so sollen den anderen Behörden die Gründe hierfür insbesondere im Rahmen der »Konzertierung zwischen den Zentralbanken« mitgeteilt werden.

Erforderlichenfalls finden dann Konsultationen in den entsprechenden Gemeinschaftsgremien, einschließlich Ministerrat, statt.

Nach sechs Monaten sollen diese Bestimmungen im Lichte der Erfahrungen überprüft werden. Zu diesem Zeitpunkt werden auch die Fragen bezüglich der Ungleichgewichte geprüft, die bei abweichenden Gläubiger- oder Schuldnerländern entstanden sind.

3.7 Es wird eine sehr kurzfristige Fazilität in unbegrenzter Höhe geschaffen. Der Saldenausgleich erfolgt 45 Tage nach Ende des Monats der Intervention, wobei für Beträge bis zur Höhe der Schuldnerquoten im kurzfristigen Währungsbeistand eine Verlängerung um weitere drei Monate möglich ist.

3.8 Der EFWZ* stellt gegen Hinterlegung von 20 Prozent des jeweiligen Goldbestands und 20 Prozent der jeweiligen Dollarreserve der Zentralbanken für den Saldenausgleich eine Anfangsmenge an ECU bereit.

Diese Operation erfolgt in Form spezifischer Swap-Revolving-Abkommen. Durch regelmäßige Überprüfung und durch ein geeignetes Verfahren wird sichergestellt, daß jede Zentralbank beim EFWZ ein Depot von mindestens 20 Prozent dieser Reserven unterhält. Ein Mitgliedstaat, der nicht am Wechselkursmechanismus teilnimmt, kann an dieser Anfangsoperation auf der oben dargelegten Grundlage teilnehmen.

4. Kreditmechanismen

4.1 Die bestehenden Kreditmechanismen mit ihren derzeitigen Anwendungsregeln werden in der Anfangsphase des EWS beibehalten. Sie werden in der Endphase des EWS zu einem einzigen Fonds zusammengefaßt.

4.2 Die Kreditmechanismen werden bis zu einem Betrag von 25 Milliarden ECU an effektiv verfügbarem Kredit ausgeweitet. Dieser Betrag verteilt sich wie folgt:

Kurzfristiger Währungsbeistand = 14 Milliarden ECU
Mittelfristiger finanzieller Beistand = 11 Milliarden ECU.

4.3 Die Laufzeit des kurzfristigen Währungsbeistands wird zu den gleichen Bedingungen wie bei der ersten Verlängerung um weitere 3 Monate verlängert.

4.4 Die Erhöhung des mittelfristigen finanziellen Beistands wird bis zum 30. Juni 1979 abgeschlossen. Es wird von denjenigen Ländern, in denen noch innerstaatliche

* EFWZ = Europäischer Fonds für währungspolitische Zusammenarbeit

Rechtsvorschriften erlassen werden müssen, erwartet, daß sie in der Zwischenzeit ihre erweiterten mittelfristigen Quoten im Wege einer Interimsfinanzierungsvereinbarung der betreffenden Zentralbanken verfügbar machen.

5. Drittländer und internationale Organisationen

5.1 Die Dauerhaftigkeit des EWS und seine internationalen Auswirkungen erfordern eine Koordinierung der Wechselkurspolitiken gegenüber Drittländern und, soweit möglich, eine Konzertierung mit den Währungsbehörden dieser Länder.

5.2 Europäische Länder mit besonders engen wirtschaftlichen und finanziellen Bindungen zu den Europäischen Gemeinschaften können sich an dem Wechselkurs- und Interventionsmechanismus beteiligen.

Die Beteiligung erfolgt auf der Grundlage von Vereinbarungen zwischen den Zentralbanken; diese Vereinbarungen sind dem Rat und der Kommission der EG mitzuteilen.

5.3 Das EWS ist und bleibt uneingeschränkt mit den betreffenden Vorschriften des IWF*-Abkommen vereinbar.

[...]

* IWF = Internationaler Währungsfonds

Quelle: Europa-Archiv, 1979, D 124ff.

D 79: Aufzeichnung der Sprechergruppe der EG-Kommission über die Abkommen zwischen der Gemeinschaft und den nicht beitrittswilligen EFTA-Staaten vom 22. Juli 1972 (Auszug)

[. . .]

Zwar kann man von einem »gemeinsamen Rumpf« der mit den nicht beitrittswilligen EFTA-Ländern ausgehandelten Abkommen sprechen, jedoch handelt es sich nicht um eine einzige Urkunde nach Art des Beitrittsvertrags. In Anbetracht der zuweilen recht unterschiedlichen Wünsche der betreffenden Länder sowie der starken Diversifizierung ihrer Wirtschaft wurden sechs gesonderte Verträge jeweils mit jedem einzelnen Partner ausgehandelt.

Unter diesen Umständen entschied man sich für eine gemeinsame Basis mit allen beteiligten Ländern: den Freihandel für Industrieerzeugnisse, verbunden mit Schutzmechanismen. Was den Agrarbereich betrifft, erklären sich die Partner bereit, unter Wahrung der jeweiligen Agrarpolitik dort, wo die Abkommen keine Sondervorschriften festlegen, die ausgewogene Entwicklung des Agrarhandels zu fördern. Bei Island und Portugal ist jedoch auch ein erheblicher Agrarteil einbezogen worden.

Von Fall zu Fall konnten mit jedem der Länder entsprechend den besonderen Problemen Ergänzungen ausgehandelt werden. In allen Abkommen, außer dem Abkommen mit Finnland, ist ein Element der »Weiterentwicklung« enthalten, wonach ein Partner, wenn er im Interesse der Wirtschaften der beiden Partner die Weiterentwicklung der durch das Abkommen aufgenommenen Beziehungen durch ihre Ausdehnung auf nicht einbezogene Bereiche für zweckmäßig hält, dem anderen Partner einen mit Begründungen versehenen Antrag unterbreiten kann. Hiernach kann der

Gemischte Ausschuß den Vertragsparteien entsprechende Empfehlungen unterbreiten.

Die Abkommen beinhalten die Aufrechterhaltung der Zollbeseitigung zwischen den beitretenden und den nicht beitrittswilligen EFTA-Staaten sowie – im Anschluß an eine Übergangszeit – die Ausdehnung dieses Freihandels auf die Beziehungen zwischen den ursprünglichen Mitgliedstaaten der erweiterten Gemeinschaft und den nicht beitrittswilligen EFTA-Ländern. Der im letzteren Fall vorgesehene Zeitplan für den Zollabbau entspricht dem durch den Beitrittsvertrag zwischen der derzeitigen Gemeinschaft und den künftigen Mitgliedern vorgesehenen Zeitplan, nämlich:

Zeitplan[1]	*Senkungssatz*
1. 4. 1973	20 vH
1. 1. 1974	20 vH
1. 1. 1975	20 vH
1. 1. 1976	20 vH
1. 7. 1977	20 vH

[1]Für Portugal und Island sind längere Zeitpläne – bis 1. 1. 1980 – vorgesehen.

Die Gemeinschaft konnte jedoch nicht für alle Industrieerzeugnisse den Abbau des Zollschutzes zum 1. Juli 1977 vorsehen, und für einige empfindliche Erzeugnisse wurde eine längere Übergangszeit festgelegt. Dies betrifft insbesondere den Papiersektor, für den eine Übergangszeit von 11 Jahren vorgesehen ist. Für die in den Abkommen aufgeführten empfindlichen Erzeugnisse wird ein System von Höchstgrenzen für die zollbegünstigte Einfuhr nach der Gemeinschaft festgelegt, um unvermittelten Entwicklungen, die das Gleichgewicht auf diesen in Schwierigkeiten befindlichen Sektoren stören könnten, vorzubeugen.

Alle EFTA-Länder bringen auch ihrerseits für bestimmte Sektoren verlängerte Fristen für den Zollabbau zur Anwendung an.

Die Abkommen legen die notwendigen Modalitäten fest, um einen ausgewogenen Freihandel für die Erzeugnisse mit Ursprung in den Drittländern sicherzustellen und eine einheitliche Behandlung im Hinblick auf ihre Einbeziehung in den Freihandel herbeizuführen.

Dies ist um so wichtiger, als diese Abkommen weder die Zollunion noch die Verpflichtung zur Harmonisierung der Rechtsvorschriften vorsehen (außer bis zu einem gewissen Grade bei den Preisvorschriften des Montan-Vertrages – mit Ausnahme von Island und der Schweiz). Die Ursprungsregeln, die man in diesen Abkommen aufzunehmen hatte, sind denjenigen vergleichbar, die die Gemeinschaft in ihren derzeitigen Präferenzabkommen anwendet. Nach dem beschlossenen System gewähren die Ursprungsregeln, die für die erweiterte Gemeinschaft und die nicht beitrittswilligen EFTA-Länder identisch sind, aber auch für diese Länder untereinander, präferentiellen Zugang für die Erzeugnisse, die ihren Ursprung in der Gemeinschaft oder in einem der betroffenen Länder erworben haben und direkt oder nach Verarbeitung in einem oder mehreren dieser Länder oder in der Gemeinschaft eingeführt werden, auch wenn diese Verarbeitungen nicht ausreichend sind, um ihnen spezifisch den Ursprung des einen oder anderen Landes zu verleihen. Der Ursprung muß jedoch von vornherein durch eine ausreichende Verarbeitung auf bilateraler Ebene, d.h. im

Rahmen der Übereinkunft zwischen der Gemeinschaft und einem ihrer Partner, erworben worden sein.

Am 22. Juli 1972 wurde ebenfalls das Interimsabkommen mit Österreich unterzeichnet. Dieses Abkommen, das eine Art Treueprämie für Österreich darstellt, sieht eine Zollermäßigung von 30 vH zum Zeitpunkt des Inkrafttretens vor. Das Abkommen könnte am 1. Oktober 1972 in Kraft treten und würde bis zur Anwendung der im Gesamtabkommen vorgesehenen Zollermäßigung Anwendung finden.

Auf institutioneller Ebene beschränken sich die Abkommen darauf, in jedem einzelnen Fall einen Gemischten Ausschuß einzusetzen, der – ausgenommen in dringenden Fällen – in der Regel zweimal jährlich zusammentritt und die Verwaltung des Freihandels, insbesondere der Zollfragen und Ursprungsregeln, sowie die Prüfung der etwaigen Anträge zur Weiterentwicklung der Abkommen zur Aufgabe hat.

Quelle: Europa-Archiv, 1972, D 375f.

D 80: Eureka-Grundsatzerklärung, verabschiedet am 6. November 1985

Eureka wurde auf einer Konferenz von Ministern aus 17 Staaten und Mitgliedern der Kommission der Europäischen Gemeinschaften am 17. Juli 1985 in Paris ins Leben gerufen.

Am 5. und 6. November 1985 sind in Hannover Minister aus 18 Staaten und ein Mitglied der Kommission der Europäischen Gemeinschaften wie folgt übereingekommen:

I. Ziel

Ziel von Eureka ist, durch verstärkte Zusammenarbeit von Unternehmen und Forschungsinstituten auf dem Gebiet der Hochtechnologien die Produktivität und Wettbewerbsfähigkeit der Industrien und Volkswirtschaften Europas auf dem Weltmarkt zu steigern und damit die Grundlage für dauerhaften Wohlstand und Beschäftigung zu festigen. Eureka wird Europa in die Lage versetzen, die für seine Zukunft wichtigen Technologien zu beherrschen und zu nutzen und seine Leistungsfähigkeit in wichtigen Bereichen zu steigern.

Dies wird erreicht durch die Förderung und Erleichterung einer verstärkten industriellen, technologischen und wissenschaftlichen Zusammenarbeit bei Projekten, die auf die Entwicklung von Produkten, Systemen und Dienstleistungen mit einem weltweiten Marktpotential ausgerichtet sind und auf Hochtechnologien aufbauen.

Eureka-Projekte dienen zivilen Zwecken und sind auf die Märkte des privaten wie des öffentlichen Sektors ausgerichtet.

II. Schwerpunkte und Kriterien

1. Eureka-Projekte sollen sich zunächst in erster Linie auf Produkte, Verfahren und Dienstleistungen aus folgenden Bereichen der Hochtechnologie beziehen: Informations- und Kommunikationstechnik, Robotertechnik, Werkstoffe, Fertigungstechnik, Biotechnologie, Meerestechnik, Lasertechnik sowie Techniken für Umweltschutz und Verkehr.

Eureka umfaßt auch wichtige Forschungs- und Entwicklungsvorhaben auf dem Gebiet der Hochtechnologie, die auf die Schaffung der technischen Voraussetzungen für eine moderne Infrastruktur und die Lösung grenzüberschreitender Probleme abzielen.

2. Eureka steht allen leistungsfähigen Kapazitäten offen, auch denen in kleinen und mittleren Betrieben sowie in kleineren Forschungsinstituten.

3. Der Technologieaustausch zwischen europäischen Unternehmen und Forschungsinstituten ist Voraussetzung für einen hohen technologischen Standard in der europäischen Industrie. Eureka-Projekte werden diesen Austausch anregen und erweitern.

4. Eureka-Projekte entsprechen folgenden Kriterien:
- Übereinstimmung mit den oben erläuterten Zielen;
- Zusammenarbeit zwischen Teilnehmern (Unternehmen, Forschungsinstituten) in mehr als einem europäischen Land;
- Erwartung eines sichtbaren Nutzens aus der gemeinsamen Durchführung des Projekts;
- Einsatz von Hochtechnologien;
- Erzielung eines wesentlichen technologischen Fortschritts bei dem betreffenden Produkt, Verfahren oder der Dienstleistung;
- technisch und organisatorisch ausreichend qualifizierte Teilnehmer;
- angemessene finanzielle Beteiligung der teilnehmenden Unternehmen.

III. Rahmenbedingungen

1. Eureka wird von den Regierungen der teilnehmenden Staaten und von den Europäischen Gemeinschaften in geeigneter Weise unterstützt.

2. Die Schaffung eines großen homogenen, dynamischen und nach außen offenen europäischen Wirtschaftsraums ist für den Erfolg von Eureka von entscheidender Bedeutung.

3. Daher werden die Vollendung des Binnenmarktes der Europäischen Gemeinschaften und die Durchführung der von den Europäischen Gemeinschaften und den EFTA-Staaten verabschiedeten gemeinsamen Erklärung von Luxemburg für Eureka von Nutzen sein.

Dies bedeutet insbesondere, daß Eureka zu einer Beschleunigung der laufenden Bemühungen führen sollte, um
- fruhzeitig gemeinsame Industrie-Normen auszuarbeiten;
- bestehende technische Handelshemmnisse unter anderem durch die gegenseitige Anerkennung von Prüfungen und Prüfzeugnissen zu beseitigen;
- das öffentliche Beschaffungswesen zu öffnen.

4. Die Europäischen Gemeinschaften und die an Eureka beteiligten Staaten werden prüfen, ob zusätzliche flankierende Maßnahmen für Eureka möglich sind.

5. Maßnahmen im Rahmen von Eureka werden in Übereinstimmung mit den Grundsätzen des internationalen freien Wettbewerbs durchgeführt.

IV. Projektdurchführung und Koordination

1. Die Projekte

1.1 Eureka-Projekte werden durch einen intensiven Informationsaustausch zwischen Unternehmen, Forschungseinrichtungen und gegebenenfalls potentiellen Nutzern vorbereitet. In diesem Zusammenhang könnte sich die Einrichtung von Industrieforen in bestimmten Bereichen als hilfreich für die Identifizierung möglicher Eureka-Projekte erweisen.

1.2 Die Regierungen und die Kommission unterstützen den Informationsaustausch, um alle interessierten Parteien von den geplanten Projekten in Kenntnis zu setzen.

1.3 Eureka-Projekte kommen letztendlich durch Absprachen der betreffenden Partner zustande. Die Unternehmen/Forschungsinstitute führen die Projekte in Gruppierungen ihrer Wahl durch.

1.4 Die Partner eines Eureka-Projekts bestimmen die Form ihrer Zusammenarbeit entsprechend den besonderen Erfordernissen des Vorhabens. Ebenso obliegt es den jeweiligen Partnern, die Art und Weise der Projektleitung festzulegen und die Arbeit eines Projektsekretariats sicherzustellen.

1.5 Die an einem Eureka-Projekt beteiligten Unternehmen/Forschungsinstitute finanzieren das Projekt aus Eigenbeträgen oder unter Inanspruchnahme des Kapitalmarktes sowie gegebenenfalls unter Einbeziehung der ihnen zur Verfügung gestellten öffentlichen Mittel.

1.6 Die Regierungen der Staaten, aus denen sich Unternehmen/Forschungsinstitute an einem vereinbarten Projekt beteiligen, und gegebenenfalls die Kommission der Europäischen Gemeinschaften stellen fest, ob das Projekt mit den für Eureka vereinbarten Zielen und Kriterien in Einklang steht. Sie unterrichten dann gemeinsam die Ministerkonferenz durch die Hohen Repräsentanten, wenn diese als Gruppe zusammentreten. Eine solche Unterrichtung enthält eine Projektbeschreibung, eine Analyse der Vereinbarkeit des betreffenden Projekts mit den für Eureka vereinbarten Zielen und Kriterien sowie einen Hinweis auf etwaige zusätzliche Maßnahmen, die Dritte betreffen. Projekte, die solche zusätzlichen Maßnahmen erfordern, können von den Hohen Repräsentanten auf Wunsch eines jeden von ihnen erörtert werden. Die Verfahrensregeln werden im Lichte der gewonnenen Erfahrungen überprüft.

1.7 Eureka-Projekte sollen jedoch auch nach dieser Mitteilung für weitere Partner offen sein, sofern die am Projekt Beteiligten dies wünschen.

2. Organisation

2.1 Koordinierungsgremium ist die Eureka-Ministerkonferenz. Ihr gehören Mitglieder der Regierungen der beteiligten Staaten und der Kommission der Europäischen Gemeinschaften an.

Die Ministerkonferenz bestimmt jeweils am Ende einer Sitzung den Vorsitz für die folgende Sitzung. Der Vorsitz sorgt für den Fortgang der Arbeiten.

Der Ministerkonferenz obliegen die Fortentwicklung der Inhalte, Strukturen und Ziele von Eureka sowie die Ergebnisbewertung.

[...]

2.3 Ein kleines, flexibles Eureka-Sekretariat oder ein entsprechender Arbeitsstab *(task force)* wird unter der Verantwortung der Eureka-Ministerkonferenz eingerichtet, um die Transparenz und Leistungsfähigkeit von Eureka zu erhöhen.

Zu seinen Aufgaben gehört:

- Informationen einzuholen und zu verteilen, d.h. die Dienste einer Clearingstelle anzubieten;
- die Unternehmen und Forschungseinrichtungen bei der Vermittlung von Kontakten mit Partnern für Eureka-Projekte zu unterstützen;
- die Sitzungen der Ministerkonferenz und der Hohen Repräsentanten zu unterstützen;

– die Kontinuität bei den zu erfüllenden Aufgaben zu gewährleisten.
Die Zusammensetzung des Sekretariats sollte die Teilnahme von EG- und Nicht-EG-Staaten berücksichtigen.

Das Verhältnis zu den Europäischen Gemeinschaften sowie eine mögliche Unterstützung durch die Wirtschaft in den teilnehmenden Ländern sollten in Erwägung gezogen werden.

[...]

Quelle: Europa-Archiv, 1986, D 41 ff.

3. Die Konferenz über Sicherheit und Zusammenarbeit in Europa (KSZE)

3.1. Der Weg nach Helsinki

Es war paradoxerweise die Festigung des Status quo, also die wenigstens vorläufige Hinnahme der Teilung Europas und Deutschlands, die einen Dialog zwischen Ost und West erst eigentlich ermöglichte, jedenfalls erleichterte. Dabei blieben die Zielsetzungen dieses Dialogs für beide Seiten diametral entgegengesetzt. Die Sowjetunion zielte mit ihren seit 1954 immer wieder vorgebrachten Initiativen für eine »europäische Sicherheitskonferenz« auf eine Anerkennung ihres »Besitzstandes« in Osteuropa; der Westen – und mit ihm auch die neutralen Staaten – sah im Dialog ein Mittel, die Lage in Osteuropa zu verbessern, die Härten der Teilung zu mildern und diese selber, wenn möglich, einmal zu überwinden. Seitdem der polnische Außenminister Rapacki 1957 die Einberufung einer europäischen Sicherheitskonferenz wieder angeregt hatte, wurde diese Idee immer mehr zu einem festen Bestandteil im politischen Repertoire der osteuropäischen Staaten einschließlich der Sowjetunion. Dies ganz besonders nach der Gewaltaktion gegen die Tschechoslowakei im August 1968: Die Sowjetunion und ihre Verbündeten wollten offenbar aus ihrer Isolierung heraus, die sie mit dieser Invasion selbst verschuldet hatten. In Appellen aus Budapest (17. März 1969) und Prag (31. Oktober 1969) warben sie für eine solche Konferenz.

Nach anfänglichem Zögern willigte der Westen endlich ein. Er tat dies allerdings mit der Auflage, daß parallel zu der jetzt Konferenz über Sicherheit und Zusammenarbeit in Europa (KSZE) genannten Veranstaltung Gespräche über einen gegenseitigen und ausgewogenen Abbau der Truppen in Europa (*Mutual and Balanced Force Reduction* = MBFR) zu beginnen seien. Die eigentliche militär- und abrüstungspolitische Komponente wurde damit aus der KSZE ausgespart. Weder die USA noch die Sowjetunion verspürten Lust, in Anwesenheit von 32 anderen Staaten über ihre Streitkräfte und deren Bewaffnung zu verhandeln; Frankreich lehnte eine Teilnahme an den MBFR-Verhandlungen mit der Begründung ab, diese fänden von »Block zu Block« statt und seien damit eine Angelegenheit der beiden Bündnissysteme (NATO und Warschauer Pakt); zu ihnen rechne sich Frankreich seit seinem Austritt aus der NATO nicht mehr.

Am 22. November 1972 begann in Dipoli bei Helsinki die wohl längste Verhandlungsreihe der Nachkriegszeit: 32 europäische Länder sowie die Vereinigten Staaten und Kanada waren daran beteiligt. Fast drei Jahre später, am 1. August 1975, wurde die Schlußakte von Helsinki feierlich unterzeichnet [D 81]. Herzstück der Akte war für die Sowjetunion der sogenannte Dekalog, die zehn Prinzipien, mit denen die zwischenstaatlichen Beziehungen in Europa festgelegt wurden; zentral für den Westen war daneben die im sogenannten »Korb 3« festgeschriebene Sicherung fundamentaler Menschenrechte. Sie bot künftighin ein wenn auch noch mangelhaftes Instrument, die Sowjetunion und ihre Verbündeten zu einer besseren Respektierung dieser Rechte ihrer Bürger in Pflicht zu nehmen.

Der KSZE-Prozeß war ein in vielem unendlich mühsames Ringen zwischen zwei entgegengesetzten Systemen mit entgegengesetzten Auffassungen über Sicherheit und Freiheit, über die Rechte des Einzelnen und seine Stellung zu Gesellschaft und Staat. Hier offenbarte sich mit aller Deutlichkeit, daß Europa zwar stabilisiert, aber weiterhin getrennt war; daß das, was kommunistische Regimes unter »Demokratie« und »Menschenrechte« verstanden, weit von dem entfernt blieb, was seit den Revolutionen des 18. und 19. Jahrhunderts in Europa gewachsen und überliefert war.

3.2. Von Helsinki bis Paris

In der Schlußakte von Helsinki waren Folge- und Sonderkonferenzen vorgesehen. Sie sollten das Einhalten der Vereinbarungen überprüfen und das Erreichte in möglichst viele Richtungen ausbauen und vertiefen. Folge- oder Überprüfungskonferenzen fanden bisher in Belgrad (1977/78), in Madrid (1980–1983) [D 82] und in Wien (1986–1989) statt. Besonders die beiden letzteren brachten Fortschritte sowohl im sicherheitspolitischen Bereich wie in jenem der Menschenrechte.

Madrid bildete den Auftakt zur Konferenz über Vertrauens- und Sicherheitsbildende Maßnahmen und Abrüstung in Europa (KVAE) in Stockholm (1984–1986). Die Wiener Folgekonferenz beschloß nicht nur eine Fortsetzung der Stockholmer KVAE, sondern auch erstmals Verhandlungen über konventionelle Streitkräfte in Europa (VKSE), beide wiederum in Wien laufend seit März 1989 (vgl. unten S. 389f.). An diesen Konferenzen – die die erfolglosen MBFR-Verhandlungen ersetzen – nahmen die 23 Mitgliedstaaten der beiden Bündnisse als sich politisch Gegenüberstehende mit einem einigermaßen klar umschriebenen Verhandlungsrahmen teil. Das sollte sich ab 1989 ändern, als sich die mittel- und osteuropäischen Staaten von der sowjetischen Kontrolle zu befreien begannen und die beiden deutschen Staaten zusammenwuchsen.

Begleitend und sich zwischen die jeweiligen Folgekonferenzen schiebend, mehrten sich Sondertreffen aller Art. Sie zeigten die große Spannweite der Probleme, mit denen sich die KSZE zu befassen begonnen hatte. Dazu gehörten ein Kulturforum in Budapest (im Herbst 1985), Expertentreffen zu Fragen der Menschenrechte (in Ottawa, Bern, Paris), zur friedlichen Regelung von Streitfällen (in Madrid, Sommer 1990), über Wirtschaftsfragen (in Bonn, Frühjahr 1990) und wiederum zur Frage der Grund- und Menschenrechte (in Paris und Kopenhagen im Mai/Juni 1990 sowie, geplant für Oktober 1991, in Moskau). An der Kopenhagener Konferenz nahm, zur allgemeinen Überraschung, erstmals Albanien als Beobachter teil.

Gemeinsam war und ist all diesen Treffen das Ziel, den Dialog zu festigen und in Erwägung des jeweils politisch Möglichen die getrennten Teile Europas einander anzunähern. Es war bezeichnend für den Stellenwert des KSZE-Prozesses, daß er nicht abgebrochen wurde, als anfangs der achtziger Jahre die Ost-West-Beziehungen durch die Nachrüstungsdebatte, die Krise in Polen (s. S. 343) sowie die sowjetische Invasion in Afghanistan erheblich belastet wurden.

Die KSZE verlieh zudem einer Gruppe von Staaten Profil, die oft genug im Schatten der Konfrontation der Bündnisse gestanden hatte. Es waren die Neutralen und Ungebundenen (oder Blockfreien), die »N+N«-Staaten, zu denen so verschiedene Länder wie Österreich, Schweden, Finnland und die Schweiz, Jugoslawien, Liechtenstein, Malta, Zypern und der Vatikan gehören. Sie bereicherten die Verhandlungen und verhalfen oft, wenn sich Ost und West in einem »Stellungskrieg« verfangen hatten, zu einem allseits annehmbaren Kompromiß. Gleichzeitig waren sie ein Spiegelbild für die Vielfalt, die sich Europa trotz Blockbildung und Konfrontation bewahrt hatte. Einziger Außenseiter blieb Albanien, das sich von Anfang an von der KSZE fernhielt.

Dokumente

D 81: Schlußakte der Konferenz über Sicherheit und Zusammenarbeit in Europa vom 1. August 1975 (Auszug)

Die Konferenz über Sicherheit und Zusammenarbeit in Europa, die am 3. Juli 1973 in Helsinki eröffnet und vom 18. September 1973 bis zum 21. Juli 1975 in Genf fortgesetzt wurde, fand ihren Abschluß in Helsinki am 1. August 1975 durch die Hohen Vertreter Belgiens, Bulgariens, Dänemarks, der Deutschen Demokratischen Republik, der Bundesrepublik Deutschland, Finnlands, Frankreichs, Griechenlands, des Heiligen Stuhls, Irlands, Islands, Italiens, Jugoslawiens, Kanadas, Liechtensteins, Luxemburgs, Maltas, Monacos, der Niederlande, Norwegens, Österreichs, Polens, Portugals, Rumäniens, San Marinos, Schwedens, der Schweiz, Spaniens, der Tschechoslowakei, der Türkei, Ungarns, der Union der Sozialistischen Sowjetrepubliken, des Vereinigten Königreichs, der Vereinigten Staaten von Amerika, Zyperns.

[...]

Von dem politischen Willen getragen, im Interesse der Völker ihre Beziehungen zu verbessern und zu verstärken, in Europa zum Frieden, zur Sicherheit, zur Gerechtigkeit und zur Zusammenarbeit sowie zur Annäherung zwischen ihnen und zu den anderen Staaten der Welt beizutragen,

Demzufolge entschlossen, den Ergebnissen der Konferenz volle Wirksamkeit zu verleihen und die Vorteile, die aus diesen Ergebnissen hervorgehen, zwischen ihren Staaten und in ganz Europa zu gewährleisten und dadurch den Prozeß der Entspannung zu erweitern, zu vertiefen und ihn fortschreitend und dauerhaft zu machen,

Haben die Hohen Vertreter der Teilnehmerstaaten feierlich folgendes angenommen:

Fragen der Sicherheit in Europa

[...]

1.

a) Erklärung über die Prinzipien, die die Beziehungen der Teilnehmerstaaten leiten

Die Teilnehmerstaaten,

Unter Bekräftigung ihrer Verpflichtung zu Frieden, Sicherheit und Gerechtigkeit und zur stetigen Entwicklung freundschaftlicher Beziehungen und der Zusammenarbeit;

In der Erkenntnis, daß diese Verpflichtung, die das Interesse und die Bestrebungen der Völker widerspiegelt, für jeden Teilnehmerstaat eine durch Erfahrungen aus der Vergangenheit erhöhte Verantwortung in Gegenwart und Zukunft darstellt;

Unter Bekräftigung ihrer vollen und aktiven Unterstützung für die Vereinten Nationen und für die Stärkung ihrer Rolle und Wirksamkeit bei der Festigung des internationalen Friedens sowie der internationalen Sicherheit und Gerechtigkeit und bei der Förderung der Lösung internationaler Probleme sowie bei der Entwicklung freundschaftlicher Beziehungen und der Zusammenarbeit zwischen den Staaten, soweit sie als Mitglieder der Vereinten Nationen dazu gehalten sind, und im Einklang mit den Zielen und Grundsätzen der Vereinten Nationen;

In Bekundung ihrer einmütigen Zustimmung zu den Prinzipien, die unten aufgeführt sind und die mit der Charta der Vereinten Nationen übereinstimmen, sowie ihres einmütigen Willens, bei der Anwendung dieser Prinzipien in Übereinstimmung mit den Zielen und Grundsätzen der Charta der Vereinten Nationen zu handeln;

Erklären ihre Entschlossenheit, die folgenden Prinzipien, die alle von grundlegender Bedeutung sind und ihre gegenseitigen Beziehungen leiten, ein jeder in seinen Beziehungen zu allen anderen Teilnehmerstaaten, ungeachtet ihrer politischen, wirtschaftlichen oder sozialen Systeme, als auch ihrer Größe, geographischen Lage oder ihres wirtschaftlichen Entwicklungsstandes, zu achten und in die Praxis umzusetzen:

I. Souveräne Gleichheit, Achtung der der Souveränität innewohnenden Rechte

Die Teilnehmerstaaten werden gegenseitig ihre souveräne Gleichheit und Individualität sowie alle ihrer Souveränität innewohnenden und von ihr umschlossenen Rechte achten, einschließlich insbesondere des Rechtes eines jeden Staates auf rechtliche Gleichheit, auf territoriale Integrität sowie auf Freiheit und politische Unabhängigkeit. Sie werden ebenfalls das Recht jedes anderen Teilnehmerstaates achten, sein politisches, soziales, wirtschaftliches und kulturelles System frei zu wählen und zu entwickeln sowie sein Recht, seine Gesetze und Verordnungen zu bestimmen.

Im Rahmen des Völkerrechts haben alle Teilnehmerstaaten gleiche Rechte und Pflichten. Sie werden das Recht jedes anderen Teilnehmerstaates achten, seine Beziehungen zu anderen Staaten im Einklang mit dem Völkerrecht und im Geiste der vorliegenden Erklärung zu bestimmen und zu gestalten, wie er es wünscht. Sie sind der Auffassung, daß ihre Grenzen, in Übereinstimmung mit dem Völkerrecht, durch friedliche Mittel und durch Vereinbarung verändert werden können. Sie haben ebenfalls das Recht, internationalen Organisationen anzugehören oder nicht anzugehören, Vertragspartei bilateraler oder multilateraler Verträge zu sein oder nicht zu sein, einschließlich des Rechtes, Vertragspartei eines Bündnisses zu sein oder nicht zu sein; desgleichen haben sie das Recht auf Neutralität.

II. Enthaltung von der Androhung oder Anwendung von Gewalt
Die Teilnehmerstaaten werden sich in ihren gegenseitigen Beziehungen sowie in ihren internationalen Beziehungen im allgemeinen der Androhung oder Anwendung von Gewalt, die gegen die territoriale Integrität oder politische Unabhängigkeit irgendeines Staates gerichtet oder auf irgendeine andere Weise mit den Zielen der Vereinten Nationen und mit der vorliegenden Erklärung unvereinbar ist, enthalten. Die Geltendmachung von Erwägungen zur Rechtfertigung eines gegen dieses Prinzip verstoßenden Rückgriffs auf die Androhung oder Anwendung von Gewalt ist unzulässig.

Die Teilnehmerstaaten werden sich dementsprechend jeglicher Handlung enthalten, die eine Gewaltandrohung oder eine direkte oder indirekte Gewaltanwendung gegen einen anderen Teilnehmerstaat darstellt. Sie werden sich gleichermaßen jeglicher Gewaltmanifestation, die den Zweck hat, einen anderen Teilnehmerstaat zum Verzicht auf die volle Ausübung seiner souveränen Rechte zu bewegen, enthalten. Sie werden sich ebenso in ihren gegenseitigen Beziehungen jeglicher gewaltsamen Repressalie enthalten.

Keine solche Androhung oder Anwendung von Gewalt wird als Mittel zur Regelung von Streitfällen oder von Fragen, die zu Streitfällen zwischen ihnen führen können, verwendet werden.

III. Unverletzlichkeit der Grenzen
Die Teilnehmerstaaten betrachten gegenseitig alle ihre Grenzen sowie die Grenzen aller Staaten in Europa als unverletzlich und werden deshalb jetzt und in der Zukunft keinen Anschlag auf diese Grenzen verüben.

Dementsprechend werden sie sich auch jeglicher Forderung oder Handlung enthalten, sich eines Teiles oder des gesamten Territoriums irgendeines Teilnehmerstaates zu bemächtigen.

IV. Territoriale Integrität der Staaten
Die Teilnehmerstaaten werden die territoriale Integrität eines jeden Teilnehmerstaates achten.

Dementsprechend werden sie sich jeder mit den Zielen und Grundsätzen der Charta der Vereinten Nationen unvereinbaren Handlung gegen die territoriale Integrität, politische Unabhängigkeit oder Einheit eines jeden Teilnehmerstaates enthalten, insbesondere jeder derartigen Handlung, die eine Androhung oder Anwendung von Gewalt darstellt.

Die Teilnehmerstaaten werden ebenso davon Abstand nehmen, das Territorium eines jeden anderen Teilnehmerstaates zum Gegenstand einer militärischen Besetzung oder anderer direkter oder indirekter Gewaltmaßnahmen unter Verletzung des Völkerrechts oder zum Gegenstand der Aneignung durch solche Maßnahmen oder deren Androhung zu machen. Keine solche Besetzung oder Aneignung wird als rechtmäßig anerkannt werden.

V. Friedliche Regelung von Streitfällen
Die Teilnehmerstaaten werden Streitfälle zwischen ihnen mit friedlichen Mitteln auf solche Weise regeln, daß der internationale Frieden und die internationale Sicherheit sowie die Gerechtigkeit nicht gefährdet werden.

Sie werden bestrebt sein, nach Treu und Glauben und im Geiste der Zusammenarbeit eine rasche und gerechte Lösung auf der Grundlage des Völkerrechts zu erreichen.

Zu diesem Zweck werden sie Mittel wie Verhandlung, Untersuchung, Vermittlung, Vergleich, Schiedsspruch, gerichtliche Regelung oder andere friedliche Mittel eigener Wahl verwenden, einschließlich jedes Streitregelungsverfahrens, auf das sich die beteiligten Parteien vor Entstehen des Streitfalles geeinigt haben.

Sollte sich durch keines der vorgenannten friedlichen Mittel eine Lösung erzielen lassen, werden die an einem Streitfall beteiligten Parteien weiterhin nach einem gegenseitig zu vereinbarenden Weg zur friedlichen Regelung des Streitfalles suchen.

Teilnehmerstaaten, die Parteien eines zwischen ihnen bestehenden Streitfalles sind, sowie alle anderen Teilnehmerstaaten werden sich jeder Handlung enthalten, welche die Lage in einem solchen Maße verschärfen könnte, daß die Erhaltung des internationalen Friedens und der internationalen Sicherheit gefährdet und dadurch eine friedliche Regelung des Streitfalles erschwert wird.

VI. Nichteinmischung in innere Angelegenheiten

Die Teilnehmerstaaten werden sich ungeachtet ihrer gegenseitigen Beziehungen jeder direkten oder indirekten, individuellen oder kollektiven Einmischung in die inneren oder äußeren Angelegenheiten enthalten, die in die innerstaatliche Zuständigkeit eines anderen Teilnehmerstaates fallen.

Sie werden sich dementsprechend jeder Form der bewaffneten Intervention oder der Androhung einer solchen Intervention gegen einen anderen Teilnehmerstaat enthalten.

Sie werden sich gleichermaßen unter allen Umständen jeder militärischen wie auch politischen, wirtschaftlichen oder sonstigen Zwangsmaßnahme enthalten, die darauf gerichtet ist, ihrem eigenen Interesse die Ausübung der Rechte eines anderen Teilnehmerstaates, die dessen Souveränität innewohnen, unterzuordnen und sich damit Vorteile irgendwelcher Art zu verschaffen.

Dementsprechend werden sie sich unter anderem der direkten oder indirekten Unterstützung terroristischer Tätigkeiten oder subversiver oder anderer Tätigkeiten enthalten, die auf den gewaltsamen Umsturz des Regimes eines anderen Teilnehmerstaates gerichtet sind.

VII. Achtung der Menschenrechte und Grundfreiheiten, einschließlich der Gedanken-, Gewissens-, Religions- oder Überzeugungsfreiheit

Die Teilnehmerstaaten werden die Menschenrechte und Grundfreiheiten einschließlich der Gedanken-, Gewissens-, Religions- oder Überzeugungsfreiheit für alle ohne Unterschied der Rasse, des Geschlechts, der Sprache oder der Religion achten.

Sie werden die wirksame Ausübung der zivilen, politischen, wirtschaftlichen, sozialen, kulturellen sowie der anderen Rechte und Freiheiten, die sich alle aus der dem Menschen innewohnenden Würde ergeben und für seine freie und volle Entfaltung wesentlich sind, fördern und ermutigen.

In diesem Rahmen werden die Teilnehmerstaaten die Freiheit des Individuums anerkennen und achten, sich allein oder in Gemeinschaft mit anderen zu einer Religion oder einer Überzeugung in Übereinstimmung mit dem, was sein Gewissen ihm gebietet, zu bekennen und sie auszuüben.

Die Teilnehmerstaaten, auf deren Territorium nationale Minderheiten bestehen, werden das Recht von Personen, die zu solchen Minderheiten gehören, auf Gleichheit vor dem Gesetz achten; sie werden ihnen jede Möglichkeit für den tatsächlichen Genuß der Menschenrechte und Grundfreiheiten gewähren und werden auf diese Weise ihre berechtigten Interessen in diesem Bereich schützen.

Die Teilnehmerstaaten anerkennen die universelle Bedeutung der Menschenrechte und Grundfreiheiten, deren Achtung ein wesentlicher Faktor für den Frieden, die Gerechtigkeit und das Wohlergehen ist, die ihrerseits erforderlich sind, um die Entwicklung freundschaftlicher Beziehungen und der Zusammenarbeit zwischen ihnen sowie zwischen allen Staaten zu gewährleisten.

Sie werden diese Rechte und Freiheiten in ihren gegenseitigen Beziehungen stets achten und sich einzeln und gemeinsam, auch in Zusammenarbeit mit den Vereinten Nationen, bemühen, die universelle und wirksame Achtung dieser Rechte und Freiheiten zu fördern.

Sie bestätigen das Recht des Individuums, seine Rechte und Pflichten auf diesem Gebiet zu kennen und auszuüben.

Auf dem Gebiet der Menschenrechte und Grundfreiheiten werden die Teilnehmerstaaten in Übereinstimmung mit den Zielen und Grundsätzen der Charta der Vereinten Nationen und mit der Allgemeinen Erklärung der Menschenrechte handeln. Sie werden ferner ihre Verpflichtungen erfüllen, wie diese festgelegt sind in den internationalen Erklärungen und Abkommen auf diesem Gebiet, soweit sie an sie gebunden sind, darunter auch in den Internationalen Konventionen über die Menschenrechte.

VIII. Gleichberechtigung und Selbstbestimmungsrecht der Völker

Die Teilnehmerstaaten werden die Gleichberechtigung der Völker und ihr Selbstbestimmungsrecht achten, indem sie jederzeit in Übereinstimmung mit den Zielen und Grundsätzen der Charta der Vereinten Nationen und den einschlägigen Normen des Völkerrechts handeln, einschließlich jener, die sich auf die territoriale Integrität der Staaten beziehen.

Kraft des Prinzips der Gleichberechtigung und des Selbstbestimmungsrechts der Völker haben alle Völker jederzeit das Recht, in voller Freiheit, wann und wie sie es wünschen, ihren inneren und äußeren politischen Status ohne äußere Einmischung zu bestimmen und ihre politische, wirtschaftliche, soziale und kulturelle Entwicklung nach eigenen Wünschen zu verfolgen.

Die Teilnehmerstaaten bekräftigen die universelle Bedeutung der Achtung und der wirksamen Ausübung der Gleichberechtigung und des Selbstbestimmungsrechts der Völker für die Entwicklung freundschaftlicher Beziehungen zwischen ihnen sowie zwischen allen Staaten; sie erinnern auch an die Bedeutung der Beseitigung jeglicher Form der Verletzung dieses Prinzips.

IX. Zusammenarbeit zwischen den Staaten

Die Teilnehmerstaaten werden ihre Zusammenarbeit miteinander und mit allen Staaten in allen Bereichen gemäß den Zielen und Grundsätzen der Charta der Vereinten Nationen entwickeln. Bei der Entwicklung ihrer Zusammenarbeit werden die Teilnehmerstaaten besonderes Gewicht auf die Bereiche legen, so wie sie im Rahmen der Konferenz über Sicherheit und Zusammenarbeit in Europa festgelegt sind, wobei jeder von ihnen seinen Beitrag unter Bedingungen voller Gleichheit leistet.

Sie werden sich bei der Entwicklung ihrer Zusammenarbeit als Gleiche bemühen, gegenseitiges Verständnis und Vertrauen, freundschaftliche und gutnachbarliche Beziehungen untereinander, internationalen Frieden, internationale Sicherheit und Gerechtigkeit zu fördern. Sie werden sich gleichermaßen bemühen, bei der Entwicklung ihrer Zusammenarbeit das Wohlergehen der Völker zu verbessern und zur Erfüllung ihrer Wünsche beizutragen, unter anderem durch die Vorteile, die sich aus größerer gegenseitiger Kenntnis sowie dem Fortschritt und den Leistungen im wirtschaftlichen, wissenschaftlichen, technischen, sozialen, kulturellen und humanitären Bereich ergeben. Sie werden Schritte zur Förderung von Bedingungen unternehmen, die den Zugang aller zu diesen Vorteilen begünstigen; sie werden das Interesse aller berücksichtigen, insbesondere das Interesse der Entwicklungsländer in der ganzen Welt, Unterschiede im Stand der wirtschaftlichen Entwicklung zu verringern.

Sie bestätigen, daß Regierungen, Institutionen, Organisationen und Personen eine relevante und positive Rolle zukommt, zur Erreichung dieser Ziele ihrer Zusammenarbeit beizutragen.

Sie werden bei der Verstärkung ihrer Zusammenarbeit, wie oben dargelegt, danach streben, engere Beziehungen auf einer verbesserten und dauerhafteren Grundlage zum Nutzen der Völker zu entwickeln.

X. Erfüllung völkerrechtlicher Verpflichtungen nach Treu und Glauben

Die Teilnehmerstaaten werden ihre völkerrechtlichen Verpflichtungen nach Treu und Glauben erfüllen, und zwar jene Verpflichtungen, die sich aus den allgemein anerkannten Grundsätzen und Regeln des Völkerrechts ergeben, wie auch jene Verpflichtungen, die sich aus mit dem Völkerrecht übereinstimmenden Verträgen oder sonstigen Abkommen, deren Vertragspartei sie sind, ergeben.

Bei der Ausübung ihrer souveränen Rechte, einschließlich des Rechts, ihre Gesetze und Verordnungen zu bestimmen, werden sie ihren rechtlichen Verpflichtungen aus dem Völkerrecht entsprechen; sie werden ferner die Bestimmungen der Schlußakte der Konferenz über Sicherheit und Zusammenarbeit in Europa gebührend berücksichtigen und durchführen.

Die Teilnehmerstaaten bestätigen, daß im Falle eines Widerspruchs zwischen den Verpflichtungen der Mitglieder der Vereinten Nationen aus der Charta der Vereinten Nationen und ihren Verpflichtungen aus irgendeinem Vertrag oder sonstigen internationalen Abkommen ihre Verpflichtungen aus der Charta der Vereinten Nationen gemäß ihrem Artikel 103 Vorrang haben.

Alle die vorstehend aufgeführten Prinzipien sind von grundlegender Bedeutung und werden folglich gleichermaßen und vorbehaltlos angewendet, wobei ein jedes von ihnen unter Beachtung der anderen ausgelegt wird.

Die Teilnehmerstaaten erklären ihre Entschlossenheit, diese Prinzipien, so wie sie in der vorliegenden Erklärung dargelegt sind, voll in allen Aspekten in ihren gegenseitigen Beziehungen und ihrer Zusammenarbeit zu achten und anzuwenden, um jedem Teilnehmerstaat die Vorteile zu sichern, die sich aus der Achtung und der Anwendung dieser Prinzipien durch alle ergeben.

Indem die Teilnehmerstaaten die vorstehenden Prinzipien gebührend berücksichtigen, insbesondere den ersten Satz des zehnten Prinzips, »Erfüllung völkerrechtlicher Verpflichtungen nach Treu und Glauben«, stellen sie fest, daß die vorliegende Erklärung weder ihre Rechte und Verpflichtungen noch die diesbezüglichen Verträge und Abkommen und Abmachungen berührt.

Die Teilnehmerstaaten geben der Überzeugung Ausdruck, daß die Achtung dieser Prinzipien die Entwicklung normaler und freundschaftlicher Beziehungen und den Fortschritt der Zusammenarbeit zwischen ihnen auf allen Gebieten fördern wird. Ferner geben sie der Überzeugung Ausdruck, daß die Achtung dieser Prinzipien die Entwicklung politischer Kontakte zwischen ihnen begünstigen wird, die ihrerseits zum besseren Verständnis ihrer Standpunkte und Auffassungen beitragen würde.

Die Teilnehmerstaaten erklären ihre Absicht, ihre Beziehungen zu allen anderen Staaten im Geiste der in dieser Erklärung enthaltenen Prinzipien zu gestalten.

[...]

2.
Dokument über vertrauensbildende Maßnahmen und bestimmte Aspekte der Sicherheit und Abrüstung

Die Teilnehmerstaaten,

In dem Wunsche, die Ursachen von Spannungen, die zwischen ihnen bestehen können, zu beseitigen und somit zur Festigung des Friedens und der Sicherheit in der Welt beizutragen;

Entschlossen, das Vertrauen zwischen ihnen zu stärken und somit zur Erhöhung der Stabilität und Sicherheit in Europa beizutragen;

Ferner entschlossen, sich in ihren gegenseitigen Beziehungen sowie in ihren internationalen Beziehungen im allgemeinen der Androhung oder Anwendung von Gewalt, die gegen die territoriale Integrität oder politische Unabhängigkeit irgendeines Staates gerichtet oder auf irgendeine andere Weise mit den Zielen der Vereinten Nationen und mit der Erklärung über die Prinzipien, die die Beziehungen der Teilnehmerstaaten leiten, wie sie in dieser Schlußakte angenommen wurde, unvereinbar ist, zu enthalten;

In der Erkenntnis der Notwendigkeit, zur Verminderung der Gefahr von bewaffneten Konflikten und von Mißverständnissen oder Fehleinschätzungen militärischer Tätigkeiten beizutragen, die zu Befürchtungen Anlaß geben könnten, insbesondere in einer Situation, in der den Teilnehmerstaaten klare und rechtzeitige Informationen über den Charakter solcher Tätigkeiten fehlen;

Unter Berücksichtigung von Erwägungen, die sich auf Bemühungen zur Verminderung von Spannungen und zur Förderung der Abrüstung beziehen;

In der Erkenntnis, daß der Austausch von Beobachtern bei militärischen Manövern auf Einladung die Förderung von Kontakten und des gegenseitigen Verständnisses begünstigen wird;

Nach Prüfung der Frage der vorherigen Ankündigung größerer militärischer Bewegungen im Zusammenhang der Vertrauensbildung;

In der Erkenntnis, daß es andere Wege gibt, durch die einzelne Staaten darüber hinaus einen Beitrag zu ihren gemeinsamen Zielen leisten können;

Überzeugt von der politischen Bedeutung der vorherigen Ankündigung größerer militärischer Manöver für die Förderung des gegenseitigen Verständnisses und die Stärkung von Vertrauen, Stabilität und Sicherheit;

In Übernahme der Verantwortung eines jeden von ihnen dafür, diese Ziele zu fördern und in Übereinstimmung mit den angenommenen Kriterien und Modalitäten diese Maßnahme durchzuführen, was für die Verwirklichung dieser Ziele wesentlich ist;

In der Erkenntnis, daß diese Maßnahme, die aus politischer Entscheidung hervorgeht, auf freiwilliger Grundlage beruht;

Haben folgendes angenommen:

I. Vorherige Ankündigung von größeren militärischen Manövern

Sie werden ihre größeren militärischen Manöver allen anderen Teilnehmerstaaten auf üblichem diplomatischem Wege in Übereinstimmung mit den folgenden Bestimmungen ankündigen:

Ankündigungen werden gegeben von größeren militärischen Manövern von Landstreitkräften in einer Gesamtstärke von mehr als 25000, an denen diese selbständig oder kombiniert mit etwaigen Teilen von Luft- oder Seestreitkräften teilnehmen (in diesem Zusammenhang schließt der Begriff »Landstreitkräfte« amphibische und Luftlandekräfte ein). Im Falle selbständiger Manöver von amphibischen oder Luftlandekräften oder kombinierter Manöver, in die sie einbezogen sind, werden diese Kräfte in diese Gesamtstärke eingeschlossen. Des weiteren können, im Falle kombinierter Manöver, bei welchen die oben angegebene Gesamtstärke nicht erreicht wird, in die jedoch Landstreitkräfte zusammen mit einer bedeutenden Zahl entweder amphibischer oder Luftlandekräfte, oder beider, einbezogen sind, diese Manöver ebenfalls angekündigt werden.

Ankündigungen werden gegeben von größeren militärischen Manövern, die auf dem Territorium, in Europa, eines jeden Teilnehmerstaates sowie, falls anwendbar, im angrenzenden Seegebiet und Luftraum stattfinden.

Im Falle eines Teilnehmerstaates, dessen Territorium sich über Europa hinaus erstreckt, müssen vorherige Ankündigungen nur von Manövern gegeben werden, die in einem Gebiet innerhalb von 250 Kilometern von seiner Grenze stattfinden, die einem anderen europäischen Teilnehmerstaat gegenüberliegt oder die er mit ihm teilt, der Teilnehmerstaat muß jedoch keine Ankündigung in den Fällen geben, in denen dieses Gebiet auch der Grenze des Teilnehmerstaates benachbart ist, die einem nicht-europäischen nichtteilnehmenden Staat gegenüberliegt oder die er mit ihm teilt.

Die Ankündigung wird 21 Tage oder mehr vor Beginn des Manövers gegeben oder, wenn ein Manöver kurzfristig angesetzt wird, so frühzeitig wie möglich vor dem Datum seines Beginnes.

Die Ankündigung wird Angaben über die Benennung, soweit vorhanden, den allgemeinen Zweck und die an dem Manöver beteiligten Staaten, die Art oder Arten und die zahlenmäßige Stärke der eingesetzten Streitkräfte, das Gebiet und den geschätzten zeitlichen Rahmen seiner Durchführung enthalten. Die Teilnehmerstaaten werden ebenso, wenn möglich, zusätzliche einschlägige Angaben zur Verfügung stellen, insbesondere solche, die sich auf die Komponenten der eingesetzten Streitkräfte und den Zeitraum ihrer Beteiligung beziehen.

Vorherige Ankündigung anderer militärischer Manöver

Die Teilnehmerstaaten erkennen an, daß sie darüber hinaus zur Stärkung des Vertrauens und zur Erhöhung der Sicherheit und Stabilität beizutragen vermögen und zu diesem Zweck anderen Teilnehmerstaaten, mit besonderer Berücksichtigung derer nahe dem Gebiet solcher Manöver, auch kleinere militärische Manöver ankündigen können.

Zum gleichen Zweck erkennen die Teilnehmerstaaten ebenfalls an, daß sie auch andere militärische Manöver, die sie durchführen, ankündigen können.

Austausch von Beobachtern

Die Teilnehmerstaaten werden, freiwillig und auf bilateraler Grundlage, im Geiste der Gegenseitigkeit und des guten Willens allen Teilnehmerstaaten gegenüber andere Teilnehmerstaaten einladen, Beobachter zur Teilnahme an militärischen Manövern zu entsenden.

Der einladende Staat wird in jedem einzelnen Fall die Anzahl der Beobachter, die Verfahren und Bedingungen ihrer Teilnahme bestimmen und sonstige Informationen geben, die er für nützlich halten mag. Er wird angemessene Vorsorge treffen und Gastfreundschaft gewähren.

Die Einladung wird auf üblichem diplomatischem Wege soweit im voraus ergehen, wie dies passend und möglich ist.

Vorherige Ankündigung größerer militärischer Bewegungen

In Übereinstimmung mit den Schlußempfehlungen der Helsinki-Konsultationen haben die Teilnehmerstaaten die Frage der vorherigen Ankündigung größerer militärischer Bewegungen als einer Maßnahme zur Stärkung des Vertrauens geprüft.

Dementsprechend erkennen die Teilnehmerstaaten an, daß sie nach eigenem Ermessen und mit dem Ziel, zur Vertrauensbildung beizutragen, ihre größeren militärischen Bewegungen ankündigen können.

Im gleichen Geiste werden die an der Konferenz über Sicherheit und Zusammenarbeit in Europa teilnehmenden Staaten der Frage der vorherigen Ankündigung größerer militärischer Bewegungen weitere Überlegungen widmen, wobei sie insbesondere die aus der Durchführung der in diesem Dokument festgelegten Maßnahmen gewonnenen Erfahrungen berücksichtigen.

Andere vertrauensbildende Maßnahmen

Die Teilnehmerstaaten erkennen an, daß es andere Mittel gibt, durch die ihre gemeinsamen Ziele gefördert werden können.

Insbesondere werden sie unter gebührender Berücksichtigung der Gegenseitigkeit und mit dem Ziel eines besseren gegenseitigen Verständnisses den Austausch auf Einladung zwischen ihrem militärischen Personal, einschließlich Besuchen von Militärdelegationen, fördern.

***

Um einen vollständigeren Beitrag zu ihrem gemeinsamen Ziel der Vertrauensbildung zu leisten, werden die Teilnehmerstaaten bei der Durchführung ihrer militärischen Tätigkeiten in dem Gebiet, für das die Bestimmungen über die vorherigen Ankündigungen größerer militärischer Manöver gelten, dieses Ziel gebührend berücksichtigen und achten.

Sie erkennen ebenfalls an, daß die aus der Durchführung der vorstehenden Bestimmungen gewonnenen Erfahrungen zusammen mit weiteren Bemühungen zur Entwicklung und Erweiterung von Maßnahmen führen könnten, die auf eine Stärkung des Vertrauens gerichtet sind.

II. Fragen im Zusammenhang mit der Abrüstung

Die Teilnehmerstaaten anerkennen ihrer aller Interesse an Bemühungen zur Verminderung der militärischen Konfrontation und zur Förderung der Abrüstung, die darauf gerichtet sind, die politische Entspannung in Europa zu ergänzen und ihre Sicherheit zu stärken. Sie sind von der Notwendigkeit überzeugt, auf diesen Gebieten wirksame

Maßnahmen zu ergreifen, die durch ihren Umfang und ihre Natur Schritte darstellen, um schließlich eine allgemeine und vollständige Abrüstung unter strenger und wirksamer internationaler Kontrolle zu erreichen, und die zur Festigung des Friedens und der Sicherheit in der ganzen Welt führen sollen.

III. Allgemeine Erwägungen

Nach Erwägung der Ansichten, die zu verschiedenen Themen zum Ausdruck gebracht worden sind, welche mit der Festigung der Sicherheit in Europa durch gemeinsame Bemühungen zur Förderung von Entspannung und Abrüstung zusammenhängen, werden die Teilnehmerstaaten, wenn sie solche Bemühungen unternehmen, in diesem Zusammenhang insbesondere von folgenden wesentlichen Erwägungen ausgehen:

- dem komplementären Charakter der politischen und militärischen Aspekte der Sicherheit;
- der Wechselbeziehung zwischen der Sicherheit eines jeden Teilnehmerstaates und der Sicherheit in Europa als Ganzem sowie der Beziehung, die im weiteren Zusammenhang der Sicherheit der Welt zwischen der Sicherheit in Europa und der Sicherheit im Mittelmeerraum besteht;
- der Achtung der ihrer souveränen Gleichheit innewohnenden Sicherheitsinteressen aller an der Konferenz über Sicherheit und Zusammenarbeit in Europa teilnehmenden Staaten;
- der Bedeutung, daß die Teilnehmer an Verhandlungsgremien Sorge tragen, andere an der Konferenz über Sicherheit und Zusammenarbeit in Europa teilnehmende Staaten mit Information über diesbezügliche Entwicklungen, Fortschritte und Ergebnisse auf geeigneter Grundlage zu versehen, sowie dem berechtigten Interesse eines jeden dieser Staaten daran, daß seine Rückäußerungen erwogen werden.

Zusammenarbeit in den Bereichen der Wirtschaft, der Wissenschaft und der Technik sowie der Umwelt

[...]

1. Handel

Allgemeine Bestimmungen

Die Teilnehmerstaaten,

Im Bewußtsein der wachsenden Bedeutung des internationalen Handels als einem der wichtigsten Faktoren des wirtschaftlichen Wachstums und sozialen Fortschritts,

In der Erkenntnis, daß der Handel einen wesentlichen Bereich ihrer Zusammenarbeit darstellt, und dessen eingedenk, daß die Bestimmungen in der allgemeinen Präambel* besonders für diesen Bereich gelten,

In der Erwägung, daß Umfang und Struktur des Handels zwischen den Teilnehmerstaaten nicht in allen Fällen den Möglichkeiten entsprechen, die der gegenwärtige Stand ihrer wirtschaftlichen und wissenschaftlich-technischen Entwicklung eröffnet,

sind entschlossen, die Ausweitung ihres gegenseitigen Waren- und Dienstleistungsverkehrs zu fördern und günstige Bedingungen für eine solche Entwicklung zu ge-

* Hier nicht abgedruckt

währleisten, wobei sie die Modalitäten ihrer wirtschaftlichen Zusammenarbeit zugrunde legen;
erkennen die vorteilhaften Wirkungen an, die sich aus der Anwendung der Meistbegünstigung für die Entwicklung des Handels ergeben können;
werden die Ausweitung des Handels auf einer möglichst breiten multilateralen Grundlage fördern und sich dabei bemühen, die verschiedenen wirtschaftlichen und kommerziellen Möglichkeiten zu nutzen;
anerkennen die Bedeutung bilateraler und multilateraler zwischenstaatlicher sowie anderer Abkommen für die langfristige Entwicklung des Handels;
stellen die Bedeutung der Währungs- und Finanzfragen für die Entwicklung des internationalen Handels fest und werden sich bemühen, sie in dem Bestreben zu behandeln, zur kontinuierlichen Ausweitung des Handels beizutragen;
werden sich bemühen, die der Entwicklung des Handels entgegenstehenden Hindernisse jeglicher Art abzubauen oder schrittweise zu beseitigen;
werden das kontinuierliche Wachstum des Handels fördern und soweit wie möglich abrupte Schwankungen in ihrem Warenverkehr vermeiden;
sind der Auffassung, daß ihr Handel mit den verschiedenen Waren auf eine solche Weise erfolgen soll, daß auf den Inlandsmärkten für solche Waren und insbesondere den inländischen Erzeugern gleichartiger oder unmittelbar konkurrierender Waren keine ernstliche Schädigung – gegebenenfalls eine Marktstörung bzw. Marktzerrüttung – entsteht oder zu entstehen droht; dabei herrscht Einverständnis, daß sie den Tatbestand der Marktstörung bzw. Marktzerrüttung nicht entgegen den einschlägigen Bestimmungen ihrer internationalen Abkommen geltend machen können; wenn sie Schutzmaßnahmen ergreifen, werden sie dies in Übereinstimmung mit ihren diesbezüglichen Verpflichtungen aus den internationalen Abkommen, die sie eingegangen sind, tun und die Interessen der direkt Betroffenen berücksichtigen;
werden den Maßnahmen zur Förderung des Handels und zur Diversifizierung seiner Warenstruktur gebührende Beachtung schenken;
stellen fest, daß das Wachstum und die Diversifizierung des Handels dazu beitragen würden, die Möglichkeiten der Warenauswahl zu erleichtern;
halten es für angebracht, günstige Bedingungen für die Beteiligung von Gesellschaften, Organisationen und Unternehmen an der Entwicklung des Handels zu schaffen.

[Es folgen die Abschnitte: Geschäftskontakte und -möglichkeiten, Information über Handel und Wirtschaft, Handelsförderung]

2. Industrielle Kooperation und Projekte gemeinsamen Interesses

[...]

3. Bestimmungen, die Handel und industrielle Kooperation betreffen

[...]

4. Wissenschaft und Technik

[...]

5. Umwelt

Die Teilnehmerstaaten,
Bekräftigend, daß der Schutz und die Verbesserung der Umwelt sowie der Schutz der Natur und die rationelle Nutzung ihrer Ressourcen im Interesse gegenwärtiger und

künftiger Generationen eine für das Wohlergehen der Völker und die wirtschaftliche Entwicklung aller Länder sehr bedeutende Aufgabe darstellt und daß viele Umweltprobleme, insbesondere in Europa, nur durch enge internationale Zusammenarbeit wirksam gelöst werden können,
In Anerkennung dessen, daß jeder Teilnehmerstaat in Übereinstimmung mit den Grundsätzen des Völkerrechts im Geiste der Zusammenarbeit dafür Sorge tragen sollte, daß Tätigkeiten innerhalb seines Gebietes keine Umweltverschlechterung in einem anderen Staat oder in Gebieten außerhalb der nationalen Hoheitsgewalt verursachen,
In der Erwägung, daß der Erfolg jeder Umweltpolitik voraussetzt, daß alle Bevölkerungsgruppen und Kräfte der Gesellschaft im Bewußtsein ihrer Verantwortung dazu beitragen, die Umwelt zu schützen und zu verbessern, was eine ständige, gründliche Erziehung, besonders der Jugend, erfordert,
Bekräftigend, daß, wie die Erfahrung gezeigt hat, wirtschaftliche Entwicklung und technischer Fortschritt mit dem Umweltschutz und der Bewahrung historischer und kultureller Werte in Einklang stehen müssen; daß Umweltschäden am besten durch vorbeugende Maßnahmen verhütet werden und bei der Nutzbarmachung und Verwaltung der natürlichen Ressourcen das ökologische Gleichgewicht gewahrt bleiben muß.

Ziele der Zusammenarbeit
Stimmen insbesondere folgenden Zielen der Zusammenarbeit zu:
- die Umweltprobleme, welche ihrer Natur nach multilaterales, bilaterales, regionales oder subregionales Ausmaß haben, im Hinblick auf ihre Lösung zu untersuchen sowie die Entwicklung einer interdisziplinären Methodik der Behandlung von Umweltproblemen zu fördern;
- die Wirksamkeit nationaler und internationaler Maßnahmen zum Schutz der Umwelt zu erhöhen durch den Vergleich und gegebenenfalls die Angleichung von Methoden für die Erfassung und Auswertung von Daten, durch die Vertiefung der Kenntnisse über die Erscheinungsformen der Verschmutzung und die rationelle Nutzung der natürlichen Ressourcen durch den Informationsaustausch, durch die Angleichung der Definitionen und, soweit möglich, die Annahme einer gemeinsamen Terminologie für den Umweltbereich;
- die erforderlichen Schritte zur Annäherung der Umweltmaßnahmen zu tun und diese Maßnahmen, soweit angezeigt und möglich, aufeinander abzustimmen;
- wo möglich und angebracht, innerstaatliche und internationale Bemühungen ihrer interessierten Organisationen, Unternehmen und Firmen zu ermutigen, die auf die Entwicklung, Herstellung und Vervollkommnung der zu Überwachung, Schutz und Verbesserung der Umwelt bestimmten Ausrüstungen abzielen.

Gebiete der Zusammenarbeit
Um diese Ziele zu erreichen, werden die Teilnehmerstaaten jede geeignete Gelegenheit zur Zusammenarbeit im Umweltbereich wahrnehmen, insbesondere in den nachstehend als Beispiele angeführten Bereichen:
Bekämpfung der Luftverschmutzung . . .
Bekämpfung der Wasserverschmutzung; Süßwassernutzung . . .
Schutz der Meeresumwelt . . .
Böden und Bodennutzung . . .

Naturschutz und Naturreservate ...
Verbesserung der Umweltbedingungen in menschlichen Siedlungsgebieten ...
Grundlagenforschung, Beobachtung, Vorhersage und Bewertung von Umweltveränderungen ...

6. Zusammenarbeit auf anderen Gebieten

Entwicklung des Verkehrswesens

[...]

Fragen der Sicherheit und Zusammenarbeit im Mittelmeerraum

Die Teilnehmerstaaten,
Im Bewußtsein der geographischen, historischen, kulturellen, wirtschaftlichen und politischen Aspekte ihrer Beziehungen zu den nichtteilnehmenden Mittelmeerstaaten,
In der Überzeugung, daß die Sicherheit in Europa im weiteren Zusammenhang der Sicherheit der Welt zu betrachten ist und daß sie mit der Sicherheit im Mittelmeerraum in seiner Gesamtheit eng verbunden ist und daß dementsprechend der Prozeß der Verbesserung der Sicherheit nicht auf Europa beschränkt sein, sondern sich auch auf andere Teile der Welt erstrecken soll, insbesondere auf den Mittelmeerraum,
In dem Glauben, daß die Festigung der Sicherheit und die Verstärkung der Zusammenarbeit in Europa positive Entwicklungen im Mittelmeerraum fördern würden, und die Absicht ausdrückend, zum Frieden, zur Sicherheit und zur Gerechtigkeit in diesem Gebiet beizutragen, an denen die Teilnehmerstaaten und die nichtteilnehmenden Mittelmeerstaaten ein gemeinsames Interesse haben,
In der Erkenntnis der Bedeutung ihrer wirtschaftlichen Beziehungen zu den nichtteilnehmenden Mittelmeerstaaten und im Bewußtsein ihres gemeinsamen Interesses an der weiteren Entwicklung der Zusammenarbeit,
Unter Würdigung des Interesses, das die nichtteilnehmenden Mittelmeerstaaten an der Konferenz seit ihrem Beginn bekundet haben, und nach gebührender Berücksichtigung ihrer Beiträge,
Erklären ihre Absicht:

- die Entwicklung gutnachbarlicher Beziehungen mit den nichtteilnehmenden Mittelmeerstaaten in Übereinstimmung mit den Zielen und Grundsätzen der Charta der Vereinten Nationen, die ihren Beziehungen zugrunde liegen, und mit der Deklaration der Vereinten Nationen über Grundsätze des Völkerrechts betreffend freundschaftliche Beziehungen und Zusammenarbeit zwischen den Staaten zu fördern und dementsprechend in diesem Zusammenhang bei der Gestaltung ihrer Beziehungen zu den nichtteilnehmenden Mittelmeerstaaten vom Geiste der Prinzipien auszugehen, die in der Erklärung über die Prinzipien, die die Beziehungen der Teilnehmerstaaten leiten, festgelegt sind;
- sich zu bemühen, durch weitere Verbesserung ihrer Beziehungen zu den nichtteilnehmenden Mittelmeerstaaten das gegenseitige Vertrauen zu stärken, um somit Sicherheit und Stabilität im gesamten Mittelmeerraum zu fördern;

  [...]

Zusammenarbeit in humanitären und anderen Bereichen

Die Teilnehmerstaaten,

Von dem Wunsche geleitet, zur Stärkung des Friedens und der Verständigung zwischen den Völkern und zur geistigen Bereicherung der menschlichen Persönlichkeit ohne Unterschied von Rasse, Geschlecht, Sprache oder Religion beizutragen,

Im Bewußtsein, daß eine Steigerung des Austausches auf dem Gebiet der Kultur und Bildung, eine größere Verbreitung von Information, Kontakte zwischen den Menschen und die Lösung humanitärer Probleme zur Erreichung dieser Ziele beitragen werden,

Daher entschlossen, unabhängig von ihren politischen, wirtschaftlichen und sozialen Systemen untereinander zusammenzuarbeiten, um in den oben genannten Bereichen bessere Bedingungen zu schaffen, bestehende Formen der Zusammenarbeit zu entwickeln und zu stärken sowie neue, diesen Zielen gemäße Mittel und Wege auszuarbeiten,

In der Überzeugung, daß diese Zusammenarbeit unter voller Achtung der die Beziehungen zwischen den Teilnehmerstaaten leitenden Prinzipien durchgeführt werden sollte, wie sie in dem einschlägigen Dokument aufgeführt sind,

Haben folgendes angenommen:

1. Menschliche Kontakte

Die Teilnehmerstaaten,

In der Erwägung, daß die Entwicklung von Kontakten ein wichtiges Element bei der Stärkung freundschaftlicher Beziehungen und des Vertrauens zwischen den Völkern ist,

In Bekräftigung der Bedeutung, die sie bei ihren gegenwärtigen Bemühungen, die Bedingungen in diesem Bereich zu verbessern, humanitären Erwägungen beimessen,

In dem Wunsch, in diesem Geist weitere Bemühungen im Zuge der Entspannung zu entwickeln, um weitergehenden Fortschritt auf diesem Gebiet zu erzielen,

Und im Bewußtsein, daß die diesbezüglichen Fragen von den betreffenden Staaten unter gegenseitig annehmbaren Bedingungen geregelt werden müssen,

Setzen sich zum Ziel, freiere Bewegung und Kontakte auf individueller und kollektiver, sei es auf privater oder offizieller Grundlage, zwischen Personen, Institutionen und Organisationen der Teilnehmerstaaten zu erleichtern und zur Lösung der humanitären Probleme beizutragen, die sich in diesem Zusammenhang ergeben,

Erklären ihre Bereitschaft, zu diesem Zweck Maßnahmen zu ergreifen, die sie für geeignet halten, und falls notwendig untereinander Abkommen zu schließen oder Vereinbarungen zu treffen, und

Drücken ihre Absicht aus, nunmehr zur Durchführung des folgenden zu schreiten:

a) Kontakte und regelmäßige Begegnungen auf der Grundlage familiärer Bindungen

Um die weitere Entwicklung von Kontakten auf der Grundlage familiärer Bindungen zu fördern, werden die Teilnehmerstaaten Gesuche auf Reisen wohlwollend prüfen mit dem Ziel, Personen zu erlauben, in ihr Territorium zeitweilig und, wenn gewünscht, regelmäßig einzureisen oder aus ihm auszureisen, um Mitglieder ihrer Familien zu besuchen.

Gesuche auf zeitweilige Besuchsreisen zum Zweck von Begegnungen mit Mitgliedern ihrer Familien werden ohne Unterschied hinsichtlich des Herkunfts- oder Bestimmungslandes behandelt werden; bestehende Bestimmungen hinsichtlich Reisedokumente und Visa werden in diesem Geiste angewendet werden. Die Ausstellung und Ausgabe solcher Dokumente und Visa werden innerhalb vernünftiger Fristen erfolgen; Dringlichkeitsfälle – wie ernste Erkrankung oder Todesfall – werden mit Vorrang behandelt werden. Sie werden die Schritte unternehmen, welche notwendig sein können, um zu gewährleisten, daß die Gebühren für amtliche Reisedokumente und Visa annehmbar sind.

Sie bestätigen, daß die Einreichung eines Gesuchs betreffend Kontakte auf der Grundlage familiärer Bindungen zu keiner Veränderung der Rechte und Pflichten des Gesuchstellers oder seiner Familienmitglieder führen wird.

b) Familienzusammenführung
Die Teilnehmerstaaten werden in positivem und humanitärem Geist Gesuche von Personen behandeln, die mit Angehörigen ihrer Familie zusammengeführt werden möchten, unter besonderer Beachtung von Gesuchen dringenden Charakters – wie solchen, die von kranken oder alten Personen eingereicht werden.

Sie werden Gesuche in diesem Bereich so zügig wie möglich behandeln.

Sie werden, wo notwendig, die im Zusammenhang mit diesen Gesuchen erhobenen Gebühren verringern, um sicherzustellen, daß sie gemäßigt sind.

[...]

c) Eheschließung zwischen Bürgern verschiedener Staaten
Die Teilnehmerstaaten werden wohlwollend und auf der Grundlage humanitärer Erwägungen Gesuche auf Bewilligung der Aus- oder Einreise von Personen prüfen, die beschlossen haben, einen Bürger aus einem anderen Teilnehmerstaat zu heiraten.

[...]

d) Reisen aus persönlichen oder beruflichen Gründen
Die Teilnehmerstaaten beabsichtigen, Möglichkeiten für umfassenderes Reisen ihrer Bürger aus persönlichen oder beruflichen Gründen zu entwickeln; zu diesem Zweck beabsichtigen sie insbesondere:

- schrittweise die Verfahren für die Aus- und Einreise zu vereinfachen und flexibel zu handhaben,
- die Vorschriften für Ortsveränderungen von Bürgern aus den anderen Teilnehmerstaaten auf ihrem Territorium flexibler zu gestalten, unter gebührender Berücksichtigung von Sicherheitserfordernissen.

Sie werden sich bemühen, die Gebühren für Visa und amtliche Reisedokumente, wo notwendig, schrittweise zu senken.

Sie beabsichtigen, gegebenenfalls Mittel – einschließlich, sobald angebracht, des Abschlusses von multilateralen oder bilateralen Konsularkonventionen oder anderer einschlägiger Abkommen oder Absprachen – zu erwägen zur Verbesserung von Vereinbarungen über die Gewährung konsularischer Dienste, einschließlich des rechtlichen und konsularischen Beistands.

***

Sie bestätigen, daß religiöse Bekenntnisse, Institutionen und Organisationen, die im verfassungsmäßigen Rahmen der Teilnehmerstaaten wirken, sowie ihre Vertreter in den Bereichen ihrer Tätigkeit untereinander Kontakte und Treffen haben sowie Informationen austauschen können.

e) Verbesserung der Bedingungen für den Tourismus auf individueller oder kollektiver Grundlage.

[...]

f) Begegnungen der Jugend

Die Teilnehmerstaaten beabsichtigen, die Entwicklung von Kontakten und des Austausches unter der Jugend zu fördern, indem sie ermutigen

- zur Vermehrung des Austausches und der Kontakte auf kurz- oder langfristiger Grundlage unter der Jugend, die in der Arbeit, in der Ausbildung oder im Studium steht, durch bilaterale oder multilaterale Abkommen oder regelmäßige Programme, in allen Fällen, in denen es möglich erscheint;
- zur Prüfung durch ihre Jugendorganisationen der Fragen möglicher Abkommen über Rahmen multilateraler Jugendzusammenarbeit;
- zu Abkommen oder regelmäßigen Programmen, die sich auf die Organisierung von Studentenaustausch, internationalen Jugendseminaren, Berufsausbildungs- und Fremdsprachenkursen beziehen;
- zur weiteren Entwicklung des Jugendtourismus und der Gewährung geeigneter Erleichterungen zu diesem Zweck;
- zur Entwicklung, wo möglich, von Austausch, Kontakten und Zusammenarbeit auf bilateraler oder multilateraler Grundlage zwischen ihren Organisationen, die weite Kreise der Jugend vertreten, die in der Arbeit, in der Ausbildung oder im Studium steht;
- das Bewußtsein unter der Jugend der Bedeutung einer Entwicklung des gegenseitigen Verständnisses sowie der Stärkung freundschaftlicher Beziehungen und des Vertrauens unter den Völkern.

g) Sport

[. . .]

h) Erweiterung der Kontakte

[. . .]

2. Information

Die Teilnehmerstaaten,

Im Bewußtsein der Notwendigkeit einer immer umfassenderen Kenntnis und eines immer besseren Verstehens der verschiedenen Aspekte des Lebens in anderen Teilnehmerstaaten,

In Anerkennung des Beitrages dieses Prozesses zum Anwachsen des Vertrauens zwischen den Völkern,

In dem Wunsch, mit der Entwicklung des gegenseitigen Verständnisses zwischen den Teilnehmerstaaten und mit der weiteren Verbesserung ihrer Beziehungen mit weiteren Anstrengungen fortzufahren, um Fortschritte in diesem Bereich zu erzielen,

In Anerkennung der Bedeutung der Verbreitung von Informationen aus den anderen Teilnehmerstaaten und einer besseren Kenntnis solcher Informationen,

Daher betonend die wesentliche und einflußreiche Rolle von Presse, Rundfunk, Fernsehen, Kino und der Nachrichtenagenturen sowie der auf diesen Gebieten tätigen Journalisten,

setzen sich zum Ziel, die freiere und umfassendere Verbreitung von Informationen aller Art zu erleichtern, die Zusammenarbeit im Bereich der Information und den Informationsaustausch mit anderen Ländern zu fördern sowie die Bedingungen zu verbessern, unter denen Journalisten aus einem Teilnehmerstaat ihren Beruf in einem anderen Teilnehmerstaat ausüben, und drücken ihre Absicht aus, inbesondere:

a) Verbesserung der Verbreitung von, des Zugangs zu und des Austausches von Information

[...]

b) Zusammenarbeit im Bereich der Information

- Die Zusammenarbeit im Bereich der Information auf der Grundlage kurz- oder langfristiger Abkommen oder Vereinbarungen zu fördern.

[...]

c) Verbesserung der Arbeitsbedingungen für Journalisten

Die Teilnehmerstaaten, von dem Wunsch geleitet, die Bedingungen zu verbessern, unter denen Journalisten aus einem Teilnehmerstaat ihren Beruf in einem anderen Teilnehmerstaat ausüben, beabsichtigen insbesondere:

- in wohlwollendem Geist und innerhalb sachgerechter und vernünftiger Fristen Anträge von Journalisten auf Visaerteilung zu prüfen;
- den ständig akkreditierten Journalisten aus den Teilnehmerstaaten auf der Grundlage von Vereinbarungen Visa für mehrfache Ein- und Ausreise für bestimmte Zeiträume zu erteilen;
- die Ausgabe von Aufenthaltsbewilligungen für akkreditierte Journalisten aus den Teilnehmerstaaten für das Land ihres zeitweiligen Wohnsitzes und, wenn und sobald diese notwendig sind, anderer amtlicher Dokumente zu erleichtern, die für sie gegebenenfalls erforderlich sind;
- auf der Grundlage der Gegenseitigkeit die Verfahren für die Ausführung von Reisen durch Journalisten aus den Teilnehmerstaaten in dem Land, in dem sie ihren Beruf ausüben, leichter zu gestalten und schrittweise größere Gelegenheiten für solche Reisen zu bieten, unter Beachtung der Bestimmungen hinsichtlich des Bestehens von Gebieten, die aus Sicherheitsgründen gesperrt sind;
- sicherzustellen, daß Anträge solcher Journalisten für diese Reisen, soweit als möglich, zügig beantwortet werden, unter Berücksichtigung des Zeitplans des Antrags;
- für Journalisten aus den Teilnehmerstaaten die Möglichkeiten zu vermehren, persönlich mit ihren Informationsquellen, einschließlich Organisationen und offiziellen Institutionen in Verbindung zu treten;
- Journalisten aus den Teilnehmerstaaten das Recht zu gewähren, die technische (Photo-, Kino-, Tonband-, Rundfunk- und Fernseh-) Ausrüstung einzuführen, die für die Ausübung ihres Berufes erforderlich ist, unter der alleinigen Bedingung, daß sie wieder ausgeführt wird;
- den Journalisten aus den anderen Teilnehmerstaaten, ob zeitweilig oder ständig akkreditiert, ermöglichen, die Ergebnisse ihrer beruflichen Tätigkeit, einschließlich Bandaufnahmen und unentwickelte Filme, vollständig, auf normale Weise und schnell, auf den von den Teilnehmerstaaten anerkannten Wegen den von ihnen vertretenen Informationsorganen zum Zweck der Veröffentlichung oder der Sendung im Rundfunk und Fernsehen zu übermitteln.

Die Teilnehmerstaaten bekräftigen, daß die legitime Ausübung der beruflichen Tätigkeit weder zur Ausweisung von Journalisten noch anderweitig zu Strafmaßnahmen gegen sie führen wird. Wenn ein akkreditierter Journalist ausgewiesen wird, wird er über die Gründe für diese Maßnahme unterrichtet werden und kann einen Antrag auf Überprüfung seines Falles stellen.

3. Zusammenarbeit und Austausch im Bereich der Kultur

Die Teilnehmerstaaten,

[...]

Erklären, sich gemeinsam folgendes Ziel zu setzen:

a) die gegenseitige Information im Hinblick auf eine bessere Kenntnis der jeweiligen kulturellen Leistungen zu entwickeln,

b) die materiellen Möglichkeiten für Austausch und Verbreitung kultureller Güter zu verbessern,

c) den Zugang aller zu den jeweiligen kulturellen Leistungen zu fördern,

d) Kontakte und Zusammenarbeit zwischen Personen zu entwickeln, die eine kulturelle Tätigkeit ausüben,

e) neue Bereiche und Formen der kulturellen Zusammenarbeit zu suchen,

Bekunden damit ihren gemeinsamen Willen zu einem schrittweisen, folgerichtigen und langfristigen Vorgehen, um die Ziele der vorliegenden Erklärung zu erreichen;

[...]

***

Nationale Minderheiten oder Regionalkulturen. Die Teilnehmerstaaten, in Anerkennung des Beitrags, den die nationalen Minderheiten oder die regionalen Kulturen zur Zusammenarbeit zwischen ihnen in verschiedenen Bereichen der Kultur leisten können, beabsichtigen, wenn auf ihrem Territorium solche Minderheiten oder Kulturen existieren, diesen Beitrag unter Berücksichtigung der legitimen Interessen ihrer Mitglieder zu erleichtern.

4. Zusammenarbeit und Austausch im Bereich der Bildung

Die Teilnehmerstaaten,

Im Bewußtsein, daß die Entwicklung von Beziehungen internationalen Charakters auf den Gebieten Bildung und Wissenschaft zu einem besseren gegenseitigen Verständnis beiträgt und allen Völkern zum Vorteil sowie künftigen Generationen zum Nutzen gereicht,

Bereit, die weitere Entwicklung des Austausches von Kenntnissen und Erfahrungen sowie von Kontakten auf der Grundlage besonderer Vereinbarungen, wo diese notwendig sind, zwischen Organisationen, Institutionen und Personen, die auf den Gebieten Bildung und Wissenschaft tätig sind, zu fördern,

In dem Wunsche, die Beziehungen zwischen Bildungs- und wissenschaftlichen Einrichtungen zu verstärken sowie deren Zusammenarbeit auf Gebieten gemeinsamen Interesses zu fördern, besonders dort, wo der Stand des Wissens und der Ressourcen international abgestimmte Bemühungen erfordert, sowie

In der Überzeugung, daß Fortschritt in diesen Bereichen von vertieften Fremdsprachenkenntnissen begleitet und unterstützt werden sollte,

Bekunden zu diesem Zwecke ihre Absicht, insbesondere:

a) Ausbau der Beziehungen

Die Zusammenarbeit und die Beziehungen auf den Gebieten Bildung und Wissenschaft auf den verschiedenen Ebenen auszubauen und zu verbessern, ...

b) Zugang und Austausch
Den Zugang für Studenten, Lehrer und Wissenschaftler der Teilnehmerstaaten zu Bildungs-, kulturellen und wissenschaftlichen Institutionen eines jeden anderen Teilnehmerstaates unter gegenseitig annehmbaren Bedingungen zu verbessern und den Austausch zwischen diesen Institutionen in allen Bereichen gemeinsamen Interesses zu verstärken, ...

c) Wissenschaft
Die Zusammenarbeit und den Austausch im Bereich der Wissenschaft im Rahmen ihrer Zuständigkeit zu erweitern und zu verbessern, ...

d) Fremde Sprachen und Zivilisationen
Das Studium fremder Sprachen und Zivilisationen als wichtiges Mittel zur Erweiterung der Kommunikation zwischen den Völkern für deren besseres Kennenlernen der Kultur eines jeden Landes sowie zur Stärkung der internationalen Zusammenarbeit zu fördern; zu diesem Zweck im Rahmen ihrer Zuständigkeit die weitere Entwicklung und Verbesserung des Fremdsprachenunterrichtes und die Diversifizierung der Auswahl der auf verschiedenen Stufen unterrichteten Sprachen anzuregen, wobei sie den weniger verbreiteten oder gelernten Sprachen gebührende Beachtung schenken, ...

e) Unterrichtsmethoden
Den Erfahrungsaustausch auf bilateraler oder multilateraler Grundlage über Unterrichtsmethoden auf allen Stufen der Bildung, einschließlich von Methoden, die in der Weiterbildung und in der Erwachsenenbildung zur Anwendung kommen, sowie den Austausch von Lehrmaterial zu fördern, ...

***

Folgen der Konferenz

Die Teilnehmerstaaten,
Nach Erwägung und Beurteilung der bei der Konferenz über Sicherheit und Zusammenarbeit in Europa erzielten Fortschritte,
Des weiteren in der Erwägung, daß, im größeren weltweiten Zusammenhang, die Konferenz einen wichtigen Teil des Prozesses der Verbesserung der Sicherheit und der Entwicklung der Zusammenarbeit in Europa darstellt und daß ihre Ergebnisse in bedeutsamer Weise zu diesem Prozeß beitragen werden,
In der Absicht, die Bestimmungen der Schlußakte der Konferenz durchzuführen, um deren Ergebnissen volle Wirksamkeit zu verleihen und so den Prozeß der Verbesserung der Sicherheit und der Entwicklung der Zusammenarbeit in Europa zu fördern,
In der Überzeugung, daß sie, um die von der Konferenz verfolgten Ziele zu erreichen, neue unilaterale, bilaterale und multilaterale Anstrengungen machen und den durch die Konferenz eingeleiteten multilateralen Prozeß in den nachstehend aufgeführten geeigneten Formen fortsetzen müssen,
1. Erklären ihre Entschlossenheit, in der Folgezeit der Konferenz die Bestimmungen der Schlußakte der Konferenz gebührend zu berücksichtigen und sie anzuwenden:
a) unilateral in allen Fällen, die sich für ein solches Vorgehen eignen;
b) bilateral durch Verhandlungen mit anderen Teilnehmerstaaten;
c) multilateral durch Treffen von Experten der Teilnehmerstaaten sowie im Rahmen der bestehenden internationalen Organisationen wie der Wirtschaftskommission der

Vereinten Nationen für Europa und der UNESCO in bezug auf die Zusammenarbeit in den Bereichen der Bildung, der Wissenschaft und der Kultur;

2. Erklären ferner ihre Entschlossenheit, den durch die Konferenz eingeleiteten multilateralen Prozeß fortzusetzen:

a) indem sie einen vertieften Meinungsaustausch vornehmen, sowohl über die Durchführung der Bestimmungen der Schlußakte und die Ausführung der von der Konferenz definierten Aufgaben als auch, im Zusammenhang mit den von ihr behandelten Fragen, über die Vertiefung ihrer gegenseitigen Beziehungen, die Verbesserung der Sicherheit und die Entwicklung der Zusammenarbeit in Europa und die Entwicklung des Entspannungsprozesses in der Zukunft;

b) indem sie zu diesem Zweck Zusammenkünfte zwischen ihren Vertretern organisieren, wobei mit einem Treffen auf der Ebene der von den Außenministern benannten Vertreter begonnen wird. Dieses Treffen wird die geeigneten Modalitäten für die Abhaltung weiterer Zusammenkünfte festlegen, die neue Treffen ähnlicher Art und die Möglichkeit einer neuen Konferenz umfassen können;

3. Die erste der oben erwähnten Zusammenkünfte wird 1977 in Belgrad stattfinden. Ein Vorbereitungstreffen, das mit der Organisierung dieses ersten Treffens beauftragt ist, wird am 15. Juni 1977 in Belgrad stattfinden. Dieses Vorbereitungstreffen wird Datum, Dauer, Tagesordnung und die sonstigen Modalitäten des Treffens der von den Außenministern benannten Vertreter festlegen;

4. Die Verfahrens- und die Arbeitsregeln sowie der Verteilerschlüssel für die Kosten der Konferenz werden sinngemäß auf die in den oben stehenden Ziffern 1 c), 2 und 3 in Aussicht genommenen Treffen angewendet. Alle oben erwähnten Treffen werden abwechselnd in den Teilnehmerstaaten stattfinden. Das technische Sekretariat wird vom Gastgeberland gestellt werden.

Das Original der vorliegenden Schlußakte, die in Deutsch, Englisch, Französisch, Italienisch, Russisch und Spanisch abgefaßt ist, wird der Regierung der Republik Finnland zur Aufbewahrung in ihren Archiven übergeben. Jeder der Teilnehmerstaaten erhält von der Republik Finnland eine gleichlautende Abschrift der vorliegenden Schlußakte.

Der Text der vorliegenden Schlußakte wird in jedem Teilnehmerstaat veröffentlicht, der ihn so umfassend wie möglich verbreitet und bekanntmacht.

Die Regierung der Republik Finnland wird gebeten, dem Generalsekretär der Vereinten Nationen den Text der vorliegenden Schlußakte, die nicht registrierbar nach Artikel 102 der Charta der Vereinten Nationen ist, zur Weiterleitung an alle Mitglieder der Organisation als offizielles Dokument der Vereinten Nationen zu übermitteln.

Die Regierung der Republik Finnland wird gleichfalls gebeten, den Text der vorliegenden Schlußakte an den Generalsekretär der UNESCO und den Exekutivsekretär der Wirtschaftskommission der Vereinten Nationen für Europa zu übermitteln.

Zu Urkund dessen, haben die unterzeichneten Hohen Vertreter der Teilnehmerstaaten, im Bewußtsein der hohen politischen Bedeutung, die diese den Ergebnissen der Konferenz beimessen, und mit der Erklärung ihrer Entschlossenheit, in Übereinstimmung mit den Bestimmungen in den oben aufgeführten Texten zu handeln, ihre Unterschrift unter die vorliegende Schlußakte gesetzt.

[Unterschriften]

Quelle: Europa-Archiv, 1975, D 437ff.

D 82: Das Abschließende Dokument des KSZE-Folgetreffens in Madrid vom 6. September 1983, betreffend die Stockholmer Konferenz über Vertrauens- und Sicherheitsbildende Maßnahmen und Abrüstung in Europa (Auszug)

[...]

Fragen der Sicherheit in Europa

Die Teilnehmerstaaten bringen ihre Entschlossenheit zum Ausdruck,

- neue Anstrengungen zu unternehmen, um die Entspannung im universellen Sinne zu einem wirksamen wie auch dauerhaften, immer lebensfähigeren und umfassenderen Prozeß zu machen, gemäß den in der Schlußakte eingegangenen Verpflichtungen;
- Lösungen offener Fragen mit friedlichen Mitteln zu suchen;
- konsequent alle Bestimmungen der Schlußakte zu erfüllen, insbesondere alle in der Erklärung über die Prinzipien, die die Beziehungen der Teilnehmerstaaten leiten, enthaltenen zehn Prinzipien ungeachtet ihrer politischen, wirtschaftlichen oder sozialen Systeme als auch ihrer Größe, geographischen Lage oder ihres wirtschaftlichen Entwicklungsstandes strikt und uneingeschränkt zu achten und in die Praxis umzusetzen, einschließlich ihrer Verpflichtung, ihre Beziehungen zu allen anderen Staaten im Geiste dieser Prinzipien zu gestalten;
- Beziehungen der gegenseitigen Zusammenarbeit, der Freundschaft und des Vertrauens zu entwickeln und sich jeglicher Handlung zu enthalten, die im Widerspruch zur Schlußakte steht und solche Beziehungen beeinträchtigen könnte;
- echte Anstrengungen zur Durchführung der Schlußakte zu ermutigen;
- echte Anstrengungen zu unternehmen, die auf die Eindämmung zunehmender Aufrüstung sowie auf die Festigung des Vertrauens und der Sicherheit und die Förderung der Abrüstung gerichtet sind.

[...]

Konferenz über Vertrauens- und Sicherheitsbildende Maßnahmen und Abrüstung in Europa

Die Teilnehmerstaaten,
eingedenk der Bestimmungen der Schlußakte, denen zufolge sie ihrer aller Interesse an Bemühungen anerkennen, die auf die Verminderung militärischer Konfrontation und die Förderung der Abrüstung gerichtet sind,
sind übereingekommen, eine Konferenz über Vertrauens- und Sicherheitsbildende Maßnahmen und Abrüstung in Europa einzuberufen.

1. Das Ziel der Konferenz ist es, als substantieller und integraler Bestandteil des durch die Konferenz über Sicherheit und Zusammenarbeit in Europa eingeleiteten multilateralen Prozesses unter Teilnahme aller Unterzeichnerstaaten der Schlußakte etappenweise neue, wirksame und konkrete Schritte zu unternehmen, die darauf gerichtet sind, Fortschritte bei der Festigung des Vertrauens und der Sicherheit und bei der Verwirklichung der Abrüstung zu erzielen, um der Pflicht der Staaten, sich der Androhung oder Anwendung von Gewalt in ihren gegenseitigen Beziehungen zu enthalten, Wirkung und Ausdruck zu verleihen.

2. Die Konferenz wird somit einen Prozeß einleiten, dessen erste Phase der Verhandlung und Annahme eines Satzes einander ergänzender Vertrauens- und Sicherheitsbildender Maßnahmen gewidmet sein wird, die darauf gerichtet sind, die Gefahr einer militärischen Konfrontation in Europa zu vermindern.
3. Die erste Phase der Konferenz wird ab 17. Januar 1984 in Stockholm abgehalten.
4. Auf der Grundlage der Gleichheit der Rechte, der Ausgewogenheit und Gegenseitigkeit, der gleichen Achtung der Sicherheitsinteressen aller Teilnehmerstaaten der KSZE und ihrer jeweiligen Verpflichtungen betreffend Vertrauens- und Sicherheitsbildender Maßnahmen und Abrüstung in Europa, werden diese Vertrauens- und Sicherheitsbildenden Maßnahmen ganz Europa sowie das angrenzende Seegebiet* und den angrenzenden Luftraum umfassen. Sie werden militärisch bedeutsam und politisch verbindlich sein und von angemessenen Formen der Verifikation begleitet werden, die ihrem Inhalt entsprechen.

In bezug auf das angrenzende Seegebiet* und den angrenzenden Luftraum werden diese Maßnahmen auf die dort stattfindenden militärischen Tätigkeiten aller Teilnehmerstaaten anwendbar sein, soweit diese Tätigkeiten sowohl die Sicherheit in Europa berühren als auch einen Teil von Tätigkeiten in ganz Europa, wie oben aufgeführt, konstituieren, die anzukündigen sie vereinbaren werden. Notwendige Spezifizierungen werden durch die Verhandlungen über die Vertrauens- und Sicherheitsbildenden Maßnahmen auf der Konferenz erfolgen.

Die vorstehend gegebene Definition der Zone mindert in keiner Weise bereits mit der Schlußakte eingegangene Verpflichtungen. Die auf der Konferenz zu vereinbarenden Vertrauens- und Sicherheitsbildenden Maßnahmen werden auch in allen Gebieten anwendbar sein, die von irgendeiner der Bestimmungen der Schlußakte betreffend Vertrauensbildende Maßnahmen und bestimmte Aspekte der Sicherheit und Abrüstung erfaßt werden.

Die von den Verhandlungspartnern festgelegten Bestimmungen treten in den Formen und nach dem Verfahren in Kraft, die durch die Konferenz vereinbart werden.
5. Unter Berücksichtigung des obengenannten Ziels der Konferenz wird das nächste Folgetreffen der Teilnehmerstaaten der KSZE, das ab 4. November 1986 in Wien stattfinden wird, die in der ersten Phase der Konferenz erreichten Fortschritte beurteilen.
6. Unter Berücksichtigung der einschlägigen Bestimmungen der Schlußakte und nach Überprüfung der durch die erste Phase der Konferenz erreichten Ergebnisse sowie im Lichte anderer einschlägiger, Europa betreffender Verhandlungen über Sicherheit und Abrüstung wird ein künftiges KSZE-Folgetreffen Wege und geeignete Mittel für die Teilnehmerstaaten zur Fortsetzung ihrer Bemühungen um Sicherheit und Abrüstung in Europa prüfen, einschließlich der Frage einer Ergänzung des gegenwärtigen Mandats für die nächste Phase der Konferenz über Vertrauens- und Sicherheitsbildende Maßnahmen und Abrüstung in Europa.

---

* In diesem Zusammenhang ist der Begriff »angrenzendes Seegebiet« so zu verstehen, daß er sich auch auf an Europa angrenzende ozeanische Gebiete bezieht.

7. Ein Vorbereitungstreffen, das mit der Festlegung der Tagesordnung, des Zeitplans und anderer organisatorischer Modalitäten für die erste Phase der Konferenz betraut wird, wird ab 25. Oktober 1983 in Helsinki abgehalten. Seine Dauer soll drei Wochen nicht überschreiten.
8. Die Verfahrens- und die Arbeitsregeln sowie der Verteilerschlüssel für die Kosten, die für die KSZE gelten, werden sinngemäß auf die Konferenz und auf das im vorstehenden Paragraphen erwähnte Vorbereitungstreffen angewendet. Das technische Sekretariat wird vom Gastgeberland gestellt werden.

Quelle: Europa-Archiv, 1983, D 537ff.

4. Der Osten und die polnische Krise

4.1. Aufbegehren in der kommunistischen Bewegung

Die Ostverträge und der nun geführte Dialog über die Zukunft Europas und seiner Sicherheit brachten in der kommunistischen Welt vieles in Bewegung, was jahrelang unter sowjetischer Vorherrschaft keine Entfaltungsmöglichkeit besessen hatte. Die kommunistischen Parteien der ganzen Welt fühlten sich seit dem Bruch Chinas mit der Sowjetunion (1961) zwischen den beiden Polen Moskau und Peking hin- und hergezogen. Die einen richteten sich künftig mehr auf Maos China aus, die anderen blieben dem »Mutterland der kommunistischen Bewegung«, der Sowjetunion, treu; wieder andere verfolgten einen mehr oder weniger unabhängigen Kurs.

Für Europas Kommunisten blieb Moskau der Leitstern. In Osteuropa entsprang diese Ausrichtung politischer Notwendigkeit: Das Überleben der seit Kriegsende dort mit sowjetischer Hilfe errichteten Regime war sicher nicht gegen, wahrscheinlich aber auch nicht ohne Moskau denkbar. In Westeuropa war die Lage komplizierter. Besonders die italienischen Kommunisten steuerten einen zusehends selbständigeren Kurs; sie scheuten auch vor einer Kritik an der sowjetischen Politik (so im Falle des Einmarsches in die Tschechoslowakei 1968) nicht zurück. Demgegenüber blieben die Kommunisten Frankreichs oder Portugals auf Moskau eingeschworen. Dieses Auseinanderdriften hatte ein doppeltes Ergebnis: Italiens Kommunisten vermochten ihren Einfluß zu bewahren, ja sich sogar als Partner einer Regierung zusammen mit den Christdemokraten auf der Grundlage eines »historischen Kompromisses« (*compromesso storico*) anzubieten. Frankreichs moskautreue Kommunisten dagegen sanken immer mehr zu einer fast bedeutungslosen Randpartei ab.

Die ersteren – und mit ihnen eine Reihe anderer, kleinerer KPs – hatten die Zeichen der Zeit, den ungeheuren sozialen, gesellschaftlichen und wirtschaftlichen Wandel im westlichen Nachkriegseuropa und damit die Notwendigkeit eines Verzichts auf eine gewaltsame und revolutionäre Machtergreifung erkannt. In dieser Meinung wurden sie auch durch die Entspannungspolitik der Sowjetunion bestärkt: Ein Export der Revolution, wie ihn Lenin und Stalin im Auge gehabt hatten, erschien in einem demokratisch gefestigten und wirtschaftlich erstarkten Westeuropa als Chimäre, ja als kontraproduktiv für die einheimischen kommunistischen Parteien, die sich zwar oppositionell, aber auch demokratisch gaben.

Hier setzte jene Bewegung ein, die die Bezeichnung Eurokommunismus erhielt. Sie wurde von solchen kommunistischen Parteien in Anspruch genommen – oder ihnen zugeschrieben –, die sich ein spezifisch »europäisches«, den demokratischen Traditionen Europas besser entsprechendes und damit für ihre Wähler auch annehmbareres Profil geben wollten. Dahinter steckte – den Entwicklungen in Europa folgend – eine doppelte Absicht: Diese Kommunisten wollten zu einer stärker europäisch geprägten Identität zurückfinden und zugleich aus dem jahrzehntelangen Schatten Moskaus hervortreten. Eine solche Emanzipation war problematisch, denn für die Sowjetunion wurde es zunehmend schwieriger, schließlich sogar unmöglich, die auseinanderstrebenden Kräfte und vielen Schattierungen des modernen Kommunismus unter einem – sowjetischen – Dach zu halten. Daran konnten auch Großkonferenzen wie jene in Ost-Berlin im Juni 1976 [D 83] nichts ändern. Der Appell an alle »friedliebenden« und »progressiven« Kräfte in Westeuropa setzte eine politische Interessengemeinschaft zwischen kommunistischen und nichtkommunistischen Kreisen voraus, die bestenfalls im Widerstand gegen die (westliche) Rüstung noch bestand. Sie sollte sich zum letzten Male anfangs der achtziger Jahre bei den Massenprotesten der Friedensbewegung manifestieren (s. S. 357).

4.2. Die Einbindung der DDR

Der exponierteste und damit auch verletzlichste Staat in dieser Aufbruchstimmung zu Dialog, Entspannung und kommunistischem Polyzentrismus war und blieb die DDR. Sie hatte nach der Normalisierung ihrer Beziehungen mit der Bundesrepublik (Grundlagenvertrag) eine Politik der Abgrenzung betrieben (s. S. 277f.). Eine Ergänzung dieser Abwehr nach Westen fand sie in einer noch stärkeren Anlehnung an den Osten, d. h. an die Sowjetunion. Diese fand ihre formale Verankerung zunächst in der neuen Verfassung vom 7. Oktober 1974. Deren Artikel 6, Abs. 2, lautet: »Die DDR ist für immer und unwiderruflich mit der UdSSR verbündet ...«

Im folgenden Absatz bezeichnet sich die DDR als »untrennbaren Bestandteil der sozialistischen Staatengemeinschaft«. Sie beschwört damit gleichsam ihre Führungsmacht und fordert ihre Verbündeten auf, die DDR nicht nur als vollberechtigtes Mitglied der kommunistischen Gemeinschaft anzusehen, sondern sie unter keinen Umständen fallenzulassen. Genau ein Jahr später, am 7. Oktober 1975, schloß die DDR dann einen neuen Bündnisvertrag mit der Sowjetunion [D 84]. Er bildete eine zusätzliche Rückversicherung, mit dem sich die Regierung in Ost-Berlin vor den Folgen einer für ihre Fortexistenz nicht ungefährlichen Entspannung, ja möglicherweise sogar einer konzilianteren Deutschlandpolitik der Sowjetunion schützen wollte.

Polen war auch in dieser Hinsicht eine Ausnahme. Es verfügt über einen ungemein starken nationalen Zusammenhalt, gestützt von der katholischen Kirche, die über Jahre hinaus die Rolle einer klugen Opposition und nach dem Entstehen der unabhängigen Gewerkschaft »Solidarität« mehr jene eines Vermittlers spielte. Es gab mit anderen Worten Kräfte und Gegenkräfte, die die regierenden Kommunisten zur Vorsicht und zu Konzessionen zwangen.

Die sich rasch verschlechternde Wirtschaftslage gegen Ende der siebziger Jahre war – einmal mehr – auslösendes Moment der Krise. Die aufkeimende Protestbewegung fand aber auch Nahrung und Stütze in der Schlußakte von Helsinki von 1975. Hier waren Rechte vereinbart worden, denen auch die kommunistischen Länder zugestimmt hatten und die nun die polnische Bevölkerung für sich beanspruchte. Die Opposition konnte sich formieren. Ihr Kern- und Ausgangspunkt lag einerseits bei den Intellektuellen, andererseits bei den Arbeitern. Für diese wurde Danzig mit seinen Schiffswerften das Zentrum. Mitte September 1980 trafen sich die verschiedenen Streikkomitees und gründeten die unabhängige, sich selbst verwaltende Gewerkschaft »Solidarität« unter dem Vorsitz von Lech Walesa. Die zwischen der polnischen Regierung und den Arbeitervertretern getroffenen Vereinbarungen wurden vom Parlament *(Sejm)* bereits am 21. November 1980 gebilligt [D 85]; im Frühjahr 1981 veröffentlichte die »Solidarität« ihr Aktionsprogramm [D 86]. Darin wird nicht nur scharfe Kritik am bestehenden Regime geübt, sondern auch an die Grundwerte Gleichheit, Gerechtigkeit und Freiheit als Leitlinien für die künftige Ordnung erinnert.

Das war noch nie dagewesen; eine unabhängige Gewerkschaft in einem Staat, der nicht nur eine offizielle Gewerkschaft besaß, sondern zugleich auch behauptete, in einem sozialistischen Staat der Arbeiter und Bauern seien die Interessen der Arbeiter hinreichend geschützt und schlössen damit die Notwendigkeit von Streiks von vornherein aus. Der gewaltige Zulauf zur »Solidarität« und ihre weit über soziale Anliegen hinausgehende politische Rolle straften solche Behauptungen Lügen. Der Zusammenstoß zwischen Regierung und »Solidarität«, kommunistischem Regime und Volk war vorprogrammiert. Er spitzte sich rasch zu und führte zu einem Verbot der »Solidarität«, schließlich zur Verhängung des Kriegsrechts. General Jaruzelski wurde an die Spitze der Regierung gerufen. Er blieb dort auch noch kurze Zeit nach einer zweiten, diesmal demokratischen »Revolution«, deren politischer Kristallisationspunkt die denkwürdigen Verhandlungen am »Runden Tisch« bildeten. Sie führten zu erstmals annähernd freien Wahlen und der Bildung einer Regierung, in der Nicht-Kommunisten über die Mehrheit verfügten (Sommer 1989). Die Gewerkschaft »Solidarität«, als politisches Sammelbecken der früheren Opposition wieder in die Legalität zurückgekehrt, sah sich bald inneren Spannungen und Flügelkämpfen über den nun einzuschlagenden Reformkurs ausgesetzt. Die vorgeschobenen Präsidentschaftswahlen (im November/Dezember 1990) führten dann, allerdings erst im zweiten Wahlgang, zur Wahl Walesas zum Staatspräsidenten und der Niederlage seines ehemaligen Mitstreiters und bis dahin Ministerpräsidenten Tadeusz Mazowiecki.

Entgegen westlichen Befürchtungen griff die Sowjetunion auch diesmal nicht ein. Sie vertraute wohl auf die innere Disziplin der Polen; sie scheute sich auch, einmal mehr vor aller Welt als Interventionsmacht dazustehen. Die Helsinki-Akte hatte sich auch hier als zusätzliche Schranke erwiesen. Aber die Wirkungen der Schlußakte von

Helsinki blieben nicht nur auf Polen begrenzt. Gerade ihre Grundsätze über einen besseren Schutz der Menschenrechte wurden von Dissidenten und Vereinigungen als Banner gegen politische Bevormundung hochgehalten. Als eindrückliche Beispiele dafür stehen die Gruppe Charta 77 [D 87] in der Tschechoslowakei und die Dissidenten in der Sowjetunion; letztere unter Führung des zur Symbolfigur gewordenen, mehrere Jahre exilierten Friedensnobelpreisträgers Andrej Sacharow (gestorben am 14. Dezember 1989). Sie alle knüpfen an das eindrücklichste Erbe Europas an: den unbedingten Schutz der Würde und der Rechte des Menschen.

Dokumente

D 83: Dokument der Konferenz der kommunistischen und Arbeiterparteien Europas in Ost-Berlin am 29. und 30. Juni 1976 (Auszug)

(Die an der Konferenz teilnehmenden Parteien) sind der Meinung, daß die immer umfassendere Durchsetzung der Prinzipien der friedlichen Koexistenz, insbesondere – was Europa anbelangt – der Prinzipien, die in der Schlußakte der Konferenz von Helsinki enthalten sind, günstige Voraussetzungen für die volle Unabhängigkeit und die selbständige Entwicklung der Länder schafft und den Kampf der Völker für den ökonomischen und sozialen Fortschritt fördert. Sie schafft den Bewegungen für die demokratische und sozialistische Umgestaltung in den kapitalistischen Ländern günstigere Kampfbedingungen. Sie schafft günstigere Bedingungen für die Verwirklichung der Programme der ökonomischen, sozialen und politischen Entwicklung der sozialistischen Länder und die immer vollständigere Realisierung der Möglichkeiten des Sozialismus.

Infolge des Wirkens all dieser Faktoren wächst das Streben der Völker nach Gerechtigkeit und Frieden. Zugleich nehmen die Ideale des Sozialismus im Bewußtsein immer breiterer Massen einen immer größeren Platz ein.

Die kommunistischen und Arbeiterparteien der europäischen Länder haben zusammen mit den anderen demokratischen und friedliebenden Kräften eine entscheidende Rolle in den politischen Aktionen gespielt, die eine Wende zur Entspannung, zur Festigung der Sicherheit und zur Zusammenarbeit in Europa ermöglichten. Die an der Konferenz teilnehmenden Parteien werden auch künftig aktiv für ein Europa des Friedens, der Zusammenarbeit und des sozialen Fortschritts eintreten.

In diesem Sinne werden sie ihre internationalistische, kameradschaftliche, freiwillige Zusammenarbeit und Solidarität auf der Grundlage der großen Ideen von Marx, Engels und Lenin entwickeln, bei strenger Wahrung der Gleichberechtigung und souveränen Unabhängigkeit jeder Partei, der Nichteinmischung in die inneren Angelegenheiten, der Achtung der freien Wahl verschiedener Wege im Kampf um fortschrittliche gesellschaftliche Umgestaltungen und für den Sozialismus. Der Kampf für den Sozialismus im eigenen Lande und die Verantwortung jeder Partei gegenüber der eigenen Arbeiterklasse und dem eigenen Volk sind verbunden mit der gegenseitigen Solidarität der Werktätigen aller Länder, aller fortschrittlichen Bewegungen und Völker im Kampf für Freiheit und die Festigung der Unabhängigkeit, für Demokratie, Sozialismus und den Weltfrieden.

Die kommunistischen und Arbeiterparteien sind sich bewußt, daß ein Europa des Fortschritts und des Friedens nur das Ergebnis vielfältiger Anstrengungen, das Ergebnis der Annäherung, Verständigung und Zusammenarbeit breitester politischer und gesellschaftlicher Kräfte sein kann.

Sie erachten den Dialog und die Zusammenarbeit zwischen den Kommunisten und allen anderen demokratischen und friedliebenden Kräften für notwendig. Dabei gehen sie von dem aus, was ihnen gemeinsam ist, und treten für die Beseitigung des Mißtrauens und der Vorurteile ein, die ihre Zusammenarbeit behindern können.

Sie halten es für ihre Pflicht, die Aufmerksamkeit aller Volkskräfte auf den Schaden zu richten, den der militante Antikommunismus der Entwicklung der Bewegung für Fortschritt und Frieden zufügt. Die kommunistischen Parteien betrachten nicht alle, die mit ihrer Politik nicht übereinstimmen oder eine kritische Haltung zu ihrer Tätigkeit einnehmen, als Antikommunisten. Der Antikommunismus ist und bleibt ein Instrument, dessen sich die imperialistischen und reaktionären Kräfte nicht nur gegen die Kommunisten, sondern auch gegen andere Demokraten und die demokratischen Freiheiten bedienen. Diese Kräfte führen Kampagnen gegen die kommunistischen Parteien, die sozialistischen Länder, angefangen mit der Sowjetunion, gegen die Kräfte des Sozialismus und des Fortschritts; Kampagnen, die darauf abzielen, die Politik und die Ideale der Kommunisten unter den Volksmassen zu diskreditieren, die Einheit der Arbeiterbewegung und die Zusammenarbeit der demokratischen und Volkskräfte zu verhindern. Es liegt im Interesse des Strebens der Volkskräfte nach Fortschritt und demokratischer Entwicklung, daß der Antikommunismus isoliert und überwunden wird. Die kommunistischen und Arbeiterparteien werden so handeln, daß ihre Politik und die Ideale der Gerechtigkeit und des Fortschritts, deren Träger sie sind, immer mehr zu einer Kraft werden, die die breiteste Einheit der Werktätigen und der Volksmassen fördert.

Die Teilnehmer der Konferenz begrüßen die Erfolge, die in einer Reihe von Ländern und auf internationaler Ebene bei der Entwicklung der Zusammenarbeit zwischen kommunistischen und sozialistischen oder sozialdemokratischen Parteien erzielt wurden. Sie sind der Auffassung, daß die Grundinteressen der Arbeiterklasse und aller Werktätigen die Überwindung der Hindernisse erfordern, die der Zusammenarbeit im Wege stehen und den Kampf der werktätigen Massen gegen das Monopolkapital, gegen die reaktionären und konservativen Kräfte erschweren. [. . .]

Die an der Konferenz teilnehmenden kommunistischen und Arbeiterparteien betonen, daß die Werktätigen gemeinsame Interessen haben und daß ihre gemeinsamen Aktionen eine entscheidende Rolle bei der wirksamen Verteidigung ihrer Rechte spielen. Deshalb halten sie es für wichtig, daß alle Werktätigen, ungeachtet ihrer politischen und religiösen Anschauungen, die Anstrengungen im Kampf für ihre Lebensinteressen vereinigen. [. . .]

Eine wichtige Rolle im Kampf um die Rechte der Werktätigen, für Demokratie und Frieden spielen immer breitere katholische Kräfte, Angehörige anderer christlicher Religionsgemeinschaften und Gläubige anderer Konfessionen. Die kommunistischen und Arbeiterparteien sind sich der Notwendigkeit des Dialogs und gemeinsamer Aktionen mit diesen Kräften bewußt, was ein untrennbarer Bestandteil des Kampfes für die Entwicklung Europas in demokratischem Geist, in Richtung auf den sozialen Fortschritt ist...

Quelle: Europa-Archiv, 1976, D 449ff.

D 84: Vertrag über Freundschaft, Zusammenarbeit und gegenseitigen Beistand zwischen der Deutschen Demokratischen Republik und der Union der Sozialistischen Sowjetrepubliken vom 7. Oktober 1975

Die Deutsche Demokratische Republik und die Union der Sozialistischen Sowjetrepubliken haben,
darauf aufbauend, daß zwischen der Deutschen Demokratischen Republik und der Union der Sozialistischen Sowjetrepubliken ein enges brüderliches Bündnis entstanden ist, das auf dem Fundament des Marxismus-Leninismus und des sozialistischen Internationalismus beruht;
in der festen Überzeugung, daß die allseitige Festigung der Einheit und Freundschaft zwischen der Deutschen Demokratischen Republik und der Union der Sozialistischen Sowjetrepubliken den Grundinteressen der Völker beider Länder und der gesamten sozialistischen Staatengemeinschaft entspricht und der weiteren Annäherung der sozialistischen Nationen dient;
geleitet von dem Streben, gemäß den Grundsätzen und Zielen der sozialistischen Außenpolitik die günstigsten internationalen Bedingungen für die Errichtung des Sozialismus und Kommunismus zu gewährleisten;
dem Schutz der territorialen Integrität und Souveränität beider Staaten gegen jegliche Anschläge erstrangige Bedeutung beimessend;
entschlossen, die sich aus dem Warschauer Vertrag über Freundschaft, Zusammenarbeit und gegenseitigen Beistand vom 14. Mai 1955 ergebenden Verpflichtungen strikt einzuhalten;
konsequent und unentwegt für die Festigung der auf der Gemeinsamkeit der sozialen Ordnung und der Endziele beruhenden Geschlossenheit aller Länder der sozialistischen Gemeinschaft eintretend;
bekräftigend, daß die Unterstützung, die Festigung und der Schutz der sozialistischen Errungenschaften, die dank den heldenhaften Anstrengungen und der aufopferungsvollen Arbeit der Völker erzielt wurden, gemeinsame internationalistische Pflicht der sozialistischen Länder sind;
der weiteren Vervollkommnung der politischen und ideologischen Zusammenarbeit, der Entwicklung und Vertiefung der sozialistischen ökonomischen Integration große Bedeutung beimessend;
in der festen Absicht, die weitere Festigung des Friedens und der Sicherheit in Europa und in der ganzen Welt zu fördern und ihren Beitrag dazu zu leisten, die kollektiv ausgearbeiteten Prinzipien der Beziehungen zwischen Staaten mit unterschiedlicher Gesellschaftsordnung zu verwirklichen und auf dieser Grundlage eine fruchtbringende und gegenseitig vorteilhafte Zusammenarbeit auf dem europäischen Kontinent zu entwickeln;
unter Berücksichtigung dessen, daß die Deutsche Demokratische Republik, die die Grundsätze des Potsdamer Abkommens erfüllt hat, als souveräner unabhängiger sozialistischer Staat vollberechtigtes Mitglied der Vereinten Nationen geworden ist;
der weiteren Entwicklung und Vervollkommnung der vertragsrechtlichen Grundlage ihrer gegenseitigen Beziehungen große Bedeutung beimessend und unter Berücksichtigung der Veränderungen, die sich in Europa und in der ganzen Welt vollzogen haben;

geleitet von den Zielen und Grundsätzen der Charta der Vereinten Nationen, folgendes vereinbart:

Artikel 1

Die hohen vertragschließenden Seiten werden in Übereinstimmung mit den Prinzipien des sozialistischen Internationalismus auch künftig die Beziehungen der ewigen und unverbrüchlichen Freundschaft und der brüderlichen gegenseitigen Hilfe auf allen Gebieten festigen. Sie werden die allseitige Zusammenarbeit planmäßig und unentwegt entwickeln und vertiefen und einander allseitige Hilfe und Unterstützung gewähren auf der Grundlage der gegenseitigen Achtung der staatlichen Souveränität und Unabhängigkeit, der Gleichberechtigung und der Nichteinmischung in die inneren Angelegenheiten.

Artikel 2

Die hohen vertragschließenden Seiten werden die Anstrengungen zur effektiven Nutzung der materiellen und geistigen Potenzen ihrer Völker und Staaten für die Errichtung der sozialistischen und kommunistischen Gesellschaft und die Festigung der sozialistischen Gemeinschaft vereinen.

In Übereinstimmung mit den Grundsätzen und Zielen der sozialistischen ökonomischen Integration und um die materiellen und kulturellen Bedürfnisse ihrer Völker besser zu befriedigen, werden sie die gegenseitig vorteilhafte zwei- und mehrseitige wirtschaftliche und wissenschaftlich-technische Zusammenarbeit, einschließlich der Zusammenarbeit im Rahmen des Rates für gegenseitige Wirtschaftshilfe, festigen und erweitern.

Beide Seiten werden die langfristige Koordinierung und Abstimmung der Volkswirtschaftspläne fortführen, die Spezialisierung und Kooperation in Produktion und Forschung erweitern, Perspektivmaßnahmen zur Entwicklung der wichtigsten Zweige von Wirtschaft, Wissenschaft und Technik abstimmen, die bei der Errichtung des Sozialismus und Kommunismus gesammelten Erkenntnisse und Erfahrungen austauschen und im Interesse der Erhöhung der Effektivität der gesellschaftlichen Produktion ein immer engeres Zusammenwirken der nationalen Wirtschaften beider Staaten sichern.

Artikel 3

Die hohen vertragschließenden Seiten werden die Zusammenarbeit zwischen den Organen der Staatsmacht und den gesellschaftlichen Organisationen fördern, umfangreiche Verbindungen auf den Gebieten der Wissenschaft und Kultur, des Bildungswesens, der Literatur und Kunst, der Presse, des Rundfunks, des Filmwesens und des Fernsehens, des Gesundheitswesens, des Umweltschutzes, des Tourismus, der Körperkultur und des Sports sowie auf anderen Gebieten entwickeln. Sie werden ebenso die Entwicklung von Kontakten zwischen den Werktätigen beider Länder fördern.

Artikel 4

Die hohen vertragschließenden Seiten werden die weitere Entwicklung der brüderlichen Beziehungen zwischen allen Staaten der sozialistischen Gemeinschaft maximal fördern und stets im Geiste der Festigung ihrer Einheit und Geschlossenheit handeln. Sie erklären ihre Bereitschaft, die notwendigen Maßnahmen zum Schutz und zur Verteidigung der historischen Errungenschaften des Sozialismus, der Sicherheit und der Unabhängigkeit beider Länder zu treffen.

Artikel 5

Die hohen vertragschließenden Seiten werden auch künftig alle von ihnen abhängenden Maßnahmen zur konsequenten Verwirklichung der Prinzipien der friedlichen Koexistenz von Staaten mit unterschiedlicher Gesellschaftsordnung, zur Erweiterung und Vertiefung des Entspannungsprozesses in den internationalen Beziehungen ergreifen und danach streben, den Krieg endgültig aus dem Leben der Völker zu verbannen. Sie werden alles daransetzen, um den internationalen Frieden und die Sicherheit der Völker gegen Anschläge aggressiver Kräfte des Imperialismus und der Reaktion zu schützen, das Wettrüsten einzustellen, zur allgemeinen und vollständigen Abrüstung beizutragen, den Kolonialismus in all seinen Formen und Erscheinungen endgültig zu beseitigen und die von kolonialer Unterdrückung befreiten Staaten bei der Stärkung ihrer nationalen Unabhängigkeit und Souveränität zu unterstützen.

Artikel 6

Die hohen vertragschließenden Seiten betrachten die Unverletzlichkeit der Staatsgrenzen in Europa als wichtigste Voraussetzung für die Gewährleistung der europäischen Sicherheit und bringen die feste Entschlossenheit zum Ausdruck, gemeinsam und im Bündnis mit den anderen Teilnehmerstaaten des Warschauer Vertrages über Freundschaft, Zusammenarbeit und gegenseitigen Beistand vom 14. Mai 1955 und in Übereinstimmung mit ihm die Unantastbarkeit der Grenzen der Teilnehmerstaaten dieses Vertrages, wie sie im Ergebnis des Zweiten Weltkriegs und der Nachkriegsentwicklung entstanden sind, einschließlich der Grenzen zwischen der Deutschen Demokratischen Republik und der Bundesrepublik Deutschland, zu gewährleisten.

Beide Seiten werden gemeinsame Anstrengungen unternehmen, um jeglichen Erscheinungen des Revanchismus und Militarismus entgegenzuwirken, und die strikte Einhaltung der mit dem Ziel der Festigung der europäischen Sicherheit abgeschlossenen Verträge anstreben.

Artikel 7

In Übereinstimmung mit dem Vierseitigen Abkommen vom 3. September 1971 werden die hohen vertragschließenden Seiten ihre Verbindung zu Westberlin ausgehend davon unterhalten und entwickeln, daß es kein Bestandteil der Bundesrepublik Deutschland ist und auch weiterhin nicht von ihr regiert wird.

Artikel 8

Im Falle eines bewaffneten Überfalles irgendeines Staates oder irgendeiner Staatengruppe auf eine der hohen vertragschließenden Seiten wird die andere hohe vertragschließende Seite dies als einen Angriff auf sich selbst betrachten und ihr unverzüglich jeglichen Beistand, einschließlich militärischen, leisten und sie in Ausübung des Rechts auf individuelle oder kollektive Selbstverteidigung entsprechend Artikel 51 der Charta der Vereinten Nationen mit allen ihr zur Verfügung stehenden Mitteln unterstützen.

Über die auf Grund dieses Artikels ergriffenen Maßnahmen werden die hohen vertragschließenden Seiten unverzüglich den Sicherheitsrat der Vereinten Nationen unterrichten und im Einklang mit den Bestimmungen der Charta der Vereinten Nationen handeln.

Artikel 9

Die hohen vertragschließenden Seiten werden in allen wichtigen internationalen Fragen einander informieren, sich konsultieren und ausgehend von der gemeinsamen Position, die entsprechend den Interessen beider Staaten abgestimmt wurde, handeln.

Artikel 10

Dieser Vertrag berührt nicht die Rechte und Pflichten der hohen vertragschließenden Seiten aus gültigen zwei- und mehrseitigen Abkommen.

Artikel 11

Dieser Vertrag bedarf der Ratifizierung und tritt mit dem Austausch der Ratifikationsurkunden, der in nächster Zeit in Berlin erfolgt, in Kraft.

Artikel 12

Dieser Vertrag wird für die Dauer von 25 Jahren abgeschlossen und automatisch um jeweils zehn weitere Jahre verlängert, wenn nicht eine der hohen vertragschließenden Seiten zwölf Monate vor Ablauf der Geltungsdauer den Wunsch äußert, ihn zu kündigen.

Ausgefertigt in Moskau am 7. Oktober 1975 in zwei Exemplaren, jedes in deutscher und russischer Sprache, wobei beide Texte gleichermaßen gültig sind.

[Unterschriften]

Quelle: Europa-Archiv, 1975, D 655ff.

D 85: Beschluß des polnischen Sejm vom 21. November 1980 zu den mit Arbeitervertretern im Sommer 1980 getroffenen Regierungsvereinbarungen (Auszug)

1. Der Sejm nimmt die Information der Regierung über die Verwirklichung der Vereinbarungen von Danzig, Stettin und Jastrzębie zur Kenntnis und billigt die von der Regierung zu deren voller Realisierung getroffenen Maßnahmen. Der Sejm betont, daß die trotz der besonders schwierigen Wirtschaftslage durchgeführten wesentlichen Lohnerhöhungen für alle in der Volkswirtschaft Beschäftigten, die positive Lösung anderer sozialer Förderungen der Arbeiter und der arbeitenden Intellektuellen sowie der Beginn der Arbeit an der Reform des Systems der Familienzuschüsse und der Pensionen wie auch an der Einführung der 5-Tage-Woche zur Stabilisierung der gesellschaftlichen und politischen Lage im Lande beitragen werden . . .
2. Der Sejm unterstützt die demokratischen Umwandlungen, die im politischen, wirtschaftlichen und gesellschaftlichen Leben stattfinden. Die Bildung des unabhängigen Gewerkschaftsverbandes »Solidarität« und anderer Gewerkschaften wie auch die in den Branchengewerkschaften stattfindenden Veränderungen machen die polnische Gewerkschaftsbewegung zu einem wichtigen Glied der sozialistischen Demokratie . . .
3. Die gegenwärtige Wirtschaftslage ist ungewöhnlich schwierig und kompliziert. Der

Sejm ist beunruhigt über die wachsenden Spannungen und Disproportionen in allen Wirtschaftssparten, die unter anderem durch eine Steigerung der Löhne ohne einen entsprechenden Effekt auf die Produktivität gekennzeichnet ist... Schnelle und wirksame Maßnahmen der Regierung sind erforderlich mit Unterstützung der Öffentlichkeit, vor allem durch effiziente Arbeit und Verständnis für die unausweichlichen Einschränkungen.

4. Der Sejm ... ist davon überzeugt, daß reale Möglichkeiten bestehen, die Folgen der Krise zu beschränken und zu überwinden. Sie liegen in den reichen natürlichen Ressourcen unseres Landes, im riesigen, in den letzten 36 Jahren aufgebauten Potential ...

5. ... Der Sejm unterstreicht mit Nachdruck, daß unter den gegenwärtigen Bedingungen Streiks eine gesellschaftlich ungewöhnlich kostspielige Methode zur Lösung der Probleme darstellen und man sich dieses Mittels nicht bedienen sollte. Weitere, immer neue Forderungen nach mehr Lohn und höheren Sozialleistungen können unter den gegenwärtigen Bedingungen die Lage nur verschlimmern, auf die Lebensbedingungen des Volkes ungünstig einwirken und die Bewältigung der Krise verzögern.

Quelle: Europa-Archiv, 1981, D 115.

D 86: Aktionsprogramm der polnischen unabhängigen und selbstverwaltenden Gewerkschaft »Solidarität«, veröffentlicht am 17. April 1981 (Auszug)

I. Grundwerte

Unsere Gewerkschaft ist erst vor sechs Monaten als Ergebnis des vom ganzen Land unterstützten Kampfes der Arbeiter gegründet worden. Heute sind wir eine große gesellschaftliche Kraft, die viele Millionen Mitglieder umfaßt. Dank dieser Ereignisse ist die gesamte Arbeitswelt in Polen endlich in der Lage, würdige und wirksame Aktionen für ihre gemeinsame Sache zu unternehmen. Wir sind aus dem Protest gegen Unrecht, Erniedrigung und Ungerechtigkeit entstanden. Wir sind eine unabhängige, selbstverwaltende Gewerkschaft der Werktätigen aus allen Regionen und allen Berufen. Wir verteidigen die Rechte, die Würde und die Interessen der gesamten Arbeitswelt. Wir wollen das Leben in unserem Land in Übereinstimmung mit den Idealen des Patriotismus, der sozialen Gerechtigkeit und der Bürgerdemokratie formen. Als eine Gewerkschaft hegen wir nicht die Absicht, die Aufgaben der Staatsgewalt zu übernehmen, doch wollen wir die Interessen der Werktätigen vor dieser vertreten. Daher werden wir die Rechte des Menschen, des Bürgers und des Arbeiters verteidigen. Zugleich entziehen wir uns nicht der Verantwortung für das Schicksal unserer Nation und unseres Staates.

1. Die besten Traditionen der Nation, die ethischen Prinzipien des Christentums, der politische Auftrag der Demokratie und die sozialistische Gesellschaftsidee – dies sind die vier Hauptquellen unserer Inspiration. Wir fühlen uns dem Erbe der ganzen polnischen Kultur tief verbunden, die in die europäische Kultur eingebettet ist und starke Verbindungen mit dem Katholizismus hat, die aber verschiedene religiöse und

weltanschauliche Traditionen in sich vereinigt. In uns lebt das Gefühl der Verbundenheit mit den Generationen von Polen, die für nationale Freiheit und soziale Gerechtigkeit gekämpft und uns die Traditionen der Toleranz und der Brüderlichkeit sowie der Verantwortlichkeit der Bürger für die Republik und der Gleichheit vor dem Gesetz überliefert haben. Deshalb ist bei uns Platz für alle ohne Ansehen der Weltanschauung, der Abstammung oder politischen Überzeugungen.

2. Die Idee der Vereinigung der Werktätigen verleiht den Werten einen hohen Rang, die aus der Tätigkeit in der Gemeinschaft erwachsen. Diese Werte sind die Solidarität – wir haben sie als Namen unserer Gewerkschaft gewählt –, die Kollegialität und die Fähigkeit, sich einzusetzen und Opfer zu bringen sowohl für die Gewerkschaftsgemeinschaft wie auch für das weitere Interesse der Gesellschaft. Auch die Idee der Brüderlichkeit der Werktätigen in ihrer gemeinsamen Front gegen Ausbeutung, mit welchen Schlagworten auch immer die Ausbeutung verschleiert werden soll, sollte solch ein Wert sein.

3. Unsere grundlegende Gewerkschaftsaufgabe – die Verteidigung der Werktätigen – beruht auf dem Prinzip der Wahrung sozialer Gerechtigkeit. Wir werden danach streben, daß dieses Prinzip zur Grundlage für die Tätigkeit des Staates, seiner Ämter und Institutionen werde und daß es alle Lösungen im Bereich der Gesellschaftspolitik und der Organisation des Gemeinschaftslebens bestimme. Wir gründen die soziale Gerechtigkeit auf dem Prinzip der natürlichen Würde des Menschen, der Würde des Werktätigen und seiner Arbeit. Wir wünschen, daß das Prinzip der Menschenwürde unsere ganze Gewerkschaft durchdringe und zum Fundament werde, auf dem die Beziehungen in der neuen Gesellschaft gebaut werden. Aus dem Prinzip der sozialen Gerechtigkeit, aus der Würde des Individuums folgt, daß alle Menschen in ihrem tiefsten Wesen gleich sind. Daher werden wir soziale Gleichheit anstreben.

[...]

Aus dem Prinzip der Gleichheit folgt, daß im öffentlichen Leben uneingeschränkte Demokratie eingehalten werden muß. Nur in einem wahrhaft demokratischen System werden wir wirksam für unsere gewerkschaftlichen und beruflichen Interessen kämpfen können. Nur in einem solchen System wird das Prinzip einer authentischen Beteiligung der Werktätigen am gesellschaftlichen und öffentlichen Leben des Landes zu verwirklichen sein. Deshalb werden wir danach streben, die Formen gesellschaftlicher Beteiligung an den öffentlichen Entscheidungen und an der Kontrolle der Tätigkeit der Behörden zu erweitern.

4. Unsere Gewerkschaftstätigkeit erfordert es, die in der Verfassung der Volksrepublik Polen niedergelegten Burgerrechte zu beachten, wie das Recht auf freie Meinungsäußerung, die Rede- und Pressefreiheit, das Recht auf ehrliche Information, die Versammlungs- und die Koalitionsfreiheit. Wir werden die Menschen verteidigen, die für die Inanspruchnahme jener Freiheiten unterdrückt werden, und wir werden eine solche Unterdrückung als Verletzung der Rechtsstaatlichkeit ansehen. Aus diesen Gründen werden wir auch danach streben, daß die Einschränkungen des Rechtes zur Gründung von Vereinigungen beseitigt werden, wie auch die Einschränkungen durch die Tätigkeit der Zensur, besonders jene, die nicht mit übergeordneten öffentlichen Interessen verbunden sind, sondern aus Manipulationen herrühren, die auf die Verteidigung aktueller Interessen der Regierungsmannschaften abzielen.

5. Unsere Gewerkschaft knüpft an die Traditionen der Arbeiterbewegung an und belebt die Elemente jener Traditionen, die uns in den Idealen der sozialen Gerechtig-

keit, der Demokratie, der Freiheit und der Unabhängigkeit bestärken. Wir werden diese Traditionen bereichern mit dem Andenken an die Taten der Arbeiter von Posen im Jahre 1956, an die Blutopfer der Arbeiter der Küste im Jahre 1970 und der Arbeiter von Radom und Ursus im Jahre 1976.

[...]

6. Wir halten nationale Werte für einen kostbaren und lebenswichtigen Teil unseres kollektiven Bewußtseins, und wir meinen, daß der Patriotismus der Polen eine unersetzliche Grundlage darstellt für die soziale Integration und für die Opferbereitschaft der Gesellschaft zugunsten des Vaterlandes. Wir sind der Ansicht, daß die nationalen Werte das fundamentale Bindeglied unserer Gesellschaft in der modernen Welt bilden und zur letzten Rechtfertigung unserer Unabhängigkeit und Souveränität werden. Der soziale Protest der Streiks im Sommer des letzten Jahres – eine der Quellen unserer Gewerkschaft – war auch gegen Bestrebungen gerichtet, unsere nationalen Werte aus unserem gesellschaftlichen Bewußtsein zu beseitigen.

7. Unsere Gewerkschaft ist eine Organisation von vielfältigen Weltanschauungen, offen für Menschen aller Konfessionen wie auch für Nichtgläubige. Jedoch wurde die überwältigende Mehrheit unserer Gewerkschaftsmitglieder – wie die Mehrheit unseres Volkes – in der christlichen Religion erzogen. Christliche Inspiration war eine der Grundlagen der ideellen Werte, die wir in unser Programm aufgenommen haben. Das Kreuz, das neben dem Adler in vielen Gewerkschaftsräumen hängt, erinnert unsere Mitglieder an ihren moralischen Ursprung und erfüllt sie mit Glauben an die Gerechtigkeit unserer Sache. Wir werden diesen Strom der Inspiration weiterverfolgen und dabei den weltlichen Charakter unserer Organisation nicht aufgeben.

II. Politische Ursachen der Krise

[...]

1. Der vorherrschende Zug dieses Systems ist das Fehlen demokratischer Mechanismen zur Entscheidungsfindung, von Verantwortung für getroffene Entscheidungen und von Wechsel bei Leuten in führenden Positionen. Entscheidungen, die die ganze Gemeinschaft betreffen, werden von Partei- und Verwaltungsgremien getroffen, die keiner gesellschaftlichen Kontrolle unterliegen. Solchen Entscheidungen geht keine freie Diskussion voraus, die verschiedene Alternativlösungen für die anliegenden Probleme aufzeigen könnte. Es gibt keinen Raum für die Ansichten unabhängiger Experten, keinen Zugang zu den notwendigen Informationen über die Lage des Landes und der Wirtschaft. Dies bedeutet, daß die Gesellschaft vom Entscheidungsprozeß ausgeschlossen ist. Es entscheidet diese oder jene Ebene der Bürokratie.

2. Die bürokratischen Regierungsmethoden machen es unmöglich, Irrtümer zu berichtigen. Oft ist es unmöglich, selbst in Andeutungen auf die katastrophalen Folgen einer falschen Entscheidung hinzuweisen. Dies vereitelt vor allem die Zensur und die ausgebauten Regeln der Staats-, Wirtschafts- und Dienstgeheimnisse, doch auch das ganze System, das gezielt alle Versuche bekämpft, alternative Programme oder unabhängige Bewertungen und Analysen auszuarbeiten. Dieser Blockierung unterliegen nicht nur Fragen von politischer und sozialer Bedeutung, sondern auch wirtschaftliche und sogar technische Angelegenheiten. Dies führt zu Verlusten von Hunderten von Milliarden Złoty.

3. Im bürokratischen System der Regierung des Landes und der Leitung der Wirtschaft hat sich eine exklusive Schicht von Herrschenden etabliert, die keiner Kon-

trolle von seiten der Beherrschten unterliegen. Die Leute im Machtapparat treffen Entscheidungen eher im Hinblick auf ihre persönlichen Interessen, ihre materiellen Privilegien und ihre Karriere als im Hinblick auf die Interessen der Gesellschaft. Die falschen Entscheidungen über Investitionen (z.B. der Bau der Kattowitzer Hütte) und die verschleuderten ausländischen Kredite waren häufig die Ergebnisse der Maßnahmen von Interessengruppen, die sich innerhalb des Machtapparats gegenseitig unterstützten oder bekämpften. In den Jahren 1976 bis 1979 waren es zu einem großen Teil die Wirtschaftsbürokraten, die Schritte vereitelten, die den Ausbruch der Krise hätten verhindern können. In der Regel war der bürokratische Apparat gegen jede Änderung oder Reform, die seine Position, sein Einkommen oder seinen Einfluß hätte aufheben können.

4. All dies führte dazu, daß Polen keine Chance hatte zu sozialökonomischen Reformen und zur Rettung vor der Krise. Das bestehende politische System war nicht fähig und hatte nicht die Kraft, sich selbst zu korrigieren. Erst eine ernste Wirtschaftskrise, der Ausbruch gesellschaftlichen Protests und die Gründung der »Solidarität« haben den Weg für Reform und Erneuerung geöffnet.

Aus all dem folgt ein wichtiger Schluß: Eine Wirtschaftsreform in Polen kann nicht gelingen und die erhofften Ergebnisse in Wirtschaft und Gesellschaft bringen, wenn nicht gleichzeitig eine tiefgreifende Reform des Regierungssystems unternommen wird, die die Ursachen der im soziopolitischen System wurzelnden Krisen beseitigt und Garantien dafür gibt, daß das alte System nicht wiederkehrt.

[...]

VI. Schluß

»Solidarität« ist der Hauptgarant für den Prozeß der Erneuerung. Es gibt in Polen keine andere gesellschaftliche Kraft, die in der Lage wäre, »Solidarität« bei dieser Aufgabe zu ersetzen. Beim Fortschreiten auf dem Weg der Erneuerung müssen wir entschlossen und bereit sein, Opfer zu bringen. Entweder wird »Solidarität« ihre soziale Umgebung verändern, oder das jetzige System wird seine Normen und Ziele durchsetzen, unsere Anstrengungen lähmen und uns schließlich verschlingen und unsere Hoffnungen auf eine Wiedergeburt vernichten.

Es gibt keine Umkehr von dem Weg unserer Wahl. Wir können nur vorwärts gehen, zur vollen Erneuerung unseres Landes.

Quelle: Europa-Archiv, 1981, D 460ff.

D 87: Erklärung der tschechoslowakischen Bürgerrechtsbewegung Charta 77 vom 1. Januar 1977 (Auszug)

Am 13.10.1976 wurden in der Sammlung der Gesetze der Tschechoslowakei (Nr. 120) der »Internationale Pakt über bürgerliche und politische Rechte« sowie der »Internationale Pakt über wirtschaftliche, soziale und kulturelle Rechte« veröffentlicht, beide im Jahre 1968 im Namen unserer Republik unterzeichnet, im Jahre 1975 in Helsinki bestätigt und bei uns am 23. 3. 1976 in Kraft getreten. Seither haben auch unsere Bürger das Recht und unser Staat die Pflicht, sich danach zu richten. Die Freiheiten und Rechte des Menschen, die von diesen beiden Pakten garantiert werden, sind wichtige zivilisatorische Werte, auf die in der Geschichte das Bemühen vieler fortschrittlicher Kräfte gerichtet war und deren Kodifizierung die humane Entwicklung unserer Gesellschaft bedeutend fördern kann. Daher begrüßen wir, daß die Tschechoslowakische Sozialistische Republik diesen Pakten beigetreten ist.

Ihre Veröffentlichung ruft uns aber zugleich mit neuer Eindringlichkeit in Erinnerung, wie viele Grundrechte des Bürgers in unserem Land vorerst – leider – nur auf dem Papier gelten. Völlig illusorisch ist zum Beispiel das Recht auf freie Meinungsäußerung, das von Artikel 19 des ersten Paktes garantiert wird:

Zehntausenden von Bürgern wird es nur deshalb unmöglich gemacht, in ihrem Fach zu arbeiten, weil sie Ansichten vertreten, die sich von den offiziellen Ansichten unterscheiden. Zudem werden sie häufig Objekt vielfältigster Diskriminierung und Schikane seitens der Behörden und gesellschaftlichen Organisationen; jedweder Möglichkeit der Verteidigung beraubt, werden sie praktisch zu Opfern einer Apartheid. Hunderttausenden anderer Bürger wird die »Freiheit von Furcht« (Präambel des ersten Paktes) verweigert, weil sie gezwungen sind, in der beständigen Gefahr zu leben, Arbeits- und andere Möglichkeiten zu verlieren, falls sie ihre Meinung äußern.

Im Widerspruch zu Artikel 13 des zweiten Paktes, der allen das Recht auf Bildung zusichert, werden zahllose junge Menschen nur wegen ihrer Ansichten oder sogar wegen der Ansichten ihrer Eltern nicht zum Studium zugelassen. Unzählige Bürger müssen in der Furcht leben, daß, falls sie sich ihrer Überzeugung entsprechend äußern, sie selbst oder ihre Kinder des Rechts auf Bildung beraubt werden könnten.

Die Geltendmachung des Rechts, »Informationen und Gedanken aller Art ohne Rücksicht auf Grenzen zu ermitteln, anzunehmen und zu verbreiten, sei es mündlich, schriftlich oder in gedruckter Form« oder »vermittels der Kunst« (Punkt 2, Artikel 13 des ersten Paktes), wird nicht nur außergerichtlich, sondern auch gerichtlich verfolgt, häufig unter dem Deckmantel krimineller Beschuldigung (wovon unter anderem die eben gegen junge Musiker geführten Prozesse zeugen).

Die Freiheit der öffentlichen Meinungsäußerung wird von der Zentralverwaltung aller Kommunikationsmittel sowie der publizistischen und kulturellen Einrichtungen unterdrückt. Keine politische, philosophische oder wissenschaftliche Ansicht, auch keine künstlerische Äußerung, die nur ein wenig vom engen Rahmen der offiziellen Ideologie oder Ästhetik abweicht, kann veröffentlicht werden; öffentliche Kritik an gesellschaftlichen Krisenerscheinungen wird unmöglich gemacht; die Möglichkeit öffentlicher Verteidigung gegen unwahre und beleidigende Behauptungen seitens der offiziellen Propaganda ist ausgeschlossen (ein gesetzlicher Schutz vor »Angriffen auf Ehre und Leumund«, von Artikel 17 des ersten Paktes eindeutig garantiert, existiert in der Praxis nicht); lügenhafte Beschuldigungen lassen sich nicht widerlegen, und vergeblich ist jeder Versuch, auf dem Gerichtsweg Abhilfe oder eine Richtigstellung zu erwirken; im Bereich geistigen und kulturellen Schaffens ist eine offene Diskussion ausgeschlossen. Viele wissenschaftlich und kulturell Tätige sowie andere Bürger werden nur deshalb diskriminiert, weil sie vor Jahren Ansichten veröffentlicht oder offen ausgesprochen haben, die von der gegenwärtigen politischen Macht verurteilt werden.

Die Bekenntnisfreiheit, nachdrücklich in Artikel 18 des ersten Paktes zugesichert, wird von machthaberischer Willkür systematisch eingeschränkt: durch Beschneidung der Tätigkeit von Geistlichen, über denen dauernd die Drohung des Entzugs oder des Verlusts der staatlichen Billigung der Ausübung ihrer Funktion schwebt; durch existentielle oder andere Repressalien gegenüber Personen, die ihr religiöses Bekenntnis durch Wort oder Tat bekunden; durch Unterdrückung des Religionsunterrichts und ähnliches.

Das Instrument der Einschränkung und häufig auch der völligen Unterdrückung einer Reihe von bürgerlichen Rechten ist ein System faktischer Unterordnung sämtlicher Institutionen und Organisationen im Staat unter die politischen Direktiven des Apparats der regierenden Partei und unter die Beschlüsse machthaberisch einflußreicher Einzelpersonen... Durch all dies werden ernstlich jene Rechte eingeschränkt, die sich aus Artikel 21 und Artikel 22 des ersten Paktes ergeben (Versammlungsfreiheit und das Verbot jedweder Einschränkung von deren Ausübung) sowie aus Artikel 25 (Gleichheit des Rechts, sich an der Führung öffentlicher Angelegenheiten zu beteiligen) und aus Artikel 26 (Gleichheit vor dem Gesetz). Dieser Zustand verwehrt es auch Arbeitern und anderen Berufstätigen, zum Schutz ihrer wirtschaftlichen und sozialen Interessen ohne jedwede Einschränkung gewerkschaftliche und andere Organisationen zu gründen und frei das Streikrecht (Punkt 1, Artikel 8 des zweiten Paktes) anzuwenden.

Weitere Bürgerrechte, einschließlich des ausdrücklichen Verbots »willkürlicher Eingriffe in Privatleben, Familie, Heim oder Korrespondenz« (Artikel 17 des ersten Paktes), werden auch dadurch bedenklich verletzt, daß das Innenministerium auf unterschiedlichste Weise das Leben der Bürger kontrolliert, zum Beispiel durch Abhören von Telefonen und Wohnungen, durch Kontrolle der Post, durch persönliche Überwachung, durch Hausdurchsuchungen, durch Aufbau eines Netzes von Informanten aus den Reihen der Bevölkerung (oft mittels unstatthafter Drohungen oder umgekehrt Versprechungen gewonnen) und so weiter ...

In Fällen politisch motivierter Strafverfolgung verletzen Ermittlungs- und Justizorgane die Rechte der Beschuldigten und ihrer Verteidigung, die von Artikel 14 des ersten Paktes sowie von tschechoslowakischen Gesetzen gewährleistet werden. In den Gefängnissen behandelt man solcherart verurteilte Menschen auf eine Weise, welche die Menschenwürde der Inhaftierten verletzt, ihre Gesundheit gefährdet und darauf abzielt, sie moralisch zu zerbrechen.

Allgemein verletzt wird auch Punkt 2, Artikel 12 des ersten Paktes, der dem Bürger das Recht garantiert, sein Land frei zu verlassen; unter dem Vorwand des »Schutzes der nationalen Sicherheit« (Punkt 3) wird dieses Recht an verschiedene unstatthafte Bedingungen geknüpft. Willkürlich verfahren wird auch bei der Erteilung von Einreisevisa an Angehörige fremder Staaten, von denen viele die Tschechoslowakei zum Beispiel nur deshalb nicht besuchen können, weil sie beruflich oder freundschaftlich mit bei uns diskriminierten Personen verkehrt haben.

Manche Bürger weisen – sei es privat, am Arbeitsplatz oder öffentlich, was praktisch nur in ausländischen Kommunikationsmitteln möglich ist – auf die systematische Verletzung der Menschenrechte und der demokratischen Freiheiten hin und fordern in konkreten Fällen Abhilfe; ihre Stimme findet jedoch meist keinen Widerhall, oder sie werden zum Gegenstand von Ermittlungen.

Die Verantwortung für die Einhaltung der Bürgerrechte im Lande obliegt selbstverständlich vor allem der politischen und staatlichen Macht. Aber nicht nur ihr. Jeder trägt sein Teil Verantwortung für die allgemeinen Verhältnisse und somit auch für die Einhaltung kodifizierter Pakte, die dazu übrigens nicht nur Regierungen, sondern alle Bürger verpflichten. Das Gefühl dieser Mitverantwortlichkeit, der Glaube an den Sinn bürgerlichen Engagements und der Wille dazu sowie das gemeinsame Bedürfnis, dafür einen neuen und wirksameren Ausdruck zu finden, hat uns auf den Gedanken gebracht, Charta 77 zu bilden, deren Entstehung wir heute öffentlich anzeigen.

Charta 77 ist eine freie, informelle und offene Gemeinschaft von Menschen verschiedener Überzeugungen, verschiedener Religionen und verschiedener Berufe, verbunden durch den Willen, sich einzeln und gemeinsam für die Respektierung der Bürger- und der Menschenrechte in unserem Land und in der Welt einzusetzen – jener Rechte, die dem Menschen von beiden kodifizierten internationalen Pakten, von der Abschlußakte der Konferenz in Helsinki, von zahlreichen weiteren internationalen Dokumenten gegen Krieg, Gewaltanwendung und soziale und geistige Unterdrückung zugestanden werden und die zusammenfassend von der »Allgemeinen Erklärung der Menschenrechte« der UN zum Ausdruck gebracht werden.

Charta 77 fußt auf dem Boden der Solidarität und Freundschaft von Menschen, die von der gemeinsamen Sorge um das Geschick der Ideale bewegt werden, mit denen sie ihr Leben und ihre Arbeit verbunden haben und verbinden.

Charta 77 ist keine Organisation, hat keine Statuten, keine ständigen Organe und keine organisatorisch bedingte Mitgliedschaft. Ihr gehört jeder an, der ihrer Idee zustimmt, an ihrer Arbeit teilnimmt und sie unterstützt.

Charta 77 ist keine Basis für oppositionelle politische Tätigkeit. Sie will dem Gemeininteresse dienen wie viele ähnliche Bürgerinitiativen in verschiedenen Ländern des Westens und des Ostens. Sie will also nicht eigene Programme politischer oder gesellschaftlicher Reformen oder Veränderungen aufstellen, sondern in ihrem Wirkungsbereich einen konstruktiven Dialog mit der politischen und staatlichen Macht führen, insbesondere dadurch, daß sie auf verschiedene konkrete Fälle von Verletzung der Menschen- und Bürgerrechte hinweist, deren Dokumentation vorbereitet, Lösungen vorschlägt, verschiedene allgemeine Vorschläge unterbreitet, die auf Vertiefung dieser Rechte und ihrer Garantien abzielen, und als Vermittler in anfallenden Konfliktsituationen wirkt, die durch Widerrechtlichkeit verursacht werden können.

Durch ihren symbolischen Namen betont Charta 77, daß sie an der Schwelle eines Jahres entsteht, das zum Jahr der Rechte politischer Gefangener erklärt wurde und in dessen Verlauf die Belgrader Konferenz die Erfüllung der Verpflichtungen von Helsinki prüfen soll.

Als Signatare dieses Manifests betrauen wir Prof. Dr. Jiři Hájek, Dr. Václav Havel und Prof. Dr. Jan Patočka mit der Aufgabe, als Sprecher von Charta 77 zu fungieren ...

Quelle: Europa-Archiv, 1977, D 355ff.

5. Europa zwischen Rüstung und Abrüstung

Es waren nicht nur die Zerfallserscheinungen in der kommunistischen Bewegung und die Krise in Polen, die Europa um die Wende zu den achtziger Jahren in Unruhe versetzten; es war auch die ungebremste und offenbar unbegrenzte Aufrüstung der Sowjetunion. Trotz – oder vielleicht sogar wegen – ihrer Anerkennung als gegenüber den Vereinigten Staaten strategisch gleichrangiger Macht durch das SALT I-Abkommen von 1972 (s. S. 237f.) setzte die Sowjetunion den Ausbau ihrer Militärmacht fort; dies sowohl im Bereich der strategischen Nuklearwaffen wie bei den weit in die Weltmeere und die Dritte Welt ausgreifenden See- und Luftlandestreitkräften. Unter Breschnew hatte sich die Sowjetunion offenbar das Ziel gesetzt, zumindest eine militärische Weltmacht zu werden.

Die konsequente, wenn auch ungemein kostspielige strategische Aufrüstung in den sechziger Jahren hatte sich bezahlt gemacht: Die Sowjetunion wurde fortan als Verhandlungspartner der Vereinigten Staaten und als Schutzmacht von manchen ihrer Freunde und Schützlinge in der Dritten Welt – sei es Kuba oder Vietnam, Angola oder Äthiopien – respektiert. Das strategische Kräfteverhältnis schien sich zu ihren Gunsten zu verschieben, militärische Stärke sich politisch auszuzahlen. Mit solcher Anerkennung und mancherlei Erfolgen in der Außenpolitik festigte Breschnew auch seine innenpolitische Stellung.

Die Reaktion des Westens konnte nicht ausbleiben. Es waren zumal die von der Sowjetunion seit 1976 eingeführten Raketen vom Typ SS-20, die Befürchtungen nicht nur in Europa, sondern auch bei den östlichen Nachbarn der Sowjetunion, besonders in China und Japan, auslösten. Diese Raketen verfügten nämlich über eine Reichweite von bis zu 5500 km. Sie konnten damit den gesamten eurasischen Kontinent, von Norwegen über den Mittleren Osten bis hin zu Tokio erreichen.

Die Atlantische Allianz kam nach langen Auseinandersetzungen zu dem Schluß, daß sie dieser neuen Bedrohung etwas entgegensetzen müsse. In dem inzwischen berühmt gewordenen »Doppelbeschluß« einer Sondersitzung der NATO-Außen- und Verteidigungsminister vom 12. Dezember 1979 [D 88] verband sie das Angebot zu Verhandlungen mit der Sowjetunion über einen Abbau dieser Raketen mit der Ankündigung, daß sie im Falle eines Scheiterns dieser Verhandlungen ihrerseits 108 neue Mittelstreckenraketen vom Typ Pershing-2 in der Bundesrepublik und 464 Marschflugkörper in Großbritannien, Italien, Belgien, den Niederlanden und der Bundesrepublik aufstellen werde. Mit einer Reichweite von 1800 km hätten die Pershing-Raketen bis Moskau gelangen können. Stichdatum für ihre Dislozierung war Ende 1983.

Dieser als »Nachrüstung« bezeichnete Beschluß stieß nicht nur auf den heftigsten Protest der Sowjetunion und ihrer Verbündeten. Er löste auch eine lawinenartig anschwellende Protestbewegung in vielen westeuropäischen Ländern aus. Sie umfaßte, vor allem in der von einer solchen Stationierung neuer Raketen besonders betroffenen Bundesrepublik, hunderttausende meist junger Menschen. Wohl in der Hoffnung, daß diese von ihr unterstützte, sehr heterogene Friedensbewegung Erfolg haben und die Bonner Regierung zum Nachgeben bringen werde, ließ die Sowjetunion die Verhandlungen über eine Begrenzung oder gar Beseitigung (sogenannte Nullösung) dieser Raketen scheitern. Sie zog sich schmollend aus ihnen zurück, als die neue Bundesregierung unter Bundeskanzler Kohl sich zu einem »Ja« zu der nun unvermeidlich gewordenen Nachrüstung durchrang; mit Ausnahme der Niederlande taten dies auch die anderen Stationierungsländer.

Opfer dieser Verhärtung der Fronten war der bereits durch die Polenkrise und den sowjetischen Einmarsch in Afghanistan stark belastete Ost-West-Dialog. Europa schien abermals an der Schwelle eines Kalten Krieges zu stehen. Es kam glücklicherweise nicht so weit. Schrittweise normalisierte sich das Ost-West-Verhältnis wieder. Die Sowjetunion kehrte im Laufe des Jahres 1985 an den Verhandlungstisch zurück. In Moskau war nach dem Ableben der alten Garde Breschnew und Tschernenko sowie dem Zwischenspiel des kränklichen Andropow ein jüngerer, dynamischer Generalsekretär an die Macht gekommen: Michail Gorbatschow. Er schlug moderatere außenpolitische Töne an. Im November 1985 trafen sich US-Präsident Reagan und Gorbatschow zu ihrem ersten »Gipfel« in Genf. Von da an schien es aufwärts zu gehen. Die kritische erste Hälfte der achtziger Jahre war mit knapper Not, aber doch einigermaßen heil überstanden. Die zweite Hälfte sollte neue Perspektiven eröffnen.

Die große Debatte über Sinn und Unsinn nuklearer Rüstung hatte auch ihr Gutes. In den Vereinigten Staaten entfachte sie sich an Präsident Reagans ehrgeizigem Rüstungsprogramm: Die *Nuclear Freeze*-Bewegung plädierte für einen Stopp in der endlosen Anhäufung von immer mehr und wirksameren Nuklearwaffen. In Europa erweiterte sich der Protest zu einer allgemeinen Bewegung für Abrüstung. Hier hieß es »Frieden schaffen ohne Waffen«. Gemeint war damit ein Prozeß der gegenseitigen Verständigung und schließlich sogar Versöhnung zwischen Ost und West, der die Existenz und erst recht den Einsatz von zumal nuklearen Waffen schrittweise unnötig machen sollte.

Die Antwort auf die Frage nach Europas künftiger Sicherheit konnte nicht in einer weiteren Anhäufung von Waffen liegen. Das war die Meinung der Friedensbewegung, aber auch vieler, die zwar eine ausreichende Verteidigungskapazität bejahten, zugleich aber Gefahren und Kosten des Rüstungswettlaufs immer deutlicher erkannten. Sicherheit konnte nicht länger durch einseitige Rüstung erreicht werden, weil sie auf der Gegenseite nur neue Unsicherheit und damit neue Rüstung hervorrief. Sicherheit hatte nur da eine Chance, wo sie gemeinsam gesucht und zu einem gemeinsamen Ziel gemacht wurde.

Nirgends wurde die Notwendigkeit solcher Bemühungen dramatischer demonstriert als bei dem schweren Reaktorunglück im sowjetischen Tschernobyl im April 1986. Es zeigte nicht nur die unvorstellbare Gefahr nuklearer Strahlungen. Es zeigte auch die enorm gewachsene Verletzlichkeit unserer industriellen Gesellschaft, die keine geographischen und erst recht keine ideologischen Trennlinien kennt. Ost- und Westeuropa schienen plötzlich klein geworden zu sein, als sich aus dem brennenden Reaktor in Tschernobyl die radiumverseuchten Wolken über den ganzen Kontinent ausbreiteten. Europas Gefährdung und Sicherheit zeigten sich unversehens im Lichte einer atomaren Wirklichkeit, wie sie bisher kaum wahrgenommen, oft auch aus dem Bewußtsein verdrängt worden war. Zwar hatten Nuklearwaffen geholfen, einen neuen Krieg in Europa zu verhindern; sie hatten daneben zu einer Stabilität beigetragen, die Wandel und Annäherung zwischen Ost und West erst ermöglichte. Trotzdem blieben sie das Symbol einer Rüstung, die in Umfang und Bedrohlichkeit alles übertraf, was Europa je gekannt hatte. Der künftige Weg zu einer besseren Sicherheit konnte nur über gemeinsame Anstrengungen um einen Abbau der Konfrontation und damit der sie tragenden Rüstung führen.

Dokument

D 88: Kommuniqué über eine Sondersitzung der Außen- und Verteidigungsminister der an der integrierten Verteidigungsstruktur beteiligten Mitgliedstaaten des Nordatlantikpakts in Brüssel am 12. Dezember 1979 (NATO-Doppelbeschluß; Auszug)

1. Die Außen- und Verteidigungsminister trafen am 12. Dezember 1979 in Brüssel zu einer Sondersitzung zusammen.

2. Die Minister verwiesen auf das Gipfeltreffen vom Mai 1978, bei dem die Regierungen ihre politische Entschlossenheit zum Ausdruck brachten, der Herausforderung zu begegnen, die der fortdauernde intensive militärische Aufwuchs auf seiten des Warschauer Paktes für ihre Sicherheit darstellt.

3. Im Laufe der Jahre hat der Warschauer Pakt ein großes und ständig weiterwachsendes Potential von Nuklearsystemen entwickelt, das Westeuropa unmittelbar bedroht und eine strategische Bedeutung für das Bündnis in Europa hat. Diese Lage hat sich innerhalb der letzten Jahre in besonderem Maße durch die sowjetischen Entscheidungen verschärft, Programme zur substantiellen Modernisierung und Verstärkung ihrer weitreichenden Nuklearsysteme durchzuführen. Insbesondere hat die Sowjetunion die SS-20-Rakete disloziert, die durch größere Treffgenauigkeit, Beweglichkeit und Reichweite sowie durch die Ausrüstung mit Mehrfachsprengköpfen eine bedeutende Verbesserung gegenüber früheren Systemen darstellt, und sie hat den »Backfire«-Bomber eingeführt, der wesentlich leistungsfähiger ist als andere sowjetische Flugzeuge, die bisher für kontinentalstrategische Aufgaben vorgesehen waren. Während die Sowjetunion in diesem Zeitraum ihre Überlegenheit bei den nuklearen Mittelstreckensystemen (LRTNF*) sowohl qualitativ als auch quantitativ ausgebaut hat, ist das entsprechende Potential des Westens auf demselben Stand geblieben. Darüber hinaus veralten diese westlichen Systeme, werden zunehmend verwundbarer und umfassen zudem keine landgestützten LRTNF-Raketensysteme.

4. Gleichzeitig hat die Sowjetunion auch ihre Nuklearsysteme kürzerer Reichweite modernisiert und vermehrt und die Qualität ihrer konventionellen Streitkräfte insgesamt bedeutend verbessert. Diese Entwicklungen fanden vor dem Hintergrund des wachsenden Potentials der Sowjetunion im interkontinental-strategischen Bereich und der Herstellung der Parität mit den Vereinigten Staaten auf diesem Gebiet statt.

5. Diese Entwicklungen haben im Bündnis ernste Besorgnis hervorgerufen, da – falls sie fortdauern sollten – die sowjetische Überlegenheit bei den Mittelstreckenwaffen die bei den interkontinentalen strategischen Systemen erzielte Stabilität aushöhlen könnte. Durch diese Entwicklungen könnte auch die Glaubwürdigkeit der Abschreckungsstrategie des Bündnisses dadurch in Zweifel gezogen werden, daß die Lücke im Spektrum der dem Bündnis zur Verfügung stehenden nuklearen Reaktionen auf eine Aggression stärker akzentuiert würde.

6. Die Minister stellten fest, daß diese jüngsten Entwicklungen konkrete Maßnahmen des Bündnisses erfordern, wenn die NATO-Strategie der flexiblen Reaktion

* LRTNF = Long-Range Theater Nuclear Forces

glaubwürdig bleiben soll. Nach intensiven Beratungen auch über alternative Ansätze und deren Wert und nach Kenntnisnahme von der Haltung bestimmter Bündnispartner kamen die Minister überein, daß dem Gesamtinteresse der Allianz am besten dadurch entsprochen wird, daß die zwei parallelen und sich ergänzenden Ansätze LRTNF-Modernisierung und -Rüstungskontrolle verfolgt werden.

7. Die Minister haben daher beschlossen, das LRTNF-Potential der NATO durch die Dislozierung von amerikanischen bodengestützten Systemen in Europa zu modernisieren. Diese Systeme umfassen 108 Abschußvorrichtungen für Pershing-II, welche die derzeitigen amerikanischen Pershing-Ia ersetzen werden, und 464 bodengestützte Marschflugkörper (GLCM*). Sämtliche Systeme sind jeweils mit nur einem Gefechtskopf ausgestattet. Alle Staaten, die zur Zeit an der integrierten Verteidigungsstruktur beteiligt sind, werden an diesem Programm teilnehmen...

8. Die Minister messen der Rüstungskontrolle als Beitrag zu einem stabileren militärischen Kräfteverhältnis zwischen Ost und West und zur Förderung des Entspannungsprozesses eine große Bedeutung bei. Dies spiegelt sich wider in einem breitangelegten Spektrum von Initiativen, die im Bündnis geprüft werden mit dem Ziel, die Weiterentwicklung von Rüstungskontrolle und Entspannung in den achtziger Jahren zu fördern. Die Minister betrachten die Rüstungskontrolle als integralen Bestandteil der Bemühungen des Bündnisses, die unverminderte Sicherheit seiner Mitgliedstaaten zu gewährleisten und die strategische Lage zwischen Ost und West auf einem beiderseits niedrigeren Rüstungsniveau stabiler, vorhersehbarer und beherrschbarer zu gestalten. In dieser Hinsicht begrüßen sie den Beitrag, den der SALT II-Vertrag zur Erreichung dieser Ziele leistet.

9. Die Minister sind der Auffassung, daß auf der Grundlage des mit SALT II Erreichten und unter Berücksichtigung der die NATO beunruhigenden Vergrößerung des sowjetischen LRTNF-Potentials nun auch bestimmte amerikanische und sowjetische LRTNF in die Bemühungen einbezogen werden sollten, durch Rüstungskontrolle ein stabileres umfassendes Gleichgewicht bei geringeren Beständen an Nuklearwaffen auf beiden Seiten zu erzielen. Dies würde frühere westliche Vorschläge und die erst kürzlich geäußerte Bereitschaft des sowjetischen Staatspräsidenten Breschnew aufnehmen, solche sowjetischen und amerikanischen Systeme in Rüstungskontrollverhandlungen einzubeziehen. Die Minister unterstützen voll die als Ergebnis von Beratungen im Bündnis getroffene Entscheidung der Vereinigten Staaten, über Begrenzungen der LRTNF zu verhandeln und der Sowjetunion vorzuschlagen, so bald wie möglich Verhandlungen auf der Grundlage der folgenden Leitlinien aufzunehmen, die das Ergebnis intensiver Konsultationen innerhalb des Bündnisses sind:

a) Jede künftige Begrenzung amerikanischer Systeme, die in erster Linie für den Einsatz als TNF** bestimmt sind, soll von einer entsprechenden Begrenzung sowjetischer TNF begleitet sein.

b) Über Begrenzungen von amerikanischen und sowjetischen LRTNF soll Schritt für Schritt bilateral im Rahmen von SALT III verhandelt werden.

c) Das unmittelbare Ziel dieser Verhandlungen soll die Vereinbarung von Begrenzungen für amerikanische und sowjetische landgestützte LRTNF-Raketensysteme sein.

---

* GLCM = Ground Launched Cruise Missile

** TNF = Theater Nuclear Forces (Nuklearstreitkräfte in und für Europa)

d) Jede vereinbarte Begrenzung dieser Systeme muß mit dem Grundsatz der Gleichheit zwischen beiden Seiten vereinbar sein. Die Begrenzungen sollen daher in einer Form vereinbart werden, die *de jure* Gleichheit sowohl für die Obergrenzen als auch für die daraus resultierenden Rechte festlegt.
e) Jede vereinbarte Begrenzung muß angemessen verifizierbar sein.

[...]

11. Die Minister haben sich zu diesen beiden parallel laufenden und komplementären Vorgehensweisen entschlossen, um einen durch den sowjetischen TNF-Aufwuchs verursachten Rüstungswettlauf in Europa abzuwenden, dabei jedoch die Funktionsfähigkeit der Abschreckungs- und Verteidigungsstrategie der NATO weiterhin zu erhalten und damit die Sicherheit ihrer Mitgliedstaaten weiterhin zu gewährleisten.
a) Ein Modernisierungsbeschluß, einschließlich einer verbindlichen Festlegung auf Dislozierungen, ist erforderlich, um den Abschreckungs- und Verteidigungsbedürfnissen der NATO gerecht zu werden, um in glaubwürdiger Weise auf die einseitigen TNF-Dislozierungen der Sowjetunion zu reagieren und um das Fundament für ernsthafte Verhandlungen über TNF zu schaffen.
b) Erfolgreiche Rüstungskontrolle, die den sowjetischen Aufwuchs begrenzt, kann die Sicherheit des Bündnisses stärken, den Umfang des TNF-Bedarfs der NATO beeinflussen und im Einklang mit der grundlegenden NATO-Politik von Abschreckung, Verteidigung und Entspannung – wie sie im Harmel-Bericht niedergelegt wurde – Stabilität und Entspannung in Europa fördern. Der TNF-Bedarf der NATO wird im Licht konkreter Verhandlungsergebnisse geprüft werden.

Quelle: Europa-Archiv, 1980, D 35ff.

V. Europas Zukunft: von der Teilung zur Heilung?

1. Der doppelte Wandel

Was niemand zu denken, geschweige denn zu hoffen wagte, begann 1989 in immer schnellerem Tempo Wirklichkeit zu werden. Europa, das sich anfangs der achtziger Jahre, angesichts eines neu aufziehenden Kalten Krieges, eines abermals selbstbewußten Amerikas und eines wachsenden Konkurrenzdrucks aus Japan dem »Europessimismus« hingegeben hatte; Europa, dessen Brüsseler Gemeinschaftsbürokratie der »Eurosklerose« beschuldigt wurde – dieses Europa steht unversehens im vollen, ja eigentlich revolutionären Wandel. Ein Wandel, der in Westeuropa durch die von der Europäischen Gemeinschaft beschlossene Schaffung eines einheitlichen Binnenmarktes (mit Zieldatum 1. Januar 1993) ausgelöst wurde; ein Wandel, allerdings ganz anderer Natur, der die Sowjetunion und in atemberaubender Geschwindigkeit alle Länder Mittel- und Osteuropas erfaßte, mit (der vorläufigen) Ausnahme der beiden »Außenseiter« im Süden Europas, Jugoslawien und Albanien.

Es ist, als ob das scheinbar so hoffnungslos geteilte, im Schatten der beiden Weltmächte stehende Europa sich plötzlich von den Fesseln der Vergangenheit, vom lastenden Erbe einer schrecklichen Kriegs- und von einer sterilen Nachkriegszeit befreien und sich eine neue, vielleicht sogar eine gemeinsame Zukunft geben will. Die Erwartung einer Wiedervereinigung des seit fast einem halben Jahrhundert geteilten Kontinents ist keine utopische Vision mehr. Erstmals besteht berechtigte Hoffnung, daß die beiden Teile nicht mehr bloß neben-, sondern in manchem auch miteinander leben und sogar aufeinander zukommen werden.

All das ist bestimmt nicht möglich ohne die Ausstrahlungskraft einer erweiterten und ihrer Zukunft sichereren Europäischen Gemeinschaft und der Bereitschaft osteuropäischer Staaten, ihr System von Grund auf zu reformieren, wo nicht sogar in Frage zu stellen. Dieser Prozeß einer kritischen Überprüfung der eigenen Vergangenheit begann in der Sowjetunion. Er sprang über auf Polen und Ungarn, die seit langem um Reformen kämpften. Er setzte sich in ständiger Beschleunigung fort in der DDR, in der Tschechoslowakei, Bulgarien und schließlich in Rumänien und umfaßte damit beinahe den gesamten östlichen Teil des Kontinents, den die Sowjetunion nach 1945 unter ihre Herrschaft gebracht hatte.

Beide Entwicklungen, in West- wie in Osteuropa, lösten einen Prozeß des Wandels, des Neudenkens und der Annäherung aus, der die politische Landschaft Europas innerhalb unglaublich kurzer Zeit von Grund auf veränderte. Was sich in den letzten Monaten des ausgehenden Jahrzehnts abspielte, war nicht mehr allein die Liquidation eines in seinen militärischen Strukturen und Ideologien überholten Nachkriegseuropas; es war zugleich auch der Aufbruch zu jenem Europa, das den Widerstandskämpfern und den »Europäern der ersten Stunde« schon immer vorgeschwebt hatte – nämlich ein freiheitliches, demokratisches und letztlich geeintes Europa.

1.1. Auf dem Weg zum Binnenmarkt

Trotz zahlreicher Anläufe hatte die Europäische Gemeinschaft nach einem Vierteljahrhundert den Sprung zu einer politischen Union nicht geschafft. Immer wieder schreckten ihre Mitglieder vor einer drastischen Aufgabe der ihnen noch tatsächlich oder auch nur vermeintlich verbliebenen Souveränitätsrechte zurück. Der Konzeptionenstreit zwischen jenen, die nur einen lockeren »europäischen Staatenbund« und jenen, die einen festgefügten »europäischen Bundesstaat« anstrebten, fand keine Lösung. So blieben alle Bemühungen, die EG zu reformieren, ihre Zuständigkeiten zu erweitern und ihre Entscheidungsmechanismen weiterzuentwickeln, erfolglos.

Der Aufbruch zu neuen – wenn auch längst bekannten – Ufern kam erst gegen Mitte der achtziger Jahre. Allmählich und im Zuge unendlich mühsamer Verhandlungen wuchs aus den Anstößen zu einer Europäischen Politischen Union der wiederum wirtschaftlich bestimmte Gedanke eines einheitlichen Binnenmarktes heraus. Es bedurfte noch mehrerer Gipfel – von Stuttgart 1983 über Fontainebleau 1984 und Mailand 1985 –, bis sich in Luxemburg 1985 die Regierungschefs auf ein Reformpaket einigen konnten, das die Bezeichnung Einheitliche Europäische Akte (besser in französisch: *Acte Unique*) erhielt. Ihre Unterzeichnung erfolgte am 17. Februar 1986; in Kraft trat sie erst 1987 [D 89].

In der Präambel der Akte beteuern die EG-Länder einmal mehr ihren Willen, die Gemeinschaft in eine Europäische Union umzuwandeln. Das Fernziel bleibt also dasselbe wie seit eh und je: Wann es erreicht wird und welche konkrete Gestalt der Union gegeben werden soll, bleibt weiterhin offen.

Die Römischen Verträge (s. S. 160ff.) wurden geändert und durch neue Vertragsbestimmungen ergänzt. Die wichtigste unter ihnen ist die Schaffung eines einheitlichen Binnenmarktes bis Ende 1992. Dies bedeutet unter anderem die Sicherung der sogenannten »vier Freiheiten« durch alle Mitgliedstaaten: volle Freizügigkeit für Personen, Dienstleistungen, Güter- und Kapitalverkehr.

In einem Weißbuch zählte die EG-Kommission zahlreiche Beschlüsse auf, die fortan nur noch mit einer qualifizierten Mehrheit, also nicht mehr einstimmig gefaßt zu werden brauchen. Dem Europäischen Parlament, das bereits durch die Direktwahlen der Abgeordneten an Prestige gewonnen hat, soll ein »abgestuftes, stärkeres Mitentscheidungsrecht« beim Binnenmarkt eingeräumt werden. Das ist wenig und auch viel zu vage, um dem Parlament jene Rolle zu geben, die es in einer gewaltenteiligen Demokratie gegenüber den Exekutivorganen Kommission und Europäischer Rat spielen müßte. Wie bereits erwähnt (s. S. 296) wurde die Europäische Politische Zusammenarbeit auf eine völkerrechtlich verbindliche Gundlage gestellt. Seit 1987 sieht sie sich durch ein Sekretariat in Brüssel unterstützt.

Ein erster Schritt zu einer Sicherheitsgemeinschaft wurde mit der noch recht vorsichtigen Formel getan, daß eine »engere Zusammenarbeit in Fragen der europäischen Sicherheit« der Gemeinschaft zu einer außenpolitischen Identität verhelfen könne. Ausgeklammert blieb nach wie vor die eigentlich *militärische* Komponente dieser gemeinsamen Sicherheitspolitik.

Die Einheitliche Akte hat trotz mancher Schwächen einen Prozeß in die Wege geleitet, dessen Wirkungen bereits drei Jahre später in ganz Europa (inner- und außerhalb der Gemeinschaft) spür- und sichtbar sind. Sie hat nicht nur die EG-Staaten – zu denen ab 1. Januar 1986 auch Spanien und Portugal zählen –, sondern auch die Nicht-EG-Länder zu einer Standortbestimmung ihrer Wirtschafts- und Außenpolitik veranlaßt. In der Tat ist die Schaffung eines einheitlichen Wirtschaftsraumes eine in ihren Wirkungen noch nicht übersehbare epochale Entwicklung. Die Folgen sind in fast allen Bereichen des öffentlichen Lebens so vielfältig, daß es noch schwerfällt, sich das Europa nach Vollendung dieses Vorhabens vorzustellen.

1.2. Eine neue Brücke zwischen EG und EFTA

Auch für die neutralen Länder sowie für Norwegen und Island stellte sich die Frage ihres künftigen Verhältnisses zu dieser sich neu formierenden großen Wirtschaftsmacht EG. Dies zumindest in dreifacher Hinsicht: als Mitglieder der EFTA, als neutrale Länder (Norwegen und Island als NATO-Mitglieder ausgenommen) und als Industrieländer, die im wirtschaftlichen Bereich eng mit der EG verflochten sind. Die Frage, ob sie durch einen Beitritt zur EG besser an deren weiteren Entwicklung mitwirken können oder ob ein solcher Beitritt nicht ein zu hohes Opfer für ihren außenpolitischen Status (d.h. der Neutralität) und ihre innenpolitische Ordnung darstellt, wurde für sie fast zu einer Existenzfrage.

Sie wurde es immer mehr in dem Maße, in dem sich die Fronten zwischen »Ost« und »West« aufzulösen begannen, in dem Neutralität bei sich abschwächender Konfrontation einen Teil ihres Nutzens verlor, und in dem die Europäische Gemeinschaft immer deutlicher zum Kristallisations- und Orientierungspunkt des Europa von morgen wurde. Eine Neugestaltung des Verhältnisses zwischen den – überwiegend neutralen – EFTA-Staaten und der Gemeinschaft drängte sich damit auf.

In einer Rede zu Beginn des Jahres 1989 lud der Präsident der EG-Kommission, Jacques Delors, die EFTA zu neuen Verhandlungen hierüber ein. Er erteilte der bisherigen, meist nur punktuellen und sehr pragmatischen Zusammenarbeit mit der EG eine Absage. Gerade die Schweiz hatte eine solche durch zahlreiche bilaterale Abkommen gestützte Zusammenarbeit erfolgreich praktiziert. Delors bot nun umfassende Verhandlungen zur Schaffung eines Europäischen Wirtschaftsraums (EWR) an [D 90]. Das bedeutete, daß sich die EFTA-Länder zunächst untereinander über Inhalt und Form des künftigen Verhältnisses zur EG einigen sollten, um dann mit *einer* Stimme gegenüber der Zwölfergemeinschaft auftreten zu können. Zu verhandeln waren die Schaffung gemeinsamer Institutionen, die Frage gemeinsamer Entscheidungsfindung, Art und Umfang der Übernahme bzw. des Nachvollzugs der bisher von der EG geschaffenen Rechtssetzung und Beschlüsse sowie Sonderregelungen, die den spezifischen Interessen der einzelnen EFTA-Länder Rechnung tragen würden.

Die Verhandlungen begannen am 19. Dezember 1989. Sie erwiesen sich als komplizierter als beide Parteien angenommen hatten. Das hatte einmal damit zu tun, daß beide Organisationen, wenn auch in verschiedenem Ausmaße, durch die Entwicklungen in Osteuropa zusätzlich gefordert waren. Das rührte aber auch daher, daß einerseits die EG in Sorge um ihre innere Geschlossenheit sich weniger entgegenkommend zeigte als ursprünglich angenommen, während andererseits die EFTA-Gruppe durch die EG-Beitrittsanträge von zwei ihrer Mitglieder – Österreich und Schweden – die EWR-Verhandlungen mit recht unterschiedlichen Erwartungen führten.

Inzwischen stellte sich heraus, daß die Idee eines gesamteuropäischen Wirtschaftsraums nicht nur die EFTA-Staaten, sondern auch die osteuropäischen Staaten interessierte. Zwar richtet sich ihr Augenmerk in erster Linie auf das Fernziel einer Mitgliedschaft in der EG. Dies zu erreichen, wird bestimmt noch mehrere Jahre dauern. Bis dahin könnten aber Formen und Stufen des Übergangs entwickelt werden, die für EG-Kandidaten die Möglichkeit einer Assoziation bieten, ohne die strengen Verpflichtungen einer Mitgliedschaft eingehen zu müssen.

Dokumente

D 89: Einheitliche Europäische Akte, unterzeichnet von den Außenministern der EG-Mitgliedstaaten in Luxemburg am 17./28. Februar 1986 (Auszug)

Titel I.
Gemeinsame Bestimmungen

Artikel 1

Die Europäischen Gemeinschaften und die Europäische Zusammenarbeit verfolgen das Ziel, gemeinsam zu konkreten Fortschritten auf dem Wege zur Europäischen Union beizutragen.

Die Europäischen Gemeinschaften beruhen auf den Verträgen zur Gründung der Europäischen Gemeinschaft für Kohle und Stahl, der Europäischen Wirtschaftsgemeinschaft und der Europäischen Atomgemeinschaft sowie auf den nachfolgenden Verträgen und Akten zur Änderung oder Ergänzung dieser Verträge.

Die Europäische Politische Zusammenarbeit wird durch Titel III geregelt. Die Bestimmungen dieses Titels bestätigen und ergänzen die in den Berichten von Luxemburg (1970), Kopenhagen (1973) und London (1981) sowie in der Feierlichen Deklaration zur Europäischen Union (1983) vereinbarten Verfahren und die Praktiken, die sich nach und nach zwischen den Mitgliedstaaten herausgebildet haben.

Artikel 2

Im Europäischen Rat kommen die Staats- und Regierungschefs der Mitgliedstaaten sowie der Präsident der Kommission der Europäischen Gemeinschaften zusammen. Sie werden von den Ministern für auswärtige Angelegenheiten und einem Mitglied der Kommission unterstützt.

Der Europäische Rat tritt mindestens zweimal jährlich zusammen.

Artikel 3

Die von nun an wie nachstehend bezeichneten Organe der Europäischen Gemeinschaften üben ihre Befugnisse und Zuständigkeiten unter den Bedingungen und im Hinblick auf die Ziele aus, die in den Verträgen zur Gründung der Europäischen Gemeinschaften und den nachfolgenden Verträgen und Akten zur Änderung oder Ergänzung dieser Verträge sowie in Titel II vorgesehen sind.

Die für die Europäische Politische Zusammenarbeit zuständigen Institutionen und Organe üben ihre Befugnisse und Zuständigkeiten unter den Bedingungen und im Hinblick auf die Ziele aus, die in Titel III sowie in den in Artikel 1 Absatz 3 genannten Dokumenten festgelegt sind.

Titel II
Bestimmungen zur Änderung der Verträge zur Gründung der Europäischen Gemeinschaften

Kapitel I
Bestimmungen zur Änderung des Vertrages über die Gründung der Europäischen Gemeinschaft für Kohle und Stahl

[...]

Kapitel II
Bestimmungen zur Änderung des Vertrages zur Gründung der Europäischen Wirtschaftsgemeinschaft

Abschnitt I – Bestimmungen betreffend die Organe

Artikel 6

1. Es wird ein Verfahren der Zusammenarbeit eingerichtet, das für die Rechtsakte gilt, die auf die Artikel 7 und 49, Artikel 54 Absatz 2, Artikel 56 Absatz 2 Satz 2, Artikel 57 mit Ausnahme des Absatzes 2 Satz 2, die Artikel 100 a, 100 b, 118 a und 130 e und Artikel 130 q Absatz 2 des EWG-Vertrages gestützt sind.
2. In Artikel 7 Absatz 2 des EWG-Vertrages werden die Worte »nach Anhörung der Versammlung« durch die Worte »in Zusammenarbeit mit dem Europäischen Parlament« ersetzt.
3. In Artikel 49 des EWG-Vertrages werden die Worte »auf Vorschlag der Kommission und nach Anhörung des Wirtschafts- und Sozialausschusses« durch folgende Worte ersetzt: »mit qualifizierter Mehrheit auf Vorschlag der Kommission, in Zusammenarbeit mit dem Europäischen Parlament und nach Anhörung des Wirtschafts- und Sozialausschusses«.
4. In Artikel 54 Absatz 2 des EWG-Vertrages werden die Worte »auf Vorschlag der Kommission und nach Anhörung des Wirtschafts- und Sozialausschusses und der Versammlung« durch folgende Worte ersetzt: »auf Vorschlag der Kommission, in Zusammenarbeit mit dem Europäischen Parlament und nach Anhörung des Wirtschafts- und Sozialausschusses«.
5. Artikel 56 Absatz 2 Satz 2 des EWG-Vertrages erhält folgende Fassung:
»Hinsichtlich der Koordinierung der Rechtsverordnungen und Verwaltungsvorschriften der Mitgliedstaaten erläßt er jedoch die Richtlinien nach dem Ende der zweiten Stufe mit qualifizierter Mehrheit auf Vorschlag der Kommission und in Zusammenarbeit mit dem Europäischen Parlament.«
6. In Artikel 57 Absatz 1 des EWG-Vertrages werden die Worte »und nach Anhörung der Versammlung« durch die Worte »und in Zusammenarbeit mit dem Europäischen Parlament« ersetzt.
7. Artikel 57 Absatz 2 Satz 3 des EWG-Vertrages erhält folgende Fassung:
»Im übrigen beschließt der Rat mit qualifizierter Mehrheit in Zusammenarbeit mit dem Europäischen Parlament.«

Artikel 7

Artikel 149 des EWG-Vertrages erhält folgende Fassung:
»Artikel 149
1. Wird der Rat kraft dieses Vertrages auf Vorschlag der Kommission tätig, so kann er Änderungen dieses Vorschlags nur einstimmig beschließen.

2. Wird der Rat kraft dieses Vertrages in Zusammenarbeit mit dem Europäischen Parlament tätig, so gilt folgendes Verfahren:

a) Der Rat legt unter den Bedingungen des Absatzes 1 mit qualifizierter Mehrheit auf Vorschlag der Kommission und nach Stellungnahme des Europäischen Parlaments einen gemeinsamen Standpunkt fest.

b) Der gemeinsame Standpunkt des Rates wird dem Europäischen Parlament zugeleitet. Der Rat und die Kommission unterrichten das Europäische Parlament in allen Einzelheiten über die Gründe, aus denen der Rat seinen gemeinsamen Standpunkt festgelegt hat, sowie über den Standpunkt der Kommission.

Hat das Europäische Parlament diesen gemeinsamen Standpunkt binnen drei Monaten nach der Übermittlung gebilligt oder hat es sich innerhalb dieser Frist nicht geäußert, so wird der Rechtsakt vom Rat entsprechend dem gemeinsamen Standpunkt endgültig verabschiedet.

c) Das Europäische Parlament kann innerhalb der unter Buchstabe b vorgesehenen Dreimonatsfrist mit der absoluten Mehrheit seiner Mitglieder Abänderungen an dem gemeinsamen Standpunkt des Rates vorschlagen. Es kann ferner den gemeinsamen Standpunkt des Rates mit der gleichen Mehrheit ablehnen. Das Ergebnis der Beratungen wird dem Rat und der Kommission zugeleitet.

Hat das Europäische Parlament den gemeinsamen Standpunkt des Rates abgelehnt, so kann der Rat in zweiter Lösung nur einstimmig beschließen.

d) Die Kommission überprüft innerhalb einer Frist von einem Monat den Vorschlag, aufgrund dessen der Rat seinen gemeinsamen Standpunkt festgelegt hat, unter Berücksichtigung der vom Europäischen Parlament vorgeschlagenen Abänderungen.

Die Kommission übermittelt dem Rat zusammen mit dem von ihr überprüften Vorschlag die von ihr nicht übernommenen Abänderungen des Europäischen Parlaments und nimmt dazu Stellung. Der Rat kann diese Abänderung einstimmig annehmen.

e) Der Rat verabschiedet mit qualifizierter Mehrheit den von der Kommission überprüften Vorschlag.

Der Rat kann den von der Kommission überprüften Vorschlag nur einstimmig ändern.

f) In den unter den Buchstaben c, d und e genannten Fällen muß der Rat binnen drei Monaten beschließen. Ergeht innerhalb dieser Frist kein Beschluß, so gilt der Vorschlag der Kommission als nicht angenommen.

g) Die unter den Buchstaben b und f genannten Fristen können im gegenseitigen Einvernehmen zwischen dem Rat und dem Europäischen Parlament um höchstens einen Monat verlängert werden.

3. »Solange ein Beschluß des Rates nicht ergangen ist, kann die Kommission ihren Vorschlag jederzeit im Verlauf der in den Absätzen 1 und 2 genannten Verfahren ändern.«

Artikel 8

Artikel 237 Absatz 1 des EWG-Vertrages erhält folgende Fassung:

»Jeder europäische Staat kann beantragen, Mitglied der Gemeinschaft zu werden. Er richtet seinen Antrag an den Rat; dieser beschließt einstimmig nach Anhörung der Kommission und nach Zustimmung des Europäischen Parlaments, das mit der absoluten Mehrheit seiner Mitglieder beschließt.«

Artikel 9

Artikel 238 Absatz 2 des EWG-Vertrages erhält folgende Fassung:
»Diese Abkommen werden nach Zustimmung des Europäischen Parlaments, das mit der absoluten Mehrheit seiner Mitglieder beschließt, einstimmig vom Rat geschlossen.«

Artikel 10

Artikel 145 des EWG-Vertrages wird durch folgende Bestimmung ergänzt:
»– überträgt der Rat der Kommission in den von ihm angenommenen Rechtsakten die Befugnisse zur Durchführung der Vorschriften, die er erläßt. Der Rat kann bestimmte Modalitäten für die Ausübung dieser Befugnisse festlegen. Er kann sich in spezifischen Fällen außerdem vorbehalten, Durchführungsbefugnisse selbst auszuüben. Die obengenannten Modalitäten müssen den Grundsätzen und Regeln entsprechen, die der Rat auf Vorschlag der Kommission nach Stellungnahme des Europäischen Parlaments vorher einstimmig festgelegt hat.«

Artikel 11

Der EWG-Vertrag wird durch folgende Bestimmung ergänzt:
»Artikel 168 a
1. Auf Antrag des Gerichtshofes kann der Rat nach Anhörung der Kommission und des Europäischen Parlaments dem Gerichtshof durch einstimmigen Beschluß ein Gericht beiordnen, das für Entscheidungen über bestimmte Gruppen von Klagen natürlicher oder juristischer Personen im ersten Rechtszuge zuständig ist und gegen dessen Entscheidungen ein auf Rechtsfragen beschränktes Rechtsmittel beim Gerichtshof nach Maßgabe der Satzung eingelegt werden kann. Dieses Gericht ist weder für von den Mitgliedstaaten oder Gemeinschaftsorganen unterbreitete Rechtssachen noch für Vorabentscheidungen gemäß Artikel 177 zuständig.
2. Der Rat legt nach dem in Absatz 1 vorgesehenen Verfahren die Zusammensetzung dieses Gerichts fest und beschließt die Anpassungen und ergänzenden Bestimmungen, die in bezug auf die Satzung des Gerichtshofes notwendig werden. Wenn der Rat nichts anderes beschließt, finden die den Gerichtshof betreffenden Bestimmungen dieses Vertrages und insbesondere die Bestimmungen des Protokolls über die Satzung des Gerichtshofes auf dieses Gericht Anwendung.
3. Zu Mitgliedern dieses Gerichts sind Personen auszuwählen, die jede Gewähr für Unabhängigkeit bieten und über die Befähigung zur Ausübung richterlicher Tätigkeiten verfügen; sie werden von den Regierungen der Mitgliedstaaten im gegenseitigen Einvernehmen für sechs Jahre ernannt. Alle drei Jahre wird das Gericht teilweise neu besetzt. Die Wiederernennung ausscheidender Mitglieder ist zulässig.
4. Dieses Gericht erläßt seine Verfahrensordnung im Einvernehmen mit dem Gerichtshof. Sie bedarf der einstimmigen Genehmigung des Rates.«

Artikel 12

In Artikel 188 des EWG-Vertrages wird folgender Absatz 2 eingefügt:
»Der Rat kann auf Antrag des Gerichtshofes und nach Anhörung der Kommission und des Europäischen Parlaments einstimmig die Bestimmungen des Titels III der Satzung ändern.«

Abschnitt II – Bestimmungen über die Grundlagen und die Politik der Gemeinschaft
Unterabschnitt I – Binnenmarkt

Artikel 13

Der EWG-Vertrag wird durch folgende Bestimmungen ergänzt:

»Artikel 8 a

Die Gemeinschaft trifft die erforderlichen Maßnahmen, um bis zum 31. Dezember 1992 gemäß dem vorliegenden Artikel, den Artikeln 8 b, 8 c und 28, Artikel 57 Absatz 2, Artikel 59, Artikel 70 Absatz 1 und den Artikeln 84, 99, 100 a und 100 b unbeschadet der sonstigen Bestimmungen dieses Vertrages den Binnenmarkt schrittweise zu verwirklichen.

Der Binnenmarkt umfaßt einen Raum ohne Binnengrenzen, in dem der freie Verkehr von Waren, Personen, Dienstleistungen und Kapital gemäß den Bestimmungen dieses Vertrages gewährleistet ist.«

Artikel 14

Der EWG-Vertrag wird durch folgende Bestimmung ergänzt:

»Artikel 8 b

Die Kommission berichtet dem Rat vor dem 31. Dezember 1988 und vor dem 31. Dezember 1990 über den Stand der Arbeiten im Hinblick auf die Verwirklichung des Binnenmarktes innerhalb der in Artikel 8 a gesetzten Frist.

Der Rat legt mit qualifizierter Mehrheit auf Vorschlag der Kommission die Leitlinien und Bedingungen fest, die erforderlich sind, um in allen betroffenen Sektoren einen ausgewogenen Fortschritt zu gewährleisten.«

Artikel 15

Der EWG-Vertrag wird durch folgende Bestimmung ergänzt:

»Artikel 8 c

Bei der Formulierung ihrer Vorschläge zur Verwirklichung der Ziele des Artikels 8 a berücksichtigt die Kommission den Umfang der Anstrengungen, die einigen Volkswirtschaften mit unterschiedlichem Entwicklungsstand im Zuge der Errichtung des Binnenmarktes abverlangt werden, und kann geeignete Bestimmungen vorschlagen.

Erhalten diese Bestimmungen die Form von Ausnahmeregelungen, so müssen sie vorübergehender Art sein und dürfen das Funktionieren des Gemeinsamen Marktes so wenig wie möglich stören.«

Artikel 16

1. Artikel 28 des EWG-Vertrages erhält folgende Fassung:

»Artikel 28

Über alle autonomen Änderungen oder Aussetzungen der Sätze des Gemeinsamen Zolltarifs entscheidet der Rat mit qualifizierter Mehrheit auf Vorschlag der Kommission.«

2. Artikel 57 Absatz 2 Satz 2 des EWG-Vertrages erhält folgende Fassung:

»Hierbei ist Einstimmigkeit für Richtlinien erforderlich, deren Durchführung in mindestens einem Mitgliedstaat eine Änderung bestehender gesetzlicher Grundsätze der Berufsordnung hinsichtlich der Ausbildung und der Bedingungen für den Zugang natürlicher Personen zum Beruf umfaßt«.

3. In Artikel 59 Absatz 2 des EWG-Vertrages wird das Wort »einstimmig« durch die Worte »mit qualifizierter Mehrheit« ersetzt.
4. In Artikel 70 Absatz 1 des EWG-Vertrages erhalten die beiden letzten Sätze folgende Fassung:
»Der Rat erläßt mit qualifizierter Mehrheit Richtlinien hierfür. Er wird bemüht sein, ein Höchstmaß an Liberalisierung zu erreichen. Der Einstimmigkeit bedürfen Maßnahmen, die einen Rückschritt auf dem Gebiet der Liberalisierung des Kapitalverkehrs darstellen.«
5. In Artikel 84 Absatz 2 des EWG-Vertrages wird das Wort »einstimmig« durch die Worte »mit qualifizierter Mehrheit« ersetzt.
6. Artikel 84 Absatz 2 des EWG-Vertrages wird durch folgenden Unterabsatz ergänzt:
»Die Verfahrensvorschriften des Artikels 75 Absätze 1 und 3 finden Anwendung.«

Artikel 17

Artikel 99 des EWG-Vertrages erhält folgende Fassung:
»Artikel 99
Der Rat erläßt auf Vorschlag der Kommission und nach Anhörung des Europäischen Parlaments einstimmig die Bestimmungen zur Harmonisierung der Rechtsvorschriften über die Umsatzsteuern, die Verbrauchsabgaben und sonstige indirekte Steuern, soweit diese Harmonisierung für die Errichtung und das Funktionieren des Binnenmarktes innerhalb der in Artikel 8 a vorgesehenen Frist notwendig ist.«

Artikel 18

Der EWG-Vertrag wird durch folgende Bestimmung ergänzt:
»Artikel 100 a
1. Soweit in diesem Vertrag nichts anderes bestimmt ist, gilt in Abweichung von Artikel 100 für die Verwirklichung der Ziele des Artikels 8 a die nachstehende Regelung. Der Rat erläßt auf Vorschlag der Kommission, in Zusammenarbeit mit dem Europäischen Parlament und nach Anhörung des Wirtschafts- und Sozialausschusses mit qualifizierter Mehrheit die Maßnahmen zur Angleichung der Rechts- und Verwaltungsvorschriften der Mitgliedstaaten, die die Schaffung und das Funktionieren des Binnenmarktes zum Gegenstand haben.
2. Absatz 1 gilt nicht für die Bestimmungen über die Steuern, die Bestimmungen über die Freizügigkeit und die Bestimmungen über die Rechte und Interessen der Arbeitnehmer.
3. Die Kommission geht in ihren Vorschlägen nach Absatz 1 in den Bereichen Gesundheit, Sicherheit, Umweltschutz und Verbraucherschutz von einem hohen Schutzniveau aus.
4. Hält es ein Mitgliedstaat, wenn der Rat mit qualifizierter Mehrheit eine Harmonisierungsmaßnahme erlassen hat, für erforderlich, einzelstaatliche Bestimmungen anzuwenden, die durch wichtige Erfordernisse im Sinne des Artikels 36 oder in bezug auf den Schutz der Arbeitsumwelt oder den Umweltschutz gerechtfertigt sind, so teilt er diese Bestimmungen der Kommission mit.

Die Kommission bestätigt die betreffenden Bestimmungen, nachdem sie sich vergewissert hat, daß sie kein Mittel zur willkürlichen Diskriminierung und keine verschleierte Beschränkung des Handels zwischen den Mitgliedstaaten darstellen.

In Abweichung von dem Verfahren der Artikel 169 und 170 kann die Kommission oder ein Mitgliedstaat den Gerichtshof unmittelbar anrufen, wenn die Kommission oder der Staat der Auffassung ist, daß ein anderer Mitgliedstaat die in diesem Artikel vorgesehenen Befugnisse mißbraucht.
5. Die vorgenannten Harmonisierungsmaßnahmen sind in geeigneten Fällen mit einer Schutzklausel verbunden, die die Mitgliedstaaten ermächtigt, aus einem oder mehreren der in Artikel 36 genannten nichtwirtschaftlichen Gründe vorläufige Maßnahmen zu treffen, die einem gemeinschaftlichen Kontrollverfahren unterliegen.«

Artikel 19

Der EWG-Vertrag wird durch folgende Bestimmungen ergänzt:
»Artikel 100 b
1. Die Kommission erfaßt im Laufe des Jahres 1992 gemeinsam mit jedem Mitgliedstaat dessen unter Artikel 100 a fallende Rechts- und Verwaltungsvorschriften, für die keine Angleichung gemäß diesem Artikel erfolgt ist.

Der Rat kann gemäß Artikel 100 a beschließen, daß die in einem Mitgliedstaat geltenden Vorschriften als den Vorschriften eines anderen Mitgliedstaates gleichwertig anerkannt werden müssen.
2. Artikel 100 a Absatz 4 findet entsprechende Anwendung.
3. Die Kommission führt die Erfassung nach Absatz 1 so rechtzeitig durch und legt die entsprechenden Vorschläge so rechtzeitig vor, daß der Rat vor Ende 1992 beschließen kann.«

Unterabschnitt II – Währungspolitische Befugnisse

Artikel 20

1. Im Dritten Teil Titel II des EWG-Vertrages wird das folgende neue Kapitel 1 eingefügt:

»Kapitel 1
Die Zusammenarbeit in der Wirtschafts- und Währungspolitik
(Wirtschafts- und Währungsunion)

Artikel 102 a
1. Um die für die Weiterentwicklung der Gemeinschaft erforderliche Konvergenz der Wirtschafts- und Währungspolitiken zu sichern, arbeiten die Mitgliedstaaten gemäß den Zielen des Artikels 104 zusammen. Sie berücksichtigen dabei die Erfahrungen, die bei der Zusammenarbeit im Rahmen des Europäischen Währungssystems (EWS) und bei der Entwicklung der ECU gesammelt worden sind, und respektieren die bestehenden Zuständigkeiten.
2. Sofern die weitere Entwicklung im Bereich der Wirtschafts- und Währungspolitik institutionelle Veränderungen erforderlich macht, findet Artikel 236 Anwendung. Bei institutionellen Veränderungen im Bereich der Währungspolitik werden auch der Währungsausschuß und der Ausschuß der Präsidenten der Zentralbanken gehört.«
3. Die Kapitel 1, 2 und 3 werden zu den Kapiteln 2, 3 und 4.

Unterabschnitt III – Sozialpolitik

Artikel 21

Der EWG-Vertrag wird durch folgende Bestimmung ergänzt:

»Artikel 118 a

1. Die Mitgliedstaaten bemühen sich, die Verbesserung insbesondere der Arbeitsumwelt zu fördern, um die Sicherheit und die Gesundheit der Arbeitnehmer zu schützen, und setzen sich die Harmonisierung der in diesem Bereich bestehenden Bedingungen bei gleichzeitigem Fortschritt zum Ziel.

2. Als Beitrag zur Verwirklichung des Ziels gemäß Absatz 1 erläßt der Rat auf Vorschlag der Kommission, in Zusammenarbeit mit dem Europäischen Parlament und nach Anhörung des Wirtschafts- und Sozialausschusses unter Berücksichtigung der in den einzelnen Mitgliedstaaten bestehenden Bedingungen und technischen Regelungen mit qualifizierter Mehrheit durch Richtlinien Mindestvorschriften, die schrittweise anzuwenden sind.

Diese Richtlinien sollen keine verwaltungsmäßigen, finanziellen oder rechtlichen Auflagen vorschreiben, die der Gründung und Entwicklung von Klein- und Mittelbetrieben entgegenstehen.

3. Die aufgrund dieses Artikels erlassenen Bestimmungen hindern die einzelnen Mitgliedstaaten nicht daran, Maßnahmen zum verstärkten Schutz der Arbeitsbedingungen beizubehalten oder zu ergreifen, die mit diesem Vertrag vereinbar sind.«

Artikel 22

Der EWG-Vertrag wird durch folgende Bestimmung ergänzt:

»Artikel 118 b

Die Kommission bemüht sich darum, den Dialog zwischen den Sozialpartnern auf europäischer Ebene zu entwickeln, der, wenn diese es für wünschenswert halten, zu vertraglichen Beziehungen führen kann.«

Unterabschnitt IV – Wirtschaftlicher und sozialer Zusammenhalt

Artikel 23

Dem Dritten Teil des EWG-Vertrages wird folgender Titel V hinzugefügt:

»Titel V

Wirtschaftlicher und sozialer Zusammenhalt

Artikel 130 a

Die Gemeinschaft entwickelt und verfolgt weiterhin ihre Politik zur Stärkung ihres wirtschaftlichen und sozialen Zusammenhalts, um eine harmonische Entwicklung der Gemeinschaft als Ganzes zu fördern.

Die Gemeinschaft setzt sich insbesondere zum Ziel, den Abstand zwischen den verschiedenen Regionen und den Rückstand der am stärksten benachteiligten Gebiete zu verringern.

Artikel 130 b

Die Mitgliedstaaten führen und koordinieren ihre Wirtschaftspolitik in der Weise, daß auch die in Artikel 130 a genannten Ziele erreicht werden. Die Durchführung der gemeinsamen Politiken und die Errichtung des Binnenmarktes berücksichtigen die Ziele der Artikel 130 a und 130 c und tragen zu deren Verwirklichung bei. Die Gemeinschaft unterstützt diese Bemühungen durch die Politik, welche sie mit Hilfe der

Strukturfonds (Europäischer Ausrichtungs- und Garantiefonds für Landwirtschaft – Abteilung Ausrichtung, Europäischer Sozialfonds, Europäischer Fonds für regionale Entwicklung), der Europäischen Investitionsbank und der sonstigen vorhandenen Finanzierungsinstrumente führt.

Artikel 130 c

Aufgabe des Europäischen Fonds für regionale Entwicklung ist es, durch Beteiligung an der Entwicklung und an der strukturellen Anpassung der rückständigen Gebiete und an der Umstellung der Industriegebiete mit rückläufiger Entwicklung zum Ausgleich der wichtigsten regionalen Ungleichgewichte in der Gemeinschaft beizutragen.

Artikel 130 d

Die Kommission unterbreitet dem Rat unmittelbar nach Inkrafttreten der Einheitlichen Europäischen Akte einen Gesamtvorschlag, der darauf abzielt, an der Struktur und den Regeln für die Arbeitsweise der bestehenden Strukturfonds (Europäischer Ausrichtungs- und Garantiefonds für die Landwirtschaft – Abteilung Ausrichtung, Europäischer Sozialfonds, Europäischer Fonds für regionale Entwicklung) die zur Präzisierung und Rationalisierung der Aufgaben dieser Fonds gegebenenfalls erforderlichen Änderungen vorzunehmen, um zur Erreichung der Ziele der Artikel 130 a und 130 c beizutragen, die Effizienz der Fonds zu erhöhen und deren Tätigkeiten sowohl untereinander als auch im Verhältnis zu den Tätigkeiten der vorhandenen Finanzierungsinstrumente zu koordinieren. Der Rat beschließt binnen Jahresfrist und nach Anhörung des Europäischen Parlaments und des Wirtschafts- und Sozialausschusses einstimmig über diesen Vorschlag.

Artikel 130 e

Nach Annahme des Beschlusses gemäß Artikel 130 d erläßt der Rat die den Europäischen Fonds für regionale Entwicklung betreffenden Durchführungsbeschlüsse mit qualifizierter Mehrheit auf Vorschlag der Kommission und in Zusammenarbeit mit dem Europäischen Parlament.

Für den Europäischen Ausrichtungs- und Garantiefonds für die Landwirtschaft, Abteilung Ausrichtung, und den Europäischen Sozialfonds sind Artikel 43 bzw. 126 und 127 weiterhin anwendbar.«

Unterabschnitt V – Forschung und technologische Entwicklung

Artikel 24

Dem Dritten Teil des EWG-Vertrages wird folgender Titel VI hinzugefügt:

»Titel VI

Forschung und technologische Entwicklung

Artikel 130 f

1. Die Gemeinschaft setzt sich zum Ziel, die wissenschaftlichen und technischen Grundlagen der europäischen Industrie zu stärken und die Entwicklung ihrer internationalen Wettbewerbsfähigkeit zu fördern.

2. In diesem Sinne unterstützt sie die Unternehmen – einschließlich der Klein- und Mittelbetriebe –, die Forschungszentren und die Hochschulen bei ihren Bemühungen auf dem Gebiet der Forschung und der technologischen Entwicklung; sie fördert ihre Zusammenarbeitsbestrebungen, damit die Unternehmen vor allem die Möglichkeiten des Binnenmarktes der Gemeinschaft voll nutzen können, und zwar insbe-

sondere durch die Öffnung der einzelstaatlichen öffentlichen Beschaffungsmärkte, die Festlegung gemeinsamer Normen und die Beseitigung der dieser Zusammenarbeit entgegenstehenden rechtlichen und steuerlichen Hindernisse.

3. Bei der Verwirklichung dieser Ziele wird dem Verhältnis zwischen der gemeinsamen Anstrengung auf dem Gebiet von Forschung und technologischer Entwicklung, der Errichtung des Binnenmarktes und der Durchführung gemeinsamer Politiken, insbesondere im Bereich von Wettbewerb und Handelsverkehr, besonders Rechnung getragen.

Artikel 130 g

Zur Erreichung dieser Ziele ergreift die Gemeinschaft folgende Maßnahmen, die die in den Mitgliedstaaten durchgeführten Aktionen ergänzen:

a) Durchführung von Programmen für Forschung, technologische Entwicklung und Demonstration unter Förderung der Zusammenarbeit mit Unternehmen, Forschungszentren und Hochschulen;

b) Förderung der Zusammenarbeit mit dritten Ländern und internationalen Organisationen auf dem Gebiet der gemeinschaftlichen Forschung, technologischen Entwicklung und Demonstration;

c) Verbreitung und Auswertung der Ergebnisse der Tätigkeiten auf dem Gebiet der gemeinschaftlichen Forschung, technologischen Entwicklung und Demonstration;

d) Förderung der Ausbildung und der Mobilität der Forscher aus der Gemeinschaft.

Artikel 130 h

Die Mitgliedstaaten koordinieren untereinander in Verbindung mit der Kommission die auf einzelstaatlicher Ebene durchgeführten Politiken und Programme. Die Kommission kann in engem Kontakt mit den Mitgliedstaaten alle Initiativen ergreifen, die dieser Koordinierung förderlich sind.

Artikel 130 i

1. Die Gemeinschaft stellt ein mehrjähriges Rahmenprogramm auf, in dem alle ihre Aktionen zusammengefaßt werden. Das Rahmenprogramm legt die wissenschaftlichen und technischen Ziele, ihre jeweilige Prioritätsstufe, die Grundzüge der geplanten Aktionen, den für notwendig erachteten Betrag und die Einzelheiten der finanziellen Beteiligung der Gemeinschaft am gesamten Programm sowie die Aufteilung dieses Betrags auf die verschiedenen geplanten Aktionen fest.

2. Das Rahmenprogramm kann je nach Entwicklung der Lage angepaßt oder ergänzt werden.

Artikel 130 k

Die Durchführung des Rahmenprogramms erfolgt im Wege spezifischer Programme, die innerhalb einer jeden Aktion entwickelt werden. In jedem spezifischen Programm werden die Einzelheiten seiner Durchführung, seine Laufzeit und die für notwendig erachteten Mittel festgelegt.

Der Rat legt die Einzelheiten der Verbreitung der Kenntnisse fest, die aus den spezifischen Programmen gewonnen werden.

Artikel 130 l

Bei der Durchführung des mehrjährigen Rahmenprogramms können Zusatzprogramme beschlossen werden, an denen nur bestimmte Mitgliedstaaten teilnehmen, die sie vorbehaltlich einer etwaigen Beteiligung der Gemeinschaft auch finanzieren.

Der Rat legt insbesondere hinsichtlich der Verbreitung der Kenntnisse und des Zugangs anderer Mitgliedstaaten die Regeln für die Zusatzprogramme fest.

Artikel 130 m
Die Gemeinschaft kann bei der Durchführung des mehrjährigen Rahmenprogramms eine Beteiligung an Forschungs- und Entwicklungsprogrammen mehrerer Mitgliedstaaten, einschließlich der Beteiligung an den zu ihrer Durchführung geschaffenen Strukturen, im Einvernehmen mit den betreffenden Mitgliedstaaten vorsehen.
Artikel 130 n
Die Gemeinschaft kann bei der Durchführung des mehrjährigen Rahmenprogramms eine Zusammenarbeit auf dem Gebiet der gemeinschaftlichen Forschung, technologischen Entwicklung und Demonstration mit dritten Ländern oder internationalen Organisationen vorsehen.

Die Einzelheiten dieser Zusammenarbeit können Gegenstand internationaler Abkommen zwischen der Gemeinschaft und den betreffenden dritten Parteien sein, die gemäß Artikel 228 ausgehandelt und geschlossen werden.
Artikel 130 o
Die Gemeinschaft kann gemeinsame Unternehmen gründen oder andere Strukturen schaffen, die für die ordnungsgemäße Durchführung der Programme für gemeinschaftliche Forschung, technologische Entwicklung und Demonstration erforderlich sind.
Artikel 130 p
1. Die Einzelheiten der Finanzierung eines jeden Programms, einschließlich einer möglichen Beteiligung der Gemeinschaft, werden bei der Annahme des Programms festgelegt.
2. Unbeschadet anderer Arten eines etwaigen Tätigwerdens der Gemeinschaft wird die Höhe des jährlichen Beitrags der Gemeinschaft im Rahmen des Haushaltsverfahrens festgesetzt. Die Summe der geschätzten Kosten der spezifischen Programme darf die durch das Rahmenprogramm vorgesehene Finanzierung nicht überschreiten.
Artikel 130 q
1. Der Rat legt auf Vorschlag der Kommission und nach Anhörung des Europäischen Parlaments und des Wirtschafts- und Sozialausschusses einstimmig die in den Artikeln 130 i und 130 o vorgesehenen Bestimmungen fest.
2. Der Rat legt auf Vorschlag der Kommission, nach Anhörung des Wirtschafts- und Sozialausschusses und in Zusammenarbeit mit dem Europäischen Parlament mit qualifizierter Mehrheit die in den Artikeln 130 k, 130 l, 130 m, 130 n und Artikel 130 p Absatz 1 vorgesehenen Bestimmungen fest. Für die Verabschiedung der Zusatzprogramme ist außerdem die Zustimmung der daran beteiligten Mitgliedstaaten erforderlich.«

Unterabschnitt VI – Umwelt

Artikel 25

Dem Dritten Teil des EWG-Vertrages wird folgender Titel VII hinzugefügt:

»Titel VII
Umwelt

Artikel 130 r
1. Die Umweltpolitik der Gemeinschaft hat zum Ziel,
– die Umwelt zu erhalten, zu schützen und ihre Qualität zu verbessern,
– zum Schutz der menschlichen Gesundheit beizutragen,

– eine umsichtige und rationelle Verwendung der natürlichen Ressourcen zu gewährleisten.

2. Die Tätigkeit der Gemeinschaft im Bereich der Umwelt unterliegt dem Grundsatz, Umweltbeeinträchtigungen vorzubeugen und sie nach Möglichkeit an ihrem Ursprung zu bekämpfen, sowie dem Verursacherprinzip. Die Erfordernisse des Umweltschutzes sind Bestandteil der anderen Politiken der Gemeinschaft.

3. Bei der Erarbeitung ihrer Maßnahmen im Bereich der Umwelt berücksichtigt die Gemeinschaft

– die verfügbaren wissenschaftlichen und technischen Daten,
– die Umweltbedingungen in den einzelnen Regionen der Gemeinschaft,
– die Vorteile und die Belastung aufgrund der Maßnahmen bzw. ihrer Unterlassung,
– die wirtschaftliche und soziale Entwicklung der Gemeinschaft insgesamt sowie die ausgewogene Entwicklung ihrer Regionen.

4. Die Gemeinschaft wird im Bereich der Umwelt insoweit tätig, als die in Absatz 1 genannten Ziele besser auf Gemeinschaftsebene erreicht werden können als auf der Ebene der einzelnen Mitgliedstaaten. Unbeschadet einiger Maßnahmen gemeinschaftlicher Art tragen die Mitgliedstaaten für die Finanzierung und Durchführung der anderen Maßnahmen Sorge.

5. Die Gemeinschaft und die Mitgliedstaaten arbeiten im Rahmen ihrer jeweiligen Befugnisse mit den dritten Ländern und den zuständigen internationalen Organisationen zusammen. Die Einzelheiten der Zusammenarbeit der Gemeinschaft können Gegenstand von Abkommen zwischen dieser und den betreffenden dritten Parteien sein, die gemäß Artikel 228 ausgehandelt und geschlossen werden.

Unterabsatz 1 berührt nicht die Zuständigkeit der Mitgliedstaaten, in internationalen Gremien zu verhandeln und internationale Abkommen zu schließen.

Artikel 130 s

Der Rat beschließt auf Vorschlag der Kommission und nach Anhörung des Europäischen Parlaments und des Wirtschafts- und Sozialausschusses einstimmig über das Tätigwerden der Gemeinschaft.

Der Rat legt unter den in Absatz 1 genannten Bedingungen fest, was unter die mit qualifizierter Mehrheit zu fassenden Beschlüsse fällt.

Artikel 130 t

Die Schutzmaßnahmen, die gemeinsam aufgrund des Artikels 130 s getroffen werden, hindern die einzelnen Mitgliedstaaten nicht daran, verstärkte Schutzmaßnahmen beizubehalten oder zu ergreifen, die mit diesem Vertrag vereinbar sind.«

Kapitel III
Bestimmungen zur Änderung des Vertrages zur Gründung der Europäischen Atomgemeinschaft

[...]

Titel III
Vertragsbestimmungen über die Europäische Zusammenarbeit in der Außenpolitik

Artikel 30

Für die Europäische Zusammenarbeit in der Außenpolitik gelten folgende Bestimmungen:

1. Die Hohen Vertragsparteien, die Mitglieder der Europäischen Gemeinschaften sind, bemühen sich, gemeinsam eine europäische Außenpolitik auszuarbeiten und zu verwirklichen.
2.a) Die Hohen Vertragsparteien verpflichten sich, einander in allen außenpolitischen Fragen von allgemeinem Interesse zu unterrichten und zu konsultieren, damit sichergestellt ist, daß sie durch Abstimmung, Angleichung ihrer Standpunkte und Durchführung gemeinsamer Maßnahmen ihren gemeinsamen Einfluß so wirkungsvoll wie möglich ausüben.
b) Die Konsultationen finden statt, ehe die Hohen Vertragsparteien ihre endgültige Haltung festlegen.
c) Jede Hohe Vertragspartei trägt bei ihren Stellungnahmen und einzelstaatlichen Maßnahmen den Standpunkten der übrigen Partner in vollem Umfang Rechnung und berücksichtigt in gebührendem Maße die Wichtigkeit der Festlegung und Verwirklichung gemeinsamer europäischer Standpunkte.

Um ihre Fähigkeiten zum gemeinsamen Handeln im Bereich der Außenpolitik zu erweitern, stellen die Hohen Vertragsparteien die schrittweise Entwicklung und die Festlegung gemeinsamer Grundsätze und Ziele sicher.

Die Festlegung gemeinsamer Standpunkte bildet einen Bezugspunkt für die Politiken der Hohen Vertragsparteien.
d) Die Hohen Vertragsparteien bemühen sich, Maßnahmen oder Stellungnahmen zu vermeiden, die ihrer Wirksamkeit als kohärente Kraft in den internationalen Beziehungen oder in internationalen Organisationen schaden würden.
3.a) Die Außenminister und ein Mitglied der Kommission treten mindestens viermal jährlich im Rahmen der Europäischen Politischen Zusammenarbeit zusammen. Auch anläßlich der Tagungen des Rates der Europäischen Gemeinschaften können sie im Rahmen der Europäischen Politischen Zusammenarbeit außenpolitische Fragen behandeln.
b) Die Kommission wird an der Arbeit der Europäischen Politischen Zusammenarbeit in vollem Umfang beteiligt.
c) Um rasch gemeinsame Standpunkte einnehmen und gemeinsame Maßnahmen durchführen zu können, verzichten die Hohen Vertragsparteien im Rahmen des Möglichen darauf, die Herausbildung eines Konsenses und das gemeinsame Handeln, das hieraus hervorgehen könnte, zu behindern.
4. Die Hohen Vertragsparteien gewährleisten, daß das Europäische Parlament eng an der Europäischen Politischen Zusammenarbeit beteiligt wird. Zu diesem Zweck unterrichtet die Präsidentschaft das Europäische Parlament regelmäßig über die im Rahmen der Arbeit der Europäischen Politischen Zusammenarbeit geprüften außenpolitischen Themen und trägt dafür Sorge, daß die Auffassungen des Europäischen Parlaments bei dieser Arbeit gebührend berücksichtigt werden.
5. Die auswärtigen Politiken der Europäischen Gemeinschaft und die im Rahmen der Europäischen Politischen Zusammenarbeit vereinbarten Politiken müssen kohärent sein.

Es fällt unter die besondere Verantwortung der Präsidentschaft und der Kommission, in ihrem jeweiligen Zuständigkeitsbereich dafür Sorge zu tragen, daß diese Kohärenz angestrebt und aufrechterhalten wird.
6.a) Die Hohen Vertragsparteien sind der Auffassung, daß eine engere Zusammenarbeit in Fragen der europäischen Sicherheit geeignet ist, wesentlich zur Entwicklung

einer außenpolitischen Identität Europas beizutragen. Sie sind zu einer stärkeren Koordinierung ihrer Standpunkte zu den politischen und wirtschaftlichen Aspekten der Sicherheit bereit.
b) Die Hohen Vertragsparteien sind entschlossen, die für ihre Sicherheit notwendigen technologischen und industriellen Voraussetzungen aufrechtzuerhalten. Sie setzen sich hierfür sowohl auf einzelstaatlicher Ebene als auch, wo dies angebracht ist, im Rahmen der zuständigen Institutionen und Organe ein.
c) Dieser Titel steht einer engeren Zusammenarbeit auf dem Gebiet der Sicherheit zwischen einigen Hohen Vertragsparteien im Rahmen der Westeuropäischen Union und des Atlantischen Bündnisses nicht entgegen.
7.a) In den internationalen Institutionen und auf internationalen Konferenzen, bei denen die Hohen Vertragsparteien vertreten sind, arbeiten diese auf die Annahme gemeinsamer Standpunkte zu Themen, die von diesem Titel erfaßt werden, hin.
b) In den internationalen Institutionen und auf internationalen Konferenzen, bei denen nicht alle Hohen Vertragsparteien vertreten sind, berücksichtigen diejenigen, die dort vertreten sind, in vollem Umfang die im Rahmen der Europäischen Politischen Zusammenarbeit vereinbarten Standpunkte.
8. Die Hohen Vertragsparteien führen immer, wenn sie es für notwendig halten, einen politischen Dialog mit Drittländern und regionalen Gruppierungen herbei.
9. Die Hohen Vertragsparteien und die Kommission intensivieren die Zusammenarbeit zwischen ihren in Drittländern und bei internationalen Organisationen akkreditierten Vertretungen, indem sie einander unterstützen und informieren.
10.a) Die Präsidentschaft in der Europäischen Politischen Zusammenarbeit wird von der Hohen Vertragspartei wahrgenommen, die den Vorsitz im Rat der Europäischen Gemeinschaften innehat.
b) Die Präsidentschaft ist verantwortlich für Initiativen, für die Koordinierung und für die Vertretung der Mitgliedstaaten gegenüber Drittländern bei Tätigkeiten, die unter die Europäische Politische Zusammenarbeit fallen. Sie ist ferner verantwortlich für die Führung der Geschäfte der Europäischen Politischen Zusammenarbeit, im besonderen für die Festlegung des Terminplans für die Treffen, ihre Einberufung und Durchführung.
c) Die Politischen Direktoren treten regelmäßig im Politischen Komitee zusammen, um die nötigen Anstöße zu geben, die Kontinuität der Europäischen Politischen Zusammenarbeit zu gewährleisten und die Ministergespräche vorzubereiten.
d) Auf Antrag von mindestens drei Mitgliedstaaten wird innerhalb von 48 Stunden das Politische Komitee oder nötigenfalls ein Ministertreffen einberufen.
e) Die europäische Korrespondentengruppe hat die Aufgabe, entsprechend den Richtlinien des Politischen Komitees über die Durchführung der Europäischen Politischen Zusammenarbeit zu wachen und Fragen der allgemeinen Organisation zu prüfen.
f) Arbeitsgruppen treten entsprechend den Richtlinien des Politischen Komitees zusammen.
g) Ein in Brüssel eingerichtetes Sekretariat unterstützt die Präsidentschaft bei der Vorbereitung und Durchführung der Arbeit der Europäischen Politischen Zusammenarbeit sowie in Verwaltungsfragen. Bei der Wahrnehmung seiner Aufgaben untersteht es der Präsidentschaft.
11. Hinsichtlich der Vorrechte und Immunitäten sind die Mitglieder des Sekretariats

der Europäischen Politischen Zusammenarbeit den Mitgliedern der diplomatischen Missionen der Hohen Vertragsparteien am Ort des Sekretariatssitzes gleichgestellt.
12. Die Hohen Vertragsparteien prüfen fünf Jahre nach Inkrafttreten dieser Akte, ob Titel III einer Revision bedarf.

Titel IV
Allgemeine und Schlußbestimmungen

Artikel 31

Die Bestimmungen des Vertrages über die Gründung der Europäischen Gemeinschaft für Kohle und Stahl, des Vertrages zur Gründung der Europäischen Wirtschaftsgemeinschaft und des Vertrages zur Gründung der Europäischen Atomgemeinschaft betreffend die Zuständigkeit des Gerichtshofes der Europäischen Gemeinschaften und die Ausübung dieser Zuständigkeit gelten nur für die Bestimmungen des Titels II und für Artikel 32, und zwar unter den gleichen Bedingungen wie für die Bestimmungen der genannten Verträge.

Artikel 32

Vorbehaltlich des Artikels 3 Absatz 1, des Titels II und des Artikels 31 werden die Verträge zur Gründung der Europäischen Gemeinschaften sowie die nachfolgenden Verträge und Akte zur Änderung oder Ergänzung dieser Verträge durch die vorliegende Akte in keiner Weise berührt.

Artikel 33

1. Diese Akte bedarf der Ratifizierung durch die Hohen Vertragsparteien gemäß ihren verfassungsrechtlichen Vorschriften. Die Ratifikationsurkunden werden bei der Regierung der Italienischen Republik hinterlegt.
2. Diese Akte tritt am ersten Tag des auf die Hinterlegung der letzten Ratifikationsurkunde folgenden Monats in Kraft.

Artikel 34

Diese Akte ist in einer Urschrift in dänischer, deutscher, englischer, französischer, griechischer, irischer, italienischer, niederländischer, portugiesischer und spanischer Sprache abgefaßt, wobei jeder Wortlaut gleichermaßen verbindlich ist; sie wird im Archiv der Regierung der Italienischen Republik hinterlegt; diese übermittelt der Regierung jedes anderen Unterzeichnerstaates eine beglaubigte Abschrift.

Zu Urkund dessen haben die unterzeichneten Bevollmächtigten ihre Unterschriften unter diese Einheitliche Europäische Akte gesetzt.

Geschehen zu Luxemburg am siebzehnten Februar neunzehnhundertsechsundachtzig und in Den Haag am achtundzwanzigsten Februar neunzehnhundertsechsundachtzig.

Schlußakte

Die Konferenz der Vertreter der Regierungen der Mitgliedstaaten, die für den 9. September 1985 nach Luxemburg einberufen wurde,

ihre Beratungen in Luxemburg und Brüssel fortgesetzt hat, hat den folgenden Text beschlossen:

Erklärung zu den Durchführungsbefugnissen der Kommission

Die Konferenz ersucht die Gremien der Gemeinschaft, vor Inkrafttreten der Akte die Grundsätze und Regeln festzulegen, anhand deren die Durchführungsbefugnisse der Kommission in jedem einzelnen Fall zu definieren sind.

In diesem Zusammenhang ersucht die Konferenz den Rat, im Hinblick auf die Ausübung der der Kommission im Rahmen des Artikels 100 a übertragenen Durchführungsbefugnisse, insbesondere dem Verfahren des Beratenden Ausschusses, einen maßgeblichen Platz im Hinblick auf Schnelligkeit und Wirksamkeit des Entscheidungsprozesses einzuräumen.

Erklärung betreffend den Gerichtshof

Die Konferenz kommt überein, daß Artikel 32 d Absatz 1 des EGKS-Vertrages, Artikel 168 a Absatz 1 des EWG-Vertrages und Artikel 140 a Absatz 1 des EAG-Vertrages etwaigen Übertragungen gerichtlicher Zuständigkeiten nicht vorgreift, die im Rahmen von Abkommen zwischen den Mitgliedstaaten vorgesehen werden könnten.

Erklärung zu Artikel 8 a des EWG-Vertrages

Die Konferenz möchte mit Artikel 8 a den festen politischen Willen zum Ausdruck bringen, vor dem 1. Januar 1993 die Beschlüsse zu fassen, die zur Verwirklichung des in diesem Artikel beschriebenen Binnenmarktes erforderlich sind, und zwar insbesondere die Beschlüsse, die zur Ausführung des von der Kommission in dem Weißbuch über den Binnenmarkt aufgestellten Programms notwendig sind.

Die Festsetzung des Termins »31. Dezember 1992« bringt keine automatische rechtliche Wirkung mit sich.

Erklärung zu Artikel 100 a des EWG-Vertrages

Die Kommission wird bei ihren Vorschlägen nach Artikel 100 a Absatz 1 der Rechtsform der Richtlinie den Vorzug geben, wenn die Angleichung in einem oder mehreren Mitgliedstaaten eine Änderung von gesetzlichen Vorschriften erfordert.

Erklärung zu Artikel 100 b des EWG-Vertrages

Die Konferenz ist der Ansicht, daß Artikel 8 c des EWG-Vertrages aufgrund seiner allgemeinen Tragweite auch für von der Kommission nach Artikel 100 b vorzulegende Vorschläge gilt.

Allgemeine Erklärung zu den Artikeln 13 bis 19 der Einheitlichen Europäischen Akte

Diese Bestimmungen berühren in keiner Weise das Recht der Mitgliedstaaten, diejenigen Maßnahmen zu ergreifen, die sie zur Kontrolle der Einwanderung aus dritten Ländern sowie zur Bekämpfung von Terrorismus, Kriminalität, Drogenhandel und unerlaubtem Handel mit Kunstwerken und Antiquitäten für erforderlich halten.

Erklärung zu Artikel 118 a Absatz 2 des EWG-Vertrages

Die Konferenz stellt fest, daß bei der Beratung von Artikel 118 a Absatz 2 des EWG-Vertrages Einvernehmen darüber bestand, daß die Gemeinschaft nicht beabsichtigt, bei der Festlegung von Mindestvorschriften zum Schutze der Sicherheit und der Gesundheit der Arbeitnehmer die Arbeitnehmer in Klein- und Mittelbetrieben in sachlich nicht begründeter Weise schlechterzustellen.

Erklärung zu Artikel 130 d des EWG-Vertrages

Die Konferenz verweist in diesem Zusammenhang auf die Schlußfolgerungen der Tagung des Europäischen Rates vom März 1984 in Brüssel, die wie folgt lauten:
»Im Rahmen der finanziellen Möglichkeiten wird eine signifikante reale Aufstockung der unter Berücksichtigung der IMP für die Interventionen der Fonds bereitgestellten Finanzmittel vorgenommen.«

Erklärung zu Artikel 130 r des EWG-Vertrages

Absatz 1 dritter Gedankenstrich
Die Konferenz stellt fest, daß die Tätigkeit der Gemeinschaft auf dem Gebiet des Umweltschutzes sich nicht störend auf die einzelstaatliche Politik der Nutzung der Energieressourcen auswirken darf.
Absatz 5 Unterabsatz 2
Die Konferenz ist der Ansicht, daß Artikel 130 r Absatz 5 Unterabsatz 2 die sich aus dem AETR-Urteil des Gerichtshofes ergebenden Grundsätze nicht berührt.

Erklärung der Hohen Vertragsparteien zu Titel III der Einheitlichen Europäischen Akte

Die Hohen Vertragsparteien des Titels III über die Europäische Politische Zusammenarbeit bekräftigen ihre offene Haltung gegenüber anderen europäischen Ländern mit den gleichen Idealen und Zielen. Sie kommen insbesondere überein, die Verbindungen zu den Mitgliedstaaten des Europarates und anderen demokratischen Ländern Europas, mit denen sie freundschaftliche Beziehungen unterhalten und eng zusammenarbeiten, zu stärken.

Erklärung zu Artikel 30 Nummer 10 Buchstabe g der Einheitlichen Europäischen Akte

Die Konferenz ist der Ansicht, daß der Beschluß der Vertreter der Regierungen der Mitgliedstaaten vom 8. April 1965 über die vorläufige Unterbringung bestimmter Organe und Dienststellen der Gemeinschaften durch Artikel 30 Nummer 10 Buchstabe g nicht berührt wird.

Erklärung des Vorsitzes zu der Frist, innerhalb welcher der Rat in erster Lesung Stellung nimmt (Artikel 149 Absatz 2 des EWG-Vertrages)

Was die Erklärung des Europäischen Rates von Mailand anbelangt, wonach der Rat nach Möglichkeiten suchen soll, seine Beschlußfassungsverfahren zu verbessern, so hat der Vorsitz die Absicht geäußert, die betreffenden Arbeiten so bald wie möglich zu einem Abschluß zu bringen.

Politische Erklärung der Regierungen der Mitgliedstaaten zur Freizügigkeit

Zur Förderung der Freizügigkeit arbeiten die Mitgliedstaaten unbeschadet der Befugnisse der Gemeinschaft zusammen, und zwar insbesondere hinsichtlich der Einreise, der Bewegungsfreiheit und des Aufenthalts von Staatsangehörigen dritter Länder. Außerdem arbeiten sie bei der Bekämpfung von Terrorismus, Kriminalität, Drogenhandel und unerlaubtem Handel mit Kunstwerken und Antiquitäten zusammen.

Erklärung der Regierung der Griechischen Republik zu Artikel 8a des EWG-Vertrages

Griechenland ist der Ansicht, daß die Entwicklung gemeinschaftlicher Politiken und Aktionen und die Annahme von Maßnahmen auf der Grundlage von Artikel 70 Absatz 1 und Artikel 84 so erfolgen müssen, daß empfindliche Sektoren der Wirtschaft der Mitgliedstaaten nicht beeinträchtigt werden.

Erklärung der Kommission zu Artikel 28 des EWG-Vertrages

Bezüglich ihrer internen Verfahren sorgt die Kommission dafür, daß die sich aus der Änderung von Artikel 28 des EWG-Vertrages ergebenden Änderungen nicht zu Verzögerungen bei der Beantwortung dringender Anträge auf Änderung oder Aussetzung der Sätze des Gemeinsamen Zolltarifs führen.

Erklärung der Regierung von Irland zu Artikel 57 Absatz 2 des EWG-Vertrages

Irland bestätigt sein Einverständnis mit einer Beschlußfassung mit qualifizierter Mehrheit gemäß Artikel 57 Absatz 2, möchte aber daran erinnern, daß das Versicherungsgewerbe in Irland einen besonders empfindlichen Bereich darstellt und daß zum Schutz der Versicherungsnehmer sowie zum Schutz Dritter besondere Vereinbarungen getroffen werden mußten. In bezug auf die Harmonisierung der Rechtsvorschriften für das Versicherungswesen geht die irische Regierung davon aus, daß sie mit einer verständnisvollen Haltung der Kommission und der übrigen Mitgliedstaaten der Gemeinschaft rechnen kann, falls Irland sich zu einem späteren Zeitpunkt in einer Situation befinden sollte, in der die irische Regierung es für erforderlich halten würde, hinsichtlich der Stellung des Versicherungsgewerbes in Irland besondere Vorkehrungen zu treffen.

Erklärung der Regierung der Portugiesischen Republik zu Artikel 59 Absatz 2 und Artikel 84 des EWG-Vertrages

Portugal vertritt die Auffassung, daß der Übergang von der einstimmigen Beschlußfassung zur Beschlußfassung mit qualifizierter Mehrheit in Artikel 59 Absatz 2 und Artikel 84, der in den Verhandlungen über den Beitritt Portugals zur Gemeinschaft nicht berücksichtigt worden ist und den gemeinschaftlichen Besitzstand wesentlich verändert, empfindliche Schlüsselsektoren der portugiesischen Wirtschaft nicht beeinträchtigen darf und daß geeignete spezifische Übergangsmaßnahmen in allen Fällen ergriffen werden müssen, in denen dies erforderlich ist, um etwaige nachteilige Folgen für die betreffenden Sektoren zu verhindern.

Erklärung der Regierung des Königreichs Dänemark zu Artikel 100 a des EWG-Vertrages

Die dänische Regierung stellt fest, daß in Fällen, in denen gemäß Artikel 100 a erlassene Harmonisierungsmaßnahmen nach Ansicht eines Mitgliedstaats nicht höhere Erfordernisse in bezug auf die Arbeitsumwelt oder den Umweltschutz oder im Sinne des Artikel 36 sicherstellen, durch Artikel 100 a Absatz 4 gewährleistet wird, daß der betreffende Mitgliedstaat einzelstaatliche Maßnahmen treffen kann. Diese dienen der Verwirklichung der genannten Erfordernisse und dürfen keinen verschleierten Protektionismus bedeuten.

Erklärung des Vorsitzes und der Kommission zu den währungspolitischen Befugnissen der Gemeinschaft

Der Vorsitz und die Kommission sind der Ansicht, daß die in den EWG-Vertrag eingefügten Bestimmungen über die währungspolitischen Befugnisse der Gemeinschaft nicht die Möglichkeit einer weiteren Entwicklung im Rahmen der bestehenden Befugnisse präjudizieren.

Erklärung der Regierung des Königreichs Dänemark zur Europäischen Politischen Zusammenarbeit

Die dänische Regierung stellt fest, daß der Abschluß des Titels III über die Zusammenarbeit in der Außenpolitik die Beteiligung Dänemarks an der nordischen Zusammenarbeit im außenpolitischen Bereich nicht berührt.

Quelle: Europa-Archiv, 1986, D 163 ff.

D 90: Die Orientierung der Kommission der Europäischen Gemeinschaften. Erklärung von Kommissionspräsident Jacques Delors, Straßburg 17. Januar 1989 (Auszug, die Beziehungen EG-EFTA betreffend)

[...]

Wir dürfen uns nichts vormachen: Wir werden die uns bedrohenden neuen Gefahren nur durch eine stärkere Zusammenarbeit auf europäischer Ebene bewältigen ...

Für die »anderen Europa« ist die sich stellende Frage einfach: Wie kann der Erfolg der Integration der Zwölf mit der Weigerung in Einklang gebracht werden, diejenigen zurückzustoßen, die ebenso das Recht wie wir haben, sich Europäer zu nennen? Wie Sie wissen, hat die Kommission bereits einen grundsätzlichen Standpunkt bezogen: die Vertiefung hat Vorrang vor der Erweiterung. Nichts darf uns von unserer Pflicht abbringen, der Einheitlichen Akte zum Erfolg zu verhelfen.

Dies hat uns keineswegs daran gehindert, die Abkommen mit den Mitgliedsländern der Europäischen Freihandelszone ebenso wie mit einigen Ostblockländern, ja sogar mit denjenigen, die ich die Waisen Europas nennen möchte – Zypern, Malta und Jugoslawien – und auch mit der Türkei zu verstärken, die im übrigen einen Beitrittsantrag gestellt hat, zu dem die Kommission dem Ministerrat bis Ende des Jahres einen ersten Bericht vorlegen wird.

Aber auch andere Länder treten an uns heran. Müssen wir weiter gehen? In welcher Form?

Ich denke zunächst an die uns sehr nahestehenden Freunde aus der Europäischen Freihandelszone. Wir haben bisher mit ihnen den Weg beschritten, der durch die Luxemburger Erklärung aus dem Jahre 1984 vorgezeichnet wurde, d.h. die ständige Stärkung einer pragmatischen Zusammenarbeit. Je mehr wir vorankommen, desto steiler wird der Abhang. Wir nähern uns dem Augenblick, in dem der Bergsteiger daran denkt, Atem zu holen und anzuhalten, um sich zu fragen: Ist dies die richtige Richtung, sind wir gut ausgerüstet, um so weiterzumachen? Mir scheint, es ergeben sich für uns zu Beginn dieser Überlegungen zwei Möglichkeiten: entweder im Rahmen der derzeitigen, faktisch im wesentlichen bilateralen Beziehungen fortzufahren, um schließlich zu einer Freihandelszone zu gelangen, die die Gemeinschaft und die Länder der jetzigen Europäischen Freihandelszone umfaßt, oder aber eine neue Form des Zusammenschlusses zu finden, der institutionell strukturierter wäre und gemeinsame Entscheidungs- und Verwaltungsorgane hätte, um die Effizienz unseres Vorgehens zu vergrößern. Dies würde auch die politische Dimension unserer Zusammenarbeit im wirtschaftlichen, sozialen, finanziellen, ja kulturellen Bereich in den Vordergrund rücken.

Was den institutionellen Rahmen dieser Zusammenarbeit betrifft, ist es verfrüht, in die Einzelheiten zu gehen. Ich habe meine eigenen Vorstellungen, aber sie müssen zuerst vor der neuen Kommission erörtert werden und dann auf formlose und unverbindliche Weise mit den betroffenen Ländern. Zu bemerken ist jedoch, daß die Lösungen anders ausfallen werden, je nachdem, ob die Europäische Freihandelszone beschließen wird, ihre eigenen Strukturen zu stärken oder nicht. Wenn ja, würde der Rahmen unserer Zusammenarbeit auf den zwei Säulen ruhen, die unsere beiden Organisationen sind. Wenn nein, könnte es sich nur um ein Schema handeln, das sich auf die Gemeinschaftsregeln gründet, die – in bestimmten zu präzisierenden Bereichen – auf die Mitgliedsländer der europäischen Freihandelszone, die dies wünschen, und vielleicht später auf andere europäische Nationen ausgedehnt würden.

Wenn man aber für einen Augenblick des Nachdenkens den institutionellen Aspekt einer derartigen Initiative beiseite läßt, um sich auf den Inhalt dieser erweiterten Zusammenarbeit zu konzentrieren, stellen sich mehrere heikle Fragen. Es ist zu beobachten, daß unsere Partner der Europäischen Freihandelszone, obwohl die Motivationen je nach Land etwas abweichen, vor allem daran interessiert sind, von dem unerhörten Potential eines großen Marktes ohne Grenzen zu profitieren. Aber jeder weiß bereits, daß dieser ein Ganzes bildet, mit seinen Vorteilen und seinen Kosten, seinen Möglichkeiten und seinen Sachzwängen. Soll es so sein, daß man sich für das eine oder andere entscheiden kann? Hier habe ich einige Zweifel, die leicht zu veranschaulichen sind.

Der Binnenmarkt ist zunächst eine Zollunion. Sind unsere Partner bereit, der gemeinsamen Handelspolitik zu folgen, die jede Organisation dieser Art gegenüber dritten Ländern betreiben muß? Haben sie dieselben Grundkonzeptionen wie wir? Der großräumige Markt bedeutet auch Harmonisierung. Sind unsere Partner willens, die gemeinsamen Regeln, die für den freien Warenverkehr unerläßlich sind, in ihr einzelstaatliches Recht umzusetzen und folglich die Kontrolle durch den Gerichtshof zu akzeptieren, der seine hohe Kompetenz und seine Unparteilichkeit unter Beweis gestellt hat? Das gleiche gilt für die Grundsätze, nach denen sich die staatlichen Beihilfen in ihren verschiedenen Formen richten, oder auch für die sozialen Bedingungen eines lauteren Wettbewerbs, der auf den Fortschritt der Lebens- und Arbeitsbedingungen ausgerichtet ist. Dies sind die Fragen, die sich stellen – und die wir ihnen stellen.

Aber, meine Damen und Herren, die Gemeinschaft ist nicht nur ein großräumiger Markt, sie ist ein Wirtschafts- und Sozialraum ohne Grenzen, der zu einer politischen Union werden soll, die eine immer stärkere Zusammenarbeit in der Außen- und Sicherheitspolitik mit sich bringt. Dieser Ehevertrag ist in gewisser Weise unteilbar, selbst wenn seine Bestimmungen noch nicht zur Anwendung kommen. Nur diese *affectio societatis,* die unsere zwölf Länder eint, ermöglicht es uns, Schwierigkeiten und Widersprüche zu überwinden, kurz, in allen Bereichen der kollektiven Tätigkeit voranzukommen. Daher ist es äußerst heikel, wenn im Rahmen dieser Union, die allumfassend sein will, Wahlmöglichkeiten geboten werden sollen.

[...]

Meiner Meinung nach muß die Zwölfergemeinschaft für eine eingehende Erörterung der Möglichkeiten einer verstärkten, ja erweiterten Zusammenarbeit mit diesen Ländern zur Verfügung stehen.

Ich vergesse darüber jedoch keineswegs diejenigen, die, jeder auf seine Weise, an unsere Tür klopfen. Ich habe sie bereits erwähnt. Aber ich möchte dieses Kapitel nicht schließen, ohne auf das Konzept des Hauses Europa, wie es Herr Gorbatschow erwähnt hat, einzugehen. Selbstverständlich kennen wir die genaue geographische Größe Europas, selbstverständlich wollen wir mit aller unserer Kraft, daß Frieden, Austausch und Zusammenarbeit die Merkmale des Europa von morgen sind. Aber hüten wir uns vor jeglicher Schwärmerei und vor jeglichem Ankündigungseffekt. Und ich möchte sagen, um mich begreiflicher zu machen, daß wir von einem Dorf Europa träumen, wo Eintracht herrscht und wo sich die wirtschaftlichen und kulturellen Aktivitäten im allseitigen Vertrauen vollziehen. Wenn ich aber heute dieses Dorf zu entwerfen hätte, würde ich dort ein Haus mit der Bezeichnung »Europäische Gemeinschaft« sehen, dessen einzige Architekten wir wären und dessen Schlüssel wir sorgfältig aufbewahren würden, wobei wir allerdings von Zeit zu Zeit unsere Türen für einen Austausch mit unseren Nachbarn öffnen würden.

[...]

Quelle: Bulletin der Europäischen Gemeinschaften, hrsg. von der EG-Kommission, Beilage 1, Brüssel 1989, S. 5–22.

1.3. Perspektiven gemeinsamer Sicherheit

Fast scheint es inmitten dieses dramatischen Wandels, daß Europa anfangs der achtziger Jahre auf lange, vielleicht auf unabsehbare Zeit hinaus seinen letzten Kampf um neue nukleare Rüstung ausgetragen hat. Vier Jahre nach der Dislozierung der amerikanischen Pershing-Raketen und Marschflugkörper *(cruise missiles)* in Europa und nach drei Jahren Verhandlungen kam es zum ersten Durchbruch an der »Abrüstungsfront«: dem Abkommen über eine Beseitigung aller amerikanischen und sowjetischen Raketen mittlerer und längerer Reichweite (*Intermediate-Range Nuclear Forces* = INF). Es wurde anläßlich des Besuches von Generalsekretär Gorbatschow in Washington von ihm und Präsident Reagan am 8. Dezember 1987 feierlich unterzeichnet [D 91].

Das INF-Abkommen verpflichtet die beiden Weltmächte, sämtliche Raketen mit einer Reichweite zwischen 500 und 5500 km zu beseitigen und diesen Vorgang sowohl auf ihrem eigenen Territorium wie auf jenem der europäischen Stationierungsländer (der Bundesrepublik, Belgien, Italien, Großbritannien und den Niederlanden auf westlicher, der DDR, Polen und der Tschechoslowakei auf östlicher Seite) zu verifizieren. Verschwinden sollen also nicht nur die erwähnten amerikanischen Raketen vom Typ Pershing-2 und Pershing-1A sowie die landgestützten Marschflugkörper, sondern auch die sowjetischen Mittelstreckenraketen vom Typ SS-12 und SS-23 (500–1000 km) sowie SS-4 und SS-5 (2000 km bzw. 2300 km Reichweite) und natürlich SS-20 (bis 5500 km).

Das INF-Abkommen, so formulierte es ein amerikanischer Senator, ist nicht allein ein amerikanischer Vertrag. Es ist ein Vertrag für die (westliche) Allianz – ein europäischer Vertrag. Damit ist der Symbolwert dieses Vertrags bereits angedeutet: Wenn auch seine Auswirkungen auf die Glaubwürdigkeit der westlichen Nuklearstrategie umstritten sind, so stimmen Ost und West doch darin überein, daß der Vertrag einen hohen politischen Stellenwert für die beiden Weltmächte und einen nicht minder hohen Wert für Europas künftige Sicherheit besitzt. Nicht nur werden erstmals ganze Kategorien nuklearer Waffen aus Europa entfernt; vielmehr wird damit ein Vorhaben in Gang gesetzt, das ohne ein erhebliches Maß an gegenseitigem Vertrauen kaum zu verwirklichen ist. Es kann somit den Auftakt zu weiteren Abrüstungsabkommen bilden.

Damit wird deutlich, daß der Rüstungswettlauf nichts Zwangsläufiges an sich hat, daß er gebremst und möglicherweise sogar rückgängig gemacht werden kann. Michail Gorbatschow tat in seiner Rede vom 7. Dezember 1988 vor den Vereinten Nationen in New York einen ebenso überraschenden wie willkommenen Schritt in diese Richtung: Er kündigte einen einseitigen Abbau sowjetischer Streitkräfte um eine halbe Million Mann an. Damit löste er einen Prozeß aus, der den Weg zu einer auch konventionellen Abrüstung und einem ersten Rückzug sowjetischer und amerikanischer Streitkräfte aus Mitteleuropa öffnete.

Kurze Zeit später folgten andere Warschauer Paktstaaten dem sowjetischen Beispiel. Es war, als hätten sie nur auf dieses Signal aus Moskau gewartet, um einen Schritt in Richtung auf eine sich bald beschleunigende »Entmilitarisierung« aller Lebensbereiche zu tun (vgl. Tafel 11).

Damit kam Bewegung in die seit Jahren stagnierenden Verhandlungen über konventionelle Abrüstung in Europa. Europa war im nuklearen Dialog der Weltmächte bisher mehr Objekt und nicht handelnde Partei gewesen, mit Ausnahme der – allerdings recht mühsamen – Verhandlungen im Rahmen der Konferenz über Sicherheit und Zusammenarbeit in Europa (KSZE). Hier, im Kreis der 35 Unterzeichnerstaaten der Helsinki-Schlußakte (vgl. D 81), erhielt der Dialog ebenfalls neuen Auftrieb. Im September 1986 endete in Stockholm die seit Januar 1984 tagende Konferenz über Vertrauens- und Sicherheitsbildende Maßnahmen und Abrüstung in Europa (KVAE) mit einem eindrucksvollen Schlußdokument [D 92].

Die Einigung über dieses Dokument war zustandegekommen, weil sich die Sowjetunion und ihre Verbündeten zur Annahme recht weitgehender Inspektionen auf ihren Territorien durchgerungen hatten. Mit der rechtzeitigen Ankündigung von Manövern und Truppenverlegungen, mit der Einladung von Beobachtern zu Manövern ab einer bestimmten Streitkräftegröße und dem Recht zur Überprüfung bzw. Inspektion vor Ort im Falle von Zweifeln an der Richtigkeit der Angaben – mit all diesen Vorkehrungen soll es den KSZE-Staaten erschwert, bzw. unmöglich gemacht werden, unbemerkt große Truppenverbände zu mobilisieren und für aggressive Zwecke einzusetzen. Militärische Handlungen größeren Stils werden damit einer gemeinsamen Kontrolle unterstellt.

Zwar hat auch das Stockholmer Dokument einen höheren politischen als militärischen Stellenwert. Aber es weist ebenfalls in die Richtung eines Bedeutungsverlustes militärischer Macht und Handlungsfreiheit zugunsten einer gemeinsamen sicherheitspolitischen Verantwortung. Die im Westen lange Zeit mit Skepsis aufgenommene Idee der »gemeinsamen Sicherheit« gewann in dem Maße an Glaubwürdigkeit, in dem die Sowjetunion ihre Politik der übersteigerten Geheimniskrämerei zugunsten

Tafel 11

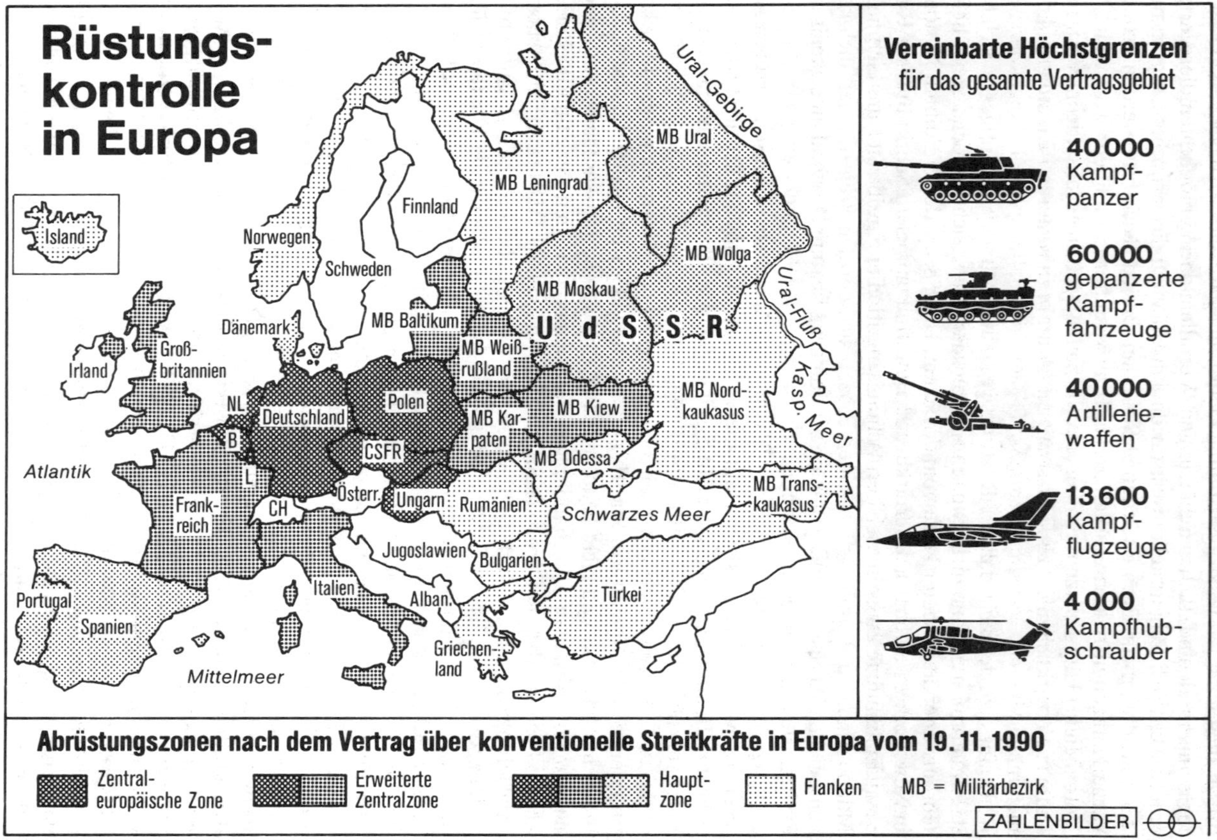

711 301

größerer Transparenz veränderte. So veröffentlichte sie im Januar 1989 erstmals genaue Zahlen über ihre eigenen Bestände an Truppen und Waffen (vgl. Tafel 12). Einige dieser Zahlen lagen – sehr zur Überraschung westlicher (besonders NATO-) Kreise – *über* den westlichen Schätzungen. Vor allem aber ermöglichten diese Angaben endlich eine einigermaßen realistische Einschätzung des jahrzehntelang umstrittenen Kräfteverhältnisses zwischen den beiden Bündnissen und damit sinnvollere Verhandlungen über einen ausgewogenen Truppenabbau.

Im März 1989 begannen in Wien die Verhandlungen über konventionelle Streitkräfte in Europa (VKSE, bzw. *Conventional Forces in Europe* = CFE). Sie gründeten auf einem Mandat, das die ebenfalls in Wien abgehaltene KSZE-Folgekonferenz (vom 17. Februar 1987 bis zum 10. Januar 1989) ausgehandelt hatte [D 93]. Ihr Ziel: Stabilität und Sicherheit in Europa durch ein stabiles und sicheres Gleichgewicht bei den konventionellen Streitkräften zu erreichen. Dazu gehören der Abbau bestehender Ungleichgewichte bei der Stärke und Bewaffnung dieser Streitkräfte sowie die Beseitigung ihrer Fähigkeit zu Überraschungsangriffen und großangelegten Offensivaktionen.

Die Umwälzungen in Ostmitteleuropa und die Einigung Deutschlands gaben den Verhandlungen nicht nur zusätzlichen Auftrieb. Sie veränderten vielmehr auch grundlegend die strategischen Rahmenbedingungen, unter denen sie ursprünglich vereinbart und in ihrer Zielsetzung umschrieben worden waren. Dazu gehören nicht nur die Ankündigung einseitiger Truppenreduktionen durch die Sowjetunion und einige ihrer Verbündeten. Dazu gehört vor allem die zwischen dem Bundeskanzler Kohl und Präsident Gorbatschow anläßlich ihrer Gespräche im Kaukasus (16.–24. Juli 1990) getroffene Vereinbarung, wonach bis 1994 einerseits die Sowjetunion ihre bisher in der DDR stationierten Truppen (ca. 366000 Mann) zurückziehen, andererseits die Bundesrepublik die gesamtdeutschen Streitkräfte (bisher 490000 Mann in der Bundesrepublik und ca. 180000 in der DDR) auf 370000 Mann reduzieren werde.

Damit war im militärpolitischen Bereich wohl der entscheidende Durchbruch erzielt: Aus Mitteleuropa, dem Herzen der militärischen Konfrontation, werden nicht nur in wenigen Jahren sämtliche Streitkräfte der Sowjetunion verschwinden, sondern die zentraleuropäische Macht Deutschland wird ihre Streitkräfte im gleichen Zeitraum um fast die Hälfte abbauen.

Hier wurde ein weiteres und entscheidendes Signal gesetzt. Auch auf westlicher Seite stand schon seit längerem fest, daß die Vereinigten Staaten ihre in der Bundesrepublik stationierten Streitkräfte von rund 260000 auf 190000 Mann reduzieren wollten. Nach der deutschen Vereinigung kündigten die übrigen Verbündeten mit Streitkräften auf deutschem Territorium (Großbritannien, Frankreich, die Niederlande, Belgien und Kanada) ähnliche Schritte an. Die Krise und der nachfolgende Krieg am Golf (2. August 1990 bis 3. März 1991) beschleunigten diesen Abzug in dem Maße, in dem zumal die Vereinigten Staaten und Großbritannien größere Kontingente aus der Bundesrepublik in die Golfregion verlegten.

Trotz dieser Bewegung an der »Abrüstungsfront« und viel guten Willens auf allen Seiten erwiesen sich die KSE-Verhandlungen als reichlich kompliziertes Unternehmen: es mußten Definitionen für die zu beseitigenden fünf Kategorien von Waffen (Panzer, gepanzerte Kampffahrzeuge, Artilleriekanonen sowie Kampfflugzeuge und -helikopter) gefunden, Zählregeln aufgestellt, die Reduktionszonen umschrieben und

Tafel 12: Angaben der NATO (November 1988) und des Warschauer Paktes (Januar 1989) zu Hauptwaffensystemen

NATO/WP			NATO/WP			vorgeschlagene Reduktion auf je
1. Waffen						
a) Panzer (Auswahl)						
NATO gesamt	16 424	30 690	Warschauer Pakt gesamt	51 500	59 470	20.000
Belgien	320	530	Bulgarien	1 800	2 200	
Kanada	60	150	CSSR	3 800	4 585	
Frankreich	1 250	3 190	DDR	3 000	3 140	
BRD	4 330	4 900	Ungarn	1 300	1 435	
Italien	1 500	2 330	Polen	3 400	3 330	
Portugal	66	470	Rumänien	1 200	3 200	
Spanien	866	1 850	UdSSR	37 000	41 580	
Türkei	3 000	4 320				
Großbritannien	717	2 000				
USA	1 800	6 980				
b) Artillerie (Auswahl)						
NATO gesamt	14 458	57 060	Warschauer Pakt gesamt	43 400	71 560	16.500–24.000
Belgien	248	1 620	Bulgarien	2 000	3 990	
Frankreich	780	8 510	CSSR	2 100	3 445	
Italien	2 100	5 510	DDR	1 700	2 435	
BRD	2 220	3 190	Ungarn	800	1 750	
Türkei	2 800	14 900	Polen	2 500	3 065	
Großbritannien	394	3 320	Rumänien	1 300	6 600	
USA	1 100	3 520	UdSSR	33 000	50 275	
c) Kampfflugzeuge (Auswahl)						
NATO gesamt	3 977	7 130	Warschauer Pakt gesamt	8 250	7 876	1.500
Dänemark	87	100	Bulgarien	250	234	
Frankreich	450	880	CSSR	400	407	
BRD	547	850	DDR	350	307	
Niederlande	162	200	Ungarn	150	113	
Italien	250	450	Rumänien	350	380	
Großbritannien	445	835	Polen	700	480	
USA	800	1 960	UdSSR	6 050	5 955	
d) Hubschrauber (Auswahl)						
NATO gesamt	2 369	5 270	Warschauer Pakt gesamt	3 700	2 785	1.700
Kanada	0	10	Bulgarien	100	51	
Frankreich	270	700	CSSR	200	101	
BRD	554	450	DDR	150	74	
Italien	170	540	Ungarn	100	96	
Niederlande	54	20	Polen	200	43	
Großbritannien	287	700	Rumänien	100	220	
USA	700	2 180	UdSSR	2 850	2 200	
2. Truppen	Nato		Warschauer Pakt			
	2.243.000			2.317.000		1.350.000

Quelle: NATO. Conventional Forces in Europe: The Facts, Brüssel 1988; Neues Deutschland vom 30. Januar 1989; International Institute for Strategic Studies, London 1989.

die Verifikationsmethoden vereinbart werden. Das Unternehmen gelang dennoch. Am 19. November 1990 kam der Vertrag zustande und wurde zwei Tage darauf, anläßlich der KSZE-Gipfelkonferenz in Paris, feierlich verabschiedet [D 94] (vgl. Tafel 11). Die beiden Militärbündnisse, Warschauer Pakt und NATO, verkündeten in einer gemeinsamen Erklärung das Ende ihres vierzigjährigen Konfliktes [D 95]. Zumindest im militärischen Sinn bedeutete dies auch das nunmehr offizielle Ende des Kalten Krieges.

Noch ist der KSE-Vertrag nicht ratifiziert und noch stehen große Kontingente von Truppen und Waffen in Europa. Der erwähnte KSE-Vertrag begrenzt zudem nur die Waffen, nicht die Streitkräfte. Deren Abbau erfolgt vorläufig durch einseitige Maßnahmen. Sie sollen durch ein weiteres Abkommen zwischen allen beteiligten Staaten nach einer zweiten Runde der KSE-Verhandlungen sanktioniert und womöglich ausgeweitet werden. Die Verhärtungen in der Sowjetunion und deren Versuch, gewisse Bestimmungen des KSE-Vertrages zu unterlaufen, werden den in Gang gekommenen Abrüstungsprozeß in Europa vielleicht verzögern, aber kaum aufhalten. Das gilt auch für einen Abbau der noch verbleibenden taktischen Nuklearwaffen der beiden Weltmächte. Nach dem INF-Vertrag sollen damit auch die militärisch sinnlos gewordenen landgestützten nuklearen Kurzstreckenwaffen (Raketen und nukleare Artillerie) beseitigt werden. Es verbleiben luftgestützte Elemente und natürlich die bisher von jeder Abrüstung unberührten nuklearen Streitkräfte Großbritanniens und Frankreichs.

Trotz möglicher Stolpersteine und mancher Schwächen kann die Bedeutung des ersten KSE-Abkommens kaum überschätzt werden. Es hat eine politische Signalwirkung, die weit über Europa hinausgeht. Europa baute, zusammen mit den Weltmächten USA und Sowjetunion, das bislang größte Waffenarsenal aller Zeiten auf. Nun bietet sich ihm die Möglichkeit kontrollierter Abrüstung und damit die Chance einer gemeinsam gestalteten Sicherheit. Es ist dabei, beides in die Wirklichkeit umzusetzen. Seine seit dem Beginn des Kalten Krieges eingefrorene strategische Landschaft beginnt aufzutauen. Das ist hoffnungsvoll, kann aber auch neue Instabilitäten und Bruchstellen schaffen. Osteuropa einerseits, der Mittelmeerraum andererseits sind gegenüber solchen Entwicklungen wohl am verletzlichsten.

1.4. Osteuropas neue Freiheit

Während die Veränderungen in Westeuropa in der von der Einheitlichen Akte vorgezeichneten, sogar mit einem Zieldatum – dem 1. Januar 1993 – versehenen Bahn verliefen, waren sie in Mittel- und Osteuropa spontan, ungeordnet und von unerhörter Dramatik. Weg von einer tristen Vergangenheit und hin zu dem, was sich der größte Teil der Bevölkerung erhofft hatte: mehr Freiheit, mehr Demokratie und auch mehr Wohlstand – das waren die Forderungen, die sich auf allen Bannern und Manifesten fanden, gleichviel, ob sie durch die Straßen Warschaus oder Prags, Leipzigs oder Sofias, Budapests oder Bukarests getragen wurden.

Verbitterung über die Vergangenheit und Resignation angesichts einer aussichtslosen Zukunft führten im Sommer 1989 in der DDR zu einer neuen, rapide ansteigenden Fluchtbewegung in die Bundesrepublik. Solange die Mauer stand, flohen die meisten DDR-Bürger auf dem Umweg über Ungarn, dem einstmaligen Verbündeten; manche über die Tschechoslowakei. Dann kam es zum doppelten »Dammbruch«: zunächst in Ungarn, dessen – noch kommunistische – Regierung sich mutig entschloß, die bisher trennenden Grenzsperren nach Österreich abzubauen; am 9. November, noch spektakulärer, öffnete sich die Mauer in Berlin. In Polen und Ungarn, dann mit zunehmender Beschleunigung in der DDR, in der Tschechoslowakei und, in einer Art unerwarteter »Apotheose«, kurz vor Weihnachten, in Rumänien, wurden die etablierten Führungen der herrschenden kommunistischen Parteien und der von ihr kontrollierten Staatsapparate weggeschwemmt. Mit dem Sturz des wohl unmenschlichsten aller osteuropäischen Diktatoren, des rumänischen Partei- und Staatschefs Nicolae Ceauşescu, senkte sich der blutrote Vorhang über fünfundvierzig Jahre kommunistischer Herrschaft im östlichen Teil Europas. Bulgarien folgte dieser Reformbewegung im vorsichtigeren Schrittmaß.

Der von der Sowjetunion aufgezwungene Kommunismus hatte zu einer Verachtung grundlegender Menschenrechte, zu politischer Unfreiheit, wirtschaftlicher Misere, zu Umweltproblemen von fast unvorstellbarer Größe und einer weitverzweigten Korruption geführt. Wenig Raum war für menschliche Selbstachtung und persönliche Initiative geblieben. Nun aber konnten Mittel- und Osteuropa den hoffnungs-, aber auch mühevollen Weg in die Demokratie und Freiheit, zurück nach Europa antreten – einem Europa, zu dem sie stets gehört hatten, aber nach offizieller Lesart nicht mehr gehören durften. Jetzt offenbarte sich die erzwungene Künstlichkeit der Spaltung Europas: Europa in Ost und West fand wieder zu sich selbst.

All dies wurde erst möglich, nachdem die sowjetische Führung ihren Verbündeten den Spielraum zugestanden hatte, zumindest ihre innere Ordnung nach eigenem Gutdünken zu gestalten. Es war, als ob sich die Sowjetunion, von eigenen Schwierigkeiten bedrängt, von der immer schwereren Bürde dieser Länder befreien wollte. Sie gewährte ihnen Gedanken- und Bewegungsfreiheit. Das ermöglichte ihnen, ihr künftiges Schicksal weitgehend selbst zu gestalten und damit ihre eigene Identität zu finden.

Der Initiator dieses im wahrsten Sinne umwälzenden Prozesses hieß Michail Gorbatschow. Er hatte den Mut und die Klugheit, zu erkennen, daß sein eigenes Land, die Sowjetunion, sich den immer drängenderen gewaltigen Veränderungen in der Gesellschaft und der Notwendigkeit wirtschaftlicher Reformen nicht länger entziehen konnte, wollte es nicht nur als militärische Weltmacht, sondern als leistungsfähiger Staat überleben. Diese Erkenntnis mußte logischerweise und zwangsläufig zu umfassenden Reformen im Inneren führen. Ohne ein einigermaßen stabiles internationales Umfeld waren sie jedoch nicht durchzuführen. Zu diesem Umfeld zählten sowohl das im Einflußbereich Moskaus stehende Osteuropa, wie auch Westeuropa und die Vereinigten Staaten.

Beides gehört zusammen. Reformen in der Sowjetunion im Sinne von politischer Öffnung (»glasnost«) und wirtschaftlicher Reform (»perestroika«) wären unglaubwürdig gewesen, hätte man sie nicht auch im vorgelagerten Osteuropa ermutigt oder doch geduldet. Gorbatschow hatte allerdings kaum damit gerechnet, daß ein solcher Reformprozeß, einmal ausgelöst, zum völligen Zusammenbruch des von Moskau aufgezwungenen kommunistischen Systems führen würde. Er war konsequent genug, sich damit abzufinden. Die »Entkolonialisierung« Osteuropas wurde damit zwar nicht gutgeheißen, aber toleriert. Sie gehörte zu Gorbatschows Konzept eines »gemeinsamen europäischen Hauses« – ein Begriff, den er von Breschnew und Gromyko übernommen und unter anderem in seinem Buch »Perestroika« [D 96] zu einem »europäischen *Commonwealth*« erweitert hat. Darin sollen alle Staaten, einschließlich der Vereinigten Staaten und Kanada, gleichberechtigt zusammenwirken.

Ein solches Konzept bedeutete Verzicht auf Positionen, die die Sowjetunion für ihre beherrschende Rolle in Osteuropa bisher als unverzichtbar erklärt hatte. Ihren Verbündeten sollte als selbständigen Staaten die »Freiheit der Wahl« zugestanden und ihnen damit anheimgestellt werden, aus dem sowjetischen Herrschaftsverband auszuscheiden. Das konnte nichts anderes bedeuten als den Verzicht auf die Klammerfunktion des »sozialistischen Internationalismus« (vgl. S. 202f.) und des auf ihm beruhenden Disziplinierungsmittels der Breschnew-Doktrin. Gorbatschow sprach diesen Verzicht nicht zufälligerweise in seiner Rede vor dem Straßburger Europarat [D 97] aus. Kurz darauf ließ er ihn durch den Obersten Sowjet formell bestätigen. Es war deshalb nur konsequent, daß die fünf Interventionsmächte – an der Spitze die Sowjetunion, gefolgt von der DDR, Polen, Ungarn und Bulgarien – am 4. Dezember 1989 in einer gemeinsamen Erklärung feststellten, ihre Intervention in der Tschechoslowakei im August 1968 sei eine »Einmischung« gewesen [D 98]. Die Sowjetunion ihrerseits veröffentlichte am selben Tag eine eigene Erklärung und bezeichnete ihre Entscheidung zum Einmarsch als »falsch« [D 99].

Vergangenheitsbewältigung ist das eine – Bewältigung der nun unversehens völlig offenen Zukunftsperspektiven ein anderes. Für die osteuropäischen Staaten mit ihren neu und erstmals demokratisch gewählten Regierungen bedeutet diese Entlassung aus sowjetischer Vormundschaft eine ganz ungewohnte Herausforderung: eine Demokratisierung im Innern, eine Kehrt- oder Rückwendung zu marktwirtschaftlichen Wirtschaftsstrukturen, eine Entideologisierung aller Lebensbereiche und eine Entmilitarisierung einer bisher streng kontrollierten Gesellschaft. Es bedeutet auch die Suche nach einem neuen Verhältnis zur Sowjetunion im Osten und einer Hinwendung zu den Demokratien im Westen. Hiervon und dem wiederum möglichen Bekenntnis zu Europa legen die Rede des polnischen Ministerpräsidenten Mazowiecki und des tschechoslowakischen Präsidenten Havel bewegendes Zeugnis ab [D 100 und 101]. Beide – der eine vor dem Europarat, der andere bezeichnenderweise vor dem amerikanischen Kongreß – sprachen von Europa, seiner für sie besonders schmerzhaften Teilung und seinen künftigen Aufgaben. Ähnlich hatte es bei den ersten »Europäern« der Nachkriegszeit geklungen. Ungarn wurde als erstes ostmitteleuropäisches Land am 6. November 1990 in den Europarat aufgenommen, die Tschechische und Slowakische Föderative Republik (ČSFR) folgte am 20. Februar 1991; Polen dürfte als drittes Land nach seinen Parlamentswahlen im Laufe des Jahres 1991 aufgenommen werden; Rumänien erhielt den Status eines Gastes (vgl. Tafel 13).

Größere Unabhängigkeit gegenüber Moskau und, damit verknüpft, größere Solidarität untereinander, ließ unter den drei mitteleuropäischen Ländern Polen, ČSFR und Ungarn den Wunsch nach gegenseitiger Absprache und vermehrter Zusammenarbeit aufkommen. Dies gilt vor allem für Bereiche, in denen sie vor gleichen und ähnlichen Aufgaben stehen oder in denen gemeinsames Handeln die eigene Last verringern hilft. Das gilt für Fragen der Umweltsanierung ebenso wie für den Aufbau demokratischer Institutionen, für einen nunmehr freien Kulturaustausch wie für den

Tafel 13: Europäische Zusammenschlüsse (Auswahl)

Land	NATO	OECD	Europarat	WEU	EG	EFTA
Belgien	X	X	X	X	X	
BR Deutschland	X	X	X	X	X	
ČSFR			X			
Dänemark	X	X	X		X	
Finnland		X	X			X
Frankreich	X	X	X	X	X	
Griechenland	X	X	X		X	
Großbritannien	X	X	X	X	X	
Irland		X	X		X	
Island		X	X			X
Italien	X	X	X	X	X	
Jugoslawien		(1)				
Liechtenstein			X			(2)
Luxemburg	X	X	X	X	X	
Malta			X			
Niederlande	X	X	X	X	X	
Norwegen	X	X	X			X
Österreich		X	X			X
Portugal	X	X	X		X	
San Marino			X			
Schweden		X	X			X
Schweiz		X	X			X
Spanien	X	X	X		X	
Türkei	X	X	X			
Ungarn			X			
Zypern			X			
Kanada	X	X				
Vereinigte Staaten	X	X				

(1) Beobachterstatus
(2) durch Zusatzprotokoll der Schweiz

Schutz von Minderheiten. Einen ersten Schritt auf höchster Ebene unternahmen die Präsidenten Polens (L. Walesa) und der ČSFR (V. Havel) mit Ungarns Ministerpräsidenten J. Antall anläßlich ihres Treffens im ungarischen Städtchen Visegrad Mitte Februar 1991. Sie vereinbarten auf diesem trilateralen Gipfel konkrete Schritte, um die volle Souveränität wiederzuerlangen, die ökonomischen und mentalen Strukturen des totalitären Systems zu beseitigen, die parlamentarische Demokratie und die volle Rechtsstaatlichkeit aufzubauen sowie die vollständige Integration in die europäischen Ordnungen zu gewährleisten.

Hand in Hand mit der Demokratisierung im Innern und einer schrittweisen Neubestimmung der Beziehungen nach außen ging die Entmilitarisierung. Sie erfolgte in dreifacher Hinsicht zugleich: zunächst im Sinne einer Befreiung der Bevölkerung aus dem Griff von Partei und Staat, deren Ideologie und Zusammenhalt sich auf einem deutlich geprägten Feindbild gegen alles Nichtkommunistische und damit »Westliche« gründeten. Der Abbau dieses Feindbildes erlaubte auch einen Abbau des überdimensionierten militärischen und paramilitärischen Apparates. Ein erster Schritt war bereits mit der Ankündigung einseitiger Truppenreduktionen erfolgt. Ihm folgten weitere: die Streitkräfte Ungarns, der ČSFR und Polens werden im Laufe der nächsten Jahre erheblich verringert; sie werden zugleich von der politischen Kontrolle durch die Kommunistische Partei befreit. Und schließlich erhalten sie ein neues Verteidigungsdispositiv, das auch eine Abwehr in östlicher Richtung vorsieht.

Die dritte Art von Entmilitarisierung betrifft den Rückzug der sowjetischen Streitkräfte. Die ČSFR und Ungarn schlossen dementsprechende Verträge mit der Sowjetunion ab: am 26. Februar bzw. am 9. März 1990. Polen dürfte im Laufe von 1991 folgen, wenn die recht mühsamen Verhandlungen mit Moskau abgeschlossen sind. Hier geht es nicht nur um den Rückzug der sowjetischen Truppen aus Polen, sondern, damit indirekt verbunden, auch um jenen aus der ehemaligen DDR.

Für alle drei betroffenen Länder, wenn auch in recht verschiedener Weise, stellt letzterer Abzug schwierige Probleme: Für die Bundesrepublik ist er ein finanzielles, für Polen ein Transport- und Sicherheits- und für die Sowjetunion ein politisches sowie ein Unterbringungsproblem. Die annähernd eine Million Sowjetbürger – Soldaten, Hilfskräfte und ihre Angehörigen – müssen in neu zu erstellenden Quartieren untergebracht werden. Auch hier – wie in so vielen anderen Bereichen – werden noch lange die riesigen Lasten des Kalten Krieges abzutragen sein.

Es ist nicht ohne Ironie, daß ausgerechnet jene beiden Staaten, die sich als erste von der sowjetischen Oberherrschaft emanzipiert hatten – Jugoslawien und Albanien –, in dieser neuen Phase des inneren und äußeren Umschwungs abermals zu Außenseitern wurden. Auf sich allein gestellt, klammerte sich ihre jeweilige Führung enger an das mühsam errungene und über Jahrzehnte hinweg verteidigte Machtmonopol. Jugoslawien, das sich von der Reformwelle nicht mitreißen lassen wollte, geriet mit seinen inneren Spannungen und Spaltungen ins europäische Abseits. Genau das aber verstärkte das Souveränitätsstreben reformwilliger Republiken – vorab Sloweniens und Kroatiens – und damit die latenten zentrifugalen Tendenzen in dem Vielvölkerstaat bis an den Rand seines möglichen Auseinanderbrechens.

Albanien, das letzte stalinistisch regierte Land, begann nach dem Tode des Diktators Enver Hodscha nur zögernd mit bescheidenen Reformen im Innern und einer schrittweisen Öffnung nach außen. Es gab zu verstehen, daß es sich an der KSZE, der es bisher konsequent ferngeblieben war, beteiligen möchte. Im Innern gewinnt die

Auseinandersetzung um Umfang und Folgen der Reformpolitik die ihr eigene Gesetzmäßigkeit: Demonstrationen und Fluchtbewegungen sind Vorboten entweder einer neuen Verhärtung, oder, wie zu hoffen steht, eines endgültigen Durchbruchs zur Demokratie und damit zu einer Rückkehr Albaniens nach Europa.

1.5. Der Wandel der Bündnisse

Der umfassende Prozeß der Entmilitarisierung mit dem Kernstück des sowjetischen Rückzuges aus Mitteleuropa hat bereits ein wichtiges »Opfer« gefordert: am 25. Februar 1991 beschlossen die in Budapest versammelten Mitglieder des Warschauer Paktes, dessen Militärorganisation am 1. April aufzulösen [D 102]. Offiziell war die Initiative hierzu von Staatspräsident Gorbatschow selber ausgegangen; Polen, Ungarn und die ČSFR hatten aber schon seit längerer Zeit auf einen solchen Schritt gedrängt. Auch wünschen sie die Auflösung der vorläufig noch beibehaltenen, jedoch auf ein Minimum reduzierten politischen Organe des Paktes für spätestens Mitte 1992.

Damit verläßt ein Militärbündnis die europäische Bühne, das seit 1955 als Symbol militärischer Konfrontation und sowjetischer Oberherrschaft betrachtet wurde. Es hat die osteuropäischen Staaten auf diplomatischer Ebene hinter die sowjetische Führungsmacht geschart; es hat zugleich auch als Rahmen und Vorwand für die Disziplinierung unbotmäßiger Verbündeter gedient. Die Auflösung des Paktes entläßt nun die Staaten Osteuropas in eine sicherheitspolitisch noch ungewisse, aber von ihnen erstmals wieder selbst zu bestimmende Zukunft.

Nicht ganz soweit ging der 1949 gegründete »Rat für gegenseitige Wirtschaftshilfe«. Auf seiner 134. Sitzung Anfang Januar 1991 in Moskau beschloß sein Exekutivausschuß, den Rat aufzulösen und ihn in eine neue Organisation, die »Organisation für wirtschaftliche Zusammenarbeit« (OMEO), umzuwandeln. Ihr werden nach der deutschen Vereinigung noch neun Mitglieder angehören: neben der Sowjetunion und den osteuropäischen Staaten (Polen, ČSFR, Ungarn, Bulgarien und Rumänien) sind es noch die drei außereuropäischen Mitgliedsländer Mongolei, Vietnam und Kuba. Die neue, wesentlich lockerer gefaßte Organisation soll die Aufgabe haben, auf der »Basis von Marktbeziehungen« die Zusammenarbeit der Wirtschaften ihrer Mitglieder zu entwickeln. Ob und wie dieses vorläufig noch keineswegs einhellig unterstützte Projekt in die Praxis umgesetzt wird, ist noch offen.

So sehr sich die osteuropäischen Länder künftig nach dem Westen und insbesondere der Europäischen Gemeinschaft ausrichten werden, so wichtig bleiben für sie auf lange Zeit hinaus ihre wirtschaftlichen Beziehungen mit und ihre Abhängigkeiten von der Sowjetunion. Anders als im Militärbereich können sie es sich nicht leisten, diese wirtschaftliche Nabelschnur völlig abzutrennen. Noch vor dem Wandel, am 28. Juni 1988, hatte die EG mit dem nunmehr in Auflösung begriffenen RGW die Aufnahme offizieller Beziehungen beschlossen. Wieweit diese Vereinbarung auch für die Nachfolgeorganisation gelten wird, bleibt abzuwarten.

Ganz anders präsentiert sich die Lage auf seiten des Westens. Die Atlantische Allianz sah sich in ihrer Politik der Festigkeit gegenüber dem »Osten« einerseits und der Bereitschaft zu Verhandlungen mit ihm andererseits bestätigt. In einem als »Botschaft von Turnberry« bezeichneten Kommunique legte der NATO-Ministerrat am 7./8. Juni 1990 seine Marschroute für die weitere Gestaltung der europäischen Sicherheit und Abrüstung fest. Die Existenz des Bündnisses selbst wurde dabei nicht nur nicht in Frage gestellt, sondern als wichtiger Baustein beim Aufbau des neuen Europa bezeichnet. Daß sich aber auch die Allianz den neuen Bedingungen anpassen und vor allem auch ihre Strategie ändern müsse, stellt die »Londoner Erklärung« der NATO-Gipfelkonferenz vom 5./6. Juli 1990 [D 103] fest. Am bemerkenswertesten war aber die Bereitschaft der NATO-Staaten, die Mitglieder des Warschauer Paktes zu einer gemeinsamen Erklärung einzuladen, »in der wir feierlich bekunden, daß wir uns nicht länger als Gegner betrachten« – ein Angebot, das angenommen und anläßlich der Pariser Gipfelkonferenz in Form einer eben solchen Erklärung seinen Ausdruck fand [D 95].

Auch die Westeuropäische Union (WEU) trat aus ihrem langjährigen Schattendasein wieder ans Licht der Öffentlichkeit. Auf sie richteten sich die Hoffnungen, sie möge in Zukunft den institutionellen Rahmen oder doch den Motor für die sich nun zögernd bildende westeuropäische Verteidigungsgemeinschaft bilden. Solche Hoffnungen erhielten neuen Auftrieb: einmal durch den Beitritt Spaniens und Portugals zur WEU im Sommer 1989; zum andern durch die – wenn auch bescheidene – Rolle, die die WEU als Koordinationsorgan für einen europäischen Beitrag während der Golfkrise 1990/91 spielte.

Seither fehlt es nicht an Plänen und Überlegungen, wie die WEU näher an die Europäische Gemeinschaft herangebracht werden könnte (etwa durch ihre Sitzverlegung von London nach Brüssel). Denn letztlich bietet sich die Gemeinschaft selber als Ausgangspunkt für die schrittweise Entwicklung einer europäischen Sicherheitsgemeinschaft an. Dafür gilt es allerdings, noch manche Hindernisse und Schwierigkeiten zu überwinden – nicht zuletzt die vorherige Schaffung einer Wirtschafts-, Währungs- und schließlich einer Politischen Union. Wo die KSZE einen weiten, aber eben auch weitgehend unverbindlichen Rahmen für Sicherheitsfragen anbietet, in dem auch die Sowjetunion ihren Platz finden kann, böte eine politisch gefestigte Gemeinschaft gerade auch jenen Ländern Ostmitteleuropas eine sicherheitspolitische Verankerung, die sie vorerst noch entbehren. Dann erst wäre Europa wirklich geeinigt.

1.6. Die Einigung Deutschlands

Sowohl im politischen wie im geographischen Mittelpunkt des doppelten Wandels in Europa stand von Anfang an die Frage nach der Zukunft der beiden deutschen Staaten, ihres Verhältnisses zueinander und ihrer Stellung in einem sich zum Ganzen erweiternden Europa. Die Umwälzung in der DDR stellte die vielzitierte deutsche Frage mit ganz neuer Dringlichkeit – für die Deutschen in Ost und West ebenso wie für ihre Verbündeten und die Neutralen. Der Satz, wonach die deutsche Frage so lange offen sei, als das Brandenburger Tor geschlossen bleibe, dieser Satz erwies sich als unrichtig. Als sich nämlich in den Weihnachtstagen 1989 auch dieses Tor öffnete, wurde nicht nur symbolisch, sondern auch politisch die deutsche Frage erst recht wieder offen. In die Rufe nach Wiedervereinigung mischten sich jene, die vor einem »Ausverkauf der DDR« durch die viel mächtigere Bundesrepublik oder vor einem Großdeutschland warnten, das, gewollt oder ungewollt, wieder zur wirtschaftlich und politisch stärksten Kraft in Europa werden könnte. Das ohnehin recht zerbrechliche Gleichgewicht unter den vier in etwa gleich großen Mitgliedstaaten Frankreich, Großbritannien, Italien und Bundesrepublik innerhalb der Europäischen Gemeinschaft ebenso wie jenes zwischen »Ost« und »West« käme – so wurde befürchtet – ins Wanken; Frankreich sähe sich wiederum an den westlichen Rand des Kontinents versetzt und Polen stünde wieder zwischen einer mächtigen Sowjetunion und einem gestärkten Deutschland.

So stellte sich nicht nur für die Sowjetunion und die drei westlichen Allierten – die USA, Großbritannien und Frankreich – die Gretchenfrage, wie sie es mit der Frage der deutschen (Wieder-)Vereinigung hielten. Sie stellte sich mit wachsender Dringlichkeit auch der Bundesregierung in Bonn und der nach dem Sturz des Honecker-Regimes neugebildeten Regierung in der DDR. Bundeskanzler Kohl nahm die schwierige Herausforderung an: In einer Rede vor dem Deutschen Bundestag am 28. November 1989 unterbreitete er ein Zehn-Punkte-Programm zur Überwindung der Teilung Deutschlands und Europas. Es enthielt einen sorgfältig abgewogenen Stufenplan, der von unmittelbarer Hilfe für die DDR über eine Vertragsgemeinschaft mit dieser bis hin zu einer schließlichen Überwindung der Teilung Europas ging.

Die Entwicklung in der DDR, beschleunigt durch einen nicht enden wollenden Strom von Ostdeutschen in Richtung Bundesrepublik, machte immer mehr Teile und Stufen dieses Planes hinfällig. Die politische Wirklichkeit war auch einer noch so weitsichtigen Planung immer um einige Schritte voraus. Schon sehr schnell zeigte sich, daß die von der DDR-Regierung durch Ministerpräsident Modrow vorgebrachten und mit Moskau abgesprochenen Pläne einer Konföderation, eines Deutschen Bundes oder gar einer Neutralisierung Deutschlands dem Druck nach schneller Vereinigung nicht standhalten konnten. Die Sorge der ostdeutschen Bürger um ihre wirtschaftliche und soziale Zukunft bestimmte das Gesetz des Handelns.

Die ersten freien Wahlen in der DDR im März 1990 und die Bildung einer demokratischen Koalitionsregierung öffneten dann die Bahn für Verhandlungen mit der Bundesrepublik über eine Vereinigung der beiden Staaten. Einen ersten entscheidenden Schritt hierbei bildete der Vertrag über eine Wirtschafts-, Währungs- und Sozialunion vom 18. Mai 1990; am 31. August folgte dann die politische Einigung in Form eines Vertrages zwischen der Bundesrepublik und der DDR »über die Herstellung der Einheit Deutschlands« [»Einigungsvertrag«, D 104]. Beides waren ebenso umfassende wie in ihrer politischen und historischen Tragweite bedeutende Vertragswerke; genau genommen handelt es sich dabei nicht um eine »Einigung« zweier gleichberechtigter Staaten. Es war vielmehr ein Beitritt der DDR zur Bundesrepublik aufgrund des Artikels 23 des Grundgesetzes. Die zu neuem Leben erweckten fünf Länder der DDR wurden zu Ländern der Bundesrepublik, Berlin die Hauptstadt Deutschlands und der 3. Oktober zum Tag der Deutschen Einheit. Bei allen nur zu berechtigten Vorbehalten gegenüber ihrem Staat wurde diese Einverleibung von vielen DDR-Bürgern als schmerzlich empfunden. Vierzigjähriges Mühen um Überleben und Selbstachtung schienen mit einem Federstrich weggewischt.

Dieser ans Unwirkliche grenzende Vorgang der Einigung wäre nicht denkbar gewesen ohne eine aktive und positive Beteiligung der vier ehemaligen und für bestimmte Rechte in Deutschland immer noch zuständigen Siegermächte. Sie hatten stets ihre besondere Verantwortung für Deutschland betont. Nun zeigten sie, daß sie ihrer trotz mancher innerer Vorbehalte gerecht wurden. Den Auftakt zu den Gesprächen über Deutschlands Zukunft machte eine Erklärung, die am Rande einer Konferenz in Ottawa am 14. Februar 1990 veröffentlicht wurde. Gemeinsam mit den beiden deutschen Staaten sollten die als »Zwei-plus-Vier« bezeichneten Gespräche der sechs Staaten über den Einigungsprozeß beginnen. Diese Formel spiegelte in lakonischer Kürze die veränderten Prioritäten und Gewichte wider; die beiden deutschen Staaten – mit unübersehbarer Führungsrolle der Bundesrepublik – sollten vorangehen, eingehegt und begleitet von den vier ehemaligen Siegermächten.

So vollzog sich dann auch die schwierige, aber in atemberaubender Geschwindigkeit und mit einer fast übermenschlichen Anstrengung aller beteiligten Politiker und Experten zustandegebrachte Einigung. Das Szenario mit seinen vielfachen Verknüpfungen, Stufen und Abfolgen hatte durchaus seine Logik: die eben geschilderte wirtschaftliche und dann politische Einigung der beiden deutschen Staaten; das heißumkämpfte und schließlich freigegebene »grüne Licht« aus Moskau anläßlich des Besuches von Bundeskanzler Kohl im kaukasischen Schelesnowodsk (der engeren Heimat von Staatspräsident Gorbatschow) Mitte Juli; Gorbatschows erlösendes Wort »Die Einheit Deutschlands ist Sache der Deutschen«, das freie Bahn für das Aufgehen der DDR in die Bundesrepublik gab; die bereits erwähnte Einigung zwischen Kohl und Gorbatschow über die Größe der künftigen gesamtdeutschen Bundeswehr und über den Abzug der in der ehemaligen DDR stationierten sowjetischen Streitkräfte bis 1994. All dies und manches mehr spielte sich nach einem inhaltlich und zeitlich sorgfältig aufeinander abgestimmten Zeitplan ab. Gekrönt wurden diese Bemühungen mit dem »Zwei-plus-vier-Vertrag«, den die Außenminister der vier Siegermächte des Zweiten Weltkrieges zusammen mit ihren beiden deutschen Kollegen am 12. September 1990 in Moskau unterzeichneten. Er regelte abschließend die Vereinigung Deutschlands und versah sie mit dem völkerrechtlichen Siegel [D 105].

Damit fehlte nur noch der Akt der Vereinigung der beiden deutschen Staaten selber. Er fand am 3. Oktober in Form eines feierlichen Staatsaktes in der Berliner Philharmonie und mit dem Hissen der Bundesflagge vor dem Reichstagsgebäude in Berlin statt. Die Rede des nunmehr gesamtdeutschen Bundespräsidenten Richard von Weizsäcker [D 106] ebenso wie jene des scheidenden Ministerpräsidenten der DDR, Lothar de Maizière sowie die von Bundeskanzler Helmut Kohl betonten, daß die deutsche Einigung als ein Beitrag zur Stabilität und zum Frieden in Europa zu verstehen sei. In dieser Versicherung kam nicht nur die Freude über die Wiedererlangung nationaler Selbstbestimmung in einem geeinten Staat zum Ausdruck. Sie war zugleich auch ein Bekenntnis zu Europa, seiner Einigung und zur Rolle Deutschlands hierbei. Nur in einem einigen Europa kann Deutschland jene Rolle übernehmen, die seiner Bedeutung entspricht, aber auch seine Nachbarn nicht verunsichert, sondern sie zu einer konstruktiven Zusammenarbeit ermutigt und damit Europa als Ganzem dient. In diesem Sinne war es eine bewundernswerte Geste, daß der neugewählte Präsident der ČSFR, Václav Havel, seine erste Auslandsreise im neuen Amt nach Deutschland machte – eine Geste der Versöhnung, die ihre Fortsetzung in dem Vertrag zwischen der Republik Polen und der

Bundesrepublik vom 14. November 1990 [D 107] fand. Darin wurden die zwischen den beiden Ländern bestehenden Grenzen endgültig bestätigt; ein zweifellos schwieriger Schritt für Deutschland, aber eine entscheidende Versicherung für Polen.

Der Wunsch, über diese Gesten und Verträge hinaus das vereinte Deutschland noch fester in europäischen Strukturen zu verankern, ist zusätzlicher Anreiz für die politische Einigung Europas. Die »Europäisierung Deutschlands« ebenso wie jene Ostmitteleuropas geben damit Europa jenen zusätzlichen Impuls, dessen es immer wieder bedarf, um das schwierige Werk seiner Einigung voranzutreiben.

Dokumente

D 91: Washingtoner Abkommen vom 8. Dezember 1987 über die Beseitigung der Mittelstreckenwaffen längerer und kürzerer Reichweite (INF) (Auszug)

Die Vereinigten Staaten von Amerika und die Union der Sozialistischen Sowjetrepubliken, im folgenden als Vertragsparteien bezeichnet –
in dem Bewußtsein, daß ein Nuklearkrieg verheerende Folgen für die ganze Menschheit haben würde,
geleitet von dem Ziel, die strategische Stabilität zu festigen,
überzeugt, daß die in diesem Vertrag vorgesehenen Maßnahmen zur Verringerung der Gefahr des Ausbruchs eines Krieges beitragen und den Weltfrieden und die internationale Sicherheit festigen werden,
eingedenk ihrer Verpflichtungen nach Artikel VI des Vertrages über die Nichtverbreitung von Kernwaffen –
sind wie folgt übereingekommen:

Artikel I

Im Einklang mit diesem Vertrag, der das Memorandum of Understanding und die Protokolle umfaßt, die Bestandteil des Vertrags sind, wird jede Vertragspartei ihre Flugkörper mittlerer und kürzerer Reichweite beseitigen, solche Systeme danach nicht besitzen und die anderen in diesem Vertrag niedergelegten Verpflichtungen erfüllen.

Artikel II

Für die Zwecke dieses Vertrags gilt folgendes:
1. Der Ausdruck »ballistischer Flugkörper« bezeichnet einen Flugkörper, der auf dem größten Teil seines Flugwegs eine ballistische Flugbahn hat. Der Ausdruck »bodengestützter ballistischer Flugkörper (GLBM)« bezeichnet einen bodengestützten ballistischen Flugkörper, der ein Trägermittel für den Waffeneinsatz ist.
2. Der Ausdruck »Marschflugkörper« bezeichnet einen unbemannten, mit eigenem Antrieb ausgestatteten Träger, der seinen Flug auf dem größten Teil seines Flug-

wegs durch Nutzung des aerodynamischen Auftriebs zurücklegt. Der Ausdruck »bodengestützter Marschflugkörper (GLCM)« bezeichnet einen bodengestützten Marschflugkörper, der ein Trägermittel für den Waffeneinsatz ist.
3. Der Ausdruck »GLBM-Abschußvorrichtung« bezeichnet eine ortsfeste Abschußvorrichtung oder eine bewegliche landgestützte Transporter-Aufrichter-Starter-Vorrichtung für den Start eines GLBM.
4. Der Ausdruck »GLCM-Abschußvorrichtung« bezeichnet eine ortsfeste Abschußvorrichtung oder eine bewegliche landgestützte Transporter-Aufrichter-Starter-Vorrichtung für den Start eines GLCM.
5. Der Ausdruck »Flugkörper mittlerer Reichweite« bezeichnet einen GLBM oder einen GLCM, der eine Reichweite von mehr als 1000 Kilometer, jedoch nicht mehr als 5500 Kilometer hat.
6. Der Ausdruck »Flugkörper kürzerer Reichweite« bezeichnet einen GLBM oder einen GLCM, der eine Reichweite von 500 oder mehr Kilometer, jedoch nicht mehr als 1000 Kilometer hat.
7. Der Ausdruck »Dislozierungsgebiet« bezeichnet ein festgelegtes Gebiet, in dem Flugkörper mittlerer Reichweite und Abschußvorrichtungen für solche Flugkörper eingesetzt werden können und in dem sich ein oder mehrere Flugkörperstützpunkte befinden.

[...]

15. Der Ausdruck »Stationierungsland« bezeichnet ein Land – mit Ausnahme der Vereinigten Staaten von Amerika und der Union der Sozialistischen Sowjetrepubliken –, in dessen Hoheitsgebiet sich zu irgendeiner Zeit nach dem 1. November 1987 Flugkörper mittlerer oder kürzerer Reichweite der Vertragsparteien, Abschußvorrichtungen für solche Flugkörper oder mit solchen Flugkörpern und Abschußvorrichtungen zusammenhängende Unterstützungsbauwerke befunden haben. Flugkörper oder Abschußvorrichtungen im Transit fallen nicht unter den Ausdruck »sich befinden«.

Artikel III

1. Für die Zwecke dieses Vertrags sind vorhandene Typen von Flugkörpern mittlerer Reichweite
a) in bezug auf die Vereinigten Staaten von Amerika Flugkörper der Typen, die von den Vereinigten Staaten von Amerika als Pershing-II und BGM-109G bezeichnet werden und in der Union der Sozialistischen Sowjetrepubliken unter denselben Bezeichnungen bekannt sind, und
b) in bezug auf die Union der Sozialistischen Sowjetrepubliken Flugkörper der Typen, die von der Union der Sozialistischen Sowjetrepubliken als RSD-10, R-12 und R-14 bezeichnet werden und in den Vereinigten Staaten von Amerika als SS-20, SS-4 beziehungsweise SS-5 bekannt sind.
2. Für die Zwecke dieses Vertrags sind vorhandene Typen von Flugkörpern kürzerer Reichweite
a) in bezug auf die Vereinigten Staaten von Amerika Flugkörper des Typs, der von den Vereinigten Staaten von Amerika als Pershing-IA bezeichnet wird und in der Union der Sozialistischen Sowjetrepubliken unter derselben Bezeichnung bekannt ist, und
b) in bezug auf die Union der Sozialistischen Sowjetrepubliken Flugkörper der Typen, die von der Union der Sozialistischen Sowjetrepubliken als OTR-22 und OTR-23

bezeichnet werden und in den Vereinigten Staaten von Amerika als SS-12 beziehungsweise SS-23 bekannt sind.

Artikel IV

1. Jede Vertragspartei beseitigt alle ihre Flugkörper mittlerer Reichweite und alle ihre Abschußvorrichtungen für solche Flugkörper sowie alle mit solchen Flugkörpern und Abschußvorrichtungen zusammenhängenden Unterstützungsbauwerke und Unterstützungsausrüstungen der in dem Memorandum of Understanding aufgeführten Kategorien, so daß spätestens drei Jahre nach Inkrafttreten dieses Vertrags und danach keine der beiden Vertragsparteien solche Flugkörper, Abschußvorrichtungen, Unterstützungsbauwerke oder Unterstützungsausrüstungen besitzt.

2. Zur Durchführung des Absatzes 1 beginnen beide Vertragsparteien mit Inkrafttreten dieses Vertrags, alle Typen ihrer dislozierten und nichtdislozierten Flugkörper mittlerer Reichweite und ihrer dislozierten und nichtdislozierten Abschußvorrichtungen für solche Flugkörper sowie die mit solchen Flugkörpern und Abschußvorrichtungen zusammenhängenden Unterstützungsbauwerke und Unterstützungsausrüstungen in Einklang mit diesem Vertrag zu vermindern, und setzen diese Verminderung während der gesamten Dauer jedes Abschnitts fort. Diese Verminderungen werden in zwei Abschnitten durchgeführt, so daß

a) am Ende des ersten Abschnitts, das heißt spätestens 29 Monate nach Inkrafttreten dieses Vertrags,

I) für jede Vertragspartei die Zahl der dislozierten Abschußvorrichtungen für Flugkörper mittlerer Reichweite die Zahl der Abschußvorrichtungen, die auf einmal Flugkörper tragen oder enthalten können, welche nach Auffassung der Vertragsparteien 171 Gefechtsköpfe tragen, nicht überschreitet;

II) für jede Vertragspartei die Zahl der dislozierten Flugkörper mittlerer Reichweite die Zahl solcher Flugkörper, die nach Auffassung der Vertragsparteien 180 Gefechtsköpfe tragen, nicht überschreitet;

III) für jede Vertragspartei die Gesamtzahl der dislozierten und nichtdislozierten Abschußvorrichtungen für Flugkörper mittlerer Reichweite die Zahl der Abschußvorrichtungen, die auf einmal Flugkörper tragen oder enthalten können, welche nach Auffassung der Vertragsparteien 200 Gefechtsköpfe tragen, nicht überschreitet;

IV) für jede Vertragspartei die Gesamtzahl der dislozierten und nichtdislozierten Flugkörper mittlerer Reichweite die Zahl solcher Flugkörper, die nach Auffassung der Vertragsparteien 200 Gefechtsköpfe tragen, nicht überschreitet;

V) für jede Vertragspartei das Verhältnis der Gesamtzahl der dislozierten und nichtdislozierten GLBM mittlerer Reichweite vorhandener Typen zur Gesamtzahl der dislozierten und nichtdislozierten Flugkörper mittlerer Reichweite vorhandener Typen im Besitz der betreffenden Vertragspartei das für die betreffende Vertragspartei am 1. November 1987 geltende Verhältnis solcher GLBM mittlerer Reichweite zu solchen Flugkörpern mittlerer Reichweite, wie in dem Memorandum of Understanding vorgesehen, nicht überschreitet;

b) am Ende des zweiten Abschnitts, das heißt spätestens drei Jahre nach Inkrafttreten dieses Vertrags, alle Flugkörper mittlerer Reichweite jeder Vertragspartei, alle Abschußvorrichtungen für solche Flugkörper sowie alle mit solchen Flugkörpern und Abschußvorrichtungen zusammenhängenden Unterstützungsbauwerke und Unterstützungsausrüstungen der in dem Memorandum of Understanding aufgeführten Kategorien beseitigt sind.

Artikel V

1. Jede Vertragspartei beseitigt alle ihre Flugkörper kürzerer Reichweite und alle ihre Abschußvorrichtungen für solche Flugkörper sowie alle mit solchen Flugkörpern und Abschußvorrichtungen zusammenhängenden Unterstützungsausrüstungen der in dem Memorandum of Understanding aufgeführten Kategorien, so daß spätestens 18 Monate nach Inkrafttreten dieses Vertrags und danach keine der beiden Vertragsparteien solche Flugkörper, Abschußvorrichtungen oder Unterstützungsausrüstungen besitzt.
2. Spätestens 90 Tage nach Inkrafttreten dieses Vertrags schließt jede Vertragspartei die Verbringung aller ihrer dislozierten Flugkörper kürzerer Reichweite und aller ihrer dislozierten und nichtdislozierten Abschußvorrichtungen für solche Flugkörper zu Beseitigungseinrichtungen ab und hält sie an diesen Orten, bis sie im Einklang mit den im Beseitigungsprotokoll vorgesehenen Verfahren beseitigt werden. Spätestens zwölf Monate nach Inkrafttreten dieses Vertrags schließt jede Vertragspartei die Verbringung aller ihrer nichtdislozierten Flugkörper kürzerer Reichweite zu Beseitigungseinrichtungen ab und hält sie an diesen Orten, bis sie im Einklang mit den im Beseitigungsprotokoll vorgesehenen Verfahren beseitigt werden.
3. Flugkörper kürzerer Reichweite und Abschußvorrichtungen für solche Flugkörper dürfen sich nicht in derselben Beseitigungseinrichtung befinden. Solche Einrichtungen müssen mindestens 1000 Kilometer voneinander entfernt sein.

[...]

Artikel XI

1. Damit die Nachprüfung der Einhaltung dieses Vertrags gewährleistet werden kann, hat jede Vertragspartei das Recht, Inspektionen an Ort und Stelle durchzuführen. Die Vertragsparteien führen Inspektionen an Ort und Stelle im Einklang mit diesem Artikel, dem Inspektionsprotokoll und dem Beseitigungsprotokoll durch.
2. Jede Vertragspartei hat das Recht, die in diesem Artikel vorgesehenen Inspektionen sowohl im Hoheitsgebiet der anderen Vertragspartei als auch im Hoheitsgebiet von Stationierungsländern durchzuführen.
3. Nach Ablauf von 30 Tagen nach Inkrafttreten dieses Vertrags hat jede Vertragspartei das Recht, an allen im Memorandum of Understanding angegebenen Flugkörperstützpunkten und Flugkörper-Unterstützungseinrichtungen, jedoch nicht an Einrichtungen zur Herstellung von Flugkörpern, und an allen Beseitigungseinrichtungen, die in die nach Artikel IX Absatz 3 erforderliche erste Datenfortschreibung einbezogen sind, Inspektionen durchzuführen. Diese Inspektionen werden spätestens 90 Tage nach Inkrafttreten dieses Vertrags abgeschlossen. Zweck dieser Inspektionen ist es, die Zahl der Flugkörper, Abschußvorrichtungen, Unterstützungsbauwerke und Unterstützungsausrüstungen sowie sonstige Daten, die dem Stand zum Zeitpunkt des Inkrafttretens dieses Vertrags entsprechen und nach Artikel IX Absatz 3 zur Verfügung gestellt worden sind, nachzuprüfen.
4. Jede Vertragspartei hat das Recht, Inspektionen durchzuführen, um die nach Artikel IX Absatz 5 Buchstabe a mitgeteilte Beseitigung von somit den Inspektionen nach Absatz 5 Buchstabe a des vorliegenden Artikels nicht mehr unterliegenden Flugkörperstützpunkten und Flugkörper-Unterstützungseinrichtungen mit Ausnahme von

Einrichtungen zur Herstellung von Flugkörpern nachzuprüfen. Eine solche Inspektion wird innerhalb von 60 Tagen nach dem geplanten Datum der Beseitigung dieser Einrichtung durchgeführt. Führt eine Vertragspartei eine Inspektion in einer bestimmten Einrichtung aufgrund des Absatzes 3 nach dem geplanten Datum der Beseitigung dieser Einrichtung durch, so ist eine zusätzliche Inspektion dieser Einrichtung nach diesem Absatz nicht zulässig.

5. Jede Vertragspartei hat das Recht, nach diesem Absatz während eines Zeitraums von 13 Jahren nach Inkrafttreten dieses Vertrags Inspektionen durchzuführen. Jede Vertragspartei hat das Recht, während der ersten drei Jahre nach Inkrafttreten dieses Vertrags 20 solche Inspektionen pro Kalenderjahr, während der darauffolgenden fünf Jahre 15 solche Inspektionen pro Kalenderjahr und während der letzten fünf Jahre zehn solche Inspektionen pro Kalenderjahr durchzuführen. Die Vertragsparteien nutzen jeweils höchstens die Hälfte der Gesamtzahl der ihnen pro Kalenderjahr zustehenden Inspektionen im Hoheitsgebiet eines einzigen Stationierungslandes. Jede Vertragspartei hat das Recht,

a) nach Ablauf von 90 Tagen nach Inkrafttreten dieses Vertrags Inspektionen von Flugkörperstützpunkten und Flugkörper-Unterstützungseinrichtungen mit Ausnahme von Beseitigungseinrichtungen und Einrichtungen zur Herstellung von Flugkörpern durchzuführen, um entsprechend den im Memorandum of Understanding angegebenen Kategorien von Daten die Anzahl der Flugkörper, Abschußvorrichtungen, Unterstützungsbauwerke und Unterstützungsausrüstungen festzustellen, die sich zum Zeitpunkt der Inspektion jeweils in einem Flugkörperstützpunkt oder einer Flugkörper-Unterstützungseinrichtung befinden, und

b) Inspektionen von nach Artikel X Absatz 8 beseitigten früheren Flugkörperstützpunkten und Flugkörper-Unterstützungseinrichtungen mit Ausnahme früherer Einrichtungen zur Herstellung von Flugkörpern durchzuführen.

6. Nach Ablauf von 30 Tagen nach Inkrafttreten dieses Vertrags hat jede Vertragspartei das Recht, während eines Zeitraums von 13 Jahren nach Inkrafttreten dieses Vertrags durch ständige Überwachung folgendes zu inspizieren:

a) die Eingänge jeder Einrichtung der anderen Vertragspartei, in der die Endmontage eines GLBM unter Verwendung von Stufen vorgenommen wird, von denen jede äußerlich eine Stufe eines in Artikel III aufgeführten Festtreibstoff-GLBM ähnlich ist, oder,

b) falls eine Vertragspartei keine solche Einrichtung hat, die Eingänge einer vereinbarten früheren Einrichtung zur Herstellung von Flugkörpern, in der vorhandene Typen von GLBM mittlerer oder kürzerer Reichweite hergestellt wurden.

Die Vertragspartei, deren Einrichtung nach diesem Absatz zu inspizieren ist, stellt sicher, daß die andere Vertragspartei in der Lage ist, in dieser Einrichtung innerhalb von sechs Monaten nach Inkrafttreten dieses Vertrags oder innerhalb von sechs Monaten nach Beginn der unter Buchstabe a bezeichneten Endmontage ein dauerndes System der ständigen Überwachung zu errichten. Führt nach Ablauf des zweiten Jahres nach Inkrafttreten dieses Vertrags keine der Vertragsparteien zwölf aufeinanderfolgende Monate lang die unter Buchstabe a bezeichnete Endmontage durch, so hat keine Vertragspartei das Recht, durch ständige Überwachung eine Einrichtung der anderen Vertragspartei zur Herstellung von Flugkörpern zu inspizieren, sofern nicht die unter Buchstabe a bezeichnete Endmontage erneut begonnen wird. Bei Inkrafttreten dieses Vertrags sind die durch ständige Überwachung zu inspizierenden Einrichtungen: nach Buchstabe b für die Vereinigten Staaten von Amerika das Herkules-Werk Nummer 1 in Magna, Utah; nach Buchstabe a für die Union der Sozialistischen Sowjetrepubliken der Maschinenbaubetrieb Wotkinsk, Udmurtische Autonome Sozialistische Sowjetrepublik, Russische Sozialistische Föderative Sowjetrepublik.

7. Jede Vertragspartei führt Inspektionen des Verfahrens der in Beseitigungseinrichtungen im Einklang mit Artikel X und dem Beseitigungsprotokoll durchgeführten Beseitigung von Flugkörpern mittlerer und kürzerer Reichweite und von Abschußvorrichtungen für solche Flugkörper sowie von mit solchen Flugkörpern und Abschußvorrichtungen zusammenhängenden Unterstützungsausrüstungen, einschließlich der Beseitigung von Flugkörpern mittlerer Reichweite durch einen Start, durch. Inspektoren, welche die in diesem Absatz vorgesehenen Inspektionen durchführen, stellen den Abschluß der für die Beseitigung von Flugkörpern, Abschußvorrichtungen und Unterstützungsausrüstungen angegebenen Verfahren fest.

8. Jede Vertragspartei hat das Recht, Inspektionen durchzuführen, um sich vom Abschluß des Verfahrens der Beseitigung von Flugkörpern mittlerer und kürzerer Reichweite und von Abschußvorrichtungen für solche Flugkörper sowie von mit solchen Flugkörpern und Abschußvorrichtungen zusammenhängenden Unterstützungsausrüstungen, die nach Abschnitt V des Beseitigungsprotokolls beseitigt worden sind, und von für Ausbildungszwecke bestimmten Flugkörpern, Flugkörperstufen, Startbehältern und Abschußvorrichtungen, die nach den Abschnitten II, IV und V des Beseitigungsprotokolls beseitigt worden sind, zu überzeugen.

Artikel XII

1. Um die Nachprüfung der Einhaltung dieses Vertrags zu gewährleisten, wird jede Vertragspartei die ihr zur Verfügung stehenden nationalen technischen Nachprüfungsmittel in einer Weise einsetzen, die mit den allgemein anerkannten Grundsätzen des Völkerrechts im Einklang steht.

[...]

Artikel XIII

1. Um die Ziele dieses Vertrags und die Durchführung seiner Bestimmungen zu fördern, setzen die Vertragsparteien hiermit die Sondernachprüfungskommission ein. Die Vertragsparteien vereinbaren, daß sie, wenn eine der beiden Vertragsparteien darum ersucht, im Rahmen der Sondernachprüfungskommission zusammenkommen, um

a) Fragen in bezug auf die Einhaltung der übernommenen Verpflichtungen zu lösen und

b) die zur Verbesserung der Lebensfähigkeit und Wirksamkeit dieses Vertrags erforderlichen Maßnahmen zu vereinbaren.

2. Die Vertragsparteien nutzen die Zentren für die Verminderung des nuklearen Risikos, die eine ständige Nachrichtenverbindung zwischen den Vertragsparteien ermöglichen, um

a) die Daten auszutauschen und die Mitteilungen zu übermitteln, die nach Artikel IX Absätze 3, 4, 5 und 6 und nach dem Beseitigungsprotokoll erforderlich sind;

b) die nach Artikel X Absatz 9 erforderlichen Informationen zur Verfügung zu stellen und entgegenzunehmen;

c) Mitteilungen über nach Artikel XI und nach dem Inspektionsprotokoll erforderliche Inspektionen zu übermitteln und entgegenzunehmen;

d) die in Artikel XII Absatz 3 vorgesehenen Ersuchen um Maßnahmen der Zusammenarbeit zu stellen und entgegenzunehmen.

[...]

[Unterschriften]

Quelle: Europa-Archiv, 1988, D 18 ff.

D 92: Dokument der Stockholmer Konferenz über Vertrauens- und Sicherheitsbildende Maßnahmen und Abrüstung in Europa, einberufen in Übereinstimmung mit den einschlägigen Bestimmungen des abschließenden Dokuments des Madrider Treffens der Konferenz über Sicherheit und Zusammenarbeit in Europa vom 19. September 1986 (Auszug)

[...]

(7) Die Teilnehmerstaaten erkannten an, daß der im vorliegenden Dokument angenommene Satz einander ergänzender vertrauens- und sicherheitsbildender Maßnahmen, die in Einklang mit dem Madrider Mandat stehen, durch ihren Umfang und ihre Natur sowie durch ihre Verwirklichung dazu dienen, Vertrauen und Sicherheit in Europa zu festigen und somit der Pflicht der Staaten, sich der Androhung oder Anwendung von Gewalt zu enthalten, Wirkung und Ausdruck zu verleihen.

(8) Demgemäß haben die Teilnehmerstaaten folgendes erklärt:

Enthaltung von der Androhung oder Anwendung von Gewalt

(9) Eingedenk ihrer Pflicht, sich in ihren gegenseitigen Beziehungen sowie in ihren internationalen Beziehungen im allgemeinen der Androhung oder Anwendung von Gewalt, die gegen die territoriale Integrität oder politische Unabhängigkeit irgendeines Staates gerichtet oder auf irgendeine andere Weise mit den Zielen der Vereinten Nationen unvereinbar ist, zu enthalten, bekräftigen die Teilnehmerstaaten dementsprechend ihre Verpflichtung, das Prinzip der Enthaltung von der Androhung oder Anwendung von Gewalt, wie es in der Schlußakte niedergelegt ist, zu achten und in die Praxis umzusetzen.

(10) Die Geltendmachung von Erwägungen zur Rechtfertigung eines gegen dieses Prinzip verstoßenden Rückgriffs auf die Androhung oder Anwendung von Gewalt ist unzulässig.

(11) Sie rufen das naturgegebene Recht zur individuellen oder kollektiven Selbstverteidigung im Falle eines bewaffneten Angriffs in Erinnerung, wie es in der Charta der Vereinten Nationen niedergelegt ist.

(12) Sie werden sich jeglicher Gewaltmanifestation enthalten, die den Zweck hat, irgend einen anderen Staat zum Verzicht auf die volle Ausübung seiner souveränen Rechte zu bewegen.

(13) Wie in der Schlußakte niedergelegt, wird keine Besetzung oder Aneignung von Territorium als rechtmäßig anerkannt werden, die aus der Androhung oder Anwendung von Gewalt unter Verletzung des Völkerrechts resultiert.
(14) Sie erkennen ihre Verpflichtung zu Frieden und Sicherheit an. Dementsprechend bekräftigen sie, daß sie sich jedes mit den Zielen und Grundsätzen der Charta der Vereinten Nationen und den Bestimmungen der Erklärung über die Prinzipien, die die Beziehungen der Teilnehmerstaaten leiten, nicht zu vereinbarenden Einsatzes bewaffneter Kräfte gegen einen anderen Teilnehmerstaat enthalten werden, insbesondere der Invasion oder des Angriffs auf sein Territorium.
(15) Sie werden ihrer Verpflichtung entsprechen, sich in ihren Beziehungen zu jedem anderen Staat der Androhung oder Anwendung von Gewalt zu enthalten, ungeachtet des politischen, sozialen, wirtschaftlichen oder kulturellen Systems dieses Staates und unabhängig davon, ob sie zu diesem Staat Bündnisbeziehungen unterhalten oder nicht.
(16) Sie unterstreichen, daß die Nichteinhaltung der Pflicht, sich der Androhung oder Anwendung von Gewalt zu enthalten, wie oben in Erinnerung gerufen, eine Verletzung des Völkerrechts darstellt.
(17) Sie unterstreichen ihre Verpflichtung zum Prinzip der friedlichen Regelung von Streitfällen, wie es in der Schlußakte enthalten ist, in der Überzeugung, daß es eine wesentliche Ergänzung zur Pflicht der Staaten ist, sich der Androhung oder Anwendung von Gewalt zu enthalten, wobei beide Prinzipien wesentliche Faktoren für die Erhaltung und Festigung des Friedens und der Sicherheit sind. Sie rufen ihre Entschlossenheit und die Notwendigkeit in Erinnerung, die ihnen für die friedliche Regelung von Streitfällen zur Verfügung stehenden Methoden zu verstärken und zu verbessern. Sie bekräftigen ihre Entschlossenheit, alle Anstrengungen zu unternehmen, um ausschließlich mit friedlichen Mitteln jeglichen Streitfall zwischen ihnen zu regeln.
(18) Die Teilnehmerstaaten unterstreichen ihre Verpflichtung zur Schlußakte und die Notwendigkeit vollständiger Durchführung aller ihrer Bestimmungen, die den Prozeß der Verbesserung der Sicherheit und der Entwicklung der Zusammenarbeit in Europa fördern wird, dadurch zu internationalem Frieden und Sicherheit in der ganzen Welt beitragend.
(19) Sie betonen ihre Verpflichtung zu allen Prinzipien der Erklärung über die Prinzipien, die die Beziehungen der Teilnehmerstaaten leiten, und erklären ihre Entschlossenheit, sie zu achten und in die Praxis umzusetzen, ungeachtet ihrer politischen, wirtschaftlichen oder sozialen Systeme, als auch ihrer Größe, geographischen Lage oder ihres wirtschaftlichen Entwicklungsstandes.
(20) Alle diese zehn Prinzipien sind von grundlegender Bedeutung und werden folglich gleichermaßen und vorbehaltlos angewendet, wobei ein jedes von ihnen unter Beachtung der anderen ausgelegt wird.

[...]

(28) Die Teilnehmerstaaten haben die folgenden Maßnahmen angenommen:

Vorherige Ankündigung bestimmter militärischer Aktivitäten

(29) Die Teilnehmerstaaten werden anzukündigende* militärische Aktivitäten in der Anwendungszone für vertrauens- und sicherheitsbildende Maßnahmen (VSBM)** schriftlich auf diplomatischem Wege in vereinbarter Form des Inhaltes allen anderen Teilnehmerstaaten 42 Tage oder mehr vor ihrem Beginn ankündigen.

(30) Die Ankündigung wird durch den Teilnehmerstaat gegeben, auf dessen Territorium die Durchführung der betreffenden Aktivitäten geplant ist, selbst wenn die Streitkräfte dieses Staates an der Aktivität nicht beteiligt sind oder ihre Stärke unter der Ankündigungsschwelle liegt. Dies entbindet andere Teilnehmerstaaten nicht von ihrer Pflicht, Ankündigung zu geben, wenn ihre Beteiligung an der geplanten militärischen Aktivität die Ankündigungsschwelle erreicht.

(31) Jede der folgenden militärischen Aktivitäten, die im Gelände als eine einzelne Aktivität in der Anwendungszone für VSBM auf oder über den nachstehend definierten Schwellen durchgeführt wird, wird angekündigt:

(31.1) Der Einsatz von Truppenformationen der Landstreitkräfte*** der Teilnehmerstaaten in ein und derselben Übungsaktivität, die unter einheitlicher Führung selbständig oder kombiniert mit etwaigen Teilen von Luft- oder Seestreitkräften durchgeführt wird.

(31.1.1) Diese militärische Aktivität wird der Ankündigung unterliegen, wenn an ihr zu irgend einem Zeitpunkt während der Aktivität beteiligt sind:

- mindestens 13.000 Mann, einschließlich Unterstützungstruppen, oder
- mindestens 300 Kampfpanzer

wenn diese in eine Divisionsstruktur oder zumindest in zwei Brigaden/Regimenter – nicht notwendigerweise derselben Division unterstellt – gegliedert sind.

(31.1.2.) Die Teilnahme von Luftstreitkräften der Teilnehmerstaaten wird in die Ankündigung einbezogen, wenn vorgesehen ist, daß im Verlauf der Aktivität 200 oder mehr Einsätze von Flugzeugen, ausgenommen Hubschrauber, geflogen werden.

(31.2.) Der Einsatz von Streitkräften in einer amphibischen Landung oder in einer Fallschirmlandung von Luftlandekräften in der Anwendungszone für VSBM.

(31.2.1) Diese militärischen Aktivitäten werden der Ankündigung unterliegen, wenn an der amphibischen Landung mindestens 3000 Mann oder am Fallschirmabsprung mindestens 3000 Mann beteiligt sind.

(31.3) Der Einsatz von Truppenformationen der Landstreitkräfte der Teilnehmerstaaten in einer Verlegung von außerhalb der Anwendungszone für VSBM zu Ankunftspunkten innerhalb der Zone, oder von innerhalb der Anwendungszone für VSBM zu Konzentrationspunkten in der Zone, um an einer anzukündigenden Übungsaktivität teilzunehmen oder um konzentriert zu werden.

(31.3.1) Die Ankunft oder Konzentration dieser Kräfte wird der Ankündigung unterliegen, wenn an ihr zu irgendeinem Zeitpunkt während der Aktivität beteiligt sind:

- mindestens 13.000 Mann, einschließlich Unterstützungstruppen, oder

---

* Der Begriff anzukündigend bedeutet in diesem Dokument: der Ankündigung unterliegend.

** siehe S. 409f.

*** In diesem Zusammenhang schließt der Begriff Landstreitkräfte amphibische, luftbewegliche und Luftlandekräfte ein.

– mindestens 300 Kampfpanzer
wenn diese in eine Divisionsstruktur oder zumindest in zwei Brigaden/Regimenter – nicht notwendigerweise derselben Division unterstellt – gegliedert sind.
(31.3.2) Kräfte, die in die Zone verlegt worden sind, werden allen Bestimmungen der vereinbarten VSBM unterliegen, wenn sie ihre Ankunftspunkte verlassen, um innerhalb der Anwendungszone für VSBM an einer anzukündigenden Übungsaktivität teilzunehmen oder um konzentriert zu werden.
(32) Anzukündigende militärische Aktivitäten, die ohne vorherige Bekanntgabe an die beteiligten Truppen durchgeführt werden, sind von dem Erfordernis der 42tägigen vorherigen Ankündigung ausgenommen.
(32.1.) Die Ankündigung solcher Aktivitäten, die über den vereinbarten Schwellen liegen, wird zu dem Zeitpunkt gegeben, an dem die beteiligten Truppen derartige Aktivitäten beginnen.

[...]

Beobachtung bestimmter militärischer Aktivitäten

(38) Die Teilnehmerstaaten werden Beobachter aus allen anderen Teilnehmerstaaten zu den folgenden anzukündigenden militärischen Aktivitäten einladen:
(38.1) – zum Einsatz von Truppenformationen der Landstreitkräfte der Teilnehmerstaaten in ein und derselben Übungsaktivität, die unter einheitlicher Führung, selbständig oder kombiniert mit etwaigen Teilen von Luft- oder Seestreitkräften, durchgeführt wird;
(38.2) – zum Einsatz von Streitkräften in einer amphibischen Landung oder in einer Fallschirmlandung von Luftlandekräften in der Anwendungszone für VSBM;
(38.3) – im Falle des Einsatzes von Truppenformationen der Landstreitkräfte der Teilnehmerstaaten in einer Verlegung von außerhalb der Anwendungszone für VSBM zu Ankunftspunkten innerhalb der Zone, oder von innerhalb der Anwendungszone für VSBM zu Konzentrationspunkten in der Zone, um an einer anzukündigenden Übungsaktivität teilzunehmen oder konzentriert zu werden, zur Konzentration dieser Kräfte. Kräfte, die in die Zone verlegt worden sind, werden allen Bestimmungen der vereinbarten vertrauens- und sicherheitsbildenden Maßnahmen unterliegen, wenn sie ihre Ankunftspunkte verlassen, um innerhalb der Anwendungszone für VSBM an einer anzukündigenden Übungsaktivität teilzunehmen oder um konzentriert zu werden.
(38.4) Die oben angeführten Aktivitäten werden der Beobachtung unterliegen, wenn die Stärke des eingesetzten Personals 17.000 Mann erreicht oder überschreitet, außer im Falle einer amphibischen Landung oder einer Fallschirmlandung von Luftlandekräften, die dann der Beobachtung unterliegen werden, wenn die Stärke des eingesetzten Personals 5.000 Mann erreicht oder überschreitet.
(39) Der Gastgeberstaat wird die Einladungen zum Zeitpunkt der Ankündigung auf diplomatischem Wege an alle anderen Teilnehmerstaaten schriftlich übermitteln. Der Gastgeberstaat ist derjenige Teilnehmerstaat, auf dessen Territorium die angekündigte Aktivität stattfinden wird.
(40) Der Gastgeberstaat kann einige seiner Verantwortlichkeiten als Gastgeber an einen anderen Teilnehmerstaat delegieren, der die militärische Aktivität auf dem Territorium des Gastgeberstaates durchführt oder an ihr beteiligt ist. In derartigen Fällen wird der Gastgeberstaat die Aufteilung der Verantwortlichkeit in seiner Einladung zur Beobachtung der Aktivität angeben.

(41) Jeder Teilnehmerstaat kann bis zu zwei Beobachter zu der zu beobachtenden militärischen Aktivität entsenden.

(42) Der eingeladene Staat kann darüber entscheiden, ob er militärische und/oder zivile Beobachter, einschließlich Mitgliedern seines beim Gastgeberstaat akkreditierten Personals, entsendet. Militärische Beobachter werden während der Ausübung ihrer Aufgaben in der Regel ihre Uniformen und Abzeichen tragen.

(43) Antworten auf die Einladung werden schriftlich bis spätestens 21 Tage nach Absendung der Einladung erteilt.

(44) Die Teilnehmerstaaten, die eine Einladung annehmen, werden in ihrer Antwort auf die Einladung Namen und Rang ihrer Beobachter mitteilen. Wird die Einladung nicht rechtzeitig angenommen, so wird davon ausgegangen, daß keine Beobachter entsandt werden.

[...]

(54) Die Teilnehmerstaaten sind nicht verpflichtet, Beobachter zu anzukündigenden militärischen Aktivitäten einzuladen, die ohne vorherige Bekanntgabe an die beteiligten Truppen durchgeführt werden, sofern diese anzukündigenden Aktivitäten nicht länger als 72 Stunden dauern. Die Fortführung solcher Aktivitäten über diesen Zeitraum hinaus wird der Beobachtung unterliegen, solange die vereinbarten Schwellen für die Beobachtung erreicht oder überschritten werden. Das Beobachtungsprogramm wird allen in diesem Dokument niedergelegten Bestimmungen für die Beobachtung so weit wie praktisch möglich entsprechen.

Jahresübersichten

(55) Jeder Teilnehmerstaat wird eine Jahresübersicht seiner der vorherigen Ankündigung unterliegenden militärischen Aktivitäten innerhalb der Anwendungszone für VSBM, die für das darauffolgende Kalenderjahr vorgesehen sind, mit allen anderen Teilnehmerstaaten austauschen. Sie wird jährlich auf diplomatischem Wege bis spätestens 15. November für das folgende Jahr schriftlich übermittelt.

[...]

Beschränkende Bestimmungen

(59) Jeder Teilnehmerstaat wird allen anderen Teilnehmerstaaten bis zum 15. November eines jeden Jahres Angaben über militärische Aktivitäten schriftlich übermitteln, die der vorherigen Ankündigung unterliegen, an denen mehr als 40.000 Mann beteiligt sind und die er im zweiten darauffolgenden Kalenderjahr durchzuführen plant. Eine solche Mitteilung wird vorläufige Angaben über jede Aktivität enthalten, und zwar über ihren allgemeinen Zweck, den zeitlichen Rahmen und die Dauer, das Gebiet, den zahlenmäßigen Umfang und die beteiligten Staaten.

(60) Die Teilnehmerstaaten werden keine der vorherigen Ankündigung unterliegenden militärischen Aktivitäten durchführen, an denen mehr als 75.000 Mann beteiligt sind, sofern sie nicht Gegenstand einer Mitteilung waren, wie sie oben definiert ist.

(61) Die Teilnehmerstaaten werden keine der vorherigen Ankündigung unterliegenden militärischen Aktivitäten durchführen, an denen mehr als 40.000 Mann beteiligt sind, sofern diese nicht in der Jahresübersicht bis spätestens 15. November eines jeden Jahres enthalten sind.

(62) Falls der vorherigen Ankündigung unterliegende militärische Aktivitäten zusätzlich zu den in der Jahresübersicht enthaltenen durchgeführt werden, sollte ihre Anzahl so gering wie möglich sein.

Einhaltung und Verifikation

(63) Gemäß dem Madrider Mandat werden die zu vereinbarenden vertrauens- und sicherheitsbildenden Maßnahmen »von angemessenen Formen der Verifikation begleitet werden, die ihrem Inhalt entsprechen.«

(64) Die Teilnehmerstaaten erkennen an, daß nationale technische Mittel eine Rolle bei der Überwachung der Einhaltung der vereinbarten VSBM spielen können.

(65) In Übereinstimmung mit den in diesem Dokument enthaltenen Bestimmungen hat jeder Teilnehmerstaat das Recht, auf dem Territorium eines jeden anderen Teilnehmerstaates innerhalb der Anwendungszone für VSBM Inspektionen durchzuführen.

(66) Jedem Teilnehmerstaat wird gestattet, ein Ersuchen um eine Inspektion an einen anderen Teilnehmerstaat zu richten, auf dessen Territorium in der Anwendungszone für VSBM die Einhaltung der vereinbarten VSBM in Zweifel gezogen wird.

(67) Kein Teilnehmerstaat ist verpflichtet, auf seinem Territorium in der Anwendungszone für VSBM mehr als drei Inspektionen pro Kalenderjahr zuzulassen.

(68) Kein Teilnehmerstaat ist verpflichtet, mehr als eine Inspektion pro Kalenderjahr durch ein und denselben Teilnehmerstaat zuzulassen.

(69) Eine Inspektion wird nicht gezählt, wenn sie aufgrund höherer Gewalt nicht durchgeführt werden kann.

(70) Der Teilnehmerstaat, der um eine Inspektion ersucht, wird die Gründe für ein solches Ersuchen angeben.

(71) Der Teilnehmerstaat, der ein solches Ersuchen erhalten hat, wird das Ersuchen gemäß den in den Absätzen (67) und (68) enthaltenen Bestimmungen innerhalb der vereinbarten Frist positiv beantworten.

(72) Etwaige Meinungsverschiedenheiten über die Stichhaltigkeit der Gründe für ein Ersuchen werden die Durchführung einer Inspektion nicht verhindern oder verzögern.

(73) Dem Teilnehmerstaat, der um eine Inspektion ersucht, wird gestattet, ein bestimmtes Gebiet auf dem Territorium eines anderen Staates in der Anwendungszone für VSBM für die Inspektion zu benennen. Ein solches Gebiet wird »bezeichnetes Gebiet« genannt. Das bezeichnete Gebiet wird Gelände umfassen, in dem anzukündigende militärische Aktivitäten durchgeführt werden oder in dem nach Ansicht eines anderen Teilnehmerstaates eine anzukündigende militärische Aktivität stattfindet. Das bezeichnete Gebiet wird durch Umfang und Größenordnung anzukündigender militärischer Aktivitäten definiert und begrenzt, wird jedoch nicht größer sein als ein Gebiet, das für eine militärische Aktivität auf Armee-Ebene erforderlich ist.

(74) Im bezeichneten Gebiet haben die Vertreter des inspizierenden Staates in Begleitung der Vertreter des Empfangsstaates das Recht auf Zugang, Einreise und unbehinderte Besichtigung, mit Ausnahme von Gebieten oder sensitiven Punkten, die in der Regel nicht oder beschränkt zugänglich sind, militärischen und anderen Verteidigungsanlagen sowie Schiffen der Seestreitkräfte, militärischen Fahrzeugen und Luftfahrzeugen. Die Anzahl und Ausdehnung der Sperrgebiete sollte jedoch so gering wie möglich sein. Gebiete, in denen anzukündigende militärische Aktivitäten stattfinden können, werden nicht zu Sperrgebieten erklärt, mit Ausnahme gewisser ständiger oder zeitweiliger militärischer Anlagen, die flächenmäßig so klein wie möglich sein sollten, und folglich werden diese Gebiete nicht dazu benutzt, die Inspektion

anzukündigender militärischer Aktivitäten zu verhindern. Sperrgebiete werden nicht in einer Weise verwendet, die im Widerspruch zu den vereinbarten Inspektionsbestimmungen steht.

(75) Innerhalb des bezeichneten Gebiets werden die Streitkräfte anderer Teilnehmerstaaten als die des Empfangsstaates ebenfalls der Inspektion durch den inspizierenden Staat unterliegen.

(76) Die Inspektion wird zu Lande, aus der Luft oder auf beide Arten gestattet.

(77) Die Vertreter des Empfangsstaates werden die Inspektionsgruppe begleiten, auch dann, wenn diese sich in Landfahrzeugen oder an Bord eines Luftfahrzeuges befindet, und zwar vom Zeitpunkt der ersten Verwendung dieser Fahrzeuge bis zu dem Zeitpunkt, zu dem sie nicht mehr zu Inspektionszwecken benutzt werden.

[...]

(79) Die Antwort auf das Ersuchen wird innerhalb der kürzestmöglichen Frist erteilt, spätestens jedoch binnen vierundzwanzig Stunden. Binnen sechsunddreißig Stunden nach Stellen des Ersuchens wird der Inspektionsgruppe die Einreise in das Territorium des Empfangsstaates gestattet.

(80) Jedes Ersuchen um eine Inspektion sowie die darauf erteilte Antwort werden allen Teilnehmerstaaten unverzüglich mitgeteilt.

[...]

(83) Innerhalb von achtundvierzig Stunden nach Eintreffen der Inspektionsgruppe im bezeichneten Gebiet wird die Inspektion beendet.

(84) Eine Inspektionsgruppe wird aus höchstens vier Inspektoren bestehen. Die Inspektionsgruppe kann sich während der Durchführung der Inspektion in zwei Untergruppen aufteilen.

[...]

(99) Die Teilnehmerstaaten unterstreichen, daß diese vertrauens- und sicherheitsbildenden Maßnahmen dazu bestimmt sind, die Gefahr von bewaffneten Konflikten und von Mißverständnissen oder Fehleinschätzungen militärischer Tätigkeiten zu verringern und betonen, daß ihre Verwirklichung zur Erreichung dieser Ziele beitragen wird.

(100) Unter Bekräftigung der einschlägigen Zielsetzungen der Schlußakte sind die Teilnehmerstaaten entschlossen, mit der Vertrauensbildung fortzufahren, militärische Konfrontation zu vermindern und Sicherheit für alle zu stärken. Sie sind auch entschlossen, Fortschritte bei der Abrüstung zu erzielen.

(101) Die in diesem Dokument vereinbarten Maßnahmen sind politisch verbindlich und treten am 1. Januar 1987 in Kraft.

[...]

Wo immer der Begriff »Anwendungszone für VSBM« in diesem Dokument verwendet wird, gilt folgende Definition.

Die Anwendungszone für VSBM ist gemäß den Bestimmungen des Madrider Mandats wie folgt:

»Auf der Grundlage der Gleichheit der Rechte, der Ausgewogenheit und Gegenseitigkeit, der gleichen Achtung der Sicherheitsinteressen aller Teilnehmerstaaten der KSZE und ihrer jeweiligen Verpflichtungen betreffend vertrauens- und sicherheitsbildende Maßnahmen und Abrüstung in Europa, werden diese vertrauens- und sicherheitsbildenden Maßnahmen ganz Europa sowie das angrenzende Seegebiet* und den angrenzenden Luftraum umfassen. Sie werden militärisch bedeutsam und politisch verbindlich sein und von angemessenen Formen der Verifikation begleitet werden, die ihrem Inhalt entsprechen.

In bezug auf das angrenzende Seegebiet* und den angrenzenden Luftraum werden diese Maßnahmen auf die dort stattfindenden militärischen Tätigkeiten aller Teilnehmerstaaten anwendbar sein, soweit diese Tätigkeit sowohl die Sicherheit in Europa berühren als auch einen Teil von Tätigkeiten in ganz Europa, wie oben angeführt, konstituieren, die anzukündigen sie vereinbaren werden. Notwendige Spezifizierungen werden durch die Verhandlungen über die vertrauens- und sicherheitsbildenden Maßnahmen auf der Konferenz erfolgen.

Die vorstehend gegebene Definition der Zone mindert in keiner Weise bereits mit der Schlußakte eingegangene Verpflichtungen. Die auf der Konferenz zu vereinbarenden vertrauens- und sicherheitsbildenden Maßnahmen werden auch in allen Gebieten anwendbar sein, die von irgendeiner der Bestimmungen der Schlußakte betreffend vertrauensbildende Maßnahmen und bestimmte Aspekte der Sicherheit und Abrüstung erfaßt werden.

---

* In diesem Zusammenhang ist der Begriff angrenzendes Seegebiet so zu verstehen, daß er sich auch auf an Europa angrenzende ozeanische Gebiete bezieht.

Quelle: Europa-Archiv, 1986, D 625 ff.

D 93: KSZE-Folgetreffen in Wien. Abschließendes Dokument vom 15. Januar 1989, Anhang III: Mandat für Verhandlungen über Konventionelle Streitkräfte* in Europa

Die Vertreter Belgiens, Bulgariens, Dänemarks, der Deutschen Demokratischen Republik, der Bundesrepublik Deutschland, Frankreichs, Griechenlands, Islands, Italiens, Kanadas, Luxemburgs, der Niederlande, Norwegens, Polens, Portugals, Rumäniens, Spaniens, der Tschechoslowakei, der Türkei, Ungarns, der Union der Sozialistischen Sowjetrepubliken, des Vereinigten Königreichs und der Vereinigten Staaten von Amerika führten vom 17. Februar 1987 bis 10. Januar 1989 in Wien Konsultationen durch.

Diese Staaten,

Im Bewußtsein der gemeinsamen Verantwortung, die sie alle für das Streben nach Erreichung größerer Stabilität und Sicherheit in Europa tragen;

In der Erkenntnis, daß es ihre Streitkräfte sind, die den unmittelbarsten Einfluß auf das grundlegende Sicherheitsgefüge in Europa haben, insbesondere, da sie Unterzeichner der Verträge von Brüssel (1948), Washington (1949) bzw. Warschau (1955) und demzufolge Mitglieder des Nordatlantischen Bündnisses bzw. Teilnehmerstaaten des Warschauer Vertrages sind;

Eingedenk dessen, daß sie alle Teilnehmer des KSZE-Prozesses sind;

---

* Konventionelle Streitkräfte schließen konventionelle Bewaffnung und Ausrüstung ein.

Eingedenk dessen, daß sie, wie in der Schlußakte von Helsinki bekräftigt wird, das Recht haben, internationalen Organisationen anzugehören oder nicht anzugehören, Vertragspartei bilateraler oder multilateraler Verträge zu sein oder nicht zu sein, einschließlich des Rechts, Vertragspartei eines Bündnisses zu sein oder nicht zu sein;
Entschlossen, Verhandlungen über Konventionelle Streitkräfte in Europa im Rahmen des KSZE-Prozesses abzuhalten;
In Bekräftigung auch der Tatsache, daß sie als souveräne und unabhängige Staaten und auf der Grundlage der vollen Gleichberechtigung an Verhandlungen teilnehmen;
Haben folgende Bestimmungen vereinbart:

Teilnehmer

Die Teilnehmer an diesen Verhandlungen sind die 23 oben aufgeführten Staaten, im folgenden als »die Teilnehmer« bezeichnet.

Ziele und Methoden

Die Ziele der Verhandlungen sind die Festigung der Stabilität und Sicherheit in Europa durch die Schaffung eines stabilen und sicheren Gleichgewichts der konventionellen Streitkräfte, die konventionelle Bewaffnung und Ausrüstung einschließen, auf niedrigerem Niveau; die Beseitigung von Ungleichgewichten, die nachteilig für Stabilität und Sicherheit sind; und – als vorrangige Angelegenheit – die Beseitigung der Fähigkeit zur Auslösung von Überraschungsangriffen und zur Einleitung großangelegter offensiver Handlungen. Jeder Teilnehmer ohne Ausnahme verpflichtet sich, zur Erreichung dieser Ziele beizutragen.

Diese Ziele sollen durch die Anwendung militärisch bedeutsamer Maßnahmen, wie unter anderem Reduzierungen, Begrenzungen, Bestimmungen zu Umdislozierungen, gleiche Obergrenzen und ähnliche Maßnahmen, erreicht werden.

Zur Erreichung der oben genannten Ziele sollen Maßnahmen für das gesamte Anwendungsgebiet angestrebt werden mit Bestimmungen – sofern und wo angemessen – für eine regionale Differenzierung, um Ungleichgewichte innerhalb des Anwendungsgebietes zu beseitigen, und zwar in einer Wese, die eine Umgehung ausschließt.

Der Prozeß der Festigung der Stabilität und Sicherheit soll schrittweise und in einer Weise verlaufen, die gewährleistet, daß die Sicherheit keines Teilnehmers in irgendeiner Phase beeinträchtigt wird.

Verhandlungsbereich und Anwendungsgebiet

Gegenstand der Verhandlungen sind die auf Land stationierten konventionellen Streitkräfte der Teilnehmer, die konventionelle Bewaffnung und Ausrüstung einschließen, innerhalb des Territoriums der Teilnehmer in Europa vom Atlantik bis zum Ural.
Das Vorhandensein mehrfacher Einsatzfähigkeiten wird kein Kriterium für eine Änderung des Verhandlungsbereiches sein:

- Keine konventionelle Bewaffnung oder Ausrüstung wird als Verhandlungsgegenstand ausgeschlossen, weil sie neben konventioneller andere Einsatzfähigkeiten haben kann. Solche Bewaffnung oder Ausrüstung wird nicht als gesonderte Kategorie herausgestellt;
- Kernwaffen werden nicht Gegenstand dieser Verhandlungen sein.

Besonderer Nachdruck wird anfänglich auf jene Kräfte gelegt, die unmittelbar im

Zusammenhang mit der Erreichung der oben dargelegten Ziele der Verhandlungen stehen.

Seestreitkräfte und chemische Waffen werden nicht behandelt.

Anwendungsgebiet* ist das gesamte Landterritorium der Teilnehmer in Europa vom Atlantik bis zum Ural, das alle europäischen Inselterritorien der Teilnehmer einschließt. Im Falle der Sowjetunion schließt das Anwendungsgebiet das gesamte Territorium westlich des Ural-Flusses und des Kaspischen Meeres ein. Im Falle der Türkei schließt das Anwendungsgebiet das Territorium der Türkei nördlich und westlich der folgenden Linien ein: Schnittpunkt der Grenze mit dem 39. Breitengrad, Muradiye, Patnos, Karayazi, Tekman, Kemaliye, Feke, Ceyhan, Dogankent, Gözne und von dort zum Meer.

Informationsaustausch und Verifikation

Die Einhaltung der Bestimmungen jeder Vereinbarung wird durch ein wirksames und striktes Verifikationsregime überprüft, das unter anderem das Recht auf Vor-Ort-Inspektionen sowie den Austausch von Informationen einschließen wird.

Die Informationen werden so ausreichend aufgeschlüsselt ausgetauscht, daß sie einen klaren Vergleich der Fähigkeiten der betroffenen Streitkräfte ermöglichen. Die Informationen werden ferner so ausreichend aufgeschlüsselt ausgetauscht, daß sie eine Grundlage für die Verifikation der Einhaltung bilden.

Die spezifischen Modalitäten für die Verifikation und den Informationsaustausch, einschließlich des Grades der Aufschlüsselung der Informationen und der Art und Weise ihres Austausches, werden in den eigentlichen Verhandlungen vereinbart.

Verfahren und andere Regelungen

Die Verfahren für die Verhandlungen, einschließlich Tagesordnung, Arbeitsprogramm und Zeitplan, Arbeitsregeln, finanziellen Angelegenheiten und sonstigen organisatorischen Modalitäten, wie sie von den Teilnehmern selbst vereinbart wurden, sind in Anhang 1 dieses Mandats niedergelegt. Sie können nur durch Konsens der Teilnehmer geändert werden.

Die Teilnehmer haben beschlossen, an Treffen der Unterzeichnerstaaten der Schlußakte von Helsinki teilzunehmen, die mindestens zweimal während jeder Runde der Verhandlungen über Konventionelle Streitkräfte in Europa abgehalten werden, um Meinungen und substantielle Informationen über den Verlauf der Verhandlungen über Konventionelle Streitkräfte in Europa auszutauschen. Die Modalitäten für diese Treffen sind im einzelnen in Anhang 2 dieses Mandats enthalten.

Die Teilnehmer werden die auf diesen Treffen von anderen KSZE-Teilnehmerstaaten bezüglich deren eigener Sicherheit geäußerten Meinungen berücksichtigen.

Die Teilnehmer werden auch bilateral Informationen geben.

Die Teilnehmer werden das nächste KSZE-Folgetreffen über ihre Arbeit und eventuelle Ergebnisse unterrichten und auf diesem Treffen mit den anderen KSZE-Teilnehmerstaaten Meinungen über in den Verhandlungen erzielte Fortschritte austauschen.

Die Teilnehmer beabsichtigen, im Lichte der dann gegebenen Umstände in ihrem Zeitplan eine zeitlich befristete Unterbrechung vorzusehen, um diesen Meinungsaus-

---

* Die Teilnehmer werden sich von der Formulierung über die Nichtumgehung leiten lassen, wie sie im Abschnitt über Ziele und Methoden niedergelegt ist.

tausch zu ermöglichen. Der geeignete Zeitpunkt und die angemessene Dauer dieser Unterbrechung liegen allein in ihrer Verantwortung.

Jede Änderung dieses Mandats liegt allein in der Verantwortung der Teilnehmer, sei es, daß sie es selbst ändern oder an seiner Änderung bei einem künftigen KSZE-Folgetreffen mitwirken.

Die Ergebnisse der Verhandlungen werden nur von den Teilnehmern bestimmt.

Charakter der Vereinbarungen

Die erzielten Vereinbarungen sind international verbindlich. Die Modalitäten für ihr Inkrafttreten werden in den Verhandlungen beschlossen.

Verhandlungsort

Die Verhandlungen beginnen in Wien nicht später als in der siebenten Woche nach Abschluß des Wiener KSZE-Treffens.

***

Die Vertreter der 23 Teilnehmer, deren Initialen unten erscheinen, haben das vorstehende Mandat vereinbart, das in der deutschen, englischen, französischen, italienischen, russischen und spanischen Sprache gleichermaßen authentisch ist.

Die Vertreter haben – eingedenk der Verpflichtung ihrer Staaten zur Erreichung eines ausgewogenen Ergebnisses beim Wiener KSZE-Treffen – beschlossen, es diesem Treffen mit der Empfehlung zu übermitteln, es dessen Abschließendem Dokument beizufügen.

[Initialen]

Quelle: Europa-Archiv, 1989, D 133 ff.

D 94: Vertrag über die Reduzierung der konventionellen Streitkräfte in Europa, am 19. November 1990 von den Mitgliedstaaten des Nordatlantik-Vertrags und des Warschauer Vertrags in Paris verabschiedet (Auszug)

Das Königreich Belgien, die Republik Bulgarien, das Königreich Dänemark, die Bundesrepublik Deutschland, die Französische Republik, die Griechische Republik, die Republik Island, die Italienische Republik, Kanada, das Großherzogtum Luxemburg, das Königreich der Niederlande, das Königreich Norwegen, die Republik Polen, die Portugiesische Republik, Rumänien, das Königreich Spanien, die Tschechische und Slowakische Föderative Republik, die Republik Türkei, die Republik Ungarn, die Union der Sozialistischen Sowjetrepubliken, das Vereinigte Königreich Großbritannien und Nordirland und die Vereinigten Staaten von Amerika, im folgenden als Vertragsstaaten bezeichnet – [...]

im Bewußtsein der gemeinsamen Verantwortung, die sie alle für das Streben nach Erreichung größerer Stabilität und Sicherheit in Europa tragen,

bestrebt, militärische Konfrontation durch eine neue, auf friedliche Zusammenarbeit gegründete Struktur der Sicherheitsbeziehungen zwischen allen Vertragsstaaten zu ersetzen und dadurch zur Überwindung der Teilung Europas beizutragen,

den Zielen verpflichtet, in Europa ein sicheres und stabiles Gleichgewicht der konventionellen Streitkräfte auf niedrigerem Niveau als bisher zu schaffen, Ungleichgewichte, die für Stabilität und Sicherheit nachteilig sind, zu beseitigen und – besonders vorrangig – die Fähigkeit zur Auslösung von Überraschungsangriffen und zur Einleitung großangelegter Offensivhandlungen in Europa zu beseitigen,
eingedenk dessen, daß sie den Brüsseler Vertrag von 1948, den Washingtoner Vertrag von 1949 oder den Warschauer Vertrag von 1955 unterzeichnet haben oder diesen Verträgen beigetreten sind, und daß sie das Recht haben, Vertragspartei eines Bündnisses zu sein oder nicht zu sein,
dem Ziel verpflichtet, dafür Sorge zu tragen, daß die Zahl der durch den Vertrag begrenzten Waffen und Ausrüstungen im Anwendungsgebiet des Vertrags 40 000 Kampfpanzer, 60 000 gepanzerte Kampffahrzeuge, 40 000 Artilleriewaffen, 13 600 Kampfflugzeuge und 4 000 Angriffshubschrauber nicht übersteigt,
in Bekräftigung dessen, daß dieser Vertrag die Sicherheitsinteressen irgendeines Staates nicht beeinträchtigen soll,
in Bekräftigung ihrer Verpflichtung, den Prozeß der konventionellen Rüstungskontrolle einschließlich Verhandlungen weiterzuführen und dabei künftigen Erfordernissen für die europäische Stabilität und Sicherheit im Lichte politischer Entwicklungen in Europa Rechnung zu tragen –
sind wie folgt übereingekommen:

Artikel I

1. Jeder Vertragsstaat erfüllt die in diesem Vertrag festgelegten Verpflichtungen im Einklang mit dessen Bestimmungen, darunter diejenigen Verpflichtungen, die sich auf die folgenden fünf Kategorien von konventionellen Streitkräften beziehen: Kampfpanzer, gepanzerte Kampffahrzeuge, Artillerie, Kampfflugzeuge und Kampfhubschrauber.
2. Jeder Vertragsstaat führt auch die in diesem Vertrag festgelegten sonstigen Maßnahmen durch, die darauf gerichtet sind, Sicherheit und Stabilität sowohl während des Zeitraums der Reduzierung konventioneller Streitkräfte als auch nach Abschluß der Reduzierung zu gewährleisten.
3. Dieser Vertrag schließt das Protokoll über vorhandene Typen konventioneller Waffen und Ausrüstungen, im folgenden als Protokoll über vorhandene Typen bezeichnet, einschließlich einer Anlage, das Protokoll über Verfahren zur Reklassifizierung bestimmter Modelle oder Versionen kampffähiger Schulflugzeuge als unbewaffnete Schulflugzeuge, im folgenden als Protokoll über die Reklassifizierung von Flugzeugen bezeichnet, das Protokoll über Verfahren zur Reduzierung von durch den Vertrag über Konventionelle Streitkräfte in Europa begrenzten konventionellen Waffen und Ausrüstungen, im folgenden als Reduzierungsprotokoll bezeichnet, das Protokoll über Verfahren zur Kategorisierung von Kampfhubschraubern und zur Rekategorisierung von Mehrzweck-Angriffshubschraubern, im folgenden als Protokoll über die Rekategorisierung von Hubschraubern bezeichnet, das Protokoll über Notifikationen und Informationsaustausch, im folgenden als Protokoll über Informationsaustausch bezeichnet, einschließlich einer Anlage über das Format für den Austausch von Informationen, im folgenden als Anlage über das Format bezeichnet, das Inspektionsprotokoll, das Protokoll über die Gemeinsame Beratungsgruppe und als Protokoll über die vorläufige Anwendung einiger Bestimmungen des Vertrags über Kon-

ventionelle Streitkräfte in Europa, im folgenden als Protokoll über die vorläufige Anwendung bezeichnet, ein. Jedes dieser Dokumente ist Bestandteil des Vertrags.

Artikel II

1. Für die Zwecke dieses Vertrags gilt folgendes:

(A) Der Begriff »Gruppe von Vertragsstaaten« bezeichnet die Gruppe von Vertragsstaaten, die den Warschauer Vertrag von 1955 unterzeichnet haben, und die sich aus der Republik Bulgarien, der Republik Polen, Rumänien, der Tschechischen und Slowakischen Föderativen Republik, der Republik Ungarn und der Union der Sozialistischen Sowjetrepubliken zusammensetzt, oder die Gruppe von Vertragsstaaten, die den Vertrag von Brüssel von 1948 oder den Vertrag von Washington von 1949 unterzeichnet haben oder diesen Verträgen beigetreten sind, und die sich aus dem Königreich Belgien, dem Königreich Dänemark, der Bundesrepublik Deutschland, der Französischen Republik, der Griechischen Republik, der Republik Island, der Italienischen Republik, Kanada, dem Großherzogtum Luxemburg, dem Königreich der Niederlande, dem Königreich Norwegen, der Portugiesischen Republik, dem Königreich Spanien, der Republik Türkei, dem Vereinigten Königreich Großbritannien und Nordirland und den Vereinigten Staaten von Amerika zusammensetzt.

(B) Der Begriff »Anwendungsgebiet« bezeichnet das gesamte Landgebiet der Vertragsstaaten in Europa vom Atlantischen Ozean bis zum Ural-Gebirge, einschließlich aller europäischen Inseln der Vertragsstaaten, darunter die Färöer-Inseln des Königreichs Dänemark, Svalbard einschließlich der Bäreninsel des Königreichs Norwegen, die Azoren und Madeira der Portugiesischen Republik, die Kanarischen Inseln des Königreichs Spanien sowie das Franz-Josef-Land und Nowaja Semlja der Union der Sozialistischen Sowjetrepubliken. Im Fall der Union der Sozialistischen Sowjetrepubliken umfaßt das Anwendungsgebiet das gesamte Hoheitsgebiet westlich des Uralflusses und des Kaspischen Meeres. Im Fall der Republik Türkei umfaßt das Anwendungsgebiet das Hoheitsgebiet der Republik Türkei nördlich und westlich einer Linie, die sich vom Schnittpunkt der türkischen Grenze mit dem 39. Breitengrad bis Muradiye, Patnos, Karayazi, Tekman, Kemaliye, Feke, Ceyhan, Dogankent, Gözne und von dort zum Meer erstreckt.

[...]

Artikel IV

1. Innerhalb des Anwendungsgebiets, wie es in Artikel II definiert ist, begrenzt jeder Vertragsstaat seine Kampfpanzer, gepanzerten Kampffahrzeuge, Artilleriewaffen, Kampfflugzeuge und Angriffshubschrauber und reduziert sie erforderlichenfalls, so daß 40 Monate nach Inkrafttreten dieses Vertrags und danach die Gesamtzahl für die in Artikel II definierte Gruppe von Vertragsstaaten, der er angehört, nicht größer ist als:

(A) 20000 Kampfpanzer, davon nicht mehr als 16500 in aktiven Truppenteilen;

(B) 30000 gepanzerte Kampffahrzeuge, davon nicht mehr als 27300 in aktiven Truppenteilen.

Von den 30000 gepanzerten Kampffahrzeugen sind nicht mehr als 18000 Schützenpanzer und Kampffahrzeuge mit schwerer Bewaffnung; von den Schützenpanzern und Kampffahrzeugen mit schwerer Bewaffnung sind nicht mehr als 1500 Kampffahrzeuge mit schwerer Bewaffnung;

(C) 20 000 Artilleriewaffen, davon nicht mehr als 17 000 in aktiven Truppenteilen;
(D) 6 800 Kampfflugzeuge; und
(E) 2 000 Angriffshubschrauber.

Kampfpanzer, gepanzerte Kampffahrzeuge und Artilleriewaffen, die sich nicht in aktiven Truppenteilen befinden, werden in ausgewiesenen ständigen Lagerungsstätten, wie sie in Artikel II definiert sind, untergebracht und nur in dem in Absatz 2 beschriebenen Gebiet disloziert. Solche ausgewiesenen ständigen Lagerungsstätten können sich auch in dem Teil des Hoheitsgebiets der Union der Sozialistischen Sowjetrepubliken befinden, der den Militärbezirk Odessa und den südlichen Teil des Militärbezirks Leningrad umfaßt. Im Militärbezirk Odessa werden höchstens 400 Kampfpanzer und höchstens 500 Artilleriewaffen auf diese Weise gelagert. Im südlichen Teil des Militärbezirks Leningrad dürfen höchstens 600 Kampfpanzer, höchstens 800 gepanzerte Kampffahrzeuge, darunter höchstens 300 gepanzerte Kampffahrzeuge eines beliebigen Typs, wobei sich die verbleibende Anzahl aus gepanzerten Mannschaftstransportwagen zusammensetzt, sowie höchstens 400 Artilleriewaffen auf diese Weise gelagert werden. Unter dem südlichen Teil des Militärbezirks Leningrad wird das Gebiet dieses Militärbezirks südlich der in Ost-West-Richtung verlaufenden Linie von 60 Grad 15 Minuten nördlicher Breite verstanden.

2. Innerhalb des Gebiets, das aus dem gesamten Landgebiet in Europa, einschließlich aller europäischen Inseln, des Königreichs Belgien, des Königreichs Dänemark mit den Färöer-Inseln, der Bundesrepublik Deutschland, der Französischen Republik, der Italienischen Republik, des Großherzogtums Luxemburg, des Königreichs der Niederlande, der Republik Polen, der Portugiesischen Republik mit den Azoren und Madeira, des Königreichs Spanien mit den Kanarischen Inseln, der Tschechischen und Slowakischen Föderativen Republik, der Republik Ungarn, des Vereinigten Königreichs Großbritannien und Nordirland und des Teils des Hoheitsgebiets der Union der Sozialistischen Sowjetrepubliken westlich vom Ural-Gebirge, der die Militärbezirke Baltikum, Weißrußland, Karpaten, Kiew, Moskau und Wolga-Ural umfaßt, besteht, begrenzt jeder Vertragsstaat seine Kampfpanzer, gepanzerten Kampffahrzeuge und Artilleriewaffen und reduziert sie erforderlichenfalls, so daß 40 Monate nach Inkrafttreten des Vertrags und danach die Gesamtzahl für die Gruppe von Vertragsstaaten, der er angehört, nicht größer ist als:
(A) 15 300 Kampfpanzer, davon nicht mehr als 11 800 in aktiven Truppenteilen;
(B) 24 100 gepanzerte Kampffahrzeuge, davon nicht mehr als 21 400 in aktiven Truppenteilen;
(C) 14 000 Artilleriewaffen, davon nicht mehr als 11 000 in aktiven Truppenteilen.

3. Innerhalb des Gebiets, das aus dem gesamten Landgebiet in Europa, einschließlich aller europäischen Inseln, des Königreichs Belgien, des Königreichs Dänemark mit den Färöer-Inseln, der Bundesrepublik Deutschland, der Französischen Republik, der Italienischen Republik, des Großherzogtums Luxemburg, des Königreichs der Niederlande, der Republik Polen, der Tschechischen und Slowakischen Föderativen Republik, der Republik Ungarn, des Vereinigten Königreichs Großbritannien und Nordirland und des Teils des Hoheitsgebiets der Union der Sozialistischen Sowjetrepubliken, der die Militärbezirke Baltikum, Weißrußland, Karpaten und Kiew umfaßt, besteht, begrenzt jeder Vertragsstaat seine Kampfpanzer, gepanzerten Kampffahrzeuge und Artilleriewaffen und reduziert sie erforderlichenfalls, so daß 40 Monate nach Inkrafttreten des Vertrags und danach die Gesamt-

zahl für die Gruppe von Vertragsstaaten, der er angehört, in aktiven Truppenteilen nicht größer ist als:
(A) 10 300 Kampfpanzer;
(B) 19 260 gepanzerte Kampffahrzeuge;
(C) 9 100 Artilleriewaffen; und
(D) im Militärbezirk Kiew darf die Gesamtzahl in aktiven Truppenteilen und ausgewiesenen ständigen Lagerungsstätten insgesamt nicht höher sein als:
(1) 2 250 Kampfpanzer;
(2) 2 500 gepanzerte Kampffahrzeuge und
(3) 1 500 Artilleriewaffen.
4. Innerhalb des Gebiets, das aus dem gesamten Landgebiet in Europa, einschließlich aller europäischen Inseln, des Königreichs Belgien, der Bundesrepublik Deutschland, des Großherzogtums Luxemburg, des Königreichs der Niederlande, der Republik Polen, der Tschechischen und Slowakischen Föderativen Republik und der Republik Ungarn besteht, begrenzt jeder Vertragsstaat seine Kampfpanzer, gepanzerten Kampffahrzeuge und Artilleriewaffen und reduziert sie erforderlichenfalls, so daß 40 Monate nach Inkrafttreten des Vertrags und danach die Gesamtzahl für die Gruppe von Vertragsstaaten, der er angehört, in aktiven Truppenteilen nicht größer ist als:
(A) 7 500 Kampfpanzer;
(B) 11 250 gepanzerte Kampffahrzeuge;
(C) 5 000 Artilleriewaffen.
5. Vertragsstaaten, die der gleichen Gruppe von Vertragsstaaten angehören, dürfen Kampfpanzer, gepanzerte Kampffahrzeuge und Artilleriewaffen in aktiven Einheiten in jedem der in diesem Artikel und in Artikel V Absatz 1 Buchstabe A beschriebenen Gebiete bis zur Höhe der zahlenmäßigen Begrenzungen dislozieren, die für dieses Gebiet gelten, und zwar im Einklang mit den nach Artikel VII notifizierten Anteilshöchstgrenzen, und vorausgesetzt, daß kein Vertragsstaat konventionelle Streitkräfte im Hoheitsgebiet eines anderen Vertragsstaats ohne die Zustimmung dieses Vertragsstaats stationiert.
6. Falls die Gesamtzahl der Kampfpanzer, gepanzerten Kampffahrzeuge und Artilleriewaffen in aktiven Truppenteilen einer Gruppe von Vertragsstaaten innerhalb des in Absatz 4 beschriebenen Gebiets kleiner ist als die in Absatz 4 festgelegten zahlenmäßigen Begrenzungen und vorausgesetzt, daß kein Vertragsstaat hierdurch daran gehindert wird, seine in Übereinstimmung mit Artikel VII, Absätze 2, 3 und 5 notifizierten Anteilshöchstgrenzen zu erreichen, so kann die Zahl, die der Differenz zwischen der Gesamtzahl in jeder der Kategorien von Kampfpanzern, gepanzerten Kampffahrzeugen und Artilleriewaffen und den für dieses Gebiet festgelegten zahlenmäßigen Begrenzungen entspricht, von Vertragsstaaten, die dieser Gruppe von Vertragsstaaten angehören, im Einklang mit den in Absatz 3 genannten zahlenmäßigen Begrenzungen in dem in Absatz 3 beschriebenen Gebiet disloziert werden.

Artikel V

1. Um zu gewährleisten, daß die Sicherheit jedes Vertragsstaates in keiner Phase beeinträchtigt wird:
(A) Innerhalb des Gebiets, das aus dem gesamten Landgebiet in Europa, einschließlich aller europäischen Inseln, der Republik Bulgarien, der Griechischen Republik, der Republik Island, des Königreichs Norwegen, Rumäniens, des Teils der Republik

Türkei, der sich im Anwendungsgebiet befindet, und des Teils der Union der Sozialistischen Sowjetrepubliken, der die Militärbezirke Leningrad, Odessa, Transkaukasus und Nordkaukasus umfaßt, besteht, begrenzt jeder Vertragsstaat seine Kampfpanzer, gepanzerten Kampffahrzeuge und Artilleriewaffen und reduziert sie erforderlichenfalls, so daß 40 Monate nach Inkrafttreten des Vertrags und danach die Gesamtzahl für die Gruppe von Vertragsstaaten, der er angehört, in aktiven Truppenteilen nicht größer ist als die Differenz zwischen den in Artikel IV Absatz 1 festgelegten zahlenmäßigen Gesamtbegrenzungen und den in Artikel IV Absatz 2 festgelegten Begrenzungen, nämlich:
(1) 4700 Kampfpanzer;
(2) 5900 gepanzerte Kampffahrzeuge und
(3) 6000 Artilleriewaffen.
(B) Ungeachtet der in Buchstabe A festgelegten zahlenmäßigen Begrenzungen darf ein Vertragsstaat oder dürfen Vertragsstaaten im Hoheitsgebiet der Mitglieder der gleichen Gruppe von Vertragsstaaten innerhalb des in Buchstabe A beschriebenen Gebiets vorübergehend eine zusätzliche Gesamtzahl in aktiven Truppenteilen dislozieren, die für jede Gruppe von Vertragsstaaten nicht höher sein darf als:
(1) 459 Kampfpanzer;
(2) 723 gepanzerte Kampffahrzeuge und
(3) 420 Artilleriewaffen und
(C) vorausgesetzt, daß für jede Gruppe von Vertragsstaaten nicht mehr als ein Drittel jeder dieser Gesamtzahlen in einem Vertragsstaat, mit Hoheitsgebiet in dem in Buchstabe A beschriebenen Gebiet disloziert wird, nämlich:
(1) 153 Kampfpanzer;
(2) 241 gepanzerte Kampffahrzeuge und
(3) 140 Artilleriewaffen.
2. Der oder die Vertragsstaaten, der oder die die Dislozierung durchführt oder durchführen und der aufnehmende oder die aufnehmenden Vertragsstaaten notifizieren allen anderen Vertragsstaaten spätestens bei Beginn der Dislozierung die Gesamtzahl in jeder Kategorie von zu dislozierenden Kampfpanzern, gepanzerten Kampffahrzeugen und Artilleriewaffen. Der oder die Vertragsstaaten, der oder die die Dislozierung durchführt oder durchführen und der aufnehmende oder die aufnehmenden Vertragsstaaten notifizieren ferner allen anderen Vertragsstaaten innerhalb von 30 Tagen nach dem Abzug die Kampfpanzer, gepanzerten Kampffahrzeuge und Artilleriewaffen, die vorübergehend disloziert wurden.

Artikel VI

Mit dem Ziel sicherzustellen, daß kein einzelner Vertragsstaat mehr als ungefähr ein Drittel der durch den Vertrag begrenzten konventionellen Waffen und Ausrüstungen innerhalb des Anwendungsgebiets besitzt, begrenzt jeder Vertragsstaat seine Kampfpanzer, gepanzerten Kampffahrzeuge, Artilleriewaffen, Kampfflugzeuge und Kampfhubschrauber und reduziert sie erforderlichenfalls, so daß 40 Monate nach Inkrafttreten des Vertrags und danach die Gesamtzahl innerhalb des Anwendungsgebiets für diesen Vertragsstaat nicht größer ist als:
(A) 13300 Kampfpanzer,
(B) 20000 gepanzerte Kampffahrzeuge;
(C) 13700 Artilleriewaffen;

(D) 5 150 Kampfflugzeuge und
(E) 1 500 Angriffshubschrauber.

Artikel VII

1. Um die in den Artikeln IV, V und VI festgelegten Begrenzungen nicht zu überschreiten, darf ein Vertragsstaat nach Ablauf von 40 Monaten nach Inkrafttreten dieses Vertrags die Anteilshöchstgrenzen für seine durch den Vertrag begrenzten konventionellen Waffen und Ausrüstungen, welche er zuvor innerhalb seiner Gruppe von Vertragsstaaten im Einklang mit Absatz 7 vereinbart und über die er nach diesem Artikel eine Notifikation übermittelt hat, nicht überschreiten.

2. Jeder Vertragsstaat notifiziert bei Unterzeichnung des Vertrags allen anderen Vertragsstaaten die Anteilshöchstgrenzen für seine durch den Vertrag begrenzten konventionellen Waffen und Ausrüstungen. Die von jedem Vertragsstaat bei der Unterzeichnung des Vertrags übermittelte Notifikation betreffend die Anteilshöchstgrenzen für durch den Vertrag begrenzte Waffen und Ausrüstungen bleibt bis zu dem in einer späteren Notifikation nach Absatz 3 genannten Datum gültig.

3. In Übereinstimmung mit den in Artikeln IV, V und VI festgelegten Begrenzungen hat jeder Vertragsstaat das Recht, die Anteilshöchstgrenzen für seine durch den Vertrag begrenzten konventionellen Waffen und Ausrüstungen zu ändern. Jede Änderung der Anteilshöchstgrenzen eines Vertragsstaats wird von diesem Vertragsstaat allen anderen Vertragsstaaten spätestens 90 Tage vor dem in der Notifikation genannten Datum, an dem eine solche Änderung wirksam wird, notifiziert. Damit keine der in den Artikeln IV und V festgelegten Begrenzungen überschritten wird, muß jeder Erhöhung der Anteilshöchstgrenzen eines Vertragsstaats, durch die ansonsten diese Begrenzungen überschritten würden, eine entsprechende Reduzierung der zuvor notifizierten Anteilshöchstgrenzen für durch den Vertrag begrenzte konventionelle Waffen und Ausrüstungen eines oder mehrerer Staaten, die der gleichen Gruppe von Vertragsstaaten angehören, vorausgehen oder gleichzeitig mit einer solchen Erhöhung erfolgen. Die Notifikation über eine Änderung der Anteilshöchstgrenzen bleibt von dem in der Notifikation genannten Datum bis zu dem in einer späteren Notifikation über Änderungen nach diesem Absatz genannten Datum gültig.

4. Jede nach Absatz 2 oder 3 erforderliche Notifikation in bezug auf gepanzerte Kampffahrzeuge umfaßt auch Anteilshöchstgrenzen für Schützenpanzer und Kampffahrzeuge mit schwerer Bewaffnung des notifizierenden Vertragsstaats.

5. Neunzig Tage vor Ablauf der in Artikel VII festgelegten Reduzierungsphase von 40 Monaten und bei jeder späteren Notifikation über eine Änderung nach Absatz 3 notifiziert jeder Vertragsstaat seine Anteilshöchstgrenzen für Kampfpanzer, gepanzerte Kampffahrzeuge und Artilleriewaffen in bezug auf jedes der in Artikel IV Absätze 2 bis 4 und in Artikel V Absatz 1 Buchstabe A beschriebenen Gebiete.

6. Eine Verringerung der Anzahl der durch den Vertrag begrenzten konventionellen Waffen und Ausrüstungen, die sich im Besitz eines Vertragsstaats befinden und der Notifikation nach dem Protokoll und Informationsaustausch unterliegen, berechtigt als solche einen anderen Vertragsstaat nicht, seine Anteilshöchstgrenzen, die der Notifikation nach diesem Artikel unterliegen, zu erhöhen.

7. Jeder der Vertragsstaaten ist allein dafür verantwortlich sicherzustellen, daß seine nach diesem Artikel notifizierten Anteilshöchstgrenzen nicht überschritten werden. Vertragsstaaten, die derselben Gruppe von Vertragsstaaten angehören, führen Kon-

sultationen, um zu gewährleisten, daß die nach diesem Artikel notifizierten Anteilshöchstgrenzen, jeweils zusammengefaßt, die in den Artikeln IV, V und VI festgelegten Begrenzungen nicht überschreiten.

[...]

Artikel XIII

1. In Übereinstimmung mit dem Protokoll über Informationsaustausch übermittelt jeder Vertragsstaat Notifikationen und tauscht Informationen aus, welche seine konventionellen Streitkräfte und Ausrüstungen betreffen, um die Verifikation der Einhaltung dieses Vertrags zu gewährleisten.
2. Diese Notifikationen und der Austausch von Informationen erfolgen in Übereinstimmung mit Artikel XVII.
3. Jeder Vertragsstaat ist für seine eigenen Informationen verantwortlich; der Eingang dieser Informationen und Notifikationen ist nicht gleichbedeutend mit der Bestätigung der Richtigkeit oder Anerkennung der übermittelten Informationen.

Artikel XIV

1. Jeder Vertragsstaat hat in Übereinstimmung mit dem Inspektionsprotokoll das Recht, innerhalb des Anwendungsgebiets Inspektionen durchzuführen, und die Pflicht, solche Inspektionen zuzulassen, um die Verifikation der Einhaltung dieses Vertrags zu gewährleisten.
2. Zweck dieser Inspektionen ist es:
(A) auf der Grundlage der nach dem Protokoll über Informationsaustausch zur Verfügung gestellten Informationen die Einhaltung der in den Artikeln IV, V und VI festgelegten zahlenmäßigen Begrenzungen durch die Vertragsstaaten zu verifizieren;
(B) den Prozeß der Reduzierung von Kampfpanzern, gepanzerten Kampffahrzeugen, Artilleriewaffen, Kampfflugzeugen und Angriffshubschraubern, der in Übereinstimmung mit Artikel VIII und dem Reduzierungsprotokoll an Reduzierungsstätten durchgeführt wird, zu überwachen und
(C) die Zertifikation rekategorisierter Mehrzweck-Angriffshubschrauber und reklassifizierter kampffähiger Schulflugzeuge zu überwachen, die in Übereinstimmung mit dem Protokoll über die Rekategorisierung von Hubschraubern beziehungsweise dem Protokoll über die Reklassifizierung von Flugzeugen durchgeführt wird.
3. Kein Vertragsstaat übt die in den Absätzen 1 und 2 festgelegten Rechte in bezug auf Vertragsstaaten aus, die seiner Gruppe von Vertragsstaaten angehören, um die Ziele des Verifikationsregimes zu unterlaufen.
4. Wird eine Inspektion von mehreren Vertragsstaaten gemeinsam durchgeführt, so ist einer von ihnen für die Ausführung der Bestimmungen des Vertrags verantwortlich.
5. Die Anzahl der Inspektionen nach den Abschnitten VII und VIII des Inspektionsprotokolls, die jeder Vertragsstaat während jeder bestimmten Phase durchzuführen berechtigt und zuzulassen verpflichtet ist, wird in Übereinstimmung mit Abschnitt II dieses Protokolls festgelegt.
6. Nach Ablauf der 120tätigen Evaluierungsphase für Reststärken hat jeder Vertragsstaat das Recht, eine vereinbarte Anzahl von Inspektionen aus der Luft innerhalb des Anwendungsgebiets durchzuführen, und jeder Vertragsstaat mit Hoheitsgebiet im Anwendungsgebiet hat die Pflicht, solche Inspektionen zuzulassen. Die zu vereinba-

renden Zahlen und andere einschlägigen Bestimmungen werden während der in Artikel XVIII genannten Verhandlungen ausgearbeitet.

Artikel XV

1. Um die Verifikation der Einhaltung dieses Vertrags zu gewährleisten, hat jeder Vertragsstaat das Recht, zusätzlich zu den in Artikel XIV enthaltenen Verfahren die ihm zur Verfügung stehenden nationalen oder multinationalen technischen Mittel der Verifikation in einer Weise einzusetzen, die mit den allgemein anerkannten Grundsätzen des Völkerrechts in Einklang steht.
2. Ein Vertragsstaat darf in die nationalen oder multinationalen technischen Mittel der Verifikation eines anderen Vertragsstaats, die gemäß Absatz 1 angewandt werden, nicht störend eingreifen.
3. Ein Vertragsstaat darf keine Verschleierungsmaßnahmen anwenden, welche die Verifikation der Einhaltung dieses Vertrags durch einen anderen Vertragsstaat mit den nationalen oder multinationalen technischen Mitteln der Verifikation, die gemäß Absatz 1 angewandt werden, behindern. Diese Verpflichtung findet keine Anwendung auf Tarn- oder Verschleierungsmaßnahmen, die mit der üblichen Ausbildung von Personal, der Instandhaltung oder dem Einsatz der durch den Vertrag begrenzten Waffen und Ausrüstungen zusammenhängen.

Artikel XVI

1. Um die Ziele dieses Vertrags und seine Durchführung zu fördern, setzen die Vertragsstaaten hiermit eine Gemeinsame Beratungsgruppe ein.
2. Im Rahmen der Gemeinsamen Beratungsgruppe werden die Vertragsstaaten:
(A) Fragen behandeln, welche die Einhaltung oder die mögliche Umgehung des Vertrags betreffen;
(B) sich bemühen, Unklarheiten und Auslegungsunterschiede auszuräumen, die hinsichtlich der Art der Durchführung des Vertrags zu Tage treten können;
(C) Maßnahmen prüfen und, falls möglich, vereinbaren, welche die Funktionsfähigkeit und Wirksamkeit des Vertrags verbessern;
(D) die in dem Protokoll über vorhandene Typen enthaltenen Listen fortschreiben, wie in Artikel II Absatz 2 vorgeschrieben;
(E) technische Fragen klären, um unter den Vertragsstaaten eine gemeinsame Handhabung für die Art der Durchführung des Vertrags anzustreben;
(F) erforderlichenfalls eine Geschäftsordnung, die Arbeitsmethoden und den Schlüssel für die Verteilung der Kosten der Gemeinsamen Beratungsgruppe und der auf Grund des Vertrags einberufenen Konferenzen sowie die Verteilung der Kosten für Inspektionen zwischen beziehungsweise unter den Vertragsstaaten ausarbeiten oder ändern;
(G) geeignete Maßnahmen erwägen und ausarbeiten, um sicherzustellen, daß durch Informationsaustausch zwischen den Vertragsstaaten oder auf Grund von Inspektionen nach diesem Vertrag gewonnene Informationen ausschließlich für die Zwecke dieses Vertrags verwendet werden, und zwar unter Berücksichtigung der besonderen Bedürfnisse jedes Vertragsstaats in bezug auf den Schutz von Informationen, die dieser Vertragsstaat als sensitiv bezeichnet;
(H) auf Ersuchen eines Vertragsstaates jede Angelegenheit prüfen, die ein Vertragsstaat einer in Übereinstimmung mit Artikel XXI einzuberufenden Konferenz zur Prü-

fung zu unterbreiten wünscht; durch eine solche Prüfung bleibt das Recht eines Vertragsstaats, die in Artikel XXI niedergelegten Verfahren in Anspruch zu nehmen, unberührt;

(I) Streitigkeiten behandeln, die sich aus der Durchführung des Vertrags ergeben.

3. Jeder Vertragsstaat hat das Recht, in der Gemeinsamen Beratungsgruppe jede Frage zur Sprache zu bringen und auf die Tagesordnung setzen zu lassen, die sich auf diesen Vertrag bezieht.

4. Die Gemeinsame Beratungsgruppe faßt Beschlüsse oder gibt Empfehlungen durch Konsens. Unter Konsens ist zu verstehen, daß kein Vertreter eines Vertragsstaats gegen das Fassen eines Beschlusses oder die Abgabe einer Empfehlung Einspruch erhebt.

5. Die Gemeinsame Beratungsgruppe kann Änderungen dieses Vertrags zur Prüfung und Bestätigung nach Artikel XX vorschlagen. Die Gemeinsame Beratungsgruppe kann ferner Verbesserungen der Funktionsfähigkeit und Wirksamkeit dieses Vertrags im Einklang mit seinen Bestimmungen vereinbaren. Sofern solche Verbesserungen nicht nur geringfügige Angelegenheiten verwaltungsbezogener oder technischer Natur betreffen, bedürfen sie der Prüfung und Bestätigung nach Artikel XX, bevor sie wirksam werden können.

6. Dieser Artikel ist nicht so auszulegen, als untersage er einem Vertragsstaat oder hindere ihn daran, auf anderen Wegen oder in anderen Gremien als der Gemeinsamen Beratungsgruppe von anderen Vertragsstaaten Informationen zu erbitten oder mit diesen Konsultationen über Fragen aufzunehmen, die diesen Vertrag und seine Durchführung betreffen.

7. Die Gemeinsame Beratungsgruppe wendet die im Protokoll über die Gemeinsame Beratungsgruppe niedergelegten Verfahren an.

Artikel XVII

Die Vertragsstaaten übermitteln die nach diesem Vertrag erforderlichen Informationen und Notifikationen in schriftlicher Form. Sie bedienen sich des diplomatischen Weges oder anderer von ihnen bezeichneter amtlicher Kanäle, darunter insbesondere eines durch eine gesonderte Vereinbarung zu schaffenden Kommunikationsnetzes.

Artikel XVIII

1. Nach Unterzeichnung dieses Vertrags setzen die Vertragsstaaten die Verhandlungen über konventionelle Streitkräfte mit dem gleichen Mandat und mit dem Ziel, auf diesem Vertrag aufzubauen, fort.

2. Ziel dieser Verhandlungen wird sein, ein Übereinkommen über zusätzliche Maßnahmen zur weiteren Stärkung von Sicherheit und Stabilität in Europa zu schließen, darunter Maßnahmen, die gemäß dem Mandat auf die Begrenzung der Personalstärke ihrer konventionellen Streitkräfte innerhalb des Anwendungsgebiets abzielen.

3. Die Vertragsstaaten sind bestrebt, diese Verhandlungen spätestens bis zum Folgetreffen der Konferenz über Sicherheit und Zusammenarbeit in Europa, das 1992 in Helsinki stattfindet, abzuschließen.

Artikel XIX

1. Dieser Vertrag wird auf unbegrenzte Zeit geschlossen. Er kann durch einen weiteren Vertrag ergänzt werden.

2. Jeder Vertragsstaat hat in Ausübung seiner staatlichen Souveränität das Recht, von diesem Vertrag zurückzutreten, wenn er zu der Auffassung gelangt, daß außergewöhnliche Ereignisse in bezug auf den Gegenstand des Vertrags seine höchsten Interessen gefährden. Ein Vertragsstaat, der von dem Vertrag zurückzutreten beabsichtigt, notifiziert dem Verwahrer und allen anderen Vertragsstaaten seine diesbezügliche Entscheidung. Die Rücktrittsanzeige erfolgt spätestens 150 Tage vor dem beabsichtigten Rücktritt von dem Vertrag. Sie enthält eine Erläuterung der außergewöhnlichen Ereignisse, die nach Auffassung des Vertragsstaats seine höchsten Interessen gefährden.

3. Jeder Vertragsstaat hat insbesondere in Ausübung seiner staatlichen Souveränität das Recht, von dem Vertrag zurückzutreten, wenn ein anderer Vertragsstaat seine Bestände an in Artikel II definierten Kampfpanzern, Artilleriewaffen, gepanzerten Kampffahrzeugen, Kampfflugzeugen oder Angriffshubschraubern, die von dem Bereich der Begrenzungen des Vertrags nicht erfaßt sind, in einem Umfang erhöht, der das Kräftegleichgewicht im Anwendungsgebiet offensichtlich gefährdet.

Artikel XX

1. Jeder Vertragsstaat kann Änderungen dieses Vertrags vorschlagen. Der Wortlaut des Änderungsvorschlags wird bei dem Verwahrer eingereicht, der ihn allen Vertragsparteien übermittelt.

2. Wird eine Änderung von allen Vertragsstaaten genehmigt, so tritt sie in Übereinstimmung mit den in Artikel XXII für das Inkrafttreten des Vertrags vorgesehenen Verfahren in Kraft.

Artikel XXI

1. Sechsundvierzig Monate nach Inkrafttreten dieses Vertrags und danach in Abständen von jeweils fünf Jahren beruft der Verwahrer eine Konferenz der Vertragsstaaten zur Überprüfung der Wirkungsweise des Vertrags ein.

2. Der Verwahrer beruft eine außerordentliche Konferenz der Vertragsstaaten ein, wenn ein Vertragsstaat, der die Auffassung vertritt, daß außergewöhnliche Umstände im Zusammenhang mit diesem Vertrag eingetreten sind, darum ersucht, insbesondere dann, wenn ein Vertragsstaat seine Absicht angekündigt hat, seine Gruppe von Vertragsstaaten zu verlassen oder der anderen Gruppe von Vertragsstaaten, wie sie in Artikel II Absatz 1 Buchstabe A definiert sind, beizutreten. Um den anderen Vertragsstaaten die Vorbereitung auf diese Konferenz zu ermöglichen, enthält das Ersuchen die Begründung dafür, warum der Vertragsstaat eine außerordentliche Konferenz für erforderlich hält. Die Konferenz prüft die in dem Ersuchen genannten Umstände und ihre Auswirkungen auf die Wirkungsweise des Vertrags. Die Konferenz beginnt spätestens 15 Tage nach Eingang des Ersuchens und dauert höchstens drei Wochen, sofern sie nichts anderes beschließt.

3. Der Verwahrer beruft eine Konferenz der Vertragsstaaten zur Prüfung eines Änderungsvorschlags nach Artikel XX ein, wenn drei oder mehr Vertragsstaaten ihn darum ersuchen. Die Konferenz beginnt spätestens 21 Tage nach Eingang der erforderlichen Ersuchen.

4. Notifiziert ein Vertragsstaat seine Entscheidung, nach Artikel XIX von diesem Vertrag zurückzutreten, so beruft der Verwahrer eine Konferenz der Vertragsstaaten ein, um Fragen im Zusammenhang mit dem Rücktritt von dem Vertrag zu prüfen, die spätestens 21 Tage nach Eingang der Rücktrittsanzeige beginnt.

[...]

Quelle: Europa Archiv, 1990, D 607–625.

D 95: Gemeinsame Erklärung von 22 Staaten über die neuen Ost-West-Beziehungen in Europa, am Rande des KSZE-Gipfeltreffens in Paris am 19. November 1990 verabschiedet

Die Staats- und Regierungschefs Belgiens, Bulgariens, Dänemarks, Deutschlands, Frankreichs, Griechenlands, Islands, Italiens, Kanadas, Luxemburgs, der Niederlande, Norwegens, Polens, Portugals, Rumäniens, Spaniens, der Tschechischen und Slowakischen Föderativen Republik, der Türkei, Ungarns, der Union der Sozialistischen Sowjetrepubliken, des Vereinigten Königreichs und der Vereinigten Staaten von Amerika,

- hocherfreut über den historischen Wandel in Europa,
- befriedigt über die in ganz Europa zunehmende Verwirklichung der gemeinsamen Verpflichtung zu pluralistischer Demokratie, Rechtsstaatlichkeit und Menschenrechten, die für den Fortbestand der Sicherheit auf dem Kontinent wesentlich sind,
- in Bekräftigung der Feststellung, daß das Zeitalter der Teilung und Konfrontation, das mehr als vier Jahrzehnte gedauert hat, zu Ende ist, daß sich die Beziehungen zwischen ihren Ländern verbessert haben und daß dies zur Sicherheit aller beiträgt,
- im Vertrauen darauf, daß die Unterzeichnung des Vertrages über konventionelle Streitkräfte in Europa einen bedeutenden Beitrag zum gemeinsamen Ziel erhöhter Sicherheit und Stabilität in Europa darstellt, und
- überzeugt, daß diese Entwicklung Teil eines fortwährenden Prozesses der Zusammenarbeit sein muß, um die Strukturen für einen zusammenwachsenden Kontinent zu schaffen,

geben folgende Erklärung ab:

1. Die Unterzeichnerstaaten erklären feierlich, daß sie in dem anbrechenden neuen Zeitalter europäischer Beziehungen nicht mehr Gegner sind, sondern neue Partnerschaften aufbauen und einander die Hand zur Freundschaft reichen wollen.

2. Sie rufen ihre Verpflichtungen aus der Charta der Vereinten Nationen in Erinnerung und bekräftigen alle ihre Verpflichtungen gemäß der Schlußakte von Helsinki. Sie betonen, daß alle zehn Prinzipien von Helsinki von grundlegender Bedeutung sind und daß sie folglich gleichermaßen und vorbehaltlos angewendet werden, wobei ein jedes von ihnen unter Beachtung der anderen ausgelegt wird. In diesem Zusammenhang bekräftigen sie ihre Verpflichtung, sich der Androhung oder Anwendung von Gewalt zu enthalten, die gegen die territoriale Integrität oder die politische Un-

abhängigkeit irgendeines Staates gerichtet ist, sowie des Versuches, bestehende Grenzen durch Androhung oder Anwendung von Gewalt zu ändern, und ferner aller Handlungen, die auf irgendeine andere Weise mit den Prinzipien und Zielen dieser Dokumente unvereinbar sind. Keine ihrer Waffen wird jemals eingesetzt werden, außer zur Selbstverteidigung oder in anderer Weise, die mit der Charta der Vereinten Nationen in Einklang stehen.

3. Sie erkennen an, daß Sicherheit unteilbar ist und daß die Sicherheit eines jeden ihrer Länder untrennbar mit der Sicherheit aller KSZE-Teilnehmerstaaten verbunden ist.

4. Sie verpflichten sich, nur solche militärische Potentiale aufrechtzuerhalten, die zur Kriegsverhütung und für eine wirksame Verteidigung notwendig sind. Sie werden die Beziehung zwischen Militärpotentialen und Doktrinen im Auge behalten.

5. Sie bekräftigen erneut das Recht jedes Staates, Vertragspartei eines Bündnisses zu sein oder nicht zu sein.

6. Sie nehmen die Intensivierung politischer und militärischer Kontakte zwischen ihren Ländern zur Förderung gegenseitigen Verständnisses und Vertrauens mit Befriedigung zur Kenntnis. Sie begrüßen in diesem Zusammenhang, daß vor kurzem gemachte Vorschläge für neue ständige diplomatische Verbindungen ein positives Echo gefunden haben.

7. Sie bekunden ihre Entschlossenheit, aktiv zu Abkommen über konventionelle, nukleare und chemische Rüstungskontrolle und Abrüstung beizutragen, welche die Sicherheit und Stabilität für alle Länder erhöhen. Sie rufen insbesondere zu einem baldigen Inkrafttreten des Vertrages über konventionelle Streitkräfte in Europa auf und verpflichten sich, den Prozeß der Festigung des Friedens in Europa durch konventionelle Rüstungskontrolle im Rahmen der KSZE fortzuführen. Sie begrüßen die Aussicht auf neue Verhandlungen zwischen den Vereinigten Staaten und der Sowjetunion über die Reduzierung ihrer nuklearen Kurzstreckensysteme.

8. Sie begrüßen den Beitrag, den vertrauens- und sicherheitsbildende Maßnahmen zum Abbau von Spannungen geleistet haben und unterstützen uneingeschränkt die Weiterentwicklung solcher Maßnahmen. Sie bekräftigen die Bedeutung der Initiative »Offener Himmel« sowie ihre Entschlossenheit, die Verhandlungen so bald wie möglich zu einem erfolgreichen Abschluß zu bringen.

9. Sie verpflichten sich, mit den anderen KSZE-Teilnehmerstaaten zur Stärkung des KSZE-Prozesses zusammenarbeiten zu wollen, damit dieser Prozeß einen noch bedeutsameren Beitrag zu Sicherheit und Stabilität in Europa leisten kann. Sie erkennen an, daß es notwendig ist, politische Konsultationen zwischen den KSZE-Teilnehmern zu verstärken und andere KSZE-Mechanismen zu entwickeln. Sie sind überzeugt, daß der Vertrag über konventionelle Streitkräfte in Europa und die Vereinbarung über einen substantiellen neuen Satz vertrauens- und sicherheitsbildender Maßnahmen zusammen mit neuen Strukturen für die Zusammenarbeit im Rahmen der KSZE zu größerer Sicherheit und somit zu dauerhaftem Frieden und Stabilität in Europa führen werden.

10. Sie sind der Auffassung, daß die vorhergehenden Punkte die tiefe Sehnsucht ihrer Völker nach enger Zusammenarbeit und gegenseitigem Verständnis widerspiegeln. Sie erklären, sich stetig für die Weiterentwicklung ihrer Beziehungen im Einklang sowohl mit der vorliegenden Erklärung als auch mit den in der Schlußakte von Helsinki dargelegten Prinzipien einsetzen zu wollen.

Das Original der vorliegenden Erklärung, deren deutscher, englischer, französischer, italienischer, russischer und spanischer Wortlaut gleichermaßen verbindlich ist, wird der Regierung Frankreichs zur Aufbewahrung in ihren Archiven übergeben. Die Regierung Frankreichs wird gebeten, den Text der Erklärung dem Generalsekretär der Vereinten Nationen zur Weiterleitung an alle Mitglieder der Organisation als offizielles Dokument der Vereinten Nationen unter Hinweis darauf zu übermitteln, daß sie nicht nach Artikel 102 der Charta der Vereinten Nationen registrierbar ist. Jeder der Unterzeichnerstaaten erhält von der Regierung Frankreichs eine gleichlautende Abschrift der vorliegenden Erklärung.

Zu Urkund dessen haben die unterzeichnenden Hohen Vertreter ihre Unterschrift unter die vorliegende Erklärung gesetzt.

Quelle: Europa-Archiv, 1990, D 654–655.

D 96: Das »gemeinsame Haus Europa«. Auszug aus Michail Gorbatschows Buch »Perestroika«

Europa ist unser gemeinsames Haus

Diese Metapher fiel mir während einer Unterredung ein. Obgleich ich sie scheinbar ganz beiläufig aussprach, hatte ich schon lange nach solch einer Formulierung gesucht. Sie kam mir nicht urplötzlich in den Sinn, sondern war die Frucht langen Nachdenkens und vor allem mancher Treffen mit vielen europäischen Regierungschefs.

Nachdem ich mich auf eine neue politische Perspektive eingestellt hatte, konnte ich die mehrfarbige, einem Flickenteppich ähnelnde politische Landkarte Europas nicht mehr auf die herkömmliche Weise akzeptieren. Der Kontinent hat an Kriegen und Tränen mehr als genug gehabt. Als ich das Panorama dieser schwer geprüften Länder an mir vorüberziehen ließ und über die gemeinsamen Wurzeln dieser so vielgestaltigen, doch im wesentlichen gemeinsamen europäischen Kultur nachdachte, wurde ich mir in zunehmendem Maße der Künstlichkeit und Zeitweiligkeit der gegenwärtigen Konfrontation der Blöcke und der veralteten Vorstellung vom »Eisernen Vorhang« bewußt. Möglicherweise kam mir auf diesem Weg die Idee des gemeinsamen europäischen Hauses in den Sinn, und im geeigneten Moment sprach ich diese Worte dann spontan aus.

Dann verselbständigten sich diese Worte gewissermaßen und tauchten in der Presse auf. Auch einige Vorwürfe wurden laut; man behauptete, die Worte seien abstrakt und hätten keinerlei Bedeutung. Aus diesem Grund entschloß ich mich, alle meine Überlegungen zu diesem Thema auszusprechen. Eine passende Gelegenheit bot sich während meines Besuches in der Tschechoslowakei, dem Land, das genau im geographischen Zentrum Europas liegt. Dies veranlaßte mich, in meiner öffentlichen Ansprache in Prag das »europäische Thema« anzuschneiden.

Europa ist in der Tat ein gemeinsames Haus, wo Geographie und Geschichte die Geschicke von Dutzenden von Ländern und Völkern eng miteinander verwoben haben. Natürlich hat jedes Land seine eigenen Probleme und möchte seine Eigenständigkeit bewahren und seinen eigenen Traditionen folgen.

Um die Metapher weiter auszuführen, könnte man daher sagen: das Haus ist ein gemeinsames, das ist richtig, aber jede Familie hat darin ihre eigene Wohnung, und es gibt auch verschiedene Eingänge. Doch nur zusammen, gemeinschaftlich, und indem sie die vernünftigen Regeln der Koexistenz befolgen, können die Europäer ihr Haus bewahren, es vor Feuersbrunst und anderen Katastrophen schützen, es besser und sicherer machen und es in einwandfreiem Zustand halten.

Manche Leute könnten diese Vorstellung für ein schönes Märchen halten. Doch es ist kein Märchen, sondern das Ergebnis einer sorgfältigen Analyse der Lage auf dem Kontinent. Falls die Welt neuer Beziehungsmuster bedarf, dann vor allem Europa. Man darf sagen, daß die Staaten Europas sie unter Schmerzen hervorgebracht haben und sie verdienen. Die Vorstellung eines »gemeinsamen europäischen Hauses« betont vor allem die Ganzheitlichkeit, obwohl die betreffenden Staaten unterschiedlichen gesellschaftlichen Systemen und einander entgegengesetzten militärischen Bündnissen angehören. Sie ist die Verbindung von *Notwendigkeit und Möglichkeit.*

Notwendigkeit: Imperative für eine gesamteuropäische Politik

Man kann eine ganze Reihe von sachlichen Argumenten aufzählen, die eine gesamteuropäische Politik notwendig machen:

1. Das dicht besiedelte und stark urbanisierte Europa ist sowohl mit Kernwaffen als auch mit konventionellen Waffen gespickt. Es wäre untertrieben, es heutzutage lediglich als »Pulverfaß« zu bezeichnen. Hier stehen sich die stärksten militärischen Gruppierungen gegenüber, ausgerüstet mit hochmodernem Kriegsgerät, das ständig auf den neuesten Stand gebracht wird. Tausende von nuklearen Sprengköpfen werden hier gelagert, während lediglich einige Dutzend ausreichen würden, um Europa in eine Hölle zu verwandeln.
2. Selbst ein konventioneller Krieg hätte heute für Europa katastrophale Folgen, von einem Atomkrieg ganz zu schweigen. Nicht nur deshalb, weil konventionelle Waffen heute eine viel größere Zerstörungskraft haben als während des Zweiten Weltkrieges, sondern auch wegen der Atomkraftwerke, zu denen etwa 200 Reaktoranlagen gehören, und wegen der großen Anzahl von chemischen Fabriken. Die Zerstörung dieser Einrichtungen im Laufe konventioneller Feindseligkeiten würde den Kontinent unbewohnbar machen.
3. Europa gehört zu den industriell am höchsten entwickelten Regionen der Welt. Industrie und Transportwesen haben sich bis zu einem Punkt entwickelt, an dem die Gefahr für die Umwelt fast schon kritisch wird. Dieses Problem geht bereits über nationale Grenzen hinaus und erstreckt sich heutzutage auf ganz Europa.
4. In beiden Teilen Europas vollziehen sich in zunehmendem Maß Integrationsprozesse. Es ist an der Zeit, darüber nachzudenken, was als nächstes kommen wird. Wird sich die Spaltung Europas weiter ausweiten, oder kann zum Wohle des Ostens wie auch des Westens, im Interesse Europas und der übrigen Welt eine gemeinsame Basis gefunden werden? Die Erfordernisse der wirtschaftlichen Entwicklung in beiden Teilen Europas sowie der wissenschaftliche und technologische Fortschritt machen es notwendig, unverzüglich nach einer Form der Zusammenarbeit zu suchen, die für beide Seiten von Vorteil ist. Ich meine damit nicht eine Art »europäische

Autarkie«, sondern eine bessere Nutzung des gesamten europäischen Potentials zum Wohle der Menschen und in Verbindung mit der übrigen Welt.
5. Die beiden Teile Europas haben eine Menge von eigenen Problemen, die unter dem Zeichen des Ost-West-Konflikts stehen, aber sie haben auch ein gemeinsames Interesse daran, das äußerst dringliche Nord-Süd-Problem zu lösen. Das heißt natürlich nicht, daß die Länder Osteuropas sich an der Verantwortung für die koloniale Vergangenheit der Westmächte beteiligen. Doch darum geht es nicht. Wenn man das Schicksal der Völker in den Entwicklungsländern außer acht läßt und über das vordringliche Problem der Überwindung der Kluft zwischen Industrie- und Entwicklungsländern hinwegsieht, dann könnte das für Europa und die übrige Welt verheerende Folgen haben. (Diesbezüglich teilen wir die geistige Haltung und die Zielstrebigkeit, die in den Berichten der Brandt-Kommission über die Nord-Süd-Frage und in dem Bericht der Sozialistischen Internationale mit dem Titel »Eine globale Herausforderung«, der unter der Führung von Willy Brandt und Michael Manley ausgearbeitet wurde, zum Ausdruck kommen.) Westeuropäische Staaten haben ebenso wie die Sowjetunion und andere sozialistische Länder weitreichende Verbindungen zur Dritten Welt und könnten gemeinsam deren Entwicklung fördern.

Dies sind im großen und ganzen die Imperative einer gesamteuropäischen Politik, wie sie von den Interessen und Bedürfnissen Europas als einem einheitlichen Ganzen bestimmt wird.

Möglichkeiten für Europa

Und nun zu den Möglichkeiten der Europäer und zu den notwendigen Voraussetzungen für das Zusammenleben in einem »gemeinsamen Haus«.
1. Die Nationen Europas haben in den beiden Weltkriegen sehr schmerzliche und bittere Erfahrungen gemacht. Das Bewußtsein, daß der Ausbruch eines neuen Krieges verhindert werden muß, hat sich tief in ihr Gedächtnis eingeprägt. Es ist kein Zufall, daß es gerade in Europa die größte und maßgeblichste Antikriegsbewegung gibt und daß sie alle sozialen Schichten umfaßt.
2. Was die Handhabung internationaler Angelegenheiten betrifft, so ist die politische Tradition Europas die reichhaltigste der Welt. Die europäischen Staaten haben realistischere Vorstellungen voneinander, als dies in jeder anderen Region der Fall ist. Ihre gegenseitige politische »Bekanntschaft« ist umfassender, dauert bereits länger und ist daher enger.
3. Kein anderer Kontinent verfügt insgesamt gesehen über ein derart weitverzweigtes Netz von bilateralen und multilateralen Handelsbeziehungen, Konferenzen, Verträgen und Kontakten auf nahezu jeder Ebene. Es spricht für Europa, daß es eine in der Geschichte der internationalen Beziehungen einmalige Leistung wie die Vereinbarungen von Helsinki zustande gebracht hat. Bei der Konferenz in Stockholm wurden ebenfalls vielversprechende Ergebnisse erzielt. Dann wurde die Fackel von Wien übernommen, wo, wie wir hoffen, ein neuer Schritt in der Entwicklung der Vereinbarungen von Helsinki getan werden wird. Damit sind die Entwürfe für die Errichtung eines gemeinsamen europäischen Hauses fast bereit.
4. Das wirtschaftliche, wissenschaftliche und technische Potential Europas ist gewaltig. Es ist zwar verzettelt, und die Kraft der Abstoßung zwischen Ost und West ist größer als die Anziehungskraft. Dennoch sind der gegenwärtige Stand der Dinge in wirtschaftlicher Hinsicht sowohl im Westen als auch im Osten sowie die realen Aus-

sichten so, daß sie es durchaus ermöglichen, einen Weg für eine Verknüpfung von ökonomischen Prozessen in beiden Teilen Europas zum Wohle aller zu finden.

So sieht der einzig vernünftige Weg zur Weiterentwicklung der materiellen Zivilisation in Europa aus. »Vom Atlantik bis zum Ural« ist Europa ein kulturhistorisches Ganzes, vereint durch das gemeinsame Erbe der Renaissance und der Aufklärung sowie der großen philosophischen und sozialen Lehren des 19. und 20. Jahrhunderts. Dies sind starke Magneten, die den Politikern bei ihrer Suche nach Wegen zur gegenseitigen Verständigung und Kooperation auf der Ebene zwischenstaatlicher Beziehungen eine Hilfe sind.

Im kulturellen Erbe Europas liegt ein enormes Potential für eine Politik des Friedens und der gutnachbarlichen Beziehungen. Im großen und ganzen findet die neue, heilsame Perspektive in Europa einen fruchtbareren Boden als in irgendeiner anderen Region, wo die beiden Gesellschaftssysteme aufeinandertreffen.

[. . .]

Quelle: Michail Gorbatschow, Perestroika, © Droemersche Verlagsanstalt Th. Knaur Nachf. GmbH & Co., München 1989, S. 252–257.

D 97: Der gesamteuropäische Prozeß kommt gut voran. Rede Michail Gorbatschows vor dem Europarat am 6. Juli 1989

Es ist an der Zeit, die Postulate des Kalten Krieges, da Europa als ein in Einflußbereiche und jemands »Vorfelder« eingeteilter Schauplatz der Konfrontation, als Objekt der militärischen Auseinandersetzung, als Kriegsschauplatz betrachtet wurde, ad acta zu legen. In der heutigen gegenseitig abhängigen Welt erweist sich, daß in einer anderen Epoche entstandene geopolitische Vorstellungen in der realen Politik ebenso hilflos wie Gesetze der klassischen Mechanik in der Quantentheorie sind . . .

Was muß man in diesem Zusammenhang konkret sagen?

Im Vordergrund stehen Fragen der Sicherheit.

Im Rahmen des neuen Denkens haben wir mit dem kritischen Umdenken unserer Vorstellungen von der militärischen Konfrontation in Europa, von den Maßstäben der äußeren Bedrohung, von der Bedeutung des Stärkefaktors bei der Festigung der Sicherheit begonnen. Es fiel uns schwer, mitunter war es auch sehr schmerzhaft. Im Ergebnis wurden aber Beschlüsse angenommen, die es ermöglichen, die Beziehungen zwischen Ost und West aus dem verderblichen Teufelskreis »Wirkung – Gegenwirkung« herauszuführen.

Die bedeutende Ausgangsrolle haben hier ohne Zweifel die gemeinsamen sowjetisch-amerikanischen Anstrengungen auf dem Gebiet der nuklearen Abrüstung gespielt. Der Vertrag über die Raketen mittlerer und kürzerer Reichweite wurde von den Europäern nicht nur gebilligt. Viele trugen zu seinem Abschluß bei.

Die Wiener Verhandlungen haben eine grundsätzlich neue Etappe im Prozeß der Reduzierung von Rüstungen eingeleitet. Daran nehmen bereits nicht mehr nur zwei Großmächte, sondern 23 Staaten teil. Alle 35 KSZE-Teilnehmer arbeiten nach wie vor vertrauensbildende Maßnahmen auf militärischem Gebiet aus. Obwohl die beiden Verhandlungsprozesse in verschiedenen Räumen stattfinden, sind sie miteinander eng verbunden. In der Sache der Errichtung des europäischen Friedens gibt es keine »Unbefugten« und kann es keine geben – die Partner sind hier gleich und jeder, einschließlich der neutralen und nichtpaktgebundenen Länder, trägt seinen Teil der Verantwortung vor seinen Völkern und vor Europa.

Die Philosophie der Konzeption des »gesamteuropäischen Hauses« schließt die Wahrscheinlichkeit eines bewaffneten Zusammenstoßes, selbst die Möglichkeit der Anwendung oder Androhung von Gewalt und vor allem der militärischen Gewalt – eines Bündnisses gegen das andere und innerhalb der Bündnisse und wo auch immer – aus. Der Doktrin der Abschreckung stellt sie die Doktrin der Zurückhaltung entgegen. Und das ist kein Spiel mit den Begriffen, sondern die Logik der europäischen Entwicklung, die vom Leben selbst diktiert wird ...

Quelle: Dokumente. Presseabteilung der Botschaft der UdSSR, Nr. 20, Köln, 10. Juli 1989.

D 98: Erklärung der Führungspolitiker Bulgariens, Ungarns, der DDR, Polens und der Sowjetunion zum Einmarsch in die Tschechoslowakei 1968, am 4. Dezember 1989 in Moskau verabschiedet

Die Führungspolitiker Bulgariens, Ungarns, der DDR, Polens und der Sowjetunion, die am 4. Dezember 1989 zu einer Begegnung in Moskau versammelt sind, erklärten, daß die 1968 durchgeführte Hineinführung von Truppen ihrer Staaten in die ČSSR eine Einmischung in die inneren Angelegenheiten der souveränen Tschechoslowakei gewesen sei und verurteilt werden müsse.

Diese unrechtmäßigen Handlungen haben den Prozeß der demokratischen Erneuerung in der ČSSR unterbrochen und hatten lang anhaltende negative Folgen. Die Geschichte hat bestätigt, wie wichtig es ist, selbst in der kompliziertesten internationalen Lage politische Mittel zur Regelung jeglicher Probleme zu verwenden sowie die Prinzipien der Souveränität, der Unabhängigkeit und Nichteinmischung in die inneren Angelegenheiten in den Beziehungen zwischen Staaten strikt einzuhalten, wie es den Statuten des Warschauer Vertrages entspricht.

Quelle: Europa-Archiv, 1990, D 72.

D 99: Erklärung der sowjetischen Regierung vom 4. Dezember 1989 zum Einmarsch in die Tschechoslowakei 1968

Die tschechoslowakische Gesellschaft befindet sich in einem Stadium der kritischen Verarbeitung der Erfahrungen ihrer politischen und wirtschaftlichen Entwicklung.

Dies ist ein natürlicher Prozeß, den viele Länder so oder anders durchmachen. Leider ist die Notwendigkeit einer ständigen sozialistischen Erneuerung und einer realistischen Bewertung der stattfindenden Ereignisse nicht immer selbstverständlich gewesen. Besonders in Situationen, als derartige Ereignisse sich in widersprüchlicher Weise miteinander verflochten und die Herausforderungen der Zeit kühne Antworten verlangt hatten.

1968 hat die damalige sowjetische Führung im inneren Streit in der Tschechoslowakei um die objektiv herangereiften Aufgaben die Position der einen Seite eingenommen. Die Rechtfertigung einer derartigen unausgewogenen, inadäquaten Haltung, der Einmischung in die Angelegenheiten eines befreundeten Landes erschien damals in der scharfen Konfrontation zwischen West und Ost.

Wir teilen den Standpunkt des Präsidiums des ZK der KPČ und der Regierung der ČSSR, daß der Einmarsch der Armeen fünf sozialistischer Länder über die Grenzen der Tschechoslowakei im Jahr 1968 nicht begründet war und die Entscheidung dazu im Lichte aller jetzt bekannten Tatsachen falsch war.

Quelle: Europa-Archiv, 1990, D 72.

D 100: Rede des polnischen Ministerpräsidenten, Tadeusz Mazowiecki, vor dem Europarat in Straßburg am 30. Januar 1990

Europa durchlebt eine ungewöhnliche Zeit. In der Tat: Die Hälfte des Kontinents, die fast fünfzig Jahre von ihrer ursprünglichen Lebensquelle getrennt war, wünscht dahin zurückzukehren. Vielleicht genügt es nicht, von »Wiedereingliederung« zu sprechen, wenn man an diesen Vorgang denkt, den wir jetzt erleben. Viel eher sollte man von der Wiedergeburt eines Europas sprechen, das seit dem Abkommen von Jalta aufgehört hat zu existieren.

Meine Anwesenheit bei Ihnen ist das Symbol dieser Wiedergeburt. Sie ist auch das Symbol einer Wiedergeburt des Gefühls europäischer Gemeinschaft und Zusammengehörigkeit – beides Dinge, die man in den letzten Jahrzehnten allzu oft vergessen hat. Ich denke an jene, die laut und öffentlich gegen die Akte der Gewalt protestiert haben – Akte wie jene der bewaffneten Intervention in Ungarn im Jahre 1956 und in der Tschechoslowakei im Jahre 1968. Ich denke auch an jene zahlreichen Freunde im Westen, die uns ihre moralische und materielle Unterstützung nach der Verhängung des Kriegsrechtes in Polen im Jahre 1981 liehen.

Die Polen sind eine Nation, die sich ihrer Zugehörigkeit zu Europa und ihrer europäischen Identität bewußt ist. Für uns war Europa immer der Bezugspunkt, wenn wir uns über unsere Identität befragten. Jenes Europa als dessen Verteidiger sich die Polen fühlten und das sie dermaßen liebten. Die Idee des »Schutzwalls« der Christenheit, also der Verteidigungslinie für Europa, blieb in Polen während 300 Jahren lebendig. In Europa sehen wir immer noch die Werte – Vaterland, Freiheit und Menschenrechte – und fahren fort, uns entschieden mit diesem Europa zu identifizieren.

Wir werfen Europa immer noch vor, das Abkommen von Jalta, die Teilung Europas und die Zuweisung Polens zur anderen Seite des »eisernen Vorhanges« hingenommen zu haben. Ich glaube, wir können Europa viel anbieten. Sowohl unsere Stärke wie unsere Schwächen können einen Beitrag zu diesem Europa sein ...

Wenn wir als Gemeinschaft zu überleben vermochten, dann nicht zuletzt dank unserer Anhänglichkeit an bestimmte Institutionen und Werte europäischer Prägung. Wir verdanken dieses Überleben dem Glauben und der Kirche, dem Bekenntnis zur Demokratie und zum Pluralismus, den Menschenrechten und bürgerlichen Freiheiten, der Idee der Solidarität.

Heute unterbreite ich den Antrag auf Aufnahme Polens in den Europarat. Der Europarat mit seinen großen Verdiensten in der Verteidigung der Menschenrechte und der Freiheit, als eine hervorragende Schmiede für europäische Ideen und Initiativen – dieser Europarat scheint der passende Ort für Polen zu sein, dem Land, das viel zur Verteidigung dieser Rechte und Freiheiten getan hat...

Aber die Vorgänge in Mittel- und Osteuropa, obwohl reich an Gefahren, stellen dennoch und vor allem eine ungewöhnliche historische Herausforderung dar. Obzwar sie zweifellos vor allem für uns, die Völker Mitteleuropas, eine Herausforderung darstellen, sind sie es auch für ganz Europa. Die Mauer zwischen dem freien und dem unterdrückten Europa wurde bereits beseitigt. Jetzt bleibt die Lücke zwischen dem armen und dem reichen Europa zu füllen. Wenn Europa ein »gemeinsames Haus« werden soll, in dem die einen den anderen nicht die Türe verschließen dürfen, dann dürfen auch solche großen Unterschiede nicht lange bestehen.

Ich denke, die Zeit ist gekommen, um die Vorstellungen von einem »gemeinsamen Haus« und einem »europäischen Staatenbund«, wie sie kürzlich durch hervorragende Staatsmänner vorgebracht wurden, zu verwirklichen. Es ist Zeit, Institutionen zu schaffen, die das ganze Europa wirksam umfassen ...

Quelle: Botschaft der Volksrepublik Polen. Presse- und Kulturabteilung, Bern, 1. Februar 1990 (Übersetzung durch Hrsg.).

D 101: Rede des tschechoslowakischen Präsidenten, Václav Havel, vor dem amerikanischen Kongreß (Februar 1990; Auszug)

Die Revolution hat erst begonnen

Zweimal in diesem Jahrhundert sah sich die Welt von einer Katastrophe bedroht. Zweimal hatte diese Katastrophe ihren Ursprung in Europa, und zweimal wurden Sie als Amerikaner zusammen mit anderen aufgerufen, Europa, die ganze Welt, und sich selber zu retten.

In der Zwischenzeit wurden die Vereinigten Staaten zur mächtigsten Nation in der Welt, und wurden sich der Verantwortung bewußt, die mit dieser Stellung verbunden ist. Aber noch etwas anderes ereignete sich. Die Sowjetunion erschien auf der Bühne, wuchs und verwandelte die enormen Opfer ihres unter dem Totalitarismus leidenden Volkes in Stärke. Dies machte die Sowjetunion nach dem Zweiten Weltkrieg zur zweitstärksten Macht in der Welt.

All das lehrte uns, die Welt als zwei einander gegenüberstehende gewaltige Kräfte zu sehen – die eine als Verteidiger der Freiheit, die andere als Quelle von Alpträumen. Europa wurde zum Schauplatz des Zusammenstoßes dieser beiden Mächte und damit zu einem einzigen in zwei Teile getrennten Waffenarsenal. In diesem Prozeß wurde die eine Hälfte Bestandteil dieser bedrohlichen Macht, während die andere Hälfte, der freie Teil, am Rande des Atlantischen Ozeans liegend und keineswegs willens, in diesen hineingedrängt zu werden, gezwungen war, mit Ihnen (den Vereinigten Staaten) ein kompliziertes Sicherheitssystem aufzubauen. Ihm verdanken wir vielleicht die Tatsache, daß wir immer noch leben.

Das totalitäre System in der Sowjetunion und in den meisten ihrer Satelliten bricht zusammen. Unsere Nationen wünschen sich Demokratie und Unabhängigkeit. Dies ist meiner Überzeugung nach ein historisch unumkehrbarer Vorgang. Als Folge hiervon wird Europa seine eigene Identität wieder suchen und nicht länger gezwungen sein, als in Rüstung starrender geteilter Kontinent zu existieren. Vielleicht wird dies auch die Hoffnung wecken, daß früher oder später Ihre jungen Männer nicht mehr auf Wacht für den Frieden in Europa stehen oder gar zu unserer Rettung kommen müssen. Denn Europa wird endlich imstande sein, für sich selbst zu wachen.

Aber das ist noch nicht das Wichtigste. Das Wichtigste ist, so scheint es mir, daß diese revolutionären Wandlungen uns ermöglichen, dieser reichlich antiquierten Zwangsjacke einer bipolaren Weltsicht zu entrinnen und endlich in eine Epoche der freien Vielfalt einzutreten, in der wir alle, ob groß oder klein, ehemalige Sklaven und ehemalige Herren, das zu schaffen vermögen, was Ihr großer Präsident Lincoln als »Familie der Menschheit« bezeichnete.

Quelle: Time Magazine International, Nr. 10 vom 5. März 1990, S. 30f. (Übersetzung durch Hrsg.).

D 102: Erklärung zur Auflösung der militärischen Strukturen des Warschauer Pakts vom 25. Februar 1991

Die europäischen Länder sind vom Erbe der Vergangenheit – dem Zeitalter der Konfrontation und der Teilung des Kontinents – befreit. Die Charta von Paris eröffnete ein neues Zeitalter der Demokratie, des Friedens und der Einheit in Europa. Die Teilnehmerstaaten am gesamteuropäischen Prozeß stellten freundschaftliche Beziehungen unter Berücksichtigung der zehn Prinzipien der Schlußakte von Helsinki und auf der Grundlage der gemeinsamen Verpflichtung für rechtsstaatliche Grundsätze und der Respektierung der Menschenrechte her.

Die 22 Länder, die den Vertrag über die konventionellen Streitkräfte in Europa unterzeichneten, stellten in einer gemeinsamen Erklärung fest, daß sie einander nicht mehr als Feinde ansehen und eine neue Partnerschaft und Zusammenarbeit herstellen wollen. Es wurde bestätigt, daß alle Staaten das Recht haben, darüber zu entscheiden, ob sie Mitglied eines Bündnissystems sein wollen oder nicht. Die Beseitigung der Spaltung Europas hat die historische Gelegenheit geboten, eine neue Form der Sicherheit herzustellen, in denen die Freiheit der Wahl der einzelnen Länder respektiert wird.

Angesichts der tiefgreifenden Änderungen, die in Europa stattfinden, und der Verwirklichung der auf der Sitzung des Politischen Konsultativkomitees am 7. Juni 1990 in Moskau beschlossenen Resolution haben die Mitgliedsländer des Warschauer Pakts als souveräne und gleichberechtigte Staaten beschlossen, mit Wirkung vom 31. März 1991 die militärischen Organe und Strukturen des Pakts aufzulösen.

Die Teilnehmer der Sitzung vertraten die Meinung, daß dies ein Beitrag zu einem weiteren Abbau des Militärpotentials in Europa sei. Es sei auch eine Hinwendung zu gesamteuropäischen Strukturen anstelle von Sicherheitsstrukturen, die sich auf Militärblöcke verlassen. Das ist im Geist der Vereinbarungen, die auf dem Pariser Gipfeltreffen der Konferenz für Sicherheit und Zusammenarbeit in Europa erarbeitet wurden. Sie befürworteten einen ständigen Fortschritt in den gemeinsamen Bemühungen in Richtung auf die auf dem Treffen in Paris gesetzten Ziele.

In der neuen Situation werden die hier vertretenen Staaten die Entwicklung ihrer Beziehungen auf eine bilaterale Basis verlagern. Dies entspricht sowohl dem gemeinsamen Interesse an konstruktiven und freundschaftlichen Beziehungen als auch den neuen europäischen Realitäten.

Die Teilnehmer an dieser Sitzung unterstrichen, daß sie die volle Verwirklichung des Vertrags über die konventionellen Streitkräfte in Europa und die Wiener Erklärung über vertrauensbildende Maßnahmen als besonders wichtige Voraussetzungen für eine Stärkung der Stabilität und Sicherheit auf dem Kontinent und die Förderung des Helsinki-Prozesses ansehen.

Quelle: Deutsche Presseagentur (dpa), Meldung vom 25. Februar 1991.

D 103: »Londoner Erklärung« der Gipfelkonferenz der Staats- und Regierungschefs der NATO-Mitgliedstaaten vom 5.–6. Juli 1990 in London (Auszug)

Die an der Sitzung des Nordatlantikrats teilnehmenden Staats- und Regierungschefs gaben am 6. Juli 1990 folgende »Londoner Erklärung: Die Nordatlantische Allianz im Wandel« ab:

1. Europa ist in eine neue, verheißungsvollere Ära eingetreten. Mittel- und Osteuropa erringt seine Freiheit. Die Sowjetunion hat den langen Weg zu einer freien Gesellschaft eingeschlagen. Die Mauern, die zuvor Menschen und Ideen trennten, fallen. Die Europäer bestimmen ihr eigenes Schicksal. Sie wählen Freiheit. Sie wählen wirtschaftliche Freiheit. Sie wählen Frieden. Sie wählen das eine und freie Europa. Deshalb muß und wird sich das Bündnis dieser Entwicklung anpassen.

2. Das Nordatlantische Bündnis ist das erfolgreichste Verteidigungsbündnis der Geschichte. Beim Eintritt in sein fünftes Jahrzehnt richtet unser Bündnis den Blick in ein neues Jahrhundert. Es muß auch künftig die gemeinsame Verteidigung gewährleisten. Dieses Bündnis hat viel zur Schaffung des neuen Europa geleistet. Niemand kann jedoch die Zukunft mit Gewißheit voraussagen; wir müssen solidarisch bleiben, um den langen Frieden, dessen wir uns in den vergangenen vier Jahrzehnten erfreuten, auch künftig zu bewahren. Doch muß unser Bündnis sogar noch stärker eine

treibende Kraft des Wandels sein. Es kann am Bau der Strukturen eines einigeren Kontinents mitwirken und Sicherheit und Stabilität durch die Kraft unserer gemeinsamen Überzeugung von den Werten der Demokratie, der Rechte des einzelnen und der friedlichen Beilegung von Streitigkeiten festigen. Wir bekräftigen, daß Sicherheit und Stabilität nicht allein in der militärischen Dimension liegen; wir beabsichtigen, die politische Komponente unserer Allianz, wie sie in Artikel 2 unseres Vertrages niedergelegt ist, zu stärken.

3. Mit der Vereinigung Deutschlands wird auch die Teilung Europas überwunden. Das geeinte Deutschland im Atlantischen Bündnis freiheitlicher Demokratien und als Teil der wachsenden politischen und wirtschaftlichen Integration der Europäischen Gemeinschaft wird ein unentbehrlicher Stabilitätsfaktor sein, den Europa in seiner Mitte braucht. Die Entwicklung der Europäischen Gemeinschaft zu einer politischen Union, einschließlich des Entstehens einer europäischen Identität im Bereich der Sicherheit, wird auch zur atlantischen Solidarität und zur Schaffung einer gerechten und dauerhaften Friedensordnung in ganz Europa beitragen.

4. Wir wissen, daß in dem neuen Europa die Sicherheit eines jeden Staates untrennbar mit der Sicherheit seiner Nachbarn verbunden ist. Die NATO muß zu einem Forum werden, in dem Europäer, Kanadier und Amerikaner zusammenarbeiten, nicht nur zur gemeinsamen Verteidigung, sondern auch beim Aufbau einer neuen Partnerschaft mit allen Ländern Europas. Die Atlantische Gemeinschaft wendet sich den Ländern Mittel- und Osteuropas zu, die im »Kalten Krieg« unsere Gegner waren, und reicht ihnen die Hand zur Freundschaft.

5. Wir bleiben ein defensives Bündnis und werden das gesamte Gebiet aller unserer Mitglieder auch künftig schützen. Wir haben keinerlei aggressive Absichten und verpflichten uns zur friedlichen Lösung aller Streitigkeiten. Wir werden niemals und unter keinen Umständen als erste Gewalt anwenden.

6. Die Mitgliedstaaten des Nordatlantischen Bündnisses schlagen daher den Mitgliedstaaten der Warschauer Vertragsorganisation eine gemeinsame Erklärung vor, in der wir feierlich bekunden, daß wir uns nicht länger als Gegner betrachten, und in der wir unsere Absicht bekräftigen, uns der Androhung oder Anwendung von Gewalt zu enthalten, die gegen die territoriale Integrität oder politische Unabhängigkeit irgendeines Staates gerichtet oder auf irgendeine andere Weise mit den Zielen und Prinzipien der Charta der Vereinten Nationen und mit der KSZE-Schlußakte unvereinbar ist. Wir fordern alle anderen KSZE-Mitgliedstaaten auf, sich uns in dieser Verpflichtung zur Nichtaggression anzuschließen.

7. In diesem Geiste und als Ausdruck der sich wandelnden politischen Rolle des Bündnisses laden wir heute Präsident Gorbatschow als Vertreter der Sowjetunion sowie Vertreter der anderen mittel- und osteuropäischen Länder nach Brüssel ein, um vor dem Nordatlantikrat zu sprechen. Ebenso laden wir heute die Regierung der Union der Sozialistischen Sowjetrepubliken, der Tschechischen und Slowakischen Föderativen Republik, der Ungarischen Republik, der Republik Polen, der Volksrepublik Bulgarien und Rumäniens zur NATO ein, nicht nur zu Besuch, sondern um ständige diplomatische Verbindungen mit der NATO aufzunehmen. Dies wird es uns ermöglichen, daß wir mit ihnen unser Denken und unsere Vorstellungen in dieser historischen Zeit des Wandels teilen.

8. Unser Bündnis wird dazu beitragen, die Hinterlassenschaft von Jahrzehnten des Mißtrauens zu überwinden. Wir sind bereit, militärische Kontakte, auch die der

NATO-Befehlshaber, mit Moskau und anderen mittel- und osteuropäischen Hauptstädten zu intensivieren.

[...]

11. Die Präsenz bedeutender nordamerikanischer konventioneller und amerikanischer nuklearer Streitkräfte in Europa zeugt von dem tiefen politischen Einvernehmen, welches das Schicksal Nordamerikas mit den Demokratien Europas fest verbindet. Doch so wie Europa sich wandelt, müssen wir unseren Denkansatz in Verteidigungsfragen grundlegend ändern.

[...]

14. Mit dem Abzug sowjetischer Truppen aus Mittel- und Osteuropa und der Durchführung eines Vertrages über die Begrenzung konventioneller Streitkräfte verändern sich die integrierte Streitkräftestruktur und die Strategie des Bündnisses grundlegend; sie werden dann folgende Elemente umfassen:

- Das Bündnis wird über kleinere und umstrukturierte aktive Streitkräfte verfügen. Diese Streitkräfte werden hochmobil und anpassungsfähig sein, so daß den Verantwortlichen der Allianz bei der Entscheidung über die Reaktion auf eine Krise ein Höchstmaß an Flexibilität gegeben ist. Das Bündnis wird sich zunehmend auf multinationale Korps abstützen, die sich aus nationalen Einheiten zusammensetzen.
- Das Bündnis wird den Bereitschaftsgrad seiner aktiven Einheiten herabsetzen und die Ausbildungserfordernisse sowie die Zahl der Übungen verringern.
- Das Bündnis wird sich stärker auf die Fähigkeit verlassen, umfangreichere Streitkräfte dann wieder aufzustellen, wenn sie erforderlich werden.

15. Zur Wahrung des Friedens muß das Bündnis für die vorhersehbare Zukunft eine geeignete Zusammensetzung nuklearer und konventioneller Streitkräfte beibehalten, die in Europa stationiert sind und auf der Höhe der Zeit gehalten werden, wo dies erforderlich ist. Als defensives Bündnis hat die NATO aber stets betont, daß keine ihrer Waffen jemals eingesetzt wird – es sei denn zur Selbstverteidigung – und daß wir das niedrigste und stabilste Niveau nuklearer Streitkräfte anstreben, das zur Kriegsverhütung erforderlich ist.

16. Der politische und militärische Wandel in Europa und die Aussichten auf weitere Veränderungen erlauben es jetzt den betroffenen Bündnispartnern, weiterzugehen. Sie werden daher den Umfang ihrer nuklearen Abschreckungskräfte verändern und deren Aufgaben anpassen. Aus der neuen politischen und militärischen Lage in Europa haben sie den Schluß gezogen, daß sich die Rolle der substrategischen Nuklearsysteme kürzester Reichweite wesentlich verringert hat. Sie haben konkret beschlossen, daß das Bündnis gleich nach Beginn von Verhandlungen über nukleare Mittel kürzerer Reichweite vorschlagen wird, alle seine nuklearen Artilleriegeschosse in Europa im Gegenzug zu einem gleichartigen Vorgehen der Sowjetunion zu beseitigen.

17. Neue Verhandlungen über die Reduzierung nuklearer Mittel kürzerer Reichweite zwischen den Vereinigten Staaten und der Sowjetunion sollen kurz nach Unterzeichnung eines KSE-Abkommens beginnen. Die betroffenen Bündnispartner werden einen Rahmen für diese Rüstungskontrollverhandlungen entwickeln, der ihren Bedarf an weit weniger Nuklearwaffen sowie das verringerte Erfordernis für substrategische Nuklearsysteme kürzester Reichweite berücksichtigt.

18. Schließlich können die betroffenen Bündnispartner mit dem völligen Abzug sowjetischer Stationierungsstreitkräfte und mit der Durchführung eines KSE-Abkommens ihre Abstützung auf Nuklearwaffen verringern. Diese werden zwar auch künftig eine wesentliche Rolle in der Gesamtstrategie des Bündnisses zur Kriegsverhütung spielen, indem sie sicherstellen, daß nie eine Lage entsteht, in der nicht mit nuklearer Vergeltung als Reaktion auf militärisches Vorgehen gerechnet werden müßte. Im veränderten Europa werden die Bündnispartner jedoch in der Lage sein, eine neue NATO-Strategie zu beschließen, die Nuklearkräfte wahrhaft zu Waffen des letzten Rückgriffs macht.

Quelle: Europa-Archiv, 1990, D 456–459.

D 104: Vertrag zwischen der Bundesrepublik Deutschland und der Deutschen Demokratischen Republik über die Herstellung der Einheit Deutschlands (Einigungsvertrag), unterzeichnet in Ost-Berlin am 31. August 1990 (Auszug)

Die Bundesrepublik Deutschland und die Deutsche Demokratische Republik –
entschlossen, die Einheit Deutschlands in Frieden und Freiheit als gleichberechtigtes Glied der Völkergemeinschaft in freier Selbstbestimmung zu vollenden,
ausgehend von dem Wunsch der Menschen in beiden Teilen Deutschlands, gemeinsam in Frieden und Freiheit in einem rechtsstaatlich geordneten, demokratischen und sozialen Bundesstaat zu leben,
in dankbarem Respekt vor denen, die auf friedliche Weise der Freiheit zum Durchbruch verholfen haben, die an der Aufgabe der Herstellung der Einheit Deutschlands unbeirrt festgehalten haben und sie vollenden,
im Bewußtsein der Kontinuität deutscher Geschichte und eingedenk der sich aus unserer Vergangenheit ergebenden besonderen Verantwortung für eine demokratische Entwicklung in Deutschland, die der Achtung der Menschenrechte und dem Frieden verpflichtet bleibt,
in dem Bestreben, durch die deutsche Einheit einen Beitrag zur Einigung Europas und zum Aufbau einer europäischen Friedensordnung zu leisten, in der Grenzen nicht mehr trennen und die allen europäischen Völkern ein vertrauensvolles Zusammenleben gewährleistet,
in dem Bewußtsein, daß die Unverletzlichkeit der Grenzen und der territorialen Integrität und Souveränität aller Staaten in Europa in ihren Grenzen eine grundlegende Bedingung für den Frieden ist –
sind übereingekommen, einen Vertrag über die Herstellung der Einheit Deutschlands mit den nachfolgenden Bestimmungen zu schließen:

Kapitel I
Wirkung des Beitritts
Artikel 1
Länder

(1) Mit dem Wirksamwerden des Beitritts der Deutschen Demokratischen Republik zur Bundesrepublik Deutschland gemäß Artikel 23 des Grundgesetzes am 3. Oktober 1990 werden die Länder Brandenburg, Mecklenburg-Vorpommern, Sachsen, Sachsen-Anhalt und Thüringen Länder der Bundesrepublik Deutschland. Für die Bildung und die Grenzen dieser Länder untereinander sind die Bestimmungen des Verfassungsgesetzes zur Bildung von Ländern in der Deutschen Demokratischen Republik vom 22. Juli 1990 – Ländereinführungsgesetz – (GBl. I Nr. 51 S. 955) gemäß Anlage II* maßgebend.
(2) Die 23 Bezirke von Berlin bilden das Land Berlin.

Artikel 2
Hauptstadt, Tag der Deutschen Einheit

(1) Hauptstadt Deutschlands ist Berlin. Die Frage des Sitzes von Parlament und Regierung wird nach der Herstellung der Einheit Deutschlands entschieden.
(2) Der 3. Oktober ist als Tag der Deutschen Einheit gesetzlicher Feiertag.

Kapitel II
Grundgesetz
Artikel 3
Inkrafttreten des Grundgesetzes

Mit dem Wirksamwerden des Beitritts tritt das Grundgesetz für die Bundesrepublik Deutschland in der im Bundesgesetzblatt Teil III, Gliederungsnummer 100-1, veröffentlichten bereinigten Fassung, zuletzt geändert durch Gesetz vom 21. Dezember 1983 (BGBl. I S. 1481), in den Ländern Brandenburg, Mecklenburg-Vorpommern, Sachsen, Sachsen-Anhalt und Thüringen sowie in dem Teil des Landes Berlin, in dem es bisher nicht galt, mit den sich aus Artikel 4 ergebenden Änderungen in Kraft, soweit in diesem Vertrag nichts anderes bestimmt ist.

Artikel 4
Beitrittsbedingte Änderungen des Grundgesetzes

Das Grundgesetz für die Bundesrepublik Deutschland wird wie folgt geändert:
1. Die Präambel wird wie folgt gefaßt:
»Im Bewußtsein seiner Verantwortung vor Gott und den Menschen,

von dem Willen beseelt, als gleichberechtigtes Glied in einem vereinten Europa dem Frieden der Welt zu dienen, hat sich das Deutsche Volk kraft seiner verfassungsgebenden Gewalt dieses Grundgesetz gegeben.

Die Deutschen in den Ländern Baden-Württemberg, Bayern, Berlin, Brandenburg, Bremen, Hamburg, Hessen, Mecklenburg-Vorpommern, Niedersachsen, Nordrhein-Westfalen, Rheinland-Pfalz, Saarland, Sachsen, Sachsen-Anhalt, Schleswig-Holstein und Thüringen haben in freier Selbstbestimmung die Einheit und Frei-

* Diese und die im folgenden genannten Anlagen sind hier nicht wiedergegeben.

heit Deutschlands vollendet. Damit gilt dieses Grundgesetz für das gesamte Deutsche Volk.«

2. Artikel 23* wird aufgehoben.

3. Artikel 51 Abs. 2 des Grundgesetzes wird wie folgt gefaßt:

»(2) Jedes Land hat mindestens drei Stimmen, Länder mit mehr als zwei Millionen Einwohnern haben vier, Länder mit mehr als sechs Millionen Einwohnern fünf, Länder mit mehr als sieben Millionen Einwohnern sechs Stimmen.«

4. Der bisherige Wortlaut des Artikels 135 a wird Absatz 1.

Nach Absatz 1 wird folgender Absatz angefügt:

»(2) Absatz 1 findet entsprechende Anwendung auf Verbindlichkeiten der Deutschen Demokratischen Republik oder ihrer Rechtsträger sowie auf Verbindlichkeiten des Bundes oder anderer Körperschaften und Anstalten des öffentlichen Rechts, die mit dem Übergang von Vermögenswerten der Deutschen Demokratischen Republik auf Bund, Länder und Gemeinden im Zusammenhang stehen, und auf Verbindlichkeiten, die auf Maßnahmen der Deutschen Demokratischen Republik oder ihrer Rechtsträger beruhen.«

5. In das Grundgesetz wird folgender neuer Artikel 143 eingefügt:

»Artikel 143

(1) Recht in dem in Artikel 3 des Einigungsvertrags genannten Gebiet kann längstens bis zum 31. Dezember 1992 von Bestimmungen dieses Grundgesetzes abweichen, soweit und solange infolge der unterschiedlichen Verhältnisse die völlige Anpassung an die grundgesetzliche Ordnung noch nicht erreicht werden kann. Abweichungen dürfen nicht gegen Artikel 19 Abs. 2 verstoßen und müssen mit den in Artikel 79 Abs. 3 genannten Grundsätzen vereinbar sein.

(2) Abweichungen von den Abschnitten II, VIII, VIII a, IX, X und XI sind längstens bis zum 31. Dezember 1995 zulässig.

(3) Unabhängig von Absatz 1 und 2 haben Artikel 41 des Einigungsvertrags und Regelungen zu seiner Durchführung auch insoweit Bestand, als sie vorsehen, daß Eingriffe in das Eigentum auf dem in Artikel 3 dieses Vertrags genannten Gebiet nicht mehr rückgängig gemacht werden.«

6. Artikel 146 wird wie folgt gefaßt:

»Artikel 146

Dieses Grundgesetz, das nach Vollendung der Einheit und Freiheit Deutschlands für das gesamte deutsche Volk gilt, verliert seine Gültigkeit an dem Tage, an dem eine Verfassung in Kraft tritt, die von dem deutschen Volke in freier Entscheidung beschlossen worden ist.«

Artikel 5
Künftige Verfassungsänderungen

Die Regierungen der beiden Vertragsparteien empfehlen den gesetzgebenden Körperschaften des vereinten Deutschlands, sich innerhalb von zwei Jahren mit den im Zusammenhang mit der deutschen Einigung aufgeworfenen Fragen zur Änderung oder Ergänzung des Grundgesetzes zu befassen, insbesondere

---

* Artikel 23 beschrieb den Geltungsbereich des Grundgesetzes.

- in bezug auf das Verhältnis zwischen Bund und Ländern entsprechend dem Gemeinsamen Beschluß der Ministerpräsidenten vom 5. Juli 1990,
- in bezug auf die Möglichkeit einer Neugliederung für den Raum Berlin/Brandenburg abweichend von den Vorschriften des Artikels 29 des Grundgesetzes durch Vereinbarung der beteiligten Länder,
- mit den Überlegungen zur Aufnahme von Staatszielbestimmungen in das Grundgesetz sowie
- mit der Frage der Anwendung des Artikels 146 des Grundgesetzes und in deren Rahmen einer Volksabstimmung.

Artikel 6
Ausnahmebestimmung

Artikel 131 des Grundgesetzes wird in dem in Artikel 3 genannten Gebiet vorerst nicht in Kraft gesetzt.

Artikel 7
Finanzverfassung

Kapitel III
Rechtsangleichung

Artikel 8
Überleitung von Bundesrecht

Mit dem Wirksamwerden des Beitritts tritt in dem in Artikel 3 genannten Gebiet Bundesrecht in Kraft, soweit es nicht in seinem Geltungsbereich auf bestimmte Länder oder Landesteile der Bundesrepublik Deutschland beschränkt ist und soweit durch diesen Vertrag, insbesondere dessen Anlage I, nichts anderes bestimmt wird.

Artikel 9
Fortgeltendes Recht der Deutschen Demokratischen Republik

(1) Das im Zeitpunkt der Unterzeichnung dieses Vertrags geltende Recht der Deutschen Demokratischen Republik, das nach der Kompetenzordnung des Grundgesetzes Landesrecht ist, bleibt in Kraft, soweit es mit dem Grundgesetz ohne Berücksichtigung des Artikels 143, mit in dem in Artikel 3 genannten Gebiet in Kraft gesetztem Bundesrecht sowie mit dem unmittelbar geltenden Recht der Europäischen Gemeinschaften vereinbar ist und soweit in diesem Vertrag nichts anderes bestimmt wird. Recht der Deutschen Demokratischen Republik, das nach der Kompetenzordnung des Grundgesetzes Bundesrecht ist und das nicht bundeseinheitlich geregelte Gegenstände betrifft, gilt unter den Voraussetzungen des Satzes 1 bis zu einer Regelung durch den Bundesgesetzgeber als Landesrecht fort.

(2) Das in Anlage II aufgeführte Recht der Deutschen Demokratischen Republik bleibt mit den dort genannten Maßgaben in Kraft, insoweit es mit dem Grundgesetz unter Berücksichtigung dieses Vertrags sowie mit dem unmittelbar geltenden Recht der Europäischen Gemeinschaften vereinbar ist.

(3) Nach Unterzeichnung dieses Vertrags erlassenes Recht der Deutschen Demokratischen Republik bleibt in Kraft, sofern es zwischen den Vertragsparteien vereinbart wird. Absatz 2 bleibt unberührt.

(4) Soweit nach den Absätzen 2 und 3 fortgeltendes Recht Gegenstände der aus-

schließlichen Gesetzgebung des Bundes betrifft, gilt es als Bundesrecht fort. Soweit es Gegenstände der konkurrierenden Gesetzgebung oder der Rahmengesetzgebung betrifft, gilt es als Bundesrecht fort, wenn und soweit es sich auf Sachgebiete bezieht, die im übrigen Geltungsbereich des Grundgesetzes bundesrechtlich geregelt sind.

(5) Das gemäß Anlage II von der Deutschen Demokratischen Republik erlassene Kirchensteuerrecht gilt in den in Artikel 1 Abs. 1 genannten Ländern als Landesrecht fort.

Artikel 10
Recht der Europäischen Gemeinschaften

(1) Mit dem Wirksamwerden des Beitritts gelten in dem in Artikel 3 genannten Gebiet die Verträge über die Europäischen Gemeinschaften nebst Änderungen und Ergänzungen sowie die internationalen Vereinbarungen, Verträge und Beschlüsse, die in Verbindung mit diesen Verträgen in Kraft getreten sind.

(2) Die auf der Grundlage der Verträge über die Europäischen Gemeinschaften ergangenen Rechtsakte gelten mit dem Wirksamwerden des Beitritts in dem in Artikel 3 genannten Gebiet, soweit nicht die zuständigen Organe der Europäischen Gemeinschaften Ausnahmeregelungen erlassen. Diese Ausnahmeregelungen sollen den verwaltungsmäßigen Bedürfnissen Rechnung tragen und der Vermeidung wirtschaftlicher Schwierigkeiten dienen.

(3) Rechtsakte der Europäischen Gemeinschaften, deren Umsetzung oder Ausführung in die Zuständigkeit der Länder fällt, sind von diesen durch landesrechtliche Vorschriften umzusetzen oder auszuführen.

Kapitel IV
Völkerrechtliche Verträge und Vereinbarungen

Artikel 11
Verträge der Bundesrepublik Deutschland

Die Vertragsparteien gehen davon aus, daß völkerrechtliche Verträge und Vereinbarungen, denen die Bundesrepublik Deutschland als Vertragspartei angehört, einschließlich solcher Verträge, die Mitgliedschaften in internationalen Organisationen oder Institutionen begründen, ihre Gültigkeit behalten und die daraus folgenden Rechte und Verpflichtungen sich mit Ausnahme der in Anlage I genannten Verträge auch auf das in Artikel 3 genannte Gebiet beziehen. Soweit im Einzelfall Anpassungen erforderlich werden, wird sich die gesamtdeutsche Regierung mit den jeweiligen Vertragspartnern ins Benehmen setzen.

Artikel 12
Verträge der Deutschen Demokratischen Republik

(1) Die Vertragsparteien sind sich einig, daß die völkerrechtlichen Verträge der Deutschen Demokratischen Republik im Zuge der Herstellung der Einheit Deutschlands unter den Gesichtspunkten des Vertrauensschutzes, der Interessenlage der beteiligten Staaten und der vertraglichen Verpflichtungen der Bundesrepublik Deutschland sowie nach den Prinzipien einer freiheitlichen, demokratischen und rechtsstaatlichen Grundordnung und unter Beachtung der Zuständigkeiten der Europäischen Gemeinschaften mit den Vertragspartnern der Deutschen Demokrati-

schen Republik zu erörtern sind, um ihre Fortgeltung, Anpassung oder ihr Erlöschen zu regeln beziehungsweise festzustellen.

(2) Das vereinte Deutschland legt seine Haltung zum Übergang völkerrechtlicher Verträge der Deutschen Demokratischen Republik nach Konsultationen mit den jeweiligen Vertragspartnern und mit den Europäischen Gemeinschaften, soweit deren Zuständigkeiten berührt sind, fest.

(3) Beabsichtigt das vereinte Deutschland, in internationale Organisationen oder in sonstige mehrseitige Verträge einzutreten, denen die Deutsche Demokratische Republik, nicht aber die Bundesrepublik Deutschland angehört, so wird Einvernehmen mit den jeweiligen Vertragspartnern und mit den Europäischen Gemeinschaften, soweit deren Zuständigkeiten berührt sind, hergestellt.

Kapitel V
Öffentliche Verwaltung und Rechtspflege

Artikel 13: Übergang von Einrichtungen

Artikel 14: Gemeinsame Einrichtungen der Länder

Artikel 15: Übergangsregelungen für die Landesverwaltung

Artikel 16: Übergangsvorschrift bis zur Bildung einer gesamtberliner Landesregierung

Artikel 17
Rehabilitierung

Die Vertragsparteien bekräftigen ihre Absicht, daß unverzüglich eine gesetzliche Grundlage dafür geschaffen wird, daß alle Personen rehabilitiert werden können, die Opfer einer politisch motivierten Strafverfolgungsmaßnahme oder sonst einer rechtsstaats- und verfassungswidrigen gerichtlichen Entscheidung geworden sind. Die Rehabilitierung dieser Opfer des SED-Unrechts-Regimes ist mit einer angemessenen Entschädigungsregelung zu verbinden.

Artikel 18: Fortgeltung gerichtlicher Entscheidungen

Artikel 19: Fortgeltung von Entscheidungen der öffentlichen Verwaltung

Artikel 20: Rechtsverhältnisse im öffentlichen Dienst

Kapitel VI
Öffentliches Vermögen und Schulden

Artikel 21: Verwaltungsvermögen

Artikel 22: Finanzvermögen

Artikel 23: Schuldenregelung

Artikel 24
Abwicklung der Forderungen und Verbindlichkeiten gegenüber dem Ausland und der Bundesrepublik Deutschland

(1) Die Abwicklung der beim Wirksamwerden des Beitritts noch bestehenden Forderungen und Verbindlichkeiten, soweit sie im Rahmen des Außenhandels- und Valutamonopols oder in Wahrnehmung anderer staatlicher Aufgaben der Deutschen Demokratischen Republik bis zum 1. Juli 1990 gegenüber dem Ausland und der Bundesrepublik Deutschland begründet worden sind, erfolgt auf Weisung und unter Aufsicht des Bundesministers der Finanzen. In Umschuldungsvereinbarungen der Regierung der Bundesrepublik Deutschland, die nach Wirksamwerden des Beitritts getroffen werden, sind auch die in Satz 1 genannten Forderungen einzubeziehen. Die betroffenen Forderungen werden durch den Bundesminister der Finanzen treuhänderisch verwaltet oder auf den Bund übertragen, soweit die Forderungen wertberichtigt werden.

(2) Das Sondervermögen gemäß Artikel 23 Abs. 1 übernimmt bis zum 30. November 1993 gegenüber den mit der Abwicklung beauftragten Instituten die notwendigen Verwaltungsaufwendungen, die Zinskosten, die durch eine Differenz der Zinsaufwendungen und Zinserlöse entstehen, sowie die sonstigen Verluste, die den Instituten während der Abwicklungszeit entstehen, soweit sie durch eigene Mittel nicht ausgeglichen werden können. Nach dem 30. November 1993 übernehmen der Bund und die Treuhandanstalt die in Satz 1 genannten Aufwendungen, Kosten und den Verlustausgleich je zur Hälfte. Das Nähere wird durch Bundesgesetz geregelt.

(3) Forderungen und Verbindlichkeiten, die auf die Mitgliedschaft der Deutschen Demokratischen Republik oder ihrer Einrichtungen im Rat für Gegenseitige Wirtschaftshilfe zurückgehen, können Gegenstand gesonderter Regelungen der Bundesrepublik Deutschland sein. Diese Regelungen können auch Forderungen und Verbindlichkeiten betreffen, die nach dem 30. Juni 1990 entstehen oder entstanden sind.

Artikel 25
Treuhandvermögen

Das Gesetz zur Privatisierung und Reorganisation des volkseigenen Vermögens – Treuhandgesetz – vom 17. Juni 1990 (GBl. I Nr. 33 S. 300) gilt mit Wirksamwerden des Beitritts mit folgender Maßgabe fort:

(1) Die Treuhandanstalt ist auch künftig damit beauftragt, gemäß den Bestimmungen des Treuhandgesetzes die früheren volkseigenen Betriebe wettbewerblich zu strukturieren und zu privatisieren. Sie wird rechtsfähige bundesunmittelbare Anstalt des öffentlichen Rechts. Die Fach- und Rechtsaufsicht obliegt dem Bundesminister der Finanzen, der die Fachaufsicht im Einvernehmen mit dem Bundesminister für Wirtschaft und dem jeweils zuständigen Bundesminister wahrnimmt. Beteiligungen der Treuhandanstalt sind mittelbare Beteiligungen des Bundes. Änderungen der Satzung bedürfen der Zustimmung der Bundesregierung.

(2) Die Zahl der Mitglieder des Verwaltungsrats der Treuhandanstalt wird von 16 auf 20, für den ersten Verwaltungsrat auf 23 erhöht. Anstelle der beiden aus der Mitte der Volkskammer gewählten Vertreter erhalten die in Artikel 1 genannten Länder im Verwaltungsrat der Treuhandanstalt je einen Sitz. Abweichend von § 4 Abs. 2 des Treuhandgesetzes werden der Vorsitzende und die übrigen Mitglieder des Verwaltungsrats von der Bundesregierung berufen.

(3) Die Vertragsparteien bekräftigen, daß das volkseigene Vermögen ausschließlich und allein zugunsten von Maßnahmen in dem in Artikel 3 genannten Gebiet unabhängig von der haushaltsmäßigen Trägerschaft verwendet wird. Entsprechend sind Erlöse der Treuhandanstalt gemäß Artikel 26 Abs. 4 und Artikel 27 Abs. 3 des Vertrages vom 18. Mai 1990 zu verwenden. Im Rahmen der Strukturanpassung der Landwirtschaft können Erlöse der Treuhandanstalt im Einzelfall auch für Entschuldungsmaßnahmen zugunsten von landwirtschaftlichen Unternehmen verwendet werden. Zuvor sind deren eigene Vermögenswerte einzusetzen. Schulden, die auszugliedernden Betriebsteilen zuzuordnen sind, bleiben unberücksichtigt. Hilfe zur Entschuldung kann auch mit der Maßgabe gewährt werden, daß die Unternehmen die gewährten Leistungen im Rahmen ihrer wirtschaftlichen Möglichkeiten ganz oder teilweise zurückerstatten.
(4) Die der Treuhandanstalt durch Artikel 27 Abs. 1 des Vertrags vom 18. Mai 1990 eingeräumte Ermächtigung zur Aufnahme von Krediten wird von insgesamt bis zu 17 Milliarden Deutsche Mark auf bis zu 25 Milliarden Deutsche Mark erhöht. Die vorgenannten Kredite sollen in der Regel bis zum 31. Dezember 1995 zurückgeführt werden. Der Bundesminister der Finanzen kann eine Verlängerung der Laufzeiten und bei grundlegend veränderten Bedingungen eine Überschreitung der Kreditobergrenzen zulassen.
(5) Die Treuhandanstalt wird ermächtigt, im Einvernehmen mit dem Bundesminister der Finanzen Bürgschaften, Garantien und sonstige Gewährleistungen zu übernehmen.
(6) Nach Maßgabe des Artikels 10 Abs. 6 des Vertrags vom 18. Mai 1990 sind Möglichkeiten vorzusehen, daß den Sparern zu einem späteren Zeitpunkt für den bei der Umstellung 2:1 reduzierten Betrag ein verbrieftes Anteilrecht am volkseigenen Vermögen eingeräumt werden kann.
(7) Bis zur Feststellung der DM-Eröffnungsbilanz sind die Zins- und Tilgungsleistungen auf Kredite, die vor dem 30. Juli 1990 aufgenommen wurden, auszusetzen. Die anfallenden Zinszahlungen sind der Deutschen Kreditbank AG und den anderen Banken durch die Treuhandanstalt zu erstatten.

[...]

Quelle: Europa-Archiv, 1990, D 515–525.

D 105: Vertrag zwischen der Bundesrepublik Deutschland, der Deutschen Demokratischen Republik, Frankreich, Großbritannien, der Sowjetunion und den Vereinigten Staaten über die abschließende Regelung der Deutschland-Frage, unterzeichnet in Moskau am 12. September 1990

Die Bundesrepublik Deutschland, die Deutsche Demokratische Republik, die Französische Republik, das Vereinigte Königreich Großbritannien und Nordirland, die Union der Sozialistischen Sowjetrepubliken und die Vereinigten Staaten von Amerika –

in dem Bewußtsein, daß ihre Völker seit 1945 miteinander in Frieden leben, eingedenk der jüngsten historischen Veränderungen in Europa, die es ermöglichen, die Spaltung des Kontinents zu überwinden,
unter Berücksichtigung der Rechte und Verantwortlichkeiten der Vier Mächte in bezug auf Berlin und Deutschland als Ganzes und der entsprechenden Vereinbarungen und Beschlüsse der Vier Mächte aus der Kriegs- und Nachkriegszeit,
entschlossen, in Übereinstimmung mit ihren Verpflichtungen aus der Charta der Vereinten Nationen freundschaftliche, auf der Achtung vor dem Grundsatz der Gleichberechtigung und Selbstbestimmung der Völker beruhende Beziehungen zwischen den Nationen zu entwickeln und andere geeignete Maßnahmen zur Festigung des Weltfriedens zu treffen,
eingedenk der Prinzipien der in Helsinki unterzeichneten Schlußakte der Konferenz über Sicherheit und Zusammenarbeit in Europa,
in Anerkennung, daß diese Prinzipien feste Grundlagen für den Aufbau einer gerechten und dauerhaften Friedensordnung in Europa geschaffen haben,
entschlossen, die Sicherheitsinteressen eines jeden zu berücksichtigen,
überzeugt von der Notwendigkeit, Gegensätze endgültig zu überwinden und die Zusammenarbeit in Europa fortzuentwickeln,
in Bekräftigung ihrer Bereitschaft, die Sicherheit zu stärken, insbesondere durch wirksame Maßnahmen zur Rüstungskontrolle, Abrüstung und Vertrauensbildung; ihrer Bereitschaft, sich gegenseitig nicht als Gegner zu betrachten, sondern auf ein Verhältnis des Vertrauens und der Zusammenarbeit hinzuarbeiten, sowie dementsprechend ihrer Bereitschaft, die Schaffung geeigneter institutioneller Vorkehrungen im Rahmen der Konferenz über Sicherheit und Zusammenarbeit in Europa positiv in Betracht zu ziehen,
in Würdigung dessen, daß das deutsche Volk in freier Ausübung des Selbstbestimmungsrechts seinen Willen bekundet hat, die staatliche Einheit Deutschlands herzustellen, um als gleichberechtigtes und souveränes Glied in einem vereinten Europa dem Frieden der Welt zu dienen,
in der Überzeugung, daß die Vereinigung Deutschlands als Staat mit endgültigen Grenzen ein bedeutsamer Beitrag zu Frieden und Stabilität in Europa ist,
mit dem Ziel, die abschließende Regelung in bezug auf Deutschland zu vereinbaren,
in Anerkennung dessen, daß dadurch und mit der Vereinigung Deutschlands als einem demokratischen und friedlichen Staat die Rechte und Verantwortlichkeiten der Vier Mächte in bezug auf Berlin und Deutschland als Ganzes ihre Bedeutung verlieren,
vertreten durch ihre Außenminister, die entsprechend der Erklärung von Ottawa vom 13. Februar 1990 am 5. Mai 1990 in Bonn, am 22. Juni 1990 in Berlin, am 17. Juli 1990 in Paris unter Beteiligung des Außenministers der Republik Polen und am 12. September 1990 in Moskau zusammengetroffen sind –
sind wie folgt übereingekommen:

Artikel 1

(1) Das vereinte Deutschland wird die Gebiete der Bundesrepublik Deutschland, der Deutschen Demokratischen Republik und ganz Berlins umfassen. Seine Außengrenzen werden die Grenzen der Deutschen Demokratischen Republik und der Bundesrepublik Deutschland sein und werden am Tage des Inkrafttretens dieses Vertrages

endgültig sein. Die Bestätigung des endgültigen Charakters der Grenzen des vereinten Deutschland ist ein wesentlicher Bestandteil der Friedensordnung in Europa.
(2) Das vereinte Deutschland und die Republik Polen bestätigen die zwischen ihnen bestehende Grenze in einem völkerrechtlich verbindlichen Vertrag.
(3) Das vereinte Deutschland hat keinerlei Gebietsansprüche gegen andere Staaten und wird solche auch nicht in Zukunft erheben.
(4) Die Regierung der Bundesrepublik Deutschland und der Deutschen Demokratischen Republik werden sicherstellen, daß die Verfassung des vereinten Deutschland keinerlei Bestimmungen enthalten wird, die mit diesen Prinzipien unvereinbar sind. Dies gilt dementsprechend für die Bestimmungen, die in der Präambel und in den Artikeln 23 Satz 2 und 146 des Grundgesetzes für die Bundesrepublik Deutschland niedergelegt sind.
(5) Die Regierungen der Französischen Republik, des Vereinigten Königreichs Großbritannien und Nordirland, der Union der Sozialistischen Sowjetrepubliken und der Vereinigten Staaten von Amerika nehmen die entsprechenden Verpflichtungen und Erklärungen der Regierungen der Bundesrepublik Deutschland und der Deutschen Demokratischen Republik förmlich entgegen und erklären, daß mit deren Verwirklichung der endgültige Charakter der Grenzen des vereinten Deutschland bestätigt wird.

Artikel 2

Die Regierungen der Bundesrepublik Deutschland und der Deutschen Demokratischen Republik bekräftigen ihre Erklärung, daß von deutschem Boden nur Frieden ausgehen wird. Nach der Verfassung des vereinten Deutschland sind Handlungen, die geeignet sind und in der Absicht vorgenommen werden, das friedliche Zusammenleben der Völker zu stören, insbesondere die Führung eines Angriffskrieges vorzubereiten, verfassungswidrig und strafbar. Die Regierungen der Bundesrepublik Deutschland und der Deutschen Demokratischen Republik erklären, daß das vereinte Deutschland keine seiner Waffen jemals einsetzen wird, es sei denn in Übereinstimmung mit seiner Verfassung und der Charta der Vereinten Nationen.

Artikel 3

(1) Die Regierungen der Bundesrepublik Deutschland und der Deutschen Demokratischen Republik bekräftigen ihren Verzicht auf Herstellung und Besitz von und auf Verfügungsgewalt über atomare, biologische und chemische Waffen. Sie erklären, daß auch das vereinte Deutschland sich an diese Verpflichtungen halten wird. Insbesondere gelten die Rechte und Verpflichtungen aus dem Vertrag über die Nichtverbreitung von Kernwaffen vom 1. Juli 1968 für das vereinte Deutschland fort.
(2) Die Regierung der Bundesrepublik Deutschland hat in vollem Einvernehmen mit der Regierung der Deutschen Demokratischen Republik am 30. August 1990 in Wien bei den Verhandlungen über Konventionelle Streitkräfte in Europa folgende Erklärung abgegeben:

»Die Regierung der Bundesrepublik Deutschland verpflichtet sich, die Streitkräfte des vereinten Deutschland innerhalb von drei bis vier Jahren auf eine Personalstärke von 370 000 Mann (Land-, Luft- und Seestreitkräfte) zu reduzieren. Diese Reduzierung soll mit dem Inkrafttreten des ersten KSE-Vertrags beginnen. Im Rahmen dieser Gesamtobergrenze werden nicht mehr als 345 000 Mann den Land- und Luftstreitkräften angehören, die gemäß vereinbartem Mandat allein Gegenstand der Verhandlungen über konventionelle Streitkräfte in Europa sind. Die Bundesregierung sieht in ihrer Verpflichtung zur Reduzierung von Land- und Luftstreitkräften einen bedeutsamen deutschen Beitrag zur Reduzierung der konventionellen Streitkräfte in Europa. Sie geht davon aus, daß in Folgeverhandlungen auch die anderen Verhandlungsteilnehmer ihren Beitrag zur Festigung von Sicherheit und Stabilität in Europa, einschließlich Maßnahmen zur Begrenzung der Personalstärken, leisten werden.«

Die Regierung der Deutschen Demokratischen Republik hat sich dieser Erklärung ausdrücklich angeschlossen.

(3) Die Regierungen der Französischen Republik, des Vereinigten Königreichs Großbritannien und Nordirland, der Union der Sozialistischen Sowjetrepubliken und der Vereinigten Staaten von Amerika nehmen diese Erklärungen der Regierungen der Bundesrepublik Deutschland und der Deutschen Demokratischen Republik zur Kenntnis.

Artikel 4

(1) Die Regierungen der Bundesrepublik Deutschland, der Deutschen Demokratischen Republik und der Union der Sozialistischen Sowjetrepubliken erklären, daß das vereinte Deutschland und die Union der Sozialistischen Sowjetrepubliken in vertraglicher Form die Bedingungen und die Dauer des Aufenthalts der sowjetischen Streitkräfte auf dem Gebiet der heutigen Deutschen Demokratischen Republik und Berlins sowie die Abwicklung des Abzugs dieser Streitkräfte regeln werden, der bis zum Ende des Jahres 1994 im Zusammenhang mit der Verwirklichung der Verpflichtungen der Regierungen der Bundesrepublik Deutschland und der Deutschen Demokratischen Republik, auf die sich Absatz 2 des Artikels 3 dieses Vertrags bezieht, vollzogen sein wird.

(2) Die Regierungen der Französischen Republik, des Vereinigten Königreichs Großbritannien und Nordirland und der Vereinigten Staaten von Amerika nehmen diese Erklärung zur Kenntnis.

Artikel 5

(1) Bis zum Abschluß des Abzugs der sowjetischen Streitkräfte vom Gebiet der heutigen Deutschen Demokratischen Republik und Berlins in Übereinstimmung mit Artikel 4 dieses Vertrags werden auf diesem Gebiet als Streitkräfte des vereinten Deutschland ausschließlich deutsche Verbände der Territorialverteidigung stationiert sein, die nicht in die Bündnisstrukturen integriert sind, denen deutsche Streitkräfte auf dem übrigen deutschen Territorium zugeordnet sind. Unbeschadet der Regelung in Absatz 2 dieses Artikels werden während dieses Zeitraums Streitkräfte anderer Staaten auf diesem Gebiet nicht stationiert oder irgendwelche andere militärische Tätigkeiten dort ausüben.

(2) Für die Dauer des Aufenthalts sowjetischer Streitkräfte auf dem Gebiet der heutigen Deutschen Demokratischen Republik und Berlins werden auf deutschen Wunsch Streitkräfte der Französischen Republik, des Vereinigten Königreichs Großbritannien und Nordirland und der Vereinigten Staaten von Amerika auf der Grundlage entsprechender vertraglicher Vereinbarung zwischen der Regierung des vereinten Deutschland und den Regierungen der betreffenden Staaten in Berlin stationiert bleiben. Die Zahl aller nichtdeutschen in Berlin stationierten Streitkräfte und

deren Ausrüstungsumfang werden nicht stärker sein als zum Zeitpunkt der Unterzeichnung dieses Vertrags. Neue Waffenkategorien werden von nichtdeutschen Streitkräften dort nicht eingeführt. Die Regierung des vereinten Deutschland wird mit den Regierungen der Staaten, die Streitkräfte in Berlin stationiert haben, Verträge zu gerechten Bedingungen unter Berücksichtigung der zu den betreffenden Staaten bestehenden Beziehungen abschließen.
(3) Nach dem Abschluß des Abzugs der sowjetischen Streitkräfte vom Gebiet der heutigen Deutschen Demokratischen Republik und Berlins können in diesem Teil Deutschlands auch deutsche Streitkräfteverbände stationiert werden, die in gleicher Weise militärischen Bündnisstrukturen zugeordnet sind wie diejenigen auf dem übrigen deutschen Hoheitsgebiet, allerdings ohne Kernwaffenträger. Darunter fallen nicht konventionelle Waffensysteme, die neben konventioneller andere Einsatzfähigkeiten haben können, die jedoch in diesem Teil Deutschlands für eine konventionelle Rolle ausgerüstet und nur dafür vorgesehen sind. Ausländische Streitkräfte und Atomwaffen oder deren Träger werden in diesem Teil Deutschlands weder stationiert noch dorthin verlegt.

Artikel 6

Das Recht des vereinten Deutschland, Bündnissen mit allen sich daraus ergebenden Rechten und Pflichten anzugehören, wird von diesem Vertrag nicht berührt.

Artikel 7

(1) Die Französische Republik, das Vereinigte Königreich Großbritannien und Nordirland, die Union der Sozialistischen Sowjetrepubliken und die Vereinigten Staaten von Amerika beenden hiermit ihre Rechte und Verantwortlichkeiten in bezug auf Berlin und Deutschland als Ganzes. Als Ergebnis werden die entsprechenden, damit zusammenhängenden vierseitigen Vereinbarungen, Beschlüsse und Praktiken beendet und alle entsprechenden Einrichtungen der Vier Mächte aufgelöst.
(2) Das vereinte Deutschland hat demgemäß volle Souveränität über seine inneren und äußeren Angelegenheiten.

Artikel 8

(1) Dieser Vertrag bedarf der Ratifikation oder Annahme, die so bald wie möglich herbeigeführt werden soll. Die Ratifikation erfolgt auf deutscher Seite durch das vereinte Deutschland. Dieser Vertrag gilt daher für das vereinte Deutschland.
(2) Die Ratifikations- oder Annahmeurkunden werden bei der Regierung des vereinten Deutschland hinterlegt. Diese unterrichtet die Regierungen der anderen Vertragschließenden Seiten von der Hinterlegung jeder Ratifikations- oder Annahmeurkunde.

Artikel 9

Dieser Vertrag tritt für das vereinte Deutschland, die Französische Republik, das Vereinigte Königreich Großbritannien und Nordirland, die Union der Sozialistischen Sowjetrepubliken und die Vereinigten Staaten von Amerika am Tag der Hinterlegung der letzten Ratifikations- oder Annahmeurkunde durch diese Staaten in Kraft.

Artikel 10

Die Urschrift dieses Vertrags, dessen deutscher, englischer, französischer und russischer Wortlaut gleichermaßen verbindlich ist, wird bei der Regierung der Bundesrepublik Deutschland hinterlegt, die den Regierungen der anderen Vertragschließenden Seiten beglaubigte Ausfertigungen übermittelt.

Zu Urkund dessen haben die unterzeichneten, hierzu gehörig Bevollmächtigten diesen Vertrag unterschrieben.

[Unterschriften]

Quelle: Europa-Archiv, 1990, D 509–512.

D 106: Ansprache des Präsidenten der Bundesrepublik Deutschland, Richard Freiherr von Weizsäcker, beim Staatsakt zum Tag der Deutschen Einheit am 3. Oktober 1990 in Berlin (Auszug)

In der Präambel unserer Verfassung, wie sie nun für alle Deutschen gilt, ist das Entscheidende gesagt, was uns am heutigen Tag bewegt:

In freier Selbstbestimmung vollenden wir die Einheit und Freiheit Deutschlands. Wir wollen in einem vereinten Europa dem Frieden der Welt dienen. Für unsere Aufgaben sind wir uns der Verantwortung vor Gott und den Menschen bewußt.

Aus ganzem Herzen empfinden wir Dankbarkeit und Freude – und zugleich unsere große und ernste Verpflichtung. Die Geschichte in Europa und in Deutschland bietet uns jetzt eine Chance, wie es sie bisher nicht gab. Wir erleben eine der seltenen historischen Phasen, in denen wirklich etwas zum Guten verändert werden kann. Lassen Sie uns keinen Augenblick vergessen, was dies für uns bedeutet.

Es gibt drinnen und draußen drückende Sorgen; das übersehen wir nicht. Vorbehalte unserer Nachbarn nehmen wir ernst. Auch spüren wir, wie schwierig es sein wird, den Erwartungen gerecht zu werden, die uns aus allen Himmelsrichtungen erreichen. Aber wir wollen und werden uns nicht von Ängsten und Zweifeln leiten lassen, sondern von Zuversicht. Entscheidend ist der feste Wille, unsere Aufgaben mit Klarheit zu erkennen und gemeinsam in Angriff zu nehmen. Dieser Wille gibt uns Kraft, die Alltagssorgen ins rechte Verhältnis zu bringen mit unserer Herkunft und Zukunft in Europa.

Zum ersten Mal bilden wir Deutschen keinen Streitpunkt auf der europäischen Tagesordnung. Unsere Einheit wurde niemandem aufgezwungen, sondern friedlich vereinbart. Sie ist Teil eines gesamteuropäischen geschichtlichen Prozesses, der die Freiheit der Völker und eine neue Friedensordnung unseres Kontinents zum Ziel hat. Diesem Ziel wollen wir Deutschen dienen. Ihm ist unsere Einheit gewidmet.

Wir haben jetzt einen Staat, den wir selbst nicht mehr als provisorisch ansehen und dessen Identität und Integrität von unseren Nachbarn nicht mehr bestritten wird. Am heutigen Tag findet die vereinte deutsche Nation ihren anerkannten Platz in Europa.

Was dies heißt, erkennen wir an der Bedeutung von Grenzen. Kein europäisches Land hat so viele Nachbarn wie wir. Durch Jahrhunderte ist wegen der Grenzen Gewalt angewendet und unendlich viel Blut vergossen worden. Jetzt leben alle unsere

Nachbarn und wir selbst in gesicherten Grenzen. Sie sind nicht nur durch den Verzicht auf die Anwendung von Gewalt geschützt, sondern durch die tiefe Einsicht in ihre veränderte Funktion.

Unsäglich hart für die Menschen war der erzwungene Heimatverlust. Neuer Streit um Grenzen aber verliert jeden Sinn. Um so zündender ist das Verlangen, ihnen ihren trennenden Charakter zu nehmen. Alle Grenzen Deutschlands sollen Brücken zu den Nachbarn werden. Das ist unser Wille.

Die Gedanken der Französischen Revolution haben zusammen mit der Verfassungsentwicklung in Amerika und in Großbritannien die Grundlage der westlichen Demokratie geschaffen. Ein Konzept rechtsstaatlicher humaner Freiheit hat sich gebildet, das immer mehr zum Maßstab wurde. Es ist nicht auf Anhieb überallhin übertragbar. Wo immer sich aber der Drang nach politischer Freiheit, nach Leistungsfähigkeit und menschenwürdiger Sozialstaatlichkeit bahnbricht – bis hinein in das Herz von Peking –, bilden Werte und Regeln westlicher Demokratien das Modell, an dem sich jeder mißt.

Wir Deutschen hatten frühzeitig an der demokratischen Entwicklung Anteil. Und doch folgten wir ihr in der politischen Praxis nur halbherzig. Rechtsstaatlichkeit war bei uns aus eigenen Traditionen erwachsen. In den preußischen Reformen der napoleonischen Zeit wurde die kommunale Selbstverwaltung zur Quelle demokratischer Gesinnung. Im Zeichen der Paulskirche suchte das Volk Einigkeit und Recht und Freiheit. Es wollte durchaus die Einheit, die schließlich 1871 geschaffen wurde, war aber an den Entscheidungen nicht beteiligt. Immer wieder gab es die romantische Suche nach einem dritten Weg für die innere Ordnung Deutschlands und für seinen Platz in Europa. Aber es waren Illusionen. Auch die Weimarer Republik schaffte es nicht, eine lebensfähige Demokratie durchzusetzen.

Mit der Gründung der Bundesrepublik Deutschland verband sich zunächst die ernste Sorge, vom Westen her die Teilung Deutschlands zu verfestigen. Dennoch führte der Weg nicht wieder in eine Sackgasse. Zunächst durfte ihn nur ein Teil der Deutschen beschreiten. Heute jedoch können wir zusammen einen neuen Anfang machen.

Die Vereinigung Deutschlands ist etwas anderes als eine bloße Erweiterung der Bundesrepublik. Der Tag ist gekommen, an dem zum ersten Mal in der Geschichte das ganze Deutschland seinen dauerhaften Platz im Kreis der westlichen Demokratien findet.

Dies ist für uns selbst wie für alle unsere Nachbarn ein Vorgang von fundamentaler Bedeutung. Er wird die Mitte Europas verändern. Wir werden maßgeblich daran beteiligt sein, im gemeinsamen Handeln mit unseren westlichen Partnern und in unseren Werten und Zielen fest mit ihnen verwachsen.

Inmitten unserer europäischen Nachbarschaften hatte uns das Schicksal in den letzten vierzig Jahren geteilt. Es hat die einen begünstigt und die anderen belastet. Aber es war und bleibt unser gemeinsames deutsches Schicksal. Dazu gehört die Geschichte und die Verantwortung für ihre Folgen. Die SED hatte eine Teilung zu verordnen versucht. Sie hatte gemeint, es genüge, sich als sozialistische Zukunftsgesellschaft zu proklamieren, um sich von der Last der Geschichte zu befreien.

Aber in der DDR hat man es ganz anders erlebt und empfunden. Die Menschen mußten dort die weitaus schwereren Kriegsfolgelasten tragen als ihre Landsleute im Westen. Und sie haben immer gefühlt, daß die verantwortliche Erinnerung an die

Vergangenheit eine unentbehrliche Kraft der Befreiung für die Zukunft ist. Kaum war der erzwungene Sprachgebrauch verschwunden, stellten sie sich offen den Fragen der Geschichte.

Mit großer Achtung hat die Welt registriert, wie aufrichtig die freien Kräfte und zumal die Jugend in der DDR es als ihre Aufgabe ansahen, gutzumachen, was das alte Regime der geschichtlichen Mitverantwortung schuldig geblieben war. [...]

»Wir sind das Volk«, mit diesen vier einfachen und großen Worten wurde ein ganzes System erschüttert und zu Fall gebracht. In diesen Worten verkörperte sich der Wille der Menschen, das Gemeinwesen, die res publica, selbst in die Hand zu nehmen. So wurde die friedliche Revolution in Deutschland wahrhaft republikanisch. Daß sie nach beinahe sechzig Jahren bitterer Unterdrückung erfolgte, macht sie nur um so erstaunlicher und glaubwürdiger. Demokraten hatten sich zusammengefunden, mit dem Ziel der Freiheit und der Solidarität, beides in einem ein Auftrag für uns alle. [...]

Der Kalte Krieg ist überwunden. Freiheit und Demokratie haben sich bald in allen Staaten durchgesetzt. Nicht durch Zwang von Vormächten, sondern aus freien Stükken können sie nun ihre Beziehungen so verdichten und institutionell absichern, daß daraus erstmals eine gemeinsame Lebens- und Friedensordnung werden kann. Für die Völker Europas beginnt damit ein grundlegend neues Kapitel in ihrer Geschichte. Sein Ziel ist eine gesamteuropäische Einigung.

Es ist ein gewaltiges Ziel. Wir können es erreichen, aber wir können es auch verfehlen. Wir haben keine Zeit zu verlieren. Wir stehen vor der klaren Alternative, Europa zu einigen oder gemäß leidvoll historischen Beispielen wieder in nationalistische Gegensätze zurückzufallen. [...]

Wir Deutschen werden unseren Interessen am besten dienen und Sorgen unserer Partner am ehesten zerstreuen, wenn wir uns in der Stärkung der Gemeinschaft von niemandem übertreffen lassen und wenn wir ohne jede Verzögerung auf dem Weg zur Währungs- und Wirtschaftsunion und zur Politischen Union weitergehen, so wie wir es zugesagt haben.

Voll im Westen integriert und dem ganzen Europa zugewandt, so lautet die Aufgabe des vereinten Deutschlands. Wir werden ihr gerecht, wenn es später einmal heißt: Das entscheidende Kapitel zur Einigung des ganzen Europa nahm seinen Anfang mit der Überwindung der Teilung Deutschlands.

Je zügiger wir Europäer unsere eigenen Konflikte lösen, um so besser können wir auch unsere globalen Verpflichtungen erfüllen. Im Zeichen des Kalten Krieges haben Europäer immer wieder Spannungen und Waffen in die südliche Hemisphäre exportiert. Nun gilt es, den KSZE-Prozeß zu fördern, die Rüstungen zu vermindern und die Hilfe für den Süden mit Nachdruck zu steigern.

Schwerter zu Pflugscharen, dieses große Bibelwort aus der Zeit der friedlichen Revolution, heißt heute nicht, auf vernünftige, hinlängliche Verteidigungsfähigkeit zu verzichten; es heißt, den Hunger in der Welt zu stillen und ihrer Not zu wehren. Die vielen jungen Stimmen aus allen Teilen des vereinten Deutschlands sind dafür eine Ermutigung.

Unsere Mitverantwortung unter den Völkern gilt besonders der Umwelt. Nicht alles, was Menschen technisch und ökonomisch fertigbringen, dürfen sie der Natur zumuten. Es geht um mehr als nur um die Bewohnbarkeit der Erde für den Menschen. Menschen können zerstören, was sie nicht geschaffen haben und worüber sie nicht verfügen dürfen: die Schöpfung. Diese Freiheit haben sie sich genommen. In der Verantwortung der Freiheit wird sich zeigen, ob sie ethisch und damit am Ende auch biologisch überlebensfähig sind.

Die Aufgabe ist im wahrsten Sinn global. Sie stellt sich weltweit für jeden Staat, für Länder, für Gemeinden und für den einzelnen. Sie ist allgemein und daher auch die politischste Frage, der wir uns gegenübersehen. Beim neuen Anfang unserer Nation muß sie eine klare normative Antwort finden.

Das Grundgesetz gilt nun für alle Deutschen. Im Einigungsvertrag haben wir vereinbart, daß wir uns mit den Bestimmungen über Staatsziele befassen wollen. Es geht um Verfassungsaufträge, die nicht unter dem Vorbehalt einschränkender Gesetze stehen sollen, sondern den Gesetzgeber wie uns alle verpflichten.

Gibt es zur Ergänzung unserer Ziele ein dringlicheres als den Schutz der Natur in ihrer Rechtlosigkeit? Haben wir eine größere Aufgabe, als die Schöpfung zu bewahren und damit die Nachwelt zu schützen? Ich kenne keine. [...]

Quelle: Europa-Archiv, 1990, D 543–552.

D 107: Vertrag zwischen der Bundesrepublik Deutschland und der Republik Polen über die Bestätigung der zwischen ihnen bestehenden Grenze vom 14. November 1990

Die Bundesrepublik Deutschland und die Republik Polen –
in dem Bestreben, ihre gegenseitigen Beziehungen in Übereinstimmung mit dem Völkerrecht, insbesondere der Charta der Vereinten Nationen, und mit der in Helsinki unterzeichneten Schlußakte der Konferenz über Sicherheit und Zusammenarbeit in Europa sowie den Dokumenten der Folgekonferenzen zukunftsgewandt zu gestalten,
entschlossen, gemeinsam einen Beitrag zum Aufbau einer europäischen Friedensordnung zu leisten, in der Grenzen nicht mehr trennen und die allen europäischen Völkern ein vertrauensvolles Zusammenleben und umfassende Zusammenarbeit zum Wohle aller sowie dauerhaften Frieden, Freiheit und Stabilität gewährleistet,
in der tiefen Überzeugung, daß die Vereinigung Deutschlands als Staat mit endgültigen Grenzen ein bedeutsamer Beitrag zu der Friedensordnung in Europa ist,
unter Berücksichtigung des am 12. September 1990 unterzeichneten Vertrags über die abschließende Regelung in bezug auf Deutschland,
eingedenk dessen, daß seit Ende des Zweiten Weltkriegs 45 Jahre vergangen sind, und im Bewußtsein, daß das schwere Leid, das dieser Krieg mit sich gebracht hat, insbesondere auch der von zahlreichen Deutschen und Polen erlittene Verlust ihrer Heimat durch Vertreibung oder Aussiedlung, eine Mahnung und Herausforderung zur Gestaltung friedlicher Beziehungen zwischen den beiden Völkern und Staaten darstellt,
in dem Wunsch, durch die Entwicklung ihrer Beziehungen feste Grundlagen für ein freundschaftliches Zusammenleben zu schaffen und die Politik der dauerhaften Verständigung und Versöhnung zwischen Deutschen und Polen fortzusetzen –
sind wie folgt übereingekommen:

Artikel 1

Die Vertragsparteien bestätigen die zwischen ihnen bestehende Grenze, deren Verlauf sich nach dem Abkommen vom 6. Juli 1950 zwischen der Deutschen Demokratischen Republik und der Republik Polen über die Markierung der festgelegten und bestehenden deutsch-polnischen Staatsgrenze und den zu seiner Durchführung und Ergänzung geschlossenen Vereinbarungen (Akt vom 27. Januar 1951 über die Ausführung der Markierung der Staatsgrenze zwischen Deutschland und Polen; Vertrag vom 22. Mai 1989 zwischen der Deutschen Demokratischen Republik und der Volksrepublik Polen über die Abgrenzung der Seegebiete in der Oderbucht) sowie dem Vertrag vom 7. Dezember 1970 zwischen der Bundesrepublik Deutschland und der Volksrepublik Polen über die Grundlagen der Normalisierung ihrer gegenseitigen Beziehungen bestimmt.

Artikel 2

Die Vertragsparteien erklären, daß die zwischen ihnen bestehende Grenze jetzt und in Zukunft unverletzlich ist und verpflichten sich gegenseitig zur uneingeschränkten Achtung ihrer Souveränität und territorialen Integrität.

Artikel 3

Die Vertragsparteien erklären, daß sie gegeneinander keinerlei Gebietsansprüche haben und solche auch in Zukunft nicht erheben werden.

Artikel 4

(1) Dieser Vertrag bedarf der Ratifikation; die Ratifikationsurkunden werden so bald wie möglich in Bonn ausgetauscht.

(2) Dieser Vertrag tritt am Tage des Austausches der Ratifikationsurkunden in Kraft.

Zu Urkund dessen haben die Vertreter der Vertragsparteien diesen Vertrag unterzeichnet und mit Siegeln versehen.

Geschehen zu Warschau am 14. November 1990

in zwei Urschriften, jede in deutscher und polnischer Sprache, wobei jeder Wortlaut gleichermaßen verbindlich ist.

[Unterschriften]

Quelle: Bulletin des Presse- und Informationsamtes der Bundesregierung, Nr. 134, vom 16. November 1990, S. 1394.

2. Europas »zweite Zukunft«

Europas Zukunft ist wieder offen. Seine von Ost und West mehr oder weniger als endgültig hingenommene Teilung bildet nicht mehr den Ausgangspunkt politischen Denkens, militärischer Planung und wirtschaftlichen Brückenschlags. Die Überwindung dieser Teilung und das Zusammenwachsen dessen, was immer zusammengehörte, ist im vollen Gange. Es ist an Europa, an den Europäern, die sich hier bietenden Chancen einer Neuordnung ihres Kontinents so wahrzunehmen, daß dieser den über rein materiellen Wohlstand hinausgehenden Vorstellungen gerecht wird, die der Gedanke an ein freiheitliches, demokratisches und geistig lebendiges Europa immer schon geweckt hat. Zugleich wird dieses Europa in stärkerem Maße als bisher Verantwortung in der Weltpolitik übernehmen müssen.

Damit ist zweierlei gesagt. Zunächst: Der Schlüssel zu Europas Zukunft liegt nicht mehr in den Händen der beiden Weltmächte. Ihre Präsenz und Rolle in Europa werden zweifellos weiter wirken, wenn auch in sehr unterschiedlicher Weise. Sie sind in vielem – wirtschaftlich, politisch und strategisch – Bestandteil des Nachkriegseuropas geworden. Während der Rückzug der Sowjetunion von ihrer Herrschaft über Mittel- und Osteuropa den Weg frei gegeben hat zu dessen Hinwendung zum demokratischen Europa, werden die Vereinigten Staaten bis auf weiteres in Europa als Partner willkommen sein. Aber auch ihr Gewicht und ihr Einfluß bei der künftigen Gestaltung europäischer Politik werden in dem Maße abnehmen, in dem Europa zu seiner eigenen, nun Ost- und Westeuropa umfassenden Identität zurückfindet.

Vierzig Jahre kommunistischer Einparteienherrschaft in Mittel- und Osteuropa und eine aufgezwungene »sozialistische Gemeinschaft« haben überdeutlich gezeigt, wie Europa *nicht* geeint werden kann. Beides widersprach zutiefst europäischen Traditionen und Erfahrungen. Beides war nur mit Hilfe von Zwang aufrechtzuerhalten. Wo dieser Zwang entfiel, brachen die innenpolitische Herrschaft und die außenpolitische »Gemeinschaft« wie ein Kartenhaus zusammen. Einigung konnte nur da Bestand haben, wo sie auf Verständigung beruhte, Zusammenarbeit nur erfolgreich sein, wenn sie freiwillig war. Dies bildete den Rahmen, in dem das gemeinsame europäische Erbe fruchtbar werden konnte. Demokratischer Parlamentarismus und Achtung der Menschenrechte fanden ihren institutionellen Ausdruck im Europarat, Soziale Marktwirtschaft in der Europäischen Gemeinschaft und der Europäischen Freihandelsassoziation. Das Bekenntnis zu Freiheit und gemeinsamer Verteidigung prägte die westlichen Bündnisse, NATO und Westeuropäische Union, und zeigte sich auch im Respekt vor der Neutralität.

2.1. Festigung der Europäischen Gemeinschaft

Alle diese westeuropäischen (und, im Falle der NATO und auch der OECD, transatlantischen) Institutionen haben sich deshalb trotz mancherlei Schwächen und inneren Spannungen als lebens-, ausbau- und nachahmungsfähig erwiesen. Das zeigte sich einmal auf der Ebene der Europäischen Gemeinschaft, zum andern im Rahmen der KSZE.

Die Europäische Gemeinschaft sah sich seit dem Herbst 1989 vor mehreren großen Aufgaben zugleich: der Schaffung des gemeinsamen Binnenmarktes, dem Vorantreiben der Wirtschafts- und Währungs- und schließlich auch der Politischen Union, den Verhandlungen mit den EFTA-Ländern über einen Europäischen Wirtschaftsraum, der Neugestaltung der Beziehungen zu den mittel- und osteuropäischen Ländern und der Einfügung der ehemaligen DDR in die Gemeinschaft.

Daß sich Westeuropa und insbesondere die Gemeinschaft der besonderen Verantwortung gegenüber Mittel- und Osteuropa bewußt sind, beweist einmal der Beschluß der Gipfelkonferenz der sieben größten Industrieländer vom Juli 1989, die Gemeinschaft mit der Koordinierung der Hilfe an die Länder dieser Region zu beauftragen. Das beweisen auch die verschiedenen Erklärungen und Stellungnahmen des Europäischen Rates (so in Straßburg vom Dezember 1989 und in Dublin vom April 1990) und nicht zuletzt die Schaffung einer von 42 Gründungsmitgliedern aus nahezu allen westeuropäischen Ländern getragenen »Europäischen Bank für Wiederaufbau und Entwicklung« mit Sitz in London. Ihre Aufgabe ist es, die Reformstaaten Mittel- und Osteuropas bei der Einführung marktorientierter Wirtschaftssysteme zu unterstützen und die Privatinitiative zu fördern. Die Bank nahm ihre Tätigkeit im Frühjahr 1991 auf.

Hinter der Größe dieser Aufgaben und der der Gemeinschaft zufallenden Aufgabe, Europa auch politisch neu gestalten zu helfen und nach außen hin als glaubwürdigen und ansprechbaren Partner zu repräsentieren, hinken ihre Institutionen und ihr innerer politischer Zusammenhalt weit hinterher. Sie entbehren noch weitgehend der demokratischen Legitimität, da die Rolle und die Kompetenzen des Europäischen Parlaments immer noch äußerst begrenzt sind; sie entbehren aber auch der Organe, die hinreichend Autorität haben, um der Gemeinschaft zu erlauben, in den Bereichen Außen- und Sicherheitspolitik geschlossen aufzutreten. Bundeskanzler Kohl und Frankreichs Staatspräsident Mitterrand unternahmen deshalb zweimal Vorstöße, um die Schaffung der Politischen Union voranzutreiben: das erste Mal in Form einer gemeinsamen Botschaft an den Europäischen Rat in Dublin [D 108], das zweite Mal ebenfalls als Botschaft an dessen Tagung vom 14./15. Dezember 1990 in Rom. Letztere beschloß die Einberufung von zwei Regierungskonferenzen, von denen die eine sich mit der Schaffung der Wirtschafts- und Währungsunion, die andere mit jener der Politischen Union im Laufe des Jahres 1991 befassen soll. Die deutsch-französische Initiative gab der Gemeinschaft zweifellos zusätzlichen Anstoß, sich nun endlich auf die innere Konsolidierung und die schrittweise Integration in diesen drei Bereichen zu konzentrieren. Die Schlußfolgerungen des Rates gehen dahin, daß zur Politischen Union einmal die Verbesserung der demokratischen Legitimität, zum andern eine gemeinsame Außen- und Sicherheitspolitik und schließlich auch eine Europabürgerschaft gehören sollen [D 109].

2.2. Die KSZE als Rahmen gesamteuropäischer Ordnung

Wo es um die Neuordnung von ganz Europa ging, blieb mangels anderer gesamteuropäischer Institutionen die KSZE der einzige, wenn auch keineswegs schon hinreichende Rahmen. Zwei wichtige Sonderkonferenzen zeigten, wie entscheidend nunmehr bewährte Prinzipien westlicher Demokratie und Wirtschaft von der KSZE als Leitlinien für die Reformen in den ehemals kommunistischen Ländern übernommen wurden. Sie erleichterten damit die Annäherung zwischen dem »Westen« und dem ehemaligen »Osten«; sie bildeten die Grundsteine für das sich neubildende Europa. Es waren dies einmal die »Konferenz über wirtschaftliche Zusammenarbeit in Europa« (in Bonn vom 19. März bis zum 11. April 1990), zum andern die beiden KSZE-Konferenzen über »die menschliche Dimension« in Paris (30. Mai bis 23. Juni) und Kopenhagen (5. bis 29. Juni 1990). Die letztere schloß mit einem eindrücklichen Dokument, in dem sich alle KSZE-Staaten feierlich zur Achtung eines langen Kataloges von Menschen- und Grundrechten verpflichteten.

Der Auftakt zur vorerst noch vorsichtigen Institutionalisierung der KSZE bildete die Gipfelkonferenz vom 19. bis zum 21. November 1990 in Paris [D 110]. Sie war ein geeigneter Rahmen für die Beendigung des Kalten Krieges und für die Bekräftigung der Vereinigung Deutschlands als tragendes Element in der künftigen gesamteuropäischen Ordnung. War es die erste Aufgabe der KSZE gewesen, Europas Teilung zu mildern und die Annäherung seiner beiden Teile zu ermöglichen, so konnte sie nun die Überwindung dieser Teilung in aller Form bestätigen und Zeichen für den weiteren Weg setzen. Dazu verhelfen ein erstmals geschaffenes KSZE-Sekretariat (mit Sitz in Prag), ein Konfliktverhütungszentrum (in Wien) und ein Büro für freie Wahlen (in Warschau) sowie nunmehr regelmäßige Treffen der Außenminister, unterstützt durch hohe Beamte. Die nächste Gipfelkonferenz wird im März 1992 in Helsinki stattfinden. Damit wurde sogleich bezeugt, daß sich die KSZE auch in der neuen Ära eine Zukunft gibt und diese Zukunft mit neuen Inhalten im Sinne eines stabilen, friedlichen und solidarischen Europa zu füllen gedenkt.

Europa bewegt sich somit nicht mehr auseinander, sondern zueinander. Die Einigung findet nicht mehr in der Trennung, sondern in der Suche nach gemeinsam verbindenden und bindenden Institutionen statt. Ohne Schwierigkeiten, Verzögerungen, vielleicht sogar Rückschläge und Mißverständnisse wird dies kaum gehen. Aber auch das entspricht der Natur Europas, das seit jeher auf der Suche nach sich selbst war und es auch bleiben wird. Diese Aufgabe, die über die Selbstfindung hinaus in eine weltweite Verantwortung Europas übergehen muß, hat der deutsche Außenminister Hans-Dietrich Genscher in einer Rede in der Frankfurter Paulskirche formuliert: Er sprach von einer sich bildenden »neuen europäischen Friedenskultur«.

Fünfundvierzig Jahre Spaltung und kaum ein Jahr Auftakt zur wirklichen Einigung Europas: Man wird sich bei dieser Gegenüberstellung sowohl des unterschiedlichen Zeitmaßes bewußt bleiben müssen wie auch des hohen Preises der Spaltung und der immensen Herausforderung bei der Bewältigung der Einigung. Letztere wird nicht ohne Wissen um Gründe und Folgen der Spaltung zustandekommen. Die Erkenntnis aus dem Vergangenen und die Zuversicht für das Künftige werden für das ganze Europa nur da wirklich fruchtbar, wo es seine Vielfalt in der Einheit und seine geistige Kraft gegenüber nur wirtschaftlicher Stärke zu behaupten vermag. Erfolg oder Mißerfolg in dem nun wieder gemeinsamen Ringen um die Zukunft Europas entscheiden sich nach wie vor an jener zentralen Aufgabe, die eine der lautersten Gestalten des deutschen Widerstands, Helmuth James von Moltke, dem Europa der Nachkriegszeit zu lösen aufgab: sie lag auch damals schon weniger in der Frage »von Grenzen und Soldaten, von wasserkopfartigen Organisationen und Planungen«, als darin, »wie das Bild des Menschen im Herzen unserer Mitbürger wiederhergestellt werden kann«.

D 108: Botschaft des Staatspräsidenten der Französischen Republik, François Mitterrand, und des Bundeskanzlers der Bundesrepublik Deutschland, Helmut Kohl, an den irischen Premierminister und amtierenden Präsidenten des Europäischen Rates, Charles Haughey, vom 18. April 1990

Sie haben die Initiative ergriffen und für den 28. April eine außerordentliche Sitzung des Europäischen Rates einberufen. Hierfür danken wir Ihnen aufrichtig. Sie haben zwei Themen für die Tagesordnung vorgesehen: Die deutsche Einigung und ihre Konsequenzen für die Gemeinschaft, die Beziehungen der Gemeinschaft zu den anderen europäischen Ländern, insbesondere den Staaten Mittel- und Osteuropas.

Angesichts der tiefgreifenden Umwälzungen in Europa, unter Berücksichtigung der Herstellung des Binnenmarktes und der Verwirklichung der Wirtschafts- und Währungsunion halten wir es für notwendig, den politischen Aufbau des Europas der Zwölf zu beschleunigen. Wir glauben, daß es an der Zeit ist, »die Gesamtheit der Beziehungen zwischen den Mitgliedstaaten in eine Europäische Union umzuwandeln und diese mit den notwendigen Aktionsmitteln auszustatten«, wie es die Einheitliche Akte vorgesehen hat.

In dieser Perspektive drücken wir den Wunsch aus, daß der Europäische Rat am 28. April folgendes beschließt:

1. Die zuständigen Gremien darum zu bitten, die vorbereitenden Arbeiten für die Regierungskonferenz über die Wirtschafts- und Währungsunion zu intensivieren, die vor Ende des Jahres 1990 auf Einladung der italienischen Präsidentschaft eröffnet werden wird, wie es der Europäische Rat von Straßburg entschieden hat.
2. Die vorbereitenden Arbeiten für eine Regierungskonferenz über die Politische Union einzuleiten. Es geht insbesondere darum,
   - die demokratische Legitimation der Union zu verstärken,
   - ihre Institutionen effizienter auszugestalten,
   - die Einheit und die Kohärenz der Aktion der Union in den Bereichen der Wirtschaft, der Währung und der Politik sicherzustellen,
   - eine gemeinsame Außen- und Sicherheitspolitik festzulegen und in die Tat umzusetzen.

Die Außenminister sollten beauftragt werden, einen ersten Bericht für den Europäischen Rat im Juni und einen Schlußbericht für den Europäischen Rat im Dezember zu erstellen. Wir wünschen, daß die Regierungskonferenz über die Politische Union parallel zu der Konferenz über die Wirtschafts- und Währungsunion zusammentritt.

3. Unser Ziel ist es, daß diese grundlegenden Reformen – die Wirtschafts- und Währungsunion wie die Politische Union – am 1. Januar 1993 nach Ratifizierung durch die nationalen Parlamente in Kraft treten.

Die Außenminister der Französischen Republik und der Bundesrepublik Deutschland, Roland Dumas und Hans-Dietrich Genscher, werden diese Überlegungen bei dem informellen Treffen des Allgemeinen Rats am kommenden 21. April zur Diskussion stellen. Wir wären Ihnen dankbar, diese Botschaft den anderen Mitgliedern des Europäischen Rates zu übermitteln.

Wir bitten Sie, Herr Premierminister, die Versicherung unserer Hochachtung und unsere freundschaftlichen Grüße entgegenzunehmen.

[Unterschriften]

Quelle: Europa-Archiv, 1990, D 283.

D 109: Tagung des Europäischen Rates der Staats- und Regierungschefs vom 14./15. Dezember 1990 in Rom (Auszug)

Der Europäische Rat hat die nachstehenden Schlußfolgerungen genehmigt:

Politische Union

Der Europäische Rat nimmt mit Genugtuung alle vorbereitenden Arbeiten zur Kenntnis, auf die sich die Regierungskonferenz über die Politische Union stützen soll. Grundlagen der Union bilden die Solidarität zwischen ihren Mitgliedstaaten, die umfassende Verwirklichung der Wünsche ihrer Bürger, der wirtschaftliche und soziale Zusammenhalt, ein ausgewogenes Verhältnis zwischen den Verantwortlichkeiten der einzelnen Staaten und der Gemeinschaft und zwischen den Organen, die Kohärenz des gesamten internationalen Vorgehens der Gemeinschaft in ihrer Außen-, Sicherheits-, Wirtschafts- und Entwicklungspolitik sowie bei der Bekämpfung von Rassendiskriminierung und Fremdenfeindlichkeit zur Wahrung der Menschenwürde. Unbeschadet anderer von den Regierungen oder der Kommission bei den Vorarbeiten aufgeworfener Fragen ersucht der Europäische Rat die Konferenz, folgenden Aspekten besondere Beachtung zu schenken:

1. Demokratische Legitimität

Im Hinblick auf eine Stärkung der Rolle des Europäischen Parlaments ersucht der Europäische Rat die Konferenz, folgende Maßnahmen zu prüfen:

- Ausdehnung und Verbesserung des Verfahrens der Zusammenarbeit;
- Ausweitung des Zustimmungsverfahrens auf internationale Übereinkommen, die vom Rat einstimmig genehmigt werden müssen;
- Beteiligung des Europäischen Parlaments bei der Ernennung der Mitglieder der Kommission und ihres Präsidenten;
- mehr Befugnisse bei der Haushaltskontrolle und finanziellen Verantwortung;
- stärkere Überwachung der Durchführung der Gemeinschaftspolitiken;
- Kodifizierung des Petitions- und Untersuchungsrechts in Gemeinschaftsangelegenheiten.

Der Europäische Rat hat auch weiterreichende Reformen in bezug auf die Rolle des Europäischen Parlaments erörtert und er ersucht die Konferenz, die Entwicklung von Mitentscheidungsverfahren für Gesetzgebungsakte im Rahmen der Hierarchie der Gemeinschaftsakte in Betracht zu ziehen. Es sollten Modalitäten erwogen werden, die es den nationalen Parlamenten ermöglichen, bei der Weiterentwicklung der Gemeinschaft die ihnen gebührende Rolle zu spielen.

Der Europäische Rat nimmt zur Kenntnis, daß einige Mitgliedstaaten besonderen Wert auf folgendes legen:

- die Annahme von Bestimmungen, die den besonderen Befugnissen regionaler oder lokaler Institutionen in bezug auf bestimmte Gemeinschaftspolitiken Rechnung tragen;
- die Notwendigkeit, angemessene Verfahren für Konsultationen mit diesen Institutionen zu prüfen.

2. Gemeinsame Außen- und Sicherheitspolitik

Der Europäische Rat begrüßt das breite Einvernehmen über Grundprinzipien wie die Aufgabe der Union, in einem kontinuierlichen und evolutiven Prozeß in einheitlicher Weise Aspekte der Außen- und Sicherheitspolitik auf der Grundlage von im Vertrag niedergelegten allgemeinen Zielen zu behandeln.

Die gemeinsame Außen- und Sicherheitspolitik sollte darauf abzielen, den Frieden und die internationale Stabilität zu erhalten, freundschaftliche Beziehungen zu allen Ländern zu entwickeln, die Demokratie, die Rechtsstaatlichkeit und die Achtung der Menschenrechte zu fördern und die wirtschaftliche Entwicklung aller Nationen zu begünstigen, wobei auch die besonderen Beziehungen der einzelnen Mitgliedstaaten zu berücksichtigen wären. Zu diesem Zweck wird die Konferenz insbesondere die Ziele der Union und die Tragweite ihrer Politiken erörtern und sie wird prüfen, wie ihre Durchführung innerhalb eines institutionellen Rahmens effektiv unterstützt und sichergestellt werden kann.

Ein derartiger institutioneller Rahmen würde folgendes zur Grundlage haben:

- ein einziges Entscheidungszentrum, den Rat;
- Harmonisierung und gegebenenfalls Vereinheitlichung der Vorarbeiten; Vereinigung der Sekretariate;
- Stärkung der Rolle der Kommission durch ein nicht-ausschließliches Initiativrecht;
- angemessene Verfahren für die Anhörung und Unterrichtung des Europäischen Parlaments;
- Vorkehrungen, um sicherzustellen, daß die Union auf der internationalen Bühne, insbesondere in internationalen Organisationen und gegenüber Drittländern, tatsächlich mit einer Stimme spricht.

Als mögliche Grundlage für den Beschlußfassungsprozeß sollten folgende Punkte geprüft werden:

- die Konsensregel für die Festlegung allgemeiner Leitlinien; in diesem Zusammenhang auch Nichtbeteiligung an Abstimmungen oder Enthaltung als Mittel zur Erreichung von Einstimmigkeit;
- die Möglichkeit, zur Durchführung vereinbarter Politiken Entscheidungen mit qualifizierter Mehrheit zu treffen.

In bezug auf die gemeinsame Sicherheit sollte die schrittweise Ausweitung der Funktion der Union in diesem Bereich in Betracht gezogen werden, zunächst insbesondere bei Fragen, die in internationalen Organisationen erörtert werden: Rüstungskontrolle, Abrüstung und damit zusammenhängende Fragen; KSZE-Angelegenheiten; bestimmte bei den Vereinten Nationen erörterte Fragen, einschließlich friedenssichernde Maßnahmen; wirtschaftliche und technische Zusammenarbeit auf dem Rüstungssektor; Koordinierung der Rüstungsexportpolitik und Nichtverbreitung.

Der Europäische Rat hebt außerdem hervor, daß unbeschadet der bestehenden Verpflichtungen einiger Mitgliedstaaten in diesem Bereich eine künftige Rolle der Union in Verteidigungsfragen erwogen werden sollte, wobei die Bedeutung der Erhaltung und Stärkung der Bindungen im Rahmen des atlantischen Bündnisses zu berücksichtigen wäre, und zwar unbeschadet der herkömmlichen Positionen anderer Mitgliedstaaten. Der Gedanke einer Verpflichtung der Mitgliedstaaten zur gegenseitigen Hilfeleistung sowie die Vorschläge einiger Mitgliedstaaten zur Zukunft der Westeuropäischen Union sollten gleichfalls erörtert werden.

3. Europabürgerschaft

Der Europäische Rat nimmt mit Befriedigung zur Kenntnis, daß unter den Mitgliedstaaten Einvernehmen darüber besteht, daß auch der Begriff der Europabürgerschaft geprüft wird. Er ersucht die Konferenz zu prüfen, inwieweit die folgenden Rechte im Vertrag verankert werden könnten, um diesen Begriff inhaltlich auszufüllen:

- staatsbürgerliche Rechte: Teilnahme an den Wahlen zum Europäischen Parlament im Wohnsitzland; eventuelle Beteiligung an Kommunalwahlen;
- soziale und wirtschaftliche Rechte: Freizügigkeit und freie Wahl des Wohnorts unabhängig von der Ausübung einer Erwerbstätigkeit, Chancengleichheit und Gleichbehandlung für alle Gemeinschaftsbürger;
- gemeinsamer Schutz der Gemeinschaftsbürger außerhalb der Grenzen der Gemeinschaft.

Ferner sollte geprüft werden, ob eine Einrichtung geschaffen werden könnte, die für die Verteidigung der Rechte der Bürger in Gemeinschaftsangelegenheiten zuständig wäre (»Ombudsman«). Bei der Durchführung jeder dieser Bestimmungen sollte besonderen Problemen in einigen Mitgliedstaaten gebührend Rechnung getragen werden.

4. Ausweitung und Verstärkung der Tätigkeit der Gemeinschaft

Der Europäische Rat stellt fest, daß die Notwendigkeit einer Ausweitung oder Neubestimmung der Gemeinschaftszuständigkeiten in spezifischen Bereichen weithin anerkannt wird. Er ersucht die Konferenz, unter anderem folgende Aspekte zu berücksichtigen:

- die soziale Dimension, einschließlich der Notwendigkeit des sozialen Dialogs;
- den wirtschaftlichen und sozialen Zusammenhalt der Mitgliedstaaten;
- die Verstärkung des Umweltschutzes, um ein dauerhaftes Wachstum zu gewährleisten;
- das Gesundheitswesen, insbesondere die Bekämpfung der weitverbreiteten, schwerwiegenden Krankheiten;
- eine der Entwicklung der Wettbewerbsfähigkeit der Gemeinschaft angemessene Forschungsanstrengung;
- eine auf mehr Sicherheit und Effizienz gerichtete Energiepolitik, bei der auch die Zusammenarbeit in Gesamteuropa berücksichtigt wird;
- die Schaffung großräumiger Infrastrukturen in der Gemeinschaft, so daß sich auch ein transeuropäisches Netzwerk herstellen läßt;

– die Wahrung der Vielfalt des europäischen Erbes und die Förderung des kulturellen Austausches und der Bildung.

Außerdem sollte erwogen werden, ob und auf welche Weise gegenwärtig im zwischenstaatlichen Rahmen abgewickelte Tätigkeiten in den Geltungsbereich der Union einbezogen werden könnten; dies gilt insbesondere für bestimmte Schlüsselbereiche wie Innenpolitik und Justiz, namentlich Einwanderung, Regelungen für Visum- und Asylfragen sowie Bekämpfung des Drogenmißbrauchs und des organisierten Verbrechens.

Der Europäische Rat erkennt die große Bedeutung des Subsidiaritätsprinzips an, und zwar nicht nur hinsichtlich der Ausweitung der Zuständigkeiten der Union, sondern auch hinsichtlich der Durchführung der Politiken und Entscheidungen der Union. Der Europäische Rat betont, daß der Union alle erforderlichen Mittel zur Verfügung stehen müssen, damit sie ihre Ziele erreichen und die sich daraus ergebende Politik durchführen kann.

5. Effizienz der Union

Der Europäische Rat hat die Frage erörtert, auf welche Weise die Effizienz der Organe der Union sichergestellt werden kann. Er ist übereingekommen, daß der Europäische Rat auch weiterhin die wesentliche Rollen spielen wird, die er in den letzten Jahren als politischer Impulsgeber in grundlegenden Fragen wahrgenommen hat. Die Konferenz wird prüfen, ob die Entwicklung der Gemeinschaft zu einer Europäischen Union eine Stärkung dieser Rolle erforderlich macht.

Was den Rat betrifft, so wird die Konferenz die Frage einer verstärkten Anwendung der Abstimmung mit qualifizierter Mehrheit prüfen und namentlich die Möglichkeit erwägen, dies zur allgemeinen Regel mit einer begrenzten Anzahl von Ausnahmen zu erheben. In bezug auf die Kommission hat der Europäische Rat hervorgehoben, daß die Erweiterung der Zuständigkeiten der Union mit einer Stärkung der Rolle der Kommission und insbesondere ihrer Durchführungsbefugnisse einhergehen muß, damit sie wie die übrigen Institutionen zu einer Verbesserung der Effizienz des Vorgehens der Gemeinschaft beitragen kann. In bezug auf die übrigen Einrichtungen und Organe der Gemeinschaft wird die Konferenz im Lichte der von diesen Einrichtungen und von den Mitgliedstaaten unterbreiteten Vorschläge prüfen, auf welche Weise sich ihre Effizienz verbessern läßt.

Quelle: Europa-Archiv, 1991, D 28–30.

D 110: Erklärung des KSZE-Treffens der Staats- und Regierungschefs in Paris vom 21. November 1990

Charta von Paris für ein neues Europa

Ein neues Zeitalter der Demokratie, des Friedens und der Einheit

Wir, die Staats- und Regierungschefs der Teilnehmerstaaten der Konferenz über Sicherheit und Zusammenarbeit in Europa, sind in einer Zeit tiefgreifenden Wandels und historischer Erwartungen in Paris zusammengetreten. Das Zeitalter der Konfrontation und der Teilung Europas ist zu Ende gegangen. Wir erklären, daß sich unsere Beziehungen künftig auf Achtung und Zusammenarbeit gründen werden. Europa befreit sich vom Erbe der Vergangenheit. Durch den Mut von Männern und Frauen, die Willensstärke der Völker und die Kraft der Ideen der Schlußakte von Helsinki bricht in Europa ein neues Zeitalter der Demokratie, des Friedens und der Einheit an.

Nun ist die Zeit gekommen, in der sich die jahrzehntelang gehegten Hoffnungen und Erwartungen unserer Völker erfüllen: Unerschütterliches Bekenntnis zu einer auf Menschenrechten und Grundfreiheiten beruhenden Demokratie, Wohlstand durch wirtschaftliche Freiheit und soziale Gerechtigkeit und gleiche Sicherheit für alle unsere Länder. Die zehn Prinzipien der Schlußakte werden uns in diese im Zeichen hoher Aufgaben stehende Zukunft leiten, so wie sie uns in den vergangenen fünfzehn Jahren den Weg zu besseren Beziehungen gewiesen haben. Die volle Verwirklichung aller KSZE-Verpflichtungen muß die Grundlage für die Initiativen bilden, die wir nun ergreifen, um unseren Nationen ein Leben zu ermöglichen, das ihren Wünschen gerecht wird.

Menschenrechte, Demokratie und Rechtsstaatlichkeit

Wir verpflichten uns, die Demokratie als einzige Regierungsform unserer Nationen aufzubauen, zu festigen und zu stärken. In diesem Bestreben werden wir an folgendem festhalten:

Menschenrechte und Grundfreiheiten sind allen Menschen von Geburt an eigen; sie sind unveräußerlich und werden durch das Recht gewährleistet. Sie zu schützen und zu fördern ist vornehmste Pflicht jeder Regierung. Ihre Achtung ist wesentlicher Schutz gegen staatliche Übermacht. Ihre Einhaltung und uneingeschränkte Ausübung bilden die Grundlage für Freiheit, Gerechtigkeit und Frieden.

Demokratische Regierung gründet sich auf den Volkswillen, der seinen Ausdruck in regelmäßigen, freien und gerechten Wahlen findet. Demokratie beruht auf Achtung vor der menschlichen Person und Rechtsstaatlichkeit. Demokratie ist der beste Schutz für freie Meinungsäußerung, Toleranz gegenüber allen gesellschaftlichen Gruppen und Chancengleichheit für alle.

Die Demokratie, ihrem Wesen nach repräsentativ und pluralistisch, erfordert Verantwortlichkeit gegenüber der Wählerschaft, Bindung der staatlichen Gewalt an das Recht sowie eine unparteiische Rechtspflege. Niemand steht über dem Gesetz.

Wir bekräftigen,

jeder einzelne hat ohne Unterschiede das Recht auf: Gedanken-, Gewissens- und Religions- oder Glaubensfreiheit, freie Meinungsäußerung, Vereinigung und friedliche Versammlung, Freizügigkeit;

niemand darf: willkürlich festgenommen oder in Haft gehalten werden, der Folter oder anderer grausamer, unmenschlicher oder erniedrigender Behandlung oder Strafe unterworfen werden;

jeder hat auch das Recht: seine Rechte zu kennen und auszuüben, an freien und gerechten Wahlen teilzunehmen, auf ein gerechtes und öffentliches Verfahren, wenn er einer strafbaren Handlung beschuldigt wird, allein oder in Gemeinschaft mit anderen Eigentum innezuhaben und selbständig Unternehmen zu betreiben, seine wirtschaftlichen, sozialen und kulturellen Rechte auszuüben.

Wir bekräftigen, daß die ethnische, kulturelle, sprachliche und religiöse Identität nationaler Minderheiten Schutz genießen muß und daß Angehörige nationaler Minderheiten das Recht haben, diese Identität ohne jegliche Diskriminierung und in voller Gleichheit vor dem Gesetz frei zum Ausdruck zu bringen, zu wahren und weiterzuentwickeln.

Wir werden gewährleisten, daß dem einzelnen wirksame innerstaatliche wie internationale Rechtsmittel gegen jede Verletzung seiner Rechte zur Verfügung stehen. Die uneingeschränkte Achtung dieser Gebote ist das Fundament, auf dem wir das neue Europa aufbauen wollen. Unsere Staaten werden zusammenarbeiten und einander unterstützen, um zu gewährleisten, daß die Entwicklung der Demokratie nicht mehr rückgängig gemacht werden kann.

Wirtschaftliche Freiheit und Verantwortung

Wirtschaftliche Freiheit, soziale Gerechtigkeit und Verantwortung für die Umwelt sind unerläßliche Voraussetzungen des Wohlstands. Der in der Demokratie zum Ausdruck gebrachte und durch den Rechtsstaat gewährleistete freie Wille des einzelnen bildet die notwendige Grundlage für eine erfolgreiche Wirtschafts- und Sozialentwicklung. Wir wollen eine die Würde des Menschen achtende und schützende Wirtschaftstätigkeit fördern.

Freiheit und politischer Pluralismus sind notwendige Elemente unserer gemeinsamen Bemühungen um die Entwicklung von Marktwirtschaften hin zu dauerhaftem Wirtschaftswachstum, Wohlstand, sozialer Gerechtigkeit, wachsender Beschäftigung und rationeller Nutzung der wirtschaftlichen Ressourcen. Der Erfolg von Ländern, die den Übergang zur Marktwirtschaft anstreben, ist wichtig und liegt in unser aller Interesse. Er wird uns allen Teilhabe an erhöhtem Wohlstand ermöglichen. Zur Erreichung dieses uns gemeinsamen Ziels wollen wir zusammenarbeiten.

Der Schutz der Umwelt liegt in der gemeinsamen Verantwortung aller unserer Nationen. Bei der Unterstützung nationaler und regionaler Bemühungen in diesem Bereich dürfen wir auch das dringende Erfordernis gemeinsamen Handelns in einem umfassenderen Rahmen nicht aus den Augen verlieren.

Freundschaftliche Beziehungen zwischen den Teilnehmerstaaten

Nun, da Europa am Beginn eines neuen Zeitalters steht, sind wir entschlossen, die freundschaftlichen Beziehungen und die Zusammenarbeit zwischen den Staaten Europas, den Vereinigten Staaten von Amerika und Kanada auszuweiten und zu festigen sowie die Freundschaft zwischen unseren Völkern zu fördern.

Zur Wahrung und Förderung von Demokratie, Frieden und Einheit in Europa bekennen wir uns feierlich und uneingeschränkt zu den zehn Prinzipien der Schlußakte von Helsinki. Wir erklären, daß die zehn Prinzipien unverändert gültig sein sollen und daß wir entschlossen sind, sie in die Praxis umzusetzen. Alle Prinzipien werden gleichermaßen und vorbehaltlos angewendet, wobei ein jedes von ihnen unter Beachtung der anderen ausgelegt wird. Sie bilden die Grundlage unserer Beziehungen.

In Übereinstimmung mit unseren Verpflichtungen gemäß der Charta der Vereinten Nationen und der Schlußakte von Helsinki erneuern wir unser feierliches Versprechen, uns jeder gegen die territoriale Integrität oder politische Unabhängigkeit eines Staates gerichteten Androhung oder Anwendung von Gewalt oder jeder sonstigen mit den Grundsätzen oder Zielen dieser Dokumente unvereinbaren Handlung zu enthalten. Wir erinnern daran, daß die Nichterfüllung der in der Charta der Vereinten Nationen enthaltenen Verpflichtungen einen Verstoß gegen das Völkerrecht darstellt.

Wir bekräftigen unser Bekenntnis zur friedlichen Beilegung von Streitfällen. Wir beschließen, Mechanismen zur Verhütung und Lösung von Konflikten zwischen den Teilnehmerstaaten zu entwickeln.

Nun, da die Teilung Europas zu Ende geht, werden wir unter uneingeschränkter gegenseitiger Achtung der Entscheidungsfreiheit eine neue Qualität in unseren Sicherheitsbeziehungen anstreben. Sicherheit ist unteilbar, und die Sicherheit jedes Teilnehmerstaates ist untrennbar mit der aller anderen verbunden. Wir verpflichten uns daher, bei der Festigung von Vertrauen und Sicherheit untereinander sowie bei der Förderung der Rüstungskontrolle und Abrüstung zusammenzuarbeiten.

Wir begrüßen die Gemeinsame Erklärung von zweiundzwanzig Staaten über die Verbesserung ihrer Beziehungen. Unsere Beziehungen sollen auf unserem gemeinsamen Bekenntnis zu demokratischen Werten sowie zu den Menschenrechten und Grundfreiheiten beruhen. Wir sind überzeugt, daß für die Festigung von Frieden und Sicherheit zwischen unseren Staaten die Förderung der Demokratie sowie die Achtung und wirksame Ausübung der Menschenrechte unverzichtbar sind. Wir bekräftigen die Gleichberechtigung der Völker und ihr Selbstbestimmungsrecht in Übereinstimmung mit der Charta der Vereinten Nationen und den einschlägigen Normen des Völkerrechts, einschließlich jener, die sich auf die territoriale Integrität der Staaten beziehen.

Zur Lösung wirtschaftlicher, sozialer, umweltbezogener, kultureller und humanitärer Probleme haben wir die feste Absicht, den politischen Konsultationsprozeß zu verstärken und die Zusammenarbeit zu erweitern. Diese gemeinsame Entschlossenheit und die wachsende gegenseitige Abhängigkeit werden dazu beitragen, das jahrzehntelange Mißtrauen zu überwinden, die Stabilität zu festigen und ein geeintes Europa aufzubauen. Wir wollen ein Europa, von dem Frieden ausgeht, das für den Dialog und die Zusammenarbeit mit anderen Ländern offen und zum Austausch bereit ist, und das mitwirkt an der Suche nach gemeinsamen Antworten auf die Herausforderungen der Zukunft.

Sicherheit

Festigung der Demokratie und erhöhte Sicherheit fördern freundschaftliche Beziehungen zwischen uns. Wir begrüßen die Unterzeichnung des Vertrags über Konventionelle Streitkräfte in Europa durch zweiundzwanzig Teilnehmerstaaten, der zu niedrigeren Niveaus der Streitkräfte führen wird. Die Annahme eines substantiellen neuen Satzes vertrauens- und sicherheitsbildender Maßnahmen, der zu mehr Offenheit und Vertrauen zwischen allen Teilnehmerstaaten führt, findet unsere volle Zustimmung. Beide sind bedeutende Schritte hin zu erhöhter Stabilität und Sicherheit in Europa.

Die beispiellose Reduzierung der Streitkräfte durch den Vertrag über Konventionelle Streitkräfte in Europa wird – gemeinsam mit neuen Ansätzen für Sicherheit und Zusammenarbeit innerhalb des KSZE-Prozesses – unser Verständnis von Sicherheit in Europa verändern und unseren Beziehungen eine neue Dimension verleihen. In diesem Zusammenhang bekennen wir uns zum Recht der Staaten, ihre sicherheitspolitischen Dispositionen frei zu treffen.

Einheit

Das nun ungeteilte und freie Europa fordert einen Neubeginn. Wir rufen unsere Völker dazu auf, sich diesem großen Vorhaben anzuschließen. Wir nehmen mit großer Genugtuung Kenntnis von dem am 12. September 1990 in Moskau unterzeichneten Vertrag über die abschließende Regelung in bezug auf Deutschland und begrüßen aufrichtig, daß das deutsche Volk sich in Übereinstimmung mit den Prinzipien der Schlußakte der Konferenz über Sicherheit und Zusammenarbeit in Europa und in vollem Einvernehmen mit seinen Nachbarn in einem Staat vereinigt hat. Die Herstellung der staatlichen Einheit Deutschlands ist ein bedeutsamer Beitrag zu einer dauerhaften und gerechten Friedensordnung für ein geeintes demokratisches Europa, das sich seiner Verantwortung für Stabilität, Frieden und Zusammenarbeit bewußt ist.

Die Teilnahme nordamerikanischer wie europäischer Staaten ist ein bestimmendes Merkmal der KSZE; sie liegt den in der Vergangenheit erzielten Erfolgen zugrunde und bleibt wesentlich auch für die Zukunft des KSZE-Prozesses. Das unerschütterliche Festhalten an gemeinsamen Werten und an unserem gemeinsamen Erbe bindet uns aneinander. Bei all der reichen Vielfalt unserer Nationen sind wir vereint in der Verpflichtung, unsere Zusammenarbeit in allen Bereichen auszubauen. Die Herausforderungen, denen wir uns gegenübersehen, können nur durch gemeinsames Handeln, Zusammenarbeit und Solidarität bewältigt werden.

Die KSZE und die Welt

Das Schicksal unserer Nationen ist mit dem aller anderen Nationen verbunden. Wir unterstützen uneingeschränkt die Vereinten Nationen und die Stärkung ihrer Rolle bei der Förderung von Frieden, Sicherheit und Gerechtigkeit in der Welt. Wir bekräftigen unser Bekenntnis zu den in der Charta verankerten Grundsätzen und Zielen der Vereinten Nationen und verurteilen jede Verletzung dieser Prinzipien. Wir stellen mit Genugtuung fest, daß die Vereinten Nationen in der Weltpolitik eine wachsende Rolle spielen und dank der verbesserten Beziehungen zwischen unseren Staaten an Wirksamkeit gewinnen.

Angesichts der Armut in einem großen Teil der Welt verpflichten wir uns zur Solidarität mit allen anderen Ländern. Wir wenden uns daher heute von Paris aus an alle Nationen dieser Welt: Wir sind bereit, die gemeinsamen Anstrengungen zur Förderung der Gesamtheit der grundlegenden menschlichen Werte mit allen und mit jedem einzelnen dieser Staaten zu tragen.

Leitsätze für die Zukunft

Ausgehend von unserem festen Bekenntnis zur uneingeschränkten Durchführung aller KSZE-Prinzipien und -Bestimmungen sind wir nunmehr entschlossen, neue Impulse für eine ausgewogene und umfassende Weiterentwicklung unserer Zusammenarbeit zu geben, um den Bedürfnissen und Erwartungen unserer Völker Rechnung zu tragen.

Menschliche Dimension

Unwiderruflich bekennen wir uns zur Achtung der Menschenrechte und Grundfreiheiten. Wir wollen die Bestimmungen über die menschliche Dimension der KSZE in vollem Umfang durchführen und auf ihnen aufbauen. Wir werden auf der Grundlage des Dokuments des Kopenhagener Treffens der Konferenz über die Menschliche Dimension zusammenarbeiten, um die demokratischen Institutionen zu stärken und den Rechtsstaat zu fördern. Zu diesem Zweck beschließen wir, ein Expertenseminar vom 4. bis 15. November 1991 in Oslo einzuberufen.

Wir sind entschlossen, den wertvollen Beitrag nationaler Minderheiten zum Leben unserer Gesellschaft zu fördern, und verpflichten uns, deren Lage weiter zu verbessern. Wir bekräftigen unsere tiefe Überzeugung, daß freundschaftliche Beziehungen zwischen unseren Völkern sowie Friede, Gerechtigkeit, Stabilität und Demokratie den Schutz der ethnischen, kulturellen, sprachlichen und religiösen Identität nationaler Minderheiten und die Schaffung von Bedingungen für die Förderung dieser Identität erfordern. Wir erklären, daß Fragen in bezug auf nationale Minderheiten nur unter demokratischen Bedingungen befriedigend gelöst werden können. Ferner erkennen wir an, daß die Rechte von Angehörigen nationaler Minderheiten als Teil der allgemein anerkannten Menschenrechte uneingeschränkt geachtet werden müssen. Im Bewußtsein der dringenden Notwendigkeit, im Hinblick auf nationale Minderheiten die Zusammenarbeit zu verstärken und deren Schutz zu verbessern, beschließen wir, ein Expertentreffen über nationale Minderheiten vom 1. bis 19. Juli 1991 in Genf einzuberufen. Wir sind entschlossen, alle Formen von Haß zwischen Rassen und Volksgruppen, Antisemitismus, Fremdenfeindlichkeit und Diskriminierung irgendeines Menschen sowie von Verfolgung aus religiösen und ideologischen Gründen zu bekämpfen.

Wir betonen in Übereinstimmung mit unseren KSZE-Verpflichtungen, daß Freizügigkeit und freie Kontakte zwischen unseren Bürgern sowie der freie Fluß von Informationen und Gedanken ausschlaggebend sind für den Fortbestand und die Entwicklung freier Gesellschaften und lebendiger Kulturen. Wir begrüßen die Zunahme von Tourismus und Besuchen zwischen unseren Ländern.

Der Mechanismus der menschlichen Dimension hat sich bewährt. Deshalb sind wir entschlossen, ihn durch die Einführung neuer Verfahren auszubauen; diese sehen die Mitarbeit von Experten oder die Heranziehung einer Linie von hervorragenden Persönlichkeiten mit Erfahrung in Menschenrechtsfragen vor, die Gegenstand des Mechanismus sein könnten. Wir werden im Rahmen des Mechanismus vorsehen, daß Einzelpersonen einbezogen werden, wenn es um den Schutz ihrer Rechte geht. Wir sind daher entschlossen, unsere Verpflichtungen in dieser Hinsicht weiterzuentwickeln, insbesondere beim Moskauer Treffen der Konferenz über die Menschliche Dimension, unbeschadet der Verpflichtungen, an die unsere Staaten auf Grund bestehender internationaler Übereinkommen gebunden sind.

Wir würdigen den bedeutenden Beitrag des Europarates zur Förderung der Menschenrechte, der Prinzipien der Demokratie und der Rechtsstaatlichkeit sowie zur Entwicklung der kulturellen Zusammenarbeit. Wir begrüßen die von mehreren Teilnehmerstaaten unternommenen Schritte, dem Europarat und der Europäischen Menschenrechtskonvention beizutreten. Wir begrüßen die Bereitschaft des Europarates, der KSZE seine Erfahrungen zur Verfügung zu stellen.

Sicherheit

Das sich wandelnde politische und militärische Umfeld in Europa eröffnet neue Möglichkeiten für gemeinsame Anstrengungen im Bereich der militärischen Sicherheit. Wir wollen auf den wichtigen Ergebnissen aufbauen, die im Vertrag über Konventionelle Streitkräfte in Europa und in den Verhandlungen über Vertrauens- und Sicherheitsbildende Maßnahmen erzielt wurden. Wir wollen die VSBM-Verhandlungen auf der Grundlage desselben Mandats fortsetzen und sie möglichst bis zum KSZE-Folgetreffen in Helsinki 1992 abschließen. Wir begrüßen ferner den Beschluß der betroffenen Teilnehmerstaaten, die Verhandlungen über Konventionelle Streitkräfte in Europa auf der Grundlage desselben Mandats fortzusetzen und sie möglichst bis zum Folgetreffen in Helsinki 1992 abzuschließen. Nach einer Zeit innerstaatlicher Vorbereitung nehmen wir eine stärker strukturierte Zusammenarbeit zwischen allen Teilnehmerstaaten in Sicherheitsfragen in Aussicht, sowie Diskussionen und Konsultationen zwischen den vierunddreißig Teilnehmerstaaten, mit dem Ziel, 1992 nach Abschluß des Folgetreffens von Helsinki neue, allen Teilnehmerstaaten offenstehende Verhandlungen über Abrüstung sowie über Vertrauens- und Sicherheitsbildung aufzunehmen.

Wir rufen dazu auf, die Konvention über ein wirksam verifizierbares, weltweites und umfassendes Verbot chemischer Waffen so bald wie möglich abzuschließen. Wir beabsichtigen, zu den Erstunterzeichnern dieser Konvention zu gehören. Wir bekräftigen die Bedeutung der Initiative »Offener Himmel« und rufen dazu auf, diese Verhandlungen so rasch wie möglich erfolgreich abzuschließen.

Die Gefahr von Konflikten in Europa hat abgenommen, doch es bedrohen andere Gefahren die Stabilität unserer Gesellschaften. Wir sind entschlossen, bei der Verteidigung der demokratischen Institutionen gegen Verletzungen der Unabhängigkeit, souveränen Gleichheit oder territorialen Integrität der Teilnehmerstaaten zusammenzuarbeiten. Dazu zählen illegale Aktivitäten unter Anwendung von äußerem Druck, Zwang und Subversion. Wir verurteilen vorbehaltlos alle Handlungen, Methoden und Praktiken des Terrorismus als verbrecherische Handlungen und bekunden unsere Entschlossenheit, sowohl bilateral als auch in multilateraler Zusammenarbeit auf seine Ausrottung hinzuarbeiten. Ferner werden wir einander gegenseitig im Kampf gegen den illegalen Drogenhandel unterstützen.

In dem Bewußtsein, daß die friedliche Beilegung von Streitfällen eine wesentliche Vervollständigung der Pflicht der Staaten ist, sich der Androhung oder Anwendung von Gewalt zu enthalten, und daß beide wesentliche Faktoren für die Aufrechterhaltung und Festigung des Weltfriedens und der internationalen Sicherheit sind, werden wir nicht nur darum bemüht sein, nach wirksamen Verfahren zur Verhütung immer noch möglicher Konflikte durch politische Mittel zu suchen, sondern im Einklang mit dem Völkerrecht auch geeignete Mechanismen zur friedlichen Beilegung eventueller Streitfälle festzulegen. Wir verpflichten uns daher, nach neuen Formen der Zusammenarbeit in diesem Bereich zu suchen, insbesondere nach einer Reihe von Methoden zur friedlichen Nutzung von Streitfällen, einschließlich der obligatorischen Hinzuziehung einer Drittpartei. Wir betonen, daß in diesem Zusammenhang die Gelegenheit des für Anfang 1991 in Valletta anberaumten Treffens über die friedliche Beilegung von Streitfällen in vollem Umfang genützt werden sollte. Der Rat der Außenminister wird dem Bericht des Treffens von Valletta Rechnung tragen.

Wirtschaftliche Zusammenarbeit

Wir betonen, daß die wirtschaftliche Zusammenarbeit auf der Grundlage der Marktwirtschaft ein wesentliches Element unserer Beziehungen darstellt und einen entscheidenden Beitrag zum Aufbau eines prosperierenden und geeinten Europa leisten wird. Demokratische Institutionen und wirtschaftliche Freiheit fördern wirtschaftlichen und sozialen Fortschritt, wie dies im Dokument der Bonner Konferenz über wirtschaftliche Zusammenarbeit, deren Ergebnisse wir nachdrücklich unterstützen, festgehalten ist. Wir unterstreichen, daß die Zusammenarbeit im wirtschaftlichen Bereich sowie in Wissenschaft und Technik nunmehr einen wichtigen Pfeiler der KSZE bildet. Die Teilnehmerstaaten sollten das Erreichte in regelmäßigen Abständen überprüfen und in diesen Bereichen neue Anstöße geben.

Wir sind davon überzeugt, daß unsere wirtschaftliche Zusammenarbeit insgesamt ausgeweitet, das freie Unternehmertum ermutigt und der Handel in Übereinstimmung mit den GATT-Regeln verstärkt und diversifiziert werden sollte. Wir werden soziale Gerechtigkeit und sozialen Fortschritt sowie das Wohlergehen unserer Völker fördern. In diesem Zusammenhang sind wir uns der Bedeutung bewußt, die wirksamen politischen Konzepten für die Bewältigung des Problems der Arbeitslosigkeit zukommt. Wir bekräftigen die Notwendigkeit, demokratische Länder, die sich auf dem Weg zur Marktwirtschaft befinden und die Grundlage für ein sich selbst tragendes wirtschaftliches und soziales Wachstum schaffen, weiterhin zu unterstützen, wie dies bereits von der Gruppe der vierundzwanzig Länder in Angriff genommen wurde. Wir unterstreichen ferner die Notwendigkeit, sie in zunehmendem Maß – mit den damit verbundenen Auflagen und Vorteilen – in das internationale Wirtschafts- und Finanzsystem einzubinden. Wir sind der Auffassung, daß bei stärkerer Betonung der wirtschaftlichen Zusammenarbeit innerhalb des KSZE-Prozesses die Interessen der sich entwickelnden Teilnehmerstaaten berücksichtigt werden sollten.

Wir erinnern an den Zusammenhang, der zwischen der Achtung und Förderung der Menschenrechte und Grundfreiheiten und dem wissenschaftlichen Fortschritt besteht. Zusammenarbeit im Bereich von Wissenschaft und Technik wird bei der wirtschaftlichen und sozialen Entwicklung eine wesentliche Rolle spielen. Sie ist daher dahingehend auszubauen, daß entsprechende wissenschaftliche und technologische Informationen und Kenntnisse in größerem Maße geteilt werden, um das zwischen den Teilnehmerstaaten bestehende technologische Entwicklungsgefälle zu überwinden. Wir ermutigen die Teilnehmerstaaten ferner zur Zusammenarbeit im Hinblick auf die Förderung der Fähigkeiten des Menschen und des Unternehmergeistes. Wir sind entschlossen, der Zusammenarbeit zwischen unseren Ländern in den Bereichen Energie, Transport und Tourismus die für die wirtschaftliche und soziale Entwicklung notwendigen Anstöße zu geben. Wir begrüßen insbesondere praktische Schritte zur Schaffung optimaler Voraussetzungen für den wirtschaftlichen und sparsamen Umgang mit Energievorräten unter gebührender Berücksichtigung der Umweltbelange.

Wir erkennen die wichtige Rolle der Europäischen Gemeinschaft bei der politischen und wirtschaftlichen Entwicklung in Europa an. Internationale Wirtschaftsorganisationen wie die Wirtschaftskommission der Vereinten Nationen für Europa (UN/ECE), die Institutionen von Bretton Woods, die Organisation für wirtschaftliche Zusammenarbeit und Entwicklung (OECD), die Europäische Freihandelsassoziation (EFTA) und die Internationale Handelskammer (ICC) haben auch eine wesentliche Aufgabe bei der Förderung der wirtschaftlichen Zusammenarbeit zu erfüllen, die durch die Schaffung der Europäischen Bank für Wiederaufbau und Entwicklung (EBRD) weiter gestärkt werden wird. Zur Verfolgung unserer Ziele betonen wir die Notwendigkeit, die Arbeit dieser Organisationen sorgfältig zu koordinieren und Methoden zu finden, die allen unseren Staaten eine Teilnahme an dieser Arbeit ermöglichen.

Umwelt

Wir erkennen die dringende Notwendigkeit an, die Umweltprobleme in Angriff zu nehmen, sowie die Bedeutung individueller und gemeinsamer Bemühungen in diesem Bereich. Wir verpflichten uns, unsere Anstrengungen um den Schutz und die Verbesserung unserer Umwelt zu verstärken, um ein gesundes ökologisches Gleichgewicht in Luft, Wasser und Boden wiederherzustellen und zu erhalten. Wir sind daher entschlossen, die KSZE als Rahmen für die Erarbeitung gemeinsamer Verpflichtungen und Ziele in Umweltbelangen in vollem Umfang zu nutzen und so die Arbeit fortzuführen, die im Bericht des Umweltschutztreffens von Sofia zum Ausdruck kommt. Wir unterstreichen die Bedeutung einer gut informierten Gesellschaft als Voraussetzung dafür, daß die Öffentlichkeit wie auch Einzelpersonen Initiativen zur Verbesserung der Umwelt ergreifen können. Zu diesem Zweck verpflichten wir uns, das Umweltbewußtsein der Öffentlichkeit und die Umwelterziehung sowie die öffentliche Berichterstattung über die Umweltrelevanz politischer Konzepte, Vorhaben und Programme zu fördern.

Vorrangiges Anliegen ist uns die Einführung sauberer und abfallarmer Technologien, wobei uns bewußt ist, daß Länder, die noch nicht über eigene Mittel für geeignete Maßnahmen verfügen, unterstützt werden müssen. Wir unterstreichen, daß umweltpolitische Konzepte durch geeignete gesetzgeberische Maßnahmen und Verwaltungsstrukturen unterstützt werden sollen, damit ihre wirksame Durchführung gewährleistet werden kann. Wir betonen die Notwendigkeit, neue Maßnahmen für die systematische Überprüfung der Einhaltung bestehender Verpflichtungen zu treffen und darüber hinaus höher gesteckte Verpflichtungen einzugehen in bezug auf die Benachrichtigung und den Austausch von Informationen über den Zustand der Umwelt und über mögliche Umweltgefahren. Wir begrüßen auch die kürzlich beschlossene Europäische Umweltagentur (EUA).

Wir begrüßen die praktischen Arbeiten, die Problemstudien und die Konzeptüberprüfung in verschiedenen im Umweltbereich tätigen internationalen Organisationen, wie dem Umweltprogramm der Vereinten Nationen (UNEP), der Wirtschaftskommission der Vereinten Nationen für Europa (UN/ECE) und der Organisation für wirtschaftliche Zusammenarbeit und Entwicklung (OECD), und betonen die Notwendigkeit einer verstärkten Zusammenarbeit und wirksamen Koordination zwischen ihnen.

Kultur

Wir erkennen den wesentlichen Beitrag unserer gemeinsamen europäischen Kultur und unserer gemeinsamen Werte zur Überwindung der Teilung des Kontinents an. Wir unterstreichen daher unser Eintreten für die schöpferische Freiheit sowie für den Schutz und die Förderung unseres kulturellen und geistigen Erbes in all seinem Reichtum und all seiner Vielfalt. Angesichts der jüngsten Veränderungen in Europa betonen wir die erhöhte Bedeutung des Krakauer Symposiums und setzen große Erwartungen in die Erörterung von Leitsätzen für verstärkte Zusammenarbeit im Bereich der Kultur bei diesem Treffen. Wir laden den Europarat ein, zu diesem Symposium beizutragen.

Zur Förderung größerer Vertrautheit zwischen unseren Völkern befürworten wir die Errichtung von Kulturzentren in Städten unserer Teilnehmerstaaten, eine verstärkte Zusammenarbeit auf dem audiovisuellen Gebiet und einen umfangreichen

Austausch in den Bereichen Musik, Theater, Literatur und Kunst. Wir sind entschlossen, im Rahmen unserer nationalen Politik das gegenseitige Verständnis, insbesondere bei der Jugend, verstärkt zu fördern durch Kulturaustausch, Zusammenarbeit in allen Bereichen der Bildung, vor allem durch den Unterricht von und in den Sprachen anderer Teilnehmerstaaten. Wir beabsichtigen, die ersten Ergebnisse dieses Vorhabens beim Folgetreffen von Helsinki 1992 zu überprüfen.

Wanderarbeiter

Wir erkennen an, daß die Fragen der Wanderarbeiter und ihrer Familien, die sich rechtmäßig in Aufnahmeländern aufhalten, wirtschaftliche, kulturelle und soziale Aspekte wie auch ihre menschliche Dimension haben. Wir bekräftigen, daß der Schutz und die Förderung ihrer Rechte sowie die Verwirklichung einschlägiger internationaler Verpflichtungen uns alle angeht.

Mittelmeer

Wir sind der Ansicht, daß die grundlegenden politischen Veränderungen, die in Europa stattgefunden haben, eine für die Mittelmeerregion positive Bedeutung haben. Wir werden daher die Bemühungen zur Festigung von Sicherheit und Zusammenarbeit im Mittelmeerraum als wichtigen Faktor der Stabilität in Europa fortsetzen. Wir begrüßen den Bericht des Treffens über den Mittelmeerraum von Palma de Mallorca, dessen Ergebnisse wir alle unterstützen. Wir sind besorgt über die in der Region anhaltenden Spannungen und bekunden erneut unsere Bereitschaft, unsere Anstrengungen zu erhöhen, um mit friedlichen Mitteln gerechte, gangbare und dauerhafte Lösungen für entscheidende offene Fragen auf der Grundlage der Achtung für die Prinzipien der Schlußakte zu finden.

Es ist unser Wunsch, günstige Bedingungen für eine harmonische Entwicklung und Diversifizierung von Beziehungen mit den nichtteilnehmenden Mittelmeerstaaten zu fördern. Die verstärkte Zusammenarbeit mit diesen Staaten wird mit dem Ziel fortgesetzt, die wirtschaftliche und soziale Entwicklung zu fördern und dadurch die Stabilität in der Region zu erhöhen. Zu diesem Zweck werden wir uns gemeinsam mit diesen Ländern bemühen, das Wohlstandsgefälle zwischen Europa und seinen Nachbarn in Mittelmeerraum wesentlich zu verringern.

Nichtstaatliche Organisationen

Wir erinnern an die bedeutende Rolle, die nichtstaatliche Organisationen, religiöse und andere Gruppierungen sowie Einzelpersonen bei der Verwirklichung der KSZE-Ziele gespielt haben, und werden deren Einsatz für die Durchführung der KSZE-Verpflichtungen durch die Teilnehmerstaaten weiter erleichtern. Diese Organisationen, Gruppierungen und Einzelpersonen müssen auf geeignete Art und Weise in die Tätigkeit und die neuen Strukturen der KSZE einbezogen werden, damit sie ihre wichtigen Aufgaben erfüllen können.

Neue Strukturen und Institutionen des KSZE-Prozesses

Unsere gemeinsamen Bemühungen um verstärkte Achtung der Menschenrechte, Demokratie und Rechtsstaatlichkeit, um Festigung des Friedens und um Förderung der Einheit in Europa erfordern eine neue Qualität des politischen Dialogs und der politischen Zusammenarbeit und somit die Entwicklung der Strukturen der KSZE.

Die Intensivierung unserer Konsultationen auf allen Ebenen ist von vorrangiger Bedeutung für die künftige Gestaltung unserer Beziehungen. Zu diesem Zweck beschließen wir folgendes:

Wir, die Staats- und Regierungschefs, werden das nächste Mal in Helsinki anläßlich des KSZE-Folgetreffens 1992 zusammentreffen. Danach werden wir anläßlich weiterer Folgetreffen zusammentreffen.

Unsere Außenminister werden regelmäßig, mindestens einmal jährlich, als Rat zusammentreten. Diese Treffen werden das zentrale Forum für politische Konsultationen im KSZE-Prozeß bilden. Der Rat wird Fragen prüfen, die für die Konferenz über Sicherheit und Zusammenarbeit in Europa von Bedeutung sind, und entsprechende Beschlüsse fassen. Das erste Treffen des Rates wird in Berlin stattfinden.

Ein Ausschuß Hoher Beamter wird die Treffen des Rates vorbereiten und dessen Beschlüsse durchführen. Der Ausschuß wird aktuelle Fragen prüfen und kann entsprechende Beschlüsse fassen, unter anderem in Form von Empfehlungen an den Rat. Zur Behandlung dringender Fragen können zusätzliche Treffen der Vertreter der Teilnehmerstaaten vereinbart werden.

Der Rat wird die Erarbeitung von Bestimmungen prüfen, die die Einberufung von Treffen des Ausschusses Hoher Beamter in dringlichen Situationen vorsehen. Die Teilnehmerstaaten können auch Treffen anderer Minister vereinbaren. Zur administrativen Unterstützung dieser Konsultationen richten wir in Prag ein Sekretariat ein.

Folgetreffen der Teilnehmerstaaten werden in der Regel alle zwei Jahre stattfinden, um den Teilnehmerstaaten Gelegenheit zu geben, eine Bestandsaufnahme der eingetretenen Entwicklungen vorzunehmen, die Verwirklichung eingegangener Verpflichtungen zu überprüfen und weitere Schritte im KSZE-Prozeß in Erwägung zu ziehen.

Wir beschließen, in Wien ein Konfliktverhütungszentrum zu schaffen, das den Rat beim Abbau der Gefahr von Konflikten unterstützen soll.

Wir beschließen, in Warschau ein Büro für freie Wahlen einzurichten, um Kontakte und den Informationsaustausch im Zusammenhang mit Wahlen in den Teilnehmerstaaten zu erleichtern.

In Anerkennung der wichtigen Rolle, die Parlamentarier im KSZE-Prozeß spielen können, sprechen wir uns für eine stärkere Einbeziehung der Parlamentsarbeit in die KSZE aus, insbesondere durch die Schaffung einer parlamentarischen Versammlung der KSZE unter Beteiligung von Parlamentsmitgliedern aus allen Teilnehmerstaaten. Zu diesem Zweck befürworten wir nachdrücklich, daß Kontakte auf Parlamentsebene fortgesetzt werden, um Tätigkeitsbereich, Arbeitsmethoden und Verfahrensregeln einer derartigen parlamentarischen Struktur der KSZE unter Nutzung vorhandener Erfahrungen und bereits geleisteter Arbeiten in diesem Bereich zu erörtern. Wir beauftragen unsere Außenminister, diese Frage bei ihrem ersten Treffen als Rat zu überprüfen.

* * *

Verfahrenstechnische und organisatorische Modalitäten hinsichtlich einiger Bestimmungen der Charta von Paris für ein neues Europa sind im Zusatzdokument* festge-

* Hier nicht abgedruckt.

legt, das gleichzeitig mit der Charta von Paris angenommen wird. Wir betrauen den Rat mit den weiteren Schritten, die zur Durchführung der im vorliegenden Dokument und im Zusatzdokument enthaltenen Beschlüsse erforderlich sein könnten, und mit der Prüfung weiterer Maßnahmen zur Festigung von Sicherheit und Zusammenarbeit in Europa. Der Rat kann jede Änderung des Zusatzdokuments vornehmen, die er für angebracht hält.

* * *

Das Original der Charta von Paris für ein neues Europa, das in Deutsch, Englisch, Französisch, Italienisch, Russisch und Spanisch abgefaßt ist, wird der Regierung der Französischen Republik zur Aufbewahrung in ihren Archiven übergeben. Jeder der Teilnehmerstaaten erhält von der Französischen Republik eine gleichlautende Abschrift der Charta von Paris. Der Text der Charta von Paris wird in jedem Teilnehmerstaat veröffentlicht, der ihn so umfassend wie möglich verbreitet und bekanntmacht.

Die Regierung der Französischen Republik wird gebeten, dem Generalsekretär der Vereinten Nationen den Text der Charta von Paris für ein neues Europa, die nicht registrierbar nach Artikel 102 der Charta der Vereinten Nationen ist, zur Weiterleitung an alle Mitglieder der Organisation als offizielles Dokument der Vereinten Nationen zu übermitteln. Die Regierung der Französischen Republik wird gleichfalls gebeten, den Text der Charta von Paris an alle anderen im Text erwähnten internationalen Organisationen zu übermitteln.

Zu Urkund dessen setzen wir, die unterzeichnenden Hohen Vertreter der Teilnehmerstaaten, im Bewußtsein der hohen politischen Bedeutung, die wir den Ergebnissen des Gipfeltreffens beimessen, und mit der Erklärung unserer Entschlossenheit, in Übereinstimmung mit den von uns angenommenen Bestimmungen zu handeln, unsere Unterschrift unter das vorliegende Dokument.

Quelle: Europa-Archiv, 1990, D 656–664.

Auswahlbibliographie

I. Jahrbücher

ECONOMIC SURVEY OF EUROPE, Genf 1948 ff. (United Nations Economic Commission for Europe).
EUROPEAN YEARBOOK – ANNUAIRE EUROPÉEN, hrsg. unter den Auspizien des Europarates, Den Haag 1955 ff.
JAHRBUCH DER WIRTSCHAFT OSTEUROPAS/YEARBOOK OF EAST EUROPEAN ECONOMICS, München 1975 ff.
WEIDENFELD, WERNER/WESSELS, WOLFGANG (Hrsg.), Jahrbuch der Europäischen Integration, Bonn 1981 ff.
YEARBOOK OF EUROPEAN LAW, Den Haag 1981 ff.

II. Monographien

1. Europa

BENDER, PETER, Das Ende des ideologischen Zeitalters. Die Europäisierung Europas, Berlin 1981.
BISKUP, REINHOLD (Hrsg.), Europa – Einheit in der Vielfalt. Orientierung für die Zukunft der europäischen Integration, Bern u. a. 1988 (Beiträge zur Wirtschaftspolitik, Bd. 225).
BOWLE, JOHN, Was ist Europa?, Bonn 1984.
BRZEZINSKI, ZBIGNIEW, Alternative to Partition, New York 1965.
BUSEK, ERHARD/BRIX, EMIL, Projekt Mitteleuropa, Wien 1986.
COUDENHOVE-KALERGI, RICHARD, Die Wiedervereinigung Europas, München 1964.
FOERSTER, ROLF H., Europa. Geschichte einer Idee. Mit einer Bibliographie von 182 Einigungsplänen aus den Jahren 1306 bis 1945, München 1967.
GORBATSCHOW, MICHAIL, Perestroika. Die zweite russische Revolution, München 1987.
KOHLHASE, NORBERT, Einheit in der Vielfalt – Essays zur Europäischen Geschichte, Kultur und Gesellschaft, Baden-Baden 1988.
KONRÁD, GYÖRGY, Antipolitik. Mitteleuropäische Meditationen, Frankfurt/M. 1985.
LAQUEUR, WALTER, A Continent Astray: Europe 1970 – 1978, New York 1979.
MAZOWIECKI, TADEUSZ, Un autre visage de l'Europe, Paris 1989.
RESZLER, ANDRÉ, L'intellectuel contre l'Europe, Paris 1976.
ROUGEMONT, DENIS DE, Europa. Vom Mythos zur Wirklichkeit, München 1962.
SCHIEDER, THEODOR (Hrsg.), Europa im Zeitalter der Weltmächte. Handbuch der Europäischen Geschichte, Bd. 7, Stuttgart 1979.
WEIDENFELD, WERNER (Hrsg.), Die Identität Europas, Bonn 1985 (Schriftenreihe der Bundeszentrale für politische Bildung, Bd. 225).

2. Westeuropa

ADENAUER, KONRAD, Erinnerungen, 4 Bde., Stuttgart 1968.
ALBERT, MICHAEL, Herausforderung Europa. Die Europäische Gemeinschaft als Chance, München/Zürich 1985.
Das ATLANTISCHE BÜNDNIS – Tatsachen und Dokumente, Brüssel 1982^6.

BEUTLER, BENGT/BIEBER, ROLAND/PIPHORN, JOERN/STEIL, JOCHEN, Die Europäische Gemeinschaft. Rechtsordnung und Politik, Baden-Baden 1987[3].

BÖHM, WALTER (Bearb.), Der Europarat. 30 Jahre europäische Einigung, Bonn 1979.

BRAUN, FERNAND u. a., Die Europäische Gemeinschaft in der Weltwirtschaft, Baden-Baden 1987.

BROCK, LOTHAR/JOPP, MATHIAS (Hrsg.), Sicherheitspolitische Zusammenarbeit und Kooperation der Rüstungswirtschaft in Westeuropa, Baden-Baden 1986.

BÜHRER, WERNER, Ruhrstahl und Europa. Die Wirtschaftsvereinigung Eisen- und Stahlindustrie und die Anfänge der europäischen Integration 1945–1952, München 1986.

CAMPS, MIRIAM, Beziehungen der ersten Welt: Die Rolle der OECD, Bonn 1976.

CECCHINI, PAOLO, Europa '92. Der Vorteil des Binnenmarktes, Baden-Baden 1988.

DAHRENDORF, RALF (Hrsg.), Trendwende. Europas Wirtschaft in der Krise, Wien 1981.

DICKE, KLAUS, Menschenrechte und europäische Integration, Kehl/Straßburg 1986.

EFTA-Übereinkommen zur Errichtung der Europäischen Freihandelsassoziation. Textausgabe mit Einführung, Baden-Baden 1979[2].

GROSSER, ALFRED, Das Bündnis. Die westeuropäischen Länder und die USA seit dem Krieg, München 1978.

GROEBEN, HANS VON DER, Aufbaujahre der Europäischen Gemeinschaft. Das Ringen um den gemeinsamen Markt und die politische Union (1958–1966), Baden-Baden 1982.

DERS./BOECKH, HANS VON/THIESING, JOCHEN/EHLERMANN, CLAUDE-DIETER (Hrsg.), Kommentar zum EWG-Vertrag, 2 Bde., Baden-Baden 1983[3].

HAAS, ERNST B., The Uniting of Europe. Political, Social and Economic Forces 1950–1957, London 1958.

HALLSTEIN, WALTER, Die Europäische Gemeinschaft, Düsseldorf/Wien 1979[5].

KAISER, KARL/LORD, WINSTON/MONTBRIAL, THIERRY DE/WATT, DAVID, Die Sicherheit des Westens: Neue Dimensionen und Aufgaben, Bonn 1981.

DERS. (Hrsg.), Amerika und Westeuropa, Stuttgart 1977.

KÜSTERS, HANNS-JÜRGEN, Die Gründung der Europäischen Wirtschaftsgemeinschaft, Baden-Baden 1982.

LÄUFER, THOMAS (Bearb.), EWG-Vertrag. Grundlage der Europäischen Gemeinschaft. Text des EWG-Vertrages und der ergänzenden Bestimmungen, Bonn 1990[4].

LIPGENS, WALTER, 45 Jahre Ringen um die europäische Verfassung. Dokumente 1939–1984. Von den Schriften der Widerstandsbewegung bis zum Verfassungsentwurf des Europäischen Parlaments, Bonn 1986.

MELANDRI, PIERRE, Une incertaine alliance. Les Etats-Unis et l'Europe 1973–1983, Paris 1985.

DERS., Les Etats-Unis face à l'unification de l'Europe, 1945–1954, Paris 1980.

MORGAN, ROGER/BRAY, CAROLINE (Hrsg.), Partners und Rivals in Western Europe: Britain, France and Germany, Aldershot 1986.

NOACK, PAUL, Das Scheitern der Europäischen Verteidigungsgemeinschaft. Entscheidungsprozesse vor und nach dem 30. August 1954, Düsseldorf 1977.

PICHT, ROBERT, Das Bündnis im Bündnis. Deutsch-französische Beziehungen im internationalen Spannungsfeld, Berlin 1982.

PICKER, ROLF J., Das Europäische Währungssystem. Recht-Wirtschaft-Politik-Zeitgeschichte, Hildesheim 1987.

RICHTER, REINHARDT, Zusammengesetzte Außenpolitik. Westeuropa als internationaler Akteur, Kehl/Straßburg 1982.

SCHWARZ, JÜRGEN (Hrsg.), Der Aufbau Europas. Pläne und Dokumente von 1945 bis 1980, Bonn 1980.

SCHWARZE, JÜRGEN (Hrsg.), Der gemeinsame Markt. Bestand und Zukunft in wirtschaftlicher Perspektive, Baden-Baden 1987.

TREVERTON, GREGORY F., Making the Alliance Work: The United States and Western Europe, Ithaca 1985.

TSAKALOYANNINS, PANOS (Hrsg.), Western European Security in a Changing World. From the Reactivation ot the WEU to the Single European Act, Maastricht 1987.

TUDYKA, KURT (Hrsg.), Umweltpolitik in Ost- und Westeuropa, Opladen 1987.

WEIDENFELD, WERNER, Die Bilanz der Europäischen Integration, Bonn 1984.
DERS./HOLESCHOVSKY, CHRISTINE/JANNING, JOSEF/STOLL, KARIN, Europäische Defizite, europäische Perspektiven – eine Bestandsaufnahme für morgen, Gütersloh 1988 (Reihe „Strategien und Optionen für die Zukunft Europas").
WEILEMANN, PETER, Die Anfänge der Europäischen Atomgemeinschaft. Zur Gründungsgeschichte von Euratom 1955–1957, Baden-Baden 1982.
WELLINGER, WALTER/GERHARD SCHMICH, Europa auf dem Wege zur Sozialunion, Bonn 1988.
WENDT, FRANZ, Cooperation in the Nordic Countries. Achievements and Obstacles, Stockholm 1981.

3. Osteuropa

BENDER, PETER, 6x Sicherheit. Befürchtungen in Osteuropa, Köln/Berlin 1970.
BEYME, KLAUS VON, Die Sowjetunion in der Weltpolitik, München/Zürich 1985.
BRUS, WLODZIMIERZ, Geschichte der Wirtschaftspolitik in Osteuropa, Köln 1987.
BRZEZINSKI, ZBIGNIEW, Der Sowjetblock. Einheit und Konflikt, Köln/Berlin 1962.
CARRERE D'ENCAUSSE, HÉLÈNE, Le grand frère: L'Union soviétique et l'Europe soviétisée, Paris 1983.
DAMUS, RENATE, RGW – Wirtschaftliche Zusammenarbeit in Osteuropa, Stuttgart 1979.
ENGERT, MANFRED/STEPHAN, HEINZ (Hrsg.), Lexikon RGW, Leipzig 1981.
FEJTÖ, FRANÇOIS, Die Geschichte der Volksdemokratien, Graz u. a. 1972.
HAENDCKE-HOPPE, MARIA (Hrsg.), Außenwirtschaftssysteme und Außenwirtschaftsreformen sozialistischer Länder, Berlin/München 1988.
HACKER, JENS, Der Ostblock. Entstehung, Entwicklung und Struktur 1939–1980, Baden-Baden 1980.
HOENSCH, JÖRG K., Die sowjetische Osteuropapolitik, 1945–1975, Düsseldorf 1977.
JACOBSEN, HANS-ADOLF/LEPTIN, GERT/SCHEUNER, ULRICH/SCHULZ, EBERHARD (Hrsg.), Drei Jahrzehnte Außenpolitik der DDR, München 1979.
KÖVES, ANDRÁS, The CMEA Countries in the World Economy – Running Inwards or Turning Outwards, Budapest 1985.
LAVIGNE, MARIE, Economie internationale des pays socialistes, Paris 1985.
LÖWENTHAL, RICHARD/MEISSNER, BORIS (Hrsg.), Der Sowjetblock zwischen Vormachtkontrolle und Autonomie, Köln 1984.
MACHOWSKI, HEINRICH (Hrsg.), Der Rat für gegenseitige Wirtschaftshilfe – Seine Aufgaben und seine Bedeutung für die Mitgliedstaaten, Düsseldorf 1987.
MEISSNER, BORIS, Außenpolitik und Völkerrecht der Sowjetunion, Köln 1987.
DERS., Die »Breshnew-Doktrin«. Das Prinzip des »proletarisch-sozialistischen Internationalismus« und die Theorie von den verschiedenen Wegen zum Sozialismus. Dokumentation, Köln 1969.
PELIKAN, JIŘI (Hrsg.), Panzer überrollen den Parteitag. Protokoll und Dokumente des 14. Parteitags der KPTsch am 22. August 1968, Wien/Frankfurt/M./Zürich 1969.
ROYEN, CHRISTOPH, Osteuropa: Reformen und Wandel. Erfahrungen und Aussichten vor dem Hintergrund der sowjetischen Perestrojka, Baden-Baden 1988.
SIKORA, FRANZ, Sozialistische Solidarität und nationale Interessen. Polen – Tschechoslowakei – DDR, Köln 1977.
TIEDKE, STEPHAN, Die Warschauer Vertragsorganisation. Zum Verhältnis von Militär- und Entspannungspolitik in Osteuropa, München 1978.
USCHAKOW, ALEXANDER, Integration im RGW (Comecon). Dokumente, Baden-Baden 1983.
DERS./FRENTZKE, DIETRICH, Der Warschauer Pakt und seine bilateralen Bündnisverträge. Analyse und Texte, Berlin 1987.
WINDSOR, PHILIP/ROBERTS, ADAM, Czechoslovakia 1968. Reforms, Repression and Resistance, London 1969.
ZWASS, ADAM, Der Rat für gegenseitige Wirtschaftshilfe. 1949–1987. Der dornige Weg von einer politischen zu einer wirtschaftlichen Integration, Wien 1988.

4. Ost-West-Beziehungen

BAHR, EGON/LUTZ, DIETER (Hrsg.), Gemeinsame Sicherheit – Idee und Konzept, Dimensionen und Disziplinen, Bd. 1: Zu den Ausgangsüberlegungen, Grundlagen und Strukturmerkmalen gemeinsamer Sicherheit, Bd. 2: Zu den rechtlichen, ökonomischen, psychologischen und militärischen Aspekten gemeinsamer Sicherheit, Baden-Baden 1986/1987.

BAILEY-WIEBECKE, ILKA, Die europäische Gemeinschaft und der Rat für gegenseitige Wirtschaftshilfe – Multilaterale Diplomatie oder Blockpolitik?, Bern u. a. 1989.

BERTSCH, GARY K. (Hrsg.), Controlling East-West Trade and Technology Transfer: Power, Politics and Policies, Durham N.C. 1988.

BISSELL, RICHARD/GASTEYGER, CURT, The Missing Link. West European Neutrals and Regional Security, Washington D.C. 1989.

BRUNS, WILHELM (Hrsg.), Die Ost-West-Beziehungen am Wendepunkt?, Bonn 1988.

FERRARIS, LUIGI V., Testimonianze di un negoziato. Helsinki – Ginevra – Helsinki 1972–1975, Padua 1977.

FONTAINE, ANDRÉ, Histoire de la guerre froide 1917–1963, 2 Bde., Paris 1983 (Neuauflage).

DERS., Un seul lit pour deux rêves. Histoire de la détente 1962–1981, Paris 1981.

FREI, DANIEL (Hrsg.), Ost-West-Beziehungen. Analysen und Perspektiven, Chur 1985.

GORDON, LINCOLN (Hrsg.), Eroding Empire. Western Relations with Eastern Europe, Washington D.C. 1987.

GÖRTEMAKER, MANFRED, „Die unheilige Allianz". Die Geschichte der Entspannungspolitik 1945–1979, München 1979.

HÖHMANN, HANS H./VOGEL, HEINRICH (Hrsg.), Osteuropas Wirtschaftsprobleme und die Ost-West-Beziehungen, Baden-Baden 1984.

KRIELE, MARTIN, Menschenrechte zwischen Ost und West, Köln 1977.

JACOBSEN, HANS-ADOLF/MALLMANN, WOLFGANG/MEIER, CHRISTIAN (Hrsg.), Sicherheit und Zusammenarbeit in Europa (KSZE). Analyse und Dokumentation 1973–1978, Köln 1978.

JACOBSEN, HANS-DIETER/MACHOWSKI, HEINRICH/SAGER, DIRK (Hrsg.), Perspektiven für Sicherheit und Zusammenarbeit in Europa, Bonn 1988 (Schriftenreihe der Bundeszentrale für politische Bildung, Bd. 268).

LINK WERNER, Der Ost-West-Konflikt. Die Organisation der internationalen Beziehungen im 20. Jahrhundert, Stuttgart 1988[2].

MASTNY, VOJTECH, Moskaus Weg zum Kalten Krieg. Von der Kriegsallianz zur sowjetischen Vormachtstellung in Osteuropa, München 1980.

MORTON, EDWINA/SEGAL, GERALD (Hrsg.), Soviet Strategy toward Western Europe, London 1984.

MUTZ, REINHARD, Die Wiener Verhandlungen über Truppenreduzierungen in Mitteleuropa (MBFR). Chronik, Glossar, Dokumentation, Bibliographie 1973–1982, Baden-Baden 1983.

NERLICH, UWE (Hrsg.), Die Einhegung sowjetischer Macht. Kontrolliertes militärisches Gleichgewicht als Bedingung europäischer Sicherheit, Baden-Baden 1982.

Der PALME-BERICHT. Bericht der unabhängigen Kommission für Abrüstung und Sicherheit in Europa, Berlin 1982.

PÖTTERING, HANS-GERT (Hrsg.), Sicherheit in Freiheit für Europa. Plädoyer für eine europäische Sicherheitspolitik, Bonn 1988.

RUGE, GERD, Zwischen Washington und Moskau. Europa in der Konfrontation der Supermächte, Frankfurt/M. 1984.

SCHRAMM, FRIEDRICH K./ROGGERT, WOLFRAM G./FRIEDEL, ALOIS (Hrsg.), Sicherheitskonferenz in Europa. Dokumentation 1954–1972, Frankfurt/M. 1972.

SCHULZ, EBERHARD, Moskau und die europäische Integration, München/Wien 1975.

SCHWARZ, HANS P./MEISSNER, BORIS (Hrsg.), Entspannungspolitik in Ost und West, Köln 1979.

VOLLE, HERMANN/WAGNER, WOLFGANG (Hrsg.), KSZE – Konferenz über Sicherheit und Zusammenarbeit in Europa. Beiträge und Dokumente aus dem Europa-Archiv, Bonn 1976.

DIES. (Hrsg.), Das Belgrader KSZE-Folgetreffen. Der Fortgang des Entspannungsprozesses in Europa. Beiträge und Dokumente aus dem Europa-Archiv, Bonn 1978.

DIES. (Hrsg.), Das Madrider KSZE-Folgetreffen. Der Fortgang des KSZE-Prozesses in Europa. Beiträge und Dokumente aus dem Europa-Archiv, Bonn 1984.

WAGENLEHNER, GÜNTHER (Hrsg.), Die Deutsche Frage und die internationale Sicherheit, Koblenz 1988.

YERGIN, DANIEL, Der zerbrochene Frieden. Die Ursprünge des Kalten Krieges und die Teilung Europas, Frankfurt/M. 1977.

Abkürzungsverzeichnis

ABM	Anti Ballistic Missile (Raketenabwehrsystem)
CEMT	Conférence Européenne des Ministres des Transports (Europäische Konferenz der Verkehrsminister)
CERN	Centre Européen de Recherches Nucléaires (Europäisches Kernforschungszentrum)
CFE	Conventional Forces in Europe (Konventionelle Streitkräfte in Europa)
Cocom	Coordinating Commitee for East-West Trade Policy (Komitee zur Überwachung der Embargobestimmungen im Ost-West-Handel)
DAC	Development Assistance Committee (Ausschuß innerhalb der OECD zur Steuerung der westlichen Entwicklungshilfe)
ECE	Economic Commission for Europe (Europäische Wirtschaftskommission)
ECU	European Currency Unit (Europäische Währungseinheit)
EFTA	European Free Trade Association (Europäische Freihandelsassoziation)
EFWZ	Europäischer Fonds für währungspolitische Zusammenarbeit
EG	Europäische Gemeinschaften
EGKS	Europäische Gemeinschaft für Kohle und Stahl
EPZ	Europäische Politische Zusammenarbeit/Europäische Produktivitätszentrale
ERE	Europäische Rechnungseinheit
ESA	European Space Agency (Europäische Weltraumorganisation)
Euratom/EAG	Europäische Atomgemeinschaft
Eureka	European Research Coordination Agency (Europäisches Kooperationssystem für Forschung und Technologie)
EVG	Europäische Verteidigungsgemeinschaft
EWG	Europäische Wirtschaftsgemeinschaft
EWR	Europäischer Wirtschaftsraum
EWS	Europäisches Währungssystem
EZU	Europäische Zahlungsunion
GATT	General Agreement on Tariffs and Trade (Allgemeines Zoll- und Handelsabkommen)
IEPG	Independent European Programme Group (Informelles Organ innerhalb der NATO zur Koordinierung der europäischen Rüstungsvorhaben)

INF	Intermediate-Range Nuclear Forces (Nukleare Mittelstreckensysteme)
IWF	Internationaler Währungsfonds
Kominform	Kommunistisches Informationsbüro
Komintern	Kommunistische Internationale
KSZE	Konferenz über Sicherheit und Zusammenarbeit in Europa
KVAE	Konferenz über Vertrauens- und Sicherheitsbildende Maßnahmen und Abrüstung in Europa
MBFR	Mutual Balanced Force Reduction (Gegenseitiger ausgeglichener Truppenabbau in Europa)
NATO	North Atlantic Treaty Organization (Nordatlantikpakt)
OECD	Organization for Economic Cooperation and Development (Organisation für wirtschaftliche Zusammenarbeit und Entwicklung)
OEEC	Organization for European Economic Cooperation (Organisation für Europäische Wirtschaftliche Zusammenarbeit)
OPEC	Organization of Petroleum Exporting Countries (Organisation erdölexportierender Länder)
RGW	Rat für gegenseitige Wirtschaftshilfe
SALT	Strategic Arms Limitation Talks (Verhandlungen über eine Begrenzung strategischer Waffen)
SDI	Strategic Defense Initiative (Programm einer strategischen Raketenabwehr)
SED	Sozialistische Einheitspartei Deutschlands
SHAPE	Supreme Headquarters Allied Powers Europe (Europäisches NATO-Hauptquartier)
SMGS	Sogluašenie o meždunarodnom gruzovom soobščenij (Vereinbarung über den internationalen Eisenwarenverkehr im RGW)
START	Strategic Arms Reduction Talks (Verhandlungen über eine Verminderung strategischer Waffen)
UEF	Union Européenne des Fédéralistes (Union Europäischer Föderalisten)
UNESCO	United Nations Educational, Scientific and Cultural Organization (Organisation für Erziehung, Wissenschaft und Kultur)
UNO/UN	United Nations Organization (Vereinte Nationen)
VKSE	Verhandlungen über konventionelle Streitkräfte in Europa
VSBM	Vertrauens- und Sicherheitsbildende Maßnahmen
WEU	Westeuropäische Union

Personenregister